U0929062

博观译丛

Bruce Ackerman
布鲁斯·阿克曼

我们人民

宪法的变革

（修订版）

孙文恺 译

法律出版社

We The People: Transformations
by Bruce Ackerman

Published by arrangement with Harvard University Press

著作权合同登记号
图字：01-1999-2954

献给苏珊

目录

致 谢

我一般都是按照从头至尾,即以读者读书的次序进行写作的,然而本书却是一个例外。在初尝了本书第一章耗费了数月工夫而收效甚微的苦果之后,我采纳了夫人的意见——从中间部分动笔。我首先置身于研究重建史,而后是美国新政。四年之后,我发现自己被淹没在那些甚至连我本人都不知所云而又连篇累牍的手稿之中。在这里,我迷失了方向。带着这种近乎绝望的心情,我将这些手稿束之高阁。于是乎,我又走上了人所熟知的老路——从头写起。

这种工作方式使得这套丛书的第一卷——《我们人民:宪法的根基》得以问世。事实证明,我在历史渊源这一问题上花费的这几年时间是相当值得的。它让我避免了"只见树木不见林"的错误,并且可以使我毫不费劲地完善自己的思路。

可是话又说回来,什么事情总不能糊里糊涂地一直拖延下去。在《宪法的根基》一书中,我提出了一些传统的历史主张。为使人们能够认真地对待这些主张,我负有证明这些观点的不可推卸的责任。于是,我硬着头皮又回到了自己写下的那些历史手稿之中。通过对这些历史材料的重新解读,我被其中所蕴涵的、连自己也没能意识到的一系列相关研究震撼了。扪心自问,本人的天性适合这样的工作吗?

这种智识上的探索花去了我后来的五年时间。在这一过程中,我深知朋友们所起的关键作用。尼尔·凯亚尔(Neal Katyal)和大卫·格拉夫(David Golove)是与我志同道合的同事。他们对我不遗余力的帮助集中体现在我们共同完成的两个作品中:一个是我和凯亚尔在《芝加哥大学法律评论》第 62 卷第 475 页所发表的论文《有违常规的开国时期宪法》(*Our Unconventional Founding*,1995 年),另一个是我和格拉夫于 1995 年所发表的论文《对北美自由贸易协定合宪性的质疑》(*Is NAFTA Constitutional*?)。一些学生作为研究助理也对我的研究成果做出了真诚的奉献,他们是迈克尔·阿拉汉米恩(Michael Aprahamian)、林达·多德(Lynda Dodd)、拉切尔·哈蒙(Rachel Harmon)、史蒂芬·克夫(Stephen Keogh)、曼霍德·曼布(Mahmood Mabood)、斯恩赛·鲍威尔(Cynthia Powell)、约翰·谢帕德(Jon Shepard)、格里格·斯尔沃曼(Greg Silverman)、迈克尔·斯波利特(Michael Splete)以及简·特拉菲诺(Jan Trafimow)。吉尼·科克利(Gene Coakley)仍然一如既往地为我提供耶鲁图书馆的便利,他的无私帮助使我万分感激。此去经年,我的那些活跃在历史学家圈子中的朋友们同样也给了我很多助益。尽管几年的时间已经过去了,但我仍然无法忘却鲍勃·卡夫(Bob Cover)和比尔·尼尔森(Bill Nelson)给予的帮助。理查德·弗里德曼(Richard Friedman)审阅了本书有关"新政"部分章节的初稿;迈克尔·莱斯·贝尼迪克特(Michael Les Benidict)和艾里克·福纳(Eric Foner)审阅了"重建"部分;杰克·拉克夫(Jack Rakove)和亨利·摩纳罕(Henry Monaghan)则审校了本书的第一部分。平心而论,在完成这个耗时 15 年的巨大项目的过程中,我欠朋友们的东西实非语言所能表达,尽管他们自己都明白为我做了些什么。

在完成这个项目的过程中,很多学校也给我提供了诸多方便。哥伦比亚大学和耶鲁大学法学院提供的很多授课机会,使我在本书中讨论的一些主题得以进一步深化。哥伦比亚大学本诺·施克密特(Benno Schmidt)和芭芭拉·布兰克(Barbara Black)以及耶鲁大学的法学院院长吉多·卡拉布利斯(Guido Calabresi)和托尼·克罗曼(Tony Kronman)都慷慨地向我伸出了援助之手。此外,我特别要提及两个研究所:柏林的威森科特斯格里(Wissenschaftskolleg)和华盛顿的伍德罗—威尔逊中心(Woodrow Wilson Center)。在柏林度过的时光使我记忆犹新,流连忘返。那种环境促使我完成了《自由革命之未来》(*The Future of Liberal Revolution*)一书,这也是本书不得不延期出版的一个原因。但是,我在德国拥有很多时间对本书进行重新思考。从长远的眼光来看,这对我的帮助是相当大的。1995 年到 1996 年在威尔逊中心度过的一年时间,使我有机会将过去所作的那些杂乱无章的重建史方面的手稿缩减到一个可读的规模。最后(但并非不重要),我的秘书琼·帕克奎特—萨斯(Joan Pacquette-sass)和吉尔·托蓓(Jill Tobey)替我承担了大量的工作,没有他们的帮助,本书的写作必将搁浅。

就像我在这里要说的那样,我是一个幸运儿。我衷心地希望,在某种程度上本书的出版能够偿还为其出版而作出贡献的相关国家和学校的感情债。

❖ ❖ ❖ ❖

在此,我已把此前发表的部分作了一定程度的修改。本书第一章的局部已在桑弗德·列文森(Sanford Levinson)主编的《对不完整性的回应》(*Responding to Imperfection*,普林斯顿大学出版社 1995 年版)一书中发表;而第二章和第三章中的一部分也曾被我和凯亚尔所著的《非常规的建国时期宪法》(《芝加哥大学法律评论》第 62 卷,1995 年)一文采用;而本书第十三章中的部分也在《哈佛法律评论》第 101 卷(1988 年)发表过。当然,这些部分能够重印,都获得了原出版商的首肯。

译者序

宪法政治的真谛

200多年前,对美国历史产生了巨大影响的几十位政治精英聚首费城,以其超人的勇气、非凡的智慧和高超的政治斗争技巧,提出并动员人们批准了费城制宪会议制定的那部与当时尚行之有效的《邦联条例》之字面和精神皆相背离的1787年宪法。这部人类历史上的第一部成文宪法开门见山地指出,“我们美利坚合众国人民,为建立更完善的联邦,树立正义,保障国内安宁……制定本宪法”。

20世纪末期,美国人布鲁斯·阿克曼在其著作《我们人民:宪法的变革》一书中指出,“我们美利坚合众国人民”是宪法变革的动力之源。

那么,布鲁斯·阿克曼为什么要提出这个问题?他又是以什么方法来论证其观点的?他提出这样的观点有什么现实意义?……这些问题要求我们说明以下几对概念,而且从某种意义上说,这几对概念也是贯穿全书的主脉。

一、宪法政治与常态政治

布鲁斯·阿克曼(Bruce Ackerman),耶鲁大学法学和政治学教授。《我们人民:宪法的变革》(*We the People: Transformations*)是介于其系列丛书第一卷《我们人民:宪法的根基》(*We the People: Foundations*)和第三卷《我们人民:对宪法的阐释》(*We the People: Interpretations*)之间的一部著作。本书的主题围绕美国宪法变革的程序而展开——美国宪法的变革是严格按照美利坚合众国宪法第5条规定的程序[1]进行的吗?如果不是,它又是怎样变成现在这副模样的?阿克曼在展开这些讨论时,设置了一个具体的宪法政治背景。

宪法政治(constitutional politics)是与常态政治(normal politics)相对的一个概念。两者之间的区别,是阿克曼展开讨论的基本前提。两者间的主要区别可以概括如下:

1. 宪法政治期间,人民大众对政治和宪法改革问题给予了较多的关注;而在常态政治期间,人民则更多地关注日常生活,而把国家问题留给了民选政治家。像阿克曼所说的建国、重建和新政三个主要的宪法政治时期,不同派别的政客们都热情洋溢地动员选民、力争获得选民的支持以击败其政治对手。广大选民亦积极回应,经过慎重的思考后,通过选票表达他们的意志——把迎合了他们口味的政治派别送上权力的顶峰,以推动宪法改革的进行。

2. 宪法政治期间,宪法将经历一场剧变;而在常态政治期间,宪法的变革则是一个渐变的过程。1787年宪法突破了《邦联条例》的限制,不仅从内容上发生了质变——使美国这样一个邦联制的松散国家联盟转变成

---

〔1〕 美国宪法第5条规定,"国会遇两院2/3议员认为必要时得提出本宪法之修正案,或应各州2/3之州议会之请求而召集制宪会议提出修正案。在任一情况下,经各州3/4之州议会,或各州3/4之州制宪会议之批准,该修正案即作为本宪法之实际部分而发生效力,具体采用哪种批准模式应由国会决定之……"关于该条的全部内容,读者可参见商务印书馆出版的《联邦党人文集》。此处美国宪法第5条的翻译,笔者也参酌了该书的内容。

了一个开始强调中央政府权威的联邦国家;而且宪法的批准程序,也由《邦联条例》规定的所有州的一致同意变成了1787年宪法所规定的3/4多数州的同意。重建时期的宪法改革则使黑人走入了国家的政治生活。而新政时期的宪法改革更是使整个美国从传统的自由放任主义向积极干预经济的国家政府过渡。这些巨大的变化都是在较短的时间内完成的。而常态政治期间的宪法变革则不容易为人们所发觉,它大多是由法院在几十年的时间内通过诸多的案件判决而逐渐完成的。

当然,我们在这里还需要注意另外一个问题:宪法政治虽然重要——美国宪法的几次大规模改革都发生在宪法政治时期,但占据主流地位的仍然是常态政治。在经过一段时间的宪法改革大讨论后,宪法政治必然要回归到常态政治之下。毕竟,人民不可能长期把关注的焦点放在国家的前途和宪法改革的问题上,他们还要做其他的事情——这就是常态政治的回归。

在宪法政治的背景下,阿克曼研究了美国宪法史上最主要的三次宪法变革。

二、法律形式主义与法律现实主义:方法论问题

在阐释阿克曼所研究的三次主要宪法改革之前,我们需要简单地说明一下他的研究方法。

从表面上看,对法律形式主义(Formalism)的批判是贯穿全书的一条主线。法律形式主义在本书中还有若干其他的称谓,如Textualism、Hypertextualism,以及某种程度上的Legalism。阿克曼指出,在宪法变革的问题上,形式主义的法律理论是主流的法律理论,这个主流的法律理论认为美国宪法的变革是严格按照宪法第5条规定的程序进行的。然而,事实远没有如此简单:首先,宪法第5条规定的修宪程序并不明确,它规定了若干可能的修宪模式。比如,除了我们最常见到的国会2/3提出宪法修正案,再由3/4州议会批准的程序之外,还存在着若干可能的宪法改革组合——联邦制宪会议与各州制宪会议;联邦制宪会议与各州议会,以

及国会与各州制宪会议。其次,阿克曼指出,宪法第 13 修正案的批准和宪法第 14 修正案的提出之间就存在着法律形式主义者所无法解决的两难问题。重建时期的合众国在批准宪法第 13 修正案时,承认南部各州存在着合法政府;但在此后提出宪法第 14 修正案时,重建时期的北部各州议员组成的"国会"却将南部各州的国会代表关在了国会的大门之外。也就是说,宪法第 14 修正案是由 3/4 的北部各州国会代表提出后强加给南部各州的。这种做法显然与宪法第 5 条规定的修宪程序不符。最后,美国宪法在新政革命后也发生了巨大的变化:美国政府由新政前坚持的自由放任主义经济政策向积极干预经济的福利国家政策转变。但这种宪法内容的变革与宪法的外在表现之间存在着巨大差异——毕竟,新政时期美国宪法并未增加任何修正案。也就是说,美国宪法的实质内容和美国宪法的修正程序之间存在着脱节的现象。

法律形式主义虽然能够"预先赋予法律程序的每个步骤以特定含义",但它却无法有效地解释美国宪法史上发生的宪法变革。"尽管这种预先制定的框架可能已经包罗万象,但它还是无法囊括瞬息万变的现实生活。"[1]那么,以法律现实主义的方法来研究美国宪法变革的过程,行吗?我们知道,法律现实主义有一个著名的信条,"万事皆政治"(Everything is politics)。阿克曼认为,这种研究方法忽视了法律变迁的法律因素,故而亦不可取。

批判的目的在于建树。在批判了解释宪法变革的法律形式主义和法律现实主义观点之后,阿克曼指出需要对传统的研究方法进行一番修正,这就是他所谓的第三条道路。受普通法研究方法的启发,阿克曼倡导的研究宪法变革的方法强调作为先例的宪法改革实践的重要性。在推进其研究的过程中,阿克曼之所以将关注的重点放在建国时期、重建时期和新政时期进行的宪法改革上,用他自己的话来说,主要是因为"重建时期的共和党人和新政时期的民主党人都像建国初期的联邦党人一样,为其革命性改革争取广泛而持久的民众基础"。[2] 通过对这三次宪法变革实例

---

〔1〕 见本书原著第 186 页。

〔2〕 见本书原著第 69 页。

的研究,阿克曼认为推进宪法变革的规则不仅包括规则、原则,而且还包括历史上遗留下来的宪法改革实践。

三、宪法变革的程式与模式

宪法改革的程式与模式是本书的主体部分——本书除了第一章和最后一章,都在讲述这个问题。而且,对法律形式主义的批判也是在此过程中展开的。

1. 宪法变革的程式

在更新了传统的宪法变革研究方法后,阿克曼具体分析了宪法变革的程式与模式。宪法变革的原动力在于"我们人民";宪法变革的程式亦有规律可循。阿克曼将宪法变革的程式概括为五个阶段:发出宪法改革的信号阶段(signal)、提出宪法改革方案的阶段(proposal)、决定宪法改革命运的程序(triggering)、宪法改革方案的批准(ratification)和宪法改革的巩固阶段(consolidation)。在这五个阶段中,第二、四两个阶段是主要阶段;而其他阶段为辅。

不可否认,在阿克曼研究的三个宪法改革实例中,这五个方面的表现形式又各不相同。

A. 建国时期

弗农山会议是宪法改革即将来临的一个信号(signal);在费城会议提出1787年宪法草案后(proposal),大陆国会决定由3/4的州制宪会议(triggering)来批准这个打破《邦联条例》的革命性宪法文件;随着1787年宪法获得9个州的批准(ratification),纽约和罗得岛两州也纷纷登上了承认1787年宪法合法性的制度彩车,宪法的改革最终获得了巩固(consolidation)。

B. 重建时期

重建时期通过的宪法第13、14修正案使阿克曼在研究的过程中遇到了一些麻烦。个中原因在于宪法第13修正案和宪法第14修正案的批准表现出了两类不同的宪法改革模式。在前者批准的过程中,总统是积极推动宪法改革的激进派;而国会则是反对宪法改革的保守派。相形之下,宪法第 14 修正案批准的过程中,激进派和保守派之间发生了易位,即约翰逊总统成了保守派,而以史蒂文斯和萨姆纳为首的共和党人国会则成了宪法改革的急先锋。

虽然问题有些复杂,但阿克曼还是以他提出的五个程式的分析模式研究了内战和随之而来的重建时期的宪法改革。首先,林肯之当选为合众国总统承担了发出宪法改革信号的功能(signal),因为林肯在竞选时已表明了对奴隶制的敌意,且这种态度令南部各州的奴隶主感到惴惴不安;虽说《废奴宣言》仅是一个战时文件,但它却部分地否定了宪法承认的奴隶制,宣布南部各州的奴隶"永获自由",而其后形成的宪法第 13 修正案则更是全面地否定了奴隶制(proposal);在宪法第 13 修正案批准的过程中,约翰逊打破常规地做了大量的说服动员工作(triggering),毕竟,宪法第 5 条不允许总统在宪法批准的过程中发挥这样的作用;随着亚拉巴马州之批准宪法第 13 修正案(ratification),该修正案成为合众国的法律而发生效力;在宪法第 13 修正案获得通过后,越来越多的州逐渐批准之,使其法律地位获得了巩固(consolidation)。宪法第 14 修正案的批准则展现了一幅不同的场景:在由北部各州议员组成的国会(在这里,阿克曼称为"制宪会议/国会")提出了宪法第 14 修正案之后(proppsal),这个所谓的国会修正了该修正案的批准规则(triggering),即通过一系列重建法案,规定南部各州重返联邦的前提条件是批准宪法第 14 修正案,当然这里有一个不容忽视的问题:国会中的共和党人所以能够"强迫"南部各州批准宪法第 14 修正案的主要原因,在于他们赢得了 1866 年中期选举的胜利,而这次选举的胜利又使他们可以声称自己的做法反映了"我们人民"的意志;在宪法第 14 修正案获得通过后(ratification),联邦最高法院迫于共和党人屡次赢得全国性选举的压力,最终也在屠宰场案中做出了承认宪法第 14 修正案的判决,而且共和党人对总统职位和国会的长期控制使宪法第 14 修正案获得了巩固(consolidation)。

以阿克曼提出的宪法变革的五个程式这个模式进行分析,重建时期宪法改革的成果就是"类修正案"(amendment-analogues)的出台——因为重建时期通过的宪法修正案徒具宪法修正案的外形,而并不是按照第 5

条规定的程序制定出来的。

C. 新政时期

罗斯福在竞选总统时就全面地表明了他的改革立场,因此他击败兰登当选为总统说明面对大萧条的人民希望进行宪法改革。阿克曼据此认为,1932 年总统选举本身即发出了宪法改革的信号(signal);罗斯福领导下的新政民主党人虽然没有提出正规的宪法修正提案,但他们在第一和第二新政期间分别通过的全国工业复兴法和瓦格纳劳工关系法、社会保障法等法案却对传统的宪法原则发起了冲击(proposal);尽管联邦最高法院对这些改革方案进行了有效的抵制,但屡次赢得全国性选举的罗斯福及民主党人打破常规地推出了法院改组方案(triggering);结果,联邦最高法院迫于法院改组和民众支持的压力采取了及时转向,以司法判决的方式承认了新政革命的合法性(ratification);联邦最高法院承认新政革命合法性的及时转向难道不是一时的权宜之计吗?由于罗斯福破天荒地四次连任总统以及民众对民主党人的持续支持,总统得以任命一系列联邦最高法院法官,来巩固此前承认新政革命合法性的法院判决(consolidation)。这样,虽然新政时期没有通过正规的宪法修正案,但这一时期的联邦最高法院判决却承担了拟修正案(amendment-simulacra)的功能。

2. 宪法改革的模式:总统领导权与国会领导权

在遵循上述程式的基础上,宪法改革的过程又表现为不同的模式。重建时期通过的宪法第 13 修正案和新政时期的宪法改革属于总统领导权模式——总统在宪法改革的过程中居于主导地位;而宪法第 14 修正案的提出和批准则属于国会领导权模式——推动宪法改革的主要动力来源于国会。相形之下,宪法改革的国会领导权模式更难把握,因此阿克曼更倾向于总统领导权的宪法改革模式。当然,宪法改革的程式与宪法改革的模式之间并不矛盾,无论哪种宪法改革模式,其基本过程都经历了上述五个阶段。

撇开这些表面上的差异,阿克曼指出这三次主要的宪法改革间存在着共通之处:以我们人民的支持、实现人民主权为根据,宪法改革派在推进宪法改革的过程中都采取了一系列的非常规的举措。所谓的非常规举措,就是指打破既定宪法修正程序的那些做法——这些宪法改革实践的确打破了法律条文的规定,看似非法,但并非没有先例可循。甚至建国时期的联邦党人打破《邦联条例》的规定,召开费城会议、制定了1787年宪法的做法也是因袭了英国光荣革命的做法。就像重建时期的宪法改革因袭了建国时期的宪法改革实践一样,新政时期的新政革命也效仿了重建和建国时期的宪法改革实践。从此,我们可以看出,阿克曼眼中的宪法修正程序不仅包括宪法第5条的规定以及传统的宪法原则,而且还包括历史上遗留下来的一系列宪法改革实践。

在研究了美国宪法史上的三个主要时期之后,阿克曼还对里根—布什政府和克林顿政府期间发生的一些事件进行了分析。以传统的标准进行衡量,他得出了这两个时期的宪法改革尚不成熟的结论。

四、我们人民的内涵

"我们人民"的内涵是贯穿全书的另外一条主线。它的含义可以从两个方面来理解。

从实体上看,"我们人民"是指"我们美利坚合众国人民"。这是一个内涵不断变化的概念:1787年宪法中的"美利坚合众国人民"是指各州有较强独立性的合众国人民;而随着美国国家主义色彩的加深,"我们人民"则是有着强力中央政府的国家的人民。美国人民越来越鲜明的国家身份,是国家中心主义越来越浓的外在表现和必然结果。为说明此点,阿克曼分别对 the United States of America 的不同部分做了强调:the United *States* of America 和 the *United* States of America。其目的在于强调中央政府的权威在国家政治生活中占据着越来越重要的地位。

从程序上看,阿克曼认为:"'人民'并不是超人的代名词,而是一个能有效地促进政治精英和人民大众进行有效互动的程序。它是一个特别的程序:在与平时不同的宪法政治时期,大多数普通美国人都对公民权以及华盛顿的动态等问题倾注了更多的时间和精力。如果高级法创制的体制能够正常运转,它将有效地引导积极参与宪法讨论的公民实现普通百姓和政治精英之间的对话——它将首先赋予持不同观点的政治精英们阐明各自宪法观点的机会;而后,它会引导人民参与到宪法讨论中来,并通过投票表明自己的立场。而公民投票又为政治精英们在下一阶段提出怎样的宪法讨论主题指明了方向。其后,政治精英们再在下次选举时把这些宪法讨论的主题提交人民进行讨论和表决;以此类推……随着普通百姓从宪法讨论的大潮中日渐淡出,这一程序亦告终结……"[1]这就是阿克曼对作为宪法变革程序的"我们人民"的内涵的全方位写照。

这里需要注意的一个问题是:"我们人民"的实体含义和程序含义之间始终保持着一致。首先,我们看一下建国时期的情形。与 1787 年宪法中"我们人民"的实体含义相一致的是,我们人民表达其宪法意志的方式也是各州与联邦政府之间的对话,是联邦与各州之间的分权(division of powers),即只有联邦政府(提出宪法修正案)与各州(批准宪法修正案)达到合意的情况下,人民才能表达其宪法意志——联邦政府和各州之间在宪法修正的问题上是平等的伙伴关系。其次,经过内战洗礼的合众国更像一个国家。内战扩大了中央政府的权力,使合众国公民的身份高于各州公民的身份。与"我们人民"之实质内容发生了同样变化的是,人民表达其宪法意志的渠道也发生了变化:宪法第 13 修正案和第 14 修正案就是最好的说明。在提出、批准宪法第 13 修正案和第 14 修正案的过程中,各州发挥的作用相对变弱。用阿克曼的话来说,推动这两个宪法修正案成为高级法的动力在于宪法规定的选举日程和政府各部门之间的分权(separation of powers)。由于政府各部门的相互制约,不同的宪法观在宪法规定的选举日程被提交选民,选民通过投票支持某一政治派别而直接表达其宪法意志。这样,各州在宪法修正中的地位逐渐变弱。最后,新政时期表现出来的国家中心主义倾向更为明显,用罗斯福的炉边谈话来说,"即使在包括 95% 之投票人口的 35 个州支持该修正案的情况下,总数仅占投票人口 5% 的 13 个州也足以使宪法修正案无法获得通过"。[2] 为防止出现这种情况,新政期间的罗斯福根本没有把大部分精力放在制定推

〔1〕 见本书原著第 187 ~ 188 页。

〔2〕 见本书原著第 326 页。

行新政的宪法修正案上。结果，回首新政，我们所能看到的只是罗斯福为推动宪法变革而任命了一系列联邦最高法院法官的做法，而没有任何宪法修正案的成型文字。

针对美国国家主义倾向渐浓的趋势，以及美国宪法文本中规定的宪法修正程序的弱点，阿克曼提出了一个宪法修正程序的替代性方案：人民主权动议（Popular Sovereignty Initiative）。在阿克曼看来，这是一个能够弥补宪法第5条不足的程序。据此程序，“这个由（获得连任的）总统提出的动议应提交国会，在经国会2/3多数批准后，再提交全体选民在下两次总统选举中进行表决。如果该动议经受住了这些考验，它即应由联邦最高法院给予其宪法的地位”。[1] 通观此程序，我们不难发现各州已经被晾在了宪法修正程序之外。而这一程序也恰恰反映了美国国家主义倾向渐重的总体趋势。

在阿克曼看来，宪法政治的真谛就是“我们人民”对宪法改革运动的积极参与。美国的二元制宪法为不同的政治派别提供了发表其政见的同等机会，他们都可以以“我们人民”的名义要求宪法改革，但这种要求最终必须接受宪法规定的选举日程的考验。通过赢得一轮又一轮的选举胜利，获胜的政治派别就可以名正言顺地声称自己获得了人民的授权，其宪法改革主张也代表了“我们人民”的呼声。我们人民才是宪法改革的最初、也是最根本的动力。

阿克曼之所以能够提出这些观点源于多方面的原因，除去他的知识结构等个人因素不谈（不要忘了，他是个法学和政治学教授，而且与史学界的一些朋友也过往甚密），从宏观方面看，美国特有的文化传统当为一个重要的因素。“五月花”号上的殖民者在北美登陆后的命运，掌握在他们自己手中。这种从西欧传承而来的民主自由思想与北美殖民者历史上形成的乡镇自治传统结合在一起，形成了美国人独具特色的人民主权观念。因此，像托克维尔所说的那样，“人民之对美国政界的统治，犹如上帝之统治宇宙。人民是一切事物的原因和结果，凡事皆出自人民，并用于人

---

〔1〕 见本书原著第415页。

民”。[1] 这也是阿克曼在本书的开篇部分就提出“我们早就应该牢牢地将未来掌握在自己的手中”的原因。其次，美国的实用主义哲学传统也是阿克曼上述观点的知识来源。从实用主义的角度出发，阿克曼批判了法律形式主义观点的不足，以规则、原则和实践的综合框架来衡量美国宪法变革的历史，并在本书的最后一章提出了足以体现实用主义精神的、引导宪法变革的替代性方案——人民主权动议。最后，美国的普通法传统和司法中心主义价值观念是阿克曼观点的制度前提。从整体上看，阿克曼是以普通法的方法来研究宪法的；从结论上看，甚至他提出的宪法变革程序——人民主权动议——最终也要由联邦最高法院宣告某宪法修正提案成为合众国高级法的一部分。总之，阿克曼的研究也是基于特定的文化和制度背景。

虽然“美国的联邦宪法，好像能工巧匠创造的一件只能使发明人成名发财，而落到他人之手就变成一无用处的美丽艺术品”[2]，但阿克曼的描述还是向我们展示了这样一幅图景：这部只能由美国人把玩的联邦宪法，更像雕塑家手中的一尊永不干硬的人身全像泥雕，雕塑家当初塑了一个立式雕塑，一段时间后雕塑家把这尊雕塑改造成了卧姿或任何其他的形态，但大多数人还会承认它仍是原来的那副雕塑。

笔者认为，阿克曼的研究方法在某种程度上更能给读者以深刻的启发：以普通法的研究方法研究宪法变革，要求研究者把历史上发生的宪法改革实践当做“precedent”（先例），在驳斥了法律形式主义者观点的同时，重现了美国宪法发展的原貌。

全书的行文风格使我想起了费孝通先生的文字——朴实简约。如果不错，这也应该是读者最愿阅读的一种行文。因此，译者在忠实原意的基础上力求反映原文的文风，但毕竟水平有限，还请方家指正。

孙文恺

2002 年仲夏于南京

---

〔1〕 托克维尔：《论美国的民主》（上卷），商务印书馆，第 64 页。

〔2〕 同上，第 186 页。

修订版译者序

走出二元对立的思维困境

——阿克曼对美国宪法变革机制的检讨

1787 年 9 月 17 日,秘密结束的费城会议通过了人类历史上第一部成文宪法。关于宪法修正程序的问题,新宪法草案彻底颠覆了《邦联条例》要求所有州一致同意才得修宪的制度,其第 5 条明确规定 3/4 州的批准就足以使修正的宪法发生法律效力。修宪程序的上述变革是与会代表理性思考、讨论的结果:“过去的惨痛经验是只要有一个州反对就足以阻碍所有其他州的意愿,因此必须修改邦联条款。新宪法中应有不需要所有州都同意的规定,这在当时是明显必要的”。[1] 按照新的批准规则,1787 年宪法于 1789 年 3 月 4 日正式生效。

经过两百多年的发展,美国宪法增加了 27 个修正案。[2] 这些修正案从形式和内容方面都大大地改变了美国宪法、改变了美国人民的国家身份和社会生活。正因如此,美国宪法的变革也吸引了人们较多的关注。其

〔1〕 [美]马克斯·法仑德:《设计宪法》,董成美译,上海三联书店 2006 年版,第 44 页。

〔2〕 1791 年一次性通过的前 10 个修正案都是关于公民基本权利保障的条款,因此也被称为“权利法案”。其他 17 个宪法修正案则是在二百多年的时间里陆续通过的。

中两种对立的宪法变革观尤令人瞩目:法律形式主义者认为美国宪法的修正是严格地按照宪法第5条之规定进行的;法律现实主义者认为美国宪法的变迁是不同时代的政治家和人民基于特定情形而进行的全面制度创新。美国耶鲁大学政治学和法学教授布鲁斯·阿克曼(Bruce Ackerman)在《我们人民:宪法的变革》(We the People: Transformations)一书中,勾勒了一幅综合两种对立学说的宪法变革图景。

一、关于宪法修正的两种对立理论及其困境

美国宪法第5条规定了宪法修正的基本程序:"国会遇两院2/3议员认为必要时得提出本宪法之修正案,或应各州2/3之州议会的请求而召集制宪会议提出修正案。在任一情况下,经各州3/4之州议会,或各州3/4之州制宪会议批准,该修正案即作为本宪法之实际部分而发生效力,具体采用哪种批准模式应由国会决定之;……"对此规定在宪法变革过程中之作用的不同理解,造就了两种对立的观点。

(一)法律形式主义与法律现实主义对美国宪法变革模式的不同阐释

美国宪法学界的主流理论认为,美国宪法的修正从来没有超出宪法第5条设计的修宪轨道。这一修宪程序不仅适用于美国历史上大多数常态的宪法修正,也适用于像内战之后的重建以及罗斯福新政这两个特殊时期的宪法变革。因此,脱离宪法第5条的规定讨论美国宪法的变革,是一种毫无必要的时间浪费。[1] 阿克曼称这种主流的宪法变革理论为"法律形式主义(formalism)"或"严格法律条文主义(hypertextualism)"以及某种程度上的"法制主义(legalism)"。

另一种相对弱势的理论,对美国宪法的发展进行了现实主义的解读。该理论认为,美国宪法在建国、重建和新政时期经历的变革都是在特定历

〔1〕 See Bruce Ackerman, "*We the People: Transformations*", The Belknap Press of Harvard University Press(1998), pp7 - 14.

史条件下,美国人民进行的宪法创新。这一系列的宪法创新是美国人民以实用主义哲学为指导,在既无先例可循、又打破了宪法第 5 条之限制的条件下做出的。

(二)法律形式主义与法律现实主义的困境

在解释美国宪法变革的实践时,上述两种关于宪法变革的理论都面临着无法摆脱的窘境。

1. 法律形式主义的困境

第一,宪法第 5 条规定的内容并不明确。宪法第 5 条之内容明确,是法律形式主义立论的前提。然而,该法律条文的含义恰恰是模糊的。首先,它设计了"一个繁杂的制度。它将四种不同的组合置于我们面前:联邦制宪会议(federal convention)——诸州制宪会议(state conventions);联邦制宪会议——诸州议会(legislatures);国会(congress)——诸州制宪会议;国会——诸州议会"。[1] 该条文并未明确指出宪法的修正到底应该采取哪种模式。其次,关于 3/4 州议会或州制宪会议之批准的规定也不具有直接的可操作性。毕竟,该条并没有明确规定各州议会、制宪会议在何种情况下(例如,过半数、2/3 多数还是 3/4 多数通过),才可被视为批准了宪法修正案。

第二,法律形式主义在解释重建时期的宪法变革时陷入了两难的处境。重建时期的宪法变革主要表现为宪法第 13、14 修正案的批准。如果从法律形式主义的视角,以宪法第 5 条的规定衡量这两个宪法修正案,那么它们的合法性就不能同时获得证明。[2] 在国务卿西华德宣布宪法第 13 修正案发生法律效力时,他把 8 个企图从联邦中分裂出去的前南部邦联州计入批准宪法的 27 个州中。[3] 也就是说,在宪法第 13 修正案的批

---

〔1〕 Bruce Ackerman, "*We the People: Transformations*", The Belknap Press of Harvard University Press(1998), p71.

〔2〕 See Bruce Ackerman, "*We the People: Transformations*", The Belknap Press of Harvard University Press(1998), pp101 - 111.

〔3〕 这 8 个州包括弗吉尼亚、路易斯安那、田纳西、阿肯色、亚拉巴马、北卡罗来纳和佐治亚州。当时联邦内共有 36 个州,西华德很清楚:根据宪法第 5 条的规定,27 个州的批准是宪法第 13 修正案生效的下限。

准问题上,南部叛乱各州政府的合法性并未受到质疑。然而,“国会”在此后不久提出宪法第14修正案时,却将南部各州的国会代表关在了国会大门之外。按照宪法第5条的规定,如果将南部各州代表排除在外,那么这个“国会”根本就没有提出宪法第14修正案的资格——因为这个所谓的“国会”永远都无法达到宪法第5条规定的提出宪法修正案的2/3多数。也就是说,在宪法第13修正案的批准和宪法第14修正案的提出之间,出现了不能根据宪法第5条同时证明它们合法性的两难!

第三,法律形式主义无法解释新政时期的宪法变迁。新政前后,美国宪法的内容发生了巨大变化。但宪法内容的变革却没有反映在法律形式上:在罗斯福将近十三年的任期里,美国宪法没有增加任何一个修正案。以法律形式主义者的观点看,新政时期美国宪法没有进行形式上的修正说明宪法没有发生改变。可是,这种判断显然与事实大相径庭。

因此,法律形式主义“对宪法第5条作单一的理解,根本无助于我们搞清建国和重建之举的宪法含义,因此也就更不用说新政了”。[1]

2. 法律现实主义的困境

法律现实主义者同样不能对特定时期宪法变革的现象给予合理的解释。建国、重建和新政时期的宪法改革者们并没有大刀阔斧地抛弃当时的宪法修正制度框架,进行全方位的宪法改革。在1787年宪法制定的过程中,以麦迪逊为首的一些律法尊重主义者总是小心翼翼且尽可能地在法律规定的范围内行事。[2] 在内战结束后的南部重建过程中,总统约翰逊反对国会提出的南部重建方案也有着充分的法律依据。特别值得一提的是,国会内部的不同派别在关于南部重建的问题上也发生了激烈的交锋:国会中的温和派反对激进派主张的关键理由,恰恰是后者的宪法改革举措大幅度地僭越了既有的法律规定。[3] 新政时期的罗斯福总统推动了大规模的宪法改革,但他在第一任期内对宪法的尊重以及他试图制定

---

〔1〕 Bruce Ackerman, “*We the People*: *Transformations*”, The Belknap Press of Harvard University Press(1998), p342.

〔2〕 See Bruce Ackerman, “*We the People*: *Transformations*”, The Belknap Press of Harvard University Press(1998), pp50 – 53.

〔3〕 See Bruce Ackerman, “*We the People*: *Transformations*”, The Belknap Press of Harvard University Press(1998), pp141 – 156.

宪法修正案的努力说明:罗斯福同样希望在既有宪法制度的框架内推动宪法改革。由于他对"即使在包括95%之投票人口的35个州支持该修正案的情况下,总数仅占投票人口5%的13个州也足以使宪法修正案无法获得通过"的担心,[1]罗斯福才最终放弃了制定宪法修正案的努力。

概言之,法律现实主义者无法解释宪法改革者对既有宪法制度的敬畏。毕竟,"抛开历史上取得的成就,当然无助于我们改善未来的宪法前景"。[2]

二、阿克曼诠释宪法变革的理论预设

为了全面而令人信服地阐释宪法的变革,阿克曼进行了一些基本的理论铺垫。

(一)宪法政治与常态政治:宪法变革的背景

区分宪法政治(constitutional politics)与常态政治(normal politics),构成了阿克曼研究美国宪法变革的基本背景。宪法政治之异于常态政治主要有如下诸端。

1. 宪法政治期间,人民大众对政治和宪法改革问题给予了更多的关注;而常态政治下的人民则更多地关注日常生活,把国是的决定权留给了民选政治家。在建国、重建和新政三个主要的宪法政治时期,不同派别的政客们都全力以赴地动员选民、力争获得他们的支持以击败政治对手。广大选民亦积极回应,并在慎重的思考后,通过投票表达其意志——把迎合他们口味的政治派别送上权力的顶峰,以推动宪法的变革。

2. 宪法政治期间的宪法变革较常态政治期间的宪法变革要剧烈得多。1787年宪法突破了《邦联条例》的限制,不仅使宪法内容发生了质

---

〔1〕 Bruce Ackerman: " *We the People*: *Transformations*", The Belknap Press of Harvard University Press(1998), p 326.

〔2〕 Bruce Ackerman, " *We the People*: *Transformations*", The Belknap Press of Harvard University Press(1998), p344.

变——使北美各州从一个松散的联盟转变成了一个联邦国家,而且宪法的修改程序也发生了巨大变化。重建时期的宪法改革把黑人推上了国家的政治舞台;新政时期的宪法改革更使美国从传统的自由放任主义向积极干预经济的国家政府过渡。这些巨大的变化都是在较短的时间内完成的。与此相较,常态政治期间的宪法变革不易被人们发觉,它大多是由法院通过诸多案件的判决来逐渐完成的。概言之,常态政治期间的宪法变革显得更为温和。

3. 与常态政治相较,宪法政治并非人们生活的主流。宪法政治固然重要——因为它是美国宪法发生大规模转向的时期,但常态政治仍然占据着普通人的主流生活。在参与了宪法改革的讨论后,人们渴望尽快地回到日常的社会生活中。毕竟,人民不可能长期把关注的目光停留在国家前途和宪法改革的问题上。从这个角度看,宪法政治有向常态政治回归的必然趋势。

(二)条文与先例:宪法变革的坐标

宪法修正程序的相关规定与历史上的宪法改革先例,为宪法改革指明了基本的方向:宪法改革要尽量地遵守现有的法律规定,但又不能裹足不前。换言之,宪法改革的主要目标在于通过形式上尽可能合法的程序,参酌历史上的宪法改革先例,赋予形式上似乎合法的宪法改革实践以全新的宪法意蕴。在宪法政治期间,这种改革方式显得更为重要。

现有的法律条文和历史上的宪法改革先例,构成了建国时期的联邦党人、重建时期的共和党人以及新政时期的民主党人推进宪法改革的坐标。联邦党人"为达到修改邦联条款这个唯一而迫切的目的"召集的费城会议(convention),[1]恰好是上述两个因素综合作用的结果。召集会议的目的符合《邦联条例》,但会议(convention)的形式却有违法之嫌。这个在形式上有违法之嫌的会议反过来又突破了当初设定的"合法目标"。费城会议的合法性只有在宪法改革先例中才能获得证明。为此,阿克曼把人们的目光引向了英国的光荣革命。在英国宪法中,"convention"意味着

〔1〕[美]马克斯·法仑德:《设计宪法》,董成美译,上海三联书店2006年版,第35页。

有法律瑕疵的议会,特别是指1688年光荣革命后举行的那次会议。建国时期的联邦党人召集费城会议,“只是阐释了英国宪法史上的一个伟大先例。这个先例是在巩固光荣革命原则的1688年会议中创造的”。[1] 为提出宪法第14修正案,重建时期的共和党人把南部各州代表关在了“国会”大门之外的做法,又效法了费城会议。以此类推,新政时期罗斯福为迫使联邦最高法院支持其新政法案而提出的法院改组方案,[2] 也参酌了重建时期国会为了限制总统权力而通过的《法院紧缩法》等有违常规的措施。

阿克曼并重宪法条文与宪法改革先例的宪法变革解释理路,深受普通法传统的影响。众所周知,制定法与判例构成了普通法系的两个重要法律渊源,而“先例必须遵守”的原则又是普通法系司法传统中的铁律。阿克曼以法律条文和宪法变革先例证明美国宪法变革之合法性与合理性的做法,深深地打着普通法思维方式的烙印。

(三)实体与程序:宪法变革的动力

“我们人民”始终是宪法变革的推动力,它包括实体和程序两个方面的内容。

从实体意义上看,“我们人民”是指具有“对话能力”的公民。[3] 人民通过积极地参与选举,把自己支持的政治派别推上领导地位,以推动宪法改革的展开。在以宪法改革先例而非宪法条文指导宪法改革实践的过程中,人民理性而持久的支持构成了宪法改革派论证其宪法变革实践之合

---

〔1〕 Bruce Ackerman, “*We the People*: *Transformations*”, The Belknap Press of Harvard University Press(1998), p33.

〔2〕 1937年2月5日,罗斯福总统在民主党人于大选中获得压倒性胜利的背景下,提出了法院改组方案。由于联邦最高法院在罗斯福的第一任期内成为阻挠新政的力量,故罗斯福试图乘大选获胜之势打破联邦最高法院内部的力量平衡。法院改组的具体方案是:当联邦最高法院某个法官年满70岁时,罗斯福就有权任命一名法官。这种任命直到联邦最高法院法官总数达到15人的上限为止。迫于法院改组的压力,联邦最高法院在此后的判决中开始支持新政——法院改组最终没能进行。

〔3〕 [美]布鲁斯·阿克曼:《为何要对话》,见应奇编:《自由主义中立性及其批评者》,凤凰出版传媒集团、江苏人民出版社2007年版,第75页。

法性的最重要因素。重建时期的共和党人长期对总统位置的控制,[1]以及罗斯福总统破天荒地四次连任,都是人民以选举的方式表达其宪法改革意图的明证。因此,实体意义上的"我们人民"是推动宪法改革的原动力。

程序意义上的"我们人民","是一个能有效地促进政治精英和人民大众进行有效互动的程序。它是一个特别的程序:在与平时不同的宪法政治时期,大多数普通美国人都对公民权以及华盛顿的动态等问题倾注了更多的时间和精力。如果高级立法的体制能够正常运转,它将有效地引导积极参与宪法讨论的公民实现普通百姓和政治精英之间的对话——它将首先赋予持不同观点的政治精英们阐明各自宪法观点的机会;尔后,它会引导人民参与到宪法讨论中来,并通过投票表明自己的立场。而公民投票又为政治精英们在下一阶段提出怎样的宪法讨论主题指明了方向。其后,政治精英们再在下次选举时把这些宪法讨论的主题提交人民进行讨论和表决;以此类推。……随着普通百姓从宪法讨论的大潮中日渐淡出,这一程序亦告终结;……"[2]

"我们人民"的两重含义,为我们提供了审视宪法变革力度的不同视角。

三、二元对立思维方式的整合路径及方法

在进行了上述理论铺垫的前提下,阿克曼独辟蹊径地将法律形式主义和法律现实主义的宪法变革观点整合起来。他运用历史社会学的方法,把两种形式上对立的观点融于美国日渐浓重的国家主义观念和高级立法的实践之中。

---

〔1〕 1865 年林肯遇刺身亡后,终身民主党人、副总统安德鲁·约翰逊继任总统。在 1868 年选举中,内战英雄、共和党人格兰特竞选总统成功,并实现了连任;1876 年,共和党总统候选人海斯击败了民主党候选人蒂尔登成为总统。除去林肯此前担任总统的五年不算,约翰逊以后的共和党人连续控制总统职位也长达三届之久。

〔2〕 Bruce Ackerman, " *We the People: Transformations*", The Belknap Press of Harvard University Press(1998), pp187 - 188.

(一)国家主义:整合两种对立理论的基本观念

两百多年的发展,赋予了“我们人民”以全新的涵义:它已经从建国初期重视各州权力的“我们人民”(We the People of the United States of America),渐渐地转变为现在更重视联邦权力的“我们人民”(We the People of the United States of America)。“与1787年宪法规定的高级立法程序相比,这种新型高级法创制模式带有更浓重的国家中心主义色彩”。[1]“我们人民”赖以存在的政治实体之性质的改变,也改变了“我们人民”的国家与宪法身份。因此,无论是以宪法第5条还是参酌宪法改革先例进行的宪法变革,都以逐渐强化联邦政府权力的国家主义为最终价值依归。这种价值追求,也是实体意义上的“我们人民”通过“我们人民”的程序表示支持的。在日渐强化的国家主义观念中,法律形式主义和现实主义的理论实现了整合。

这种强化联邦权力的理念可以上溯到1787年宪法。在宪法起草的过程中,详情委员会于8月6日提交的宪法初稿罗列了13个州的名称——它明确写道:“我们……(13个州的名称)人民”。这种表达方式一直到制宪会议第三个阶段结束的9月10日都没有发生改变。然而,在9月12日文字排列和风格委员会完成的宪法终稿里,13个州的名称被删除,而代之以笼统的“我们美利坚合众国人民”。[2] 这种或许本属不经意的文风改变,却改变了13州在“联邦”(或许称当时的那种“联邦”为“联盟”更确切)中的地位:各州的整体利益已经高于各州的利益。这种强化联邦权力的观念经过内战和新政的考验,变得更为深入人心。“the United States of America”内涵的转变,也塑造了不同内容的“We the People”:南北战争后包括黑人在内的少数族裔、20世纪初的妇女成为“我们人民”的组成部分就是最好的证明。现在的美国人已经颠覆了首先是纽约州人、弗吉尼亚人,然后才是美国人的观念。这种观念同样鲜明地渗

---

〔1〕 Bruce Ackerman, “*We the People*: *Transformations*”, The Belknap Press of Harvard University Press(1998), p207.

〔2〕 参见麦迪逊:《辩论:美国制宪会议纪录》,尹宣译,辽宁教育出版社2003年版,第443、712、727页。

透于现任总统奥巴马庆祝大选获胜的演讲中："所有这些美国人，都在向世界发出一个信息，那就是，我们从来不仅仅是无数个人的累加，不仅仅是红州（代表共和党）和蓝州（代表民主党）的混合体；我们是，也将永远是，美洲上团结起来的州（即美国）。"[1]

国家主义的意识形态成为推动美国宪法变革的重要价值目标之一。

（二）高级立法：整合两种对立理论的宪法改革实践[2]

与国家主义观念逐渐增强的发展趋势相适应，高级立法（higher lawmaking）的动力已经由早期的联邦与各州之间的分权（division of power），转变为联邦政府各部门之间的分权（separation of power）。这种突破了宪法第5条之制度设计的高级立法实践要求：只有把法律形式主义和现实主义整合起来，才能令人信服地解释美国高级立法的过程。[3]

宪法第5条设计的四种修宪途径体现了一个共同的理念：在宪法修正问题上，联邦与各州是平等的伙伴关系。联邦之提出与各州之批准宪法修正案的模式，决定了联邦和各州的宪法权力平衡与合作，是保证宪法修正顺利进行的重要条件。及至重建时期宪法修正案的提出、批准，特别是宪法第14修正案的批准时，由北部各州议员组成的"国会"将南部10州批准该修正案作为各州议员重新恢复国会议员的条件。宪法修正的权力平衡指针已经开始向联邦倾斜。安德鲁·约翰逊总统与"国会"的对抗以险遭弹劾而告终的事实表明，联邦政府中的立法分支和行政分支之间的斗争已经成为决定宪法改革命运的动力。新政时期的联邦政府以规避宪法第5条、未通过任何宪法修正案的方式，将各州在高级立法中的作用剥夺殆尽。通过联邦最高法院与民主党人控制的议会和总统罗斯福之间

---

[1] http://blog.sina.com.cn/s/blog_4c1c19620100b8pr.html? tj = 1

[2] 高级立法（higher lawmaking）是与常规立法（normal lawmaking）相对而言的。在阿克曼的二元民主理论中，高级立法是人们通过参与政治运动表达其宪法意志的渠道；而常规立法是民选政客通过普通的立法程序进行的。换言之，高级立法是人民做出的决定，而常规立法是政府做出的决定。关于这一问题的详细论述，可以参见 Bruce Ackerman，"*We the People*：*foundations*"，The Belknap Press of Harvard University Press（fifth printing，1998），p6.

[3] Bruce Ackerman，"*We the People*：*foundations*"，The Belknap Press of Harvard University Press（fifth printing，1998），pp266 – 294.

的斗争,联邦政府把决定各州命运的宪法改革权牢牢地控制在自己手中。

表面上对宪法修正程序的尊重与行动上对宪法修正程序的突破,在强化联邦政府权力的高级立法过程中实现了有效的结合。

(三)历史社会学:整合两种对立理论的法学方法论

与法律形式主义的宪法变革理论运用宪法第5条的规定解释所有美国历史上的宪法变革不同,阿克曼的二元宪政主义宪法理论以该条规定阐释常态政治下的宪法变革;以"我们人民"的宪法改革实践阐释宪法政治时期的宪法变革。由于人们对常态政治期间宪法变革的形式主义观点鲜有异议,因此,以历史学的观点遴选出美国历史上重要的宪法政治时期并进行具体的分析,就成了阿克曼解释美国宪法变革的突破口。在以历史学的立场选择了建国、重建和新政三个宪法政治时期后,阿克曼以社会学的方法对这三个时期的宪法变革进行了详细的分析。

具而言之,阿克曼从社会学的功能主义视角对宪法变革的阶段进行了不同于宪法第5条规定的刻板程序的重新定位。他认为,上述三个宪法政治时期的宪法变革经历了发出宪法改革的信号(signal)、提出宪法改革方案(proposal)、决定宪法改革命运的程序(triggering)、宪法改革方案的批准(ratification)和宪法改革成果的巩固(consolidation)五个阶段。在不同的历史时期,各阶段的表现形式可能不同,但这些不同的事实在功能上却是同一的。以建国时期的宪法变革为例,弗农山会议是宪法改革即将来临的一个信号(signal);在费城会议提出1787年宪法草案后(proposal),大陆会议决定由3/4的州制宪会议(triggering)来批准这个突破了《邦联条例》的革命性宪法文件;随着1787年宪法获得9个州的批准(ratification)以及纽约和罗得岛两州陆续承认1787年宪法的合法性,宪法改革最终获得了巩固(consolidation)。新政时期的宪法改革同样经历了这五个功能性的阶段:1932年总统选举本身即发出了宪法改革的信号(signal);罗斯福领导下的新政民主党人虽然没有提出正规的宪法修正提案,但他们在第一和第二新政期间分别通过的全国工业复兴法和瓦格纳劳工关系法、社会保障法等法案却对传统的宪法原则发起了冲击(proposal);尽管联邦最高法院对这些改革方案进行了有效的抵制,但屡次赢得全国性选举的罗斯福及民主党人打破常规地推出了法院改组方案（triggering）；结果，联邦最高法院迫于法院改组和民众支持的压力采取了及时转向，以司法判决的方式承认了新政革命的合法性（ratification）；罗斯福破天荒地四次连任总统以及民众对民主党人的持续支持，使总统得以任命一系列支持新政改革的法官来巩固承认新政革命合法性的法院判决（consolidation）。

美国宪法史上的重要改革实践在功能上表现出来的五个阶段与宪法第5条的规定基本保持了一致。从历史社会学的视角，法律形式主义与法律现实主义的宪法变革理论统一起来。

四、宪法变革理论的创新与实际运用

在阿克曼看来，任何重要的宪法变革都是在尊重现有宪法条文的保守性与宪法变革实践的创新性之基础上完成的。美国宪法变革的历史经验说明，美国的国家主义观念以及联邦政府权力的强化，使宪法第5条几乎遭到了形式上的遗弃。为了适应上述变化以实现美国宪法变革的实践与法律规定形式上的统一，阿克曼提出了一种替代宪法第5条的修宪程序。

（一）阿克曼在宪法修正程序理论上的创新

经过艰苦的知识探索，阿克曼提出了宪法变革的可替代性方案——“人民主权动议”（Popular Sovereignty Initiative）。阿克曼认为，“人民主权动议”与美利坚合众国国家主义色彩逐渐加强之趋势相吻合，它剥夺了3/4州参与宪法修正的机会。具体说来，“人民主权动议”是指这样一个程序：“由（获得连任的）总统提出的动议应提交国会，在经国会2/3多数批准后，再提交全体选民在下两次总统选举中进行表决。如果该动议经受住了这些考验,它即应由联邦最高法院给予其宪法的地位”。[1] 阿克曼设计的这个宪法变革程序,把宪法变革的权力交给了联邦层面上的国会、总统、最高法院以及全体美国人民。概言之,这是一个主要由政府各部门之间的分权(separation of power)推动宪法变革的程序,是一种修正现行宪法修正程序的理论尝试。

(二)阿克曼宪法变革理论的实际运用

综上所述,阿克曼的宪法变革理论认为,美国历史上的宪法变革都是尽可能在形式上遵守现有法律制度,又在实践中实现了宪法创新的结果。这种宪法创新外化为宪法改革派同保守派之间的充分对话和激烈交锋。在“我们人民”通过对话和交锋中掌握了对立双方的宪法改革观点后,美国宪法设计的两年一次的选举为“我们人民”表达其宪法观点提供了机会。如此,在选举中获胜的政治派别从“我们人民”那里获得了推进宪法改革的授权,并使宪法改革逐步走过发出信号、提出宪法改革方案等五个阶段。

如果阿克曼的理论能够成立,那么我们以其分析奥巴马当选美国总统就必然会得出如下结论:在当前金融危机的背景下,因倡导改革而以压倒性优势赢得美国总统大选的奥巴马入主白宫,恰恰反映了美国人民希望进行宪法变革的意愿。换言之,奥巴马的当选在宪法学意义上意味着美国人民已经“发出了宪法改革的信号”。此后,奥巴马在未来第一任期的头两年乃至整个第一任期内采取的改革措施,可以被视为“宪法修正的提案”。这些“宪法修正提案”的命运将取决于其他政治派别的反对力度,以及“我们人民”在中期选举以及下一次总统大选中的投票。如果在未来的两次选举中顶着反对派的压力而执意进行改革的奥巴马及民主党人赢得国会的中期选举乃至获得总统连任,那么美国的宪法改革才将进入实质性的阶段。从宪法学的角度看,虽然奥巴马肩负着人们的希望和重托,但他在第一任期内却不可能有太大的作为。

---

〔1〕 Bruce Ackerman, “*We the People*: *Transformations*”, The Belknap Press of Harvard University Press(1998), p415.

在美国独特的民主氛围中,法律规则被视为人民民主决定的结果,同时人民的民主实践又在制造着新的规则。也只有在这样的民主氛围中,美国法学家庞德才发出了这样的感喟:“法既是理性,也是经验。它是经过理性发展了的经验,又是经过经验检验了的理性。”〔1〕庞德的这种思想表现在阿克曼的著作中,就是:“从其自身来说,规则是没有生机的死东西——作为写在纸面上的一些符号,它们既不能支配也不能抑制人们的行为。然而,一旦将它们放在一套原则、制度以及先例等其他法律渊源之中,它们就能发挥积极的正面作用。”〔2〕

经验与理性、条文与先例,是贯穿法学研究和法律实践的永恒主题。

〔1〕[美]罗·庞德:《通过法律的社会控制 法律的任务》,沈宗灵、董世忠译,商务印书馆1984年版,第131页。

〔2〕Bruce Ackerman, “*We the People: Transformations*”, The Belknap Press of Harvard University Press(1998), p416.

第一部分

建国时期

第一章　高级立法*

先知的预言

美国同胞们,我们前进的道路上布满了荆棘。我们居无定所,四处漂泊。政治领袖们的奋斗精神正在消退,甚至在某种程度上已经消磨殆尽了。他们忘记了政府的基本目标。

我们早就应该牢牢地将未来掌握在自己手中。每一个人在生活中对这个国家索取的太多了。现在,当这个伟大国度江河日下的时候,我们能熟视无睹,保持沉默吗?

不!我们必须在实现民族复兴的运动中紧密团结起来,尽管这意味着自我牺牲。在政府获悉我们的呼声之前,我们不会停止这种努力。

人民必须重新掌握对政府的控制权。我们将为推动法律兑现其对美国人民的承诺而奋斗。

❖　❖　❖　❖

自从第一个英国人在北美殖民以来,这个声音一直

---

* 高级立法(higher lawmaking)与常规立法(normal lawmaking)相对应。高级立法指人们通过参与政治运动作出决定的过程;而常规立法是指政府通过常规立法程序进行的立法。详见《我们人民:宪法的根基》第一章。——译者注

回响在这块大陆上。在现实生活中,我们从未如此长时间地没能听到人们为这个国家的衰落而开出各种药方,因此我们应该重新提起这一话题。无论如何,我们都不应产生沉寂下来的念头——我们绝对没有理由宣称自己来到了一块福地。美国人已经变得过于散漫、自由,以至于很多人无法想象——只要共和国存在一天,为争取其国家身份而进行的斗争就不应停止。如果这种状况不加以改变,我们所许下的为公民权斗争的诺言会自觉地向良性转化吗?

这一呼声仍然回响在这块土地上——召唤美国人民重新思考他们肩负的重任,并再次赋予这种责任以新的活力,从而以**人民**的名义控制政府。正是这种呼声才能影响到我们以及我们在现实生活中所形成的美国人所特有的心态。虽然长期以来我们已经学会了和先知们共处的经验,
3 但我们却不知道该如何去尊重和爱戴他们。

语言是廉价的。那些自诩为救世主的人起而号召实现国家的复兴是一回事;而使数以万计的美国普通公民确信自己应该与他们合作,以重新界定国家的目标则是另外一回事。多数人要求与**我们——美国人民**进行对话,但只有少数人有这样的机会。

普通美国人对政客们所提出的“授权”要求的第一反应是不信任,而不是轻而易举地将权力交给他们。为人们代言的权威容不得些许推测,这种权威只能通过在政界的荒原中的多年工作才能获得——阐明、动员、扩大人们对全新的公共福祉的深刻理解。即使相对而言比较成功的运动,也会遇到不同的命运。有时,美国人对国家复兴的热切呼唤投以冷淡的目光,主张维持现状;有时,他们以批准重要但又有瑕疵的宪法修正案作为回应;有时,则赞成以国家的名义进行全面的道德改革。

沧海桑田,几个世纪以来的巨大变化不仅重塑了美国人政治身份的内涵,而且还以调动美国人实现先知呼声的方式重新界定了宪法进程。先辈们以新教的主张表达了他们呼吁精神复兴的心声。[1] 然而,自从独立革命和建国以来,世俗观念仍是讨论国是的主脉。宪政制度禁止以上

---

〔1〕 见萨克万·伯克里奇(Sacvan Bercovitch):《美国的悲哀》(*The American Jeremiad*)(1978年);罗伯特·福格森(Robert Ferguson):《美国的启蒙》(*The American Enlightenment*)(1996年);帕里·密尔(Perry Miller):《旷野漫步》(*Errand into the Wilderness*)(1956年)。

帝的名义将那些唱反调的人排除在革命运动之外。这样,人们就需要代言人以面对这些反对者的疑虑,并给他们平等的机会来组织自己的支持者。只有当这些改革者在审慎的公众集会和人民选举中反复强调他们的创见之后,宪法才会授予他们庄严的权威,使他们能够以"我们人民"的名义修改国家的政治根基。

关于人民参与民主讨论和民主决定这一特别的过程,我想提出两个问题,即在过去的岁月里,这一过程是怎样运转的?而在将来它又将如何运作?

《我们人民:宪法的根基》一书

这两个问题在美国有特别的意义。当改革运动能够因其动议而获取
广泛、有力的支持时,这个国家的宪法总会给予这些运动以特别的关注。 4
一旦某一改革运动闯过了最初的考验期,宪法就试图确立改革的初始动机在未来政治生活中的持久性。当然,民选政客亦不得以经常性的立法,削弱这些因人民的严肃授权而进行的改革。如果他们希望修正这些既存的原则,那么这些政客也必须接受他们本应接受的考验,即像以前的运动一样,他们也要到人民那里去赢得广泛、有力和决定性的支持。

被动员起来的民众在什么时候促成了改革的成功?对此问题的关注,是美国宪法与现代社会中其他国家宪法的主要区别。它也促成了包含两种立法渠道在内的特殊政府体制。在人们缺乏自觉政治情操的大多数情况下,常规立法的体制为人们作出数以万计的判决而设计。高级立法的体制则对政治运动施加了特别严峻的考验:这些政治运动意在赢得更多的民主立法意识以授予**我们人民**的代言人。当这两种立法体制运转正常时,它又使人民将政府做出的普通决定同人民所作的深思熟虑的决定区别开来。我将人们心中用来描述美国人的这种不同思路,称为二元民主。

在本系列丛书的第一卷《宪法的根基》中,我将这种二元民主的历史起源定位于开国元勋们的革命经历中。华盛顿、麦迪逊以及其他革命者

本应根据英帝国所制定的法律,进行常规的政治活动。他们没有选择这条道路。然而,这些开国元勋最终也没有遭到那些通常而言总是与革命相伴而来的挫折、流亡甚至牺牲生命。经过多年的努力,他们也活到了那一天:他们目睹了大多数,国民表示支持他们提出的联邦制——但也仅仅是在宪法经过纷繁复杂的程序获得批准之后。毋庸置疑,那时他们认为自己已取得了特别值得关注的成就。他们不允许自己创造的伟大成就被未能赢得人民支持的政客们侵吞,而人民的支持(至少在他们的眼中)则是革命胜利的重要标志。就像蹒跚学步的婴儿一样,这些开国元勋运用当时最好的政治科学制定了双轨制的宪法(two-track constitution)——因此为后来二元民主政治的发展定下了基调。

从历史转到哲学领域,我在《宪法的根基》一书中指出二元主义仍然
5 具有某种意义,或许比两个世纪以前更有意义。二元主义的程式从某种程度上满足了美国人在参与政治过程中所形成的、独具特色的复杂需求。一方面,大多数人们都知道自己作为公民应该尽到的那部分责任——在家中或工作地点讨论时代问题、纳税、参与投票;另一方面,我们总是在私人生活领域花费更多的时间。之于政治而言,它总是被看做是与竞技体育、新潮电影以及诸如此类的东西相当的“副业”。

但是在某些时候,由于强力的作用,政治也常常能够成为人们关注的焦点。可能唤醒人们政治良知的事件就像这个国家的历史一样丰富多彩、变化无常——战争、经济恐慌或者对国民良知的迫切需要。不管是哪种原因,政治言论和政治行动都成了当务之急,并耗去了我们大量的时间。平时并不积极的公民变得相对活跃起来——并在几乎令自己惊诧的程度上牺牲他们其他方面的利益来谈论这些政治问题,调动人们参与政治的积极性。

这一潮流已经引起了社会学家和历史学家的关注。[1]《宪法的根基》一书将这一潮流作为展开规范性论述的基础。二元政府特别适合世世代代、年复一年都与政治之间的关系发生很大变化的公民。在宪法政

---

〔1〕 见阿尔伯特·赫斯克曼(Albert Hirschman):《不定期的运动》(*Shifting Involvements*)(1982年);亚瑟·斯克勒辛格(Arthur Schlesinger):《美国历史的周期》(*The Cycle of American History*)(1986年)。

治时期,高级法的创制体制促使投身于政治的人们对那些基本问题予以关注,并使人民认真思考是否支持这些解决问题的方案。在常规政治期间,这一体制有效地阻止了政治精英们损害“以人民名义为后盾”的人们所取得的来之不易的成果——它要求领袖们回到人民中间,在基本原则以民主的方式修改以前,调动人民的热情,获得人民的支持。

这一结论使我们应该对本书中所表达的内容给予特别关注。在本书中,我们将要探讨的是在最有创建性的宪法政治时期,美国政府的各个部门是以何种方式组织人们对这些政治问题进行讨论并进而作出决定的。我们的目标是弄清美国人是以什么样的方式,将宪法政治时期的轻率辞藻转化成持久性的刚性规定的历史脉络。只有在仔细地考察了过去两个世纪的实践以后,我们才能够直面未来:现行的高级法创制体制真的已经
尽善尽美了吗？如果并非如此,我们应当怎样着手对其进行改革？ 6

法律职业者的描述:关于重建和新政的主流法律理论

上述目标要求我们用批判的眼光,重新考察用以解释历史的工具。现代美国人很清楚,他们的宪法经过两个世纪的沧桑已经发生了根本变化,而且他们也学会了以漠视这些变化的方式来概括宪法的变迁。

法律家们(lawyers)对此后果负有不可推卸的责任。日复一日,法院试图通过对一两个世纪以前,以人民名义作出的判决进行解释的方式,来控制那些大权在握的民选官员。富有戏剧性的是,法律家们习惯于以过去所发生的事情来决定现时人们的行动。就像我所说的那样,正是这些法律职业者的职业性叙述阻碍了我们对历史经验的鲜明特征进行深入的考察。

全然否定宪法所发生的变化并不是我要提出的问题。今天的宪法与18世纪的宪法在含义上已经发生了重大变迁。没有一个严肃的法官、律师或学者,在厘清这一问题上遇到什么麻烦;他们也能够不费吹灰之力地辨别出关键的改革时期。虽然促成宪法变革的某些特别原则是几代人共同努力的结果,但我们还能很容易地辨别出改革所经历的两个关键阶段。

第一个时期是南北战争(Civil War)结束以后,共和党人(Republican)所主持的重建(Reconstruction)联邦的工作。第二个时期是在大萧条(Great Depression)期间以及大萧条以后,民主党人(Democrats)为组建积极干预的国家政府(activist national government)而进行的立法。

像美国建国时期一样,发生在这两个时期的宪法改革也并非是突如其来的。每一次改革都以一代甚至几代人致力于其中的政治运动为先导。这些政治运动为长达十几年的决定性变革铺平了道路。1860 年,宪政主义者(Constitutionalist)不厌其烦地争论着南方 11 州脱离联邦以及各州的奴隶制问题;但是到 1870 年这些问题已难登大雅之堂。内战所激发出来的人民的情感已经以宪法的方式表达出来,并且可以作为对几代人进行法律教育的成型法律讲义。

相同的模式——在动荡年代对时政进行冗长的批评和争论——也是福利国家(welfare state)取得合宪性的标志。1935 年以后,联邦政府管理经济的权力开始受到宪法上一系列复杂的限制性规定的约束——这些限制性规定的明显特征成为无休止的学术争论的主题。到 1941 年,这一错
7 综复杂的限制性网络土崩瓦解,宪法允许政府对经济和社会生活领域进行干预。这也是大萧条所引发的焦虑刺激了宪法重新认定这些变革的结果。

在经历了这两次变革以后,美国政府已经与其开国元勋所创建和憧憬的政府有了天壤之别。**我们人民**创建非中央集权的联邦体制,以使白人在市场经济的范围内最大限度地追逐其利益的日子已经一去不复返了。为了保护所有公民的经济利益和法律地位上的平等,美国人创建了一个强大的、拥有不可质疑的权威的联邦政府。

我将这些作为学习宪法的人应该掌握的基本知识背景——无论是普通公民还是学者,也无论是政治家还是法官。无论何时一些新的流行观念取得了政治上的优势地位,公民们都开始回想这些观念所取得的成就并用以衡量这一运动的价值。罗纳德·里根(Ronald Reagan)之总统领导权在宪法上的重要性可以归结为这样一个简单的问题:在多大程度上,里根的总统领导权成功地引导了美国人民否定了新政期间确立的福利国家政策?现代民权运动也面临着同样的问题:之于现代美国人民而言,实现

南北战争以后许下的平等诺言到现在还没有过时吗?

当我们讨论的主题从宪法的本质转到高级法创制的过程时,问题出现了:19、20世纪的美国人是如何看待、讨论并最终认可那些备受他们尊重的政党所提出的改革动议的?

既存的历史脉络

现代美国人在面对这些问题时有着诸多的不便。内战结束之后开始的规模浩大的重建运动已经在我们祖辈的记忆中淡去。新政在现代人的眼中也蒙上了一层薄雾——生活在罗斯福时代的美国人越来越多地离开了这个世界。他们的儿辈或孙辈只能感受他们所取得的成就的不朽意义。

这也正是法律家们使人们堕入迷雾的所在。为了衡量法律家整体将这些宪法变革看得不名一文的程度,我们必须考察这些法律家们以怎样的正规手法描述了18世纪80年代发生的事情。开诚布公地说,现代宪 8
政主义者越来越强烈地试图认知并反映出美国建国时期宪法的真实革命特征。费城制宪会议(Philadelphia Convention)不是在洛克所主张的自然状态(state of nature),而是在《联邦条例》所主张的北美13州合并成永久性的联盟所营造的浓厚法律氛围下召开的。如果联邦党人(Federalist)利用如此权威的文件所授予的权利玩弄政治游戏,那么他们所制定的宪法无疑将遭到人民的坚决反对。

联邦党人断言,他们重新界定《邦联条例》规则含义的权力来源于人民。更引人注目的是,大多数联邦党人的反对派也认可了他们这种革命性的有违《邦联条例》之举的合法性。就像在下一章我们将要讲到的那样,联邦党人以新方法运用旧制度的方式获得了反对派的勉强同意,而这种同意又进一步强化了他们宣称自己代表了人民的呼声。对宪法进行的这种**非常规改造**(unconventional adaptation)这一令人费解的过程,正是我们研究的中心所在。在危机关头,美国人将宪法的连续性归功于他们在危机时刻能够一次又一次地接受对宪法所做的这种非常规性改造。

但是,在职业法律家关于重建和新政而展开的专业性讨论中我们却很难看清这一点。当现代法律家看到宪法第13修正案关于废除奴隶制的规定和第 14 修正案的平等保护与正当程序条款时,* 他们并没有中断对这样的规定何以能够成为宪法的组成部分这一问题进行思考。然而,他们只是简单地认为:重建时期的共和党人是严格地根据 1787 年宪法第 5 条有关制定宪法修正案的规定,将此类条文上升为宪法的。

同重建相比,新政更没能引起法律家们的密切关注。内战以后制定的宪法修正案以根本的方式改变了实体法——至少法律家们都愿意接受这一观点。可是在谈及新政时,他们却不承认此间有什么创新。他们把 19 世纪 30 年代发生的斗争,仅仅看做是联邦最高法院的一小撮司法保守主义者在智识上犯下的一个低级错误的结果。从主流观点来看,在旧式法院和新政之间展开的那场伟大斗争本来就不该发生。联邦最高法院该做的事,是尽快将罗斯福主张的新政披上合法性的外衣。联邦最高法院反对罗斯福的人,都是一些利用宪法反对新政的流氓和笨蛋。

一旦将美国建国、重建和新政这几段历史综合起来进行全面的考察,我们会看到现有的主流观点:在美国宪法创新的历史上,我们不过是走了
9 一条下坡路。显而易见,对发生在 20 世纪的一些天翻地覆的变革,最好是被理解为通过对传统的重新发掘才获得实现的——正是詹姆斯·麦迪逊(James Madison)而非富兰克林·罗斯福(Franklin Roosevelt)奠定了新政的宪政基础。甚至是随南北战争和重建而来的那些巨大变化,也不能被看做是美国发展历史上的第二次革命。从法律的角度看,宪法第 14 修正案与大多数并不重要的修正案相比并没有质的不同。因此,美国人民最后一次投身于非常规行使人民主权的运动,正是在建国时期宪法中。

对主流法律理论的修正:第三条道路?

当法律家们滔滔不绝地讲述美国建国、重建和新政这些颇为相似的历史时,他们无形中将现代的美国人当成了缺少成功宪政经验的、蹩脚的先人模仿者。如果这种判断建立在坚实的客观事实基础之上,这样的侮

---

* 美国宪法第 14 修正案第 5 款规定,国会有权以适当的立法实施该条中关于保护人民平等权利的保证。根据这一授权条款,国会可对经法院确定的侵犯第 14 修正案权利的行为提供法律补救。——译者注

辱或许能够被接受。但如果情况恰恰与此相反,为何一些严肃的法律家们仍然坚持美国在宪政改革方面一直在走下坡路呢?

我在这一系列著作中指出,对主流的职业性法律观点进行一定修正有若干好处。一个新的方法可以澄清宪法解释中的若干现代问题:它不仅会帮助我们更好地审视对历史进行宪法解释的过程中所遇到的两难困境;同时,它也开辟了历史学家、政治学家和哲学家能够从中进行合作的新交叉学科领域。当然,同这样一个简单的关于法律完整性的问题[1]相比,这些专家们从这种方法中得到的好处可谓相形见绌:法律家们能够纵容自己以系统化地贬抑人民缺少宪法创新能力的方式,滥用他们的专业知识吗?

仅以这样一个简单的问题来概括今天的现状显然有些天真。这些既成的职业性观点,当然也有一个无法比拟的优点。它是普遍存在于法律生活之中的文化现实;它是我们进行更深入研究的基础。如果我们想要做得更好,真正的宪政主义者就必须追本溯源,去探索历史上发生的宪政改革与主流的职业性法律描述有着怎样的差别。在这一过程中,我们可以发现重建时期的共和党人和新政时期的民主党人并没有按照先人制定的宪法修正程序,亦步亦趋地推进宪法改革。像他们的前辈联邦党人一样,这些改革者非常自觉地运用了一系列非常规的制度手段诉诸人民,以使他们提出的诸多改革动议合法化。因此是我们而不是这些改革者,忽
视了他们致力于其中的高级法创制活动所蕴涵的革命性特征。 10

我们的论述将对关于宪法变迁的两个颇为相似的观点发起挑战。第一种观点,即美国民主的一个鲜明特征是"游戏规则"从中发挥着持久且引人注目的作用。美国宪法之所以是世界上最早的,原因在于美国人民长期以来对诸多民主立法的既定原则深信不疑,这是许多喜欢追求变化的外国人所无法比拟的。

主流法律理论关于修宪程序的观点存在着这样一个问题:这种理论有失准确。不管是建国时期的联邦党人还是重建时期的共和党人,抑或

---

[1] 见罗纳德·德沃金(Ronald Dworkin):《法律帝国》(*Law's Empire*),1986 年。本书对法律的完整性问题进行了很有说服力的解释。

是新政时期的民主党人,他们都没有对既定的宪法修正模式表示出应有的敬意。他们在改造宪法基本价值内涵的过程中,亦改造了这一程序:从松散的邦联到统一的联邦;*从奴隶制到自由;从自由放任主义向积极干预国家和社会生活的政府过渡。

但是,他们的修宪之举因为都未囿于既定的修宪模式,从而显出了某些雷同之处。这种情况说明了宪法修改权在运作过程中表现出来的排他性特征。在这里,法律逐渐淡出而纯粹的政治(或战争)登上了舞台:如果经过一系列革命后成功地制定了新宪法,他们作出的有违常规的举措或许是无关紧要的;反之,他们的行为将受到指责。[1]

如此简要的论述显然不能概括美国历史的主要特征。建国、重建以及新政都是具有宪法权威的举措,但这些举措又不是纯粹随心所欲的行动。当联邦党人、共和党人和民主党人不遵循既定的原则和规则修改宪法时,他们也感受到了来自宪法方面的巨大约束。本书的大部分将描述这种来自宪法方面的特征。我们将以考察这样一个入门问题为开端:如果宪法改革的参与者对既定的法律规则不屑一顾,他们又怎么能够感受到这种来自法律上的约束力呢?

我的答案是把对既成规则的挑战与对整个宪法传统的挑战区别开来。以后者为例,我们可以回顾一下 1917 年的俄国革命。在 10 月份共产党人掌握政权以前,临时政府已经计划进行立宪会议选举并由立宪会
11 议制定新宪法。布尔什维克当权后,仅允许这种选举在少数地区进行。在这一点上,他们面临着彻底革命的问题:他们应该解散立宪会议,并进而切断他们与历史仅存的一丝制度联系吗?[2]

在列宁使其布尔什维克同志确信应该解散旧议会,并坚决地打碎旧的法律制度之前,他们对此问题一直举棋不定。[3] 列宁主义者认为与其改造旧的宪法观念和制度以获得和扩大人们的支持,还不如采取彻底的

---

* 美国在 1781 ~ 1789 年期间,其国家组织形式是由东部 13 州组成的邦联。——译者注

〔1〕 在 20 世纪,卡尔·施考密特(Carl Schmitt)大力发展了这一观点,后来他成了纳粹法学的主要代言人之一。

〔2〕 见卡尔(E. H. Carr):《布尔什维克革命,1917 ~ 1923 年》(*The Bolshevik Revolution, 1917 ~ 1923*),第 109 ~ 120 页。

〔3〕 同上,第 115 页。

革命手段。他们更愿意将统治建立在与既存制度毫无宪政干系的新制度——红军和共产党——之上。

然而18世纪80年代、19世纪60年代以及20世纪30年代发生在美国的事件,与俄国革命有着天壤之别。在这三个时期,改革的倡导者并不希望彻底地推翻旧制度,他们只是渴望能对旧政权进行革命性的改革。这种独具特色的热望,刺激了人们在进行宪法修正的实践时采取了很有特色的形式。尽管新兴的修宪运动对既存的修宪规则没有给予足够的重视,但它也无意于摧毁既存制度的全部根基。相反,他们在旧制度之外建构了一个新型的高级法创制程序,并以此作为他们提出有违常规论点的基础:

坦率地说,我们并没有按照旧有的原则与规则行事,但我们的所作所为仍然是恰如其分的。在法律规定的范围内进行的一系列颇为艰辛的选举斗争中,我们一次又一次地击败了对手。当然,根据既存的修宪程序,这些一次又一次的胜利并不能构成正规的宪法修正案。但是,没有大多数被动员起来的美国人民的审慎支持,我们就不可能在选举中获得一个又一个的胜利。因此可以肯定的是,我们在制度上和选举中所获得的一系列胜利使我们获得了人民授权,这种授权又足以使我们有构建一部新宪法的权威。强行按照旧的修宪程序行事,只能使少数人运用已丧失其潜在功能的法制主义口号窒息人民的呼声。

尽管这种说法听起来危险而又难以证明——但是在美国历史发展的转折关头,麦迪逊(Madison)、宾格汉姆(Bingham)、罗斯福(Roosevelt)还是推出并运用了这一观点。在考察这一论调在特定时间和地点的运作方式之前,我们要思考这些颇具革命精神的改革者运用这一逻辑的特定条件。

美国是一个法治国家。当改革者打算围绕着既存的法律原则和程序 12
采取一些措施时,他们也给予其反对者以强有力的政治武器来反对他们的做法。此前,保守人士只能就改革的实质性优点发些牢骚。现在他们以法制的守护神自居——将他们的对手描绘成危险的、喜欢造谣生事的家伙,这些人为满足其对无限权力的贪欲,而攻击宪法的基本理念。

在联邦党人、共和党人和民主党人以人民的名义进行高级法创制的时候,像帕特里克·亨利(Patrick Henry)、安德鲁·约翰逊(Andrew Johnson)、伯顿·惠勒(Burton Wheeler)这样的人就发出过类似警告。但是一般而言,这些响亮的警告之声或许是不必要的,因为反对派提出的一些建议足以使改革者们在改革过程中进行自省。既然已经赋予了反对派以强有力的政治武器,改革运动就力图在既存的宪法秩序内实现其预定目标。只有在一味遵循旧制度将危及改革的成败时,改革者们才作出一些出格的举动。

改革者奋斗之目标的鲜明特征,强化了他们不愿屈从旧宪法的情感。他们并不打算摧毁旧体制下的所有部门,但却着手对这些部门的形式进行改革。他们希望赢得大量现存部门的一再支持,尽管他们提出的高级法创制动议与既存的宪法修正制度并不协调。然而在改革之初,这些部门大多为信奉旧法制的保守派所把持。即便是从最温和的角度说,帮助反对派掘自己的坟墓亦绝非人所乐为之事。

所有这些表明,改革者必须准备进行长期的、艰苦卓绝的斗争——到斗争的最后,改革者自己或许也将迷失方向。因此,历史能够从若干比较成功的斗争中揭示出一些共同的主题。国家主义是主宰这些成功斗争的一以贯之的主旋律:联邦党人、共和党人和民主党人都抱怨以前的宪法修正制度给予了各州以无限的权力,而采取非常规的制度举措乃表达国家宪法意志的需要。

随着时间的流逝,由于比较成功的诉诸人民主权的行动越来越有包容性,这样,其内涵也越来越丰富。大多数联邦党人并不因为将奴隶和妇女排除在宪法决策过程中之外而心感愧疚。但就像我们将要看到的那样,他们在特定的时间、地点依然恳请人民追认宪法的举措还是相当有包容力的。这种非常有包容力的举措在重建和新政时期表现得更加明
13 显——那时黑人和工人被要求在巩固革命性改革的成果时发挥关键作用。

在阐明了无所不包的国家主义内涵后,改革者对坚持严格遵守既定宪法修正程序的保守反对派作出了回应。这些程序毕竟是早期的人民代表设计的,他们对“我们人民”所做的界定因在后人眼中之含义已过于狭

窄而变得令人生厌。既然后辈改革家为了使“我们人民”之含义更能迎合人民的需要而对其内涵进行了重新界定，为什么他们还要受前人制定并流传下来的宪法修正程序的约束呢？难道对这些可能会越来越窒息人民呼声的程序进行修正，显得不合时宜吗？

对此，保守主义者认为改革者实施的非常规行动会造成野蛮的恶性循环。随着宪法框架的解体，对立、竞争的党派会轻而易举地放弃能使他们以共同语言进行交流的整个事业；他们会简单地以盲目的暴力行动寻求统治。其结果必然是暴政的建立：在那里，一小撮嗜权如命的政客搬弄是非，有意混淆他们自己的武断意志同人民意志之间的关系。

这里也正是能够为改革者所利用的美国传统的一个重要方面。对于美国人而言，不按照法律办事并不必然意味着非法。相反，有时它还可以被看做是以极其严肃的态度进行的文明之举。看一看民众骚乱的现象，骚乱的确违背了法律，但是民众却矢口否认自己是违法者。他们接受惩罚只是为了表明他们对公众承担着很重的责任。他们将自身置于危险的境地只是想唤醒人们直面正义的真正本质，并在更牢固的基础上建立新的法律秩序。

通过违反法律的方式，我们将发现高级法。这一悖论植根于基督教的教义中，但现代的美国人却以世俗的目的推崇这一思想——当然也包括此处提到的那些重大事件。像民众骚乱一样，这些非常规的举动强化了集体对话的严肃性。但这些行为常常是在比较危险的情况下发生的：这时，宪法秩序因受到冲击而变得有些松动。可是，尽管冒了很大的风险，联邦党人、共和党人和民主党人的革命行动并没有招致混乱，相反，14
这些行动更新了人民确实控制着美国的意识。有些成功的改革要归因于偶然的因素，部分要归因于某些个人的政治才能，而更多的则取决于其他社会条件。从另一方面来讲，这种改革的成功还要归因于美国宪法的自身特征，即宪法包含着远比刻板的法律规则和法律原则内容更为丰富的东西。我们的任务就是了解这些远比一般法律规则和法律原则更为深层的结构——在过去它们是如何运作的，以及它们又将怎样规制将来。

超越宪法第5条

显然,讨论某个问题的终点也恰恰是我们讨论另一个问题的起点:1787年宪法第5条为后人修正宪法指出了一系列的特别程序。即便是那些在学校里一看到公民学这门课程就头疼发怵的人,也依然会对宪法规定的基本修宪体系有着朦胧的印象。未来发生于宪法政治领域内的任何运动,要么获得国会两院2/3以上多数支持某个宪法修正提案,要么就召集新的制宪会议而将宪法的修正导入更为繁复的程序。即使宪法改革者能够说服国会和制宪会议批准他们提出的宪法修正提案,他们还要跨过第二道门槛,即他们必须征得3/4以上州议会或州制宪会议的批准。也就是说,只有在上述条件都获得满足的情况下,人们才可以说宪法第5条以人民的名义明确地授予了宪法改革者以修正高级法的权力。

或许我们每个人都很清楚,这些指导修正宪法的规则绝不像高中时我们学过的公民学教科书上写的那样明确。然而我在这里是想提出一个更基本的问题:美国人在解读宪法第5条时,是否能够将其视为21世纪初期仍能够合理地用于指导宪法修正的唯一且适当的工具?

对此,宪法条文本身并没有给出明确的答案。在这由区区134个字所构成的条文的字里行间,并没有类似的说法——“本宪法只能以此处规定的程序而不得以其他方式进行修改”。之于制定有效的宪法修正案而言,宪法第5条的规定虽说已相当充分,但却并非必须遵守的程序。因为是否将宪法所规定的这些充足条件转化成必要条件,以及宪法第5条规定的修宪程序对宪法的未来发展是否具有绝对的支配权这样的问题,取决于我们而非宪法文本的规定。

既然明白了上述问题的重要性,那么我们就不应武断地看待宪法第5
15 条。法律家的技能更多地体现在对悬而未决的问题提出富有见地的解决方案。我们将对那些与宪法第5条之解释相关的所有领域进行考察——从宪法制定者的意图到现代联邦最高法院所做的判决。虽说此处只是一个导言性的概述,但已足以让我们看到,重建对独断性地解读宪法第5条的做法发起的挑战。*

简单的数学推理有助于我们导入这一问题。19 世纪 60 年代，合众国从没有超过 37 个州。根据宪法第 5 条的规定，任何 10 州（1/4 强）都可决定性地否决某个宪法修正提案。尽管南北战争以北部联盟获得胜利而告终，但是一个强大的反对集团还是能够轻而易举地集结起来——毕竟，组成邦联的前南部 11 州重返联邦，加之还有相当数量的北部诸州也对共和党人的做法持怀疑态度。宪法改革反对派——既包括南部诸州，也包括北部诸州中数以百万计的人们——自信只要按照第 5 条规定的程序修正宪法，他们即可获得最终的胜利。他们坚决要求共和党人严格地按照宪法规定的传统原则行事，并认为开国元勋们突破《邦联条例》之规定、制定了 1787 年宪法的做法之于共和党改革者而言没有任何可取之处。

共和党领导层对此情形虽然备感焦虑，但却作出了相当坚决的反应。随着宪法危机因围绕第 14 修正案发生的斗争而达到顶峰，共和党改革者不许其反对派为阻挠重建而对宪法第 5 条进行法律形式主义的解释。面对保守的反对派发出的富有戏剧性的挑战，他们从人民那里获得了有力的支持，并向宪法的既成体系施加了其本身所能承受的最大压力。惟其如此，他们才最终获得了足够的宪法权威，从而使以人民的名义通过的宪法第 14 修正案发生了法律效力。

本书的第二部分在很大程度上意在论证这一结论。如果你认为我的观点可以立足，那我就会认为我有权拒绝对宪法第 5 条进行形式主义理解的独断性做法。毕竟，宪法的原文并没有明确且独断地规定后人修宪必须遵循宪法第 5 条规定的程序。事实上，正像我在下一章中所要指出的那样，对宪法第 5 条规定的修宪程序作如此独断性的理解，与建国时期的宪法实践以及人民主权的理论也是无法熔于一炉的。那么为什么还要以牺牲宪法第 14 修正案的法律效力为代价，而非要对宪法第 5 条规定的修宪程序作形式主义的独断性解释呢？

我将论证对 1787 年宪法条文进行多元主义解读之做法的正确性，因

---

* 即认为宪法第 5 条为宪法之修正制定了严格的程序，而且这一程序也被严格地运用到了宪法修正过程之中。——译者注

为如此做法能够使重建时期的宪法实践与宪法第 5 条规定的修宪程序彼此相容、和平共处。多元主义者将 1787 年宪法规定的修宪体制当做一个
16 便利的设置,当美国人民想用它的时候,它即可发挥其效能。然而,美国人民绝不允许这一修宪体制独占他们的全部法律视野。如果我们意在对现代法进行全面的描述,那我们就必须超越 1787 年宪法规定的修宪程序,而将重建视为高级法创制过程中的一个最基本先例。

第一,这意味着我们必须尽可能冷静地表述一些相关的事实:在运用宪法第 5 条时,共和党人面临着什么样的基本法律问题?第二,历届总统、国会议员、法院和普通选民又可能怎样处理这些问题?第三,个人对这些特别问题的反应是怎样演变成更大规模的宪法决策模式的?通过对这些问题的回答,我们将进入第四个阶段——在那里,我们将对业已进入我们视野中的、更大规模的宪法改革实践模式进行考察。

这四个方面的任务需要我们进行大量的工作,但是对于一个合格的法律家来说,类似的工作应该说是似曾相识。从原则上来说,这种工作与法律家在界定自由言论法(或与偶然事故相关的普通法)时对相关的基本先例进行研究并没有什么不同。如果说有什么特别之处的话,那就是对这一过程的分析,与法律方法相关甚少而与主要政治人物的言行有着更多的联系。虽然联邦最高法院的判决在此过程中发挥着作用,但发挥更大作用的是国会、总统以及他们为在诸多选举中获得美国人民的支持而付出的努力。我们应该以同样谨慎的态度来研究两院委员会的报告、总统公告以及各政党的党纲,而这些东西总是被法律家收集起来作为论证法院某种观点的资料。

我们关注点的这种变化是相当自然的,并在某种程度上道出了我们所要讨论的问题的实质。我们研究的课题是与宪法创制相关的法律,而非法院或其他机关对业已创制出来的法律进行解释的方式。那么 19 世纪的美国人又是怎样界定、讨论并决定关于重建的那些宪法修正提案,应该获得以我们美利坚合众国人民的名义授予的权威呢?

重建开创的宪法改革模式

首先也是最重要的，重建时期的共和党人向联邦党人的观点发起了挑战——在联邦党人看来，各州在修宪的过程中应该是平等的伙伴关系，有权否决任何没有取得它们压倒多数同意的宪法修正提案。当人们对蓄 17
奴制（slavery）问题议论纷纷、各抒己见的时候，总统成了共和党人抨击联邦党人观点的重要机构。不仅亚伯拉罕·林肯（Abraham Lincoln）所公布的《解放黑奴宣言》[*]（Emancipation Proclamation）早在宪法第 13 修正案被正式提出以前即改变了宪法的面貌，而且其继任者安德鲁·约翰逊（Andrew Johnson）于后来发挥的作用亦不容低估。约翰逊总统禁止南部诸州以联邦与州处于平等关系这一联邦党人的原初观念，来理解解放黑奴之宪法修正案的含义。

这些行动恰恰使总统从根本上重构了南部诸州思考宪法第 13 修正案[**]的前提。虽说这些行动有违联邦党人的初衷，但却远远还说不上有强制各州之嫌。例如，倡导宪法改革的共和党人没有阻止密西西比州对宪法第 13 修正案行使正规的否决权，但是他们却满足于引导其他南部诸州勉强地支持他们提出的伟大宪法修正案——虽说这个倡导普遍自由的宪法修正案带有浓重的国家主义气息。总之，宪法第 13 修正案的批准历程，可以被恰如其分地描述为由总统领导的一次减弱而不是剥夺各州在宪法修正案之批准过程中起作用的努力——这种打着旧联邦党人之名而行新型的总统领导权模式之实的做法，在 1865 年 12 月国务卿西华德（Seward）宣布宪法第 13 修正案取得高级法之合法地位时达到了顶峰。

在我们面对新政——新政可以说是**总统领导权模式**（model of presidential leadership）发展过程中的又一次飞跃时，这一先例显得尤其重

---

* 1863 年，美国总统林肯发布的解放奴隶的法令。——译者注

** 美国宪法第 13 修正案规定，“第一项 合众国境内或属合众国管辖地方之内，不准有奴隶制或强迫劳役存在，唯用以对合法制罪之罪犯作为惩罚者不在此限”。“第 2 项　国会有权制定实施本条之相应立法。”——译者注

要。当我们转而研究宪法第 14 修正案 * 的时候，我们的分析当采取不同的方式而必须反其道而行。在宪法第 14 修正案的问题上，约翰逊总统拒不支持给予所有种族的美国公民以平等保护的宪法第 14 修正案。由于不愿在高级法的创制方面进一步采取有违常规的举措，这样他与“重建国会”**(Reconstruction Congress)就国家的领导权展开了激烈的斗争。结果，国会最终取得了国家领导权，并确立了**国会领导权模式**(model of congressional leadership)。通过这种模式，在国会中占据优势的共和党人最终迫使总统(还包括最高法院)认可了他们的观点，即宪法第 14 修正案有效地表达了“我们人民”的呼声。

这一非常规的整个过程可以分成五个阶段。在 1866 年的大部分时间里，总统和国会分别在宾夕法尼亚大道两端的据点中攻讦对方的斗争
18 陷入了僵局：他们每一方都否认对手有以“我们人民”的名义就基本问题发表意见的权威。

第一阶段针锋相对的斗争，促使总统和国会将即将来临的下次例行选举转变成了美国历史上最伟大的高级法创制活动之一。国会中的共和党人提出了宪法第 14 修正案，并以其作为竞选纲领来呼吁美国人民支持该宪法修正案。安德鲁·约翰逊则运用其总统职权动员人们选举反对宪法第 14 修正案的顽固分子进入国会，以对抗共和党人。

结果，宪法改革派在选举中获得了决定性的胜利。这也标志着宪法修正程序进入了第二个阶段。在中期选举中被再次选为国会多数派的共和党人声言自己从人民那里获得了提出并批准宪法第 14 修正案的人民授权；而以约翰逊为首的保守派认为人民根本没有作出这样的意思表示。总统怂恿南部 10 州根据联邦党人制定的宪法第 5 条字面上授予的权力，对宪法第 14 修正案行使否决权。这一举措使国会陷入了尴尬的境地，因为这些州政府在以 3/4 多数通过宪法第 13 修正案时曾经发挥过决定性

---

* 美国宪法第 14 修正案是在美国内战结束以后通过的。当时就重建问题总统和国会中的激进派之间的分歧比较大，所以宪法第 14 修正案是国会在总统的反对下通过的。在后文我们将看到更为详细的情况。——译者注

** 美国总统和国会都提出了他们关于南方重建的纲领，所以提出了重建纲领的国会在这里被称为“重建国会”。——译者注

的作用。因此,共和党人拒不让联邦党人制定的修宪规则限制他们的高级法创制活动。与其接受宪法第 5 条规定的修宪程序而使宪法第 14 修正案遭到否决,他们采取了非常规的举措实现了人民授权,批准了宪法第 14 修正案。

非常规举措的运用也标志着第三阶段的开始。此阶段包括倡导改革的共和党人,以非常规的手段攻击不赞成宪法第 14 修正案的部门。该阶段起于 1867 年 3 月 2 日开始制定重建法案,并一直延续到一年以后对约翰逊总统进行的弹劾。在此时期,国会要求人民授权以干扰下列机构的自治权——南部各州政府、总统、最高法院,因为它们都反对宪法第 14 修正案的合法性。与此同时,持不同政见者并没有迎合国会的需要而表示屈服。直到 1868 年举行下一轮大选之前,他们自由地发表着反面意见,并期望保守派能够在选举中获得决定性的胜利。

1868 年 3 月,这些持不同政见者对宪法改革的抵制因看到了如下事实而告一段落——那时,南部各州的选民、最高法院中的保守派以及身居白宫的安德鲁·约翰逊都作出了一些在美国历史上颇有影响的举措。问题的核心是总统的弹劾案,该弹劾案因约翰逊致力于推迟宪法第 14 修正案的批准而引发。约翰逊之所以采取推迟宪法第 14 修正案之批准的举措,是因为他想使该修正案的合法性问题仍然成为即将来临的 1868 年大 19
选所争论的一个主题。至此,总统是冒他可能被参议院宣布有罪之苦,继续反对共和党人的联邦观,还是为了保住自己的总统职位,承认国会有践踏南部诸州根据宪法第 5 条对宪法第 14 修正案行使否决权的权威,而采取"及时转向"(Switch in time)向倡导宪法改革的共和党人妥协?

总统选择了后者,故而"及时转向"也标志着第四个阶段的开始。实际上,在总统"转向"的同时,其他与重建共和党人持不同政见的机构为了保住自己的自治权也开始了转向。结果是在总统弹劾案发生后的几个月内,各部门之间出现了新的形势。经过几年的激烈斗争,总统、国会和联邦最高法院以及重建的南部诸州政府都承认了宪法第 14 修正案的合法性。

虽说重建共和党人在华盛顿特区以独特的方式赋予了宪法第 14 修正案以合法性,但 1868 年大选为首要的一些民主党人推翻该修正案的合宪性又提供了一次机会。然而,民主党人对宪法第 14 修正案之合宪性发起的挑战,却产生了适得其反的效果。1868 年选举没有就宪法第 14 修正案的基本原则展开进一步的争论;相反,这次选举却成了巩固该修正案之合宪性的一次选举。问题已变得相当清楚了,即大多数美国人都想尽快地结束这场混乱的宪法政治之争。随着格兰特(Grant)接替约翰逊入主白宫,以及共和党人牢牢地控制了法院和议会,几乎没有人再有能力煽动人们对包括内战期间制定宪法修正案在内的、有悖宪法常规的问题展开讨论了。随着 1868 年巩固宪法第 14 修正案之合宪性选举的结束,内战宪法修正案*的合法性已不成其为一个严肃问题了。代之而来的是这些法案意味着什么以及美国人民如何去适应它们的问题。

我们可以用一个简单的图表来概括这五个阶段:

> 宪法政治斗争的僵局→通过选举获得人民授权→对持不同政见的机构实施非常规的威胁→持不同政见机构的及时转向→巩固宪法改革的选举

下面,让我们思考一下联邦党人当初就宪法变迁模式所作的基本设想受到了怎样的挑战。就像我们曾经看到的那样,联邦党人将明确界定
20 联邦和各州之间的权力作为构建 1787 年宪法体制的基石:新宪法修正案的提出和批准应根据州和联邦两级民选会议能够共同参加的一个决策程序进行。由于这一体制影响到了宪法第 14 修正案的存亡,因此为适应新的宪法之需,共和党人以政府各部门之间的分权(separation of powers)取代了联邦与州之间的权力划分(division of power),并使其成为新宪法体制赖以存在的基础。对联邦党人而言,国会、总统和法院之间的权力划分对高级法的创制没有任何意义。它只是在高级法的框架之内,通过某些普通立法的工具。然而现在,它却变成了针锋相对的两派相互检验其对手所持的联邦观,是否获得了人民之合法授权的工具。宪法第 14 修正案之所以能够成为高级法,只是因为共和党人控制的国会经受住了这一考验。正是国会、总统和法院三个部门之间的分权,而不是中央政府与各州之间权力划分,成了 19 世纪高级法创制的伟大动因。

---

* 即指宪法第 13、14、15 修正案。——译者注

有其一必有其二。联邦与州之间的权力划分被成功地改造为政府各部门间的分权,为另一个类似的改造开了先河:国会和白宫的大人物们获得了赋予全国性选举以新意义的强大动力。1866 年中期选举就是一个很好的范例,双方都想在这次大选中赢得压倒性胜利以打破宪法斗争造成的僵局。然而,巩固重建时期宪法修正案的 1868 年大选同样重要。这两次选举都决定性地打破了当时能够为人们认识到的、新旧两种宪法体制合法性之间的平衡。也就是说,在选举中胜出的一方有更足够的信心宣称,他们提出的新宪法体制获得了人民广泛而热情的支持。

将上述两种相互交错的宪法创新方式合于一处,我们就会发现就宪法第 14 修正案而展开的成功斗争将一种新的国家主义模式引入到高级法创制的整个过程之中——此种高级法创制模式是对联邦党人创建的经典修宪模式的一种补充而非取代。与其前人相比,重建共和党人运用的模式更重视政府各对立部门之间发生的龃龉对宪法改革的影响——如果政府各部门之间的龃龉作为推动宪法变迁的动力取得了成功,那么这种动力将在以宪法改革为主题的各种选举运动取得一系列压倒优势的胜利时达到最大化。在这一系列选举胜利来临前的僵持阶段,宪法改革派的宪法观点则要经受更为保守的其他派别的批评和攻击。

在恢复了这些宪法变迁模式的原貌之后,我们转到下一个问题:法律家们将如何运用这一模式。那些醉心于占支配地位的法律理论的人或许更倾向于贬抑内战时期宪法修正案取得合法性的方式:“不可否认,宪法第 14 修正案中包含着诸多不可靠的因素。当然,我们必须承认重建时期是一个非同寻常的、充满了内战激情的时期。正是在葛提斯堡等这样的 21
战役中洒出的鲜血和付出的牺牲,而不是宪法变迁的国家主义模式,使内战时期通过的宪法修正案获得了合法性。不管这些宪法修正案有多么反常,它们都与我们对宪法的理解没有任何关系。”[1]

从表面上看,这种简单的说法显然能使法律家与重建时期的宪法修正案和平共处,但却是以曲解历史为巨大代价的。联邦军队取得的所有

[1] 见劳伦斯·特里伯(Laurence Tribe):“认真对待宪法的条文和结构”(*Taking Text and Structure Seriously*),载《哈佛大学法律评论》第 108 卷,第 1221 页、第 1293 ~ 1294 页(1995 年)。

胜利能做到的,只是有效地阻止了南部诸州脱离联邦。它并没有确定南部各州重返联邦的条件,当然更没有支持大多数美国人采取僭越宪法第13 修正案的举措。共和党人也很明白,约翰逊总统在反对宪法第 14 修正案规定的平等保护黑人条款时,代表了很大一部分美国民众的心声。因此,问题的症结在于采取适当的宪法程序作出最终的决定——而作出这种决定的途径也只有一个,即赋予双方将各自观点提交国人的平等机会,让他们分别发动自己的拥护者以进行一系列以此为主题的选举。

也恰恰是在这里,联邦党人确立的宪法变革模式之持久性成了问题的核心所在。显而易见,如果共和党人尊重宪法第 5 条授予各州的否决宪法第 14 修正案的权力,约翰逊无疑就会取得界定内战之宪法含义这场斗争的胜利。只是通过非常规的改革措施,重建时期的共和党人才最终使他们主张人人平等的联邦观取得了合法地位。战场上赢得的一系列胜利是重建时期宪法修正案合法化的必要条件,而非充分条件。在重建时期宪法修正案合法化的过程中,高级法创制体制的变迁同样是至关重要的。

如果将此观点置于更广泛的意义上,我们就会发现共和党人同内战的关系与联邦党人同独立战争之间的关系并没有什么差别。虽然乔治·华盛顿在费城制宪会议上的地位得益于他在战场上筑就的辉煌,但与发生在各州之间的这场内战一样,反英独立战争的胜利仅仅为美国的独立创造了军事条件。一系列的宪法问题将留给尔后和平时期的人民来解决。

重建时期共和党人和建国时期联邦党人之间的相似性还不止这些。就像我们将要看到的那样,如果联邦党人以既定的修宪程序行事,1787 年宪法就不可能获得批准。1868 年就像 1787 年一样,对既定修宪程序的非
22 常规改造即便不是以人民的名义取得宪法斗争胜利的充分条件,也是必要条件。那么为什么主流的职业性法律理论对联邦党人采取的修宪模式给予了应有的位置和很高的评价,而共和党人开创的宪法变迁模式却受到了如此冷落呢?

无视共和党人创立的宪法变迁模式的唯一途径,是忽视这一模式从更深层次上塑造了美国人的国家身份这一事实。经过内战的洗礼,美国

更像一个国家。宪法第 14 修正案的第一句话说得很清楚,它以肯定的口吻指出了国民身份的首要地位,并进而指出州民身份也是从中衍生出来的。共和党人宪法变迁模式的国家中心主义特征,与公民身份发生的这种实质变化达到了完美的结合。忽视共和党人宪法变迁模式作用的职业性法律描述,试图使我们假定自己依然生活在联邦党人的岁月——那时美国人仍然不能肯定,是否我们美国人民更属于合众国之国民而不是各主权州组成的邦联之州民这一问题。

我并非否认联邦党人确立的宪法变革体制具有持久的重要性。当美国人想通过各州行使其宪法权力时,宪法第 5 条即成为美国人可以从中寻求根据的稳定渊源。与其厚此薄彼,从联邦党人和共和党人运用的宪法变革模式中作出选择,我想给予两类不同的高级法创制遗产以同样的肯定。

最后,我还要指出的是,贬抑共和党人宪法变革模式的另一个错误做法,是将重建时期共和党人确立的宪法成就看成美国史上的反常现象。像我们即将看到的那样,共和党人模式比联邦党人模式能更有助于我们对 20 世纪宪法发展的动力作深入的考察。

从重建到新政

我打算邀请读者同我一道考察发生于 19 世纪 60 年代和 20 世纪 30 年代的事件之间的诸多惊人相似之处。这种工作将使我们看到:新政民主党人为积极干预的国家政府而进行的斗争也经历了五个阶段。从广义上来看,它与重建时期的共和党人为争取自由和平等而进行的斗争所经历的那五个阶段颇有一些相似之处。

宪法改革的新政模式

像重建时期一样,新政时期依然将分权视为进行宪法讨论和最终作
出宪法决定的原动力。但这两个阶段的最大不同之处在于,它们所牵扯 23
到的改革派和保守派之间的易位。林肯总统遇刺身亡以后,总统成了保

守派;而国会成了倡导进行革命性改革的中坚力量。与此形成鲜明对照的是,一直身为新政舵手的罗斯福将捍卫保守宪法观点的使命留给了法院。虽然发生了这种变化,历史还是再次上演了上述五个阶段的宪法变革模式。

由于联邦最高法院否决了一系列革命性的改革措施,罗斯福的第一任期标志着政府各部门间陷入宪政僵局的第一阶段。像 1866 年一样,新政拥护者利用下次即将到来的例行选举作为打破宪政僵局的手段。当他们在 1936 年的总统和国会选举中取得了压倒性的胜利后,新政者声称人民授权他们建立积极干预的国家政府。通过选举声称自己获得了人民授权,是新政宪法改革的第二个阶段。

在随之而来的第三个阶段,以对持不同政见的机构进行非常规的胁迫为特征。总统是重建时期保守派的领导者,故共和党人以弹劾威胁约翰逊迫使他接受宪法改革。20 世纪 30 年代,保守派的中坚力量是联邦最高法院。这样总统威胁道,如果联邦最高法院的法官们仍然捍卫自由放任主义的宪法原则,他即实施法院改组。虽然弹劾与法院改组的法律形式不同,但是其宪法功能却有异曲同工之妙:使这些主要的保守部门面对这样一个明了、基本的问题。它们愿意冒机构自治被逐步侵蚀的风险,而一如既往地支持已略显陈旧的宪法传统吗?

就像约翰逊总统在 19 世纪 60 年代所作出的“及时转向”一样,20 世纪 30 年代的法院亦步其后尘。作为回报,这两次让步都使持不同政见的机构避免了遭到令人心痛的长期损害。在作出了转向以后,20 世纪 30 年代的保守派千方百计动员参议院反对法院改组,就像 19 世纪 60 年代的保守派反对弹劾总统一样。这种做法不仅使分权得以存续下来,而且还使人们认识到这些反对改革的保守派在新宪法秩序确立的过程中发挥了建设性的作用,也正是这种建设性作用才恢复了那些其自治性曾受到威胁之机构的声誉。不管是在 1868 年还是在 1937 年,国会、总统和法院都将注意力集中在新的宪法方案上。

然而,这些新的宪法方案并没有在整体上形成新的高级法框架。联
24 邦最高法院虽然于 1937 年勉强地作出了一些支持新政关键方案的判决,
但如果共和党人在 1940 年总统选举中获得胜利就可能导致对这些过渡

性的判决进行重新评价。像重建时期一样，在明确地把宪法推上一个新台阶之前，宪法改革派需要一个"巩固宪法改革成果的选举"(consolidating election)。

罗斯福史无前例地第三次连任美国总统标志着新政已无一丝被颠覆的可能。1941 年，总统和参议院以坚定不移地赞成积极干预的国家政府的法官取代了最后一批共和党时代的保守法官。这样，1937 年联邦最高法院判决某些支持新政案件时经常出现的 5 票对 4 票的情形，已经被现在的一致同意所取代。这些迹象表明当初的一些基本宪法原则，已被人们有意识地置之脑后了。

新政何新之有？

我们最好是把宪法变革的新政模式，视为重建时期开创的历史先例的一个变种。因为正是重建时期的共和党人而不是新政时期的民主党人第一次将分权同决定宪法改革命运的选举胜利结合起来，并以此取得代表"我们美利坚**合众**国人民"(we the people of the *united* states)的宪法权威——这种代表美利坚合众**国**人民所发出的呼声虽然与联邦党人以宪法第 5 条确立修宪方案时表达出来的"我们美利坚**合众**国人民"(we the people of the United *States*)的心声有所不同，*但它们却具有同等的权威。当然，厘清 20 世纪 30 年代所发生的事件与其历史先例之间的不同之处显然异常重要——因为它们是现代宪法发展变迁的参数。在这里，我将侧重于论述三个主题。

首先且又最重要的是总统领导权。林肯和约翰逊虽然在运用宪法解放奴隶这点上发挥了前所未有的作用，但总统的领导地位因为约翰逊的缺陷而归于瓦解。与此形成鲜明对照的是，新政时期的民主党人却通过控制总统职位，为新政提供了持续的、推动宪法改革的总统领导权。

好运赋予了民主党人更多的立法选择权。他们无须效仿重建国会的

---

* 前一个"美利坚合众国人民"强调的是"合众"，即强调合众国作为一个国家所具备的特征；而后者强调的是"国"，即注重强调构成合众国的各个主权州。也就是说，后者更侧重于强调各州权力。总之，作者作出如此区分的目的在于强调美利坚合众国在其发展的过程中日渐增强的国家主义色彩。——译者注

做法,即在南部诸州否决宪法第 14 修正案时,重建国会基本上摧毁了南部诸州政府;[*]他们也无须以弹劾来威胁桀骜不驯的总统。罗斯福将联邦最高法院作为靶子,并以向其中任命一些赞成对传统信条进行革命性改
25 革之新法官的方式,将新政的观点法典化。

这种做法导致了第二个方面的变化——将自觉运用**以改革为目的的联邦最高法院法院法官任命**(transformative judicial appointments),作为推动宪法变迁的核心工具。在其 1937 年提交的那个著名的法院改组国情咨文中,[**]罗斯福提出了这一方案——此方案使他拥有了立即任命六名新法官的权力。当保守的旧式法院采取及时转向将这一激进的提案逐出政治漩涡时,总统和国会又以更为循序渐进但却大同小异的做法诠释了法院改组方案。随着保守派法官的辞职或去世,他们又系统地任命了一些准备支持和解释新政之改革宪法观的法官填补了这些空缺。

20 世纪 40 年代初期,新政与其先例相比体现出来的第三个不同之处开始出现了:运用革命性的司法观点铸造宪法原则的基本轮廓。新政时期的许多案件不仅推翻了旧体制下判决的若干主要案件,其中包括曾经以“合同自由”为名推翻了最长工时立法的洛克纳诉纽约州案(Lochner v. New York)[***]那样;新政者还进一步将洛克纳案改造成早已普遍受到美国人民坚决反对的整个宪法秩序的象征。蕴涵在这些判决中的新政观点在功能上发挥着与正规宪法修正案同等的作用,为我们在此前 60 年中积极干预社会和经济生活奠定了坚实的基础。

我并不是说,这种新政法学观就是我们宪法中不可动摇的因素——而且大多数的正规法律条文亦然。我也不是说,将来对新政原则的任何改革都应该遵循罗斯福总统于 20 世纪 30 年代推行的高级法创制程序。

---

[*] 实际上,这些州政府都是按照约翰逊总统的意图重建的,这是国会拒不承认这些政府的原因。——译者注

[**] 1937 年 2 月 5 日,罗斯福总统在国情咨文中宣称,美国的内政和经济结构之所以还存在未能适应 20 世纪复杂现实的诸多失败,根本原因在司法部门,特别是最高法院。他要求改组全国最高法院和最高司法机关,建议现任法官年届 70 以后 6 个月还不退休,即由总统任命一名新法官;总统最多只能任命 6 名最高法院法官和 44 名联邦低级法院法官。——译者注

[***] 1905 年,联邦最高法院审理的这个案件推翻了纽约州的一项法律。当时纽约州的法律规定,面包工人每天的工作时间不得超过 10 个小时,联邦最高法院认为这项法律是对个人缔约自由的非法干预,该法律无效。这也是当时非常流行的观点。——译者注

从罗斯福到里根及其后

在已经过去的一段时间里，新政先例的持久性意义就这样似是而非地受到了肯定。像20世纪30年代那样，80年代的里根也没有把总统的主要精力放在制定正规的宪法修正案上——在当时的情况下，即便是制定宪法修正案，其目的也只是为了平衡预算以及推翻罗伊诉魏德案*(Roe v. Wade)。受罗斯福做法的启发，里根也要求人民授予其任命新型 26 最高法院法官的权力——通过一系列改革性的司法任命来实现这一目标。像当年的罗斯福一样，里根的目标也是为了寻求大多数法官支持其改革观点，以贬低、削弱早期重要保守判决的影响：如果斯卡利亚法官(Justice Scalia)能够如愿以偿，那么罗伊案将遭受与新政时期的洛克纳案相同的命运。新政时期的旧式法院曾试图以同洛克纳案相似的一些判决保护市场自由不受政府干预，而新政法院对此类判决却不屑一顾。

然而，罗斯福与里根这两个时期的相似性到此为止。里根政府付出的宪法改革努力并未达到顶峰——改革性的宪法观点并未宣布其与传统的断然决裂。没有像新政法院贬抑洛克纳案那样去贬抑罗伊案，20世纪90年代重组的法院矢志遵守过去确立的原则。其中最典型的案件是计划生育诊所诉凯西案(Planned Parenthood v. Casey)**，在此案中，里根—布什(Reagan-Bush)政府任命的法官坚决地投了维持罗伊案法院判决意见

---

* Roe v. Wade(1973)，原告罗伊声称：她遭受强奸而怀孕，得克萨斯州法院禁止堕胎，而她又没有足够的钱到可以合法堕胎的州进行手术，故不得不继续妊娠。分娩之后，孩子被不知身份的人所收养。罗伊认为，一个孕妇有权决定在什么时间、以什么方式、为何种理由而终止妊娠，而得克萨斯州法律剥夺了她的权利，因此违背了宪法。案件一直上诉到最高法院。1973年，最高法院以6:3的多数意见裁定：得克萨斯州法律禁止堕胎的规定过于宽泛地限制了妇女的选择权，侵犯了宪法第14修正案的正当秩序条款所保护的个人自由。在本案中，罗伊是妇女Norma McCorvey的化名。——译者注

** Planned Parenthood of South Pennsylvania v. Casey(1992)，本案原告是宾夕法尼亚州5家提供堕胎服务的诊所和一名代表本人和其他人提供集团诉讼的医生。原告认为：作为被告的宾夕法尼亚州政府公布实施的堕胎法与罗伊案的判决明显抵触，请求法院宣告堕胎法违宪，并禁止该法实施。巡回法院宣布引起争议的法律条款全部违宪，并发布了永久性禁令；上诉法院推翻了巡回法院判决的主要部分；最后联邦最高法院以5:4作出裁决，基本维持了上诉法院的判决。——译者注

的票,尽管斯卡利亚法官发表了近乎恼怒的反对意见。

虽然20世纪80年代与20世纪30年代宪法改革的结果迥然有别,但美国人民讨论其宪法未来所遵循的程序却颇为相近。在这两个时期,总统都担当了宪法改革之制度发动机的角色;在这两个时期,问题都在于总统是否能够说服国会和法院接受他以人民名义提出的对宪法进行基本改革的要求;在这两个时期,总统提出的高级法创制主张,都因其致力于说服参议院批准其为改革目的任命联邦最高法院大法官的斗争而达到顶峰。

罗伯特·鲍克(Robert Bork)与弗雷克斯·富兰克福特(Felix Frankfurter)的观点在本质上是不同的,但这两个法官的提名对形成中的总统领导权实践却发挥了惊人相似的功能。二人都是由倡导改革的总统在其任内的第七个年头提名的;二人都是总统为改革目的任命联邦最高法院大法官的典型——他们都是对发端于白宫的政治运动提供智力导向的称职学者;他们都渴望将自己的改革观点以明确的文字形式表达出来,以批判现存宪法原则中的主导因素。虽然罗斯福之提名富兰克福特取得了成功,而里根却在鲍克那里遭到了失败,但是这一事实不应遮住我们的双眼,使我们无视两位总统以人民名义改革高级法时遵循程序的惊人相似之处。

在把这个反复出现的、推动宪法变迁的总统领导权模式厘清以后,通过对改革进行的思考,我想提出下列问题。对罗斯福和里根时代遗留下
27 来的这些先例,进行彻底批判、局部修改,抑或是全盘接受?

超越形式主义

本书包含着相当数量的历史知识,一些政治学以及少量的哲学——但是这种对多学科领域的广泛涉足旨在服务于基本的法律问题。除了本书的最后一章,我致力于考察的唯一问题是:如果20世纪90年代的美国人打算修正宪法,他们能够合法适用的"**法律**"方式是什么?

如果我能用一两页或者十页的篇幅将此问题表述清楚,那真是一件

令人颇感惬意的事。这种清晰简短的表达首先能让法律家感到满意，因为他们对概念简约性的追求有时几近病态。另外，如果高级法创制可以根据一些明确表述出来的法律规则推导出来，那么这种形式主义的高级法创制程序同样会给全体美国人带来许多真正的好处。

第一个好处在于它的公正性——它能够公平地唤起持不同宪法观的斗争双方的注意力。为了赢得斗争的胜利，对立的双方在斗争之初就明确地知道他们必须做些什么。这样，斗争的双方在关键时刻即有平等的机会集结他们的政治力量。明确的修宪规则也使斗争中的失意方在解释他们失败的原因时少了一些借口：毕竟在有明确的高级法创制规则的情况下，斗争中失败的一方就无法再以“不知宪法决策时刻已经到来”为理由，为他们的失败进行开脱。

这种形式主义的高级法创制程序还有一个真正的优点，即它能明确地告诉人们为宪法创制而采取某些特殊举措应该终止的时间——因为形式主义的修宪程序将预先规定宪法斗争的胜利条件，即宪法修正案的出台将明确告诉人们谁是宪法改革斗争中的胜者和败者。虽然斗争中的失败者仍然保有在未来重提这一话题的权利，但普通美国人民却在这段时间内获得了政治上放松的时间，并可以将注意力转移到其他事情上去。从二元民主的角度看，这并不意味着什么成就。宪法不能也不应该试图强迫公民们对其保持持久的热情。[1] 普通美国人有权在政治生活中表明其宪法意志，而无须将此作为他们毕生为之奋斗的目标。形式主义的修宪程序明确地告诉人们一个宪法改革终止的时间，对于民主政府而言也有一个莫大的好处：它帮助新兴的宪法改革运动将一系列新的宪法观念灌输到了广大人民群众之中。

就像它的若干优点一样，形式主义同样无法回避其局限性。形式主义的修宪程序所能做到的内容明确、结构清晰以存在这样一个**假设**为代价，这个假设就是：被发动起来参加宪法政治运动的人们经过审慎的判断 28
后，通过可见的制度标准——国会两院 2/3 多数提出，并由 3/4 州议会批

〔1〕 关于这一问题更深入的论述，见布鲁斯·阿克曼：《我们人民：宪法的根基》(*We the People: Foundations*)，第 7～10 章。

准——可以判断宪法改革是否取得了成功。在这一假定的背后,就是我称为制度障碍的理论。该理论意在通过精心设计的制度障碍,使所有没能成功发动起人民群众支持其宪法观点的党派感到精疲力竭、无能为力,毕竟人民群众的支持是宪法改革取得合法性的前提。简言之,这种制度障碍将挫败那些影响力较小的党派以组成政党联合的方式实现其高级法观点。尽管在某些情况下,这些较小党派组成的党派联合提出的高级法观点也确有一些可取之处,但这种设计完美的制度障碍使这些高级法观点无法获得实现。另一方面,这个精心设计出来的制度障碍也不可能做到完美无缺。在某些极个别的情况下,即便是以大写字母"P"开头的"People"(人民)**的确**有某些宪法意志要表达的时候,这种制度也障碍甚至会阻挠这些已获最广大多数人民支持的宪法观点上升为高级法。

将此点置于最广泛的意义上看,我认为任何形式主义的规则体系都隐含着两个风险。第一个风险是指**积极的错误判断**(false positive):此时,形式主义的修宪程序可能会在某宪法观点根本没有取得人民群众持久而审慎支持的情况下,就错误地认为**人民**已表达出了其宪法观点,并将此观点上升为高级法——不可否认,根据二元民主的原则,人民群众持久而审慎的支持乃新宪法方案成为高级法的前提。这不是一件好事,所以正式的宪法修正规则在设计时都应尽量避免出现这种情况。

随着这一风险的减少,另外一种可以称为**消极的错误判断**(false negative)的风险就不可避免地相应扩大。为了限制临时结合的特殊利益团体组成的政党联合以人民名义将其宪法意志上升为高级法,形式主义修宪程序中设计的制度障碍同样也可能会窒息宪法运动将其观点表达出来。这是一种消极的错误判断,因为这些观点经过积年的讨论已经深深地渗透到普通公民的意识中,而且也获得了大多数人民的持久支持。[1]但这样的观点却不能顺利地上升为高级法,因此这同样是一件坏事——实然,如果法律家精英们可以运用修宪规则扼杀宪法政治期间人民审慎支持的宪法观点,那么大多数美国人最终将对"我们人民"能够有效地控

---

〔1〕 就这一问题的进一步的讨论,见布鲁斯·阿克曼:《我们人民:宪法的根基》(*We the People: Foundations*),第9章。

制其代表，而其代表也能有效地表达其意志的观点感到绝望。

经过两个世纪的发展，如果上述可能存在的话，法律形式主义者或许已经解决了第二种风险。然而，事实并非如此。在美国历史上那两个最严重的危机时刻，美国人民恰恰面临着消极错误判断的严重威胁。如果他们一丝不苟地按照宪法第5条的规定行事，重建时期的共和党人与新政时期的民主党人将面临着明确而现实的风险：他们长期而卓有成效地动员人民参与根本改革而取得的斗争成果，将因法律上的吹毛求疵而“流
产”。作为回应，他们通过改造了的修宪规则来寻求人民对宪法改革的支 29
持。

在揭示了重建时期的共和党人和新政时期的民主党人成功地推动了宪法改革的事实以后，我们就用不着再坚持联邦党人提出的修宪规则依然是21世纪指导宪法修正的主要依据了。坦言之，研究19世纪60年代和20世纪30年代美国人所开创的非常规的宪法改革先例，是一项相当艰巨的工作。但这一工作却使我们对一些原则的解释成为可能：这些原则将有助于我们确认在何种条件下，未来运动的倡导者可以“合法地”声称他们已经获得了进行根本性宪法改革的人民授权。

这种观点建立在这样一个假定的基础之上，即法律包含着远比规则更多的东西。然而这是一个在法学界颇有争议的问题。[1] 我希望每个有思想的法律家都能够意识到法律不仅包含着规则，而对原则和先例的研究也是其重要组成部分——这就意味着法律家（他或她）在表述法律时，必须充分考虑这三个方面的因素。有时将原则、先例和规则按照一定的顺序明确地排列起来也是可能的——按照明确的规则作出颇具影响的先例，而这些规则又需要最基本的原则加以阐明。虽然这种新古典主义的推理结构现在已不流行，但它仍然具有一定的说服力。

当然，有时这种推理结构又显出了它无能为力的一面。经过两个世纪不受约束但颇具创意的宪法政治以后，新古典主义的这一次序变得如此难以企及。虽然那些伟大的宪法改革历史先例并不是根据某些明确的

---

〔1〕 见罗纳德·德沃金（Ronald Dworkin）：《认真对待权利》（*Taking Rights Seriously*），第2～3章（1978）；卡尔·卢埃林（Karl Llewellyn）：《普通法传统：上诉案件之判决》（*The Common Law Tradition: Deciding Appeals*）（1960年）。

规则作出的，但它们还是表现出了相当的一致性。只要我们不想把这些伟大的宪法改革先例降到简单的规则这一层次上，我们就有可能解释这些基本的宪法标准——在将来以宪法改革为目的的政治运动将其主要改革观点上升为高级法之前，这些政治运动都必须满足这些基本的宪法标准。

这也正是我们研究宪法改革之总统领导权模式的目的所在——为评价未来的宪法改革成就提供历史性的判断标准，而这种成就往往是在政治运动中，将白宫作为宪法改革的起点而取得的。当下一次总统迫切地希望从人民那里获得广泛的授权时，宪政主义者最好以过去的经验来检
30 验这种要求的合法性。尽管总统的权力在现代共和国中日渐勃兴，但他还未取得仅凭一两次选举的胜利就能够改变宪法发展方向的权威。在未来以"我们人民"名义新兴的政治运动中，分权仍将在这些宪法观点合法化的过程中发挥主导作用。这些先例亦将为类似的宪法改革提供一个标准。而对于法学研究团体而言，最大的挑战在于开展一次严肃的讨论，以有助于我们在下次总统领导权危机中发挥更为规范的作用。（即运用总统领导权推动宪法改革——译者注）

第二章　建国时期宪法的重构

“会议”蕴涵的智慧

美国人民对开国元勋的态度一直在崇拜与贬抑之间摇摆不定。这样，他们在界定自己与建国时期宪法之间的关系问题上，经历了一个相当艰难的时期。早在 20 世纪之初，查理斯·贝尔德(Charles Beard)就令人信服地描述了独立革命不光彩的一面。[1] 他将建国时期描绘成美国之“热月”*的观点至今还萦绕于人们的心中。在贝尔德看来，开国元勋并没有实现他们的革命目标，独立战争不过是为财产权而展开的一场反人民暴动。贝尔德的这种观点，因开国元勋主张的种族主义和男人至上主义而深化。也正是在这一点上，法官瑟古德·马歇尔(Thurgood Marshall)公然否认开国时期的宪法为现

---

〔1〕 查理斯·贝尔德(Charles Beard)：《美国宪法的经济解释》(*An Economic Interpretation of the Constitution of the United States*)(1913)。本章源于布鲁斯·阿克曼与尼尔·凯亚尔合作撰写的《有违常规的开国时期宪法》(*Our Unconventional Founding*)，载《芝加哥大学法律评论》第 62 卷，第 475 页(1995)。在这篇文章中，为论证某些观点，我们运用了更多的文献资料。当然，其中业已包含的许多观点在本书中着墨不多。

* 即将美国独立革命视为法国热月革命的翻版。——译者注

代美国政府提供了充分的道德基础。[1] 对宪法未能提供充分的道德基础的疑虑,有力地推动了现代宪法不愿墨守1787年宪法原文的倾向:诚然,白人——他们中的大多数都拥有奴隶——有失偏颇的观念,不能作为民众所追求的完美联邦的基础。

然而,这些问题只能冲淡却不能抹杀这些先辈们的英雄形象。开国元勋们在上述问题上或许是站不住脚的,但他们不依然是美国历史上最引人注目的政治家吗?费城发生的奇迹依然故我——开国元勋们预测了美国历史发展的未来课题,并留给后人以值得尊重的公理。对此,我们没有任何异议。如果有什么不同的话,他们的神秘形象在某种外力的作用下于最近几年正有复兴的趋势。正是在这点上,法官克拉伦斯·托马斯(Clarence Thomas)在现代宪法中以前所未有的热情,继承了开国者们的言辞和智慧。

对这两种观点,我都不能苟同。把这些开国元勋从圣坛上拉下来但
32 并不将他们抛进历史的垃圾箱是我的目标。我并不否认瑟古德·马歇尔的观点。因时代的局限,开国元勋们的身上的确打着某些偏见的烙印。如果要了解开国元勋们持续发挥的重要作用,我们就不能将他们看做对一切事物都能给出最终答案的神人。后人在高级法中已经推翻了许多在开国时期关于平等、自由以及联邦地位等问题的看法——没有后人的这些贡献,我们可能会在更早的时候就发现了1787年宪法的不完善性。如果要掌握1787年宪法持久性的重要意义,我们必须从不同的角度去理解它,即我们必须从更深的层次上探寻1787年宪法运用的语言,以及它所确立的制度和理念已经使修宪程序初具规模。正是根据这样的修宪程序,后人才得以对18世纪的宪法进行实质性的修改。即便从高级法创制程序的层面上来讲,1787年宪法确立的修宪模式也因时间的流逝而变得模糊了。因此,如果不强调这部宪法持续发挥的重要作用,我们就永远无从掌握现代美国政府的实质。

不幸的是,对这部宪法的褒贬态度影响了我们对它的解释。我们或

---

[1] 瑟古德·马歇尔(Thurgood Marshall):"一种解说:对美国宪法二百年历史的思考"(*Commentary: Reflections on the Bicentennial of the United States Constitution*),载《哈佛大学法律评论》第100卷,第1页(1987)。

者是在关于“活宪法”(living constitution)的自由讨论中(此点我们也总能感觉到)忽视了1787年宪法对高级法创制所作的贡献;[1]或者是将联邦党人视为超级英雄,他们所发出的永远有效的指令对其后200年的宪法改革仍然具有指导意义。为了突破由这两种心态结成的怪圈,我们必须将这些开国元勋从圣坛上拉下来,仅将他们看成面临各种严重问题的普通人——这些问题在后来的美国历史中或许仍将重现。简而言之,美国的这些开国元勋们面临着一个此前既早已存在且他们又必须遵守的高级法创制体制。当然,一旦遵守这一体制,开国元勋们就无法实现他们的宪法目标。然而麦迪逊不愿遵守这个既存的、会给他们从事的宪法事业带来致命打击的高级法创制体系。诚然,他们也没有全盘否定这个既存的高级法创制体制。

他们开辟了第三条道路。他们以既存制度为建筑材料,构建了新的高级法创制体系。在获得了其他政府部门同意他们对高级法创制体制作出如此改造的情况下,联邦党人从最广泛的意义上,强化了他们为人民代言的呼声。

他们不是最早运用这种方法的人。就像我们将要看到的那样,他们只是阐释了英国宪法史上的一个伟大先例。这个先例是在巩固光荣革命原则的1688年会议中创造的。 33

同样,他们也不是最后运用这种方法的人。把重建和新政视为对“会议”的娴熟运用简直是再合适不过了。但是在提出这种观点以前(就更提不上检验正确与否了),就像联邦党人为宪法的合法性而寻求第三条道路一样,我们应该仔细追寻他们走过的道路。

---

〔1〕 其中最具说服力的观点请见罗伯特·博特(Robert Burt):《冲突中的宪法》(*The Constitution in Conflict*)(1992);亚历山大·贝克尔(Alexander Bickel):《危险性较小的部门》(*The Least Dangerous Branch*)(1962)。

问题之所在

仅在1787年费城制宪会议召开的前6年,所有的13个州*才最终接受了《邦联条例》,其中最后一条规定:

> 第13条 《邦联条例》应为各州严格遵守,联盟将永久存在;今后非经合众国国会同意,并经各州州议会随后批准,任何时候不得对条款进行任何修改。

《邦联条例》第13条将强调的重点置于各州一致同意之上的做法并非偶然。为使所有州能够尽快接受《邦联条例》,人们花去了大量心血。[1]

尽管如此,那时的联邦党人却根本没有按照《邦联条例》的规定行事。经过一夏天的秘密磋商,与会代表草就的合众国宪法在民众中引起了轩然大波。其中第7条明确地写道:"经九州州议会批准后,本宪法应即成立,在批准本宪法之各州内,亦即发生效力。"这种提法衍生出了三个方面的法律问题。

与《邦联条例》的冲突

1787年宪法第7条从四个方面违反了当时仍然有效的修宪程序。首先,它播下了分裂的种子,是对《邦联条例》所首肯的"联盟将永久存在"的一种反叛——因为有9个州的同意即可脱离联盟。就像我们所看到的那样,这种分裂的危险也正是纽约和弗吉尼亚两州勉强签署宪法的主要原因。在1787年宪法获得批准后召开的第一届国会也是由分裂主义分子组成的团体,因为北卡罗来纳和罗得岛州并没有派员参加——在由分

---

* 这13个州包括:新罕布什尔、马萨诸塞、罗得岛及普罗维登斯种植地、康涅狄格、纽约、新泽西、宾夕法尼亚、特拉华、马里兰、弗吉尼亚、北卡罗来纳、南卡罗来纳和佐治亚。——译者注

[1] 见莫里尔·杰恩森(Merrill Jensen):《邦联条例》(*The Articles of Confederation*),第57、103、126~139、183、238页(1970年);杰克 P. 格林(Jack P. Greene):《核心与边缘》(*Peripheries and Center*),第154页(1986年)。

裂分子组成的国会威胁对其实施经济制裁的情况下,这两个州才最终作出了批准宪法的决定。

第二,1787 年宪法忽视了《邦联条例》授予大陆会议的修正宪法的权
力。这种违背《邦联条例》的做法异常引人注目,其时间段从若干州拒绝 34
派代表参加费城制宪会议一直到大陆会议认可费城制宪会议之召开时为止。

第三,联邦党人对各州的权力没有给予足够的重视。他们提出的宪法把各州议会从宪法批准程序中踢了出去,而把批准宪法的权力留给了各州特别举行的州制宪会议。

最后,所有行为都是在《邦联条例》明确规定了对其进行修改,须经特别而排他的程序才能进行的情况下作出的。

费城制宪会议存在的问题

试想,制宪会议不顾《邦联条例》的规定,把制定宪法的权力完全掌握在自己手中。因此,从其自身角度来看,制宪会议完全是由分裂主义者组成的团体。罗得岛州一以贯之,拒不派团参加制宪会议,纽约州和特拉华州也摆出了同样的姿态。

纽约向制宪会议派出了 3 名代表,但其中的两名代表因大多数联邦党人表现出越来越明显的中央集权倾向而退出了会议。因为纽约规定只有在多数代表同意后,该宪法才对本州有约束力,所以纽约州剩下的唯一代表亚历山大·汉密尔顿(Alexander Hamilton)的投票并没有充分的法律效力。制宪会议将其作为例外情况,即在其日志中对纽约和罗得岛就是否赞成宪法这一问题上采取了相同的态度——在其会议记录中都不认为这两个州对宪法进行了投票。[1]

特拉华州议会也阻止其代表签署制宪会议制定的宪法。在他们看

〔1〕 在 7 月 11 日以后,纽约从未在制宪会议上投过票。这点通过比较 7 月 10 日[见马克斯·菲兰德(Max Farrand)主编:《1787 年联邦会议记录》(*The Records of the Federal Convention of* 1787)第 1 卷,第 565 页]和 7 月 11 日[见马克斯·菲兰德(Max Farrand)主编:《1787 年联邦会议记录》(*The Records of the Federal Convention of* 1787)第 1 卷,第 577 页]的会议记录可以看出。另见马克斯·菲兰德(Max Farrand)主编:《1787 年联邦会议记录》(*The Records of the Federal Convention of* 1787)第 2 卷,第 641 页中关于宪法最后表决的记录。

来,这些提案褫夺了《邦联条例》授予他们的平等投票权。特拉华州的代表没有按照该州议会的指示行动,签署了宪法。[1]

我们可以想象出当时的情景:10 个代表团强烈呼吁九个州就可以签署本应由邦联全部 13 州批准的、如此庄严的宪法。即便如此,我们也对当时的困难作了保守的估计。在倡议召开制宪会议之时,大陆会议宣称这次集会"**唯一而明确**的目的是修订《邦联条例》第 7 条"。[2] 那么,我们不仅要问,如此有限的权力何以致使与会代表撕毁了《邦联条例》而推出了一部全新的宪法呢?

这是一个被经常提及的问题。在纽约和马萨诸塞两州,这一问题显
35 得更加突出。因为这两个州派出的代表明确表示要与大陆会议在会议召开之前提出的限制性要求——此次会议的目的仅在于修改《邦联条例》第 7 条——保持一致。[3] 其他的一些州授予其代表以更广泛的权力,允许他们提出一些自己认为合适的宪法提案[4]。虽然某些重要代表的行为超出了其所在州议会的授权,但这种现象并不普遍。

然而,最终没有哪一个州代表所享有的权力,同《邦联条例》规定的修宪条款有任何相似之处。各州对其代表的授权虽然在用语上各不相同,但以弗吉尼亚州的做法最为典型:其代表可以从事"**设计、讨论宪法修正以及更多的活动**,但这些活动应为完善邦联宪法所必需……**本着这样的目的将这些法案在国会上提交合众国,在被合众国及诸州首肯后,这些法**

---

〔1〕 见麦里尔·杰恩森(Merrill Jensen)主编:《宪法批准史纪实》(*The Documentary History of the Ratification of the Constitution*)第 1 卷,第 203 页。特拉华州的问题在费城制宪会议上引起了关注。见马克斯·菲兰德(Max Farrand)主编:《1787 年联邦会议记录》(*The Records of the Federal Convention of* 1787)第 1 卷,第 4、6、37 页。

〔2〕 见查理斯·C. 塔西尔(Charles C. Tansill)主编:《美利坚合众国形成实录》(*Documents Illustrative of the Formation of the Union of American States*),第 45 ~ 46 页。

〔3〕 见麦里尔·杰恩森(Merrill Jensen)主编:《宪法批准史纪实》(*The Documentary History of the Ratification of the Constitution*)第 1 卷,第 209 页(纽约的决议)。在马萨诸塞州议会不知道国会提出了上述要求的情况下,马萨诸塞州议会于 2 月 22 日作出了第一个没受上述限制的决议。在获悉大陆会议提出了本次集会"唯一而明确的目的是修订《邦联条例》第 7 条"的限制后,马萨诸塞州后来制定了一个遵守这一限制性规定的新决议。

〔4〕 见麦里尔·杰恩森(Merrill Jensen)主编:《宪法批准史纪实》(*The Documentary History of the Ratification of the Constitution*)第 1 卷,第 196、201、203、204、222、224 页。

案在不作任何变动的情况下发生法律效力”。[1]

类似用语明确地表示，制宪会议应服从当时的制度和程序。大陆会议也采取了这种做法，即规定费城制宪会议提出的各种提案只有在“得到国会和各州同意”的条件下才能上升为法律。[2] 即便是为了实现人民主权，代表们也绝没有开创一个新的高级法创制体制的权威。事实上，一些大陆会议的代表拒绝接受任命出席费城会议。究其原因，就像理查德·亨利·李（Richard Henry Lee）所说的那样，“如果参加了费城会议，他就必须在大陆会议中支持费城会议的提案”，而他更想“在纽约的大陆会议上对费城会议的观点进行一番评判”。[3]

同各州宪法的冲突

在呼吁 13 州召开批准 1787 年宪法之会议的过程中，联邦党人在法律上遇到了更多的麻烦。根据至高权力条款（Supremacy Clause）* 的规定，联邦党人在费城制宪会议上制定的这部宪法要求各州大规模地修改其州宪。这样，联邦党人继续在各州的层面上随心所欲地冲击着各州既有的修宪机制。

为批准联邦宪法而举行之会议的法律地位，取决于各州自己的宪法。但这些州的宪法可以从最广泛的意义上区分为两种类型：可以运用州制宪会议批准联邦宪法的州宪和不能以州制宪会议方式批准联邦宪法的州宪。

打算以州制宪会议方式批准 1787 年宪法的州包含马萨诸塞、新罕布什尔以及宾夕法尼亚。其中，前两个州在很久以前即通过一次特别会议 36

---

〔1〕《弗吉尼亚共和国议会通过的法案，1786 年 10 月 16 日 ~ 1787 年 1 月 11 日》，第 11 页（理查蒙德，1787 年）。类似的语言亦见于各决议中。见麦里尔·杰恩森（Merrill Jensen）主编：《宪法批准史纪实》（*The Documentary History of the Ratification of the Constitution*）第 1 卷，第 199 ~ 200、203、204、213、222、225 页。马萨诸塞及其他州向国会和各州提交的决议（同上，第 207、214、216 页）。北卡罗来纳州仅提及了各州应对其议案持赞成态度（同上，第 201 页）。

〔2〕见麦里尔·杰恩森（Merrill Jensen）主编：《宪法批准史纪实》（*The Documentary History of the Ratification of the Constitution*）第 1 卷，第 187 页。

〔3〕鲁斯·伯根（Ruth Bogin）：《亚伯拉罕·克拉克》（Abraham Clark），第 134 页（1982 年）。亚伯拉罕·克拉克以类似的原因拒不接受任命。

* 指美国宪法规定，美国联邦宪法、法律和条约优于与其发生抵触的州宪法、法规。——译者注

提出了自己的州宪草案,而且该宪法草案也获得了全民的投票支持。1776 年的宾夕法尼亚州宪法是由州议会制定的,但它却被认为是那个时代最激进的民主性法律文件。[1] 由此,我们可以很好地探究这 3 个州是如何运用会议机制的。上述 3 个州中的任何一个州宪都未授予州议会或任何其他个人以自由召集会议的权利。这种州会议只有在特定年限后方能举行——新罕布什尔和宾夕法尼亚的年限为 7 年;而马萨诸塞州规定的年限更有 15 年之久。新罕布什尔是唯一一个主张可以自动召集会议的州;马萨诸塞州则规定在 2/3 城镇同意的情况下可举行州会议;在宾夕法尼亚,则需要经 2/3 由特别选举产生的检查团团员同意方可举行类似会议。[2]

这些繁复的程序说明人们非常关注早期共和国的稳定性。[3] 美国人民很清楚托利党人的告诫,即尚处于幼年时期的共和国可能会因为持续的党争而解体。在召集州制宪会议时采取如此谨慎的态度,表明了人民对稳定共和制的向往,因为只有稳定才能让人们更好地行使人民主权。

令联邦党人感到沮丧的是,他们于 1787 年发出的召开州制宪会议的号召在上述 3 州恰不逢时。宾夕法尼亚州检查团在 1784 年业已驳回了一次试图召集州会议的决议,并相约在 1791 年召开下一次会议。新罕布什尔和马萨诸塞州分别约定在 1791 年和 1795 年召开州制宪会议。更糟糕的是,联邦党人要求各州召开的制宪会议的性质与州宪规定不符。在上述 3 个州中,州制宪会议的任务在于提出宪法提案而不是批准其他机关提出的宪法提案。在新英格兰的两个州,有关州宪法的提案在公民大会上提交选民。如果上述三州议会响应费城制宪会议关于召开州制宪会议的号召,他们的行动必将违背本州宪法。

在其他州,联邦党人发出的召集各州制宪会议的号召所遇到的法律

---

〔1〕 戈登·伍德(Gordon Wood):《美国民众的创新》(*The Creation of the American Republic*),第 226~227、231~232 页(1969 年)。

〔2〕 见弗兰西斯·索普(Francis Thorpe):《联邦及各州宪法、各殖民地典章及其他早期法律》(*The Federal and State Constitutions, Colonial Charters, and Other Organic Laws*)第 3 卷,第 1890 页(新罕布什尔);同上,第 4 卷,第 2454 页(马萨诸塞);同上,第 5 卷,第 3091 页(宾夕法尼亚)。

〔3〕 维里·亚当斯(Willi Adams):《第一部美国宪法》(*The First American Constitutions*),第 137~144 页(1980 年)。

境况也不见得就更好。大多数的州议会已提出了本州宪法，并在不需要任何特别形式批准的情况下将其上升为法律。罗得岛和康涅狄格两州仍然适用授予他们很大政治自主权的皇家特许状（Royal Charters）——两州议会轻而易举地就推翻了该特许状中要求他们效忠英王的条款。[1]

这些州宪法授予其议会以决定是否响应费城制宪会议号召的权力。 37
因为各州议会是其既有宪法的渊源，难道他们在法律上就没有提出新修宪方式以修正宪法的自由吗？答案是肯定的。然而，联邦党人规避各州议会号召各州召开州制宪会议的做法，侵犯了各州现有的修宪程序。在费城制宪会议的与会代表缺乏各州议会明确授权可以规避各州议会的情况下；在代表们号召各州人们召集州制宪会议，以批准这个没有人民的直接授权而仅有他们自己认为合适的宪法草案的情况下；这种对各州宪法规定的修宪程序的违反就显得更为突出。

这里，我们将年富力强的约翰·昆西·亚当斯（John Quincy Adams）对费城制宪会议的强烈反应摘录如下，以作总结：

> 联邦宪法第 7 条赤裸裸地违反了与会代表的承诺。它违背了《邦联条例》。如果大家翻看一下《邦联条例》第 13 条，那么我所说的话就会得到完全的证实。它也违背了本州宪法，它也是酿成巴克什尔和罕布什尔（Berkshire & Hampshire）地区（参与谢斯）叛乱的罪魁祸首。
>
> 为论证此点的正当性，我们可以说在危难和紧急关头，无论哪个国家的宪法都应该为此让路：没有一个协议可以与国家的存亡相提并论。为使这一颠簸不破的真理付诸实践，就需要确立两个基本点：第一，我们正处在国家经受生死存亡考验这样一个可怕的时刻；第二，除了进行革命以外没有其他更好的方法能够把我们从困境中拯

〔1〕 有四个州议会提出、实施宪法并不需要更高的授权或批准。这四个州是：弗吉尼亚（1776 年）、新泽西（1776 年）、罗得岛和康涅狄格（修订了殖民地时期的特许状）。在特拉华州（1776 年）、佐治亚州（1777 年）和纽约州（1777 年），宪法由人民授权的州议会批准，而无须将其提交人民。另外一种做法是经人民投票表决有特别权力的州议会将宪法草案提交人民，人民有权对宪法提出相应的修改意见。采取这种做法的州包括：马里兰（1776 年）、宾夕法尼亚（1776 年）、北卡罗来纳（1776 年 12 月）、南卡罗来纳（1778 年）。见罗格·霍尔（Roger Hoar）：《制宪会议》（*Constitutional Conventions*）第 4 页（1917 年）。

> 救出来。关于第一种风险,我们可以违心地承认:我们所处的形势的确不容乐观;但有一点我们很清楚,那就是形势正日趋好转,在我们不对现状进行任何改革的若干年以后,说不准还会出现一个繁荣的景象。然而,如果说那些变革是有必要的,那就是专制主义的必要。不错,正是专制主义;因为如果打算限制联邦国会的权力,那么专制主义乐衷于、且有助于我们达到上述目标。[1]

这种评论说明了在两代人之间存在着不可逾越的鸿沟。在华盛顿和麦迪逊看来,1787 年宪法能够有效地巩固他们一生为之奋斗的革命成果。但是在年少气盛的亚当斯眼中,联邦宪法不过是令人瞠目的非法活动的结果。在谢斯起义以后,比亚当斯年长的一些人也持有类似的观点,并心
38 怀与亚当斯同样的忧虑。那么,联邦党人对此又作何反应呢?

联邦党人作出了如此反应:从 1785 年到 1791 年,他们通过与一些当时既存的部门进行一系列令人眼花缭乱的政治交易,为他们实施非常规的高级法创制活动铺平了道路。

花车效应

我们在此将上述交易称为“花车效应”(bandwagon effect)。* 在每一阶段,联邦党人为推进其事业都经受了法律上的严峻考验;在每一阶段,都有相当数量的重要机关拒绝与联邦党人进行法律上的合作。然而,联邦党人最终还是取得了足够的常设机关的同意,以维持宪法改革的动力。对他们来说,争取“官方同意”某个非常规的宪法改革,为联邦党人着手下

---

〔1〕《约翰·昆西·亚当斯致威廉·克拉克的信》(*John Quincy Adams to William Cranch*),麦里尔·杰恩森(Merrill Jensen)主编:《宪法批准史纪实》(*The Documentary History of the Ratification of the Constitution*)第 14 卷,第 223 ~ 224 页。

* “bandwagon”指乐队中的花车,随着花车的行进,围观者越来越多。作者于此处用了“bandwagon effect”一词,我们将其直译为“花车效应”,意即在一项宪法改革方案出台后,初期只有少数人或机构表示拥护。随着斗争的继续,越来越多的人加入到了拥护新的宪法改革方案的行列中。从而确立了宪法改革措施的合法性。因为宪法改革措施取得合法性的过程就像围观者越来越多的花车,因此作者在描述这种宪法现象时,形象地运用了“花车效应”一词。——译者注

一个非常规的宪法改革取得了形式上的合理性。这些非常规的宪法改革动议——再次被某些重要的政府部门认可后——又成为联邦党人得以采取下一个非常规的宪法改革的基础。以此类推……尽管这些宪法改革动议没有按照既定的法律规则提出、批准,但它们最终还是取得了足够的宪法权威。

这种非常规的修宪程序存在着很多问题。在对这些非常规的修宪程序作更深层次的思考之前,我们应该为其寻求一个更为坚实的事实基础。开国元勋们在创制高级法时采取的非常规的举措,可以分为五个阶段。在第一个阶段,联邦党人试图建立一个诸如制宪会议的机构以对国家所面临的问题作出适当的反应。而发出一个值得人民信赖的宪法改革信号,是联邦党人保证其事业能够取得全面成功的基本条件;那么在他们对既有修宪程序发起严厉挑战时,联邦党人又怎样设法应付此举带来的巨大风险呢?

要对此问题给出一个满意的答案,只有切入其他的问题。在发出了一个值得人民信赖的宪法改革信号后,他们又面临着使其提出的宪法动议合法化的问题。对原有的《邦联条例》进行修正是一回事,而重写一部全新的宪法又是另外一回事。那么他们又如何对待当时各个机构对全面的宪法重组所作出的反应呢?这也是提出宪法改革方案的第二个阶段。

然而,制宪会议并不只是提出了一个宪法草案,它还促成了宪法批准规则的变革。宪法批准规则的变革是一个颇具革命色彩的举措,开国元勋们又是采取了怎样的手段,争取人们支持宪法批准程序的改革的呢?我们将这个排在第三层次的阶段称为决定宪法批准程序的阶段。

在联邦党人试图解决这些问题的过程中,他们步入了第四个阶段,即 39
开始为争取各州批准宪法而展开斗争。这些斗争只是进一步肯定了前一问题——修正宪法批准规则——的重要性。没有对新批准规则的普遍接受,各州就永远不可能批准宪法。

第五也是最后一个阶段,联邦党人面临着拒不接受宪法的罗得岛和北卡罗来纳。这两州依然沿用此前的旧宪法。如何引导他们放弃这种法律上的敌对态度,转而承认新体制的合法性?我们将此称为宪法的巩固阶段。

发出宪法改革的信号问题

修正《邦联条例》的努力从这个条例获得批准的那一天就开始了。然而,大多数人在相当长的一段时间内还是按照《邦联条例》的规定行事。

首次以修正《邦联条例》为目标的法律运动,试图授权国会征收对外贸易5%的关税。这一动议由国会于1781年提出,并得到了所有州的支持(罗得岛在该动议提出两年之后表示支持)。但就在罗得岛州打算支持该征税方案的时候,弗吉尼亚州又收回了它此前作出的承认该法案的承诺。此举使国会又回到了最初的起跑线上。[1] 经过一段时间的协商,国会又推出了一系列新的征税议案。其中最成功的,应属国会于1783年4月通过的那个议案。[2] 到1786年,只有纽约处于悬而未决的状态;尽管此前纽约也曾经表示正式接受这一法案——当然它提出了一些让国会感到无法接受的附加条件。[3] 为维持各州对此议案的热情,国会又在1786年8月提出了七个修正条款。[4]

这些都意味着联邦党人面临着许多反对意见,持反对意见的人主张在不违反现行规则的前提下建立一个强有力的联邦:在前进的道路上,联邦党人炮制的制度花车只能提出一些违反现行修宪规则的动议,才能使自己正常运转吗?[5] 假设纽约能够支持上述征税法案,那么我们又有什

[1] 鲁斯·伯根(Ruth Bogin):《亚伯拉罕·克拉克》(*Abraham Clark*),第82~83页(1982年)。

[2] 见林达·德·波(Linda De Pauw):《第11根支柱》(*The Eleventh Pillar*),第33页(1966年)。

[3] 作为对大陆会议和邻州康涅狄格和新泽西施加压力的反应,纽约在1787年1月对征税议案重新定位,在投票表决中,以2:1的优势改变了原来的做法。见艾尼斯特·斯伯尔丁(Ernest Spaulding):《乔治·克林顿阁下》(*His Excellency George Clinton*),第170~171页(1938年)。当然,这并不是举足轻重的纽约州所采取的最后举措,因为来自邻州的压力仍然很大。我们无法得知最后会出现怎样的结果,因为人们的注意力已经转移到了联邦宪法上。

[4] 见约翰·菲兹帕特里克(John Fitzpatrick):《大陆会议通讯》(*Journals of the Continental Congress*)第31卷,第494~498页(1934年)。

[5] 见《马里兰州众议院的表决及程序》(*Votes and Proceedings of the House of the State of Maryland*),第1页。

么理由认为它将接受一个违反法律规则的相关动议?[1]继续在征税法案上对持反对意见的州施加更大压力,促使所有州批准征税法案;之后再借此成功作为谋求全面改革的跳板——就像国会于1786年向各州发放征税法案相关修正案的做法那样,这样的做法不是更明智吗?[2]

循着这些当时既存的制度是否仍具功效的疑问,我们会发现隐于更深层次的与合法性相关的诸多问题。如果致力于用当时既存的制度解决这些宪法问题,麦迪逊及其同僚又是怎样取得足够的权威以对当时的制 40
度现状发起挑战的?

弗农山会议(The Mount Vernon Conference)

由于最初为召集会议采取了一些低姿态的举措——也就是说并没有明显流露出反规则的倾向,因而这些措施并未立刻在法律方面激起大规模的反对。只是在联邦党人运用花车效应取得了一定的经验后,他们开始遇到了非常规的宪法改革在取得合法性的过程中所蕴涵的深层哲学问题。

我们的叙述将从1785年召开的弗农山会议开始。在这次会议上,来自马里兰和弗吉尼亚两州的专员于乔治·华盛顿的寓所举行了会谈。尽管他们的使命局限于就波托马克(Potomac)和波科莫克(Pocomoke)两条河流的管理进行磋商,但他们一致认为,“在有良好建议的情况下……可以大规模且审慎地超越各自州议会授予他们的权力”。[3]即便如此,两

〔1〕 1786年10月底,鲁弗斯·金(Rufus King)在马萨诸塞议会发表了反对《邦联条例》的演说:“如果所有州都接受税法,国家将有希望获得稳定的经济来源,国家信用也将因此而加强,但仍有两个州拒不接受税法提案,即宾夕法尼亚和纽约。前者面临的情况众所周知,我们可以将其争取过来,纽约也不敢长时间地反对联盟。”此讲演是在10月12日作出的,见《伍斯特杂志》(Worcester Magazine),1786年10月的第三个星期,第353页。

〔2〕 即使到了1788年,仍然有很多州制宪会议的成员试图以税法代替新宪法。见约纳坦·艾略特(Jonathan Elliot)主编:《若干州制宪会议就批准联邦宪法展开的讨论》(*The Debates in the Several State Conventions on the Adoption of the Federal Constitution*)第2卷,第80页;第3卷,第278页;第4卷,第70页。

〔3〕 里查德·莫里斯(Richard Morris):《弗农山会议:走向费城制宪会议的第一步》(*The Mount Vernon Conference: First Step Toward Philadelphia*),见《宪法》第6卷,第38、40页(1985年);南希·麦克曼努斯(Nancy McManus):《弗农山会议二百年》(*The Bicentennial of the Mount Vernon Conference*),见《宪法》第八卷,第43页(1985年)。

州议会还是接受了双方代表最后达成的州际协议。

麦迪逊早就看出了这些动议之后蕴涵的一些东西。[1] 他指出弗吉尼亚州议会应当根据《邦联条例》第 6 条的规定向大陆会议提交上述州际协议，*因为《邦联条例》第 6 条规定“两个或两个以上的州”彼此间不得订立任何“条约或同盟”。[2] 我不明白为什么弗吉尼亚州议会反对麦迪逊的这一提议。至于马里兰州，其议会引用了《邦联条例》的规定，“为相互间、整体的利益，诸州各自加入这一巩固的，彼此友爱的同盟”。但他们同样不能解释，为何不将上述州际协议提交合众国国会批准的做法。[3]

这一结果向麦迪逊提供了三方面值得学习的经验。第一，参加**特别**会议的代表可以超越并进而无视他们的使命；第二，即使“全部的程序明显不合宪”，[4]这样的会议也能够进行；最后，非常规的举措在某些情况下，可能会收到意想不到的效果。就像弗农山会议那样，两州为了各自的经济利益，尽管违反了相应规则，但还是达成了都能为各自接受的协议。

1786 年 1 月 21 日，弗吉尼亚的联邦党人采取了进一步行动，7 个专员（包括麦迪逊本人）说服州议会授予了他们邀请其他州代表参加在安纳波利斯**（Annapolis）举行会议的权力。该会议旨在“考虑并推出一个管
41 理商业的方案”。[5] 即使在这样的早期阶段，也有明显的证据表明麦迪逊已对制度花车的动力了然于胸了。在给门罗（Monroe）的一封信中，他写道：

> 从总体上而言，在安纳波利斯会议作出某些管理商业的决定之

---

〔1〕 见勃罗杜斯·密特克尔（Broadus Mitchell）：《亚历山大·汉密尔顿》（*Alexander Hamilton*），第 356 页（1957 年）。

* 《邦联条例》第 6 条第 2 款规定，“非经合众国国会的同意，并明确地规定其条约或同盟之目的和有效期，两个或两个以上的州彼此间不得订立任何条约或同盟”。——译者注

〔2〕 里查德·伯恩施坦（Richard Bernstein）：《我们能组成一个国家吗?》（*Are We to Be a Nation?*），第 356 页（1987 年）。

〔3〕 《马里兰最初的法律，1785 年》（*Original Laws of Maryland*, 1785），见马里兰州议会会议记录。

〔4〕 马克斯·法仑德（Max Farrand）：《设计宪法》（*The Framing of the Constitution*），第 8 页（1913 年）。

** 安纳波利斯是马里兰州的首府。——译者注

〔5〕 见麦里尔·杰恩森（Merrill Jensen）主编：《宪法批准史纪实》（*The Documentary History of the Ratification of the Constitution*）第 1 卷，第 180 页。

前，即在我们掌握某些处理邦联内部事务的局部经验之前，将一些可能改进邦联体制的措施全面搁置不用，并不一定是很明智的做法。如果参加此次会议代表的目的是有益于联盟，而且会议也能按照某些规定的程序进行，那么在与会代表返回各州议会后，他们必将对国会和各州议会在以后制定一些有益于联盟的决定产生强大的推动作用。[1]

这说明麦迪逊当时已经掌握了使非常规的行为合法化的方式。与其一蹴而就，争取一次性解决《邦联条例》的问题，麦迪逊建立了循序渐进取得胜利的模式——通过取得一些小规模的成功，并使这些被通过的部分动议成为以后批准一系列动议的基石：

以国会作为修正《邦联条例》弊端的手段已经"流产"了，因此我们应寄希望于新的会议。如果新的会议取得了初步成功，那么引起公众注意的弊端将推动再次举行会议。当然，在公众意志准备推出更多举措、修正《邦联条例》之时，我们也应该再次举行类似的会议。我们在这里（弗吉尼亚）举行的集会不会向国会提交任何东西。各州议会可能不会对参加修正《邦联条例》的代表授予全权。因此，在我们面前只有两个选择——要么重复过去做过的事，要么什么都不做。只有时间能够检验哪种做法正确。总体上来说，我并不主张对《邦联条例》提出一些临时性的或局部的改进措施。但如果在这方面要求过于苛刻、改革幅度过大，我们的行动就可能遇到更大的阻力。[2]

由此我们可以看出，制度花车式的程序已正式启动了。

安纳波利斯会议（Annapolis）

尽管对其合法性存在争议，[3] 但是由弗吉尼亚召集的这次会议却取得

---

〔1〕《致詹姆斯·门罗（1786年5月13日）》，见盖拉德·亨特（Gaillard Hunt）主编：《詹姆斯·麦迪逊手稿》（*Writing of James Madison*）第2卷，第242～243页（1901年）。

〔2〕《致詹姆斯·门罗（1786年5月19日）》（*To James Monroe*），同上，第233～234页。

〔3〕"根据《邦联条例》的规定（第6条），在不经国会同意的情况下，各州不得订立条约或同盟。因此，安纳波利斯会议上的任何举动显然都是非法的。然而麦迪逊却不死心，仍然决心要做些什么。"见威廉·彼得斯（William Peters）：《一个更完美的联盟》（*A More Perfect Union*），第9～10页（1987年）。

了惊人的成功。9个州派出代表参加了1786年9月在安纳波利斯开幕的会议。当然,这次会议也引发了3个州的不满。南卡罗来纳州没有向会议派出代表,其根据是此举将"明显否定或违反"州议会移交国会的权力——此权力早在南卡罗来纳州批准税收法案时即由该州议会授予了国会。[1] 倡议在安纳波利斯举行会议使康涅狄格州陷入了困境,因为州议会议员担
42 心这种做法将动摇国会的根基,并且将为一些其他违法活动打开方便之门。[2] 马里兰在对此会议表示反对的同时,还列举了详尽具体的理由:

> 这一会议作出的提案可能会在欧洲引起误解或误传。这些提案将引起国会的不快,并把美国人民搅得鸡犬不宁。美国人民因此产生了这样的疑虑——这个国家的伟大国会是否没有意思或没有足够的智慧制定管理商业的统一而合适的方案。国会必须有权制定出席这一会议的代表可能通过的制度。[3]

更糟糕的是,这一会议"可能导致类似会议的召开,而这些会议或许会产生无法预见的后果。在并非绝对必要的情况下,政府进行的改革是非常危险的,特别对于崇尚变化、嗜好新奇事物的美国人民而言尤其如此"。[4]

安纳波利斯会议的与会者,将在一个曾正式宣布他们为危险革命分子的州举行会议。早期参加会议的代表并没有像人们期望的那样给人留下深刻的印象。[5] 在只有来自5个州的12名代表参加会议的情况下*,

---

〔1〕 摩尔文·威利(Mervin Whealy):《革命尚未结束》(*The Revolution Is Not Over*),见《马里兰历史杂志》第81卷,第231页(1986年)。

〔2〕 1786年,麦迪逊解释说;"从不赞成到反对,康涅狄格州反对召集会议的想法。他们认为这种想法来源于国内的一些其他会议,正是这些会议造成了立法权威的窘境"。见盖拉德·亨特(Gaillard Hunt)主编:《詹姆斯·麦迪逊手稿》(*Writing of James Madison*)第2卷,第262页(1901年)。

〔3〕 《马里兰州参议院的表决和程序》(*Votes and Proceeding of the Senate of the State of Maryland*),第一次会议,1785年3月8日,第84~85页。

〔4〕 同上。

〔5〕 新罕布什尔、马萨诸塞、罗得岛以及北卡罗来纳已经选出了代表,但他们都没来。9月8日,麦迪逊绝望地写道:"一两天以前,我就到了这里,但我仅遇到了两个前来参加会议的代表。尽管还有少数的代表陆续到来,但我们不能奢望出席会议的人数能够达到令人尊重的程度。"《致阿姆波罗斯·麦迪逊,1786年9月8日》(*To Ambrose Madison, Sep. 8, 1786*),见盖拉德·亨特(Gaillard Hunt)主编:《詹姆斯·麦迪逊手稿》(*Writing of James Madison*)第2卷,第269页(1901年)。

* 9月11~14日,纽约、新泽西、特拉华、宾夕法尼亚与弗吉尼亚五州的12名代表在安纳波利斯举行会议,研究贸易改革问题。——译者注

联邦党人倾其所能开始寻求能够推动类似会议再次召开的制度性因素。在会议结束之前,与会者响应汉密尔顿的号召,决定在费城召开另外一次会议。安纳波里斯会议的报告指出,新会议讨论的范围不仅仅局限于“商业管理”领域,它有权对“经过严密的调查后,发现的更深、更多的弊端”进行全面的思考。这种说法存在着明显的问题——到底是谁授予了这些商业代表以如此广泛的权利?报告对这一问题作了如此答复:“如果要明确地表达人民的期望或其他情感,各位代表就不应该受本州授予其权力的限制。他们有足够的信心认为,以关注合众国利益为其行动指南,他们的行动不可能毫无建树。”[1]

这一报告是在本质上无视现存制度、而从形式上又对现存制度表现出应有尊重的巧妙结合的结果。与会代表宣称他们具有召集会议以修正《邦联条例》的权力,尽管这一权力对于当时的制度而言是那么陌生。在采取了革命性的步骤以后,他们同现存制度合作以掩盖自己的越轨行径。[2] 第一,他们指出在费城制宪会议上的任何修宪提议都应该经国会 43
和13州州议会的同意。准确地说,他们不仅没有那么做,而且还有意识地超越了自己的权限,他们规划未来会议的行为到底有多严重?由于将费城会议提案提交国会和各州批准的做法从表面上符合当时有效的规则,因此,此举在某种程度上弱化了与现存制度之间的冲突。第二,与会者并没有采取片面的行动。他们动员国会和13州议会传达到费城开会的精神。这种做法真的没有什么可取之处吗?如果现存各州当局无视这种邀请,人们也不会将此看得过于严重。

然而,如我们对整个事件进行重新思考,安纳波里斯会议报告中无视现存规则的一面就会再次凸显出来。特别应当指出的是,在召开费城会议之前,他们的动议需要获得国会和所有13州的同意吗?如果不需要,多少州的支持才能使这一会议如期举行?与会代表在这些可操作性的关键问题上没有作出任何说明。这些问题足以使我们预想出即将出现的花车效应:随着越来越多的各州当局认识到举行这一会议的必要性,各州对

---

[1] 见麦里尔·杰恩森(Merrill Jensen)主编:《宪法批准史纪实》(*The Documentary History of the Ratification of the Constitution*)第1卷,第182~185页。

[2] 我的分析将以汉密尔顿所作的报告为基础,尽管这种做法显得有些简单。

费城会议的认可不就使它具有了独具特色的合法性了吗?

谢斯起义(Shays's Rebellion)

发生在马萨诸塞州的暴动——我们称之为谢斯起义——对汉密尔顿发出的号召起到了输血打气的作用。[1] 对谢斯起义爆发的原因进行全面研究无助于论证我们的命题。然而,谢斯起义的消息,的确很快压倒了人们对有关安纳波利斯会议报道的注意;并对公众接收安纳波利斯会议报告起到了明显的推动作用。

然而,我们应以全面、深入的观点看待谢斯起义。以查理斯·贝尔德的理论为基础,某些观点认为谢斯起义在革命精英中引发了阶级焦虑——正是这种焦虑和恐惧致使他们采取了诸如召开制宪会议这样强有力的举措。[2] 关于谢斯起义的这些观点并不全面。谢斯以及追随他的新英格兰农村地区暴动者,不仅有效地阻止法院正常开庭和拒不偿还自己的债务;而且这次暴动还是对富有建设性的政治形式的一种尝试——起义者没有按法律的规定就举行了一系列会议,并进而作出了若干特别举措以适应当时发生的某些根本性变化。也就是说,谢斯起义还开创性地运用了打破法律规定的会议形式来处理当时的问题。

不难想象,这些举动引起了反对者对平民运用会议方式的攻击。一些不具姓名的小册子作者像另类美国人一样,严格区分了独立革命和平民暴动非法运用会议的两种不同方式。在北美人民反对不列颠的斗争
44 中,除了违反法律举行会议而外没有其他选择。然而在1780年,情况已发生了巨大变化:那时马萨诸塞州人民已庄严地通过了宪法。从那时起,任何团体都不能举行旨在"于州中播下**内战**种子,或干扰政府执行宪法权

---

〔1〕 见华尔特·米德(Walter Mead):《美国宪法》(*The United States Constitution*),第18页(1987年);见勃罗杜斯·密特克尔(Broadus Mitchell):《亚历山大·汉密尔顿》(*Alexander Hamilton*),第366页(1957年)。

〔2〕 罗伯特·菲尔(Robert Feer):"谢斯起义与宪法"(*Shays's Rebellion and the Constitution*),《新英格兰季刊》第42卷,第393~394页。在此文中,作者弱化了谢斯起义的作用;大卫·萨特马利(David Szatmary):在其著作《谢斯起义》(*Shays's Rebellion*)(1980年)第127页中,则持与前者相反的看法。对此读者可以进行比较。

力”的集会。[1] 马萨诸塞州州长詹姆斯·布迪恩(James Bowdoin)的一个演讲详细阐述了这一观点:

宪法草案明确规定,人民有十五年的时间严肃思考是否支持宪法。如果认为有必要修改州宪,在这段时间内我们可以对其进行充分的修改。——共和国内大小官员的所有权威都来源于人民,没有哪个人的行为不受法庭裁判的约束。

……如果本州公民的不满情绪能够由州议会制定的法律予以疏导,那么我认为这些心怀不满的公民的特权就不能扩大,因为州法院由人民在每年一度的选举中选举产生。尽管在某些时候我们的不平可能没有得到及时解决,但人们可以在下次选举中将权力赋予那些能够满足我们合理期望的人。我们不应轻易地认为本州代表没能按选民的指示行事……公民们,现在我恳请你们,用使我们共存于这个社会中的神圣契约,即我们的同胞们洒下的鲜血去争取自由;用我们应给予后代的温馨关怀,通过自己的双手创造自由。运用我们的努力,**必须循着宪法和秩序之路**为不平而战,这是上帝给予我们遗产。[2]

在给出了这些明确的原则以后,对谢斯起义持反面观点的人也将坚决地反对安纳波利斯会议的动议。为什么号召在费城举行会议的非法性,就不能与造反派们举行会议的非法性相提并论呢?[3]

这个问题在马萨诸塞州议会很快引起了反响。鲁弗斯·金(Rufus

---

〔1〕 无名氏(An Other Citizen):“论会议”(*On Conventions*),见《伍斯特杂志》1786年9月第一星期版,第273页。类似的批评还可见于:“老共和党人”(*An Old Republican*),“对县会议的责难”(*Strictures upon County Conventions*),见《伍斯特杂志》1786年9月第三星期版,第291页。

〔2〕 “波士顿选举人演讲”(*Address of Selectman of Boston*),见《伍斯特杂志》1786年9月第三星期版,第301~302页。

〔3〕 整个国家都看到了摆在新英格兰立法者面前的两难境界。在马萨诸塞州认可了弗吉尼亚会议后,威廉·格雷森(William Grayson)谈道:“当州提议改善政府之时,马萨诸塞州刚刚从将人们推向崩溃边缘的叛乱中恢复过来……对内部叛乱能够得到及时平定感到比较满意的马萨诸塞州,不想冒理论上的试验可能带来的类似风险。东部诸州愿意接受这一举措吗?他们真的心甘情愿地认可弗吉尼亚的提议吗?在得知这一信息时,他们到底是怎样的态度?康涅狄格州反对这种想法。先生们,东部诸州不愿认可这一会议。他们很明白革命和变革带来的风险。为什么我们要不惜一切代价去促成这一会议呢?即便他们获得了人民的支持,这一会议也是不必要的……除了弗吉尼亚以外,我从来没有听到过这个联盟的其他地方有什么怨言。”见约纳坦·艾略特(Jonathan Elliot)主编:《若干州制宪会议就批准联邦宪法展开的讨论》(*The Debates in the Several State Conventions on the Adoption of the Federal Constitution*)第3卷,第274~275页。

King)和纳坦·迪恩(Nathan Dane)以安纳波利斯会议提议在费城召开会议不合宪法为由,反对这一提议。诚如鲁弗斯·金所说的那样:"《邦联条例》是人民行动的准则。不经国会同意以及几个州议会的认可,不能对
45 《邦联条例》进行任何变更。因此国会应先行对《邦联条例》进行审查,如果某一会议对《邦联条例》进行了修正,没有哪一个州议会有权认可这种修正……此外,如果国会不赞成主张将在费城召开会议的这个安纳波利斯会议报告,致命的后果可能将接踵而至。"[1]

鲁弗斯·金和纳坦·迪恩是两个举足轻重的人物。几个月以后,他们将代表国会起草号召各州派遣代表前往费城参加会议的决议。不可否认,1786年秋季谢斯叛乱的参与者们召开的农民会议给他们留下了深刻印象。与其将谢斯起义看作是对上层阶级的刺激,还不如说谢斯起义为心安理得地对待召开非常规的会议打开了方便之门。

在鲁弗斯·金和纳坦·迪恩道出了他们的忧虑后,我们就不会对纽约州和新英格兰地区的做法表示吃惊。他们很晚才对安纳波利斯会议提出的在费城举行会议的动议作出反应。[2] 但是联邦党人在南方争取支持召开这一会议的工作却大获成功,[3]这个成功成了维持这种热情历经1786年冬天而未降温的主要动力。到那时,花车效应因得到官方的又一轮认可而获得新的动力。

登上花车的大陆会议——大陆会议对安纳波利斯会议决议的首肯

国会于9月20日收到安纳波利斯会议决议并将其提交给一个特别委员会,但特别委员会将会议记录束之高阁长达数月之久。1787年2月初,麦迪逊和汉密尔顿前往国会敦促对该文件的签署事宜,但是若干其他

---

[1] 鲁弗斯·金(Rufus King):"政府的日程"(*Proceedings of Government*),见《伍斯特杂志》1786年10月第三星期版,第353页。1个月后,纳坦·迪恩在州议会的另一次发言中重申了鲁弗斯·金的观点,见《新港信使》(*Newport Mercury*),1786年11月27日,第1页。

[2] 在国会作出决定之前,只有马萨诸塞对安纳波利斯会议提出的在费城召集会议的提议表示支持。其他州对国会于1月作出的决定给予答复的时间分别是:纽约(3月6日),康涅狄格(5月17日),新罕布什尔(6月27日),罗得岛没有任何反应。

[3] 这些州包括:新泽西(11月23日),弗吉尼亚(12月4日),宾夕法尼亚(12月30日),北卡罗来纳(1月6日),特拉华(2月3日),佐治亚(2月10日),南卡罗来纳(3月8日),马里兰(5月26日)。

国会成员仍然对该文件的合法性心存疑虑。针对这种情景,作为国会特别委员会成员之一的里查德·亨利·李(Richard Henry Lee)写道:

> 尽管大多数人对实现安纳波利斯会议商业代表的提议抱有很大的热情,但他们还是怀着强烈的不满情绪将这一提议提交特别委员会的。实际上,正是对邦联政府存在严重弊端的确信激发了他们改善、加强政府的热情。但对于修正弊端的模式却存在着许多不同看法:一些人赞成安纳波利斯会议的做法;另外一些人认为不仅应由合宪的国会,而且所有符合相应条件的机构都可以提出对《邦联条例》的修正建议;另有一些人则倾向于州会议在表明其明确的想法后,再由各州会议授予国会以修正邦联弊端的全权。[1]

尽管当时人们举棋不定,但在费城会议变得越来越可行之后,国会批
准该会议的召开势在必行。除非国会明确签署安纳波利斯会议的动议, 46
否则许多州(特别是北方诸州)不准备派代表参加这一不合宪法的会议。

在此背景下发生的一个意想不到的转向,使主张在费城召开会议的一派获得了很大支持:曾经反对在费城召开会议的金和迪恩完全转变了态度。经过1月中旬的初步辩论后,这两个来自马萨诸塞州的代表在获得国会许可的前提下,于1月21日撰写了要求各州派代表参加费城会议的决议。决议号召各州"为唯一而明确的修正《邦联条例》的目的"派代表参加费城会议。[2] 怎样解释他们的这一转变呢?

在给艾尔伯里奇·格雷(Elbridge Gerry)的一封信中,金解释说:"尽管对在费城召集会议的合法性持怀疑态度的内心情感并未改变,但出于各种原因,我认为我们不该反对而是应当赞成这一提议……在危机四伏的情势下,明智、谨慎的人们应该抓住机遇建立一个更加有力、稳定的政府。"[3] 细心的观察家不费吹灰之力就能解释金的这种转变。从这点来

〔1〕《李致图克尔的信,1786年10月20日》(*Lee to Tucker*),见埃德蒙·巴内特(Edmund Burnett):《大陆会议议员通信集》(*Letters of Members of the Continental Congress*)第8卷,第489~490页(1936年)。

〔2〕见麦里尔·杰恩森(Merrill Jensen)主编:《宪法批准史纪实》(*The Documentary History of the Ratification of the Constitution*)第1卷,第187页。

〔3〕《1787年1月11日的信》,见查里斯·金(Charles King)主编:《鲁弗斯·金的生平和通信》(*The Life and Correspondence of Rufus King*),第201~202页(1894年)。

说,马萨诸塞有效地粉碎了谢斯叛乱。[1] 曾被任命为代表马萨诸塞州参加安纳波利斯会议的史蒂芬·赫金森(Stephen Higginson)诙谐地写道:"金和迪恩现在已放弃了想象中的观念,即他们曾经认为国家召集的会议与5月将在费城开始的会议有相当的类似之处,他们也不再假想费城会议将给联盟带来危险,因为诸多被证明的经验已开始逐渐为合众国人民所接受。"[2]

尽管安纳波利斯会议报告的起草人明知其形式的非法性,但国会的决议已足以将宪政的制度花车推动向前。随着谢斯叛乱的平定,北方诸州也对国会发出的参加费城会议的邀请作出了积极反应。

当然还有一个例外。

罗得岛

"请允许本州议会向您吐露心声",罗得岛州州长约翰·克林斯(John Collins)在给大陆会议主席的信中解释了罗得岛不派代表参加费城会议
47 的原因:

> 作为立法机构,我们不能委任代表参加费城会议,只有人民才有这样的权力。根据法律规定,国会代表由本州自由民选举产生,并在国会中代表他们行事。如果州议会委派代表参加费城会议,但却不能委任代表参加国会,我们就能看出派团参加费城会议的荒谬性;加之修改宪法是费城会议与会者的直接目的,因此只有人民有权遴选与会代表。[3]

克林斯并非反对这种做法的唯一一人。其他人,包括约翰·杰伊(John Jay)也为这样的事实——费城会议是州议会生产的"怪胎",因此不

---

[1] 2月4日,林肯将军的军队在彼得罕姆对义军发动了一次突然袭击。同日,宣布起义为叛乱的州议会授予总督布迪恩以广泛的实质性权力。他运用这一权力纠集了2600人的军队。12天以后,马萨诸塞州通过一项法案,取缔了参与谢斯暴乱者的选民、陪审员以及公务员资格。这些举措结束了谢斯起义的主要威胁。见大卫·萨特马利(David Szatmary),《谢斯起义》(*Shay's Rebellion*),第102~107页(1980年)。

[2] 《致诺克斯将军,1787年2月8日》,见托马斯·赫金森(Thomas Higginson):《史蒂芬·赫金森的生平及其所处时代》(*The Life and Times of Stephen Higginson*),第113页(1907年)。

[3] 《1787年9月15日的信》,见威廉·施坦利斯(William Staples),《大陆会议中的罗得岛》(*Rhode Island in the Continental Congress*),第575~576页(1870年)。

能与“人民”发生直接联系——所困惑。[1] 在对费城会议的合法性发起挑战后,克林斯全文引用了《邦联条例》的最后一条,* 意在强调罗得岛“没有足够的权力,而且之所以反对安纳波利斯会议决议,原因还在于它是由几个人制定的。这些人正因认为该决议有助于保护大多数人庄严的民权而沾沾自喜……况且罗得岛还担心,如果这个决议有朝一日被违反,我们必将陷入毁灭的境地”。[2]

然而,由于这封信犀利的措辞,它被视为联邦党人成功地解决了标志宪法改革即将来临问题的象征。此信的日期就是最好的说明:9 月 15 日,那时费城会议已接近尾声。由于国会和 12 个州都对费城会议持赞成态度,罗得岛的抗议之声也弱化到了只能以书信的方式予以表达的程度。事实上,罗得岛州长的信为本州未能支持这次旨在改变现状而举行的不合宪法的会议表示歉意。从一般意义上来说,对这种行为是无须辩解的。

我不希望夸大联邦党人取得的成就。尽管花车效应将费城会议变成了一个值得信赖的修正宪法的信号,但在人们普遍认可宪法是“我们人民”共同努力的结果之前,联邦党人还面临着更多的困难。

因此,对现行高级法创制体制进行令人信服的变革绝非易事。故而,对联邦党人采取的独具特色的方式进行思考就显得非常重要。回顾一下他们有多少次为其超越宪法的行为争取官方承认。在下面的概括中,我用斜体字标明先后发挥过法律作用的主体,用黑体字标明超越法律的会议。 48

从*弗吉尼亚和马里兰州*派遣商业代表

到**弗农山会议**,再到*两州*对这次会议达成的协议的认可以及*弗吉尼*

---

〔1〕《杰伊致华盛顿的公开信》,见查里斯·金(Charles King)主编:《鲁弗斯·金的生平和通信》(*The Life and Correspondence of Rufus King*),第 208 ~ 209 页(1894 年)。

* 《邦联条例》第 13 条规定:“关于本条例规定由合众国管辖的一切问题,各州应遵守合众国国会的决定。各州应神圣地遵守本《邦联条例》,邦联将永世长存。非得到合众国国会的同意,以后任何时候,对本条例的任何部分不得有任何变更。非取得合众国国会的同意,并由立法机关批准。上帝使我们所代表的各州立法机关倾心承认并授予我们批准本邦联和永久联合的条例。神明在上,我们下面署名的代表,依照授予我们的权力,代表我们各州完全承认本条例中每一条款基本条例中包含的全部内容:我们庄严地宣誓,保证我们所代表的各州一定遵守本邦联所提交各州的合众国国会关于一切问题的决议。因此本条例应为我们所代表的各州神圣不可侵犯地遵守,这个邦联应垂诸永久。”——译者注

〔2〕《1787 年 9 月 15 日的信》,见威廉·施坦利斯(William Staples):《大陆会议中的罗得岛》(*Rhode Island in the Continental Congress*),第 576 页(1870 年)。

亚号召在

安纳波利斯举行会议。

到***九个州***对**安纳波利斯会议**的认可和***四个州***对此会议进行法律上的攻击;再到**安纳波利斯会议提出在费城举行会议的动议**以及这一动议被***南部诸州***接受而***北方一些州***则对此举棋不定。

再到***国会***支持**费城会议**以及***纽约和新英格兰***对费城会议的认可和***罗得岛***法律上的反对。

最后到**费城会议**。

费城制宪会议提案及决定该提案命运的宪法批准程序

在费城会议开始之初,人们能够料到会议将提出一些《邦联条例》的修正案,而创造一个全新国家体制的苗头并不明显。然而,更令人震惊的是,与会代表倾其全力创建了一个全新的宪法批准程序。这两个动议——推出一个全新的国家体制和确立全新的宪法批准程序——有明显区别。在克服来自各方面阻力的过程中,联邦党人惯于将两者结合起来,所以我也把这两个方面放在一起进行分析。

费城会议的非法性

非法性是贯穿费城会议始终的主旋律。在会议举行的前六个星期,国家主义者和州权主义者之间就本次会议能够提出议案的范围展开了激烈争论。正是这一争论,引发了人们对此次会议非法性问题的关注。国家主义者以十五点"弗吉尼亚方案"(Virginia Plan)*控制大会议程,该方案主张在各州之上建立一个拥有独立行政、立法和司法制度的强有力的

* "弗吉尼亚方案"于5月29日由爱德蒙·伦道夫提出,该方案主张建立两院制立法机构,两院席位根据财产或人口进行分配。这种规定因有利于人口较多的各州,而遭到小州的反对。——译者注

中央政府。[1] 州权主义者以“新泽西方案”(New Jersey Plan)*对抗,该方案主张在不改变《邦联条例》基本假设的前提下加强国会权力——特别是 49
各州在大陆会议中有平等表决权这一原则不能改变。

州权主义者一次又一次地以合法性作为自己观点的依据。威廉·佩特森对新泽西方案作了如下概括:

> 本次会议以制定国会法案(Act of Congs.)为目标。几个州,特别是马萨诸塞州的代表已强调了这一点。法案应该如是规定:所有法律的目标和与会代表讨论的主题是改善邦联;因此,《邦联条例》是本次会议一切程序的正当基础。我们应在其规定的范围内活动,否则必将因为越权而遭到选民的责难。美国人民明察秋毫的能力使他们不可欺骗。《邦联条例》不仅是衡量我们每一个与会代表权力的尺度,而且它还对我们正在思考的问题表示深切关注。同邦联相比,建立中央政府的观念不得人心。之于大众而言,我们必须给自己合理地进行定位……在任何时候,我们都应该遵从人民的意见,而不是反其道而行之。[2]

就佩特森提出的这个广为人们接受的观点而言,[3] 新泽西方案温和

〔1〕 合法性问题因“弗吉尼亚方案”中的第一点成为会议关注的中心。第一点指出,“以邦联形式组成的各州之间的联盟无法实现《邦联条例》的预定目标”。南卡罗来纳州的平克尼(Pinckney)和马萨诸塞州的格雷(Gerry)尖锐地指出,这种提法超越了他们的职权。[马克斯·菲兰德(Max Farrand)主编:《1787年联邦会议记录》(*The Records of the Federal Convention of* 1787)第1卷,第39、42~43页。]这两个人对弗吉尼亚州代表而言至关重要。在讨论第二点时,他们的做法使弗吉尼亚州代表遇到了更严重的法律问题,因为后者主张对《邦联条例》规定的(在国会中)“一州一票”的表决制度进行大幅度改革。在特拉华州代表古弗尼尔·莫里斯(Gouverneur Morris)的反对下,国家主义者迅速作出了让步(马克斯·菲兰德(Max Farrand)主编:《1787年联邦会议记录》(*The Records of the Federal Convention of* 1787)第1卷,第37页)。在5月末对这些问题进行讨论时,只有八个州的代表出席。特拉华州的合法退出使费城会议重蹈了安纳波利斯会议的覆辙。

* 此方案由新泽西州的威廉·佩特森于6月15日提出。采用该方案也能大大增强联邦政府的权力,但它主张建立一院制立法机构,各州代表人数相等。——译者注

〔2〕 见马克斯·菲兰德(Max Farrand)主编:《1787年联邦会议记录》(*The Records of the Federal Convention of* 1787)第1卷,第178页。

〔3〕 即使汉密尔顿也承认国家主义者的方案“与人民的想法相去甚远。或许新泽西方案更能满足他们的期望。但人民将逐渐成熟起来”[马克斯·菲兰德(Max Farrand)主编:《1787年联邦会议记录》(*The Records of the Federal Convention of* 1787)第1卷,第301页]。许多有远见卓识的与会者似乎根本没注意到法律权威问题:“新泽西方案的捍卫者不能对此方案进行实证论述,他们论证该方案的可行性的最好根据是它不太激进,因此更符合人民的需要。”[弗雷德·巴巴什(Fred Barbash),《开国时期宪法》(*The Founding*)第87页(1987年)]——好像合法性根本就不是一个“实证问题”。

地坚持费城会议的权限应局限在修订《邦联条例》的范围内。以麦迪逊、威尔逊和汉密尔顿为首的国家主义者，轻而易举地超越了会议的权限。因此佩特森接着说道："如果邦联政体根本错误，我们应重返各州以申请更多的权力，而不应从我们自身出发推测我们拥有的权力。"〔1〕

存在更多问题的是国家主义者企图剥夺小州的平等投票权："《邦联条例》第5条规定，邦联赋予每州一票表决权——第13条规定，没有各州的一致同意不得对《邦联条例》作任何改动。这是所有条约的共性。那些要求我们一致去做的事情，也正是我们都不能违反的。"〔2〕经过几个星期的激烈争论，佩特森对合法性问题的特别关注得到了其同盟者的有力支持。〔3〕

除了麦迪逊以外，〔4〕国家主义者丝毫不关注会议的合法性问题。在答复像佩特森这样的律法尊重主义者（Legal technicalities）时，弗吉尼亚方案的提出者爱德蒙·伦道夫（Edmund Randolph）指出，他"在权力问题上并不谨小慎微。当社稷有累卵之危时，不提出我们认为必要的解决方
50 案就辜负了人民对我们的信任"。〔5〕 这种观点一时获得了主张人民主权

〔1〕 见马克斯·菲兰德（Max Farrand）主编：《1787年联邦会议记录》（*The Records of the Federal Convention of* 1787）第1卷，第250页（佩特森）。

〔2〕 同上。

〔3〕 同上，第336页（朗辛）；同上，第531页（布弗德）；同上，第469页（埃尔兹华斯）。

〔4〕 在一次演讲中，麦迪逊尝试性地提出了以下观点，即在国会决议的有效期限内，国家主义者的方案可依法被视为是对《邦联条例》的修订。毕竟国会决议认为，"为政府应急和保存邦联之需，代表们有权提出邦联宪法"。他还驳斥了佩特森所主张的没有十三州的一致同意，《邦联条例》的修正就不合法的观点。在他看来，将来一些州违背了《邦联条例》就可能导致其他州宣布其无效。马克斯·菲兰德（Max Farrand）主编：《1787年联邦会议记录》（*The Records of the Federal Convention of* 1787）第1卷，第314~315页。

这种评论在会议上并未引起多大影响。至于麦迪逊针对国会号召在费城召开会议这一做法所作的广义解释，很多人对此只是知其皮毛，而没有深刻的认识。但即使像汉密尔顿这样强硬的国家主义者也作了让步，他勉强地承认自己"并非准备认可邦联将因少数人的反对而解体的观点"。同上，第324页。埃尔兹华斯也批驳了"邦联将因《邦联条例》的任何部分被违反而解体的观点。无视邦联依然存在这一事实将是非常危险的"。同上，第335页。

在没有任何感情色彩地接受了这种观点后，麦迪逊在为费城会议的一些出格做法进行公开辩护时，他果断地放弃律法尊重主义者角色的做法就不会使我们感到震惊了。见布鲁斯·阿克曼、尼尔·凯亚尔："有违常规的开国时期宪法"，《芝加哥大学法律评论》第62卷，第508~510、539~558页（1995）。

〔5〕 马克斯·菲兰德（Max Farrand）主编：《1787年联邦会议记录》（*The Records of the Federal Convention of* 1787）第1卷，第255页。汉密尔顿具有类似的体会，同上，第283页；麦迪逊亦然，同上，第338页。

者的支持，诚如詹姆斯·威尔逊(James Wilson)所说的那样："我们拥有的权力并无实质内容——我们只是有权提出某些议案，我们期望国会和州议会能够认可这点，尽管这种做法或许与'革命原则'有些不符。信守'人民同意'(Assent of the People)的原则是我们现行体制的常规基础。"[1]

争论因7月达成的《大妥协》(Great Compromise)*而告一段落——会议接受了弗吉尼亚方案的大部分观点，同时各州在参议院中有平等投票权的做法也令州权主义者心满意足。此后不久，纽约人罗伯特·耶茨(Robert Yates)和约翰·朗辛(John Lansing)愤然地退出了会议。在他们看来，走上邪路的费城会议实施了蓄谋已久的违法行为。[2]

然而，剩下的代表还没有对所有问题达成一致。尽管以后的议题将沿着革命方向发展，但他们毕竟还尚未直面《邦联条例》第13条：代表们最终会将费城制宪会议的这些决议提交国会和13州议会，从而降低他们的作用吗？

经过一段时期无关痛痒的争吵后，此问题于8月底提上议程："考虑到现存邦联的性质，谢尔曼(Mr. Roger Sherman)对不用所有州批准宪法的做法表示怀疑。如果所有州都能批准宪法这一假设成立，我们当然无须违背《邦联条例》确立的所有州一致批准的宪法原则"。[3] 此后，古弗尼尔·莫里斯(Gouverneur Morris)还进一步提到了，"让各州自行决定其批准模式"的问题。这种说法使马里兰州代表丹尼尔·卡罗尔(Daniel Carroll)提出了另一个难解之题："卡罗尔在谈到马里兰州的修宪模式时

---

〔1〕 同上，第266页(金的报告)。麦迪逊就同一问题所作的报告并未明确地指出"革命原则"："关于在费城会议上的权限，他认为自己并没有任何实质性权力，但却可自由地提出任何建议"。同上，第253页。

* 指由罗杰·谢尔曼提出的《康涅狄格妥协方案》，该方案规定下院按人口分配代表名额，上院则每州都有一票表决权。该方案为制定新宪法的初步草案排除了最后的主要障碍。——译者注

〔2〕 约纳坦·艾略特(Jonathan Elliot)主编：《若干州制宪会议就批准联邦宪法展开的讨论》(*The Debates in the Several State Conventions on the Adoption of the Federal Constitution*)第1卷，第480页。

〔3〕 见马克斯·菲兰德(Max Farrand)主编：《1787年联邦会议记录》(*The Records of the Federal Convention of* 1787)第2卷，第475页。

指出,该州宪法明确指出不得以宪法规定以外的任何其他方式修正宪法。"[1]麦迪逊试图打消代表们的疑虑:

> 马里兰州遇到的困难并不比其他州更多,大小官员宣誓效忠的宪法并未明确规定其修正模式。事实上,人民是一切权力之源。一切困难皆可以求助于人民的方式解决。他们可按其所愿修正州宪。这是权利法案确立的原则,也是我们能够诉诸的第一原则。[2]

这席话并未给马里兰州代表留下深刻印象,詹姆斯·麦克亨利(James McHenry)指出,"马里兰政府官员已宣誓遵守宪法规定的修正模
51 式"。[3] 金也想起了马萨诸塞州宪法,其中明确规定了召集会议的程序,"在1790年以前,不得对宪法进行修改"。[4]

麦迪逊安慰其同僚们,"并没有什么困难。在各州派代表参加本会议之前,它们或许已对人民乃一切权力之源这个首要原则作了更深刻的思考"[5]——一再承认费城制宪会议非法性的人发出了如此令人瞩目的言论。显然,他早已为超越各州州宪的做法找到了根据:"金认为将'会议'作为批准宪法的必需模式就意味放弃他们正在从事的事业。会议能够成功地绕开构成复杂的诸州议会这个羁绊;这样新的批准宪法模式将获成功。如果会议并非批准宪法所必需的形式,新提出的批准宪法模式也必将招致对手的强烈反对。"[6]

在争取宪法批准的斗争中,金的预言将得到验证。除了以州制宪会议的方式对《邦联条例》第13条进行大胆冒犯外,没有其他办法能使费城制宪会议提出的宪法草案获得通过。这也是关于宪法批准程序没能展开深入讨论的原因。除麦迪逊而外,没有谁愿意回答那些反对这一宪法批

---

〔1〕 同上,第475页。1776年马里兰州宪法规定,"除非关于宪法变更、废止的法案在议会通过,并至少在下一次选举前三个月公之于众",不得对宪法做任何修改。见约翰·詹姆森(John Jameson):《美国宪法》(*American Constitutinal Law*),第224页(1869年)。

〔2〕 见马克斯·菲兰德(Max Farrand)主编:《1787年联邦会议记录》(*The Records of the Federal Convention of* 1787)第2卷,476页。

〔3〕 卢瑟·马丁(Luther Martin)"重申了马里兰州宪法的独特性"。同上。

〔4〕 见麦里尔·杰恩森(Merrill Jensen)主编:《宪法批准史纪实》(*The Documentary History of the Ratification of the Constitution*)第2卷,第476~477页。实际上是1795年而非1790年。此处或许是麦迪逊耳误,或是金口误。

〔5〕 同上。

〔6〕 同上,第476页。

准程序的人提出的法律疑团。联邦党人认为它本该如此。当费城会议的大部分代表明确指出,费城会议的提案无须征得国会正式批准的时候,仍然没有找到法律答案、一脸疑团的艾尔伯里格·格雷还在思考这样一个问题:“没有全部 13 州的一致同意,摧毁现行的邦联体制是有失妥当的。”[1]

当我们将废弃物置于一边时,心中难免产生一丝淡淡的惋惜之情。在费城会议接近尾声时的一次工作会议上,汉密尔顿号召大家最好谨慎行事。此举并非说明汉密尔顿谨慎到了胆怯的程度,他给出了一条攻击现行高级法创制体系的界限。他认为“费城会议拟定的宪法批准程序应由国会在召开会议时传达各州。为使这一程序能为各州接受,同各州议会进行一定的磋商就是必要的”。在强调了严格遵守《邦联条例》规定的修宪程序之后,汉密尔顿转而“建议”各州认真思考他们是否自愿修改宪法批准程序。汉密尔顿建议宪法之批准不应由诸州议会决定,而是举行专门的州制宪会议来考虑宪法的批准问题。在坚持所有 13 州的一致同意系宪法修正之必要条件的前提下,汉密尔顿只是尝试性地提出了一个批准费城会议提案的建议。他给州议会的“建议”仅仅是一个使双方都能获得满足的双刃武器。一方面,该“建议”要求各州议会突破现有的所有 52
13 州一致同意的修宪规则;另一方面,该“建议”只是简单地建议州会议可以突破现行的宪法修正规则,其前提是“如果”州会议“认为”9 个州的批准足以使宪法发生法律效力。[2]

汉密尔顿的谨慎,毫无疑问源于耶茨和朗辛在纽约对费城制宪会议合法性的公开责难。* 即便是在这么晚的时候,像艾尔伯里格·格雷这样的律法尊重主义者还赞成汉密尔顿的提法。他没有在宪法上签字,并指出:“如果 13 州中的 9 个可以废止一个协议,以后 9 个州中的 6 个也能废

---

〔1〕 同上,第 478 页。

〔2〕 麦里尔·杰恩森(Merrill Jensen)主编:《宪法批准史纪实》(*The Documentary History of the Ratification of the Constitution*)第 2 卷,第 560 页。

* 汉密尔顿、耶茨和朗辛都是来自纽约州的代表。前文已经述及,耶茨和朗辛由于不满费城制宪会议的合法性,已经退出会议。他们回到纽约后,开始大肆攻击费城会议的非法性。因此,汉密尔顿不可能没有一丝疑虑。——译者注

止一个新协议。"[1]

从最根本的角度看,这种呼吁尊重《邦联条例》规定的修宪规则的做法并非为了维护规则本身,而是基于冷酷的现实。就像詹姆斯·威尔逊(James Wilson)所描述的那样:

> 他(汉密尔顿)以强烈的措辞表达了他的不满,部分是由于国会对宪法批准方案没有给出一个明确的观点。他宣称指望罗得岛在国会中的议员同意此方案、与我们进行合作是再愚蠢不过的想法。马里兰州议会已投票表决,欲改变邦联体制需经13州的一致同意。纽约州代表已相当长时间没有参与本次会议了。其他州代表也表达了许多反对九州即可批准宪法方案的观点。在此情形下,取得国会的同意是非常必要的。在为组建国家政府这一繁重任务耗去了四五个月的时间后,恰恰是我们为自己取得成功的道路上设下了不可逾越的障碍。[2]

3/4 州批准宪法的方案以 10 票赞成 1 票反对通过后,汉密尔顿要求尊重法律的顾虑一扫而空。[3] 但威尔逊对反对意见即将到来的精准描述,表明了费城会议提案将在以后数月中遭到异常严厉的攻击。在与会的55 名代表中,只有 38 人最终在宪法草案上签了字。马里兰州代表路德·马丁(Luther Martin)和约翰·弗兰西斯·莫塞尔(John Francis Mercer)继纽约州代表耶茨和朗辛之后不久,也公然退出了会议。华盛顿及其著名同僚的声望足以维持这部制度花车吗?

大陆会议对费城会议提案的认可

在宪法通过的当天,费城制宪会议"**决定**"(Resolved)在不交出否决
53 和修订权的前提下,"将拟议中的宪法提交邦联国会"。[4]

现在看来,这种保留了否决和修正权的非常规措施并无特别之处。

---

〔1〕 同上,第 561 页。

〔2〕 同上,第 562 页。

〔3〕 同上,第 563 页。在朗辛和耶茨退出会议后,因不构成州代表团的大多数,所以汉密尔顿丧失了代表纽约州投票的资格。赞成汉密尔顿动议的唯一一票是由康涅狄格投出的。

〔4〕 见麦里尔·杰恩森(Merrill Jensen)主编:《宪法批准史纪实》(*The Documentary History of the Ratification of the Constitution*)第 1 卷,第 317 页。

然而,这种措施在当时却隐约地表明了存在的若干风险:一旦邦联国会夺取了对宪法的控制权,制宪会议会再次变更宪法批准规则吗?一旦在费城会议解散后,它又怎样应付国会对其合法性的攻击?

事实证明,这些问题并非没有任何意义。国会在接到拟议中的宪法 9 天后,弗吉尼亚人理查德·亨利·李(Richard Henry Lee)即发动了一场批判这种做法的运动。当初,即将成为国会议员的李曾以不适合参加类似活动为由拒绝出席费城制宪会议。现在他却面临着这一既成事实:

> 他从未听说过如此荒谬的观点——提交国会的议案不得作任何变动……他认为如国会及诸州认为合适,国会得对该提案予以修正。他希望在对拟议中的宪法进行公开审查后,提出必要的修改意见……坚持对拟议中的宪法不得作任何修正,与馈赠给一个饥肠辘辘的人 50 碗饭,同时命令他要么将其全部吃掉要么一点也不能动的做法毫无二致。[1]

匆匆返回国会后,[2]麦迪逊作出了让步——国会有修改宪法文本的法律权力。[3] 为避免国会的过多干涉,麦迪逊发表了一番在宪法史上颇负盛名的议论:"一经修订,费城制宪会议法案(Act of the Convention)将蜕变为纯粹的国会法案。而国会法案应由国会本身提出,并应当发送给各州议会而非各州制宪法会议,它需 13 州而不是 9 州的认可。但是未作变动的费城制宪会议法案将在国会的支持下,由制宪会议直接下发各州"。[4] 换言之,如国会欲有所作为,它也不能染指拟议中的宪法——因为只有根据超越《邦联条例》规定的批准规则,由 13 州中的 9 州才能对费

---

〔1〕 麦里尔·杰恩森(Merrill Jensen)主编:《宪法批准史纪实》(*The Documentary History of the Ratification of the Constitution*)第 1 卷,第 336 页(转引自莫兰克顿·史密斯于 1787 年 12 月 27 日所作的记录)。

〔2〕 看来,麦迪逊匆忙返回国会是出于对国会蓄意破坏的担心。见《卡林顿致麦迪逊的信(纽约,1787 年 12 月 23 日)》,同上,第 326 页。

〔3〕 麦迪逊并未否认"国会有权"提出修正案。但他进一步指出,这种做法是"不适当的"。见《麦迪逊致华盛顿(1787 年 12 月 30 日)》,埃德蒙·巴内特(Edmund Burnett):《大陆会议议员通信集》(*Letters of Members of the Continental Congress*)第 8 卷,第 27 页(1936 年)。

〔4〕 见埃德蒙·巴内特(Edmund Burnett):《大陆会议议员通信集》(*Letters of Members of the Continental Congress*)第 8 卷,第 27 页(1936 年)。麦迪逊为了避开李和迪恩的观点——"新宪法不是对《邦联条例》的修订……而是彻底推翻了它。在采取积极行动完成这项工作的过程中,存在着危险之嫌。"认为,"证明制宪会议超越权限正当性的做法同样适用于国会"。

城制宪会议提出的宪法草案进行修订!如果国会不想碰《邦联条例》第13条这一硬壁,它就最好不要把费城制宪会议的革命性提案转变为"单纯的"国会法案!

运用费城制宪会议带有鲜明革命色彩的宪法批准规则,防止国会削弱费城制宪会议提出的宪法草案的革命性——这就是问题的全部。然而,尽管麦迪逊担心宪法草案转变成"纯粹的"国会法案,但是他并未停止
54 通过国会寻求13州一致同意这个费城制宪会议决议的努力。与其以制宪会议的革命性主张**替代**国会的合法授权,麦迪逊更期望通过以赋予制度花车新动力的形式,靠制度花车自身的努力弥补费城制宪会议法律权威的不足。

与麦迪逊的观点相比,李认为:

> 在对其本身赖以存在和作为其行动根据的《邦联条例》给予应有的注意后,国会发现《邦联条例》第13条规定国会的修正权受邦联13州的限制,而不是现在新创造出来的9个州;可是,费城会议是由联盟中12州授权举行的。它认为由其本身将呈递给国会的新联邦宪法方案发送给联盟各州行政机关和立法机构的做法不仅是值得尊重的,而且还是必要的。[1]

麦迪逊回应道:"我们不能就此退却……如果国会不赞成宪法,说明危机尚未到来,因为其中隐含着新宪法不能获得批准的信息。"[2]在争论濒临结束时,麦迪逊不得不满足于当时的状况,这种状况介于国会明示宪法草案的优点和李一再强调费城制宪会议之非法性的弊端之间。12月18日,国会决定"为顺应各州人民遴选出来的费城制宪会议代表的意愿,按照制宪会议的决定,将上述提案(指费城制宪会议提出的宪法草案——译者)……下发给几个州议会"。[3] 虽然国会没有明确指出新宪法的优点,但它明确认可制宪会议作出的修宪程序规则是相当关键的,以后发生

---

〔1〕 见麦里尔·杰恩森(Merrill Jensen)主编:《宪法批准史纪实》(*The Documentary History of the Ratification of the Constitution*)第1卷,第229~230页。

〔2〕 同上,第332页。

〔3〕 约翰·凯米斯基(John Kaminski)、盖斯帕尔·萨拉迪诺(Gaspare Saladino)主编:《宪法批准史稿》(*The Documentary of the Ratification of the Constitution*)第8卷,第301页(1976年)。

的事件将很快证明这一点。[1]

费城暴行

早在他们获悉国会认可费城制宪会议提案的决议之前，联邦党人为寻求持续的动力以推动制度花车滚滚向前，他们先行在宾夕法尼亚发布了这一消息，* 并主张立即在各州召集批准宪法的州制宪会议。[2]

对此呼吁，顽固的少数派根本不为所动。他们指出，宾夕法尼亚宪法规定在提出州宪法修正案和选举批准宪法会议代表之间应有 6 个月的时
间间隔。[3] 因为新联邦宪法中的很多内容是对宾夕法尼亚宪法的修正， 55
难道州议会就不应该等 6 个月再召开吗？在选举批准宪法会议代表之前，难道就不该保证人民有了解这些提案的机会吗？

大多数联邦党人无视这些合理的抱怨，主张在 9 天之内举行选举。反对派以联名致信选民的方式作出回应：

> 在这种情形下，我们没有可供选择的第三条道路；要么我们重返议院，在选民有充裕的时间和信息了解这一宪法之前，放纵他们在我们面前公然召集批准宪法的州制宪会议；要么不参加议会，阻止该会议召开。希望你们能支持我们采取后一种措施，我们决定不出席州议会在那天下午举行的会议……第二天上午的会议，我们仍不出席。
>
> 那时，为参加批准宪法会议而从道芬(Dauphin)前来的杰克波·米莱

---

〔1〕 即使大众观点给发生在国会里的争论施加了很大压力，但大陆会议在其官方报刊中还是删除了提及这些观点的资料。同上，第 301 页。我们之所以能获得这些知识，应归功于裘力斯·高贝尔(Julius Goebel)，正是他在莫兰克顿·史密斯(Melancton Smith)的文档中发现了这一关键手稿，《讨论新宪法时的莫兰克顿·史密斯》(*Melancton Smith's Minutes of Debates on the New Constitution*)，《哥伦比亚法律评论》第 6 卷，第 26 页(1964 年)。与此相关的资料更全面地收集在麦里尔·杰恩森(Merrill Jensen)主编：《宪法批准史纪实》(*The Documentary History of the Ratification of the Constitution*)第 1 卷，第 323 ~ 342 页。

* 1787 年 9 月 18 日的《宾夕法尼亚邮船广告日报》除了将新宪法用大字登出之外，没登别的东西。在新闻事业尚不发达的日子里，这种做法说明了一些问题。——译者注

〔2〕 马休·赫林戈顿(Matthew Herrington)，《1776 ~ 1791 年期间宾夕法尼亚的人民主权》(*Popular Sovereignty in Pennsyvania*)，《神殿法律评论》(Temple L. R.)，第 67 卷，第 575、602 ~ 603 页(1994 年)。

〔3〕 《1776 年宾夕法尼亚宪法》第 47 条。见弗兰西斯·索普(Francis Thorpe)：《联邦及各州宪法，各殖民地典章，及其他早期法律》(*The Federal and State Constitutions, Colonial Charters, and Other Organic Laws*)第 5 卷，第 3092 页。

(Jacob Miley)先生和来自富兰克林(Franklin)的詹姆斯·迈克尔蒙特(James M'Calmont)先生被费城的一些民众逮个正着。人们粗暴地闯入他们的寓所,撕毁他们的衣服。人们对其极尽羞辱之能事,之后强行将他们经费城大街拖到州议院并把他们关在那里。人们用最具侮辱性的语言对待他们。当议院不听劝阻继续举行会议并作出批准新宪法的决定时,你们就有权作出与上述发生在费城议会类似的举动。[1]

这里需要注意一个问题。在以强制手段获取法定人数后,“宾夕法尼亚议会”丧失其应有的地位了吗?反对者号召其选民联合抵制选举批准宪法会议的代表的做法得体吗?

联邦党人为批准宪法而集结暴徒及采取强制行动的消息传遍了全国。[2] 政治合法性的纽带眼见着开始松动——这个过程的开始远比使其停下来要容易得多。

如国会对费城制宪会议连锁作出的修宪程序规则不予承认,这种失控的状态还会发生吗?如果费城制宪会议在提出宪法草案时没有采取非常规的做法,那么它发出的召集批准宪法会议的号召能够导致一系列暴
56 动以及造成各州议会不信任拟议中的整个宪法的后果吗?

大陆会议持续发挥的作用

在后来几个月中,大陆会议继续发挥着积极的作用。[3] 联邦党人屡次自觉地运用非常规策略支持费城会议所作出的革命性决定——新的宪

---

〔1〕《退出州议会者的演讲》(*Address of the Seceding Assemblymen*),麦里尔·杰恩森(Merrill Jensen)主编:《宪法批准史纪实》(*The Documentary History of the Ratification of the Constitution*)第2卷,第112、113~114页。“退出议会者”经过努力迫使赞同尽早开会的大多数人作出让步,将期限从9天延展到6个星期。这一结果亦可使他们感到心满意足。同上,第114页。

〔2〕同上,第128页。

〔3〕所有13州全部到会在其历史上是唯一一次。1788年,对许多问题进行讨论的大陆会议召开会议的时间长达132天,远远超出其他年份。见布鲁斯·阿克曼、尼尔·凯亚尔:“有违常规的开国时期宪法”,《芝加哥大学法律评论》第62卷,第519~525页(1995)。

法修正程序。[1]

1788 年 7 月 2 日是一个重要日子,这天国会得知新罕布什尔批准宪法,从而成为第九个批准宪法的州。* 在得知这一消息后,国会立即着手组建新的政府。一周内,一个特别委员会提议总统选举人应由批准宪法的州在 12 月的第一个星期三之前选出,各选举人"在其所在州集会并选举总统,从来年 2 月的第一个星期三开始将按宪法规定行动"。[2] 就国家定都何处发生的激烈争论持续了一个夏天——最终,纽约于 9 月 13 日被定为合众国首都。在这次争论的大部分时间里,包括尚未批准宪法的几个州在内的 13 州都参与了投票。[3]

简单回顾一下邦联国会对费城会议确立的 9 州同意规则逐渐予以认可的过程,我们可看出它对联邦党人进行的思想试验(a thought-expriment)采取了放任的态度。读者在后面将进一步看到,在邦联国会据以行动的典则《邦联条例》的宪法权威让位于新总统、参议院和众议院之

---

〔1〕 在经过了一番深思熟虑的思考后,联邦党人采取了非常规的策略。见尼科拉斯·吉尔曼致新罕布什尔州州长(1787 年 10 月 31 日)的信,埃德蒙·巴内特(Edmund Burnett):《大陆会议议员通信集》(*Letters of Members of the Continental Congress*)第 8 卷,第 670 页(1936 年)("今年,在国会中谋求一个席位并非我之本意。在议院讨论新政府方案需要足够人数的情况下,我在那里得到了一个席位。");郝金斯致北卡罗来纳总督(1787 年 8 月 14 日)的信,同上,第 639 页("首要问题是,在制宪会议将其报告呈交国会时,我们在那里应有自己的代表。");奥提斯致沃论的信(1787 年 11 月 27 日),同上,第 683 ~ 684 页(与上述观点相同);布伦特致北卡罗来纳总督的信(1787 年 7 月 10 日),同上,第 618 页(援引了汤姆逊的信,声称"为实现联盟的伟大目标 ,设立国会是非常必要的")。

* 新罕布什尔州在 6 月 21 日以 57 票对 46 票批准宪法,从而使宪法生效。7 月 2 日,联邦国会宣布新宪法生效。——译者注

〔2〕 罗斯柯·希尔(Roscoe Hill)主编:《大陆会议通讯,1774 ~ 1789 年》(*Journals of the Continental Congress* 1774 ~ 1789)第 34 卷,第 304 页(1788 年 7 月 8 日)(1937 年)。

〔3〕 关于未批准宪法诸州参与了组建新政府相关事件的投票这一问题,同上,第 34 卷,第 317 ~ 318 页(1788 年 7 月 14 日)(纽约与北卡罗来纳);同上,第 359 页(1788 年 7 月 28 日)(北卡罗来纳);同上,第 367 页(1788 年 7 月 30 日)(北卡罗来纳);同上,第 383 页(1788 年 8 月 4 日)(北卡罗来纳和罗得岛);同上,第 394 页(1788 年 8 月 5 日)(北卡罗来纳和罗得岛);同上,第 395 ~ 402 页(1788 年 8 月 6 日)(北卡罗来纳和罗得岛);同上,第 399 页(1788 年 8 月 6 日)(北卡罗来纳和罗得岛);同上,第 400 页(1788 年 8 月 6 日)(北卡罗来纳和罗得岛);同上,第 400 ~ 402 页(1788 年 8 月 6 日)(北卡罗来纳和罗得岛);汉密尔顿特意安慰罗得岛代表团团长:"在目前的状况下,或许有人会对你们的投票权发生疑问。事实上,只有一个州虚张声势地提出了这一问题,其他州都对此表示默许"。汉密尔顿致奥尔尼的信,1788 年 8 月 12 日,见哈罗德·西利特(Harold Syrett)、杰科波·库克(Jacob Cooke)主编:《亚历山大·汉密尔顿文选》(*The Papers of Alexander Hamilton*)第 5 卷,第 199 ~ 200 页(1962 年)。

前,在《邦联条例》所规定的13州一致同意规则仍然具有法律效力的情况下,国会却对新罕布什尔州批准宪法作出了如此反应。它对批准宪法的斗争将会发生怎样的影响呢?

宪法的批准:各州中的制度花车

尽管拟议中的宪法将各州议会彻底逐出了宪法批准程序之外,但其文本本身并未刻画出当时的制度现实。联邦党人取得的成功得益于他们对当时政府部门权威的非常规运用。在各州,革命者都试图规劝州议会
57 不要理睬反对派法律上的诡辩,通过召集批准宪法会议将制度花车推动向前。这样,他们就能够运用合法性的靠山回应其前进道路上将遇到的非法性责难。[1]

此战略最初在宾夕法尼亚州运用时,并未收到良好效果。联邦党人粗暴地违反该州宪法的行径使他们控制了反对派,并令人吃惊地在接到新宪法之后的第6周进行了投票,并以2:1的优势通过了宪法。* 几乎与此同时,联邦党人在4个小州以主张强有力的中央政府有利于本州经济为根据也取得了胜利。** 1788年1月9日,革命者再次为制度花车增添了

〔1〕 例如,在北卡罗来纳州批准宪法会议上,施彼特(Mr. Spaight)认为:"有些人指责我们超越了权限。我不认为这种说法是正确的……全新的制度已因九个州的同意和批准而建立,它的出现正当其时。一个甚至三、四个州就试图阻止这些必要的变革有相当难度……因此,制宪会议认为如果作为九个州的大多数认为应当采纳这种制度,该制度的建立就是正当的。国会将其推荐给各州立法机构,然后由立法机构再将其提交本州人民。通过将其交由人民审议,议会明白**他们曾做了些什么**。正是那时而非现在的做法,才本应受到反对。"见约纳坦·艾略特(Jonathan Elliot)主编:《若干州制宪会议就批准联邦宪法展开的讨论》(*The Debates in the Several State Conventions on the Adoption of the Federal Constitution*)第4卷,第206~207页。另见,同上,第16页[戴维(Mr. Davie)在北卡罗来纳州批准宪法会议上所发表的类似评论]。

* 1787年12月12日,宾夕法尼亚以46票对23票通过了宪法,从而成为批准宪法的第二个州。——译者注

** 特拉华、新泽西、佐治亚和康涅狄格在前17周内通过了宪法。除康涅狄格以3:1的票数通过宪法外,其他3州都是一致通过。(1787年12月7日,特拉华成为批准拟议中宪法的第1个州;12月18日,新泽西一致通过宪法;1788年1月2日,佐治亚洲一致通过批准宪法,成为批准宪法的第4个州;1月9日,康涅狄格州以128票对40票批准宪法,成为批准宪法的第5个州。——译者注)

新动力。*

前景并不乐观。1788年2月13日，新罕布什尔州联邦党人发现他们在批准宪法会议中的人数竟然比法定人数高出两倍以上。预见到不停止会议将产生怎样可怕的后果，他们将会议推迟到3个月以后。并希冀在休会期间，几近分裂的马萨诸塞会议能够批准宪法。[1]

北卡罗来纳州的情况也非常令人堪忧。有证据表明在召集批准宪法会议之前，州议会内部发生了"人声鼎沸的争论"(heated debates)。[2] 在3月28日举行的州制宪会议代表选举中，尽管联邦党人在投票地点发动了两次骚乱，并抢走了一些投票箱，但反联邦党人(Anti-Federalists)还是以184票对84票的优势取得了决定性的胜利。[3] 批准宪法的州制宪会议将在7月份召开，但无人对前景感到乐观。

相形之下，纽约的情况更为糟糕。1月31日，柯尼琉斯·斯库昂马克(Cornelius Schoonmaker)在总议会(General Assembly)挑起了一场激烈的争论。他认为费城制宪会议超越了权限，所以提议对召开批准宪法的州制宪会议的做法予以更正。他还进一步指出批准宪法将使纽约州宪发生"实质性改变"(materially alter)，并将"极大地影响纽约州人民的权利和特权"。[4] 这一对新宪法持敌意态度的提案以27票对25票被驳回。在众议院，那个从费城制宪会议退出的罗伯特·耶茨斥责制宪会议"超越了权限"，并断言"与会代表并非修正《邦联条例》，而是创造了一个全新的制度"。[5] 在此动议以12票对7票被否决后，总议会作出了于6月17日

---

* 指1月9日，康涅狄格通过宪法。——译者注

〔1〕 见查理斯·罗尔(Charles Roll)："我们，民众以及在13州批准宪法会议中的代表分配"(*We, Some of the People, Apportionment in the Thirteen State Conventions Ratifying the Constitution*)，见《美国史杂志》(*J. Am. Hist.*)第56卷，第29~30页(1969年)。

〔2〕 "托马斯·帕森(Thomas Person)试图阻止召开批准宪法会议，但未取得成功。"见胡弗·莱夫勒(Hugh Lefler)、阿尔伯特·纽瑟姆(Albert Newsome)：《一个南方州的历史：北卡罗来纳》(*The History of a Southern State: North Carolina*)，第267页(1963年)。众议院记录证实12月5日，"帕森所云"不应阻止最后投票。见瓦尔特·克拉克(Walter Clark)主编：《北卡罗来纳州志》(*State Records of North Carolina*)第20卷，第369~370页(1902年)。

〔3〕 罗伯特·迪金(Robert Dinkin)：《革命时期的美国选举》(*Voting in Revolutionary American*)，第127页(1982年)。

〔4〕 《纽约广告日报》(*New York Daily Advertiser*)，1788年2月12日。

〔5〕 同上，1788年2月8日。

58 举行州制宪会议的决议,同时决定在4月29日选举会议代表。在被选出的代表中有46名反联邦主义者,而联邦党人只有区区19人。将于6月举行的批准宪法会议面临着严峻的考验。[1]

还要提一下罗得岛。在2月举行的一次会议中,州议会拒不召集制宪会议,而是将其交给特别组成的公民大会,由公民投票决定是否批准宪法。"本州宪法是设定官民权利和义务,由官民共同制定并广为人民接受的协议。没有广大自由民在集体集会中亲自作出明确表示,我们不能对其作任何变动。"[2] 投票结果:2708票反对宪法,而支持者只有寥寥237票,但究竟有多少联邦党人参加了本次投票却不得而知。州长克林斯(Governor Collins)在4月5日致大陆会议的信中汇报了这一结果并为投票程序作了如下辩护:

> 与其他州相比,尽管本州采用的批准宪法方式显得身单影只、与众不同,但我们并未对州制宪会议的组成作一丝应予指责的手脚。我们奉国会的建议为圭臬。会议在纯粹共和原则的指导下进行,并建立在政府来源于广大人民这一观念基础之上。[3]

现在,我们初步掌握了费城制宪会议作出的修正修宪程序决定——3/4批准规则——的重要性。在4个州的坚决反对下,如果根据《邦联条例》要求的一致同意标准衡量,费城制宪会议提出的宪法不过是一纸空文。

尤其是反对派总以引人注目的花言巧语粉饰他们的意见。他们不直接反对宪法,而是采取比较委婉的中庸之道:为什么在批准之前不能给宪法加上一个类似于人权法案一样的完美修正案呢?

在争论过程中,联邦党人把麦迪逊在大陆会议召开之前所作的那番革命性论述进行了扩充解释。他们反对以《邦联条例》第13条规定的一

---

〔1〕 约翰·凯米斯基(John Kaminsiki):"纽约:勉强的台柱"(*New York: The Reluctant Pillar*),见史蒂芬·斯科赫特(Stephen Schechter)主编:《勉强的台柱》(*The Reluctant Pillar*),第79页(1985年)。

〔2〕 约翰·巴特雷特(John Bartlett)主编:《罗得岛州志》(*Records of the State of Rhode Island*)第10卷,第271~272页(1865年)。1788年3月1日、8日的相关公报。

〔3〕 约翰·巴特雷特(John Bartlett)主编:《罗得岛州志》(*Records of the State of Rhode Island*)第10卷,第291页。

致同意规则，作为提前进入宪法批准程序的根据。如果反对派果真对通过费城制宪会议提出的宪法草案感兴趣，他们应先批准该宪法草案，尔后再用该宪法宽松的第5条对其进行修正。[1]

然而，光凭机智的辞令是远远不能够获得成功的。恰恰是9州批准宪法的规则，使联邦党人如履薄冰般地渡过了难关。转机出现在马萨诸塞州。联邦党人发现在批准宪法会议中反对派占了优势。[2] 绝望中的 59
联邦党人抓住了约翰·汉考克（John Hancock）这根救命稻草，因为他"有权在会议中将票投向任何一派"。[3] 自负的汉考克坚信，如果弗尼吉亚不能及时批准宪法并推举华盛顿作为总统候选人，他将成为副总统甚至总统。诚如福里斯特·麦克唐纳（Forrest McDonald）所云："在他决定支持批准宪法后，再对汉考克进行劝说无异于对牛弹琴"。[4] 度日如年的5个星期过后，联邦党人批准了一个"调和性建议"（*conciliatory proposition*）——许诺在新政府成立后立即提出一系列宪法修正案[5]的做法取得了微弱优势。结果马萨诸塞州以187票赞成，168票反对，9票弃权通过了宪法。

其后，又有两个州先后批准了宪法。尽管路德·马丁等人就宪法合法性问题表示强烈抗议，马里兰州还是轻而易举地通过了宪法。[6] 南卡罗来纳州取得的胜利完全归功于不公正的选区划分，这一举措使联邦党

---

〔1〕 可将约纳坦·艾略特（Jonathan Elliot）主编：《若干州制宪会议就批准联邦宪法展开的讨论》（*The Debates in the Several State Conventions on the Adoption of the Federal Constitution*）第2卷，第117页同该书第157～158页（马萨诸塞）进行对比；另见该书第636～637页（弗吉尼亚）。

〔2〕 见萨缪尔·哈定（Samuel Harding）：《关于马萨诸塞州批准联邦宪法的斗争》（*The Contest Over the Ratification of the Federal Constitution in Massachusetts*），第67页（1896年）。（如果在会议召集起来后马上进行批准宪法的投票，毋庸置疑，该方案将以绝对优势被否决。）查理斯·贝尔德（Charles Beard）：《美国宪法的经济解释》（*An Economic Interpretation of the United States*），第226～228页（1913年）。

〔3〕 同上，第185页。

〔4〕 同上。

〔5〕 在马萨诸塞的10个提案中，有3个成为后来权利法案的组成部分。见约纳坦·艾略特（Jonathan Elliot）主编：《若干州制宪会议就批准联邦宪法展开的讨论》（*The Debates in the Several State Conventions on the Adoption of the Federal Constitution*）第2卷，第177页。

〔6〕 约纳坦·艾略特（Jonathan Elliot）主编：《若干州制宪会议就批准联邦宪法展开的讨论》（*The Debates in the Several State Conventions on the Adoption of the Federal Constitution*），第1卷，第386～388页。

人在批准宪法会议中的席位由40%上升到60%。[1]

在批准宪法的州达到八个以后,联邦党人可以向两个主要反对州——弗吉尼亚和纽约——施加压力了。在弗吉尼亚,反联邦党人采取了明智的策略并收到良好效果。民意测验表明,在批准宪法会议中有85个联邦党人,而反联邦党人只有66人。在此情况下,反联邦党人开始千方百计争取一些人加入他们的行列。这样,有12名来自肯塔基(Kentucky)选区的代表改变了初衷,因此会议结果变得扑朔迷离起来。[2]

会议开始之初,帕特里克·亨利(Patrick Henry)要求将相关法律文件——包括安纳波利斯会议报告及以前的文件——读给与会代表,以证明这些动议的非法性。联邦党人爱德蒙·潘德勒顿(Edmund Pendleton)作了颇有特色的回应,他号召本派代表"不要心存制宪会议是否合法这样的杂念。不要因这一杂念影响我们思考面临的问题"。[3]

尽管亨利未将其想法贯彻到底,但他在演讲中仍然大肆攻击宪法的合法性。"该议案(指1787年宪法草案——译者)推翻了诸州作出的庄严承诺——这是一个由9州组成联邦,而将其他4州永远排除在外的提案……人民并未授予他们运用其名义的权力。他们非常明显地超越了权
60 限"。[4] 曾身为费城会议代表的州长伦道夫给出的答复亦有特色:

> 亨利反对的是9个州就足以使政府投入正常运转这一提法。那么,我们说应是几个州呢?难道应该要求13个州一致同意吗?策划暴动反对完整性的罗得岛正以其发行的大量纸币劫掠着整个世界;它那一以贯之的不尽邦联义务的做法使其臭名昭著,并可能因此而毁掉联盟……所以,要求所有13州一致批准是毫无意义的。还有合适的其他数目吗?12州?促使我投身于眼前事业的精神动力阻止我

---

[1] 联邦主义者查里斯顿在重划选区时起了举足轻重的作用——联邦主义者在议会中占46%的席位,但包含11.3%的非奴人口。见查理斯·罗尔(Charles Roll):"我们,民众以及在13州批准宪法会议中的代表分配"(*We, Some of the People, Apportionment in the Thirteen State Conventions Ratifying the Constitution*),见《美国史杂志》(*J. Am. Hist.*)第56卷,第21、30~31页(1969年)。

[2] 会议期间,反联邦主义者曾设法争取来自肯塔基选区的10名代表,3名联邦主义者以及1名尚动摇于两派之间的代表加入他们的行列。

[3] 约纳坦·艾略特(Jonathan Elliot)主编:《若干州制宪会议就批准联邦宪法展开的讨论》(*The Debates in the Several State Conventions on the Adoption of the Federal Constitution*)第3卷,第6页。

[4] 同上,第21、23页。

> 拂袖而去，我也不愿看到把我们的事业置于分裂联盟诸州的权力控制之下。对1个州的背叛我们却无动于衷，这不令人感到悲哀吗？因此，看来将13州中的9个州视为大多数是比较合适的。[1]

听到这些满怀信心的革命呼声，联邦党人以自觉为公众谋福利的热情捍卫制宪会议决定。没有对其制定的革命性的9州批准规则（nine-state rule）心怀悔意，联邦党人继续向参加宪法批准会议的代表施加压力。他们声称如果弗吉尼亚州反对宪法，从而使其留下的空白被其他州弥补，联邦就有解体的危险。[2]

反联邦党人被迫转入防守。威廉·格雷森（William Grayson）担心，如果弗吉尼亚不批准宪法，它将遭到宾夕法尼亚和马里兰州的干涉，因此他说道："根据《邦联条例》，难道它们不赞成邦联应永世长存，以及没有邦联国会的同意和诸州议会的认可不得对《邦联条例》进行任何变动吗？在如此粗暴地背叛了人民的信任后，人民会因我们违背了他们的意志而向我等宣战。我无法想象人民已经堕落到自己的意志被违反，却不作出任何反应的地步。"[3]帕特里克·亨利针对联邦主义者的刁难，预测到如果弗尼吉亚州反对宪法，宪法就无法生存：

> 联邦主义者欲胁迫你们不经仔细斟酌就接受宪法，并用想象中
> 的灾难——联盟将解体来恐吓你们。这简直是杞人忧天。先生们，
> 事实上已批准宪法的8个州显得有些力不从心、独木难支。公众舆
> 论告诉我们那些批准宪法的州已是心急如焚、满怀怨恨，并对自己鲁
> 莽的行径心生悔意。先生们，这些都可能酿成更大的灾难。每念及 61
> 此以及诸多类似情景，我必然会认为那些尚未批准宪法的州将与我
> 们站在同一战壕里。在必要情况下，比如每年支付定额货币为人民
> 提供福利，我看不出反对批准宪法有什么危险。[4]

不管真的是否"杞人忧天"（bugbear），人们在会议上发出的最后呼声说明了9州规则对投票结果产生了相当大的影响。如前所述，伦道夫为

---

〔1〕 同上，第28页。

〔2〕 同上，第187、200、454、594、603、642页。

〔3〕 同上，第277页。

〔4〕 同上，第61、315页。

费城会议革命性地突破《邦联条例》第 13 条的做法进行辩护,但他的立场着实令人费解。作为费城会议代表,他拒绝在议案上签字;作为弗尼吉亚州长,他又影响了若干中立者。[1] 在解释自己缘何支持批准宪法时,他说道:

> 主席先生,我谦卑地恭请您听我一言。之所以投票支持宪法,要归因于我心中蕴涵的这份莫名恶意。尽管一些其他做法允许我请求仁慈的上帝给予庇护,但我恳请他对我此次行为保持公正,以免某些未来的史学家心存报复而又屈尊地提起我的名字。他们应该记下这些事实——我是怀着对联盟强烈的爱赴费城参加会议的;在会议中,我将这一情感作为我的行动指南;我拒绝在宪法上签字,是因为我过去,而且现在仍然反对新宪法,并希望对其优点进行自由考证;八个州批准宪法的事实削弱了我们对联盟与否这一问题进行深入思考的热情。[2]

最后弗吉尼亚州以 89 票赞成,79 票反对批准了宪法。[3]

在纽约州,9 州批准规则发挥了更重要的作用。[4] 面对州制宪会议中反联邦党人对联邦党人 46:19 的优势,在 6 月 17 日会议开始时联邦党人采取了"拖"的策略。[5] 当时新罕布什尔和弗吉尼亚州正在召开批准宪法的州制宪会议,于是他们把会议引向了逐条对宪法进行讨论的道路上——并打算一直拖到二者之一成为脱离邦联的第九个州时为止。

---

〔1〕 关于伦道夫观点令人难以捉摸的变化,见约翰·瑞尔顿(John Reardon):《爱德蒙德·伦道夫》(*Edmund Randolph*),第 82~84、98~105、115~119、142~147 页(1974 年)。

〔2〕 约纳坦·艾略特(Jonathan Elliot)主编:《若干州制宪会议就批准联邦宪法展开的讨论》(*The Debates in the Several State Conventions on the Adoption of the Federal Constitution*)第 3 卷,第 652 页。

〔3〕 同上,第 654 页。

〔4〕 现代社会学理论家已经注意到纽约当时面临的两难。见卢塞尔·哈定(Russell Hardin):"为什么要一部宪法"(*Why a Constitution*),见伯纳德·格拉夫曼(Bernard Grofman)、唐纳德·魏特曼(Donald Wittman)主编:《联邦党人文集与新制度主义》(*The Federalist and the New Institutionalism*),第 100、109 页(1989 年);罗伯特·麦克吉尔(Robert McGuire)、罗伯特·奥斯菲尔特(Robert Ohsfeldt):《公共选择分析与宪法批准》(*Public Choice Analysis and the Ratification of the Constitution*),同上,第 175、185 页。

〔5〕 约翰·凯米斯基(John Kaminsiki):《纽约:勉强的台柱》(*New York: The Reluctant Pillar*),见史蒂芬·斯科赫特(Stephen Schechter)主编:《勉强的台柱》(*The Reluctant Pillar*),第 101~102 页(1985 年)。

他们采取的这个策略奏效了。6 月 24 日,新罕布什尔州批准宪法的消息传到纽约,第二天就有人在会议上提及此事:

> 利温斯顿(Livingston)先生认为,或许我们一起提醒委员会注意以下事实并不草率:昨日传来的消息表明国家境况发生了巨大变化,讨论的基础业已动摇。这一点有目共睹,不言自明。邦联现在已经解体。
>
> 目前摆在委员会面前的问题是采取政治策略还是运用权宜之计。利温斯顿推测会议将考虑国家的处境。他还推断有些人将不假思索地反对统一。这些人因南部诸州将和我们结成联盟而沾沾自喜;但当这些人看到如此联盟可能将纽约推向险境时,定会心生恐惧 62
> 之意。他说自己是政治上的懦夫,但依然承认昨日发生的变化给他留下了深刻印象。[1]

但作为宪法反对派领头羊的州长乔治·克林顿(George Clinton)却不是"政治懦夫"。他一如既往地反对宪法,尽管其手下也不知道下一步该怎样走。[2]

仍感绝望的汉密尔顿在 6 月 25 日给麦迪逊的信中写道:"我们在这里获得成功的可能性微乎其微。如果再稍有闪失,批准宪法的希望就会全盘落空。"[3]在弗吉尼亚批准宪法的消息传来后,他依旧写道:"我们的观点使人们感到更加迷茫,是情势的变化而非我们的主张使他们对新制度产生了信心。"[4]纽约批准宪法会议于 7 月 26 日举行,宪法仅以 30 票对 27 票的微弱优势被批准,其中还有 8 票弃权。为明确表达他们的不满情绪,反联邦党人致函各州州长:

---

〔1〕 约纳坦·艾略特(Jonathan Elliot)主编:《若干州制宪会议就批准联邦宪法展开的讨论》(*The Debates in the Several State Conventions on the Adoption of the Federal Constitution*)第 2 卷,第 322 页。

〔2〕 约翰·凯米斯基(John Kaminsiki):"纽约:勉强的台柱"(*New York: The Reluctant Pillar*),载史蒂芬·斯科赫特(Stephen Schechter)主编:《勉强的台柱》(*The Reluctant Pillar*),第 106 页(1985 年)。

〔3〕 "麦迪逊文稿"(*Writings of Madison*),载盖拉德·亨特(Gaillard Hunt)主编:《詹姆斯·麦迪逊手稿》(*Writing of James Madison*)第 9 卷,第 179~180、183 页(1901 年)。

〔4〕 同上,第 185 页;另见 约翰·凯米斯基(John Kaminsiki):"纽约:勉强的台柱"(*New York: The Reluctant Pillar*),载史蒂芬·斯科赫特(Stephen Schechter)主编:《勉强的台柱》(*The Reluctant Pillar*),第 115 页(1985 年)。

> 我们——本州制宪会议的成员——慎重、全面地思考了这部提交给合众国的宪法。对我们中间的大多数人而言,其中包含的一些条款是不可接受的。除非通过另一次全体会议对其进行修正,也就是说如果不先行制定一些宪法修正案,本州就不可能有足够的票数批准宪法。我们已达成一致意见,新宪法的修正案有必要提交广大选民以获得他们的批准和支持。[1]

迫切要求各州州长请求州议会再次召开批准宪法会议是贯穿全信的主题。

❈ ❈ ❈ ❈

我希望读者已将上述情景铭记于心,它将引导我们进行以下分析:假如大陆会议驳回9州的批准即足以使宪法发生法律效力的规则,并一再宣称捍卫《邦联条例》规定的除非13州一致同意,“联盟将永世长存”是
63 自己责无旁贷的责任,伦道夫州长会引导弗吉尼亚州的中立者在宪法上签字吗?进一步讲,纽约州州长克林顿和那些占绝对优势的反联邦党人又将怎样做呢?

根据上述情景,批准宪法后组建的国会将仅有符合法定数目的9个州参加——而纽约、弗尼吉亚、北卡罗来纳以及罗得岛会异口同声地指责这些州脱离“永久”联盟的行径。在此情况下,新宪法能继续维持下去吗?[2]

宪法的巩固

尽管联邦党人取得了非比寻常的成功,但第一届国会仍然被认为是由分裂分子组成的。在公民投票以后,罗得岛议会还是拒不召集批准宪

---

〔1〕 约纳坦·艾略特(Jonathan Elliot)主编:《若干州制宪会议就批准联邦宪法展开的讨论》(*The Debates in the Several State Conventions on the Adoption of the Federal Constitution*)第2卷,第413~414页。

〔2〕 当然,在纽约及其他州发起的第二次批准宪法会议运动将得到极大改观。见林达·德·波(Linda De Pauw):《反联邦主义的式微:第二次批准宪法会议运动的破产,1788~1789年》(*The Anticlimax of AntiFederalism: The Abortive Second Convention Movement*, 1788-89),序言第98页(1970年)。

法的州制宪会议。联邦党人在弗尼吉亚和纽约取得的成功,也未能挫败北卡罗来纳批准宪法会议阻止宪法批准的企图。在历经 11 天的会议再次揭批了各州制宪会议的非法性以后,〔1〕反联邦党人领袖威利·琼斯(Willie Jones)作出了响应纽约号召,既不反对也不批准新宪法,而是再次召开联邦会议的决定,并以 184 票对 84 票获得通过。反联邦党人力主此次会议应在批准宪法之前讨论 20 款权利法案(Bill of Right)和 26 条其他修正案,他们成功地将批准宪法会议推迟到了 8 月 2 日。〔2〕

现在皮球又踢了回来。除非反对派也登上花车,否则新制度令人生疑的合法性将成为人们争论不休的话题。当然,一直存在这样一个可能的选择方案,这需要联邦党人放弃他们已经取得的成就——让一两个没有批准宪法的州重新考虑联邦党人这些分裂主义者的冲动行径或应他们的要求召开第二次批准宪法会议以此挽留他们留在联盟之内。在此情形下,联邦主义者怎样解决宪法巩固的问题呢?

为达到巩固宪法的目的,联邦主义者采取了民主和强力威胁的两手措施。民主战略在北卡罗来纳派上了用场。在那里,经新选议会于 1788 年 11 月的授权,联邦党人发起了一场再次召开批准宪法会议的运动。由于投票定于 1789 年 8 月进行,这样联邦主义者就获得了成功发动民众所需的充裕时间:北卡罗来纳州第二次会议于 11 月以 195 票对 77 票批准了 64
宪法。*

罗得岛给联邦党人制造了更多的麻烦。尽管在全民投票中联邦党人

〔1〕 见约纳坦·艾略特(Jonathan Elliot)主编:《若干州制宪会议就批准联邦宪法展开的讨论》(*The Debates in the Several State Conventions on the Adoption of the Federal Constitution*)第 4 卷,第 212 ~ 213 页[朗喀斯特(Mr. Lancaster)];同上,第 24 页[约瑟夫·泰勒(Joseph Taylor)];同上,第 25 页[贾斯·盖罗威(Jas. Galloway)];同上,第 203 ~ 204 页[列诺尔(Mr. Lenoir)];同上,第 203 ~ 204 页。(列诺尔说:"《邦联条例》对所有诸州均有约束力。"非经 13 州一致同意,邦联不得被破坏,关于这点条例中有明确规定。然而,费城会议代表打着修订《邦联条例》的旗号,超越人民授权推出了一个全新的制度……13 州均受《邦联条例》制约,一些州无权违背庄严的条例从邦联中分离出去。)

〔2〕 约纳坦·艾略特(Jonathan Elliot)主编:《若干州制宪会议就批准联邦宪法展开的讨论》(*The Debates in the Several State Conventions on the Adoption of the Federal Constitution*)第 4 卷,第 243 ~ 252 页。

* 北卡罗来纳州批准宪法的时间是 1789 年 11 月 20 日,成为第 12 个批准宪法的州。——译者注

遭到了灾难性打击,他们仍然为召开批准宪法的州制宪会议而奔波,并动员州议会于1790年1月召开会议讨论这一问题。会议期间1位议员的去世使州议会陷入了僵局,于是克林斯州长投出了石破天惊的1票,并引证道“与其他诸州断绝往来使我们陷入了巨大的不幸之中”。[1] 但罗得岛人未被此言打动。反联邦党人在会议中占了微弱优势。经过断断续续4天的争论,会议决定推迟批准宪法会议的召开。[2]

于是,联邦国会开始采用强硬手段。1790年5月,参议院批准《罗得岛贸易法案》(Rhode Island Trade Bill),禁止罗得岛与他州之间进行贸易并立即以硬通货偿还其所欠合众国债务。[3] 参议院的相关讨论并未公开,在宾夕法尼亚州参议员威廉·麦克利(William Maclay)所作的记录中,他称这一举措是“不成熟的”,并把因不批准宪法而对其采取惩罚与不采取惩罚措施将“危害联邦岁入”这两个问题区分开来。如果事实成立,第二种说法还是站得住脚的,这或许是他认为该法令“不成熟”的原因所在。但直到如今,“该法案也不能从宪法所确定的自由原则或其他模式中找到合理依据”。[4]

据麦克利的记载,南卡罗来纳州议员皮尔斯·巴特勒(Pierce Butler)站出来为该法案辩解:“停止与罗得岛州贸易并非对其主权的侵犯……尊敬的爱扎德(Izard)先生说罗得岛是以与其他州所定协议为基础,与其他州共始终的。”[5]尽管拉尔夫·爱扎德(Ralph Izard)和麦克利为此备受良心谴责,参议院还是以13票对8票通过了这项法案,并将其移交众议院审批。

与此同时,罗得岛再次召集会议,反联邦党人企图再次推迟会议但未

---

〔1〕《普罗维德斯公报》(*Providence Gazette*),1790年1月23日。

〔2〕罗伯特·考特纳(Robert Cotner)主编:《西奥多·福斯特在罗得岛批准宪法会议上,1790年3月》(*Theodore Foster's Minutes of the Convention Held at South Kingtown, Rhode Island, in March* 1790),这次会议决定不采纳合众国宪法(1929年)。

〔3〕约瑟夫·盖雷斯(Joseph Gales)主编:《国会记录》(*Annals of Congress*)第2卷,第1638页(1834年)。

〔4〕肯尼斯·鲍林(Kenneth Bowling)、赫伦·威特(Helen Veit)主编:《第一届联邦国会历史文献》(*Documentary History of the First Federal Congress*)第9卷,第260~268页(1988年)。

〔5〕肯尼斯·鲍林(Kenneth Bowling)、赫伦·威特(Helen Veit)主编:《第一届联邦国会历史文献》(*Documentary History of the First Federal Congress*)第9卷,第458页。

获成功。普罗维德斯(Providence)和新港(Newport)贸易中心威胁说如再不批准宪法它们将脱离罗得岛州。[1] 5月29日,两名反联邦党派代表放弃初衷,因此宪法以34票对32票得以批准。

恰逢其时:众议院已将《罗德岛贸易法案》初审完毕。在1790年5月3日得知罗得岛批准宪法的消息后,法案才被搁置起来。[2] 65

花车最终踉踉跄跄地到达了目的地。

从实践到理论

我一直努力以英美法系确立的法学方法指导本人的研究工作。与其沉溺于宪法变迁令人飘飘欲仙的抽象之中,我们以法律家强调先例重要性的方式接近建国时期的宪法——从"陈述事实"(statement of the facts)着手,描述联邦党人遇到的法律问题,以及他们是如何逐步解决这些问题的。

像联邦党人一样,我采用的方法也带有浓厚的实用主义色彩。它证明改革一个国家的宪法秩序绝非易事,在这一过程中要涉及诸多方面的问题。从某一方面来说,联邦党人从事的事业是永无止境的——就像麦迪逊和他的同事们刚将一块巨石从山下费尽九牛二虎之力运到山顶,而另一块又从山顶迅速滚落山脚一样。

但是,如果我们认为联邦党人面对以及他们所解决的问题杂乱无章,那就犯了大错。它们有一定的实用逻辑顺序——联邦党人所遇到的问题是按照先后顺序出现的;前一问题的解决方案为后一问题提供了实用的规则。首先是发出宪法改革信号和提出宪法议案阶段之间的关系。联邦主义者非常清楚:必须经过艰苦努力使大多数州派代表参加费城制宪会议,否则他们的提议就不会被国家认真对待。只有在很好地解决了这个

---

〔1〕 威廉·施坦利斯(William Staples):《大陆会议中的罗得岛》(*Rhode Island in the Continental Congress*),第666页(1870年)。

〔2〕 约瑟夫·盖雷斯(Joseph Gales)主编:《国会记录》(*Annals of Congress*)第2卷,第1685页(1834年)。

问题——发出有必要进行宪法改革的信号——后,国家才不得不认真对待他们的提案。像过去的做法一样,在提出宪法议案及随之而来的新宪法议案批准程序之间的关系也不可避免地打上了实用主义的烙印:如果联邦党人决意对观念和制度进行革命性变革,他们就不能简单地接受旧有的宪法批准规则。联系新宪法批准程序和宪法批准之间的实用纽带与前者相比略有不同:不对自己作出的修正新宪法批准程序的决定抱有坚定的信念,联邦党人就不可能赢得这场争取宪法批准的政治斗争。最后,宪法的巩固问题是在上述四个阶段取得成功的背景下出现的。

我希望这几点简明易懂,因为它们对本书后面反复提出的一些问题作了解释。当我们把研究的焦点转移到美国历史上几个关键阶段时,我们就会发现重建时期的共和党人和新政时期的民主党人,走上了建国时期联邦党人开创的五个阶段的路子——(发出宪法改革的)信号、新的宪
66 法提案、决定宪法改革命运的宪法批准程序、宪法的批准和巩固。在各个阶段,巩固宪法权威大体上没什么差别。乍一看,这一模式的反复出现有些神秘莫测——更有甚者,有人认为不严密关注特殊事件的特殊性就武断地将这五个模式强加于宪法史上是荒谬的。

对我提出的五个模式持怀疑态度,是因为忽视了它们存在的实用基础。正是凸显出来的问题,造就了这五个阶段模式的反复出现。或许我们可以想象得出一部分人将宪法改革看成一个一蹴而就的过程:不仅他们凭空宣布新制度已经出现,而且所有现存部门也为此欢呼雀跃,并温和地接受对它们所起的作用进行重新界定。

但这种观点并不高明;上述情况只有在内战或军事专制之后才会出现。建国时期的例子业已证明,就革命性改革所作的民主努力可以通过渐进的过程进行。在这一过程中,通过解决一系列不连续而又相关的问题,改革者加强了他们对宪法的信赖。

这点足以使我们建立起这样一个分析模式。如果重建时期的共和党人和新政时期的民主党人认为他们面临着与联邦党人类似的问题,我就可以对三者解决这些问题的方式进行比较。就像在本章中分析联邦党人那样,我将追踪共和党人和民主党人如何迎接来自发出宪法改革的信号、新的宪法提案、决定宪法改革命运的批准程序、宪法的批准和巩固五个方

面的挑战。毫不为怪,各代改革者在解决这些相同问题时运用了不同的制度工具——对他们进行比较是件耗时费力的事。

最后需要指出,采用全新的视角对美国宪政制度变革的持续动力进
行考察对我们的工作大有裨益。尽管几代人对它们之间存在的巨大制度
差异已作了详细说明,但联邦党人、共和党人和民主党人面对为人民代言
这一制度挑战作出反应的方式上,还是有许多基本相似之处的。我已提
出了那个屡次再现的模式:宪法改革者反复运用非常规方法寻求并取得 67
了经人民授权的官方批准。但我们还能发现更多的东西。通过对联邦党
人、共和党人和民主党人以不同方式致力于为人民代言的规律性进行更
深层次的考察,我将明确地向人们展示美国二元宪法的深层结构。 68

第三章　作为宪法改革先例的 1787 年宪法

方法论问题

我们把联邦党人视为一些具有很强实践能力的政治家，这点在他们的宪法提案遭到一系列严重挑战时表现得尤其突出。没有他们敢于打破常规的政治才干，恐怕建国时期的宪法早已夭折于襁褓之中了。也正是凭着这种政治才干，他们才非常勉强地实现了自己设定的宪法目标。

在实现这一目标的过程中，联邦党人设法把自己与那些渴望将其观念强加于广大人民身上的那些聪明而又充满政治野心的人区别开来。从建国初期的杰斐逊到现在的金格利希 *(Newt Gingrich)时代，宪法改革运动都一再试图效法联邦党人表达人民意志的成功方法——虽然每次宪法改革的命运各不相同。在这些宪法改革中，大多数根本没有超过发出宪法改革信号的阶段，而只有极少数取得了成功，并重塑了联邦党人确立的衡量宪法改革是否成功的五个阶段——发出宪法改

---

* 克林顿担任美国总统时期的众议院议长。第九章还曾出现过这个人物，具体可见索引。——译者注

革的信号、提出宪法修正案、决定宪法改革命运的批准程序、宪法修正案的批准和巩固这几个评判标准。原则上讲,每一个严肃的宪法改革运动都值得我们进行认真、持续的研究。

对我来说,研究其中个别宪法改革运动已令我心满意足。我将关注的焦点放在"重建"和"新政"上原因有二:第一,重建时期的共和党人和新政时期的民主党人都像建国初期的联邦党人一样,为其革命性改革争取广泛而持久的民众基础;而其他一些成功的宪法改革运动只进行了小规模改革并以此而沾沾自喜。第二,"重建"和"新政"都发生在现代美国人无法精确回忆起来的遥远过去。一旦这些运动的积极参与者溘然长逝,法学家在挖掘相关资料以进行更全面讨论的过程中将发挥特殊作用。如果他们不能说明历史上发生的宪法问题,又有谁能担负起这样的责任呢?

当然,时间的流逝同样可以使我们在对待历史上发生的宪法斗争时 69
有效地摆脱党派偏见,也因此让我们能够看清历史上发生的、使我们成其为"美国人"的伟大宪法斗争——并将其作为衡量我们现时政治努力的可贵资源。我们建国已有200多年的历史,一目了然的是——革命性改革的努力仍未停止;而这些革命性的改革也没有引起人们的疑虑。将来就像过去一样,未来的宪法改革家在把他们取得的宪法改革成就上升为高级法之前,他们不得不赢得足够政府部门的信赖与支持。然而,他们必须战胜哪些政府部门对其宪法改革的抵制,且这些抵制又分别属于何种类型呢?

如果二元论的旨趣在于维持一个明确的宪法主题,那么宪法学家就必然打算给出这些疑问以可信的答案。为解决这些疑问,我认为最好的办法是以慎重且批判的眼光评断美国历史上的人民主权范例。当宪法学家看到一群新兴政客提出为人民代言的要求时,作为宪法学家的我们应当扪心自问:这些后来的政客赢得人民信赖的方式与建国时期的联邦党人、重建时期的共和党人以及新政时期的民主党人取得人民信赖的方式一致吗?

回答这一问题没有捷径可走。我们必须遵循的工作方式是:用法律分析的经典工具,研究前面提到的范例——寻找植根于基本法律原则之上的、各个范例之间的共同点。如果我们能够取得成功,这些具有典型普通法判例结构的结论,就能够为我们对未知的将来进行有意义的法律评判提供植根于历史的标准。除此之外,难道我们美国人还期望从法律中得到比这更多的东西吗?

这不是一个口头上的问题。我并不怀疑,许多——大多数?——法律家在回答上述问题时,将受植根于建国时期宪法的另一个不同答案的诱惑。即来自法律形式主义的诱惑——这是一个完全不同于刚刚提到的对历史范例进行研究的方法。从形式主义的观点看,联邦党人在他们制定的宪法第5条中早已替我们解决了问题,因为其中明确规定了宪法修正的规则。有了这些明确的修宪规则,在法律家们提出下一个世纪美国人民应当遵守的高级法创制规则的时候,他们就无须再对杂乱无章的历史教训进行乏味的研究了——这不能不说是让法律家颇感惬意的一件事
70 情。如果将来的改革者想要修正宪法,让他们按照宪法第5条的规定去做好了。问题真的有这么简单吗?

宪法第5条的含义

宪法第5条的真正含义是什么?

> 国会遇两院2/3议员认为必要时,得提出本宪法之修正案,或因诸州2/3之州议会的请求召集制宪会议以提出修正案。在以上两种情况下,经各州3/4之州议会或经各州3/4之制宪会议批准,该修正案即作为本宪法之一部分而发生法律效力。至于采取哪种批准方法,应由国会提议。[1]

这番规定描述了一个繁杂的制度。它将四种不同的组合置于我们面前:联邦制宪会议(federal convention)——诸州制宪会议(state conventions);联邦制宪会议——诸州议会(legislatures);国会

〔1〕 宪法第5条还包括两个限制性条款:唯在1808年前所制定的修正案,无论如何,不得影响本宪法第1条第9项第1、4款;无论何州,如未经其同意,不得剥夺其在参议院中之平等参政权。

(congress)——诸州制宪会议;国会——诸州议会。为何有如此众多的修宪方式?为什么人民就不能用一种方式表达自己的意志?

更糟糕的是,不像法律形式主义者预想的那样,宪法第5条并没有明确规定宪法之修正必须运用哪个组合。实然,如果人民欲以国会——诸州议会这对组合修正宪法、表达自己的意志,那么该宪法修正提案就必须获得参、众两院2/3多数以及3/4州议会的支持。但在诸州议会是否必须以2/3(像国会那样)或其他多数通过该修正案这点上并不清楚。其他修宪模式也同样使我们感到模棱两可。“会议”(convention)是个什么样的怪物?它又是怎样组成的?同那些与其类似的机构相比——国会和诸州议会——它有那些不同之处?例如,国会能简单地把自己看作制宪会议吗(经2/3州议会申请召集的)?如果答案是否定的,原因何在?如果我们把制宪会议看作一个独立的机构——像我们对待费城会议那样,那么是否它也应该追随费城会议的做法,使每州只有一个投票权而不将人 71
口的因素考虑在内?罗列出来的如此众多问题[1]提醒我们不应过分夸大宪法第5条给出了“明确含义”(plain meaning)。[2]宪法第5条的规定并不能使法律家避免对其进行思考、判断。

进一步讲,我欲采用多元主义的视角看待高级法创制的渊源。与其在法律条文本身和伟大的历史先例为我们提供的线索之间进行选择,我应努力从二者中汲取精华,即将它们协调起来以便对高级法创制进行更广泛的理解。我的真正对手并非那些思想深邃的条文主义者(Textualist),而是那些把宪法条文作为高级法创制的唯一渊源的人。严格条文主义者(Hypertextualism)——以后我将如是称呼他们——坚持认为**所有**现代法律家都应该从宪法第5条的含义中寻找有关宪法修正的根

---

〔1〕 桑弗德·列文森(Sanford Levinson)在其著作中列出了更多疑问,见《对不完整性的回应:宪法修正案的理论与实践》(*Responding to Imperfection: The Theory and Practice of Constitution Amendment*),第5~6页(1995年)。

〔2〕 见戴维·窦弗(David Dow):《宪法第5条的明确含义》(*The Plain Meaning of Article V*),第117~144页。

据。虽然该观点并未遭到有力的口诛笔伐,[1]但在现实世界中,我们还是应该严肃对待这一问题,并认真思考19、20世纪迂回曲折的历史如何削弱了对严格条文主义的需求。现在,我不想将严格条文主义作为研究的起点——因为这种做法无法理解条文原意的复杂性。实际上,我们宪法在其产生之初就确立了多元主义的思路,即宪法条文和宪法改革实践在高级法创制的过程中具有同等重要的地位。

制宪会议

如果宪法制定者决意坚持对宪法进行严格条文主义的解释,即要求修正宪法时必须严格按照第5条的规定行事,他们本可以轻而易举地做到这点。通过制定一个明确的限制性条款——“本宪法**只有**在……的情况下才得修正”。这样,建国初期的联邦党人就可以明确地提醒后人不要将他们开创的非常规的宪法改革作为历史先例:“虽然我们以人民的名义获得了修订《邦联条例》的权威,但我们认为后人并不具有相同的权威以改变宪法第5条中规定的修宪程序。”

然而,1787年宪法没作出类似的规定。相反,某些与会代表认为他们开创了一个有决定意义的先例:“格雷先生力阻这种不适当的做法,因为这种做法以极为轻率的方式将《邦联条例》规定的庄严义务化作一纸空
72 文。如果13州中的9州能够撕毁邦联条例,那么9个州中的6州就足以使此后的其他新宪法文件失效。”[2]不管宪法第5条可以怎样规定,但关于高级法创制的渠道它并**没有**作排他性的规定。

实际上,制宪会议根本无须以如此明确的排他性规定答复严格条文主义者。它完全可以到一句广为人知的法律格言那里去寻求帮助:

---

[1] 见戴维·窦弗(David Dow):《宪法第5条的明确含义》(*The Plain Meaning of Article V*),第127页;劳伦斯·特里伯(Laurence Tribe):“认真对待宪法条文与结构:对宪法解释自由形式之反思”(*Taking Text and Structure Seriously: Reflections on Free-Form Method in Constitutional Interpretation*),见《哈佛大学法律评论》第108卷,第1232~1233、1240~1249、1286~1303页(1995年);其他有明显形式主义倾向的学者对在宪法第5条之外进行立法变革的可能性也持谨慎态度。见麦克尔·普尔森(Michael Paulsen):“关于宪法第5条的一般原理”(*A General Theory of Article V*),见《耶鲁法律杂志》第103卷,第677、687页(1993年)。

[2] 马克斯·菲兰德(Max Farrand)主编:《1787年联邦会议记录》(*The Records of the Federal Convention of 1787*)第2卷,第561页。

“Expressio unius exclusio alterius”，它的意思是“列举其一即排斥其他”。然而，并没有任何迹象表明，制宪会议运用了这些拉丁文以解决法律条文的含糊性问题。实际上，更为引人注目的是：相关的历史记录表明，制宪会议为自由理解第5条提供了一定的空间。

这种观点看上去让人颇感奇怪，但当我们考虑到第5条并非对高级法创制问题所作的唯一宪法规定时，这种感觉将烟消云散。对于联邦党人而言，另外一个见诸于第7条*的规定或许更加重要。经过激烈反复的争论后，他们决定切断与《邦联条例》之间的联系纽带，所以在该条中宣布只要有9个州的批准，就足以使新宪法发生法律效力。相形之下，宪法第5条是在相隔了1天之后才提出来的，这样它的提出就建立在以下3个假设的基础上：**假设**制宪会议能够在一般意义上使各州接受宪法第7条规定的9州规则；**假设**他们联邦党人能够设法控制9个州的批准宪法会议；**以及**假设他们的做法可以为后人修改宪法提供一个指南针。

我们并不怀疑费城制宪会议代表在会议期间有很多重要事情需要处理。在联邦党人起草了简短的宪法修正条款后，到会议行将结束的一个星期之前，该条款几乎没引发任何争论。就此而论，该草案包含了能够反映争论之基本特征的规定：“为修正本宪法，经联盟内诸州2/3议会申请，诸州议会应为此目的召集制宪会议。”[1]——换言之，宪法修正的程序应与联邦党人最初来费城参加制宪会议的程序（或多或少地）保持一致。

然而，在他们提出的宪法修正程序初次遇到此类问题时，麦迪逊（经过相当简短的争论后）使与会代表确信，不可能再次召开制宪会议。他把高级法创制的控制权牢牢地置于新议会的手中： 73

> 国会遇两院2/3议员认为必要，或经诸州2/3之州议会的请求时，应提出本宪法之修正案。经至少诸州3/4之州议会或诸州3/4之制宪会议批准后，即成为本宪法的一部分而发生效力，至于采取何

---

* 美国宪法第7条规定，“经9个州制宪会议的批准，即足以使本宪法在各批准州成立……”。——译者注

〔1〕 马克斯·菲兰德（Max Farrand）主编：《1787年联邦会议记录》（*The Records of the Federal Convention of* 1787）第2卷，第557页。

种批准方法，由国会提议之。[1]

然而，在最后一个工作日，与会代表又把批判的目光转向了麦迪逊起草的这一条款上：

> 梅森（Mason）州长认为该方案非但不可接受，而且非常危险。两种提出修正案的方式都取决于国会，前者国会能够立即插手其中，后者国会最终也能参与进来。如果政府蜕变为一个高压专制的机构，它的为所欲为就会使人民无法获得一个满意的宪法修正案。
>
> 莫里斯先生（Mr. Morris）和格雷先生认为应将此议案修正为经2/3州申请举行联邦制宪会议。
>
> 麦迪逊先生没有看到，经2/3州申请由国会提出修正案与经2/3州申请举行制宪会议二者有何不同。他明白为修宪目的举行制宪会议不会遭到什么反对，但其中存在着关于其形式、法定人数等难解之题，而这些问题正是宪法条文中应当尽量避免的。[2]

上述这段话的最后一句，涉及了制宪会议中严格条文主义者的主张。麦迪逊异常正确地指出莫里斯——格雷提出的宪法修正方式将损坏宪法第5条的明确性。由于明确规定可以召开联邦制宪会议的方式修正宪法，因此梅森、莫里斯和格雷开辟了一个关于“制宪会议的形式、法定人数”等问题这样一个新颖而宽泛的模糊领域；此后，再次召集的联邦会议或许会以令人震惊的方式运用这种模糊性——更有甚者，它将危及到费城制宪会议确立的非常规的制度。如果与会代表真正关心严格条文主义者提出的修宪规则之明确性的问题，他们要么驳回莫里斯——格雷宪法修正方案；要么就制定更详细的修宪规则以填补这方面的空白。

然而，他们在这两方面没有采取任何行动。当费城会议面临以下仅有的两个选择时——制定明确详尽的修宪规则和允许人民打破议会对高级法创制的垄断权，所有与会10州一致反对前者。在用简短的语言评论了要求制定明确修宪规则的完美形式主义不可企及之后，罗格·谢尔曼
74 试图进一步将水搅浑。他将目光放在了授权3/4州议会或州制宪会议可

---

〔1〕 马克斯·菲兰德（Max Farrand）主编：《1787年联邦会议记录》（*The Records of the Federal Convention* of 1787）第2卷，第557页。

〔2〕 同上，第629～630页。

以批准宪法的规定上。他指出“3/4……为未来的制宪会议指明了一条修正宪法的道路,就像现在正在进行的制宪会议可以根据具体情况决定3/4州议会或制宪会议即可批准宪法一样”。[1] 在正常情况下,这种提法极有可能引发关于严格条文主义的深入讨论,甚至我们还能听到主张多元主义宪法修正程序的人指出:“谢尔曼提出的观点根本没有任何必要,因为第二次制宪会议可以适当地效法第一次制宪会议超越《邦联条例》规定的宪法批准程序的做法,从而超越宪法第5条的规定。”因为会议已接近尾声,充满了回家欲望的费城会议代表早已丧失了对谢尔曼提案展开深入讨论的热情。在未经任何讨论的情况下,他们以7:3的票数否决了谢尔曼的提议。

从最温和的角度视之,以上描述并未将严格条文主义勾勒清楚。在1787年宪法的一些只言片语(此处特指宪法第5条的规定——译者)代表了深邃而慎重思考的情况下,我们将注意力集中于其上是一回事;而在这些只言片语不过是制宪会议临近尾声时与会代表顺便制造出来的副产品的情况下,我们仍将其奉为圭臬就是另外一回事了——尤其在满怀常人性情的联邦党人充满了回家的急切欲望的情况下更是如此。毕竟,讨论以梅森提出的注重人民主权的宪法修正方案替代麦迪逊提出的注重形式完美性的宪法第5条,需要大量的时间。

开国元勋们对宪法第5条的冷淡态度,与他们打着“我们人民”的旗号以审慎的方式突破《邦联条例》的做法形成了鲜明的对比。那么,为什么宪法学家们还要忽视开国元勋们慎重实施的宪法改革实践,而仅仅关注他们不经意创制出来的宪法第5条中包含的那些细枝末节的规则呢?

日常用语与公众的理解

我不想把费城会议期间秘密磋商的一些问题看得太重——或看得太轻。普通美国人将怎样理解宪法第5条?他们会运用“列举其一即排斥其他”这把钥匙,推断宪法第5条的规定排除了其他的宪法修正模式吗?

---

〔1〕 马克斯·菲兰德(Max Farrand)主编:《1787年联邦会议记录》(*The Records of the Federal Convention* of 1787)第2卷,第630页。

总之,这一拉丁格言的基础是什么?

我认为宪法第5条赖以存在的基础是普通的英语语法。例如,我们可以假定你的老板对你说,“你可以用锤子修复这台机器”。在特定语境
75 下,你用“列举其一即排斥其他”原则对这句话进行解释是正确的,“你**只能**用锤子而**不能用其他工具**修理这台机器”。

但上述情形只是在个别情况下偶尔才会出现。对老板的话作如此理解或许更为明智:“你可用锤子或任何其他类似工具修复这台机器”。正确的推论有赖于语境,因此历史就显得比较重要。在我们沿着这条路走下去之前,少量思维实验(thought-experiments)或许有助于我们进一步了解语境问题。

我们首先思考这样的事实——宪法第5条并非仅为修理宪法这一机器提供了唯一的工具;相反,它提供了四种方式。在一般生活中,这种模糊性的规定——尽管不是决定性地——帮助了主张宪法修正程序的多元论者。试想如果老板说“你可以用锤子或螺丝刀或二者皆用修理这台机器”,而你却发现用扳手修理该机器比用上述两种工具更方便。是否老板指示可用多种不同工具而不是唯一工具的事实,可以使多元主义者用更似是而非的观点为其使用他种工具的做法进行辩护呢?

在另一种情况下,思考同一例子。在授意你用锤子和螺丝刀修理该机器以前,老板曾用扳手修理过这台机器。恰好这时你也在考虑使用扳手修理这台机器,这时一个信奉“列举其一即排除其他”的人插进来说道:

> E(代表信奉“列举其一即排斥其他”原则者):老板说过你可以用锤子或螺丝刀,但却根本没提及扳手!你为什么违背他的指示呢?
>
> P(代表多元论者):但他自己用了扳手。如果他不想让我在适当的场合用扳手,他应有言在先。

在很多语境中,P的回答是完全明智的。如果E不能指出特别原因支持自己的推论,语境天平的指针将偏向多元论者一方:“你可以用锤子、螺丝刀或**任何其他类似工具**修理该机器”。

现在,让我们看最后一种情形:当老板此前用扳手修理机器之时,他自己也有一个顶头上司,并**明确**告诉他不能使用扳手。老板违背了他的

指示并成功地将机器修理好。曾违背过前雇主指示的他现在成了老板。在没有明确禁止使用扳手,但也没有明确提出可以使用扳手的情况下,他 76 只说了一句颇具内涵的话“可使用锤子或螺丝刀”。当你打算使用扳手时,E 插进来说:

E:老板说过你可以用锤子或螺丝刀,但却根本没提及扳手!你为什么违背他的指示呢?

P:在与我类似的境况时,他使用了扳手。

E:什么?只要他没有明确提及扳手,你就应当认为他明确禁止使用之。

P:一派胡言!你恰恰没有领会老板的意图。他提及锤子和螺丝刀只是想对我的工作有所助益。当它们不能有效地帮我完成工作时,老板不会阻止我使用其他工具。

E:那他为何不说出来呢?

P:他无须如此,在处于与我相同的境况时,他违背了老板的指示。毕竟,在其老板明令禁止使用扳手时,他根本没将这席话放在心上。老板如欲使我认真对待其指示,他会特别指出这点,而不会给自己的话留有余地。

当然,宪法绝非一般机器。因此,这席对话并没有完全反映出严格条文主义者主张的“列举其一即排斥其他”乃阅读宪法唯一“自然”方式的真实含义。在类似于最后一个例子的环境中,以英语为母语者的语言直觉使其倾向于强烈反对这一格言,并支持多元论者。这点之所以重要,因为该场景更符合历史现实。

回忆一下《邦联条例》第 13 条,其中对宪法的修正作了明确的排他性规定。像我在上述最后一例中讲述的一样,制宪会议不仅忽视了其有名无实的老板发出的系列指示,而且没有对新的修宪程序作出排他性规定。在这种背景下,以“列举其一即排斥其他”指导我们的行动难道不令人感到奇怪吗?

公众的理解:一个历史的视角

自 1776 年以来,美国人就一直宣称“人民有权改革和废黜”政府,类

似口号可见诸于《独立宣言》和革命时期的各州宪法之中。[1] 联邦党人
77 也将此革命传统奉为圭臬,为什么一般美国人在解释宪法第5条时,认为如果不遵循它的规定就会断送反应人民呼声的所有途径呢?

这绝不是詹姆斯·威尔逊(James Wilson)留给后人的观点。在宾夕法尼亚州批准宪法会议上,他一再主张“无论何时,人民都可以以自己满意的方式修正宪法”。[2] 一个与麦迪逊争夺费城制宪会议领导权的人说出了这样的话,自然引起了人们的广泛关注。诚然,反联邦党人领袖约翰·施米利(John Smilie)很快试图将威尔逊的这席话导向歧途:“即便在州制宪会议批准宪法以后,如果人民掌握了详尽的信息或经过缜密的思考,认为政府的形式糟糕或不适当,他们仍有权召集另一次会议寻求其他措施以废止批准后的全部或部分联邦宪法。”[3]

在后来争取批准宪法的过程中,联邦党人致力于汲取施密利观点中的有用成分,并将其挪为己用。反对派认为费城会议在其制定的宪法中没有《权利法案》(Bill of Rights)实乃一大败笔。反联邦党人主动说明宪法的明显缺陷从而使联邦党人找到一条使宪法获得批准的成功途径,对反联邦党人而言,不能说是明智之举吧?反联邦党人敦促诸州制宪会议不批准宪法,并执意举行第二次联邦制宪会议以制定一系列适当的宪法修正案。到那时,再由诸州召开第二次制宪会议最终决定是否批准宪法的做法才更为适当。总而言之,费城制宪会议的做法是否有些冒失?[4]

---

〔1〕 见阿克希尔·艾玛(Akhil Amar):“臣民的允诺”(*The Consent of the Governed*),载《哥伦比亚法律评论》第94卷,第457、475~478页(1994年)(其中回顾了诸州的革命性宪法)。

〔2〕 詹姆斯·威尔逊:“在宾夕法尼亚州批准宪法会议上的讲话(1789年11月24日)”(*Remarks at the Pennsylvania Convention*),载麦里尔·杰恩森(Merrill Jensen)主编:《宪法批准史纪实》(*The Documentary History of the Ratification of the Constitution*)第2卷,第350、362页。

〔3〕 同上,第376页。

〔4〕 杰克·拉克夫(Jack Rakove)在其著作《最初的含义》(*Original Meanings*,1994年)第113~128页中,对争取批准宪法运动作了精确概括。像他所说的那样,联邦党人断言州批准宪法会议只有对宪法投赞成或反对票的权利,采取任何创举并引发新一轮审慎的思考和争论都是越权行为。但是在诸州制宪会议突破了这种对高级法创制权力的限制后,联邦党人作出了让步。在一些关键的州,如马萨诸塞、纽约、弗吉尼亚等七州批准宪法会议的召开以下述条件为前提,即费城制宪会议在宪法第7条中作的限制性规定不得有碍于诸州行使人民主权的实践。从分析的角度看,虽然对宪法第7条排他性解释的反对有别于对宪法第5条是否作单一的理解,但于笔者看来,在19世纪美国人的心中这两个问题毫无二致。同样,笔者也认为拉克夫主张对宪法第5条作多元化的解释。

对反对派的这一合理要求，联邦党人许诺第一届国会将尽快考虑制定一个《权利法案》。但假如这些许诺不能兑现怎么办？弗吉尼亚州制宪会议主席爱德蒙·潘德勒顿在会议上发表的首次演说表达了这种忧虑：

> 我们——拥有一切权力的人民——组建政府是为了保障自己的福祉；如果采纳此方案（指1787年宪法——译者），我们最终会明白这是个失误；我们对该方案的警觉从何而来？在本方案中，我们提出了一个过于简单的方法以修正我们发现的宪法弊端。但有些人认为我们将宪法修正方法的解释权交给了人民公仆，不，这些公仆会从其个人私利的角度解释修宪规则而不可能做到客观公正。那么，我们
> 应该怎么办？按与我们志同道合的人所说的那样，对新宪法进行抵 78
> 制或采取暴力手段？谁敢与人民为敌？没人有此胆量，我们可以相约举行会议；全部收回授予各位代表的权力，或者通过重新选举改变代表的结构以防止权力滥用……[1]

如果宪法第5条明确地排除了其他修宪程序，潘德勒顿就不可能提出上述观点。

联邦党人在了却了批准宪法这桩夙愿后，并未将潘德勒顿的这份心思置之脑后。在其颇具影响的1790年法律演讲中，詹姆斯·威尔逊重申了他处于窘境时提出的口号，着重指出“一个伟大的原则……乃其他原则的活力之源……社会中至上的或主权的权力源于广大人民；因此人民始终拥有在其认为必要的情况下，以任何方式、在任何时间废止、变更、修正宪法的权利”。[2] 但事过境迁，威尔逊此时已是联邦最高法院法官，在他的听众中不乏新政府的要员。

---

[1] 约纳坦·艾略特（Jonathan Elliot）主编：《若干州制宪会议就批准联邦宪法展开的讨论》（*The Debates in the Several State Conventions on the Adoption of the Federal Constitution*）第3卷，第37页（1854年，第2版）。亨利·摩纳格罕（Henry Monaghan）教授对潘德勒顿和威尔逊的观点颇不以为然，施密利的观点也未引起他的重视，见《我们人民及其本意与宪法修正案》（*We the People, Original Understanding, and Constitutional Amendment*），《哥伦比亚法律评论》第96卷，第121、151~156页（1996年）。他将注意力放在联邦党人对宪法第5条大力颂扬，而反联邦党人对其表示忧虑的讨论之中。并指出他们没有自觉地意识到宪法第5条是否为未来的宪法修正提供了排他性的修宪手段。

[2] 罗伯特·麦克罗斯基（Robert McCloskey）：《詹姆斯·威尔逊著作选》（*The Works of James Wilson*）第1卷，第79页（1967年）。

在第一届国会履行联邦党人许下的、制定《权利法案》的诺言时，关于宪法修正程序的多元论这一主题再次被提出。[1] 詹姆斯·麦迪逊起草的宪法修正案原始文本由几个新修正案拼凑而成，其序言中的第一句话是“我们人民，具有绝对的、永远而不可剥夺的改组其政府的权力”。[2] 没有人对这句话流露出来的精神表示异议，但有人认为这句话是多余的。罗格·谢尔曼评论道：

> 美利坚合众国人民在采取某个行动时都有着充分的理由。我提议在修正案中……让他们知道自己有权实现那些天赋的和继受的权利。实际上，宪法和其他一系列庄严的法规已对这些权利给予了肯定。如果这种权利是不可剥夺的，人民在实践中认识到该真理就远胜于以任何语言方式表达出来。宪法中“我们人民”的用语已极尽丰富和富于表现之能事了……[3]

毫无疑问，这是宪法修正程序的多元主义观点。如果人民主权原则“以实践的方式远胜于以任何语言方式表达出来”，法律家就应该同样认真对待实践得出的经验，而不应将目光仅仅局限于宪法第 5 条的文字上。

早期美国人以联邦党人制定、批准 1787 年宪法的修宪模式制定了若干宪法修正案，这些实践活动强化了上述结论。诸州议会在修正本州宪
79 法时，一次又一次地效仿了联邦党人在 1787 年宪法中采取的手法，即不明确认可、也不明令禁止宪法条文规定之外的修宪程序。在南北战争之前诸州议会对本州宪法所进行的 16 次修正中，各州都不认为州宪的修正

---

〔1〕 多谢阿克希尔·艾玛，他引起了笔者对这段历史的注意。见阿克希尔·艾玛（Akhil Amar）：“臣民的允诺”（*The Consent of the Governed*），《哥伦比亚法律评论》第 94 卷，第 491 ~ 492 页（1994 年）。

〔2〕 见伯纳德·斯克华兹（Bernard Schwartz）：《权利法案：一个历史文献》（*The Bill of Rights: A Documentary History*）第 2 卷，第 1026 页（1971 年）。

〔3〕 同上，第 1077 页。另见詹姆斯·杰克逊（James Jackson）（语言，永远只是尽可能多地去说；而在实践中认识到人民有权废止或建立政府远比书面上的简单宣告更富有表达力）。见伯纳德·斯克华兹（Bernard Schwartz）：《权利法案：一个历史文献》（*The Bill of Rights: A Documentary History*）第 2 卷，第 1072 页。

必须按照宪法规定的程序进行。[1] 在没有宪法明确授权的情况下,它们一再召集制宪会议以修正州宪。回首往事,19世纪的著名作家——最为保守的詹姆森(Jameson)法官——不费吹灰之力地就得出了如下结论:"当然是根据先例的权威,以及我认为还有一些法律原则,人民有能力通过政府部门修正宪法。修宪或以法律条文明确规定的程序,或以习惯认可且政治家在任何情况下都表示支持的程序进行。"[2] 少数研究宪法修正程序渊源的20世纪学者,对此观点也几乎持有同等的热情。[3]

我并不否认,在共和国创建初期排他主义的修宪程序也曾获得过一些严肃的支持。关于此点最著名的论述见诸于乔治·华盛顿的告别演说中:

> 如果人民认为宪法权力的分配或对宪法权力的矫正出现了差错,那就应该以宪法规定的程序制定修正案对其进行校正。不要以非法的方式修正宪法;尽管偶然运用此方式可能会收到良好效果,但长此以往必将损害自由政府。

与其他诸多告别演说一样,华盛顿的告别演说与他作为一名活跃领

---

[1] 约翰·詹姆森(John Jameson):《宪法会议》(*Constitutional Conventions*),第209页(1887年),在本书中,作者列举了所有25次宪法会议,但他列举出的会议并未将佐治亚州公然不顾宪法规定而举行的会议排除在外[弗兰西斯·索普(Francis Thorpe):《联邦及各州宪法,各殖民地典章,及其他原始法律》(*The Federal and State Constitutions, Colonial Charters, and Other Organic Laws*)第2卷,第785、789、801页]。新罕布什尔举行的一次宪法会议似乎也是照章进行的,因此亦应排除出去[弗兰西斯·索普(Francis Thorpe):《联邦及各州宪法,各殖民地典章,及其他原始法律》(*The Federal and State Constitutions, Colonial Charters, and Other Organic Laws*)第4卷,第2470页]。笔者还要特别提及保留殖民地时期典章的两个州:罗得岛(在其新宪法创制之前,举行过四次宪法会议)和康涅狄格州(举行过一次宪法会议)。因为金充分重视了人民的修宪要求,因此认为其典章中的默许不包含排他性的理解是适当的。这样一算,詹姆森罗列出来的会议只剩下16个了。

[2] 弗兰西斯·索普(Francis Thorpe):《联邦及各州宪法,各殖民地典章,及其他原始法律》(*The Federal and State Constitutions, Colonial Charters, and Other Organic Laws*)第2卷,第527页。

[3] 见罗格·赫尔(Roger Hoar):《宪法会议》(*Constitutional Conventions*),第25~29、214~219页(1917年)。瓦尔特·都德(Walter Dodd):《州宪修正案及修正》(*The Revision and Amendment of State Constitutions*),第101~103页(1910年);阿克希尔·艾玛(Akhil Amar):"对费城会议的再思考:宪法第5条规定之外的宪法修正"(*Philadelphia Revisited: Amending the Constitutions Outside of Article V*),《芝加哥大学法律评论》第55卷,第1043~1044页(1988年);阿克希尔·艾玛:《臣民的允诺》(*The Consent of the Governed*),《哥伦比亚法律评论》第94卷,第457、458~494页(1994年)。亨利·摩纳格罕(Henry Monaghan)教授在近期内发表的一篇文章中[《我们人民及其本意与宪法修正案》(*We the People, Original Understanding, and Constitutional Amendment*),《哥伦比亚法律评论》第96卷,第162~165页(1996年)并没有对南北内战之前诸州修宪模式的内涵给予很多关注,他讨论的唯一一例是罗得岛爆发的多尔起义]。

袖时采取的行动形成了鲜明反差。如果华盛顿按其所说的去做,他就应该退出费城制宪会议。因此,他的演说开辟了这样一种思路,即将开国时期宪法视为美国人民行使人民主权的终结,而不是起点。[1]

对待这一传统思路的最好方式是超越 1787 年宪法,放眼于美国人以人民名义对宪法采取的实际行动。现在我们有充足的理由认为,华盛顿在其告别演说中对早期美国人思想和实践的评价有失公允。从我现在掌
80 握的原始资料看,大多数观点都坚持多元论,并提醒我们不要对宪法第 5 条规定的修宪程序作排他性的理解——宪法第 5 条并不排除其他的修宪程序。开国先辈们既没有在该条中规定明确的修宪程序,以阻止人们效法华盛顿在费城会议上的做法,也没有要求后人在修改宪法时一定要按照华盛顿在其告别演说中体现出来的思想行动。

制宪会议的含义

现在让我们撇开宪法原文而把注意力再次转向开国元勋们的宪法改革实践上,并进一步探讨这些事件更深层的法律意义。我们把研究的起点定在联邦党人开创的那些处于政治舞台中心、且让人颇感新奇的事物—会议—上。在英国宪法中,“会议”(convention)意味着有法律瑕疵的议会,特别是指 1688 年光荣革命后举行的那次会议。在国王詹姆斯二世(James Ⅱ)逃离伦敦之前,他废除了业已发出的选举令状并将玉玺沉入了泰晤士河。尔后扬言:“无盖有玉玺的令状,议会无权召集任何会议。”[2]

詹姆斯二世的政治对手以相应的替代程序对他的这种做法作出回

---

〔1〕 一些早期解释并未明确说明此问题。约瑟夫·斯托利(Joseph Story)描述并赞扬了宪法第 5 条运用了排他性规定。但没有直面上述问题。见《美国宪法释义》(*Commentaries on the Constitution of the United States*)第 3 卷,第 685~690 页(1833 年)。威廉·罗尔(William Rawle)则明确反对宪法第 5 条中包括排他性倾向。见《对合众国宪法的看法》(*A View of the Constitution of the United States*),第 12 页(1825 年)。

〔2〕 引自路易斯·斯克沃尔(Lois Schworer):《权利宣言,1689 年》(*The Declaration of Rights, 1689*),第 126 页(1981 年)。作者在第六章中进行了精彩的分析。

应。仍未离任的下院议员们汇集于威斯敏斯特宫组成了一个**特别机构**，这个特别机构发出了一些"圆形信件"以代替选举令状。大小官员们响应这些信件的号召，并以议会惯常的方式投票选举了下院议员。这些以非常规的方式遴选出来的下院议员与上院联合召开了"会议"。即便如此，按照英国法律的规定，这种替代性的下院与上院合于一处还是不足以使议会运转起来——因为国王必须出席会议，而詹姆斯二世及其家人却全部逃离了伦敦。[1] 然而，尽管上述做法明显地有悖于常规的法律规定，但在当时情况下，辉格党人(Whigs)为了保证政治的连续性还是似是而非地设计了相应的程序以与传统旧政制接轨。

在取得了独立革命胜利的美国人眼中，1688年会议在英国宪法史上创造了光辉的业绩——颁布了《权利法案》并以宪政君主取代了专制暴君。这一伟大先例使联邦党人能够以不触及革命总体目标的方式，提出一系列非常规的革命动议。虽说联邦党人在1787～1788年通过举行一系列联邦和州级的会议突破了当时的一些基本法律，但却创造了一些值得信赖的制度链接以使新制度能与既存制度衔接起来。正是这些**英语**先 81
例，使联邦党人无须用外语解释他们的所作所为。在召集"会议"时，他们能够运用这一深深植根于现实政治文化中的旧术语。[2]

由于英语的进化，在联邦党人使用"会议"一词时，该词已经失却了英国宪法先例中表现出来的"非常规"的特征。也就是说，这个词除了"常规"而外已没有其他含义了。为了表明联邦党人从事的制度实践从类别上同历史有相当的联系，我使用了"非常规"(unconventional)一语。这是巨大的语境变化，因此从某种程度上说联邦党人也是语言改革家。他们举行的会议与伟大的英国前人召开的会议有着天壤之别。首先，

---

〔1〕 见约翰·米勒(John Miller)："光荣革命：反思'契约'与'逊位'"(*The Glorious Revolution*："*Contract*" *and* "*Abdication*" *Reconsidered*)，《历史通讯》第25卷，第541页(1982年)；托马斯·斯洛特(Thomas Slaughter)："光荣革命中的'契约'与'逊位'"("*Abdication*" *and* "*Contract*" *in the Glorious Revolution*)，《历史通讯》第24卷，第323页(1981年)。

〔2〕 在联邦党人的诸位领袖中，詹姆斯·威尔逊对1688年英国会议的分析着实下了一番工夫。他肯定了这一先例的价值并用来反对诸如威廉·布兰克斯通(William Blackstone)等保守分子。布兰克斯通错误地"否认这种做法是任何宪法原则赖以建立的基础"。见《关于法律的演讲》(*Lectures on Law*)，见罗伯特·麦克罗斯基(Robert McCloskey)：《詹姆斯·威尔逊著作选》(*The Works of James Wilson*)第1卷，第78～80页(1967年)。

他们要求具有更大的权威。由于法律上的瑕疵,1688 年会议曾经陷入了窘境。在威廉和玛丽称心如意地登上王位以后,会议立即宣布其自身乃合法议会,并通过一项法案以使有违法之嫌的前人所采取的反常行径合法化。[1] 相形之下,联邦党人召集的一系列会议声称这些会议比国会和诸州议会更能代表人民的意志。从这种本末倒置的做法中,我们看出"会议"法律上的瑕疵反而被看作联邦党人更具为人民代言能力的标志。

在这一转变的过程中,联邦党人并没有完全抛弃先例而采取无所顾忌的行动。早在费城会议召开几年以前,新罕布什尔和马萨诸塞州镇民大会(town meeting)就拒不批准其州议会提出的宪法,并坚持召集一个特别会议行使州议会职权。[2] 联邦党人在此找到了根据,并将这一存在于州层面上的先例推广运用到国家层面上。

当然,他们对这一先例进行了改造。当新罕布什尔和马萨诸塞镇民大会坚持召集制宪会议制定宪法时,他们认为没有再另行召开批准宪法会议的必要,因为宪法可由镇民大会予以批准。[3] 而联邦党人先后两次运用了会议:在费城会议提出宪法草案后,他们认为还需要召集特别的宪法批准会议。

在使联邦党人非常规的行动合法化的过程中,以会议的方式批准宪法发挥了至关重要的作用。否则,他们不得不向议会解释他们在会议中的做法,毕竟议会是有权界定他们权力的机关。通过呼吁召开批准宪法

---

〔1〕 1690 年,英国议会匆忙中颁布了一个"认可威廉国王和玛丽王后的法案,该法案还对 1688 年 2 月 13 日发生在威斯敏斯特议会中的实践予以澄清"。同时,该法案还宣布"该议会制定的所有法案过去是,现在依然是英吉利王国的法律、法规,这些法律、法规应为英吉利王国的所有臣民尊重、采纳和遵守"。见 E. 纳维尔 · 威廉姆斯(E. Neville Williams):《18 世纪宪法,1688 ~ 1815:文献及评论》(*The Eighteenth-Century Constitution*, 1688 ~ 1815: *Documentary and Commentary*),第46 ~ 47 页(1960 年)。肯阳(J. P. Kenyon)对整个实践进行了全面、细致的分析。见《革命原则:党派政治,1689 ~ 1720》(*Revolution Principles*: *The Politics of Parties*, 1689 ~ 1720),第 37 ~ 41 页(1977 年)。

〔2〕 戈登 · 伍德(Gordon Wood):《美国人民的创新》(*Creation of the American Republic*),第 340 ~ 343页(1972 年)。罗格 · 赫尔(Roger Hoar):《制宪会议》(*Constitutional Conventions*),第 6 ~ 7 页(1917 年)。

〔3〕 约翰 · 詹姆森(John Jameson):《制宪会议》(*Constitutional Conventions*),第 132、157 ~ 158 页(1887 年)。戈登 · 伍德(Gordon Wood):《美国人民的创新》(*Creation of the American Republic*),第 340 ~ 343 页(1972 年)。

会议，他们有机会重新界定一些相关问题。在反对派攻击他们的行为违反了法律规定时，联邦党人不仅无须对自己的行为辩解，而且还可转守为攻，不承认法律上的反对意见可以阻止由人民组成的批准宪法会议对宪 82
法的命运进行审慎的思考。毕竟，如果人民认为联邦党人有违法律的做法确有无法弥补的缺陷，他们会采取最简单的做法——选举更多的反联邦党人参加批准宪法的州制宪会议，使宪法无法获得通过。

在意识形态领域，联邦党人提出的类公民投票（referendum-like）的主张将对手推向了不利的境地。反联邦党人也是在革命中成长起来的。他们也曾以人民的名义无数次地违背过英国法；他们也知道1688年会议在光荣革命中发挥了值得称道的作用。当联邦党人将会议作为一种革命形式予以运用后，反联邦党人被迫扮演了法律上吹毛求疵者的角色——这一点他们自己也很清楚。由于在某些州议会中，是否召集批准宪法会议是一个颇有争议的问题，所以联邦党人在意识形态领域取得的成功将使这个麻烦大大改观。

应该再次指出，联邦党人所进行的种种制度创新的主要特征无法用一个合适的词语加以描述。所以当我把联邦党人倡导的州制宪会议称为准直接（quasi-direct）民主的实践时，还请大家谅解。为更好地把握这个合成物，我们应从联邦党人直接民主的意识倾向谈起。不可否认，公民投票是直接民主的最好例证。从1787年到1788年进行的一系列批准宪法的州制宪会议代表选举的目标非常明确——批准联邦党人制定的1787年宪法。与此同时，这一进程也仅仅是准直接的——选民不能对宪法直接投票，而只能选出代表再由他们对宪法问题作更深层次的思考。以此方式作出决定的过程要比公民直接投票作出决定的过程复杂得多：或者人民未授予其代表足够的权力；或者代表们超出选民授予的权力。因为有这样的灵活性，与正常情况相比，特殊时刻的代表们从人民那里获得“授权”的意识就更加明确。

会议模式体现了公众意志和精英意志的结合——它使人民形成中的“直接民主”观念同业以得到强化的“代议民主”合于一处。其目标是实现“审慎的公民投票”(deliberative plebiscite)。[1] 但由于此目标是如此之83 高,联邦党人不得不冒双输的危险:公民或许对会议缺少公民投票一样的民主信赖感;同时,当选代表可能缺乏审慎思考的品质。事实上,历史记录纷繁复杂,稍后我们再考察联邦党人这些活动的负面因素。

现在,我们先考察联邦党人呼吁召开的会议为人类作出的肯定性贡献。联邦党人进行的准直接民主尝试领先于其所处时代。在1787年后的半个世纪里,34个州制定了成文的州宪法,其中只有6个州采纳了特别程序包括公民直接投票的方式批准州宪。将公民直接投票批准宪法上升为国家规范是杰克逊总统当政的19世纪30年代以后的事。[2] 将当时的时间、地点等因素考虑在内,联邦党人号召举行批准宪法会议的举措可以说是一次激进的民主尝试。[3]

如果不考虑这些激进的民主观念,我们就无法理解联邦党人获得的成功。毕竟反联邦党人可以通过抵制选举来对抗他们的非法行径,并以此切断联邦党人试图使自己行为合法化的途径。恰恰相反,他们响应会议号召并试图在相对而言比较公正的环境中争取人民的支持,以此与联邦党人一决高下。他们对选举斗争的参与,大大加强了联邦党人最后胜利的分量。在安纳波利斯会议时登上制度花车以后,反联邦党人已饱尝骑虎难下之苦,且无法对会议结果轻易地评头论足。因为他们在最初就已经失算了——毕竟他们在斗争之初就参与到了角逐之中。

经过四年的制度斗争,联邦党人取得了初步成效。即使那些心怀强烈不满的反联邦党人也很难否认宪法体现了**我们美利坚合众国人民**深思熟虑的价值判断。为更好地概括推动制度花车的动力——联邦党人在宪法改革过程中采取的非常规的举措,把这种动力适当地区分为积极因素

---

〔1〕 有趣的是,瑞士早期的公民投票也尽量避免在“是”与“否”之间作出选择。这种非“是”即“否”的选择是现代意义上公民投票的特点之一。见本杰明·巴伯(Benjamin Barber):《公共自由的衰亡》(*The Death of Communal Liberty*),第189~194页(1974年)。

〔2〕 见丹尼尔·罗格斯(Daniel Rodgers):《有争议的真相》(*Contested Truths*),第87页(1987年)。该章对宪法会议的分析是相当出色的。

〔3〕 戈登·伍德:《美国革命中的激进主义》(*The Radicalism of the American Revolution*)(1992年);詹姆斯·波普(James Pope):“共和时光”(*Republican Moments*),载《宾夕法尼亚大学法律评论》第39卷,第139页(1990年)。

和消极因素两个方面或许有助于我们澄清这一问题。从消极方面讲，这种非法律常规的做法削弱了违反修宪基本规则的法律后果——为政治参与者提供了加入讨论，并进而作出相应政治决定的政治背景。从积极方面而言，这种准直接民主的新形式使公众能以一种特别集中的方式参与到政治决策中来——当然，这种方式也不会影响公民表达自己的意志。
与其允许人民以直接投票方式表达自己的意志，**联邦党人扩大了政治精** 84
英和一般民众的制度对话，并通过这种制度对话使他们采取的非常规的举措合法化。而蕴涵于这种制度对话中的一个理念就是：这种复杂且临时造就的制度实践，最终将使倡导对宪法进行革命性改革的人们获得人民的合法授权——虽然这种授权同常规选举下的人民授权在数量上有所区别。我们现在所面临的最大挑战是，如何更为精确地理解这种有违常规的宪法改革实践的鲜明特征。

重读宪法文本：宪法改革实践合法化的动力之源

本来这应该是上一章研究的问题。与其将联邦党人从事的宪法改革实践活动不加分别地看成一个整体，我们不如把开国元勋实现其宪法改革合法性的过程分为五个阶段，即从发出宪法改革的信号到宪法改革成果的巩固这五个阶段。但我们现在可能要结合本章主题，对宪法改革实例作更深入的研究。我已对多元论的法学方法作了说明，该方法要求我们在看待宪法修正的方式时，不要在法律条文和联邦党人的实践活动之间作出选择，而是把它们视为相互联系、互有影响的整体。循着这一思路，法律家就应该经常关注他们从宪法实践研究中得出的结论与宪法第5条的规定到底是相符还是相悖。现在，我们即将致力于此。

我们已经看到严格条文主义者在解读宪法第5条时难免陷入窘境——随着整个宪法规则体系的发展，本条在处理一些最明显的问题时却显得无能为力。但对多元论者来说，他们认为宪法第5条只是巩固或重新界定了宪法改革实践的内容。首先让我们考察一下宪法第5条把不同部门置于宪法改革核心地位的时候，它又是怎样解释这些不同的修宪模式在修宪过程中逐渐取得合法地位的。这还得从最简单的模式，政府的必要组成部分——国会和诸州议会这对组合谈起。当国会和诸州议会这对组合在宪法修改过程中发挥主导作用时，宪法第 5 条说得简单明了：国会 2/3 议员得提出宪法修正案并移交诸州议会批准。即便在这里，也有两个相对而言处于次要地位但又值得我们注意的阶段。在提出议案和批准之间有这样一个阶段，此间国会将根据宪法改革内容选择宪法批准
85 方法——认为该宪法修正案应由诸州议会而非诸州批准宪法会议批准。在整个过程的最后，宪法第 5 条给出了另一个较为次要的阶段。它宣称修正案经 3/4 州议会批准即“应成为合众国宪法之一部分而发生法律效力”——而没有说明这种巩固宪法的活动如何具体操作。因此，当国会和诸州议会在宪正修正过程中发挥主导作用时，宪法将整个修宪过程预想为四个阶段——两个主要阶段：宪法修正案的提出和批准；两个次要阶段：修宪程序的选择和宪法的巩固。

在“会议”介入宪法改革的情况下，修宪模式合法化的动力变得更加复杂了。这一颇具侵略性的机构渗透到上述宪法修正的四个主要阶段，并改变了正规与非正规机构之间的力量对比。首先 2/3 州议会发出了应该召集宪法“会议”的信号——前面我们已经说过，“会议”是一个内涵复杂的词汇。除了响应 2/3 州议会的号召外，议会别无选择：它“应该”发出召集会议的号召，并允许会议在提出宪法修正案阶段处于领导地位。但在决定运用何种宪法批准程序这个更有决定意义的问题时，主动权又转移到了国会手中。当会议打着人民的旗号认为需要对宪法进行修订时，国会或者按正常渠道将修正案发放诸州议会或另行召集批准宪法会议批准修正案。在国会决定由各州召集批准宪法会议批准宪法的情况下，诸州中合法的常规机构——州议会——即失却了其惯常的权威地位。最后是更难以说清的宪法巩固阶段，经 3/4 州会议批准，新修正案发生法律效力。

简言之，宪法第 5 条恰恰预想了五个阶段；联邦党人也正是运用这五个阶段才逐步地使他们采取的非常规的宪法改革措施取得了合法性。这点给我留下了极为深刻的印象——最主要的原因在于它确证了我此前对建国时期宪法取得合法性的五个阶段的划分方法。我们提及

的这五个阶段不仅植根于建国时期宪法的现实之中，而且开国元勋们还相应地对这五个阶段进行了功能上的区分。尤其重要的是，他们还将打破常规进行宪法修正的修宪模式推荐给后人。就像我们曾经见到的那样，奠基人们自觉地反对将修宪权毫无保留地交给国会的做法。没有抹杀以人民名义召集“会议”所进行的宪法创新，相反，开国元勋们
在他们起草的宪法条文中把“会议”的宪法创新视为美国宪法发展的一 86
个重要方面。

当然，宪法第5条并未抹杀美国常规政府机构的作用。相反，宪法第5条意在抓住开国元勋们宪法实践的鲜明特征——建国时期的联邦党人屡次为他们在有违常规的“会议”上作出的系列决定寻求官方认可。进一步讲，宪法条文并未规定下次会议将在何时何地举行，正是为费城制宪会议输入活力的诸州议会才使下次会议的召集和举行成为可能。与诸州议会同会议之间的这种关系相适应，宪法第5条也做了一个类似的规定，即把决定采用何种宪法批准程序的权力交给了常规的政府机构——国会。（而在宪法巩固阶段，对此问题的具体规定并不明确。）

此处还蛰伏着一个更为深刻的理念。美国宪法并不希望政府的常规机关不惜一切代价维护它们的权威，而是明确规定它们应与为人民代言的非常规机构进行并不惬意的合作。即便在这些政府的常规机构尊重打破常规的改革者们打着人民旗号于会议上提出的种种要求时——在此情况下，政府的常规机构看似受到了扭曲，它们依然发挥着关键而稳定的作用。特别是在激进的制度改革时，常规机构肩负着维持宪法连续性的重任。正是通过这种方式，宪法使我们可以作出如下设想：美国人民或许会有办法将严重的危机转化为民主性的宪法创新。这种非常规的危机解决途径值得信赖吗？

我们将逐渐看清这一点。现在，我想把目光再次转回到建国时期的宪法上，以纠正一些人对其报有的过分乐观的态度。虽然我们应当高度赞扬联邦和诸州两个层面上召开的那些会议所取得的历史性突破，但我们又几乎不能否认联邦党人作出的贡献与人民主权的理想还是相去甚远。即便在18世纪的背景下，我们亦能发现1787年宪法的不足。如果以现在的标准来衡量，建国时期宪法就越发显得糟糕了。

看到建国时期宪法的缺陷不仅有助于我们用正确的眼光审视它,而且这一事实还将在我以后的论述中发挥重要作用。此前,我曾致力于运用严格的法律工具说服人们不要对宪法变革进行严格条文主义的理解——呼吁将第 5 条的字面含义、本意及建国时期的一些先例等结合起来,考察指导宪法变革的程序。如果这些还不能使严格条文主义者放弃
87 他们的初衷,难道他们又产生了一些我没有解释到的疑问?

这里,我想加进一些道德性的评论。如果建国时期宪法比后来美国史上发生的诸多宪法变革更接近人民主权理想,那么,认为仅有宪法第 5 条规定了宪法变革之程序的观点才可能是正确的。然而,事实与这种假设远不相符。虽然重建时期的共和党人和新政时期的民主党人进行的宪法实践存在着缺陷,但是在很多方面,他们还是比联邦党人高明得多。在给出了建国时期宪法的不足之处后,如果再认为联邦党人在宪法条文中为后人以人民名义进行宪法改革制定了相应的规则,不仅在法律上是不恰当的,而且在道德上也令人费解。恰恰相反,正是由于重建时期的共和党人与新政时期的民主党人致力于修正建国时期宪法的明显缺陷,我们才没有将联邦党人开创的先例抛进历史的垃圾堆。简言之,严格条文主义者假想联邦党人给出了宪法修正的最终答案的观点,不仅有悖于历史,而且在道德上也是说不通的。若细心观察建国时期宪法的道德瑕疵,我们就会更加明确地认识到,它应该被看作美国人民争取人民主权道路上的起点,而不是终点。

建国时期宪法的缺陷

建国时期宪法有三个明显缺陷。其中最突出的当属开国元勋们采纳了排他性的政治路线——将妇女、奴隶和美洲土著排除在政治决策之外。为获取为人民代言的权利,联邦党人没想到他们还需征求妇女、奴隶和美洲土著的意见。虽然从其所处时代来看,联邦党人倡导的会议已达到了相当高的民主程度,但却经不起现代观念的衡量。相形之下,重建和新政时期所进行的高级法创制实践尽管没有很高的理想,但却在更大程度上

反映了“我们人民”这一民主观念的内涵。我们将看到，在批准宪法第14修正案的过程中，黑人第一次登上了美国宪法史的舞台。在美国人通过改革宪法传统以应付“大萧条”时，妇女获得了投票权。即便到现在，我们仍然有很长的路要走，因为每个美国人在宪法政治中享有平等的呼声这 88
一理想还远未实现。如果美国人民不大幅度地超越建国时期宪法为“我们人民”界定的狭窄内涵，在多元民主社会里恐怕人民早已对建国时期宪法失去信心了。

与上述第一个缺陷相比，建国时期宪法的第二个弊端显得有些微不足道。但如以其他标准予以衡量，这个缺点也是举足轻重的。这个问题就是，联邦党人拒不以直接选举的方式遴选费城制宪会议代表。就像众多批评屡次指出的那样，[1]如果费城制宪会议代表由人民直接选举产生，而不是由诸州议会任命，那么会议的权威性将大大增强。从这一前提出发，费城制宪会议就能够轻而易举地发出召集另外一次会议的号召——当然，这次会议将由那些明确宣称自己拥有进行革命性改革权力的代表组成。难道以此方式举行的会议还不具有为人民代言的明确权利吗？

然而，遗憾的是联邦党人并没有对他们采取的做法进行哲学上的论证，争取胜利是他们的最终目标。召集另一次会议、进行另一次代表选举或许会使反联邦党人有机会在下一次会议中赢得更多席位，以使他们能够挫败联邦党人试图强化中央权力的雄心。因此，费城制宪会议的大多数代表绝不认为能够第二次召集会议是一个机会。与会的大多数代表在历经了艰苦的磨难后才得以能够参加费城会议，因此麦迪逊和他的伙伴们不惜一切代价欲使他们最终获胜的机会最大化。

在回应反对者批评的时候，麦迪逊和他的同僚们指出人民有选举反联邦党人参加批准宪法会议以使宪法不能通过的自由，并借此抚慰自己的良知。在费城制宪会议代表并非由选民直接投票选举产生的情况下，难道上述做法就足以证明费城制宪会议程序上的正当性吗？

并非如此。当然，如果费城会议不允许以**任何**选举方式考验一下这

---

〔1〕 见第2章。

部新宪法,那么它所许下的民主诺言就不过是一句空话。虽然如此,费城制宪会议代表却断言他们恰恰有权迫使诸州批准宪法会议只考虑他们提出的、而不能考虑其他或许更好的宪法草案。毕竟,在诸州批准宪法的州
89 制宪会议上,可能会出现若干可供选择的宪法方案。然而,只有费城制宪会议提出的宪法草案因 38 名代表决定性的签名才获得了被提交各州批准宪法会议的机会。更可怕的是,这些非经选举产生的费城会议代表还断言自己有修正宪法批准规则的权力。事实证明,费城会议代表断言其有权修正宪法批准规则的做法,在建国时期宪法能够成功获得批准的过程中发挥了至关重要的作用。

在弄清了 1787 年宪法及其批准规则巨大的实践意义以后,我们可以看出联邦党人因走捷径而严重地削弱了自身的合法性——至少同后来同样采取非常规措施的宪法改革者所追求的民主途径相比,此弱点更加明显。与联邦党人相比,重建时期的共和党人和新政时期的民主党人在获取足够的宪法权威、并以人民名义作出类似的宪法改革决定之前,他们不得不赢得更多的人民选举。由此明显的不同之处可以看出,正是后者而非前者为我们提供了更好的人民主权样板。

再看一下批准宪法过程中涉及的诸多问题。把建国时期宪法引发的民主讨论的质量和支持联邦党人的人数进行一番对比,对我们的研究将有所助益。从质量上而言,整个讨论可谓热情洋溢且多数会议质量相当之高——重建和新政期间展开的讨论也不过如此。然而,当我们转而对数量问题进行研究时,建国时期宪法的薄弱之处就一览无遗了。尽管绝大多数白人男性有资格选举批准宪法会议代表,[1]但人们参与投票的比率却不高。仅有 3 个州投票者的比率高出了历史水平;有 3 个州甚至低

〔1〕 康涅狄格和罗得岛两州由于附加了财产和宣誓效忠的条件,因此只有 60% 的白人男性有资格参加选举。见布鲁斯·阿克曼、尼尔·凯亚尔(Bruce Ackerman& Neal Katyal):“有违常规的开国时期宪法”(*Our Unconventional Founding*),载《芝加哥大学法律评论》第 62 卷,第 563 ~ 564 页。

于历史水平；余者大致持平。[1] 有些选举是在不宜于大规模人群集会的严冬举行的。[2] 而且，由于投票与选举政府官员之间没有一点干系，很多选民的情绪也因此大受影响。这意味着欲在政府机构谋求一官半职的候选人没有动力激励他们的追随者参与到选举中来，而这些追随者本来

---

〔1〕 纽约、佐治亚和康涅狄格3州人民在选举批准宪法会议代表时热情较高。在纽约，前往投票者超过了24,500人，占选民人数的43%。与此同时进行的纽约州议会选举中，有据可查的资料显示，在五个地区有32%的选民参加了投票活动。这些数字比以前参加地方官选举的选民比例要高。见罗伯特·迪金(Robert Dinkin)：《革命时期美国的选举：最初13州选举之研究》(*Voting in Revolutionary American: A Study of Election in the Original Thirteen States*, 1776～1789)，第122页(1982年)。

尽管关于佐治亚全州投票的资料比较少见，我们依然可从查希姆地区(Chatham Country)有关投票的记载中看出：59.8%的白人男性公民(401人)参与了选举批准宪法会议代表的活动，而在1784年进行的类似选举中，这一比例仅有36.3%(246人)。同上，第129页。康涅狄格州由于18世纪80年代的种族政策，选民参与热情不高(大约有15%的成人男性以及25%的合格选民参加了投票)。即便如此，参与批准宪法会议选举的人数比例还是高出了往次选举，虽然相关记载并不多见。同上，第119～120页。

大多数州参与投票的选民比例与往次选举大致持平。在南卡罗来纳州，大约有20%的成人自由男性公民参与了州及地方选举。同上，第128页。唯一一次选民回潮发生在圣·菲利普和圣·麦克尔教区(查里斯顿)举行的选举批准宪法会议代表的时候，在那里大约有22%的公民参与了投票(绝大多数支持联邦主义者)。同上；福里斯特·麦克唐纳(Forrest McDonald)：《我们人民：宪法的经济起源》(*We the People: The Economic Origins of the Constitution*)，第203页(1962年)。

在北卡罗来纳州进行的选举中，选民比例大致在30%到40%波动。罗伯特·迪金(Robert Dinkin)：《革命时期美国的选举：最初13州选举之研究》(*Voting in Revolutionary American: A Study of Election in the Original Thirteen States*, 1776～1789)，第127页(1982年)。仅有的关于多伯斯地区(Dobbs)选举批准宪法会议代表的数字表明，在联邦主义者抢走投票箱之前，有40%的选民参与了投票。同上。在罗得岛大约有25%的选民参加了1788年举行的批准宪法会议代表选举——这一可靠的数字表明了反联邦党人在选举中采取了抵制措施，因为在1786年举行的选举中尚有1/3选民参与了投票。同上，第111～112页。在马萨诸塞州，大约有27%的选民参与了投票，这一数字与往次选民参与比例大致相当。同上，第117～118页。

马里兰州进行的批准宪法会议代表选举，属于独立革命后进行的一次高比例公民投票选举。同上，第115页。关于参与选举的选民比例众说纷纭，有些记录认为是25%，而有记录认为在巴尔狄摩(Baltimore)是43%，蒙特格摩里县(Montgomery County)参与投票的选民比例更是高达49%。同上，第116页。

在弗吉尼亚，7个县的统计数字表明，参与批准宪法会议选举的选民比例(27%的白人成年男性)低于1788年和1789年举行的州选举。同上，第125页。关于宾夕法尼亚州的选举情况可供查考的资料较多，自1783年到1788年每年举行一次的选举中，大约有25%的选民参加投票，但在批准宪法会议代表选举中，仅有17%的选民表达了自己的意志。同上，第114～115页；约翰·麦克曼斯特、弗里德利克·斯通(John McMaster & Frederick Stone)主编：《宾夕法尼亚州与联邦宪法，1787～1788年》(*Pennsyvania and the Federal Constitution*, 1787～1788)，第72页(1788年)。新罕布什尔州参与选举的选民比例可能也有所下降——尽管鲜有详细资料可参考。罗伯特·迪金(Robert Dinkin)：《革命时期美国的选举：最初13州选举之研究》(*Voting in Revolutionary American: A Study of Election in the Original Thirteen States*, 1776～1789)，第108～110页(1982年)。

关于特拉华和新泽西两州的有限资料不足以作出任何结论。同上，第122～124页。

〔2〕 恶劣的天气似乎对弗吉尼亚和新罕布什尔的人民集会产生了特别影响。见罗伯特·布朗(Robert E. Brown)：《查理斯·贝尔德与宪法：对〈宪法的经济解释〉之评论》(*Charles Beard and Constitution: A Critical Analysis of "A Economic Interpretion of the Constitution"*)，第167页(1956年)。

很有可能为批准宪法会议代表投出自己的一票。[1]

更糟糕的是,我们永远也无从知道联邦党人是否真的赢得了大多数选票,就更不用说多元民主理论要求的决定性的大多数了。[2] 我们无法占有可靠的选举资料,手头这些支离破碎的文献并不能有力地支持联邦党人提出的人民主权要求。[3] 相比之下,重建时期的共和党人,特别是新政时期的民主党人在历史转折关头提出的人民主权要求,赢得了更牢

---

〔1〕 佐治亚、纽约和新罕布什尔3州未采取上述投票规则。罗伯特·迪金(Robert Dinkin):《革命时期美国的选举:最初13州选举之研究,1776～1789年》(*Voting in Revolutionary American: A Study of Election in the Original Thirteen States*, 1776～1789),第129页(1982年)。福里斯特·麦克唐纳(Forrest McDonald):《我们人民:宪法的经济起源》(*We the People: The Economic Origins of the Constitution*),第237页(1962年)。

〔2〕 见布鲁斯·阿克曼(Bruce Ackerman):《我们人民:宪法的根基》(*We the People, Foundation*),第10章。

〔3〕 可靠的数据恰若凤毛麟角。我们知道,纽约州的联邦党人在批准宪法会议选举中以7000票对16,000票一败涂地。福里斯特·麦克唐纳(Forrest McDonald):《我们人民:宪法的经济起源》(*We the People: The Economic Origins of the Constitution*),第286页(1962年)。罗得岛也以2708票对286票的选举结果拒不批准宪法。同上,第322页。在宾夕法尼亚州,联邦党人在费城、北安普顿(Northampton)和北阿姆博兰德(Northumberland)地区赢得了大多数。同上,第165页。马里兰州宪法支持者和反对者之间的比例似乎能够达到2:1。同上,第149页。联邦党人在新泽西也大获全胜。罗伯特·迪金(Robert Dinkin):《革命时期美国的选举:最初13州选举之研究》(*Voting in Revolutionary American: A Study of Election in the Original Thirteen States*,1776～1789),第18页(1982年)。他们在弗吉尼亚也似乎取得了成功。见麦里尔·杰恩森(Merrill Jensen)主编:《宪法批准史纪实》(*The Documentary History of the Ratification of the Constitution*)第3卷,第652～654页。

特拉华批准宪法会议投票一致同意批准宪法,但有人指出投票人有作弊之嫌。罗伯特·迪金(Robert Dinkin):《革命时期美国的选举:最初13州选举之研究》(*Voting in Revolutionary American: A Study of Election in the Original Thirteen States*, 1776～1789),第17页(1982年)。尽管佐治亚和康涅狄格两州选民并未积极地参与进来,但我们并没有理由怀疑联邦党人在这两个州也获得了胜利。福里斯特·麦克唐纳(Forrest McDonald):《我们人民:宪法的经济起源》(*We the People: The Economic Origins of the Constitution*),第130、136～138页(1962年)。

在北卡罗来纳、新罕布什尔、纽约和马萨诸塞四个州批准宪法会议中,反联邦党人占了大多数,但我们并不清楚这一结果与人民投票之间到底有何关系。但我们有充足理由怀疑南卡罗来纳州通过不公平地划分选区,侵吞了反联邦党人在全州范围内取得的胜利成果。见查理斯·罗尔(Charles Roll):"我们部分人民:13州批准宪法会议代表的分配"(*We, Some of the People: Apportionment in the Thirteen State Conventions Ratifying the Constitution*),载《美国史通讯》第56卷,第30～32页(1969年)。

总之,以数学方式不可能说清怎样把这些选票累计起来。学术上的选票计算无形中增加了这一难度。该学术方法主张诸州批准宪法会议中代表的比例应与人民投票的比例相符。见伊维林·费科、威廉·瑞克尔(Evelyn Fink & William Riker):"宪法批准之策略"(*The Strategy of Ratification*),见伯纳德·格罗夫曼、唐纳德·魏特曼(Bernard Grofman & Donald Wittman)主编:《联邦党人文选与新制度主义》(*The Federalist Papers and the New Institutionalism*),第220、230页(1989年)。

靠的民众支持。

并非历经两个世纪的发展使我们越来越接近高级法创制的理想体系。在重建和新政弥补了建国时期宪法某些缺陷的同时，它们也对形成中的多元民主政治构架产生了新的负面影响。但一个一目了然的事实是：重建时期的共和党人和新政时期的民主党人并未在某些原则与宪法 90
第5条规定的程序面前畏缩不前，他们大胆地脱离了既定原则和法律框架。因此，我们应对这些后来人心存感激之情，正是他们超越了联邦党人圈定的人民主权原始界限，并将以争取人民主权为目的的斗争滚滚推向前进。

这是法律吗？

现阶段，严格法律形式主义者为其立场退而寻求法学根据。他们不无道理地指出，宪法第5条乃美国法律制度的核心。试想宪法第5条与宪法其他重要组成部分之间的关系，例如宪法第1修正案[*]——言论、集会和宗教自由保护条款。虽然这些规定乃美国人民自由的基本渊源，但它们能成其为法律应归功于宪法第5条：如果不按宪法第5条规定的程序提出、批准，宪法第1修正案就不可能具有法律上的约束力。从更广的范围而言，宪法第5条是区分法律和政治之间关系的一个基本的概念性工具。唯有赖于类似于此的“承认规则”（rules of recognization）之助益，法律家和普通公民才能将“法律实际上是什么”这样的法律争议同“法律应该是什么”这样的政治争端区分开来。当然，严格条文主义者也并未寄希望于作为一切规则之源的宪法第5条，能够奇迹般地解决因美国法律之含义而引发的所有争议。即使在承认宪法第1修正案有法律效力的前提下，法官们仍必须对某些费解的术语，如“创立宗教”进行解释。但这些发生在解释上的困难不应使我们无视宪法第5条所起的作用。例如，尽管

* 美国宪法第1修正案规定如下：“国会不得制定关于下列事项的法律：确立宗教或禁止宗教信仰自由；剥夺人民言论或出版自由；剥夺人民和平集会及向政府申冤请愿的权利”。——译者注

有宪法第 1 修正案的相关规定,我还是知道某些人认为美国应该确立自己的宗教。虽然他们的想法尚未达到如此程度:宪法**已经**授予美国教会与英格兰教会相仿的确立宗教的权利。但有类似要求的人只是揭露了这样一个事实,即他们没能把自己的个人理想同法治所确立的原则区别开来。在此情况下,只有宪法第 5 条才有助于我们解释为什么这些潜在的
91 拥护国教者无视第 1 修正案的做法是不正确的。

人文的实证主义?

在解释上述问题时,与我持不同观点的严格条文主义者以(或多或少)统治了整个 20 世纪的法学派别——法律实证主义作为自己的理论基础。在他们眼中,我反对将宪法第 5 条视为指导修宪的唯一程序的做法恰恰危及了"承认**规则**",因此,也可能动摇了法治原则。

有两个办法可以消除这种疑虑:第一,对法律实证主义予以迎头痛击;第二,对法律实证主义进行重新解释。在过去的 25 年中,[1]贬低、破坏法律实证主义为人所乐为之事。我不能加入到批判法律实证主义的花车行列之中,因为这种做法将使我的主张变得毫无意义:被调动起政治热情的大多数美国人民经政治讨论后得出的新原则乃政治行动的指针;在此情形下,法官及任何政府官员都有**义务**按人民的意志行事。如果多元主义的承诺——按人民意志行事——不是纯粹的不实之词,实证主义者坚持"承认规则"的做法便是无可指摘的。对于法官而言,除了实证主义而外,还有其他工具可以用来辨别人民在什么时候表达了自己的意志吗?如果我不能从原则上有效地解释法官如何将高级法与其个人的道德信念区别开来,多元民主从根本上来说就是空话。

我愿接受对实证主义重新进行解释的挑战——为其加上一些限制性条件。如果实证主义者需要"承认规则"以保证机器般地运用法律规则,

〔1〕 书本中关于法律观念的概括植根于在英美法学中占统治地位的实证主义传统,这一传统的经典描述见于哈特的著作《法律的概念》(1961 年)一书中。现在仍然坚持这一传统观念的代表人物有裘力斯·科尔曼(Julis Coleman)、约瑟夫·拉兹(Joseph Raz)以及弗雷德·斯库尔(Fred Schauer)。以罗纳德·德沃金为首的法律家对实证主义大加批判,现在加入这一潮流的法律家已不胜枚举。

还恕我不敢苟同。我的观点将使那些仍然坚持机械地适用法律规则的人——假如这样的人现时还存在的话——感到惊惶失措。难道人们真的认为,作为法律大厦一部分的规则能够应付所有法律问题吗?在其经典著作《法律的概念》一书中创造了“承认规则”这一名词的H. L. A. 哈特(Hart)绝不持此观点。[1] 毕竟人不是机器,严格的法律规则不可能满足人们处理各种法律问题的要求。通过对抽象法律原则进行解释以及运用历史上的先例,人们还将创造许多新的承认标准。这种颇具人文精神的实证主义思路避免了将整个规则系统看成纯粹、僵硬的法律规则,但它却没有把“基本的承认标准”(basic criteria of recognition)从法律体系中彻底剔除出去。所以对法律家和公民而言,难度在于自觉地运用这种人文主义因素,以避免在对各种法律问题进行判断时落入公式般地适用法律规 92
则的俗套之中。

一个难解之题

在推进上述思路的过程中,一个概念上的难题可能会引起法律家们的强烈反对。由于这些反对能激发我们对某些问题进行深入的思考,因此我想把精力集中在解决这一概念难题上。法律家们的反对大多集中在我对建国时期宪法及随之而来的高级法创制实践进行法律分析之上:“如果这些非常规的立法属于非法行为,怎能对其进行**法律**分析呢?难道对非法问题进行法律分析不是概念上的自相矛盾吗?”

绝非如此。实际上,法律家们每时每刻都在做着类似的事情。我们可以从财产法中举出最好的例证。尽管土地合法所有人为恢复自己的权利进行了不懈努力,但“相反占有权”*(adverse possession)明确允许土地非法占有人完善其所有权。为正当行使这一特权,相反占有人不能在夜深人静的时候窜到该土地上,并宣称到天明前自己是这块土地的合法所有人。相反,法律为行使此权利设定了严格的条件——其中,某些条件与

[1] 见尼尔·麦考密克(Neil MacCormick):《H. L. A. 哈特》(H. L. A. Hart),第2章,第9页(1981年)。

* 指取得不动产所有权的一种方法。凡无法律根据而占有不动产,根据时效在一定条件下依法可取得此项不动产的所有权,在发生纠纷时,对此项占有权称为相反占有权。——译者注

我对建国时期宪法先例的研究有若干雷同之处。[1] 例如,财产法要求相反占有权人向广大民众公开他对该土地的所有权要求,并因此导致人们对其要求在实践中的认可。这一特点之于非常规的高级法创制而言同样适用:如果没有人民的接受,"会议"对宪法权威的诉求就不能以建国时期宪法开创的先例为基础。

另外一个相似之处在于,除非在相反占有人已成功且持续地占有该土地若干年的前提下,法律不允许他对抗真正的所有权人。宪法几乎也是如此。争取人民主权绝非一朝一夕之事。像建国时期一样,日益高涨的宪法改革运动只能根据临时创制的法律程序进行——即新兴的改革运动有义务一次又一次地根据这个对原有程序临时拓展开来的程序,通过一系列日益升级的部门斗争获取人民的支持,并从而论证该宪法改革运动的确代表了民意。

还有一个共同点:大多数美国法院只保护那些公开宣布对该财产享有**法律**权利的相反占有人。当然,就像其字面含义一样,在法庭上不能再坚持这种"权利宣告"——否则宣告人就无须运用相反占有权规则来保护自己的利益。在此情况下,法院需要摆出一种法制主义的姿态,或许在必要时还要进行一定的调查。

从我们对宪法的研究中也可发现类似模式。联邦党人没有采取一般小偷的做法,偷偷摸摸地溜入费城的会议大厅。他们为费城会议做了必
93 要的准备,即从各州议会取得了合法授权,而且他们还从当时既存的制度中为其提出的要求寻求法律支持。毫无疑问,这些法律支持虽不充分但**确实**存在,这些都赋予了联邦党人非常规的行动以特别的品格。与相反占有人通过权利宣告使自己有别于一般盗贼相仿,联邦党人通过使越来越多的部门承认其非常规举措合法性的做法——花车效应,使他们与公然践踏既定的法律权威的人区别开来。

---

[1] 从传统来看,这种占有需具备以下几个条件:即在他人要求土地权利时(1)实际占有该土地,(2)公开占有该土地且有一定争议,(3)排他性地占有该土地,(4)不间断地占有该土地,并(5)对他人的权利要求采取了对抗措施。R. H. 赫尔摩茨(R. H. Helmholz):"相反占有权与主观动机"(*Adverse Possession and Subjective Intent*),载《华盛顿大学法律季刊》第 61 卷,第 331、334 页(1983 年)。

当然，二者之间也存在着不同之处。最重要的当属民众对二者的不同接受形式。相反，占有权以普通法认可民众接受的特殊习惯为基础。在法院许可相反占有人完善其法律要求之前，对该土地不间断的占有状态或许已持续了20年或更多年。但联邦党人只用了四年时间，就赢得了人民对新宪法间或抱怨的赞成。财产法要求相反财产权的请求人证明没有他人对其使用该土地的行为发起挑战；而建国时期宪法先例表明，某个实现人民主权的行动都以一系列逐步升温的民众争论为标志——也就是说，正是人民积极表示赞成的作为、而非消极的默许，确立了上述实现人民主权行动的合法性。

这些相同与相异之处为我们进行更深入的研究提供了可靠保证。然而，为论述我的主要观点，我讲的已足够多了。与其陷入到毫无意义的合法性争论中，我主张法律家将若干世纪以来人们论证财产法的方法运用到建国时期宪法之中。从概念上而言，它意味着运用多层次的法律分析方法。相反，占有权规则告诉我们，如果把行为人首次违反既定规则的行为置于第二次违法行为的背景下，人们对其第一次违法行为的看法可能会大异其趣。如果说财产法律家可以运用这种多层次的法律分析方法，为什么宪法学家就不能呢？

在常态政治期间，由于大多数政治精英或多或少地愿意按既定规则行事，因此对这种复杂的法律样式进行研究或许显得没什么必要。但宪法也是为应付共和国面临的危机之需而制定的，当既定法律规则的含义和权威无法跟上时代发展时，被发动起来的人民再次决意授予其代表以 94
变更现有秩序的权力。在这种情况下，进行多层次的分析就是非常必要的。没有这种方法，我们将永远无从把握既存的政府部门与倡导进行革命性改革的改革者之间的互动关系。当然，正是这些改革家使美国人民有能力应付19、20世纪所面临的这些燃眉之急。在艰苦而民主的讨论之后，美国政府登上了一个更新的台阶。

第二部分

重建时期

第四章　法律形式主义者的两难处境

一个尚未提出的问题

建国时期宪法和重建时期宪法是两个尚无定论的问题,但二者之间又有着怎样的法律关系呢?

这是一个仍未提出但又颇为重要的宪法问题。正统的观点在未加任何分析的情况下,就给出了一个形式主义的答案。也就是说,现代法律家大都假定重建时期制定的各个宪法修正案都是严格按照宪法第 5 条规定的程序进行的——它们都是在国会两院 2/3 以上多数认为必要的情况下提出,并由 3/4 以上州议会批准的。

如果事实真的如此简单明了,这种说法或许会让人感到满意。但就像我在下面将要指出的那样,它们促成了一些难以解释的问题——而现代法律家总是回避这个问题本身就需要解释。当他们面对建国以来发生的这个最伟大事件(这里是指内战后的重建问题——译者)所涉及的根本问题时,为什么这些百般挑剔,喜欢对任何事都发表自己看法的法律家突然变得沉默无语了呢?

假如我的判断不错的话,这种令人感到极为奇怪的沉默就是严格法律条文主义者无法解释这些问题,并对这些问题深感绝望的一种外在表象。我们可以作如下设想:宪法第 13 和 14 修正案的提出与通过并没有严格遵循宪法第 5 条确立的原则。如果严格条文主义者不得不面对这样的事实,那么他们就被迫作出这样一个艰难的选择:他们真会认为解放奴隶(Emancipation)和平等保护修正案(Equality Amendments,即宪法第 13 和 14 修正案。——译者注)不是宪法的组成部分吗?设若严格法律条文主义者认为该结论是根据法律条文进行缜密分析的必然结果,那么我们就会毫不犹豫地认为他们犯了无视事实的错误。难道这种对存在问题视而不见的做法确实比明白宣布这个可怕的事实——宪法第 13、14 修正案的提出和通过并未按宪法第 5 条规定的程序进行——要好些吗?

然而,压制这些问题也总是要付出代价的。通过以集体无意识的态度对待如此重要的事件,法律研究机构就更加无法认清美国人民正在形成中的宪法身份。如果对上述问题采取回避的法律蒙昧主义态度是维持重建时期宪法修正案法律效力的唯一办法,我们或许可以接受这种做法。毕竟,我们正在讨论的是永远只能以美国人民名义才能宣布的伟大政治道德原则。但是话又说回来,以回避上述问题这种折中主义的方式解决政治道德和法律蒙昧主义之间的关系只能作为最后的手段。在下代美国人以高尚的谎言为基础构建自己的宪法之前,他们应该不无满意地认识
99 到,这些谎言对于构建一个新的宪法体制而言是非常必要的。也就是说,我们应该弄清存在于宪法第 13 和 14 修正案之中的问题,以使后人在不想讲明个中原因的情况下,仍有充足理由构建属于他们自己的宪法体制。

在本章中,我列举了一系列法律条文主义者必须解决的法律上的两难问题。如果主流的正统观点想要自圆其说,就必须直面这些两难问题。然而,在本部分的其余两章,我并不想从正面"解决"这些问题,而是打算通过在建国时期宪法和重建时期宪法之间寻求一种不同寻常的关系,以消解这些法律上的两难。这些两难问题的产生基于如下错误的假设:重建时期的共和党人对建国时期宪法规定的修宪程序仍然充满了信心;也就是说,他们认为只有严格遵循宪法第 5 条规定的程序,合众国的宪法才能日趋完善。一旦从这样的错觉中解脱出来,我们就能开辟将 19 世纪 60 年代与 18 世纪 80 年代联系起来的第二条道路。虽然重建时期的共和党

人没有把联邦党人制定的 1787 年宪法文本视为绝对不可侵犯的领域，但他们是否把建国时期开创的宪法改革实践奉为先例，并从中汲取了更多的东西呢？在合众国的创建和重建这两个时期，人民意志的代言人们在宪法文本和彻底革命之间开辟出了一个推动宪法改革的第三条道路——以非常规的手段对旧制度进行一番改造以达到革命的目的，直到这些倡导进行革命性改革的人民代言人取得足够的、为人民代言的宪法权威时为止。通过亦步亦趋地追寻重建时期共和党人以非常规的手段对当时制度进行民主改造的过程，我们才能更深刻地领悟到造成本章所说的这些形式主义两难的宪法动因。

1865 年 12 月

我将从 1865 年 12 月揭开叙述的帷幕。这年春天，李将军率领南部邦联军队投降，六天以后林肯总统被暗杀。在林肯遇刺身亡以前，他已经开始了在四个州重建民权政府的工作。[1] 南部邦联垮台以后，安德鲁·约翰逊总统命令携得胜之威的各位将领，在其余南部诸州召集新的人民“制宪会议”。这些在当年夏季举行的会议旨在推翻使南部诸州从联邦中分裂出去的法令，并修订战前州宪以废除奴隶制。新选诸州议会迅速实现了它们的目标。在很短的时间内，南部诸州在合众国宪法的庇护下披 100
上了常规政府的外衣。

在随后到来的 1865 年 12 月，发生了两个关键性事件——宪法第 13 和 14 修正案分别是这两个关键事件的核心。

---

〔1〕 在战争进行期间，阿肯色州由联邦控制的部分、路易斯安那和田纳西州在林肯总统提出的“10% 计划”（本计划是林肯在 1863 年 12 月提出的，即只要在 1860 年拥有投票权的公民中，有 10% 的人宣誓效忠，即可成立新的州政府。只有邦联政府中的高级官员才被剥夺宣誓效忠的权利。——译者）的指导下已完成了重建。艾里克·麦克基特利克（Eric McKitrick）：《安德鲁·约翰逊与重建》（*Andrew Johnson and Reconstruction*），第 122 页（1960 年）。林肯还承认了弗吉尼亚州总督皮尔伯特（Pierpoint）在亚历山德拉（Alexandria）的傀儡政府，起初他曾考虑设立新的西弗吉尼亚州（West Virginia）。见詹姆斯·兰德尔（James Randall）：《林肯任期内的宪法问题》（*Constitutional Problems under Lincoln*），第 18 章（1951 年）。

宪法第13修正案存在的若干问题

1865年12月18日,国务卿威廉·西华德宣布宪法第13修正案已由3/4的州批准而发生法律效力。在他宣布批准该修正案的27个州中,有8个属于企图从联邦中分裂出去的前南部邦联州。[1] 审时度势的西华德很明白,根据宪法第5条规定的批准程序,这8个州是相当必要的。他明确宣布联邦内有36个州,因此27个州乃宪法第5条规定的3/4规则的下限。

现在看来,我真正感兴趣的不在西华德计算批准修正案诸州的方法,而是这样一个基本问题:因为国务卿宣布宪法修正案已经发生了法律效力,严格条文主义者就不用再对其进行详尽分析了吗?我知道某些法律形式主义者坚持认为,没有人能否认西华德确实宣布27个州批准了宪法修正案;也没有人不认为36的3/4是27。因而,此间有什么问题呢?国务卿宣布该修正案已获批准难道不是对其法律效力问题的最好回答吗?

我们再把注意力转到1865年12月发生的另一个关键事件。此事件发生在宪法第13修正案通过的前两周。第三十九届国会于12月4日举行第一次会议,会议期间南部诸州政府的宪法地位问题随之而来。这个问题涉及南部诸州参、众两院代表的国会准入权。值得注意的一幕(这一幕我将在后文予以详细说明)是,大多数共和党人认为南部诸州代表无权参加第三十九届国会——只有田纳西州因处于两年任期内而成为例外。最终,第三十九届国会经过一番慎重的考虑后,公然宣布在其余南部10

〔1〕 见《统计资料》第13卷,第774~775页(1865年)。这8个州包括弗尼吉亚(1865年2月9日);路易斯安那(1865年2月17日);田纳西(1865年4月7日);阿肯色(1865年4月14日);南卡罗来纳(1865年11月13日)——其余的亚拉巴马、北卡罗来纳和佐治亚3州在1865年12月2日到6日批准了宪法第13修正案,使该修正案勉强通过了宪法第5条规定的3/4界限。西弗尼吉亚通过该修正案也被包括在内——当然,它的批准产生了一系列值得专门讨论的问题。见詹姆斯·兰德尔(James Randall):《林肯任期内的宪法问题》(*Constitutional Problems under Lincoln*),第18章(1951年)。在西华德宣布第13修正案已获通过后,其余7州也先后批准了该修正案:加利福尼亚(1865年12月19日);佛罗里达(1865年12月28日);衣阿华(1866年1月15日);新泽西(1866年1月23日);得克萨斯(1870年2月18日);特拉华(1901年2月12日);肯塔基(1976年3月18日)。西华德宣布批准宪法第13修正案的州仅包括在12月6日以前批准该修正案者。

州“不存在合法州政府”。[1]

国务卿西华德之宣布宪法第13修正案生效与国会采取的举措明显冲突。假如西华德遵循议会作出的决定，他就不应把南部8州算到批准 101
宪法州之列，这样在使宪法第13修正案发生法律效力所必需的27个州“议会”中将只剩下19州。[2] 到底是什么赋予了他无视议会于12月4日作出的决定的权利？我们姑且不论西华德的这种做法存在哪些问题，那么严格条文主义者又将如何论证宪法第13修正案的合法性呢？

这些问题在当时处于头等重要的地位。试想，安德鲁·约翰逊当时对国会宣布南部诸州“不存在合法政府”的法案行使了否决权：

> 该法案同样否认了业已批准永远废除奴隶制的宪法第13修正案的南方10州政府的合法性……如果该法案赖以存在的前提正确，那么南部诸州政府的行为就不能说是合法的。因此，我们就不能无视这样一个事实——宪法修正案得以通过所需要的3/4州同意的最低限度就不可能达到，如此，则解决奴隶制问题的修正案因无法正式成为宪法的一部分而被搁置起来。[3]

作为国务卿的上司，安德鲁·约翰逊以国务卿西华德所作的宣告为根据，对议会法案公然表示怀疑的做法似乎是不正常的。

宪法第14修正案存在的若干问题

12月4日发生的事件，也为宪法第14修正案蒙上了一层阴云。法律条文主义的魅力在于它以机械的方式回答法律的有效性问题。通过查阅1866年6月国会记录的简单做法，法律条文主义者就希望论证如下问题：宪法第14修正案的提出已经达到了宪法第5条规定的、必要的2/3多数

---

〔1〕 “重建法案”(*Reconstruction Act*)，载《统计资料》第14卷，第428~429页(1867年)。

〔2〕 西华德在起草宣布宪法第13修正案生效的宣言时，仅将于12月6日之前批准该修正案的北部19个州计算在内。到该宣言于12月8日公开发布之前，俄勒冈批准了修正案，修正案于俄勒冈批准的次日在加利福尼亚也获通过。这意味着在宣言公开发布之前，已有21个州批准了宪法第13修正案。

〔3〕《对第一重建法案的否决》，见詹姆斯·理查德森(James Richardson)主编：《历届总统咨文与文稿》(*Message and Papers of the Presidents*)第6卷，第508页(1898年)。同样的分析也可见诸他对第三重建法案的否决，同上，第540页。

的要求。

不幸的是,12 月 4 日将南部诸州排除在国会之外的做法,使这种简单的问题解决方式也变得漏洞百出。在浏览国会记录(Congressional Globe)以论证宪法第 14 修正案的提出符合宪法第 5 条的规定之前,法律条文主义者必须首先使自己坚信: 1866 年 6 月在国会举行会议的北方代表能够
102 合理地行使宪法第 5 条授予"国会"的权力。在那一阶段稍有法律知识的人都知道,如果将南部诸州的参议员和众议员从国会中剔除出去,6 月举行的"国会"就永远不能达到 2/3 多数以提出宪法第 14 修正案。[1] 那么,何以形式主义者将在华盛顿 1866 年夏季的滚滚热浪中饱受煎熬的北方与会代表置于首要考虑,并因此假定宪法第 14 修正案的提出已满足了宪法第 5 条规定的条件了呢?

两难之一

现在,我们将上述两个问题合于一处,得出第一个两难:严格法律形式主义者要么寄希望于证明批准宪法第 13 修正案的合理性,要么论证宪法第 14 修正案之批准的合理性;而欲二者兼得,则难于上青天。要摸清个中原因,我们需要考察对前面提出的两个问题所作出的不同反应。

我们先从宪法第 13 修正案的"批准"入手探讨这个问题。在这里,我们能够预料到法律条文主义者会如是指出——尽管国会于 12 月 4 日作出了否认南部各州政府合法性的决定,但是根据宪法第 5 条规定的宪法批准程序,西华德将南部诸州记入合法"州议会"范围内的做法仍然是正确的。然而如果这种立论是正确的,那么法律形式主义者又将宪法第 14 修正案置于何种境地呢? 如果"**诸州议会**"(state assemblies)在批准宪法第 13 修正案时,是符合宪法第 5 条规定的合法"**州议会**"(legislatures),那么在提出宪法第 14 修正案时,不允许南部各州代表参加的"**联邦会议**"(federal assembly)是那个宪法第 5 条规定的"国会"(congress)吗? 1865

---

〔1〕"迄今为止的各种证据表明,那时一个显而易见的事实是如果没有南部诸州代表的参与,没有哪个关于人民权利的宪法修正案能够在国会两院达到法律要求的 2/3 多数。"拉万达 · 考克斯、约翰 · 考克斯(LaWanda Cox, John cox):《政治,原则与偏见,1865 ~ 1866》(*Politics, Principle, and Prejudice*, 1865 ~ 1866),第 203 页(1963 年)。

年 12 月 7 日，作为民主先锋的《纽约世界报》（*New York World*）指出："批准宪法修正案乃一州在联邦内可以执行的最高行动，因此，一州有批准宪法修正案的资格就意味着它有资格做其他任何事情。没有比承认一个州有批准宪法修正案的资格，而与此同时却否认该州有完整的州地位和权利更荒谬的事了"。[1]

如果法律形式主义者将关注的焦点首先放在宪法第 14 修正案上，并向人们证明共和党领导人的秘密会议**的确**有将南部诸州代表排除出国会的宪法权威，相反的问题出现了。即南部诸州议会又怎能合法地参与宪法第 13 修正案的批准活动呢？

我并不认为这些疑团是不可破解的，但这需要我们进行一些富有想象力的基础性工作。我们所遇到的公开挑战是对第 10 论点（Argument X）进行详尽的解释，该论点可以论证共和党人将南部诸州参、众两院议员逐出国会而**又无损他们所在的诸州政府之地位**这一做法的正当性。如果严格法律条文主义者能够娴熟而成功地运用这一技巧，这些问题将迎刃而解。多亏了第 10 论点，它使国会在其权利允许的范围内既排除了南
方代表又提出了宪法第 14 修正案。由于第 10 论点并未对南方政府的合 103
法性明确表示不信任，所以法律条文主义者或许能够成功地解释，南部诸州政府依然保有宪法授予的批准宪法第 13 修正案的权利。

但是行动毕竟难于言辞：在解释上述两难问题时，第 10 论点又能在多大程度上派上用场呢？

南部各州丧失重返国会之资格的根据

答案或可在宪法第 1 条第 5 款中找到：

> 每院自行审查本院议员之选举、选举结果及本院议员之资格；每院议员出席过半数即构成进行工作之法定人数。

此条明确地表达了即便在排除某些议员的情况下，国会仍然保有其

---

〔1〕 该社论冠之以"国会对抗总统"的标题。

合法性的意思。况且,共和党人**的确**在各院中占据了大多数议席。因此,在不否定南部诸州政府法律地位的前提下,为什么宪法第 1 条第 5 款就不能证明将南部诸州议员代表逐出国会之做法是正确的呢?

但是,当我们思考"国会"如何行使将南部各州代表逐出议会的权利时,问题出现了。在当时情况下,过问南部诸州某些参、众议员的资格问题是必要的,例如应该把在最近的战争中对联邦不忠的人从国会中剔除出去。然而,国会没有采取反对某部分人的做法;相反,它不分青红皂白(其中南部诸州中有很多人符合国会议员的条件)将所有来自南部诸州的代表从国会中赶了出去。[1]

从这一点上来说,上述**资格条款**(Qualifications Clause)必须受其他法律条文的限制。宪法第 1 条断言"每州至少应有 1 名代表",且宪法第 5 条也规定,"无论何州,未经其同意,不得剥夺其在参议院之平等参政权"。故此,国会理所当然不能运用其权力驱逐某州代表以挫败该州向国会全体代表提出其动议的努力。如果该条中蕴涵着将南部诸州代表逐出国会的法律权利,那么它就根本不成其为资格条款。

南部各州法律地位的恢复及其自相矛盾的根据

共和党人寻找的为其行为辩解的根据——如果真存在这样的根
104 据——存在于宪法第 4 条之中:

第 4 款　合众国应保证联邦内各州之共和政体。

我们假想纽约之王在摄取了控制整个州的权力之后,派出两个伯爵作为该州在合众国参议院中的代表。在此情况下,国会无疑可以根据上述"保证条款"的规定,反对这两个来自纽约的代表参加国会。宪法的确保证了**诸州**向国会派出代表的权利,但同时它也不允许任何一州或所有的州**政府**在不采取共和政体的形式下,向国会派出其代表。

---

〔1〕《联合委员会关于重建问题的报告》对此作了明确表态并进行了全方位的论证。爱德华·麦克弗森(Edward McPherson)主编:《美国重建史》(*History of the Reconstruction of the United States*),第 86~88 页(第 3 版,1980 年)。

此间有很多东西是无可辩驳的。但运用这种思路解决当前的问题，显然是自欺欺人的做法。并不奇怪的是，国会和南部各州都援引了“保证条款”为自己辩护。且将双方根据“保证条款”为自己辩护的观点置于一边不做任何评论，我们应该思考的是：为解决这些两难问题，是否斗争中的任何一方应采取别具特色的第10论点的形式？

论证批准宪法第13修正案的正当性？

1865年南方各州制定的新宪法除了宣布奴隶制为非法以外，与内战前的州宪并没有太大的区别。虽说这些宪法在内容上的变化看似不大，但在对“保证条款”做传统解读的情况下，这些新州宪的规定已远远满足了合众国宪法所提出的、各州应确保其共和政体的要求。就像麦迪逊在《联邦党人文集》中所做的解释那样：

> 如果全国政府凭借宪法上的权力进行干预的话，它当然会行使这项权力。但这种权力至多扩大到保证共和政体，这就需要假定先有一个要被保证的政体。因此，只要各州使目前的共和政体继续存在，它们就能得到联邦宪法的保证。各州要想用其他共和政体来代替的时候，它们有权这样做，并且有权要求联邦对后者给予保证。对各州的唯一限制是，它们不能用反共和政体来代替共和政体。可以设想，这个限制不至于看做令人不满的事。[1]

麦迪逊的观点在诸多关于宪法解释的主流观点中被经常引用，[2]并且国会坚决反对废奴主义者将“保证条款”作为阻止南部变种的蓄奴州准

---

〔1〕《联邦党人文集》(*Federalist*)第43篇，第275页[罗塞特(C. Rossiter)主编，1961年]。

〔2〕仅举几例，请见：约瑟夫·斯托利(Joseph Story)：《宪法三论》(3 *Commentaries on the Constitution*)，第679～685页(1833年)；乔治·克蒂斯(George Curtis)：《美国宪法的起源、形成和通过》(*History of the Origin, Formation, and Adoption of the Constitution of the United States*)，第82页(1858年)；威廉·都尔(William Duer)：《美国宪法学教程》(*A Course of Lectures on the Constitutional Jurisprudence of the United States*)，第340～342页(第2版，1856年)；威廉·罗尔(William Rawle)：《美国宪法之我见》(*A View of the Constitution of the United States of America*)，第296页(第2版，1829年)。

入联邦的工具。[1] 给出了这些事实之后,难道我们不认为南部诸州以解放奴隶的方式放弃非共和政体这种观点的荒谬吗?如果南部诸州旧宪法符合共和政体的要求,由此不是可以自然推断出新宪法也会如此吗?

如果承认"保证条款"所做的传统假设,这个论点还是相当有说服力的。不巧的是,它并不具备第10论点的形式。上述观点的推论结果还
105 是:如果支持国务卿西华德宣告宪法第13修正案生效,就意味着否认了国会有提出宪法第14修正案的权威。这种由共和党人组成的所谓议会,根本没有为整个国家创制高级法的权力。在整个过程中,以总统约翰逊为首的传统主义者始终且强有力地反对着这个所谓的国会。

论证宪法第14修正案之提出的正当性?

当然,没有任何东西能够阻止共和党人对"保证条款"重新进行革命性的解释——例如他们可以超越战前废奴主义者的主张,坚持认为"共和"政府不仅要求彻底解放黑人而且还应该赋予他们以选举权。[2] 在查理斯·萨姆纳[3](Charles Sumner)的领导下,国会中的一些激进分子都坚持这种主张。虽说萨姆纳的伟大演说在美国表明了这一激进的观点,但大多数共和党人都对其演说所蕴涵的东西——联邦政府将在南部诸州政府重建的问题上发挥持续的作用——表示困惑。[4]

即便萨姆纳本人也认识到只坚持自己立场中的某一方面是有失谨慎

---

〔1〕 查理斯·勒克(Charles Leche):"共和政体之保证与新州的准入"(*The Guarantee of a Republican Form of Government and the Admission of New States*),载《政治学通讯》第2卷,第579~589页(1949年);威廉·威塞克(William Weicek):《联邦宪法中的保证条款》(*The Guarantee Clause of the U. S. Constitution*)第140~165页(1972年)。

〔2〕 只有少数战前的废奴主义者坚决主张给予黑人以参政权。威廉·威塞克(William Weicek):《联邦宪法中的保证条款》(*The Guarantee Clause of the U. S. Constitution*),第159页(1972年)。但这种观点即便在激进派中也未占主流。詹姆斯·麦克弗森(James McPherson):《火的考验:内战与重建》(*Ordeal by Fire: The Civil War and Reconstruction*),第403~404页(1982年)。

〔3〕 内战前,萨姆纳并不主张黑人的参政权,但是在1864年他改变了这种看法。大卫·唐纳德(David Donald):《查理斯·萨姆纳和男人的权利》(*Charles Sumner and the Right of Man*),第199~200页(1970年)。威廉·威塞克(William Weicek):《联邦宪法中的保证条款》(*The Guarantee Clause of the U. S. Constitution*),第187~188页(1972年)。

〔4〕 麦克尔·贝尼迪克特(Machael Benedict):"维护宪法:激进重建的保守根基"(*Preserving the Constitution: The Conservative Basis of Radical Reconstruction*),载《美国史通讯》第61卷,第75~76页(1974年)。

的——如果共和制政府要求给予黑人以参政权,为什么此项权利就不能扩及妇女呢?[1]在争论的整个过程中,保守主义者以妇女问题为突破口,一再对共和党人就“保证条款”而进行的激进解释提出质疑——这种做法甚至使强大的塞德斯·史蒂文斯(Thaddeus Stevens)在为黑人争取参政权的过程中也一度处于守势。[2]

但是,在激进共和党人对保证条款进行解释的问题上,妇女的参政权问题并非唯一难以逾越的障碍。国会中的共和党人发现,甚至为黑人参政权本身寻求有效的解释都比较困难。到1865年,北方只有6个州赋予了黑人选举权,激进共和党人对此虽然痛苦万状,但它又是一个不可扭转

---

〔1〕“查理斯·萨姆纳说,从那以后起多年,在他写过的19页大页纸中根本没有提及过‘男人’一词,当然他仍然坚持‘黑人参政权’作为一个完整的政党策略;但这些做法收效甚微”。艾伦·都贝斯(Ellen Dubois):《女权主义与参政权:独立的妇女运动在美国的出现,1848~1896年》(*Feminism and Suffrage: The Emergence of an Independent Women's Movement in America*,1848~1896),第60页(1978年)。转引自伊丽莎白·卡蒂·斯坦顿(Elizabeth Cady Stanton)主编:《妇女参政史》(*History of Women's Suffrage*),第97页。当为妇女参政权向参议院呈交请愿书时,萨姆纳在其“自由发言中指出,我认为现在还不是考虑这一问题的时候”。第三十九届国会第一次会议记录(1866年),第829页。

〔2〕让我们听一段史蒂文斯和民主党人詹姆斯·布鲁克斯(James Brooks)就宪法第14修正案问题而展开的辩论:

布鲁克斯:我只想说明一点,在适当的时候,我将提议修订……业已提出的宪法修正案,即在“肤色”后面再加上“或性别”字样,这样该修正案将变成:“设若在任何州,无论何时基于种族、肤色或性别的考虑而否认或剥夺了选举权,该种族、肤色或性别的人将失去被代表的机会”。

史蒂文斯:从纽约来的绅士(指布鲁克斯)真的会支持这样的修正案吗?

布鲁克斯:如果黑人能够参加选举,我会的。

史蒂文斯:你并没有回答我的问题。你会赞成你提出的修正案吗?

布鲁克斯:我说过,我将在合适的时间提出这样的修正案。

史蒂文斯:难道有修养的人仅支持他自己提出的修正案?

布鲁克斯:与同我肤色相异的人比较,我支持和我同肤色的人;同黑人相比,我更支持我国的白人妇女。(鼓掌)[第三十九届国会第一次会议记录(1866年),第379~380页]

或许区分黑人和妇女的最好努力是在1867年的晚些时候进行的。国会议员布鲁摩尔(Broomall)将共和政体界定为“在此政体中,法律规则由享有选举权的人们制定,并且每一公民或亲自行使其参政权,或由他人代为行使,代他人行使参政权的人应根据法律、社会或家庭关系的原因公平地考虑被代表者的意图”。[第三十九届国会第二次会议记录(1867年1月8日),第350~351页。]

按照这种说法,人们可能会认为妇女已经被其丈夫“公平地”代表了(但是未婚女性又该当何论),然而黑人则没有类似的代理人。在国会记录中,这种思路并未得到最大限度的发挥。实际上,在宪法第13修正案处于讨论阶段期间,即使是最激进的共和党人也没有主张黑人的彻底解放需要赋予他们以选举权。辛迪·布坎南(G. Sidney Buchanan):“寻求自由:关于第13修正案的法律史”(*The Quest for Freedom: A Legal History of the Thirteenth Amendment*),载《休斯敦法律评论》第12卷,第1、12页(1974年)。

的事实。[1] 在“禁止南部各州议员准入国会危机”(Exclusion Crisis)期间,北方9州中有7个州以全民投票的方式否决了给予黑人选举权的法律提案。[2] 在此背景下,对于大多数共和党人而言同意萨姆纳关于保证条款无条件地授予了黑人选举权的主张无疑是相当困难的。对于共和党人而言,或许最好的办法是在享有政治权利的人数上把北部诸州包含种族主义的宪法同南部各州的宪法区别开来:剥夺了1/3或1/2黑人男性

106 的选举权,南部诸州政府将共和政体变成了寡头政体;相形之下,北部诸州剥夺少部分黑人选举权的做法尽管有些许遗憾,但却不能认为这些州推行的是寡头政治。[3]

即使这种令人费解的观点,也不能使我们弄清国会在宪法第14修正案中对参政权问题到底持何种态度。该修正案的第2款并未禁止剥夺黑人选举权的做法——只是在1869年随着宪法第15修正案的通过,黑人的选举权才得到了有效的保障。相反,它规定将对那些禁止较高比例的、“年满21岁的男性公民”参与投票的州实施一种特别的惩罚措施。按此规定,任何将较高比例的上述公民排除在选举之外的州,都将在众议院中按相应比例核减代表名额。尽管这是一个比较严厉的惩罚措施,但它却明白地作出了如下暗示:剥夺一部分人选举权的做法是合宪的。在此条件下,特别是在宪法第14修正案仍未明确规定未来不得剥夺某些人选举权的情况下,国会又怎样为自己的这种做法——不许南部诸州政府重返国会——寻找正当理由呢?

这些疑虑和犹豫也恰恰是大多数共和党人慎重对待“保证条款”的理由,当时他们在1866年6月由重建联合委员会(Joint Committee on Reconstruction)发行的最大一家州报上为其所作所为进行辩护。这份在严

---

〔1〕 截止到1860年,5个州的黑人有平等参政权——马萨诸塞、缅因、罗得岛、新罕布什尔和佛蒙特。在纽约,黑人选举权要受年龄和居住年限的限制,另外他们还要有不少于250美元的财产。列昂·里特瓦克(Leon Litwack):《北方奴隶制》(*North of Slavery*),第83、91页(1961年)。

〔2〕 这一数字将明尼苏达州算了两次,因为该州就黑人选举权问题进行了两次投票。1865年,黑人选举权在威斯康星、康涅狄格和明尼苏达州受阻。堪萨斯、俄亥俄、纽约和内布拉斯加地区受其影响也未能授予黑人以参政权。但是在1868年,爱荷华和明尼苏达州在全民投票中决定授予黑人以平等参政权。艾里克·福纳(Eric Foner):《重建:尚未完成的革命》(*Reconstruction: American's Unfinished Revolution*),第222~223页(1988年)。

〔3〕 威廉·威塞克(William Weicek):《联邦宪法中的保证条款》(*The Guarantee Clause of the U.S. Constitution*),第200页(1972年)。

重危机时起草并发表了的文件(后文将有所述及),试图在证明国会有权排斥南方诸州代表的同时,还要说明国会提出宪法第14修正案的合理性。尽管共和党人已决意用保证条款作为他们把南部各州排除在国会之外做法的重要法律根据,但他们却不能接受对保证条款进行纯粹的传统性解释。因此,他们对该条款进行了一番精心的再解释,而这种重新解释与萨姆纳的观点——共和政体以南方诸州授予黑人以平等参政权为前提——却大异其趣。没有对南部诸州制定的新宪法的实质内容进行攻击,重建联合委员会将关注的重点放在了使这些新宪法发生法律效力的程序上:

> 在被允许参与公共事务决策之前,这些政府似应按相应的规则组
> 织起来。现有的惯例(long usage)以及大量的法规都明确指出了组织
> 政府应该遵循的模式。以构建政府为目的的州制宪会议,应当在适当
> 权威的指导下方能召集。通常,这种适当的权威来源于国会;但是在特
> 殊情况下,总统在此方面采取某些行动也是无可非议的。召集起来的
> 州制宪会议应该制定政府赖以行动的宪法,并应由全民决定该宪法是 107
> 否应当获得批准。如果该宪法获得通过,即应召集州议会以制定使州
> 宪发生法律效力的必要法律。当某个按上述方式组织起来的州政府欲
> 向国会派出代表时,其代表的选举应该遵循法律的规定,并不得与国会
> 制定的关于代表选举的法律相抵触。那些能够证明上述行动的确与国
> 会制定的法律保持了高度一致的材料应提交国会。
>
> 在任何情况下,这些关键的步骤都应付诸实施。[1]

重建联合委员会提及的"惯例",是指国会在接受某些地区加入联邦、取得新州地位时应该遵循的程序。在某个州加入联邦时,国会肯定严格执行了麦迪逊式的原则(Madisonian Principles)——保证新州确为共和政体的原则。[2] 但它并不审查诸州在推行其宪法改革时所遵循的程序——事实上,这些宪法改革赖以遵循的程序有时显得毫无规律可

〔1〕 爱德华·麦克弗森(Edward McPherson)主编:《美国重建史》(*History of the Reconstruction of the United States*),第89页(第3版,1980年)。

〔2〕 威廉·威塞克(William Weicek):《联邦宪法中的保证条款》(*The Guarantee Clause of the U.S. Constitution*),第63~67页(1972年)。

循。[1] 唯一的问题在于宪法变革的最终结果是否维护了"共和政体"。因为从来没有某州"变共和政体之宪法为非共和政体宪法"之先例,因此国会也从来没有根据"保证条款"而对诸州政府的合法性提出过质疑。[2]

---

〔1〕 见第3章第143页。

〔2〕 南北战争之前,当联邦政府与"保证条款"发生较大的冲突时,由总统而非国会作出一些重大决定。这一问题以罗得岛加入美国宪法体系过程中所历经的磨难得到了最好说明。在响应独立革命、后来是美国宪法的过程中,罗得岛议会只是对1663年的《皇家宪章》做了并不明显的修正。到19世纪30年代末,在男性普遍享有参政权的时代,《皇家宪章》以财产多寡限制投票者的做法已显得不合时宜。州议会的下院也极不公平地分配选举权,在损害位于州东北部日益壮大的手工业中心利益的情况下,获得了对乡村少数派的有效控制。因此,政府当局不愿进行任何改革以使政府适应19世纪的社会现实。

最终,由托马斯·多尔(Thomas Dorr)领导的一群起义者自行召集了一个非法会议。该会议制定了一个新宪法,并授予所有男性公民以参政权。随后,他们组织了一次非法的民意测验,其中有14,000人支持这部新宪法而只有52个人投票表示反对。《皇家宪章》政府的拥护者极力抵制这次民意测验,认为这并不能说明支持多尔主张的人占了大多数。见威廉·威塞克(William Weicek):《联邦宪法中的保证条款》(*The Guarantee Clause of the U. S. Constitution*),第86~110页(1972年)(其中对当时的实际背景进行了极具现代性的讨论)。但是不管怎样,多尔分子还是继续组织了一个与当局对抗的政府,并要求合法的权威。

罗得岛州政府对此行为诉诸了武力,并以"保证条款"为由要求总统泰勒给予支援。总统根据1795年国会制定的一项法规,认为以军事手段代表罗得岛政府出面干预是必要的。这种威胁看上去已为多尔的军事对抗行为画上了句号。见路德诉伯登(Luther v. Borden):《怎么办》第7卷,第1、44页(1849年)。与此同时,罗得岛州政府也开始以永恒的根基作为重建其政治权威的基础,尽管《皇家宪章》从来没有规定可以采取类似的行动,州政府还是召开了"会议"。最终正是这一合法而有违常规的会议成为恢复政府合法权威的有效工具——它制定了一部新宪法,该宪法经投票表决获得通过,并规定新政府于1843年投入正常运转。

战争结束以后,两派在法庭上展开了斗争,且双方都为此而乐此不疲。路德诉伯登一案是由联邦法院受理的多尔政府党人控诉在州内战争期间州政府一派所犯罪行的讼事。如果支持原告一方,联邦最高法院无疑挖了罗得岛州新合法政府的墙脚,因为新政府的权威建立在遵循《皇家宪章》的政府而非多尔政府召集的会议的基础之上。

当此案于1849年诉诸联邦最高法院时,首席大法官罗杰·塔尼(Roger Taney)对上述问题进行了相当缜密的思索。这时,罗得岛州的新宪法生效也已有7年之久。从他的观点来看,法院没有义务对总统以军事手段支持罗得岛州政府的行为进行二次评判。如果必要,被评判的应该是遵循《皇家宪章》的州政府:

或许有人会说总统握有这种权力是对自由的一种威胁,因为他可能滥用这种权力。如果掌握在品行卑劣者的手中,所有权力都有可能被滥用。但是我们认为,指出将这种权力置于何人之手会更安全且同样有效是相当困难的。当某一州内部的公民发生干戈,合宪当局不能执行法律时,合众国必须给予及时、迅速的干预,否则其存在的价值几近于零。一般的法庭程序完全不适合于解决这种危机。总统本人及其领导下的人员都由人民选举产生,在紧急关头人民的审慎、洞察力和总统及相关人员的责任感,保证了他们不可能随心所欲地滥用自己的权力。不管怎么说,总统的权力都来源于宪法和合众国的法律(同上,第44页)。

以上即是对路德诉伯登一案的裁定——它是塔尼以国会名义作出的一个著名裁定:"由于合众国保证诸州的共和政体,国会必须首先决定在诸州内建立什么样的政府,而后才能决定这些政府是否为共和政体。当诸州的参议员和众议员获准进入合众国国会后,授权给这些代表的政府的权威以及该政府的共和特征将受到宪法权威的检验。检验结果对诸州政府的其他所有部门均具因此，就像重建联合委员会，指出的那样，国会还从来没有遇见过类似于此的局面：南北战争结束以后，南部诸州的政府秩序全面崩溃了。在这种情况下，即便不是由于各种外在的压力[1]对"保证条款"做扩大性解释似乎也是比较合理的；而这种扩大性的解释要求审查各州建立共和政体的程序。此种观点的提出，使那些论证提出宪法第14修正案之合法性的法律条文主义者克服了一大障碍。

尽管如此，还是存在着相当多的问题。有一点应该说明的是：国会可

有约束力，且不得提交法庭过问此类问题"（同上，第42页）。

但是，这一裁定可以看作是给多尔分子的一个精神奖励。事实上，国会从来没有代表多尔派采取任何举措，而且我们永远也无从知道塔尼法院将如何处理罗得岛州的这个案件（此案与1865年正处于变化中的形势颇为相似）。在这种扑朔迷离的情形下，罗得岛州政府在总统泰勒的帮助下成功地恢复了州内秩序，但国会却以罗得岛州政府向国会派出的代表支持多尔分子的主张为由，将州政府派出的参议员和众议员从国会中驱逐了出去。这种做法大大地削弱了他们取得的成功。我们知道罗得岛州内战争由于总统代表州政府出面进行了成功的干预，才使战争趋于平息。尽管州政府严格地限制了参政权，但其性质仍属于传统共和政体，塔尼愿意支持联邦国会之决定从而引发一场新的战争吗？

即便答案是肯定的，在重建国会援引塔尼法院作出的裁决以证明自己排除南方诸州代表的做法之前，仍需采取最终的一个举措。第三十九届国会不仅反对总统关于南方诸州政府乃是真正的共和政体的主张，他们还反对南方政府仅仅是看上去像是所谓的共和政体，并因此剥夺了这些州的各种代表权。这样，法院不仅需要衡量总统作出的合众国已经满足了其组成诸州之政府为共和政体的判断，而且还需要衡量宪法给出的明确指示——联邦内诸州至少应在国会中有一名众议员和两名参议员代表。由于塔尼法院在处理路德案时完全没有涉及后一种因素，因此在"驱逐危机"中机械地适用塔尼法院的裁决是有失谨慎的。

实际上，如果把它当作一个一般的问题看待，我认为任何一个有思想的宪法学家或许都不会支持国会享有对政体作背离传统的解释，并以此来决定某州是否享有可以加入联邦的无上大权。（威廉·威塞克在《联邦宪法中的保证条款》一书中已将这个问题讲得相当明白，只是在重建时期国会对保证条款进行反传统解释的要求才变得如此强烈[见顿宁（W. Dunning）：《关于南北战争和重建的评论》（*Essays on the Civil War and Reconstruction*），第131~133页（1898年）]。设想，在下一次选举中共和党人在国会两院中取得了大多数议席，并试图模仿其著名的前任第三十九届国会——该届国会为我们提出并通过了宪法第14修正案——将民主党反对派清除出去以使自己在国会中达到2/3多数。在发现其对手代表的州中允许合法的大麻贸易时，共和党领导委员会坚决反对这种罪恶做法：他们就会宣布，在大选日如果容忍这种做法，共和政体就不可能存在。在这些邪恶的州按国会要求对其州内公民进行整肃以前，其代表不得进入国会两院。共和党人以对保证条款如此轻描淡写的解释，就在"国会"中取得了2/3多数。难道人们真的相信国会中的大多数有这样的权力吗？与将总统看作权力篡夺者相比，难道我们不更希望总统的反对意见能够有助于联邦最高法院——也是全体人民——反对即将到来的暴政吗？

[1] 共和党人在其所做的报告中为自己的论点进行了辩解，但是却显得有些力不从心。报告指出，选举如此多的邦联支持者进入南部诸州组建的新政府，不一定符合保证条款的要求。也就是说在某种程度上将削弱南部诸州政府的共和性质。见爱德华·麦克弗森（Edward McPherson）主编：《美国重建史》（*History of the Reconstruction of the United States*），第90~93页（第3版，1980年）。但是，保证条款只保证了政府的共和政体形式。国会两院无可置疑地拥有不给予叛逆的个人以代表权的权利，但国会不能仅仅因为这些州派出了一些不合格的国会代表就进而认为整个州都是不合格的。

以合法地驱逐南部诸州代表且通过一般的法律是一回事;但它根据宪法第5条合法地提出了宪法修正案则完全是另外一回事。

我们姑且不论12月份发生于国会的驱逐南部各州代表的危机有多少可取之处,但有一点是很明确的:在思考北部诸州代表根据宪法第1条的授权,为制定普通法律而将自己称为"国会"时,人们还几乎不能认为这样的"国会"没有任何权威。[1] 如果人们认为这样的"国会"没有任何权威,那么此结论只是意味着:在关键的重建时期,根本就**不**存在**任何**享有立法权的联邦机构。从事实的角度看,此结论是立足不住的——毕竟,宪法不是一份自毁的文件。

但如果因此认为根据宪法第5条的规定,这个所谓的"国会"也同样拥有创制宪法修正案的权力就是一个巨大的飞跃了。不可否认,只要"国
108 会"有权通过一般法律,就可以避免无政府状态。从这一前提出发,法律条文主义者在面对宪法第5条时,就无须再以必要性为由而诉诸这样一个基本原则了——不承认这个"国会"根据宪法第5条的规定享有制定宪法修正案的权力,即可能造成无政府状态。而事实的情况是,宪法第5条给了人们一个特别的提示。即有这样一个游离于宪法修正程序之外,而又是宪法修正的一般程序所赖以存在的根本条款:"无论何州,未经其同意,不得剥夺其在参议院的平等参政权"。与宪法的其他部分相比,此条从字面意义上讲处于更根本的地位。宪法的其他部分——包括"保证条款"——都可能根据第5条的规定而发生改变,但是诸州在参议院中的平等地位乃是宪法中不可更改的部分。

难道不是这样吗?在明确了这一条文的基本特征后,共和党人在各州参议员并未**全部**参加国会的情况下提出了宪法修正案的做法,是不是大错特错呢?

我们将看到,约翰逊总统在宪法争论的整个过程中会不止一次地提到这些问题;而且如果我们认真地思考了宪法条文,我们也应该认真地对待约翰逊总统提出的这些问题。有些人会认为,尽管宪法第1条和第5

---

〔1〕 特别是在不考虑总统行使否决权的情况下,法院认定立法是否与宪法的规定相符是另外的问题。这里留待法律形式主义者解决的是关于基本立法的地位问题,例如1866年的民权法案。

条都提及了“国会”,但在宪法第 1 条授予了重建时期的共和党人以制定普通法律权的同时,宪法第 5 条却没有授予他们创制高级法的权力。另有一些人当然不同意这种看法,他们认为对这两个法律条文中的“国会”一词作相同的理解似乎更为合适。

假设你认为自己支持第二种观点。你不仅要说服自己:国会在 12 月 4 日为常规立法之目的而驱逐南部诸州代表的做法是正确的,而且还要坚持认为南部诸州政府已非共和政体,因此必须剥夺它们参与创制高级法的权力。这样,你就能够成功地为第三十九届国会提出宪法第 14 修正案的做法进行辩护了。

但是,这种做法又毁了批准宪法第 13 修正案之合法性赖以存在的根
基。像你指出的那样,如果南方诸州政府不是共和政体,那么又如何来论 109
证国务卿西华德宣布宪法第 13 修正案已获批准时计算诸州的方法呢?

两难之二:宪法第 14 修正案的批准

到目前为止,严格法律条文主义者仍然没有走出他们为自己设下的迷宫。当他们把注意力从宪法第 14 修正案的提出转移到该修正案的批准后,第二个两难问题正在那里等着他们——这是一个远比第一个问题复杂的问题。事实如下:在第三十九届“国会”提出宪法第 14 修正案后,该修正案即被送往南方以及北方各州批准。当南方的田纳西州政府批准该修正案后,共和党人当即在国会中接受了他们派出的代表。[1] 但是,其他 10 个南部州却立即对国会提出的宪法修正案提出了反对意见——其理由是,宪法赋予它们的、提出宪法第 14 修正案的权力曾被剥夺了。[2] 当时,合众国内诸州总数从来没有超出过 37 个,因此 10 个州的否决足以使该修正案不能通过。更糟糕的是,北方有些州也不赞成该修正案。宪法第 14 修正案看上去根本没有任何获得通过的可能。

---

〔1〕 见约瑟夫·詹姆斯(Joseph James):《宪法第 14 修正案的批准》(*The Ratification of the Fourteenth Amendment*),第 20 ~ 24 页(1984 年)。

〔2〕 同上,第 59、98、117 页。

1867年春、夏两季,国会卷入了一系列重建法案之中。这些具有革命色彩的重建法案将南部10州分成5个军管区,并让驻扎于军管区内的联邦军队在南部各州重返联邦的每个步骤中发挥主导作用。军管区总司令有权召集新的州制宪会议,但需以重新进行选民登记,授予以前没有投票权的黑人并剥夺不忠于联邦之白人的选举权为前提。在划清了南部诸州选民的政治等级后,重建法案组织军队监督选举州制宪会议的成员。这些州制宪会议代表提出的州宪在送往国会备案之前,应该得到南部诸州重新界定的人民的批准。[1] 所有这些做法都要求人民以较高的热情,对"保证条款"作萨姆纳式的理解——尽管对"保证条款"的这种理解方式在共和国的历史上还是前所未闻的。[2]

就像我在前面曾经说过的那样,萨姆纳本人对其主张——"保证条款"无条件地授予了黑人以选举权——的逻辑内涵也有待于进一步澄清。但与宪法第14修正案发生法律效力的下一个法定阶段所遇到的问题相比,萨姆纳上述主张存在的宪法问题就显得无足轻重了。也就是说,当时国会的要求逐步膨胀:它认为南部诸州制定的新宪法即便是确立了真正的"共和政体",也不足以构成南部诸州代表参加国会的充分条件。除非"由州制宪会议遴选出来的州议会认为第三十九届国会提出的宪法修正提案是美国宪法第14条修正案",否则国会的大门就永远不会对南部各
110 州代表打开。实际上,即使这些南部州批准了宪法第14修正案也还是远远不够的。在"该条成为美利坚合众国宪法之一部分"以前,[3] 国会仍不会接受南方诸州代表。只有在上述这些条件获得满足之后,国会对南部诸州代表的限制才会解除;军管区的相应军事法规也才会被撤销。

如上所述,国会重建法案的最后两条——对总统否决宪法第14修正案作了限制性的规定[4]——从性质上与该法案前面的规定根本不同。在此之前,国会还有可能为其行动遮上一层合法性的外衣。然而,目前从

〔1〕 见第7、8章。

〔2〕 威廉·威塞克(William Weicek):《联邦宪法中的保证条款》(*The Guarantee Clause of the U.S. Constitution*),第200~207页(1972年)。

〔3〕 《第一重建法案》,载《统计资料》第14卷,第428、429页(1867年)。

〔4〕 詹姆斯·理查德森(James Richardson)主编:《历届总统咨文与文稿》(*Message and Papers of the Presidents*)第6卷,第499页。

这两条的内容来看,国会赤裸裸地违反了宪法第5条的规定。无论怎样使尽浑身解数做扩大性解释,重建法案最后的这两条规定都不能从"保证条款"中得到令人信服的证明。最简单的原因在于,国会业已承认了诸州宪法的共和性质。然而,国会却依然断言自己有权将南部诸州代表排除在国会之外,除非它们迎合自己的要求批准宪法第14修正案。

国会对南部诸州提出的这种要求,使宪法第5条变得千疮百孔。该条在规定了国会有权提出宪法修正案的同时,还规定了国会在决定宪法修正案批准程序中的作用:国会只是有权决定由州议会还是州制宪会议批准新的宪法修正案。宪法第5条根本没有规定国会可以推翻各州对该修正案的否决。

但这恰恰是国会在重建法案中采取的做法。与其让南部诸州的共和政府有接受或反对宪法第14修正案的自由,国会说得相当清楚——反对宪法第14修正案,将使它们在国会中丧失一切政治权力。这种做法与宪法第5条限制国会作用的初衷背道而驰。为促成宪法第14修正案的批准,国会采取的上述宪法批准程序明显与宪法第5条的规定不符。

这里需要提请大家注意的是,这种违宪的做法是有先例可循的。就像我们在本书第一部分指出的那样,联邦党人召集的制宪会议明显违背了《邦联条例》第13条的规定。但是,本章的目的不在于考察以往那些不合常规的做法,而是试图在法律条文的范围内分析共和党人提出、通过的宪法修正案。在说明了这种限制以后,宪法第14修正案的通过无异于一
场革命性的举动——看来只有通过变换讨论主题的方式来解释这一问题 111
了。

❖　❖　❖　❖

然而,若翻阅一下《联邦法律汇编》(*Statutes at Large*)第15卷,我们就很难回避宪法第14修正案之批准所体现出来的非常规特征。该卷明确记载了国务卿西华德于1868年7月20日就宪法第14修正案发出的通告。那时,国会的重建方案已得到迅速的实施。在联邦军队的协助下,南部6个州新当选的黑人和白人代表控制了州议会,他们正打算批准曾被其前任否决了的宪法第14修正案。就像国务卿所说的那样,他先后收到了来自"新成立的阿肯色、佛罗里达、北卡罗来纳、路易斯安那、南卡罗来

纳和亚拉巴马州议会”批准宪法第14修正案的通知。另外,这些新成立的议会“**可以像州议会一样行动,且公开承认它们早该批准宪法第14修正案了**”。[1]

西华德知道,相关的法律并未授予他“确定州议会组织过程中的合法性,以及州议会是否可以撤回此前对宪法修正案的批准等问题的权力”。[2] 更糟糕的是,还有其他问题困扰着西华德。尽管他手头有23个北方州批准了宪法修正案,但是其中的俄亥俄和新泽西两州又正式撤回了它们的成命。在这种情况下,西华德到底该怎么办?

在宣布宪法第14修正案生效的文件中附加了一定的条件后,国务卿作出了如下宣告:“如果俄亥俄和新泽西州议会作出的批准上述修正案的决议仍然具有完整的法律效力[3]……那么上述法案就已获得通过”。

国会对西华德的这种说法作出了轻描淡写且缺乏说服力的反应。1868年7月21日,国会两院通过了一个联合决议,列举了所有批准宪法修正案的29个州,宣布该修正案“已成为美利坚合众国宪法的组成部分,并应由国务卿予以公布”。这一联合决议标志着国会首次肯定了它在宪法修正案之批准的问题上有权表明自己的立场。[4]

虽然国会的上述做法没有任何先例可循,但却取得了巨大的成功。1868年7月28日,国务卿西华德再次发布了一个与国会7月21日之决议“一致”的宣告,[5]肯定了宪法修正案的法律效力。宪法修正案的批准就像它被提出时一样:深深地打上了违反法律规则的烙印。

在此仅提及宪法第14修正案的批准问题似乎显得有些不足,因为它并非我们遇到的唯一宪法上的两难问题。国务卿西华德的宣告同样

---

〔1〕 重点强调部分为作者后来所加。

〔2〕 见《统计资料》第15卷,第707页(1868年)。

〔3〕 最后一段并未揭示出西华德对南部诸州批准宪法修正案所持的怀疑态度。

〔4〕 瓦尔特·德林格尔(Walter Dellinger):“宪法变迁的合法性:宪法修正程序之反思”(*The Legitimacy of Constiutional Change: Rethinking the Amendment Process*),载《哈佛法律评论》第97卷,第386页(1983年)。

〔5〕 《统计资料》第15卷,第707、712页(1868年)。国务卿西华德所做的这两次宣告间隔了一个星期,在这一个星期的时间内,佐治亚作为南部批准宪法修正案的第七个州向国务卿递交了批准宪法修正案的通知。这样,佐治亚州被列在批准宪法诸州的最后,因此,它标志着共有30个州批准了宪法修正案。

使我们在此前遇到了一个两难问题,不过那个两难问题与宪法第 13 修正 112
案的批准息息相关。对西华德 1868 年两次宣告所引发的问题进行令人满意的解释,就应当与其早在 1865 年宣告宪法第 13 修正案发生法律效力时的解释保持一致。但是,在 1865 年的宣告中,西华德之宣布宪法第 13 修正案发生法律效力是以南部 8 个**白人**政府批准该修正案为前提的。因此严格法律条文主义者必须设法解释,为什么西华德在宣布宪法第 13 修正案生效时将南部白人政府计算在内的做法无可非议;而在 1867 年国会就有权在这些南部诸州不批准宪法第 14 修正案时摧毁这些政府,并禁止南部各州政府在批准该修正案之前加入国会。

真的**存在**使法律条文主义者走出迷津的道路吗?

斩断戈尔迪之结 *

我以前的论述基于这样一个假设,即南部各州并未因发动叛乱而完全丧失宪法上的权利:尽管南部诸州**政府**因为发动叛乱而丧失了合法性,但南部**诸州**中的**人民**并未因此而成为合众国内丧失了选举权的公民——当然,其前提是他们又重建了**确实**忠于联邦的共和政府。

但对我所作出的这种假设也存在着种种挑战。最值得我们注意的是查理斯·萨姆纳的观点。他认为:亚拉巴马及其他州即因叛乱而丧失了宪法上的所有权利,这样根据宪法第 5 条的规定在计算批准宪法所必要的 3/4 州时,就不能把它们当成单独的"州"来计算。塞德斯·史蒂文斯等人走得更远,他们认为南部诸州是被合众国控制的被征服的地区。[1] 尽管史蒂文斯的理论有别于萨姆纳的观点,但在与宪法第 5 条相关的问

---

* 戈尔迪之结(Gordian Knot),希腊神话故事。古代弗里加王戈尔迪系了一个绳结,能解此结者可为亚细亚王。亚历山大大帝用宝剑斩断了戈尔迪之结,后来建立了马其顿王国。此后,戈尔迪之结特指某个难以解决的问题。——译者注

〔1〕 在几代历史学家的著述中,这种"剥夺权利论"的观点多有述及。见顿宁(W. Dunning):《关于南北战争和重建的评论》(*Essays on the Civil War and Reconstruction*),第 109 ~ 112 页(1898 年);艾里克·麦克基特里克(Eric Mckitrick):《安德鲁·约翰逊与重建》(*Andrew Johnson and Reconstruction*),第 113 ~ 119 页(1960 年)。

题上,它们却有着相同的含义。[1] 在适用批准宪法修正案的3/4规则时,如果只将北部诸州计算在内,宪法第13、14修正案即可轻而易举地获得通过并发生法律效力。[2] 对概念进行如此简化的处理,有助于法律条文主义者尽快地走出法律的困境。

然而,不巧的是萨姆纳—史蒂文斯计算3/4批准宪法各州的方法,在
113 更深层次上又产生了一些自相矛盾的问题。约翰逊总统总是不厌其烦地指出,国会曾明确地表示,国家进行战争的目标在于"维持联邦的尊严、平等以及联邦内诸州的平等权利……一俟这些目标获得实现,战争即应结束"。[3] 这也是林肯政府在战争期间表明的官方立场。[4] 现在,当无数人为联邦献出了宝贵的生命之后,萨姆纳和史蒂文斯似乎认为南部诸州发动叛乱的做法是无可指责的:宪法并未创建一个牢不可破的联邦,可以将南部诸州看作是被征服的省份或地区。出于这一原因,约翰逊将他们同南部分裂分子联系起来,而将自己描绘成中间派的代言人,以与南部和北部各州反对国家统一的那些人(disunionists,这里所说的南部反对国家统一的人,指主张南部从联邦中脱离出去、成立独立邦联的那些人;而北部各州中的反国家统一者指那些认为南部各州乃被征服地区的人——因为从此观点出发,南部各州在南北战争之前就是一个独立的地区。——译者)划清界限。

为避开如此致命的一击,在国会中占大多数的共和党人从来没有正

〔1〕 顿宁(W. Dunning):《关于南北战争和重建的评论》(*Essays on the Civil War and Reconstruction*),第105~109页(1898年);艾里克·麦基特里克(Eric Mckitrick):《安德鲁·约翰逊与重建》(*Andrew Johnson and Reconstruction*),第110~119页(1960年),对这两种理论作了详细的解释。

〔2〕 按照这一推理,1865年12月联邦内有25个而不是36个州。宪法第13修正案只需获得19个州的批准即能生效。到1865年12月底,西华德已接到21个州的批准。关于宪法第14修正案,见下第3注解。

〔3〕 第三十七届国会第一次会议记录(1861年),第223页。约翰逊在国会讲述克利提登决议(Crittenden Resolution)时,非常明确地提到了上面这些话。

〔4〕 见赫曼·贝尔兹(Herman Belz):《重建联邦》(*Reconstructiong the Union*),第7页(1969年)。在该书的最后一章中,贝尔兹就总统在整个战争期间逐渐形成这一立场作了相当不错的总结。

式认可萨姆纳—史蒂文斯的激进主义观点。[1] 尽管国会动用了联邦军队监管重建并创建了新的投票秩序，但宪法第14修正案能否被批准仍然取决于黑人和白人选民们最终投票的结果。像总统一样，国会也在寻求一个能使南部诸州接受宪法第14修正案的新程序。尽管促成南部各州同意宪法第14修正案的途径同宪法第5条发生了严重冲突，但国会却没有公开宣称，获得南部各州之批准该修正案无任何必要，从而避免了在更深层面上违背宪法的价值。当国务卿西华德可以说是自豪地列举了批准宪法修正案的南、北诸州，并以此作为宣布宪法第14修正案发生法律效力的根据时，国会针对此举于1868年7月作出的反应就是最好的证明——国会没有对国务卿的做法表示明确的反对。1870年，联邦最高法院在得克萨斯诉怀特一案（Texas v. White）[2] 的判决中也采取了同样方式。在约翰逊总统创建的白人政府之宪法地位这一问题上，首席大法官

---

〔1〕 见卡尔·斯卡尔兹（Carl Schurz）：《卡尔·斯卡尔兹回忆录》（*The Reminiscences of Carl Schurz*），第223页（1907年）（“关于诸州因发动叛乱的自毁之举而丧失宪法赋予的所有权力的观点，是由史蒂文斯和一小撮激进分子提出的”）。这一观点也为各学派历史学家所认可。就这一问题读者可将顿宁（W. Dunning）在《关于南北战争和重建的评论》[*Essays on the Civil War and Reconstruction*，第109页，（1898年）]中表达的观点同麦克尔·贝尼迪克特（Machael Benedict）在“维护宪法：激进重建的保守根基”[（*Preserving the Constitution: The Conservative Basis of Radical Reconstruction*），载《美国史通讯》第61卷，第65页（1974年）]中提出的观点进行比较，另请参酌麦克尔·伯曼（Michael Perman）所著《毫不妥协的统一》（*Reunion Without Compromise*），第3～12页（1973年）。因此，当国务卿西华德迎合国会的要求，列出截止到1867年7月批准宪法第14修正案的北部20州时，国会并未根据这种激进的计算方法宣布宪法第14修正案发生法律效力；而是采取了一种中间策略，即在重建的过程中，越来越多的南部州也批准了该修正案时才作出了这一宣告。见第四十届国会第一次会议记录（1867年），第740页。

我们将要看到，像约翰·宾格汉姆（John Bingham）这样的中间派议员们对计算批准宪法修正案诸州的激进方法不时发出攻击，但后来他们使国会采取了完全不同的路线。见第7章。诚如共和党人的中流砥柱詹姆斯·布雷恩（James G. Blaine）在《国会二十年》（*Twenty Years of Congress*）（1886年）一书中所揭示的那样：

“绝大多数的共和党领袖根本不同意史蒂文斯的观点。另外，共和党的大多数成员对此也坚决表示反对。此种反对意见的明显标志，是他们极不情愿以忠于联邦的3/4州的同意作为修改宪法的根据。相反，他们坚持修宪的根据应该是所有3/4州的批准，即南部州和北部州都应包括在内。史蒂文斯认为这种做法对于整个政党来说是致命的，他支持萨姆纳的意见并攻击共和党的激进领导人以自己的保守本能控制整个政党。这些政党领导人信服林肯的态度，认为史蒂文斯提出的修宪方案值得怀疑。在变更一个国家基本法这样严肃的问题上，程序问题不容任何怀疑——它应能够经受各种考验、顶住各种压力（同上，第140页）”。

最后一句话极具诱惑力——尽管共和党人公然违背了宪法第5条的规定，但他们最终还是实现了自己的目标。问题的症结在于怎样理解共和党人取得了如此辉煌的成就，以及为什么对于他们而言以人民的名义采取这样的举措就是合适的。

〔2〕 《美国最高法院判例汇编》第74卷，第700、717页（1868年）。

萨尔蒙·蔡斯(Salmon P. Chase)采取了非常谨慎的回避策略。但在其所作裁定中,有一点却相当明确,即南部诸州的分裂行径并不构成它们成为被征服省份的理由:“从其本身的所有条文来看,宪法意在建立一个由地位稳定的诸州组成的牢不可破的联邦”。[1]

由此我们可以推出,法律条文主义者在追随萨姆纳和史蒂文斯的主张之前,必须驳倒联邦最高法院于1870年作出的这个审慎的判决。也就是说,
114 是说,需要论证宪法并不想把各州结合成一个牢不可破的联邦。这样,在反驳最高法院裁定的过程中,法律条文主义者就会发现自己处于一个更荒谬的境地:否定林肯、约翰逊总统,国会和法院作出的谨慎决定,这些法律条文主义者满怀信心地告诉大家,如果接受南方叛乱分子和北方共和党激进分子提出的那个永远无法得到美国人民同意的分裂观点,那么重建时期宪法修正案的法律效力即可得以维持。

战争造就了宪法第13、14修正案?

为了避免使自己陷入尴尬的境地,有思想的法律条文主义者决不会坚持上述观点。但如果我们已不能继续掩盖重建时期宪法修正案在其起源上的瑕疵,那么法律条文主义者又当如何解释宪法第13、14修正案取得高级法地位的问题呢?有些法律条文主义者认为,我们应当从这些修正案的出台有其必要性的角度,来解释上述问题:假定南部诸州未能成功地脱离联邦,因此北部诸州就有权在“战争许可”(the grasp of war)[2]的范围内对南部诸州进行控制,直到它们接受北部诸州提出的条件时为止。从这一角度来看,宪法第13、14修正案之所以成为宪法的一部分并非归功于宪法第5条的规定,而是取决于在安第塔(Antietam)、葛提斯堡

〔1〕 同上,第725页。尤其值得注意的是,最高法院引用了西华德国务卿就宪法第13修正案发生法律效力所作的宣告“经由必要的3/4州的批准”。同上,第717页。

〔2〕 在一次著名的演讲中,理查德·亨利·迪纳(Richard Henry Dana)对此观点作了如下的描述:“在我们获得必要的公共安全和信任之前,我们有权以战争的手段控制叛乱”。见理查德·迪纳主编:《理查德·亨利·迪纳:大变革时期的演讲》(*Richard Henry Dana: Speeches in Stirring Times*),第234、247页(1910年)。

(Gettysburg)以及其他战场上展开的激战。[1]

❖ ❖ ❖ ❖

我并不希望自己对这种观点露出什么不满的情绪，但在对这种说法的重要性进行彻底的分析之前，我却不想接受这种迁就之词。本书的核心话题是法律条文主义——这种天真而正统的观点认为，宪法第 5 条为现代法律家解释建国时期以来**所有**生效的宪法修正案提供了框架。坚持“战争决定论”观点的任何宪法学家绝对是与正统学说背道而驰的。他们会同意我的看法，即重建时期的宪法修正案并没有因袭高级法创制的原有框架，而共和党人更是以一种全新的方式创建了一系列新制度。这样，问题已不是法律条文主义在解释这些现象时是否充分，而是以什么样的宪法变迁理论来替代法律条文主义了。

对我而言，“战争决定论”的观点并非解释重建时期宪法修正案合法性的适当工具。最重要的是，这种说法将重建时期通过的宪法修正案与宪法的所有其他部分置于一个不同的根基之上——“战争决定论”的观点使重建时期宪法修正案赖以存在的宪法根基更缺乏吸引力。建国时期宪法及其他修正案的权威源于美国人民的意志；但如果我们接受了“战争决定论”的观点，内战时期通过的宪法修正案就是从联邦军队的枪杆子中诞生的。

或许我们不得不接受这一粗糙的理论——假设“战争决定论”的说法是正确的。然而，就像我想要说明的那样，“战争决定论”本来就有着糟糕的历史。南北战争结束以后，其宪法含义并未立即得以澄清。关于内战宪法含义的若干可能性的答案，没有哪一个是必然的。“战争决定论”的观点并非产生于对事实的仔细研究，而是产生于一种被误导了的法学理 115
论。这种坚持二元对立的法学理论，要求我们在以下两个尖锐对立的范畴中进行选择——**要么**宪法第 5 条以其法律上的魅力解决了宪法修正的全部问题；**要么**宪法第 5 条构建的修宪框架已经损毁，而只有武力能解决这一问题。

---

〔1〕 劳伦斯·特里伯(Laurence Tribe)教授在《认真对待宪法条文及其结构》(*Taking Text and Structure Seriously*)一文中认为这种说法有待商榷。见《哈佛法律评论》第 108 卷，第 1221、1249 页(1995 年)。

然而,本书的中心恰在于驳斥这样一个二分法:要么承认宪法的修正都是根据宪法第5条规定的修宪程序进行的;要么认为非常规的宪法改革实践才是造就宪法修正案的真正动力。如果我能够取得成功,那么南北战争与重建时期宪法修正案的关系,和独立革命与1787年宪法之间的关系就有诸多相似之处。毕竟,独立革命从其本身的性质来说也是一场内战,它是发生在保皇党人和爱国者之间的一场殊死战争。可是,我们从不认为1787年宪法取决于约克镇(Yorktown)战役所取得的辉煌胜利。这样理解或许更为准确,它是费城制宪会议引发的政治斗争的结果,正是费城制宪会议决定了美国宪法的命运。

我们可以将同样的道理运用于南北战争和重建法案之间的关系上。在血腥的屠杀结束以后,美国人开始认真讨论联邦军队所取得的胜利到底意味着什么:战争的目的可以被简单地视为维护旧宪法吗?战争的胜利真的可以构成创建全新而激进的共和政体的理由吗?还是说战争的目标在于达到二者之间的某些目的?虽然"战争决定论"的观点在现实环节上有失真实,但此论调最关键的错误在于:它忽视了人们在宪法变迁过程中采取了非常规但又极具民主性的方式。正是按照这种方式,北方也包括南方各州的美国人民在置于其前的各种宪法改革方案之间进行了**真正的选择**。

只有一种方法能够再现这种以非常规的手段行使人民主权的全部结构。就像我们前面对待建国时期的联邦党人那样,我们必须循着共和党人走过的步伐,弄清他们如何逐渐取得了人民的授权以对旧制度进行彻底变革的。

沉寂之声

在进行了一番漫长而艰苦的讨论后,现在我当以简短的语言将前面的讨论概括出来:扪心自问,如果我布鲁斯是正确的,那么重建时期的宪法修正案就应该存在着若干严重的问题,但又为什么没有法律家探讨这一问题呢?大多数人都知道,现在的法律家们不正在为平凡的琐事大费口舌笔墨吗！因此法律家们对这些问题采取缄默不言的做法**必然**意味着这些法律上的两难问题在很久以前已经获得了根本解决，以至于随着时间的推移，这些答案已被人们淡忘而变得无法追寻了。 116

反面观之，出现这种法律上的死角可能有很多原因。1939 年，联邦最高法院宣布暂不受理与宪法第 5 条有关的案件。将此前的大量先例置于一边，联邦最高法院在科尔曼诉米勒（Coleman v. Miller）一案的判决中宣布，宪法第 5 条乃一经常引发“政治问题”而非法律问题的禁区。从那时起，联邦最高法院也的确履行了它的诺言：没有根据宪法第 5 条判决过任何一个案件。然而从学术界的角度看，这种从法制主义大踏步后退的做法可能会激起人们巨大的好奇心：为什么联邦最高法院认为宪法第 5 条炙手可热到如此让人感到难于应付的程度？如果真像法律条文主义者设想的那样——宪法第 5 条是刚性的法律，那么联邦最高法院又何以不实施此项法律？然而美国法学界并没有对这些问题展开研究。事实上，美国法学家更愿意成为法院的追随者。当法院不再谈论某些问题时，法学家也将其置于一边。

实际上，唯一一次将上述问题提出来的时候是 20 世纪 50 年代。那时南方的一些法律评论发表了一些文章，这些文章大都认为宪法第 14 修正案从其产生的那一天起就带着法律上的瑕疵。当然从更广阔的背景看，南方那些法律评论的做法不过是反对布朗诉教育委员会（Brown v. Board of Education）[1]案运动的一个组成部分。除了北方的一个法律评

〔1〕 见约瑟夫·卡尔（Joseph Call）：“宪法第 14 修正案及其可疑背景”（*The Fourteenth Amendment and It's Skeptical Background*），载《贝勒法律评论》第 13 卷，第 1 页（1961 年）；平克尼·麦克勒维（Pinckney McElwee）：“宪法第 14 修正案及其对民主政府的威胁”（*The Fourteenth Amendment to the Constitution of the United States and the Threat that It Poses to Our Democratic Government*），载《南卡罗来纳法律季刊》第 11 卷，第 484 页（1959 年）；瓦尔特·萨桑（Walter Suthon）：“宪法第 14 修正案的可疑起源”（*The Dubious Origins of the Fourteenth Amendment*），载《图伦法律评论》第 28 卷，第 22 页（1953 年）。

这些修正案非比寻常的历史在各式各样的法院判决中也有所提及。见林塞诉阿拉巴马（Lindsay v. Alabama），《南方区判例汇编第二套丛书》第 139 卷，第 353 页（1961 年）；迪特诉特纳（Dyett v. Turner），《宾夕法尼亚判例汇编第二套丛书》第 439 卷，第 266 页（1968 年）。

论在这些文章发表了很长一段时间后才作出了些许反应外,[1]主流的法律思潮大都忽视了南部法律期刊发出的这一挑战。

但法律家也不过是以某种方式记录国家宪法历史的一些人。如果历史学家对此持有浓厚的兴趣,上述问题也不会从人们的视野中如此彻底消失。我们且看一看詹姆斯·兰代尔(James Randall)的著作《内战和重建》。从20世纪30年代到20世纪60年代,它被认为是"写给一般读者的关于内战历史的最好书籍,且被许多大学用为教科书"。[2] 下面我们将讨论"战后政治和宪法变革"一章的部分内容摘录如下:

> 在这一时期,激进派赖以行事之规则的最显著特征是无视宪法的存在。这一特征在宪法第14修正案批准的过程中表现得淋漓尽致,法律形式和法律程序被置于一旁……
>
> 事实上,1867年到1868年国会不仅是向诸州移交了宪法修正案,它还组建了南部诸州政府,且在批准宪法修正提案的问题上,国会也没有赋予它们以表达赞成或反对的自由,相反它们必须在赞成
> 117 宪法修正案或丧失联邦内独立的州地位之间进行选择。从宪法的角度来看,决定以这种修宪方式修正宪法已经超出了国会的合法权力。宪法第5条规定……在批准宪法修正案的问题上,国会仅有权决定由诸州议会还是召开专门的制宪会议批准宪法修正案,但却不允许它对修宪程序作任何变更。在此例中,国会将超过1/4州反对的宪法修正案提交诸州;从结果上来看,国会明显地篡改了宪法规定的修宪程序。它要求该修正案必须由特别组成的州议会批准,即按国会要求的方式组成诸州议会——也就是说州议会的组成应以黑人享有选举权为基础(实际上,宪法第15修正案才明确地授予了黑人以选举权)。
>
> 由于反复强调非经国会认可南部诸州就不是联邦的组成部分,

---

〔1〕 见费迪南德·弗南德兹(Ferdinand Fernandez):"宪法第14修正案的合宪性"(*The Constitutionality of the Fourteenth Amendment*),载《南卡罗来纳法律评论》第39卷,第378页(1996年)。作者在其文章中也没有提及我在本章中提出的问题。

〔2〕 这是戴维·唐纳德(David Donald)在该书第2版序言中所作的评价,并对自己为何推崇此书作了一定的解释。见宾夕法尼亚出版社1961年第2版。

激进主义分子得出了这样一个愚蠢的结论:在南部各州执行了某些只有联邦成员才具有的功能——如批准宪法修正案——之前,它们就不能成为合格的联邦成员……〔1〕

如果宪法学家注意到了历史学家们作出的这些明确解释,那么他们就会发现很难再对我于前面提出的两难问题采取避而不谈的态度。

然而,新生代的历史学家仍然避而不谈这些问题。1988 年,艾里克·福纳(Eric Foner)出版的那部颇有影响的著作《重建:尚未完成的革命》(*Reconstruction: American's Unfinished Revolution*)就是很好的例子。该书的宗旨在于将当时的各种学说综合起来,但这部六百多页的鸿篇巨制却对兰代尔发出的疑问只字未提。这到底是怎么了?

革命在知识领域爆发了。在学术界,一场大规模的重写重建时期社会和政治历史的运动不断展开。新生代作家从各种不同角度撰写的著作强烈地冲击着人们对南部诸州的偏见,这种偏见自 19 世纪后期以来长期影响着历史学界。当然,有一个不容我们忽视的重要因素,即这种学术界发生的革命浪潮只是强化了一个业已存在的倾向。即随着 20 世纪的结束,职业历史学家对技术性颇强的宪法原则问题已经失去了兴趣。尽管早期历史学者如约翰·伯格斯(John Burgess)和威廉·顿宁(William Duning)对宪法问题有着浓厚兴趣,但 20 世纪二三十年代的大多数历史学家却视宪法原则为掩盖基本社会和经济利益的烟幕。我并不否认兰代尔的才干,但是他在 20 世纪中叶对宪法原则表现出来的巨大热情也仅仅是一个例外。〔2〕 如果可以这样说,〔3〕新生代历史学家对社会历史的超常

---

〔1〕 同上,第 633~635 页。从本质上来说,这种观点同兰代尔 1937 年出版的该书第 1 版没有什么区别。在本书中,有一个注解提及了我们在前面提到的问题:“有一个我们前已述及的更深层次的问题,即虽未经重建,在批准宪法第 13 修正案时,试图分裂的南部诸州还是被计算在了各州总数之内”。同上,第 635~636 页。围绕这宪法第 14 修正案批准的问题,兰代尔花费了更多的笔墨,讲得更清楚、明白。同上,第 396~401 页。

〔2〕 关于这一问题,有一篇值得注意的文章。见哈罗德·海曼(Harold Hyman):《激进共和党人与重建》(*The Radical Republicans and Reconstruction*),第 50~52 页(1967 年)。

〔3〕 “事实上,重建作为一个理论问题在相当长的时间内有些含混不清,而且在人们心目中它已失去其往日的重要性……在这一时期讨论历史的诸多著作中,作者们不仅假定约翰逊的地位是‘合宪的’,而且还进一步指出当时的诸多观点从其自身意义上来看也没有任何价值——因为它们从本质上忽视了更根本的政治(甚至经济)问题”。见艾里克·麦克基特里克(Eric Mckitrick):《安德鲁·约翰逊与重建》(*Andrew Johnson and Reconstruction*),第 113~119 页(1960 年)。

关注又强化了他们不愿意关注宪法原则的倾向。与其将精力集中在澄清国会在当时历史条件下对宪法修正案发挥了何等作用的问题上,历史学家更喜欢探讨重建时期的历史之于平民百姓和南部诸州妇女有着怎样的意义。

在对重建时期的宪法原则持有兴趣的少数著名学者中,他们对此问题的态度所发生的微妙变化可以说是相当重要的。从广义上来说,他们
118 都试图避免对兰代尔提出的问题作出粗糙的判断。没有对兰代尔当时发出的抱怨追加一些溢美之词,那些关注重建时期宪法原则的上乘著作和文章大都从更加公允、独立的解释者的立场出发,尝试着对重建时期法律和政治的互动方式作出理解而非判断。这种思路的转变颇有成效,但亦有所失——当他们眼看着高级法的创制体制在其面前解体时,美国人民产生了一种焦虑的心情。他们也因此可以痛下决心,弥补这个出现在国人面前的、危及宪法原则之合法性的鸿沟。

这种危机意识在很早的时候就已经有所体现了。1862 年,辛迪·乔治·费舍(Sidney George Fisher)在其著作《宪法之试用》中就提醒国人,宪法的变革不能仅依赖第 5 条提供的机械模式:"我们必须将宪法第 5 条看作是宪法据以修正的一种方式,它并不排斥我们运用其他方式修正宪法"。费舍广泛地运用了包括我们在此提到的观点在内的更多资料来论证他的想法。他提请国人注意其最终的责任:

> 宪法属于 1862 年而非 1787 年的人民,因此它的修订必须且应该顺应 19 世纪 60 年代美国人的意愿。人民应当通过他们在议会中的代表反映其意志,就像英国人通过议会修正其宪法一样,否则宪法即将遭到破坏……有些人或许会认为将宪法的命运交给这些反复无常的人或由这些人组成的议会将冒很大风险。但是,在共和政体中我们必须面对这种风险。如果人民不能维护宪法,它必然灭亡,因为司法官员无法承担维护宪法的重任。

实言之,我无法公允地对待费舍的宏论。[1] 我关心的只是:美国人

---

〔1〕 关于费舍的著作,也有很多溢美之词。见哈罗德·海曼(Harold Hyman):《更完美的联邦》(*A More Perfect Union*),第 110 ~ 115 页(1973 年);丹尼尔·拉泽尔(Daniel Lazare):《冻结的共和国》(*The Frozen Republic*),第 136 ~ 139 页(1996 年)。

以极为令人瞩目的方式提出了费舍的问题;在阴暗的战争岁月,美国人民还以费舍始料不及的方式对当时的修宪程序进行了非常规的改造;而且更有甚者,他们还设法以这种方式去实现人民主权。

第五章　总统领导权

从建国时期宪法到重建时期宪法

在上一章中，我主要讨论了关于宪法史的正统观点。正统观点把建国时期的宪法同重建时期的宪法改革实践进行了一番比较，并得出了这样的结论：重建时期的宪法改革实践是严格按照宪法第5条规定的程序进行的。由于这一思路遇到了两难，我们不得不及时地改变讨论的主题。然而，我们又该从哪个方面展开我们的讨论呢？

难道认为重建时期的宪法从总体上背离了建国时期宪法所确立的高级法创制原则，才是对二者之间关系唯一正确的描述吗？当然，我们最后仍将看到，这一颇具挑衅性的命题也是立足不住的。我们需要重新解释而非彻底否定建国时期宪法这笔前人留给我们的遗产。正统观点贬低了建国时期宪法的贡献，认为它仅以宪法第5条的规定为重建时期的共和党人提供了唯一的修宪程序——只有根据国会和诸州议会中的特定多数才能修正宪法。可是，这种正统的观点走入了一个误区。实际上，开国元勋们不仅将少量的修宪规则而且还将他们开创的宪法改革先例留给了后人。一旦将这笔丰富的遗产考虑在内,我们会发现将建国时期同重建时期的宪法断然割裂开来的主张既不明智也不必要。如果认为重建时期的宪法不过是开国元勋们以非常规的方式开创的宪法改革先例在19世纪特定情况下的成功运用,那么我们就能够更深入地了解我们的这部宪法。

主张建国时期宪法与重建时期宪法没有共同之处的人过分强调后者的一些鲜明特征,这是一个错误。其错误的根源,在于没有充分认识到建国时期宪法与后者一样也有其独到之处。就像我们曾经看到的那样,建 120
国时期的联邦党人并不认为按照既定的修宪程序行动就能使新宪法获得相应的权威。他们试图打破原有规则的控制,将“会议”这一颇具法律疑问的概念引入宪法舞台的中心。与此同时,联邦党人也并未使“会议”完全打破当时既有的宪法权威。相反,他们试图寻求一个能将符合宪法和违反宪法这两个方面的因素综合起来的途径,并希望这一途径最终能使他们**赢得**为人民代言的足够权威。因此,我们现在遇到的挑战是:以建国时期宪法获得足够宪法权威的标准进行衡量,重建时期的国家中心论者又是怎样赢得足够权威以推动宪法改革的。

我们从界定一个普通的问题入手——在此我将其称为传媒(medium)和信息(message)之间的冲突。在其各自的情势下,18世纪80年代的联邦党人和19世纪60年代的国家统一论者都流露出了相对的国家中心主义的宪法信息。同时,他们又都面临着主张州权中心主义的立法传媒——在宪法上授予一个(18世纪80年代)或少数州(19世纪60年代)以否决国家主义者**建立更完美联邦**的权利。因此,在传媒和信息之间产生了如下冲突:真实信息认为“我们越来越像**合众国**的公民了”(people of the United States);而与之相对的立法传媒则要求这种国家中心主义的立法倾向必须“获得各州的同意”。

当然,联邦党人在当时的条件下也仅仅是相对的国家中心主义者。他们意识到,那时的美国人民还不愿坚决地支持他们提出的国家高于各州的观点。因此,从政府构成的角度看,联邦党人炮制出来的体制在州与国家诸因素之间精心制造了一个并不确定的平衡点,并以此来表达他们的这种两可心态。[1] 宪法第5条就是表达联邦党人这种不确定心态的最好证据。该条规定联邦政府和诸州在修正宪法的过程中是平等的合作者。除非多数州以州的身份作出批准宪法法修正案的决定,否则不管联邦政府修宪的意志有多么强烈,宪法都绝无修正的可能。

恰恰是联邦党人制定的这个修宪程序,在19世纪60年代受到了国家统一论者的严峻挑战——不可否认,传媒和信息之间的这种持续张力再次成为阻挡重建时期共和党人前进的障碍。诚然,宪法第13和第14修正案都是伟大的革命性变革;它规定在诸州践踏了那些使美国人成其为美国人的新设权利时,中央政府有权进行干预。因为作为传媒的宪法第5条视国家与诸州之间为平等的伙伴关系,因此它不可能以多么强烈的语气肯定美国公民的国家身份——毕竟,这是一种重国家而轻各州的做法。那么在此情形下,主张相对国家中心主义的重建时期共和党人又将如何推进他们的事业呢?

像联邦党人一样,重建时期的共和党人也不愿让州权中心主义的传
121 媒对他们建设**更完美的联邦**的观点提出质疑。可是,他们那时又不愿,也不能以军事法令强制推行他们那些尚未成熟的国家中心主义观念。像建国时期的宪法一样,重建时期的宪法也是在经历了高级法创制体制的严峻考验之后才产生的;而且这种高级法的创制体制同样为宪法改革的反对派提供了充分的机会,以使他们在全国范围内动员支持自己的政治力量。建国时期宪法和重建时期宪法的区别在于:重建时期的统一论者运用了不同的制度使人民认可他们推进的宪法改革。用一句话概括我的观点——重建时期的国家统一论者认为,与其再次召开一个类似于费城会议那样的会议,还不如对国会、总统和法院之间的分权进行一番改造,并使之转化成一个伟大的、界定美国人民宪法意志的新动力。

回顾历史,我们可以把这种转变视为对宪法制度本身作出的有机反应。早在内战爆发很久以前,分权在常规的民主政府中就已获得了全方位的认可,并为所有政治参加者提供了人所熟知的参与模式。1860年发

---

〔1〕 比较经典的论述,请见C.罗塞特(C. Rossiter)主编:《联邦党人文集》(*Federalist*),第39页(1961年)。

生的变化并不在于分权,而是国家的政治议程。在林肯当选为总统之前,政府的主要领导人试图采取一系列妥协方案解决奴隶制问题。然而,共和党在1860年大选中的胜利彻底粉碎了这些念头。这里真正让我们感到不解的是:深受三权分立观念影响的美国人民,真的能够运用这种分权模式来解决林肯当选为总统而带来的新的国家问题吗?

当然,生活在19世纪60年代的共和党国家主义者可谓身在庐山,他们不可能以后人的眼光看待当时发生的事件。像建国之初的联邦党人一样,当这些国家主义者看到国家权威日益衰落时,即竭尽全力试图以既存的宪法体制恢复国家的权威,将支离破碎的各州联合成一个国家;也像18世纪80年代一样,这些国家主义者为达到上述目的,仅在某个部门取得一场值得庆祝的胜利是远远不够的。如果重建时期的共和党人欲在内战的废墟上建立一个完整的国家,使美国人民成为**合众**国(United States)的国民,他们就不得不反复地捍卫、论证自己的观点,并与那些心如磐石的保守分子进行斗争——为了捍卫联邦党人于1787年宪法中确立的传统(即联邦与各州乃平等伙伴关系的传统。——译者注),这些保守分子也在动员老百姓支持他们。在这里,我的目标依然是以分析建国时期宪法同样的模式,详细阐述促成重建时期宪法变革的动力,以及为推动这种宪法变革而采取的一系列非常规的举措。

在本章中,我引入了一个更重要的主题,即推出宪法第13修正案并将其作为研究总统领导权的特例。我们不可能在宪法第5条中找到总统可以在宪法修正的过程中发挥什么作用的根据;但是就像我们此前已经看到的那样,宪法第5条并不是重建时期宪法修正案发生法律效力的关 122
键性因素。为洞悉问题的真相,我们就必须注意林肯和约翰逊总统在引导国会提出,并进而推动各州批准宪法第13修正案的过程中,到底采取了哪些非常规的举措。不对他们如何运用总统领导权这一问题进行深入的考察,我们就无法解释宪法第13修正案为何能获得通过,也就更不用说该怎样理解这个宪法修正案**合法**、有效地表达了我们美利坚合众国人民的心声了。

在研究宪法第14修正案的过程中,我们亦会发现致使该修正案发生法律效力的依然是非常规因素,只不过这种非常规的因素因为一个异常简单的原因而发生了一些变化而已——安德鲁·约翰逊背叛了共和党人,使总统成为阻挠革命性变革的主导力量。这种意外的情况迫使共和党人转而依仗他们对国会的绝对控制权,发展出了一种远远超出宪法第5条框架的国会领导权模式(congressional leadership)。只是因为共和党人千方百计地运用了国会、总统和法院之间的分权,宪法第14修正案才最终获得了法律效力。分权使国会能够满怀信心地宣称:是国会而非总统获得了人民的授权,而人民的授权又恰是国会能以批准宪法第14修正案的方式坚决地超越宪法第13修正案的根据。

在批准宪法第13和第14修正案的过程中,总统领导权在发挥作用的方向上发生的这种意外转变,增加了我们研究重建时期宪法修正案的难度。在本书的第一部分,我们只需跟上联邦党人推进宪法改革的单向发展轨迹,即注意从安纳波利斯会议到罗得岛州最终批准宪法的整个过程就足够了。但在这次研究重建时期宪法变革的时候,我们必须将共和党人采取非常规举措时的两个转折点考虑进去——首先是共和党人在批准宪法第13修正案时支持总统领导权;而在其后批准宪法第14修正案时,他们又转而支持国会在宪法改革中发挥主导作用。

为了更好地对19世纪60年代和18世纪70年代的宪法进行一番比较,我打算把研究建国时期宪法形成的框架移至此处。本章从亚伯拉罕·林肯于1860年当选为总统开始讲起,并探究林肯的当选为什么成了以剧烈的、非常规的手段推动宪法变革的**信号**(signal);接下来,我们将分
123 析林肯的《废奴宣言》以及它在1864年总统选举中发挥的作用,其结论是该宣言为宪法第13修正**提案**(proposal)的合法化提供了必要的人民授权;其后是安德鲁·约翰逊在对待南部诸州时如何运用总统权力,**造就了一个有违常规的宪法批准程序**(triggering);紧接着,我要继续叙述总统如何千方百计地促使南部各州**以有违常规的方式批准宪法修正案**(ratification);最后,我将论及国务卿西华德于1865年12月18日发布的公告,对新宪法修正案的**巩固**(consolidation)所起的作用。虽然这些框架看上去似乎显得有些过于程式化,但我们仍应将每一个步骤的功能牢记于心——没有一个值得信赖的宪法改革信号,不仅无益于改革者认真地制定他们的宪法改革计划,而且我们也几乎不能说美国人民真正行使了人民主权;没有

宪法修正提案的提出等其他四个阶段，其结果也是一样。[1] 简言之，我们的目标在于揭示美国人民行使人民主权的实用主义基础。

这里需要说明的是，重建时期宪法变革所经历的那两个转折点——共和党人从前期对总统领导权的支持转向后期对国会领导权的青睐——还有两个共同的主题；这两个主题也是它们有别于建国时期宪法的关键。第一，宪法规定的严格选举进程（electoral schedule，这里指总统大选两年后举行中期选举，而中期选举两年后又将举行总统大选这样一个循环往复的选举制度。——译者注）是最重要的因素。虽然美国人民经历了一场残酷的内战，但没有人因此认为各级选举会暂时取消，毕竟这些选举乃非常规的宪法改革举措能够迅速合法化并形成相应体制的有效保证。在两次选举的间隔期间，总统和国会即会以美国人民的名义分别提出一些激进而又带有若干瑕疵的宪法改革动议。然而，任何一个人都知道，不论相互作为死对头的总统和国会哪方获得胜利，其对手提出的那些革命性宪法改革动议都将被全盘否定。

同理，如果倡导对宪法进行革命性改革的一派赢得了选举，那么他们的胜利亦将极大地加强其改革动议的宪法权威。如此共和党人就会宣称，他们苦苦为之奋斗的宪法改革动议现在已经获得了“人民授权”；他们因此也就会顺理成章地将“人民授权”而形成的宪法修正提案肆虐地强加 124
于联邦以及各州的政府部门。

其次，宪法改革派以如此肯定的语气强调他们获得了“人民授权”的问题，还会受到第二个既定事实的考验。即大多数美国政府官员是在特定但并不相同的日期选举产生的。这样推动新兴政治运动的改革派就很难在所有与宪法改革相关的权力部门同时取得全面的控制权。在一意推动改革的重建时期共和党人赢得了某些选举的胜利后，他们不止一次地遭到了那些仍然占据着其他权力机构的顽固保守分子的攻击——毕竟，这些顽固的保守分子一直在以怀疑的目光打量着共和党人宣称其代表了民意的举动。在这些仍残留于各保守部门的共和党反对派眼中，共和党人更像不负责任的造谣生事者，而不是什么有灵感的高级法创制的预

---

〔1〕 见第2章。

言家。

然而,残存于政府部门中的保守主义分子又不能武断地否定共和党人宣称他们已经获得了人民授权的主张。好在有宪法规定的选举日期(electoral calendar),因此保守主义者知道:人民以选举方式检验共和党人宪法主张的那一天很快就会到来。如果共和党人的上升势头依然不减,那么保守主义者在不迎合代表新秩序的共和党人并同其进行合作的情况下,他们是否会在即将到来的选举中输得一败涂地呢?假如真会发生这种情况,任期行将届满的保守分子同共和党人进行合作或许显得更为明智,因为这种妥协或可使他们避免选举的失败并不至于失去政府中的职位。我将此种情形称为"及时转向"(the switch in time),后面我们将看到这种情形出现之频繁到了令人瞠目的地步。

当然,没有任何力量迫使保守派主动采取这种转向之举。相反,他们一般总是更倾向于不断地采取抵制改革的措施:如果他们以维护旧秩序为名与共和党人宣称其获得了推动改革的足够权威进行对抗,那么这些保守主义分子是否也应当引导人民理解并支持他们的观点呢?

从制度层面上来说,保守分子的选择——是采取及时转向还是继续与宪法改革派进行斗争——将造成不同的结果。保守派的决定将对随之而来的、促成宪法变革的动力产生决定性的影响。保守派与共和党人的合作即会造就"花车效应"的出现——像建国时期宪法那样,如果保守分子认为改革派获得了人民授权,那么人们对后者的信赖就会大大增强;反之,保守派与改革派的对抗就会加剧人们关于宪法问题的争论。由于三权分立的制度可能会在保守派和改革派之间造成某种僵持的局面,因此这种可能出现的僵局就会刺激斗争双方在下次选举中尽其所能地发动民众支持其观点,以彻底击败对手。一次次的选举胜利使共和党人最终获得了足够的宪法权威,以保证他们以我们**合众**国人民的名义通过了宪法第13和第14修正案。

19世纪50年代,共和党人由于提名林肯为总统候选人而正处于上升时期。也恰恰是在那个时代,身为宪法改革当事人的人们由于时代的局限,对推动宪法变革的动力——以及若干其他因素——还都一无所知。
125 像当初前往安纳波利斯参加会议的联邦党人一样,共和党人也正在筹划着举行总统候选人提名会议，此时他们对国家的前途可谓心无成算。对于林肯及其同党而言，只有一个问题明确地摆在他们面前：除非人民能够控制政府并赋予其一个全新的发展方向，否则现存体制必将彻底崩溃。

第一阶段：总统选举发出的宪法改革信号

在讨论1860年总统选举时，我首先想着重研究一下总统职位而非林肯本人，并希望以此考察当时的总统职位与1787年宪法对此职位的规定到底存在着多大差别。1787年宪法的起草者最大的担心之一，就是利用总统职位鼓动人民起而篡改宪法的某些基本原则。这种从最高行政长官向所谓人民领袖的转变，使得那些肆无忌惮、鲜廉寡耻的政治家效仿恺撒和克伦威尔的做法，而走向了寡头政治的道路。为消除这种疑虑，宪法起草者创造了选举团(electoral college)制度，其目的即是为了遴选出能为公众所信赖的、华盛顿般的人物。毕竟，华盛顿在其任职期间树立了抵制恺撒式专制的模式。1787年宪法对总统职位进行了最基本的界定。对共和国而言，它是一个人所熟稔的制度设置，而非宪法改革的目标。

但是在宪法发展史上，选举团及设置选举团的目的首先受到了最严重的损害。这种损害来自于个人和组织两个方面。像托马斯·杰斐逊(Thomas Jefferson)和安德鲁·杰克逊(Andrew Jackson)这样的显赫人物，曾赋予了总统职位以代表民意的新内涵——当选的总统代表了广大民众的意志。对选举团及其设置目的产生冲击的主要组织是民众政党。对于这些政党而言，为四年举行一次的总统选举而战，已成了它最重要的一个任务。自杰克逊总统之后，总统选举有时很少关注总统候选人本人的人格及其支持者的政治倾向，因为总统选举还被视为一种能够反映人民意志的新渠道。这样，在总统竞选中胜出的总统候选人就可以声称他获得了人民的授权。如果开国元勋们在天有灵，他们定会为此感到极为惊惧。总统职位的性质于19世纪发生的上述变革仅仅是局部且渐进的——若以20世纪的标准进行衡量，我们就更能清晰地看清此点。认为林肯的当选对南部各州而言是一个危险的信号，从这点我们可以看出：19世纪50

年代末的民选总统已经从历史中获得了足够的力量。与其做一个权力受限制的最高行政长官，难道新总统不能像杰斐逊和杰克逊那样，运用其职权发动一场宪法上的革命吗？[1]

在指出林肯当选为总统执行了**发出宪法改革信号功能**的同时，我还要提一下安纳波利斯会议和大陆会议之于1787年宪法的重要性，并试图
126 从这个角度来分析林肯当选为总统的重要意义。在召集费城会议之前，安纳波利斯会议和大陆会议所作的事情还远没有涉及提出一部新的宪法草案。然而，从另一个角度来看，它们所做的事却发挥了更重要的作用——标志着一场新兴的运动已经获得了足够的政治权威，以要求人们认真对待该运动提出的宪法主张。19世纪中叶，赢得总统职位具有类似的作用——它标志着人们对宪法改革问题也怀着同样认真的态度。

不把总统职位的含义已发生了上述变化的因素考虑在内，我们就很难理解南部诸州为何对总统选举的结果深感恐慌了。通过选举林肯，共和党人推出了一个远比此前的西华德和蔡斯要温和得多的总统候选人。[2] 林肯的这种温和主义倾向还会因为他未能获得超过40%的选民票*而有所增强。[3] 况且，当时的共和党在国会中也不占有多数席位，[4] 联邦最高法院也主要由来自南部诸州的法官把持着，他们经常做一些有

---

〔1〕 见詹姆斯·凯撒（James Ceasar）:《总统选举》(*Presidential Selection*)，第1章(1979年)；拉尔弗·克塔姆(Ralph Ketcham)：《政党之上的总统》(*Presidents above Party*)，第89～140页(1989年)；在我即将推出的新作《总统主义的根基》(*The Roots of Presidentialism*)一书中，我花了较长篇幅在该书的最后两段中讨论了这些问题。

〔2〕 卢威尔·约翰逊(Luwell Johnson)：《分裂与重新统一：1848年到1877年的美国》(*Division and Reunion: America* 1848～1877)，第63页(1978年)；威廉·佐诺(William Zornow)：《林肯与政党的分裂》(*Lincoln and the Party Divided*)，第24页(1954年)。

* 在1860年的总统选举中，共和党候选人林肯获得了180张选举人票，1, 865, 593张选民票，占总有效票数的39.9%。民主党总统候选人道格拉斯获得选民票1, 382, 713张，但由于选民比较集中，他仅获得了12张选举人票。——译者注

〔3〕 林肯获得的39.9%的选民票，在以往历届总统选举中是最低的。见戴维·波特(David Potter)：《分裂时期的林肯及其政党》(*Lincoln and His Party in the Secession Crisis*)，第112页(1942年)。

〔4〕 据南部诸州的估计，共和党人在参议院的66个席位中仅占有29席，在众议院的228个席位中也仅占有108席。维特·杜蒙德(Dwight Dumond)：《分裂运动，1860～1861》(*The Secession Movement*, 1860～1861)，第130页(1931年)。其他党派在参议院授予共和党31个席位，尽管如此，他们仍然处于劣势。见亚瑟·斯克勒辛格(Arthur Schlesinger)主编：《美国总统竞选史》(*History of American Presidential Elections*)第2卷，第1124页(1971年)。

利于南部诸州的司法解释。在此情形下,如果建国时期宪法关于总统仅为最高行政长官的规定仍然有效的话,那么温和的林肯当选为总统也不会造成多大的政治震动。

然而,南部诸州就1787年宪法关于总统职位的规定已无法得以维持的判断是正确的。也就是说,在南部各州看来,林肯不可能按照1787年宪法的规定规矩地行使总统权力。林肯之当选为总统标志着美国人民——至少对于北方人而言——已不愿再看到关于奴隶制的种种妥协再持续下去了。反对派为阻止出现这种新式总统而付出的努力,恰恰推动了高级法创制的进程。从林肯1860年11月当选总统到翌年3月宣誓就职期间,保守派运用联邦党人创造的传统模式,以三种不同的方式极力抹杀林肯当选为总统根本就不包含着宪法改革即将开始的意蕴。

运用常规体制进行的高级法创制

为削弱1860年总统大选所代表的宪法改革内涵,俱已成为跛鸭(lame duck)的布坎南(Buchanan)总统和第三十六届国会立即着手制定宪法修正案,以期达成"1860年妥协"(compromise of 1860)。早在1860年 127
12月,布坎南曾提出了一个"解释性"的宪法修正案,以保护某些州和地区的奴隶制。[1] 那时的共和党人由于推行禁止奴隶制进一步蔓延的竞选纲领,已经赢得了总统选举。[2] 这样共和党人即决意维护他们因赢得总统选举而获得的"人民授权"。下面是共和党参议员本·魏德(Ben Wade)针对民主党人试图在奴隶制问题上达成妥协的策略而作出的反应:

> 我们为什么要妥协?诸位先生,我是一个醉心于维护伟大的共和党诸原则的人。我们和你们一样行进在相同的宪法之路上。我们提名了自己的总统和副总统候选人,你们也是一样。现在问题已经

[1] 见詹姆斯·理查德森(James Richardson)主编:《历届总统咨文与文稿》(*Message and Papers of the Presidents*)第5卷,第638页。

[2] 见哈罗德·海曼(Harold Hyman):《从"1860年妥协"中解脱出来:分裂与宪法》(*The Narrow Escape from a "Compromise of 1860": Secession and the Constitution*),文见哈罗德·海曼、莱昂纳德·列维(Leonard Levy)主编:《自由与改革:纪念亨利·斯蒂尔·考曼戈尔论文集》(*Freedom and Reform: Essays in Honor of Henry Steel Commager*),第152~156页(1967年)。

确定,我们能做的就是将问题交给人民以作出决断。尽管到目前为止我们还是少数派;尽管我们经常遭受失败的打击,然而这一次,由于我们原则的正义性以及由你们控制的政府暴露出来的种种弊端,使人民确信改革已势在必行。在我们双方都尽到了最大的努力后,我们最终获得了选举的胜利;我们在这一非常明了且永远应交由美国人民决定的问题上击败了你们,他们会认为这一结果是最好不过的……诸位先生,在这里我不想知道其他人可能会做些什么,我只想强调人民根据自己的判断选举了我们的候选人作为总统,只要我有一息尚存,我将准备经受各种困难、抵制对奴隶制问题的任何妥协。[1]

保守派并未被上述言论所打动。[2] 他们并不认为,林肯以微弱优势当选为总统本身意味着共和党人赢得了可以为所欲为的人民授权。他们倾其所能精心地推出了一些新的宪法限制,来控制正处于上升时期的共和党人。这里最值得一提的是参议员约翰·J. 克里特顿(John J. Crittenden)提出了一揽子不可修改的宪法修正案。[3] 他的想法与布坎南的想法如出一辙,即允许奴隶制可以在某些地区进行有限的扩张。由于这一动议在北部诸州共和党人控制的州议会中根本没有获得通过的可能性,因此克里特顿倡议召开制宪会议以通过他提出的这些宪法修正案。[4] 当共和党人试图在国会两院委员会中将克里特顿的提案消灭于

---

〔1〕 见第三十六届国会第二次会议记录(1860 年),第 99 ~ 104 页。转引自阿尔伯特·哈特(Albert Hart)主编:《当代人眼中的美国史,从 1845 年到 1900 年》(*American History Told by Contemporaries*, 1845 ~ 1900),第 199 ~ 201 页(1901 年)。

〔2〕 见第三十六届国会第二次会议记录(1860 年),第 272 页。另见詹姆斯·理查德森(James Richardson)主编:《历届总统咨文与文稿》(*Message and Papers of the Presidents*)第 5 卷,第 628 页。布坎南将林肯在大选中获胜之特征做了如下概括:"林肯当选为总统仅仅应归因于共和党的努力,而并非是他代表了大多数人的意愿。当时特定的条件造就了这一结果,估计以后这种情况再也不会出现了"。

〔3〕 见戴维·波特(David Potter):《分裂危机中的林肯及其政党》(*Lincoln and His Party in the Secession Crisis*),第 105 ~ 110 页(1942 年)。

〔4〕 见第三十六届国会第二次会议记录(1860 年),第 114 页。

萌芽状态之时,[1]克里特顿却破天荒地提出了对这些修正案进行全国性的公民表决的要求:

> 先生们,或许我们过于沉迷于政党政治和各种观点之中,我们的反对派炮制了若干有违我们意志的观点并将它们强加给我们;但我依然有信心求助于我们的权力之源。当人民以及人民奉行的各种制度处于危险时,我们应该对人民充满信心。如果我们犯了错误,如果 128
> 我们不能在此联合必要的多数提出宪法修正案,以解决目前我们面临的困难;然而人民却可以……[2]

倡导进行全民投票的两个主要人物克里特顿和威廉·贝格勒(William Bigler)认为:之于衡量民意而言,总统选举的结果只是更有参考价值而不具有决定性。他们进而指出,提出宪法修正案的目的,就是为了推翻共和党人宣称其赢得了总统选举即获得了人民授权的主张。[3] 但是,宪法第5条并没有规定可以在任何意义上进行全民的直接投票。尽管当时的共和党受困于与奴隶制达成妥协的呼声,[4]但他们还是没有批准克里特顿根据宪法第5条提出的修正案。不可否认,克里特顿打破常规地提出宪法修正案并要求全民投票的主张对共和党人造成了不小的冲击。共和党人起而斗争,并借此维护他们提出的、林肯当选为总统代表了人民授权的主张。

华盛顿和平会议

由于根据宪法第5条之规定提出的宪法修正案引发了激烈的争论,因此为了拯救联邦,美国人民转而直接求助于费城制宪会议开创的宪法改革先例。像18世纪70年代一样,弗吉尼亚州议会发出了召集类似于

---

〔1〕 见戴维·波特(David Potter):《分裂危机中的林肯及其政党》(*Lincoln and His Party in the Secession Crisis*),第170~176页(1942年)。另见史蒂芬·克夫(Stephen Keogh):"1860年到1861年冬季美国正式的和非正式的宪法立法"(*Formal and Informal Constitutional Lawmaking in the United States in the Winter of* 1860~1861),载《法律史通讯》第8卷,第280~283、286~288页(1987年)。

〔2〕 见第三十六届国会第二次会议记录(1861年),第237页。

〔3〕 见戴维·波特(David Potter):《分裂危机中的林肯及其政党》(*Lincoln and His Party in the Secession Crisis*),第237、351、352页(1942年)。

〔4〕 见戴维·波特(David Potter):《分裂危机中的林肯及其政党》(*Lincoln and His Party in the Secession Crisis*),第5章。

费城制宪会议(*Philadelphia-style*)那样的会议的号召,[1]并得到了各州的积极响应。除了业已脱离联邦的南部7州外,其余各州除了3个以外都向华盛顿派出了自己的代表——尽管当时国会根本没有根据宪法第5条的规定授意召开这样一个会议。[2] 特别值得注意的是,这个华盛顿会议在经过一番仔细斟酌后,迅速推出了一个复杂的宪法折中方案。到1861年2月底,华盛顿会议打算将宪法修正提案提交跛鸭国会(lame-duck congress)和整个国家进行批准。[3]

然而恰在此时,制度花车伴随着尖锐的刹车声停了下来。当1787年宪法处于类似阶段时,大陆会议在经过艰苦的争论后决定将费城制宪会议提出的宪法提案移交各州进行批准。[4] 同样激烈的讨论再现于第三十九届国会——与此前的詹姆斯·麦迪逊在大陆会议中发挥了同样的作用,克里特顿也呼吁其他参议员尊重华盛顿和平会议的权威。[5] 但共和党人在林肯宣誓就职前的几个小时,否决了华盛顿和平会议提出的宪法修正提案。[6] 通过否决华盛顿和平会议的提案,共和党人没有让18世纪
129 联邦党人开创的宪法改革先例得以重现,并因此坚定了他们的信念——19世纪这场总统选举的胜利,确实使他们赢得了人民授权。

---

〔1〕 见罗伯特·贾德森(Robert Gunderson):《资深绅士们的会议:1861年华盛顿和平会议》(*Old Gentlemen's Convention: The Washington Peace Conference of* 1861),第24~25页(1961年)。

〔2〕 阿肯色州正忙于考虑是否脱离联邦的问题而未派代表出席会议。明尼苏达和密执安州均由忠实的共和党人把持,但它们考虑到华盛顿会议含有某种非法目的——迫使南部诸州作出让步,因此也未派代表与会。同上,第33~41页。

〔3〕 该提案不过是克里特顿所提出的方案的变种,除此而外只不过又加进了一些关于在某些地区奴隶制的法律地位问题的规定。见史蒂芬·克夫(Stephen Keogh):"1860年到1861年冬季美国正式的和非正式的宪法立法"(*Formal and Informal Constitutional Lawmaking in the United States in the Winter of* 1860~1861),载《法律史通讯》第8卷,第288~292页(1987年)。

〔4〕 见第2章。

〔5〕 根据参议员克里特顿的观点,"这些修正案业已摆在我们的面前。现在的问题是:我们是否应将这些修正案提交诸州?这一独特的问题吸引了我。将这些宪法修正案提交人民并不是强加给我们的义务……现在,我们面临的问题是,在作出决定时我们是否应该尊重诸州的意志。这就是问题的全部"。第三十六届国会第二次会议记录(1861年),第1309页。反对派以理查德·亨利·李(Richard Henry Lee)在大陆会议中采取的方式反驳说,在发挥高级法创制作用的方面,国会不应屈服于一个非正规的团体。见第三十六届国会第二次会议记录(1861年),第1311页。

〔6〕 此动议在参议院以28票对7票的结果被驳回。同上,第1405页。在众议院,他们也未能取得2/3多数的同意,因此他们就丧失了提交这些动议以备进一步考虑的机会。同上,第1333页。

分裂主义者会议

随着事态的进展,南部各州的人们也成功地组织了一些“会议”。在这些会议上,他们也以“我们人民”的名义制定了一些关于脱离联邦的法令。以事后的眼光来看,这些法令可被视为他们组建南部邦联(Southern Confederacy)的第一步。但他们依然在联邦的框架内运作,并建议在宪法规定的基本前提下重新进行和谈。[1] 历史上,某些个别州采取激烈且非法的举措对抗联邦政治,而联邦又设法对这些举措予以适应的事例并非首次。[2] 第一次脱离联邦的浪潮仅仅发生在处于最南部的7个州。这股浪潮也使人们产生了这样的疑问:如此偏狭地区的经济、政治是否具备了相应的生存能力。谁有权决定南部诸州召开“会议”的做法,乃是一次以“我们美利坚合众国人民”的名义重新界定“联邦”含义的契机呢? 当然这种重新界定联邦含义的努力或许有悖于宪法第5条,但又必须是值得人们信赖的。

从制度上来说,只有合众国的总统能够回答这一问题。如果容忍南部各州对抗联邦之举的非常规程序可能存在的话——我绝不认为有这种可能,那么这种程序的出笼也需要更多的时间。况且,这种程序又恰恰是林肯所不能容忍的。当布坎南总统反对以任何军事手段对付南部诸州脱离联邦行径的时候,[3]林肯增兵萨姆特(Sumter)和皮金斯(Pickens)两个军事要塞的举措却说明了如下问题:以常规程序创制高级法的可能性已不复存在了。总统选举不仅肩负起了发出高级法创制信号的功能,而且恰恰是总统的决定,把南部诸州脱离联邦的非常规行径转变成了一个需

---

〔1〕 1861年2月16日,杰弗逊·戴维斯(Jefferson Davis)在其到达蒙哥马利(Montgomery)时这样说道:“双方都不可能妥协,不可能达成任何建设性意见”。顿贝尔·罗兰德(Dunbar Rowland)主编:《宪政主义者杰弗逊·戴维斯:他的书信、论文与演说集》(*Jefferson Davis, Constitutionalist: His Letters, Papers and Speeches*)第5卷,第48页(1923年)。但是也有人认为并非没有通往和谈之路。关于这点我们只要看看南部邦联副总统在战争临近尾声时发表的声明就会明白。见亚历山大·史蒂芬(Alexander Stephens):《晚期州际战争的宪法视角》(*A Constitutional View of the Late War between the States*)第1卷,第532页(1868年)。

〔2〕 从某种程度上说,这种事例可谓俯拾即是。例如,19世纪90年代末通过的肯塔基和弗尼吉亚决议,1814年到1815年召开的哈特福特会议(Hartford Convention),以及19世纪30年代南卡罗来纳州发起的抵制联邦关税制度的运动。

〔3〕 布坎南的第4个国情咨文。见詹姆斯·理查德森(James Richardson)主编:《历届总统咨文与文稿》(*Message and Papers of the Presidents*)第5卷,第628~653页。

要用军事手段解决的问题。

第二阶段:宪法修正案的提出

在林肯总统作出了以战争手段解决奴隶制问题的决定后,南部各州通过的脱离联邦法令的法律效力即取决于战争的胜负了。然而,在这些
130 脱离联邦的法令之外,还有其他东西受战争的威胁吗?

答案是否定的。早在战争开始的几个月以前,总统和国会都毫不含糊地表示他们的目标在于"维护宪法之现状和联邦之统一"。[1] 1862 年,国会开始对联邦管辖范围内的蓄奴制发难;[2]但在叛乱地区,仅有林肯总统发布的《废奴宣言》宣布这些地区的所有奴隶"应……永获自由"。[3]

---

〔1〕 在其就职演说中,林肯认可了这样一个宪法修正案,"联邦政府永不得干预诸州内部,包括强制性劳动在内的制度"。第三十六届国会第二次会议记录(1861 年),第 1433 页;4 个月以后,他又重申了这些观点。第三十七届国会第一次会议记录(1861 年),附录第 3 页。在同一时期,国会参、众两院也都通过了克里特顿和约翰逊提出的议案:"这场战争的目的既不在于压迫,也不在于征服南方,更不是为了干预叛乱诸州的权利和既定制度。它的目的只是为了捍卫和维护宪法的至上性,在平等、尊严和不破坏诸州权利的前提下,维持联邦的存在。一旦达到这些目标,战争即告结束"。见第三十七届国会第一次会议记录,第 1 页。

〔2〕 1862 年春季,国会通过了四个法令。3 月 13 日,禁止军队遣返逃亡奴隶。法规汇编第 12 卷,第 354 页(1862 年)。4 月 10 日,国会决定给予任何试图解放奴隶的州以一定补偿。同上,第 617 页(1862 年)。4 月 16 日,废除哥伦比亚特区的奴隶制,并给予忠于联邦的奴隶所有人以一定补偿。同上,第 376 页(1862 年)。6 月 19 日,废除某些地区的蓄奴制。同上,第 432 页(1862 年)。见詹姆斯·麦克弗森(James McPherson):《为平等而斗争》(*The Struggle for Equality*),第97 ~ 98 页(1964 年)。

〔3〕 见詹姆斯·理查德森(James Richardson)主编:《历届总统咨文与文稿》(*Message and Papers of the Presidents*)第 6 卷,第 157、158 页。在林肯发布《废奴宣言》之前,国会曾通过两个没收法案。可以说两个法案都很重要,但是它们又都没有对南部的蓄奴制问题予以直接否定。1861 年法案没收了叛乱者用于叛乱的财产和奴隶,但却没有明确规定这些奴隶已获得自由。他只为逃亡奴隶在对簿公堂时提供了一个法律依据,即他们可以"自己被雇用从事反合众国政府的工作"为理由证明自己无罪。法令汇编第 12 卷,第 319 页(1861 年)。参议员雷曼·特拉姆布尔(Ryman Trumbull)后来沉痛地说:"没有一个奴隶根据这一法案获得了自由"。第三十八届国会第一次会议记录(1864 年),第 1313 页。1862 年法案从范围上来说有所扩大,但该法案仍然坚持一点,即将奴隶所有者对联邦不忠作为奴隶获得解放的条件。法律汇编第 12 卷,第 589 页(1862 年)。更糟糕的是,该法案没有规定认定奴隶所有者对联邦不忠的司法程序。见帕特里夏·卢西(Patricia Lucie):《自由与联邦制》(*Freedom and Federalism*),第 2 章(1986 年);詹姆斯·麦克弗森(James McPherson):《为平等而斗争》(*The Struggle for Equality*),第 72、111 ~ 112、247 页(1964 年)。詹姆斯·兰代尔(James Randall):《林肯任期内的宪法问题》(*Constitutional Problems under Lincoln*),第 357 ~ 363 页(1963 年)。同样,此法令仍然未对奴隶是否可以根据其本身规定获得解放问题作出明确规定。

《废奴宣言》及其存在的问题

尽管《废奴宣言》运用了很有感染力的语言,但从其内容上来说它仍然是一个尝试性且存在问题的政府文件。它只“解放”了联邦人身保护令状(Union Writ)不能生效地区的黑人奴隶,特别值得一提的是它并未解放那些生活在效忠于联邦的四个蓄奴州和联邦军队当时控制的南部地区的奴隶。[1] 更糟糕的是,《废奴宣言》是应“战争之需”而公布的,这使南方人在战后提出了这样一个问题:总统作为军事统帅无权发动这样一场法律上的革命。[2] 从某种程度上来说,《废奴宣言》的确引发了这些问题。宣言并不鼓励黑人奴隶主动采取措施,削弱南部邦联为战争而进行的各种准备,它“命令这些被宣布为自由的人们,除非是必要的自卫,不得参与任何暴力行动;我奉劝他们在任何可能的情况下,应当忠实地为合理的工资而劳动”。[3] 在司法程序失效、宪法秩序混乱的情况下,《废奴宣言》甚至认可奴隶主对奴隶的合法所有权。林肯宣布,他将“在不久的将来,对效忠于联邦的所有美国公民的……全部损失以尽可能的补偿,包括因失去奴隶而带来的损失”。[4]

但是,所有这些说法都不能削弱《废奴宣言》所蕴涵的深刻宪法含义。于大多数美国人而言,《废奴宣言》像宪法本身一样,被视为美国人民自由

---

〔1〕 见詹姆斯·理查德森(James Richardson)主编:《历届总统咨文与文稿》(*Message and Papers of the Presidents*)第6卷,第158页。这四个蓄奴州是密苏里、肯塔基、马里兰和特拉华州。

〔2〕 关于这一问题的若干观点,见詹姆斯·魏林(James Welling):“废奴宣言”(*The Emancipation Proclamation*),载《北美评论》第130卷,第163页(1880年)。理查德·丹纳(Richard Dana):“废奴宣言的破产”(*Nullity of the Emancipation*),载《北美评论》第131卷,第128页(1880年);阿尔昂·费里斯(Aaron Ferris):“废奴宣言的效力”(*The Validity of the Emancipation Edict*),载《北美评论》第131卷,第551页(1880年)。有关类似观点的最好文选,见汉斯·特弗鲁斯(Hans Trefousse):《林肯关于解放黑人奴隶的决定》(*Lincoln's Decision for Emancipation*)(1975年)。

〔3〕 紧接着,林肯又表达了他对被解放奴隶能够从事有秩序且和平行动的希冀,“在适当条件下,这些人们可以参加合众国的军事工作,驻守炮台、阵地、卫戍某些地区,以及在各种军舰上服役”。《联邦法令汇编》第12卷,第1269页(1863年);詹姆斯·理查德森(James Richardson)主编:《历届总统咨文与文稿》(*Message and Papers of the Presidents*)第6卷,第157~159页。实际上,数以万计的黑人奴隶加入联邦军队开赴前线,他们为战争作出了直接贡献。这种现象从某种程度上说明了军事解决蓄奴制问题的必要性,并进而为后来论证废奴宣言的合法性奠定了基础。

〔4〕 这一问题可见1862年9月的最初宣告。詹姆斯·理查德森(James Richardson)主编:《历届总统咨文与文稿》(*Message and Papers of the Presidents*)第6卷,第96、98页。

的里程碑。但对大多数法律家来说,情况却远非如此。这种存在于大众和法律家之间理解上的鸿沟,归因于对宪法修正程序的机械主义理解方式。从宪法第5条规定的框架来看,《废奴宣言》不过是后来发生的更严重事件的序曲。这些更严重的事件以两年后的1865年1月31日——第三十八届国会提出宪法第13修正案为发端。但如果我们以建国时期开创的宪法改革先例,而不是1787年宪法条文本身作为研究问题的出发
131 点,我们就会看清《废奴宣言》的真实面目:它既不是宪法改革的最终成果,也不是一个毫无意义的东西;它是一个非常规的宪法改革提案——就像当年费城制宪会议提出的那个1787年宪法一样。费城会议推动的制度花车最终使1787年宪法获得了人民的认可;在这次宪法变革、使解放奴隶的提案获得宪法效力的过程中,林肯总统起到了相同的作用。

诉诸人民:1862年和1864年选举

林肯总统首次宣告黑人奴隶获得解放是在1862年9月22日。* 这种做法,使南部叛乱者在1863年1月1日丧失奴隶之前大约有100天的投降期限。在1862年进行的中期选举中,上述宣告的内容成了主宰人民投票的一个中心话题。[1] 难道人民就不能利用中期选举的机会使共和党人无法继续控制国会,并进而使林肯总统无法维持他所提出的解放黑人奴隶的动议吗?

这一问题只有在投票结束后才能见出分晓。中期选举虽使共和党人继续控制着国会并粉碎了反对派试图推翻《废奴宣言》的种种合法努力,但他们在众议院所占的大多数议席已由原来的35个降到了18个。[2] 尽管这个投票结果并不足以说明共和党人的废奴之举深得民心,但林肯总

---

* 1862年9月22日,林肯总统在安提坦克里克战役胜利后宣布:自1863年1月1日起,各叛乱州所拥有的奴隶将全部获得解放。——译者注

〔1〕 见詹姆斯·麦克弗森(James McPherson):《为平等而斗争》(*The Struggle for Equality*),第119页(1964年);詹姆斯·麦克弗森(James McPherson):《火的考验》(*Ordeal by Fire*),第293~298页;菲利普·佩鲁丹(Phillip Paludan):《一场人民之间的斗争》(*A People's Contest*),第4章(1988年)。

〔2〕 哈罗德·海曼(Harold Hyman):《1864年选举》(*The Election of* 1864),第1163页(1971年)。詹姆斯·麦克弗森(James McPherson):《火的考验》(*Ordeal by Fire*),第296页。

统还是在 1863 年 1 月 1 日签署了《废奴宣言》。[1]

整个国家沸腾了。[2] 林肯的举措被长期受压抑的废奴主义者描述为“一个伟大的历史事件。从长远眼光来看，它将产生巨大、重要且有益的后果”。[3] 但南部诸州和民主党人却大肆攻击《废奴宣言》，认为它不过是共和党人害怕 1860 年选举结果再现的一个反应。[4]

总统并未被假象所迷惑。他知道共和党之所以赢得 1860 年大选的胜利，是因为他们禁止奴隶制继续向其他地区蔓延的党纲，而非解放蓄奴州的奴隶。林肯重申了他在第一次就职演说中表明的主张：否认自己有干预诸州内部奴隶制问题的倾向，而且自己也没有这样的权力。[5] 在此背景下，《废奴宣言》所申明的奴隶“永获自由”的问题就可能延续到下次总统选举。如果民主党人在 1864 年大选后重新入主白宫，又有什么能阻止新总统发布一个新的宣言再推翻《废奴宣言》呢？

林肯的年度国情咨文也并非让人感到特别安心：“**只要我还在总统职位一日**，我就不打算撤销或修改《废奴宣言》；我也不打算让那些根据《废奴宣言》或国会颁行的法案而获自由的人重新成为奴隶，我也不打算将其返还给他们原来的主人”。[6] 国会也不愿为总统的行动提供更坚实的宪

---

〔1〕 就像林肯在致国会的第 3 个年度咨文中所说的那样：“根据各种迹象判断，1862 年选举……给我们带来了若干不安因素”。见詹姆斯·理查德森（James Richardson）主编：《历届总统咨文与信件》（*Message and Papers of the Presidents*）第 6 卷，第 188 页。

〔2〕 詹姆斯·麦克弗森（James McPherson）：《为平等而斗争》（*The Struggle for Equality*），第 121 页（1964 年）。

〔3〕 同上，第 121 页。语出废奴主义者威廉·罗伊德·加里森（William Lloyd Garrison）。

〔4〕 1862 年 12 月 11 日，肯塔基州的联邦主义者乔治·叶曼（George Yeaman）提出了一个认为废奴宣言违宪的议案，该议案在提出的当天就被搁置起来。见第三十七届国会第一次会议记录（1862 年），第 76 页。

〔5〕 见詹姆斯·理查德森（James Richardson）主编：《历届总统咨文与文稿》（*Message and Papers of the Presidents*）第 6 卷，第 6 页。

〔6〕 詹姆斯·理查德森（James Richardson）主编：《历届总统咨文与文稿》（*Message and Papers of the Presidents*）第 6 卷，第 190 页。见詹姆斯·麦克弗森（James McPherson）：《为平等而斗争》（*The Struggle for Equality*），第 125 ~ 126 页（1964 年），表达了废奴主义者对此问题的同等关注。另见第三十八届国会第一次会议记录（1864 年），第 1313 ~ 1314 页，此处有国会代表特拉姆布尔（Trumbull）对此问题的评论。

132 法根据。[1] 以制定正规宪法修正案的方式为总统的废奴之举提供法律依据,是第三十八届国会第一次会议热烈讨论的问题。[2] 1864 年 4 月,参议院通过了一个宪法修正案,但是众议院中的民主党人——他们的人数在 1862 年选举中得到了加强——投票反对,从而使该修正案没能获得必要的 2/3 多数。在勉强地承认了这种失败后,众议员詹姆斯·安施利(James Ashley)虽然没有要求国会重新考虑该宪法修正提案,但却发出了如下告诫:“国会对此问题已有记录在案,我们必须让全国人民知道我们目前提出的这个问题。当此修正案于 11 月提交国会时,我想国会会回心转意将其纳入我国宪法。因此,我想在这里提请众议院和国家注意:我将在 12 月国会开始会议的第一时间提出这个宪法修正案”。[3]

在安施利说这席话的时候,整个国家的前途还具有相当大的不确定性。由于格兰特(Grant)受阻于里士满(Richmond)以及谢尔曼(Sherman)没能顺利地进军亚特兰大(Atlanta),故而北部各州对国家的前途越来越没有什么成算。民主党人的竞选纲领迎合了同情南方的北方人所坚持的立即停战和谈的观点。已有的记录表明,他们推出的总统候选人、联邦的将军乔治·麦克莱伦(George McClellan)就是《废奴宣言》的反对者。共和党人只是在遇到了困难的时候才团结到了总统的周围。[4] 但一旦林肯成了共和党的总统候选人,他即会把制定宪法修正案以废除奴隶制,

---

〔1〕 尽管共和党人屡次强调给总统的决定以法律上的支持,但他们总是不能在投票的问题上达成一致意见。1863 年 1 月 12 日,依阿华州代表詹姆斯·威尔逊(James Wilson)提出了一个联合议案,以“支持、批准、确认”《废奴宣言》为一个战时措施。但是在提交司法委员会时,该议案遭到否决。见第三十七届国会第三次会议记录(1863 年),第 281 页。

〔2〕 关于讨论的最好总结,请见 H. D. 汉密尔顿(Hamilton):《宪法第 13 修正案的法律史》(*The Legislative History of the Thirteenth Amendment*),第 1 章(1970 年);亨利·威尔逊(Henry Wilson):《合众国第三十七届和第三十八届国会反奴隶制措施之历史》(*History of the Antislavery Measures of the Thirty-seventh and Thirty-eighth United States Congresses*),第 249 ~ 272 页(1864 年)。

〔3〕 见第三十八届国会第一次会议记录,第 3357 页。

〔4〕 蔡斯(Chase)和约翰·弗里蒙德(John Fremont)都力争取代林肯成为共和党的总统候选人。詹姆斯·麦克弗森(James McPherson):《为平等而斗争》(*The Struggle for Equality*),第 281 ~ 282 页(1964 年);菲利普·佩鲁丹(Phillip Paludan):《一场人民之间的斗争》(*A People's Contest*),第 249 ~ 252 页(1988 年)。一直到 1864 年 8 月 23 日,林肯还这样写道:“逝者如斯。今天早上,我觉得这届政府获得连任的可能性已经非常渺茫了”。罗伊·贝斯勒(Roy Basler)主编:《林肯全集》(*Complete Works of Lincoln*)第 10 卷,第 203 页(1953 年)。

“尤其是”不遗余力地支持《废奴宣言》作为共和党的竞选纲领。[1] 在将这一因素考虑在内的情况下，我们就会发现总统选举已经获得了特别的意义。哈罗德·海曼(Harold Hyman)非常清楚地说明了此点：“1864 年大选和以往选举的不同之处在于：普通选民对问题与原则、(男)人与改革措施，以及国家的奋斗目标与个人的热望都持有相当强烈的兴趣。”[2]

共和党人在原本看上去毫无希望的选举中获得了决定性的胜利。林肯赢得了 55% 的选民票，并以 212 对 12 的选举人票击败了麦克莱伦。[3] 与此同时，共和党人赢得了由北部联邦各州议员所占的 185 个众议院席位中的 145 个，并且以 42 对 10 席的绝对优势支配了参议院。[4] 在明确了共和党人和民主党人在解放奴隶问题上的尖锐分歧后，赢得了选举胜利的一方就“可以推定他们赢得的选举胜利表明，人民授意他们修正宪 133
法”。[5]

及时转向

林肯立即开始了将“共和党人赢得的选举胜利表明他们获得了人民授权”这一令人激动的说法，转变为具体宪法修正案的工作。他虽然“没有明确指出 1864 年的选举结果足以迫使国会中(宪法第 13 修正案)的反对派转变他们的原有观点……(但)这次选举却使我们第一次听到了人民关于这一问题的心声”。[6]

跛鸭国会也作出了积极响应。由于林肯个人对国会中主要的民主党人进行了疏通，因此一些民主党人观点的转向足以使 2/3 多数的国会议员同意提出宪法修正案。下面是民主党人安森·赫里克(Anson Herrick)

---

〔1〕 见亚瑟·斯克勒辛格(Arthur Schlesinger)主编：《美国总统竞选史》(*History of American Presidential Elections*)第 2 卷，第 1180、1181 页。

〔2〕 同上，第 1174 页。

〔3〕 同上，第 1175 页。詹姆斯·麦克弗森(James McPherson)：《火的考验》(*Ordeal by Fire*)，第 456 ~ 458 页。

〔4〕 同上，第 456 页。

〔5〕 威廉·佐诺(William Zornow)：《林肯与政党的分裂》(*Lincoln and the Party Divided*)，第 116 页(1954 年)。

〔6〕 詹姆斯·理查德森(James Richardson)主编：《历届总统咨文与信件》(*Message and Papers of the Presidents*)第 6 卷，第 252 页。

在解释自己何以转变对宪法第 13 修正案的看法时所说的话:

> 除去所有琐碎的问题不谈,有待于人民[在 1864 年选举中]作出决定的主要问题是应否废除奴隶制;是否强制脱离联邦的诸州效忠于联邦宪法——现在人们正在提议对宪法进行修正;以及是否应当尽快结束战争、全面维持宪法且彻底废除南部各州现行的社会体系。大多数人民都认可总统废除奴隶制的政治路线,我现在愿意服从人民的决定。[1]

1865 年 1 月 31 日,众议院和参议院一起提出了宪法第 13 修正案。[2]

这是一个重要的里程碑,因此我们应该弄清楚宪法第 13 修正案的提出所发挥的精确作用。实际上,美国人民意识到废除奴隶制已经成为重要宪法问题的原因,并不在于国会提出了宪法第 13 修正案,而是因为林
134 肯此前发布了《废奴宣言》。国会之提出宪法第 13 修正案,同样也没有消除该修正案法律上的瑕疵。毕竟激战仍在继续,从名义上看"国会"不过是代表联邦内 36 州中的 25 个州的一个会议而已——民主党人也恰恰运用这一事实来证明提出宪法第 13 修正案的不合理性。[3]

我们最好把国会提出宪法第 13 修正案的举措视为共和党人致力于推出的制度花车的一部分——像建国时期的联邦党人为提出和批准 1787 年宪法而推出的那部制度花车一样。当然与 1787 年联邦党人推出的那

---

〔1〕 第三十八届国会第二次会议记录(1865 年),第 525 页。共和党人类似的言论,请见奥斯(Orth)发表的评论,第三十八届国会第二次会议记录(1865 年),第 142 页;海格贝(Higby)的评论,同上,第 155 页;斯克菲尔德(Scofield)和布罗美尔(Broomall)的评论,同上,第 144、220 页;戴维斯(Davis)的评论,同上,第 155 页。

当然,也有一些民主党人表示反对,见克雷文斯(Cravens)的观点,同上,第 220 页。

我并不认为各种选举是发挥作用的唯一因素。总统利用其赞助者也进行了一些有益的工作。见汉斯·特弗鲁斯(Hans Trefousse):《林肯关于解放黑人奴隶的决定》(*Lincoln's Decision for Emancipation*),第 56 页(1975 年)。这项工作进行较早,且未发挥决定性作用。

〔2〕 全部共和党人都对宪法第 13 修正案投了赞成票,有 17 名民主党人和联合党人也投票支持宪法第 13 修正案,另外有 8 名民主党人弃权,因此投票的最终结果为 119 票对 56 票,宪法第 13 修正案获得必要的多数在众议院通过。见帕特里夏·卢西(Patricia Lucie):《自由与联邦制》(*Freedom and Federalism*),第 117 页(1986 年)。

〔3〕 见第三十八届国会第一次会议记录(1864 年),第 2981 页(国会议员莫拉里的观点)。共和党人争辩道,南部诸州不应对国会的行动心存不满(国会议员克罗格的观点)。同上,第 2955 页。

部制度花车相比，重建时期共和党人推出的这个花车并非由单一的制度材料打制而成——这是它与前者的不同所在。在这个新兴的宪法变革模式中，总统和国家的选举制度相互作用产生了强大的立法动力。在国会提出宪法第 13 修正案之前，总统打破常规地发布的《废奴宣言》已经在全国范围内引起了广泛的争论——这种争论早已确定了 1862 年和 1864 年两次选举的含义。当 1864 年的选民投票支持总统在宪法变革的过程中发挥主导作用后，共和党人更愿意声称他们所赢得的总统选举并非一场普通的政治胜利，其中还包含着远比表面上的胜利更多的其他东西。

可以预见一些可能产生的误解，因此我不希望将 1864 年选举视为一场类似于欧洲宪法改革实践中经常运用的公民投票。在这次宪法变革的过程中，肯定有一些更微妙的东西从中发挥了作用。由于倡导进行革命性改革的政党在选举中获得了决定性的胜利，因此改革者也就从选举中获得了与保守部门——在宪法第 13 修正案之提出的例子中是指众议院——进行斗争的新动力。此处让人感到左右为难的是，保守派恰好又成了“人民授权”是否存在的仲裁者。如果众议院中的民主党人坚决反对宪法第 13 修正案，总统就可能在即将来临的伟大宪法斗争中处于可怕且不堪一击的境地。为了与选举结果保持同步，国会作出了“及时转向”；而国会的转向又让民主党人大大地强化了共和党人宣称其获得了“人民授权”的说法。随着民主党人的转向，共和党人宣称其获得了人民授权的做法也就不应该再被看作是一种政治妄语了：**如果不是奴隶制的传统支持者开始意识到——尽管他们并不情愿如此——美国人民早已决意解放黑人，为什么保守的部门会发生这种转向呢？**

当然，这种不合常规的逻辑在 1787 年宪法中也发挥过类似作用。到目前为止，我将花车效应归结为：总统最初于 1862 年 9 月发布的(1)解放黑人奴隶的宣告(2)并未使共和党人在随之而来的 1862 年中期选举中获得决定性的胜利，(3)但是总统利用宪法赋予他的权力又发布了一个《废奴宣言》，(4)国会起初不声援总统的宣言直到(5)共和党人在 1864 年的选举中取得了全面性的胜利，这种胜利又导致了(6)宪法第 13 修正案的正式出台。

法律形式主义者的视角

由于总统领导权已经成了宪法变革的发动机,因此林肯下一步将采取怎样的举措必然蕴涵着更为深层的逻辑。不可否认,内战前的所有总
135 统从未正式参与过宪法第 5 条规定的修宪程序。尽管宪法要求两院将"**每项**命令,决议或表决"呈交总统,[1]但是在此前从未出现过将宪法修正案提交总统的做法。国会提出的宪法修正案无须总统签署即可直接发放诸州进行批准。联邦最高法院在 1798 年的一个判决中,以并不明确的口吻支持了这种做法。[2] 这也反映出了 1787 年宪法的原本用意:作为最高行政长官的总统不应通过人民投票与人民之间建立直接的联系。

洞悉了林肯总统在争取人民授权以解放黑人奴隶的过程中发挥了重要作用后,我们完全有理由认为他打破了此前诸位总统行使领导权的先例。当林肯总统签署宪法修正案的决定激起了国会山的强烈反对时,它也标志着高级法的创制体制发生了深刻的变化。[3]

总统领导权对宪法批准程序之影响

我们试将林肯之签署宪法第 13 修正案与两年以前他签署《废奴宣言》进行一番时间上的对比。感谢花车效应,正是它使《废奴宣言》不再是某个政府部门的片面行动,而成了合众国**所有**政府部门的严肃提案。国会不仅从内容上而且从制度形式上都对《废奴宣言》表示了支持。宪法

---

〔1〕 唯一的例外是国会决定休会。见美国宪法第 1 条第 7 款。

〔2〕 在霍林斯华斯诉弗吉尼亚一案中(Hollingsworth v. Virginia)[《联邦最高法院判例汇编》第 3 卷,第 378 页(1798 年)],最高法院的判决书用了一段篇幅驳斥了个人以宪法第 11 修正案缺少总统的签署为由,反对该修正案。最高法院何以作出如此判决尚不得而知。

〔3〕 2 月 7 日,参议员特拉姆布尔公然抨击了总统的这一决定,并向参议院提交了一个议案,断言将宪法修正案提交总统的做法是不恰当的。第三十八届国会第二次会议记录(1865 年),第 629 页。在参议员雷弗迪·约翰逊(Reverdy Johnson)根据宪法本身为总统的行为进行了辩护后,参议院投票表决通过了特拉姆布尔的提案,但没有相关的记录。我没能发现在众议院也进行过类似的讨论,也没能看到林肯在这一短暂的期间为自己的行为进行辩解的文字。现在我们拥有的只是林肯在关于宪法修正案问题的联合决定上签字的资料。见罗伊·贝斯勒(Roy Basler)主编:《林肯全集》(*Complete Works of Lincoln*)第 8 卷,第 253 页(1953 年)。

第13修正案意在解放所有奴隶，当然也包括那些生活在依旧忠于联邦的诸州内的奴隶。

然而，宪法第13修正案能顺利获得通过的前景并不乐观。国会把解放黑奴之宪法修正案扩及整个国家的做法，无疑增加了北部诸州起而反对这个宪法修正案的危险——特拉华州在2月8日，肯塔基州于2月24日，新泽西州在3月16日都发表了反对该修正案的声明。[1] 北部各州对宪法第13修正案的抵制，使南部11州在重返联邦后更有可能与某些北部州一道，组成一支反对宪法第13修正案的队伍。

林肯获悉国会提出宪法第13修正案的消息后所作出的第一反应，使宪法第13修正案原本不妙的前景变得更加戏剧化。那时林肯和国务卿西华德正在“里弗皇后”(River Queen)号船上，接见南部邦联的和平使者，以商谈迅速结束南北双方敌对状态的问题。* 威廉·麦克弗雷(William McFeely)对此情况作了精确的描述：

> 会谈期间，南部邦联代表得知宪法第13修正案……现已在众议院获得通过，并送交各州批准……林肯表明了他的立场，即根据《废奴宣言》获得自由的奴隶不能再回到受奴役的状态。但是，当国务卿西华德说出下述这席话——“如果南部诸州重返联邦……凭借它们自己的力量以及它们可能获得的其他州的支持，宪法第13修正案可能无法获得通过”——时，林肯没有发表任何意见。 136
>
> 当然在此问题上，林肯与西华德持不同的观点。他对南部邦联代表、自己的旧友辉格党人史蒂芬斯说：“假如我生活在佐治亚州……我将返回家园谋求州长职位……召开州议会并动员州议会召回前线参战的部队……以长远的政治眼光批准宪法第13修正案，以使其发生法律效力……奴隶制已日薄西山……”

---

〔1〕 新泽西州保留了它们作出的决定，并于1866年1月23日批准了宪法第13修正案。很久以后，特拉华州在1901年1月12日，肯塔基州在1976年3月18日也作了保留该修正案的声明。

* 1865年2月3日，南部邦联三名和平特使——副总统亚历山大·H.史蒂芬斯、约翰·A.坎贝尔和罗伯特·M.T.亨特——在弗吉尼亚州门罗堡外汉普顿锚地的“里弗皇后”号船上与林肯和国务卿西华德进行了会谈。林肯要求无条件恢复联邦，南部邦联代表则坚持要保留两个独立国家。——译者注

其后,林肯不止一次地表明了他对《废奴宣言》的支持态度,并指出他不会允许任何一个根据该宣言已获自由的奴隶重新回到受奴役的状态。然而,当史蒂芬斯对他的说法提出疑问时,林肯承认《废奴宣言》是一个战时措施,并勉强承认那些在达成和平停战前仍未获得自由的奴隶的法律身份不能改变。[1]

上述谈话是在秘密状态下进行的,或许它仅仅是一种谈判的策略。但这些谈话至少表明了宪法第13修正案获得批准的前景堪忧。林肯在其发表的最后一次公开演讲中,也表示了这种担心。该演讲为他在路易斯安那州推行的重建政策进行辩护,以反驳那些激烈攻击其重建政策的批评家。他的演讲虽说不够充分但却是相当谨慎的:

> 我再次申明,如果我们反对路易斯安那州,那就意味着我们放弃了使宪法第13修正案成为宪法之一部分的一票。为使宪法第13修正案获得通过,曾经有人说只要是未试图脱离联邦的3/4的州批准该修正案,就足以使其发生法律效力。我并不愿反对这种观点,但是更进一步说,以这种方式批准宪法修正案是有问题的,而且可以肯定它将在相当长的时间内遭到人们的质疑。但是,由所有州的3/4批准该修正案就不会有任何问题,也不容遭到任何怀疑。[2]

我们此时也面临着与费城制宪会议同样的问题——当初的费城制宪会议突破了《邦联条例》规定的宪法批准程序。我们知道,即使像汉密尔顿这样的冒险家在突破《邦联条例》规定的修宪程序时也感到异常惶恐,虽然他并未因这种惶恐而放弃突破该修宪程序的做法。由于林肯被约翰·威尔克斯·布斯(John Wilkes Booth)刺杀身亡,因此他也就丧失了像汉密尔顿那样突破宪法第5条规定之修宪程序的机会。但是,问题却依然存在:宪法第13修正案可以由所有北部州投票批准吗?联邦政府各部门会被动地允许南部11州就宪法第13修正案进行自由的投票吗?抑或是还有其他非常规的方式,用以解决适用怎样的宪法批准程序这个棘手的问题?

---

[1] 威廉·麦克弗雷(William McFeely):《格兰特》(*Grant*),第205~206页(1981年)。

[2] "最后一次公开演讲",载罗伊·贝斯勒(Roy Basler)主编:《林肯全集》(*Complete Works of Lincoln*)第8卷,第399、404页(1953年)。

正当整个国家因失去总统而备感痛惜的时候，人们也开始逐渐明白
了一点：总统职位并未因林肯总统的去世而消逝，它还要继续行使宪法赋 137
予它的领导权。在林肯总统遇刺身亡后，副总统安德鲁·约翰逊没有召集国会特别会议，而是让国会按照宪法规定的国事日程照常运转。从林肯总统遇刺身亡的4月到第三十九届国会举行第一次会议的12月，中间有7个月的时间。在此期间，总统是合众国政府唯一的权威代表者。约翰逊运用了他所拥有的所有权力——有时是一部分——以确保尽快地批准宪法第13修正案。

早些时候，林肯在阿肯色州、路易斯安那州、田纳西州以及弗吉尼亚州重建了忠于联邦的州政府，现在所剩的7个南部州就有赖于约翰逊确立过渡时期的政治路线了。[1] 在重建的过程中，他运用了将法律与法律之外的因素进行战略性混合的策略。他所发布的《北卡罗来纳宣言》(North Carolina Proclamation)——作为其他6州重建的样板——的某些方面表现出了一定的法律因素。当然其前提是总统的重建试验能够获得成功，且宪法第13修正案能够在南部诸州迅速获得通过。从这个角度来看，该宣言的最重要方面在于其对待南部诸州的方式：它认为南部各州从来就没有合法地放弃过它们各自的州宪。在召集新宪法会议的过程中，宣言着重强调了可以选举和被选举为新宪法会议代表的条件：他们应是“根据州宪和北卡罗来纳州1861年5月12日前生效的法律”享有选举权的公民，“因为1861年5月12日是所谓的脱离联邦之法律生效的日期”。从实质上来看，它意味着只有白人才能参与批准宪法第13修正案的投票。从形式上来说，它好像是为了恢复原有各州宪法的法律权威。

但表面现象是最具迷惑性的。实际上，总统发布的宣言在表面上严

---

[1] 在战争进行期间，阿肯色州由联邦控制的部分、路易斯安那州和田纳西州在林肯总统提出的“10%计划”的指导下已完成了重建（本计划是林肯在1863年12月提出的，即只要在1860年拥有投票权的公民中，有10%的人宣誓效忠，即可成立新的州政府。只有邦联政府中的高级官员才被剥夺宣誓效忠的权利。——译者注）。艾里克·麦克基特利克(Eric McKitrick)：《安德鲁·约翰逊与重建》(*Andrew Johnson and Reconstruction*)，第122页(1960年)。林肯还承认了弗吉尼亚州总督皮尔伯特(Pierpoint)在亚历山德拉(Alexandria)的傀儡政府，起初他曾考虑设立新的西弗吉尼亚州(West Virginia)。见詹姆斯·兰德尔(James Randall)：《林肯任期内的宪法问题》(*Constitutional Problems under Lincoln*)，第18章(1951年)。

格遵守了法律的法制主义表层下,同时创造了新概念和新制度。从字面上看,宣言明显有违常规的因素体现在它一再强调各州中只有"忠于联邦"的公民才能参与联邦的重建。为了提供一个衡量某公民是否"忠于联邦"的标准,约翰逊总统再次发布了一个宣言,要求每一个想要获总统特
138 赦的公民进行特赦宣誓。约翰逊采取的这一举措效仿了林肯的做法——但是两者之间却存在着天壤之别。只要涉及奴隶制问题,林肯即简单地要求宣誓者作如下宣誓,他们要:

> 衷心支持国会在内战期间通过的所有与奴隶制问题相关的法案,只要它们还未被国会或联邦最高法院的判决废止、修改或宣布无效。只要它们还尚未被联邦最高法院的判决修改或宣布无效,我将以同样的态度遵守和衷心支持总统在内战期间发布的所有与奴隶制问题相关的宣言。我祈求上帝的恩典。[1]

约翰逊则要求宣誓者作如下特赦宣誓:

> 我——在全能的上帝面前庄严宣誓,自此以后我将支持、保护、维持合众国宪法以及根据宪法而建立起来的合众国,我将以同样的态度遵守和衷心支持在内战期间制定和发布的所有与解放奴隶问题相关的法律与宣言。我祈求上帝的恩典。[2]

现在约翰逊总统的特赦要求宣誓者无条件地支持《废奴宣言》——而且还应当对其保持与宪法同等的忠诚度!

如此要求的鲜明特征在当时即已受到人们的广泛关注。[3] 为了进一步澄清这个问题,我以现代社会为背景,举一个假想出来的例子进行说明。假设十几年以后,妇女运动要求制定一个授予妊娠自由的宪法修正案,以使堕胎权建立在更坚实的基础之上。经过若干年的政治斗争,此目标即将实现:国会提出且有一半的州议会已经批准了这样的宪法修正案。然而,妇女运动取得的政治成功只能刺激反对派采取更强烈的对抗措施。

---

〔1〕 詹姆斯·理查德森(James Richardson)主编:《历届总统咨文与文稿》(*Message and Papers of the Presidents*)第6卷,第213~214页(1863年)。

〔2〕 同上,第310~311页(1865年)。

〔3〕 见《纽约世界报》(*New York World*)1865年5月30日;《芝加哥时代》(*Chicago Times*)1865年5月31日。

亲生命派*(Right-to-Life)迅速集结起来,并发动了一场需要出动联邦军队才能恢复秩序的群众暴乱。在暴乱者充斥了所有监狱的情况下,总统——这位主要由亲选择派(Freedom of Choice)投票才得入主白宫的人——开始考虑下一步该采取怎样的措施。总统援引了安德鲁·约翰逊的先例,对所有参与暴乱的亲生命派分子实行大赦,其前提是他们愿发誓"遵守并衷心支持罗伊诉魏德案的判决以及所有其他与堕胎问题相关的法律"。按照总统的说法,如果他们不发此誓,即有可能遭到长期监禁。当亲生命派的暴乱者作出了上述宣誓后,他们的监禁被撤销,且其案件也开始移交法院处理。在法院审理案件时,亲生命派的暴乱者要求不受此前所作宣誓对他们政治倾向的限制。在此情形下,联邦最高法院真的应 139
该支持亲生命派分子的要求吗?

我并不否认,在某些情况下,总统应该有广泛的自由裁量权以决定是否实行有条件的特赦。但在涉及与宪法第1修正案相关的重要问题时,特别是在总统想要压制持不同政见者的紧要关头,他不应有如此广泛的自由裁量权——在此时刻,只有人民才享有高级法创制的最终决定权。在我们考虑《北卡罗来纳宣言》时,约翰逊要求的特赦宣誓恰与上述情形如出一辙。

简言之,总统已卷入到了一场非常规的、决定宪法批准程序的行动之中。通过坚持北卡罗来纳州政府只能由"忠于合众国的人民……而非其他人"——而且这种对联邦的忠诚还要求他们无条件地支持《废奴宣言》——组织起来的方式,总统篡改了宪法第5条规定的修宪程序。根据宪法第5条的规定,各州议会享有支持或反对宪法修正案而不影响其在联邦中之地位的自由。但在宪法第13修正案之批准的问题上,总统及其同僚却没有让南部各州享有宪法第5条规定的自由选择权:南部诸州议会代表可以行使宪法第5条赋予他们的否决权以反对宪法第13修正案,但他们要冒玷污自己名声且他们所在的州也不忠于联邦的危险。

然而,总统对其超越宪法第5条的做法仍不感到满足。他在南方各

---

* 关于妇女堕胎权的问题,美国国内大致有两个派别:亲生命派和亲选择派。前者认为胎儿的生命是不可侵犯的,妇女没有堕胎权;而后者认为妇女有选择是否继续妊娠的自由,主张堕胎权。——译者注

州设立了一个有很大权力的临时州长以代表国家的利益——当然国家利益也是由总统界定的。像北卡罗来纳宣言所描述的那样,临时州长的作用是相当有限的:“在重建初期”,他将监督州制宪会议代表的选举,“以确保北卡罗来纳州忠于联邦的人们在恢复本州同联邦政府之宪法关系的过程中发挥主导作用;同时按照“保证条款”的规定,在本州组建共和政府”。但我们很快就会看到,在宪法修正案之批准陷入停顿的状态下,总统扩大了这些临时州长的权力。总之,总统发展出了一种新的宪法批准模式——我们且将其称为“打破常规的篡权之举”(unconventional delegitimation)。在美国发展史上,这种模式随着危机的出现还将再现。

从广义上来说,南方白人找到了一个迎合总统方案的中间路线。他们没有把支持邦联、煽动叛乱的人选入州制宪会议。但他们也不支持推行种族平等这种高级共和原则的白人领袖。从整体上看,1865 年的南部诸州制宪会议和州议会由“勉强的邦联主义者”控制着——这些人在内战期间追随其所在各州;但在南部诸州试图从联邦中脱离出来的时候,他们
140 都对分裂持冷淡或反对的态度。这些人显然不愿接受联邦政府发布的敕令,承认选举他们的民众没有合法的选举人资格,因为这样他们就无法谋求即将到手的政治地位。[1] 与此相应,他们认为自己在诸如宪法第 13 修正案这样的问题上有投赞成或反对票的选择权。

但这种选择不是在联邦党人于 18 世纪设定的联邦内各州一律平等的框架内作出的。

非常规的宪法第 13 修正案的批准过程

为更好地概括总统在决定宪法批准程序问题上发挥的精确作用,我将约翰逊总统发往两个州的电文摘录如下——在这两个州中,一个州反

---

〔1〕 见麦克尔·波尔曼(Michael Perman):《无条件的重新统一:南方与重建,1865 ~ 1868 年》(*Reunion Without Compromise: The South and Reconstruction*, 1865 - 1868)(1973 年)。关于选举结果的详细考察,见丹·卡特(Dan Carter):《战争结束时》(*When the War Was Over*),第 3 章(1985 年)。

对而另一个州则批准了宪法第 13 修正案。

密西西比州

当密西西比州在南部诸州中第一个召开批准宪法会议时，约翰逊给临时州长威廉·萨尔凯(William Sharkey)发了一份电报，电文如下：

国务院

华盛顿特区

1865 年 8 月 15 日

W. L. 萨尔凯州长，密西西比：

我非常高兴地看到，你如此轻松地就在密西西比组织起来你的制宪会议。我真诚地希望你的制宪会议能够尽快地修正州宪、废除奴隶制，而且我也希望制宪会议不授权州议会以制定将人视为财产的法律；当然我还希望制宪会议能够批准废除奴隶制的宪法修正案。如果你能让所有有色人种——这些有色人种能以英文阅读合众国宪法且能够写出自己的名字，同时他们还应拥有价值不少于 250 美元的不动产，并有赋税的能力——享有选举权，那么你就将彻底地击败
你的对手并为其他州树立一个值得效法的重建模式。你尽管放心大 141
胆地作上述工作；这样在有色人种之自由的问题上，你就为南部各州提供了一个与自由州同等的根基。我希望而且相信你的制宪会议能够做到这些。如此，那些热衷于黑人选举权问题的激进主义分子即会遭到彻底的失败——这些激进主义分子打算不让南部各州国会代表参加国会，以阻止南部诸州恢复同联邦的关系。

安德鲁·约翰逊〔1〕

通过对电文的仔细分析我们不难看出当时形势的复杂性。当总统的

〔1〕 这些电文发现于总统 1866 年 3 月 6 日致参议院的咨文中，《总统办公室档案》第 26 卷，第三十九届国会第一次会议(1866 年)的记录。发给密西西比州的电文见诸第 229 页。

电报很快在南部诸州(以及整个国家)变得家喻户晓后,[1]官方舆论直指约翰逊任命临时州长的做法:"我非常高兴地看到,**你**组织起来了你的制宪会议。我真诚地希望**你**的制宪会议能够尽快地……"如此巧妙地运用所有格形式从某种程度上确立了一个等级关系:州制宪会议被认为是临时州长的创造物,就像总统创设了临时州长那样。

但总统并未运用强制性的口吻。他只是"希望"能够确保宪法第13修正案"尽快"地获得通过,并将这个目标留给了临时州长引导"他的"制宪会议来实现。如果与总统在黑人选举权问题上发表的言论作一番对比,我们就能看清这种"希望"所包含的准强制性特征。在黑人选举权问题上,他明确地给诸州制宪会议代表留下了更宽广的回旋余地,尽管他曾经指出在此问题上可能存在国会会采取"打破常规的篡权之举"的潜在威胁。

在发给密西西比临时州长的下一轮电文中,我们发现总统的作用变得更加复杂和含混不清。萨尔凯州长指出,总统要求州制宪会议批准宪法第13修正案与事实不符,因为国会已经明确表示应由**诸州议会**批准宪法第13修正案。总统的答复很值得我们思考:

> 你的制宪会议可以批准宪法修正案,使之成为合众国宪法的一部分;或推荐州议会完成此项工作。你无疑已经发现了这样一种倾向:在恢复南部诸州政府同联邦之间关系的过程中,北方极端分子的做法已使问题有所改变。因此从总体上来说,尽快而慎重地批准宪法第13修正案是首要的。
>
> 密西西比州的行动将对其他州以后的做法产生强有力的影响。[2]

这里我们应该注意,总统非常规地作出的"制宪会议可以批准宪法修正案,或委托州议会批准宪法修正案"的断言,取代了国会作出的以诸州议会批准宪法修正案的决定。然而尽管有约翰逊总统的一再催促,"忠于

---

〔1〕 艾里克·麦克基特里克(Eric McKitrick):《安德鲁·约翰逊与重建》(*Andrew Johnson and Reconstruction*),第200~201页(1960年)。

〔2〕 总统的咨文,《总统办公室档案》第26卷,第三十九届国会第一次会议(1866年)的记录。此电文见诸第230页。

联邦的密西西比人”还是没有迅速行动起来批准宪法第13修正案。在州
制宪会议废除了脱离联邦的法令、修正了战前州宪而废除了奴隶制以后， 142
它将批准宪法第13修正案的权力交给了州议会。在州议会召集起来之
后，总统立即改变了他的观点：

国务院

华盛顿特区

1865年11月1日

临时州长萨尔凯，纳齐兹(Natchez)，*密西西比

目前最重要的是州议会批准宪法修正案，废除奴隶制。在当前情况下，人们以极度的热情关注着密西西比州议会的举动，州议会不批准宪法修正案将使人们认为州制宪会议从今以后废除奴隶制的举措没有任何法律效力。这种说法不无道理，如果州制宪会议已经善意地废除了奴隶制，为什么州议会还在批准宪法第13修正案使之成为宪法的一部分这样的问题上犹豫不决呢？

我相信上帝会帮助州议会批准宪法修正案。惟其如此，它们才为本州向国会参、众两院派出代表扫清了道路。

祝贺你及你的同事当选为参议院代表。

安德鲁·约翰逊[1]

密西西比人的做法把总统弄得措手不及。1865年12月2日，他们严正地否决了宪法第13修正案。在一份正式的咨文中，[2]州议会指出州制宪会议已经修正了州宪并废除了奴隶制。因此从法律上讲，再用宪法第13修正案解放密西西比的黑人即没有任何必要性。除此而外，密西西比州议会还认为宪法第13修正案第2款极具危险性，因此应当受到批判；

---

* 地名。——译者注

〔1〕 艾里克·麦克基特里克(Eric McKitrick)：《安德鲁·约翰逊与重建》(*Andrew Johnson and Reconstruction*)，第233页(1960年)。

〔2〕 艾里克·麦克基特里克(Eric McKitrick)：《安德鲁·约翰逊与重建》(*Andrew Johnson and Reconstruction*)，第79～80页(1960年)。

因为它授权国会“以适当立法实施本条”:

> 我们无法预测,国会将来会根据此修正案第2款制定出什么样的法律。国会可能会声称制定与我州被解放奴隶有关的法律是“适当的”。我们几乎无法想象出哪儿还有比此更危险的授权……我们感到担忧的是,如果本修正案的第2款成为宪法的一部分,激进主义者以及极端分子将以有色人种的自由不够完整为托辞搅乱整个国
> 143 家,直到有色人种的社会和政治地位与白人相同时为止。该修正案第2款过于关注联邦政府保留给诸州及其人民的权利,打破了各州在联邦内部的平衡,毁掉了各州在其内部事务上的有效权威和自主权。[1]

密西西比州呼吁总统与国人重新思考内战的含义:《废奴宣言》是一回事,国家主义(nationalism)则是另外一回事。难道我们人民进行内战,是为了授权联邦政府干预各州管理本州的民权问题吗?

现在球又踢到了总统这边:对宪法含义的这种保守性解释,总统又将作出怎样的反应?

或许我们永远也无法知道这个问题。毕竟,密西西比州就宪法第13修正案发出的反对之声为时已晚。12月5日,国务卿西华德电贺亚拉巴马州临时州长[2]:“总统祝贺你以及亚拉巴马州批准国会提出的宪法第13修正案,正是你们的支持……使得该修正案作为合众国领土上的一个基本法律而具备了完整的法律效力”。[3] 在祝贺亚拉巴马州批准了宪法修正案的同时,总统本人也暗自庆幸——宪法第13修正案所以获得批准,部分地要归功于他作出的那些出格的、影响了宪法修正案批准程序的行为。

---

〔1〕 同上。

〔2〕 艾里克·麦克基特里克(Eric McKitrick):《安德鲁·约翰逊与南部重建》(*Andrew Johnson and Reconstruction*),第109~110页(1960年)。

〔3〕 同上,第110页。

南卡罗来纳州

我们知道，南卡罗来纳是第一个脱离联邦的州。* 因此，该州在解放奴隶问题上的态度具有特殊意义。那时已到了非常关键的时刻。林肯重建的四个南部州政府在国会提出宪法第13修正案后不久，即批准了该修正案。[1] 南卡罗来纳是由约翰逊总统重建的剩余7州中最先批准宪法第13修正案的。用约翰逊总统自己的话来说，此州批准宪法第13修正案将“无疑为其他各州随后的举动树立一个样板”[2]——反之亦然。在相关的文件记录中，约翰逊总统的焦虑心情表现得淋漓尽致。

南卡罗来纳临时州长本杰明·佩利（Benjamin Perry）在该州制宪会议召集之时，要求总统给予明确的指示：

1865年8月28日

> 在本州的制宪会议修正州宪废除奴隶制以后，我想得到关于我之职责的明确指示……州制宪会议能够选举州议会成员，并在10月的第2个星期一监督人民投票选举本州州长。在这些选举结束后，我是否有责任以临时州长的身份召集新的州议会，还是我的职责在
> 新的州政府组织起来之后即告结束？我担任临时州长的时间还有多 144
> 长？我的职责在本州重返联邦以后即应终止吗？……我有资格与新当选的州长一起召集州议会吗？如果是这样，我仍然是临时州长吗？如果我仍是临时州长，我有哪些职责？……临时州长与新当选的州长将如何共事？[3]

这些问题击中了总统重建方案的薄弱环节。从表面上来看，约翰逊

---

* 1860年11月10日，南卡罗来纳州议会决定于12月17日在哥伦比亚召开特别会议，讨论脱离联邦问题。会议进行到第三天，即12月20日，特别代表大会一致投票通过一项法令，取消该州与联邦各州之间的联盟关系。1861年1月至6月初，10个蓄奴州继南卡罗来纳州之后脱离联邦。南卡罗来纳州在脱离联邦的行动中起到了领头羊的作用。——译者注

〔1〕 弗吉尼亚州（1865年2月9日），路易斯安那州（1865年2月17日），田纳西州（1865年4月7日），阿肯色州（1865年4月14日）批准了宪法第13修正案。U.S.C.A.（美国注释法典），宪法第13、14修正案（1972年）。

〔2〕 总统咨文，见第三十九届国会会议记录，第26卷（1866年），第253页。

〔3〕 同上，第116~117页。

总统发布那些宣言的目的在于通过州制宪会议**恢复**南部诸州政府的共和政体。在废止各州脱离联邦法令的同时,重新肯定战前各州宪法(当然要对其进行修订以废除奴隶制)。在这些事情完结后,南卡罗来纳州选出了州长与议会代表,这样就很难看到总统委任的临时州长还有什么其他事情可作了。[1] 现在南卡罗来纳州政府已经建立起来并开始正常运转,是否佩利的使命已经结束?

但是约翰逊总统和国务卿西华德没有中佩利设下的宪法圈套:

国务院

华盛顿

1865年9月29日

佩利先生:我很荣幸地收到您8月28日的来电,并将其呈交给了总统阁下。在电文中您谈道:……[重复了电文中的问题]。作为答复,我在此电文中荣幸地通知您:总统认为现在还不是预测未来将发生何种事情的时候。他希望您能够详细、真实地汇报一下南卡罗来纳州政府之所作所为及其重建的进展情况。无论如何,您将继续行使总统授予您作为临时州长的职权,直到新建的秩序能够正常运转时为止。

恭喜您在南卡罗来纳州做了那么多有益的事情,唯您马首是瞻的,

威廉·H.西华德[2]

在当时的制度建构下,南卡罗来纳州议会的议员在批准宪法第13修
145 正案的过程中不可能对其进行深入的思考。临时州长的存在表明,如果他们不批准宪法第13修正案,总统即有足够的能力对南卡罗来纳州作为独立州的地位发起冲击。实际上,在12月正式公布宪法第13修正案发生法律效力之前,国务卿西华德根本不想撤销任何一位临时州长。[3]

---

[1] 当然,他在军事方面的职责并未发生改变。

[2] 总统咨文,第三十九届国会第一次会议记录,《政府文件》第26卷,第118页。

[3] 见乔治·克莱门休(Georges Clemenceau):《美国之重建》(*American Reconstruction*),第60~63页(1928年)。亚拉巴马州临时州长于12月18日被解职,而南卡罗来纳州临时州长则是在12月21日离职的。同上。

在西华德的电文中，没有任何内容试图论证以非常规手段维持联邦权威之做法的**正当性**。在此阶段，他也没有明确表示批准宪法第13修正案即是撤销临时州长的前提条件。他和总统无疑都希望诸州议会明白这层隐含的意思，以使宪法第13修正案尽快地获得批准。

当然，一些并不微妙的问题也有必要在此加以澄清。密西西比州议会第一个站出来反对宪法第13修正案的做法，使总统匆匆地写下了如下电文。此电文保存在贴有"个人事务"标签的档案之中：

国务院

华盛顿特区

1865年10月31日

临时州长B.F.佩利，南卡罗来纳州哥伦比亚：

在批准废除奴隶制的宪法第13修正案以及承担支持叛乱、反对联邦政府所欠债务的问题上，州议会将采取何种举措备受人们关注。如果州制宪会议在废除奴隶制问题上采取了善意的措施，为什么州议会还在批准第13修正案，使之成为合众国宪法的一部分这样的问题上犹豫不决呢？

我相信上帝不会让我们恢复联邦的努力现在受挫，也不会让我们迄今为止已经付出的那些辛劳付诸东流。我仍然相信，我们所需要的东西都会如期而至。

这应该是一个天赐良机，南部各州人民应该为这一机会的到来而感到欢欣鼓舞。

如果我想知道是什么样的热望驻于我心，充斥着我的激情，那么它就是重建联邦，包扎并医治因同胞兄弟之间的残杀而给这个国家带来的创伤。在上天赐予的爱心和智慧的引导下，联邦与和平将在这块土地上再现。

安德鲁·约翰逊[1]

---

〔1〕 总统咨文，见第三十九届国会第一次会议记录，《政府文件》第26卷（1866年），第120页。

对宪法第13修正案的抵制仍在继续着。一周之后,国务卿西华德发出了一个广为人知的电报,[1]其目的在于阻止南卡罗来纳州根据宪法第5条之规定对第13修正案行使否决权。州议会指出了那个同样困扰着密
146 西西比州的问题:宪法第13修正案授予了国会就被解放奴隶问题进行相关立法的权力。国务卿作了如下答复:"州议会的反对……是不理智且毫无道理的……总统认为批准宪法第13修正案,是南卡罗来纳州恢复其同联邦内其他诸州之间关系的必要条件"。[2] 对于南部各州不批准宪法第13修正案的问题,总统现已不再用"采取非常规举措,剥夺这些州的合法权威"(即前面提到的不允许南部各州代表参加国会。——译者注)相威胁了,他在以自己的观点发表意见。

其后,坏消息一个个地接踵而至。当西华德以巧妙的方式将这些消息通知总统时,约翰逊"遗憾地认为南卡罗来纳州似乎打算否决宪法第13修正案……不废除奴隶制了"。[3] 但是,国务卿却认为现在作出这样的定论为时尚早。他指出总统在批准宪法第13修正案的问题上"并未改变"其观点;在接到新的通知之前,佩利将"继续履行……其作为临时州长的职权"。[4]

现在,约翰逊开始对联邦党人于共和国早期制定的修宪程序发起了正面挑战。他决定不再按照宪法第5条规定的、各州和国家之间应是平等伙伴关系这一框架采取行动了。他威胁道,如果南卡罗来纳州反对总统领导权,其当局的合法权威将因"联邦政府采取非常规的手段而被剥夺"。

正是基于此点,南卡罗来纳州开始重新考虑宪法第13修正案。[5] 11月13日,宪法第13修正案在南卡罗来纳州获得批准。这一结果造就的花车效应影响了约翰逊总统重建的其他3个州——亚拉巴马、佐治亚和北卡罗来纳,他们在国会于12月初重返华盛顿召开会议之前也批准了宪

[1] 此电报发出后,国会对其进行了长达几个月的讨论。

[2] 总统咨文,见第三十九届国会第一次会议记录,《政府文件》第26卷(1866年),第197~198页。

[3] 同上,第198~199页。

[4] 同上。

[5] 同上,第199页。

法修正案。因此,西华德国务卿得以在 12 月 5 日发出了一个著名的通电,电贺宪法第 13 修正案在亚拉巴马州和全国获得批准。

在考察南卡罗来纳州"及时转向"这一问题时,我们应尽量避免夸大其词。一方面,南卡罗来纳州的白人丧失了宪法第 5 条授予他们的部分权力;另一方面,他们并未被贬低到没有任何权力的地步。尽管他们作出的决定有违常规,但这毕竟是一个不争的事实。现在让我们假设一下,如果南卡罗来纳加入到密西西比州反对宪法第 13 修正案的行列,又将出现 147
怎样的结果呢?

如果事情果真按着我们的假设发展,约翰逊总统重建的 7 个州可能会与特拉华州、肯塔基州与新泽西州一样反对宪法第 13 修正案,这样该修正案将无法达到 36 州中必要的 27 个州的同意——如此,美国人民将回忆起林肯总统曾经发出的悲怆告诫:仅由北部诸州中的 3/4 批准宪法第 13 修正案"存在若干问题,而且可以肯定这些问题还将持续下去"。[1]可以肯定,南部诸州之反对宪法第 13 修正案,将使宪法斗争变得更为激烈。但正如下章所示,这种斗争终归是要出现的。

不能将南部诸州之批准宪法第 13 修正案,看做是完全出于法律或者完全出于强制性的原因。正确的做法是将此结果视为法律与超法律因素混合作用的结果。南卡罗来纳州批准宪法第 13 修正案的过程,就是最具代表性的例子。一方面,用总统在宣言中运用的话来说,南卡罗来纳人在哥伦比亚召集的州议会,**并非**由那些可以自由对宪法第 13 修正案发表意见的、"忠于联邦的美国公民"组成的。他们有能力代表南卡罗来纳州,因为他们都是经过一系列复杂、合法的程序,以选举方式产生的代表。另一方面,在战前州宪仍然生效的正常条件下,南卡罗来纳州议会可能不会批准宪法第 13 修正案。诚然,在约翰逊总统发出的第一份公开电文中,包含着这样一个深层次的含义——该电文告知南部诸州:宪法第 13 修正案既可由"州制宪会议"也可由州议会批准。透过这种表象,我们就会发现:

〔1〕 当然,什么样的突发事件都有可能发生。新泽西州于 1866 年一反常态,在国务卿西华德于 1865 年 12 月 18 日宣布宪法第 13 修正案生效后,给国务卿发去了一个象征性"接受"宪法第 13 修正案的通知。在此期间,当然也有可能有一些已经批准了宪法第 13 修正案的州改变了初衷,从而使人们仍然不敢肯定宪法第 13 修正案将发生法律效力。

南卡罗来纳此时批准宪法的州议会更像该州批准1787年宪法时的州“制宪会议”,而不像是一个常规的立法机构。在对既存的修宪规则发起了国家主义挑战的1787年和1865年,南卡罗来纳州都批准了当时的宪法。

然而,在约翰逊总统将国家利益融入到宪法批准过程中之后,南部诸州在是否批准宪法第13修正案的问题上仍然起着关键的作用。密西西比州的事例表明,南方诸州议员完全有能力拒绝总统的要求——如果经过一番深思熟虑后认识到宪法第13修正案之批准将毁掉他们政治前途的情况下,这些议员更有可能不理会总统提出的这些要求。实际上,如果他们成了国家权威的玩偶,他们即便是批准了宪法第13修正案也没有丝毫价值。

从更广泛的意义上来看,推动总统在批准宪法第13修正案的过程中,以国家主义的方式行使总统领导权的动力,与解放奴隶之宪法修正案
148 的国家主义内容有着惊人的相似之处。南部诸州批准宪法第13修正案既非总统一人也非南部诸州议会独立运作的结果;它是“国家—诸州”之间以一种全新的方式相互作用的独特产儿——在这种新形式的州与国家之间的相互关系中,联邦政府发挥了日益强大的作用。当我们回过头来审视宪法第13修正案本身的内容时,也会发现同样的道理。该修正案第2款产生的后果是,联邦政府获得了干预诸州内部事务的权力,而这种权力在以前是由诸州独立行使的。没有联邦政府非常规的干预,诸州在处理关于自己内部事务的问题上就不会让步,这点我们会感到奇怪吗?没有南部诸州的认可,联邦政府权力的大规模扩张是合法的吗?

由于总统领导权的运用,1865年12月的宪法与4月林肯总统被暗杀时的宪法已经有了天壤之别。宪法第13修正案已不能再被视为北部诸州“我们人民”的独创。尽管有些非常规的干预,南部各州的白人代表也投了宪法第13修正案的赞成票。

在总统领导权的压力下,由白人控制的南部诸州作出批准宪法第13修正案的姿态是一回事;合众国中的其他各州对此表示接受则是另外一回事。从深层次来看,这一问题与1789年第一届国会所面临的问题颇有几分相似之处——那时北卡罗来纳州和罗得岛州仍然游离于新成立的联邦之外。这两个不甘附就的州根据《邦联条例》规定的宪法批准规则,公

然指责其他 11 州中主张组建联邦的人是非法的分裂分子。同理，约翰逊总统在决定宪法修正案之批准程序上的做法，亦可被视为对联邦党人确立的修宪程序的非法嘲弄。在 9 月份发表的那个著名演讲中，塞德斯·史蒂文斯抨击了总统，并进而要求没收不忠于联邦的南方白人的土地，并将这些土地重新分配给忠于联邦的黑人：

> 总统告诫叛乱各州，“在参加联邦政府之前，你们必须废除奴隶制、修正选举法”。这是征服者的命令……如果将南部诸州计算在内，废除奴隶制的宪法修正案或许永远都不能获得 3/4 州的批准。在这些州内炮制出来的制宪会议，可能会投宪法第 13 修正案的赞成票。但我们不难推断出，经过真实、公正选举产生的制宪会议永远都不会批准它。

如果你已不再对这些耳熟能详的话感兴趣，我将把讨论的中心再次转向宪法改革的巩固阶段。林肯和约翰逊总统不止一次地使人民选举的代表，支持他们以非常规的手法提出的解放黑人的动议。尽管从法律上看，这个越来越大、其速度也愈来愈快的制度花车有违规则，但它是否到了任何一个冷静的人都应对其表示接受，并将其视为“我们人民”之意志 149
的程度了呢？或者，解放黑人的动议仅仅是“炮制出来的制宪会议”因一时之怒而作出的冲动举措呢？

宪法改革的巩固

在批准 1787 年宪法的过程中，北卡罗来纳州和罗得岛州最终作出批准宪法、登上制度花车的决定表明：批准宪法的权力还掌握在各州的手中。在说明了重建体现出来的国家主义倾向后，我们不难预测：重建时期宪法改革的巩固，在很大程度上将取决于总统和国会之间复杂的互动关系。

针锋相对的两个方面：萨姆纳之提案与总统之咨文

当参议院于 12 月 4 日举行会议时，萨姆纳立即登上讲坛提出了第一个决议案：

> 鉴于国会两院2/3多数的同意，宪法修正案已被移交几个州的议会进行批准。该修正案的内容如下：[引述了宪法第13修正案的全文]。鉴于在该修正案送交各州议会批准时，有一些州由于叛乱的原因没有州议会，因此当该修正案按照宪法规定之形式送交各州批准时，它不是也不可能被送交所有州议会，[1]而只能是“几个州议会”进行批准。根据宪法规定的有关修宪条款之文字和精神实质来看，州议会之数量将少于实际的州的数量；鉴于宪法明确规定可以对其进行修正，在不成熟的时机将宪法修正案移交各州进行批准必然有违宪法之字面规定及精神实质。为使宪法修正案发生法律效力，要求那些因战争原因而没有州议会的州也由“州议会”批准宪法修正案，此种做法将使宪法修正案长期陷于悬而不决的状态之中，这不仅
> 150 有误国家之和平，亦有误宪法本身；鉴于宪法本身规定的条件及内容，国会两院有权决定宪法在何时已获各州批准；鉴于3/4多数州议会的同意才能使宪法修正案获得批准，因此现在请参议院决定（也包括众议院），这个废除奴隶制的修正案已经成为美利坚合众国宪法的一部分。
>
> 决定，尽管作出了上述决议，由于此问题与广大人民之利益息息相关，故允许尚未批准该修正案的诸州可以以批准宪法之正常程序表明支持该修正案，且可以用正常的形式反馈投票结果。
>
> 决定，由于参与反对美利坚合众国之叛乱，不得将宪法修正案提交这些州议会进行批准；在其州议会审时度势批准宪法第13修正案、认可宪法第13修正案为美利坚合众国宪法之一部分为既定事实之前，上述各州不得恢复它们同合众国及其他诸州之间的关系，不得向国会派出参议员与众议员。[2]

在决定宪法第13修正案之批准程序的问题上，总统曾采取了若干举

---

〔1〕 看来萨姆纳认为宪法第13修正案未被送交南方的说法是不正确的。见第三十九届国会第二次会议记录（1867年），第598页。国务卿西华德在1865年11月6日回复南卡罗来纳州临时州州长的信中写道：“我发现，宪法修正案在国会通过后即已尽快地、毫无例外地邮送诸州州长。无疑，战争推迟了宪法修正案到达南卡罗来纳州长手中的时间，那里正发生着叛乱”。总统咨文，见第三十九届国会会议记录，第26卷（1866年），第198页。

〔2〕 第三十九届国会第一次会议记录（1865年），第2页。

措。而上述决议的目的,即在于全面否定总统那些举措的宪法意义。当然,它也不认为总统及其代理人西华德有权决定高级法创制过程中的一些争议问题:“鉴于宪法本身规定的条件及内容,国会两院有权决定宪法在何时已获各州批准”。

第二天轮到总统发言。他致国会的年度咨文[1]是个非常重要的文件。大多数报纸在其头版刊登了这个国情咨文以供广大民众进行讨论。该国情咨文强烈反对对南部各州进行长时间的军事监管,因为这种做法“将把人民分为征服者与被征服者两部分,它将使人民之间产生更多的敌对情绪而无助于增进人们之间的爱心”。[2] 这种做法不仅无法达到预期目的且有违宪法:“正确的做法应该是,所有那些非发自内心的分裂行为自其发生时起就没有效力……由于发动了叛乱,这些州的影响力受到了削弱而没有彻底丧失;它们作为独立州的功能暂时无法行使而不是被彻底摧毁了”。[3] 非但没有把自己描绘成一个军事独裁者,约翰逊总统运用其权威为叛乱各州勾勒出了一个合宪的政府。

当然总统的国情咨文绝不是一个保守性的文件。在论及宪法第 13 151
修正案时,约翰逊总统并不讳言自己追求的事业有法律上的瑕疵。相反,他以自己非常规地行使总统领导权,促进宪法第 13 修正案的批准而感到自豪:

> 由于没有哪个州能为自己的叛国罪行罗列出正当的理由,故而合众国政府绝对地拥有行使特赦的权力。在行使此项权力的同时,我异常谨慎地将其同以下两个问题联系起来:明确地认可合众国法律之约束力以及无条件地承认奴隶由于战争已经获得了解放这一巨大的社会变迁。
>
> 为恢复各州之间的宪法关系,我采取的下一个举措是邀请他们参与修正宪法的工作。从公众安全的角度出发,每个热爱祖国的人

---

〔1〕 该咨文写明的日期是 12 月 4 日。它于 12 月 5 日被提交国会,这一天国务卿西华德电贺亚拉巴马州批准宪法第 13 修正案。同上,第 144 页。

〔2〕 詹姆斯·理查德森(James Richardson)主编:《历届总统咨文与文稿》(*Message and Papers of the Presidents*)第 6 卷,第 356 页。

〔3〕 同上,第 357 页。

> 都必然希望对战犯实行整体性的赦免。为实现这一伟大的目标，我们就必须宽容各种观点且富有相互包容的精神。最近相互之间发生了激烈冲突的各个党派必须协调起来、共同工作。现在，以全体人民的名义提出下列问题仍属必要：即要求一方（主要指北部诸州公民）在推行重建方案时要自愿忘记过去的无秩序状态；而要求另一方（主要指南部诸州公民）批准这个已经提出的宪法修正案，以确保他们在未来仍能对联邦怀有持久的忠诚——毕竟，现在人们对他们能否做到此点仍然心存疑虑。这个宪法修正案为在全国范围内永远消除奴隶制提供了保障。如果宪法修正案的批准受阻，疑虑、猜忌以及诸多不确定的因素将遍行全国。它是一项能够抹去对过去之痛苦回忆的措施；更肯定地说，它也是一项能够推动人口、资金和安全感流向合众国内最需要它们的地方去的措施。诚然，对那些正在恢复其在联邦中地位的各州而言，要求它们发誓永远保证忠诚联邦与维护和平也是必要的。此后，我们应该忘却过去他们做了些什么。宪法修正案的批准使我们超越了一切造成分裂的力量，并重新联合起来；它彻底治愈了战争给这个国家造成的、尚未痊愈的伤痛。它也消除了奴隶制，此问题曾长期困扰并使这个国家陷于分崩离析的困境；它也再一次使全国人民团结起来，并赋予人民以更新、更强、更多的相互友爱和支持。
>
> 宪法修正案已获通过，该修正案的通过将使那些发动叛乱的南部州恢复批准宪法的权力，并进而完成重建工作——这种权力在它
> 152 们争取重返国会两院的过程中曾处于不确定的状态。参、众两院的同胞们，你们在此应该为自己判断一下，使你们得以称为国会议员的选举过程、选举结果以及你们的选民资格。

此处，存在着一个开国元勋们永远都不可能听懂的说法：总统要求各州以“全体人民”的名义对宪法第13修正案“宣誓”，总统自豪地运用其手中的特赦权，要求人们“无条件地承认奴隶的解放而造成的巨大社会变迁”。

同样重要的是，约翰逊断言自己拥有与国会对抗的权威。与萨姆纳的观点进行一番对比，我们发现他并没有等着国会来决定宪法修正案之

批准而引发的法律问题。他宣布宪法修正案**已经**获得通过。但是，国会会赞成这种说法吗？

西华德之宣布宪法修正案生效

在上述背景下，国务卿西华德之正式宣布宪法第13修正案发生法律效力即可被视为一个颇具挑衅性的举动。西华德作出的宣告根本没有回避那些致使萨姆纳与约翰逊之间发生分歧的问题，而是公然支持总统的所有做法——尽管这些做法本身存在着大量问题。[1] 它明确地否定了仅有北部诸州参与了宪法第13修正案之批准的观点："合众国由全部36州组成"。它也明确地反对林肯和约翰逊总统没能在南部各州成功地重建出共和政府的说法——在使宪法第13修正案得以生效的27个州中，西华德所作宣告明确地列出了那8个具有举足轻重地位的南方政府。最后，在南部各州批准宪法第13修正案的时候，国务卿认为联邦政府也没有以有违宪法的手段，迫使它们就范。（实际上，他本人及约翰逊总统在很大程度上都参与了强迫南部各州政府批准宪法第13修正案的活动）。

当我们看到国务卿对事关高级法创制的一些基本问题作出了**权威性**论断的时候，他所作宣告的第二个特征凸显了出来——这个宣告缺少必要的法律根据。可以肯定，宪法第5条并未授予国务卿这样的权力。其他一些仍然有效的法规亦是如此：

> 第2款　为更明确地公布法律，当已经提出或将来可能提出的
> 宪法修正案获得通过时，国务院应接到正式的通知。根据合众国宪 153
> 法之规定，立即将前述宪法修正案在有权发布法律的报纸上进行公布乃国务卿的职责。作为证明人，国务卿应特别列出那些批准该宪法修正案并使之成为合众国宪法之一部分而发生法律效力的各州。[2]

此款是"为了公布合众国法律之目的"而于1818年制定的一个法典的部分内容。它授权国务卿可以在报纸以及特定的法规汇编中公布所有

[1] 见第4章。

[2] 第十五届国会第一次会议。法规汇编第3卷，第80章，第439页(1818年)。

的法律与条约。从上述条文中我们不难看出,国务卿仅是一个证明法律发生效力的主要证明人(certifier-in-chief);他根本无权决定那些与高级法之创制有关的基本问题。此款的明确规定可以消除我们的任何疑虑:只有在“……宪法修正案获得通过,国务院应接到正式的通知”时,国务卿才有权在报纸上公布该法案。尽管此项法律并未明确规定可以向国务院发送正式通知的部门,但有一点是非常明确的:承担此项工作的绝非国务卿,否则这种规定就没有任何意义。后来发生的事情表明,国务卿西华德并没有对他拥有的法律权力发生任何误解。在宪法第14修正案的批准引发了类似问题的时候,[1]西华德公开承认“1818年法案以及任何其他法律都没有以明示或暗示的方式,授权国务卿决定各州议会之组织是否正当这样的疑难问题”。[2]

然而,西华德在宣告宪法第13修正案发生法律效力时好像根本就不存在这些法律问题。虽然声称自己的行动是“按照国会于公元1818年4月20日通过的法案”[3]作出的,但是国务卿并未证明该法案要求的、“发送正式通知”的问题。以此模糊的方式,他隐瞒了自己无权解决基本宪法问题的事实。虽然揭穿西华德之宣告宪法第13修正案发生法律效力缺少足够的法律依据并非难事,但这并不意味着它就是细枝末节的问题。在此,我们又一次目击了这样的事实:在以非常规的手段批准宪法修正案的过程中,法律与超法律的因素再次以独特的方式结合在一起。

西华德所做的一纸法律宣言,并不足以巩固宪法第13修正案作为高级法的地位。国会中的共和党人仍有可能云集于萨姆纳的旗帜下。面对
154 西华德发出的挑战——他超越权限将南部各州划入批准宪法州的行列,国会将反对行政领导权在宪法改革中的勃兴,还是登上日渐加速的制度花车,对西华德之宣布宪法第13修正案发生法律效力的做法表示接受呢?

---

〔1〕 见第8章,第233页。

〔2〕 第11号公告,法规汇编第15卷(1868年),第706、707页。

〔3〕 第52号公告,法规汇编第13卷(1865年),第774、775页。

国会之默许

就在国务卿宣布宪法第13修正案获得批准的当天,塞德斯·史蒂文斯在众议院重申了萨姆纳的主张:

> 最重要的是应该确立一个原则,以确定不将叛乱各州计入批准宪法修正案的行列……在没有任何法律依据的情况下,白人叛乱分子在刚刚发动了叛乱的各州为批准宪法第13修正案之目的而集会——对此,我根本不以为然。对这些州采取的那些阴险而琐碎的手法,我也不屑一顾——正是这些手法误导了国务卿,并使他接二连三地通电全国"南卡罗来纳州已通过宪法修正案";"亚拉巴马州通过宪法修正案,从而成为批准该修正案的第27个州";等等。这些做法之目的在于欺骗人民,诱使国会能够接受这些州——就像它们依然合法地存在着一样。[1]

然而,国会中的大多数共和党人并无意于响应史蒂文斯的号召,以"确立一个原则"。[2] 实际上,他们迅速登上了行政领导权在宪法改革中发挥了相当作用的制度花车,默许了西华德在行政权方面的一些出格行为。

在此前讨论一项民权法案的时候,国会即异常明确地表明了它的态度。12月13日,也就是西华德宣告宪法第13修正案发生法律效力的前五天,参议院第一次审议了这项民权法案。代表黑人利益的参议员亨利·威尔逊(Henry Wilson)呼吁无须等待国会委员会再对其进行更长时间的审查,立即宣布该民权法案生效。尽管民权法案规定的措施并不温和,但这个由威尔逊提出的民权法案像《废奴宣言》一样,只保护那些生活在南部邦联诸州内的黑人,而把生活在美国其他各州的黑人排除在民权法保护之外。如果他承认宪法第13修正案已毫无问题地成了美国高级

---

〔1〕 第三十九届国会第一次会议记录(1865年),第2页。

〔2〕 萨姆纳的提案在国会委员会中很快被置于一边。见第三十九届国会第一次会议记录(1865年),第38页。对该议案的讨论被推迟到1866年6月20日。第三十九届国会第一次会议记录(1866年),第3276~3277页。

法的一部分,他就不会提出这样的提案。[1]

威尔逊不以宪法第 13 修正案作为他提出上述提案的根据,有以下三个显而易见的理由。第一,他公开支持萨姆纳——史蒂文斯关于宪法第
155 13 修正案批准的观点。[2] 根据这种观点,北部诸州 3/4 多数的批准就足以使宪法第 13 修正案发生法律效力。从这一角度出发,在威尔逊于 12 月 13 日提出此问题之前的 6 个月,宪法第 13 修正案就已经成了合众国宪法的一部分。在批准宪法第 13 修正案的问题上,威尔逊尊重了自己的直觉:国会中的大多数参议员不会赞成他提出的这种激进主张。第二,截止到 12 月 13 日,国务卿西华德和总统约翰逊都公开宣布,他们已收到了联邦内 36 州(包括南方与北方各州)中的 27 个州批准宪法第 13 修正案的通知。然而,国务卿还没有从官方的立场宣布宪法第 13 修正案发生法律效力。第三,威尔逊之所以对宪法第 13 修正案持一种犹豫不决的态度,并非由于他对该修正案的优点心存疑虑。作为一名颇有影响的来自马萨诸塞州的共和党参议员,他是一个坚定的民权主义者。12 月 13 日,他没有根据宪法第 13 修正案提出那项民权法案,并不说明他在民权方面的立场有所动摇,而是基于这样一个现实的认识:无论是在国会还是整个国家,对宪法第 13 修正案之有效性的疑问仍然存在。

随后进行的讨论证实了此点。会议期间,威尔逊要求迅速批准民权法案的主张遭到了主要共和党人的反对:

> 谢尔曼先生(Mr. Sherman):主席阁下,我由衷地赞成民权法案的宗旨……于我而言,它的通过只是一个简单的时间与方式上的问题……我认为,在国务卿宣布宪法第 13 修正案发生法律效力、成为这块土地上的最高法律之前,不对这项民权法案再采取任何进一步的行动或许显得更为明智。如果我们这么做了,那么根据我个人的判断,就不会有人再怀疑国会有权通过这一法案,并有权在合众国所有州,而非前邦联诸州内解释、界定该法案的生效条件……[3]

谢尔曼的观点得到了参议员赖曼·特拉姆布尔(Lyman Trumbull)的

[1] 第三十九届国会第一次会议记录(1865 年),第 41 页。
[2] 同上。
[3] 同上,第 41 页。

支持。他谨慎地提出在国务卿宣布宪法第13修正案获得批准之前,“关于国会是否有权通过这样一个法案,或许会存在一些疑问;但是在宪法修正案获得批准之后,这些问题将不复存在”。[1] 国会温和派领袖的这席言论,粉碎了就民权法提案尽快进行投票的可能性。

然而,在国务卿宣告宪法第13修正案发生法律效力后,国会的态度发生了巨大的转变。萨姆纳提出的那个挑战总统权威的议案在送交国会委员会后,就像一块沉海的巨石,再无声息了。而共和党的领导人们却立即转而声援西华德作出的宣告——开始根据宪法第13修正案进行立法。下面且让我们看一看1866年1月国会中展开的一场争论。这场争论是因为参议员特拉姆布尔提出扩大和延长自由民局*(Freedmen's Bureau) 156
的范围与期限的提案而引发的。

> 萨尔斯布利先生(Mr. Saulsbury):作为一名来自特拉华州的代表,我为她根据1787年宪法第一个加入联邦而感到骄傲和自豪。然而她也恰恰是最后一个愿意遵守废除奴隶制的各种法律和行政命令的州。感谢上帝,她是合众国内最后一个仍然坚持蓄奴制的州,而我本人也是最后一批坚持蓄奴制的美国人中的一员。
>
> 特拉姆布尔先生:主席先生,我看不出特拉华州参议员所说的话与我们正在讨论的问题有什么特别的关系。虽说特拉华州的奴隶最后才获得自由,但我们却可以认为:像特拉华这样一个有悠久历史传统、为其第一个批准合众国宪法而感到自豪的州,完全有可能批准宪法第13修正案,在其辖区内永远废除奴隶制。(掌声)
>
> 主持人:安静!安静!
>
> 萨尔斯布利先生:她会的。[2]

---

[1] 同上,第43页。

* 自由民局,全名为“难民、自由民和弃置土地局”,是内战时期联邦政府建立的专门管理内战黑人(实际上也包括白人)事物的机构,其职责包括向南方难民提供救济和医疗帮助,登记和安顿无家可归的黑人,帮助黑人劳工与雇主签订雇佣合同,并建立黑人学校。自由民局也在战争时期行使一定的司法权,尤其是审理那些侵犯黑人权利的案件。从一开始运作,自由民局实际上就成了联邦政府保护黑人权利和利益的一个专门机构。原来自由民局的期限到1866年结束,国会共和党人希望延长其期限,以抵制南部实施的黑人法典,从联邦的层面对黑人的权利提供保护。——译者注

[2] 第三十九届国会第一次会议记录,第321页。

作为坚决推行奴隶制、"合众国内最后一个仍然坚持蓄奴制的州",她曾以最正式的方式否决了宪法第13修正案,威拉德·萨尔斯布利也可能属于最后一批认可宪法修正案法律效力的参议员。[1] 然而,在国务卿正式公布宪法第13修正案发生法律效力后,他就不再质疑国会的权威了。共和党人很快就对他们认可了西华德宣告宪法第13修正案的做法感到了些许的遗憾;虽然他们可以将西华德宣告宪法第13修正案生效的做法看做是一个不可忽视的、推动宪法改革的**法律先例**,并可从中感受到一丝的慰藉。

非常规的宪法改革之举的保守性

我们已经在正统观点之外向前跨了两步。第一步是认识到宪法第5条之确立的规则和原则,与宪法第13修正案的批准过程存在着不和谐的因素。第二步,我们看到这种对传统的反叛并不意味着没有任何可供遵循的修宪模式,它只不过是阐释了一种新的、国家中心主义的修宪模式——此模式以总统领导权为鲜明特征。这种行使人民主权的新型模式,包括总统(1)采取某些措施,使他得以宣布总统选举本身即意味着人
157 民的宪法授权,以及(2)成功地引入一些成型的制度,使人民明确承认或默许他的这种说法——**人民已经通过总统选举表达了他们的宪法意志**。由于这一模式对宪法变革的传统模式发起了挑战,那么如果我们再前进一步,它是否可能有助于我们恢复宪法修正制度的平衡?

我想说的是,以非常规的举措推动宪法改革并不必然意味着政治上的冒险。林肯和约翰逊总统运用其高级法创制的权力,推动修宪程序按相对保守的方向前进。他们运用自己的权威力图对现状作最小规模的变革,毕竟这种现状对于整个国家而言还是可以接受的。[2]

总统的保守之举产生了致命的后果。也就是说,是史蒂文斯和萨姆

---

〔1〕 实际上,在国务卿宣布宪法第13修正案已获批准之前(1865年),第43页。

〔2〕 实际上,宪法第13修正案遗留下来了这样一个公认的问题,即是否应该对丧失了奴隶的奴隶主进行补偿。宪法第14修正案以消极的方式解决了这一问题。

纳这样的激进主义者而不是总统才认识到了这样一个可怕的事实：尽快地推进南北双方的重新统一将导致南部诸州背叛新宪法条文中体现出来的价值观。一个接受激进主义观点的总统可能会利用1865年头几个月的时间，为南部各州新生的有产阶级以及受教育的黑人铺平政治道路。他也不会让白人叛乱分子经过简单的、约翰逊式的特赦宣誓后，即重新获得他们已经失去的土地。持激进观点的总统将留意史蒂文斯的观点，将广大土地重新分配给忠于联邦的自由民。他还会进一步阐述萨姆纳提出的那个伟大建议：设立公立学校体系以补偿因强制劳动而给奴隶造成的无知。

一个激进的总统绝不会像约翰逊那样，在北卡罗来纳宣言中表明"最低"的目标。他将指令各临时州长创建能够管辖几个州的地方政府（territorial government），而不是在南部各州的每个州内都建立政府。他或许将把南部诸州置于联邦的保护之下达10年或更长的时间，使黑人获得必要的教育和经济资源，从而确保他们能够切实地行使选举权以维护自己的利益。虽然这些激进的方案可能会失败，但它难道不比现实生活中以"美国人民"的名义采取的这个重建方案更好吗？

坦言之，在阅读萨姆纳和史蒂文斯那些气势磅礴的演说时，我的心头无法不掠过一丝难言之痛。毕竟，在安德鲁·约翰逊发布北卡罗来纳宣言时，美国人民丧失了一次道义上的机会。当然，在谴责总统以保守方式运用领导权，改造高级法创制体制的时候，我的思路被迫停了下来。这个促使我停而思考的东西，就是这样一个无可争辩的事实：[1] 1865年，大多数美国人并不愿意支持激进的重建方案。在讲明了这一基本的事实后，我们就会发现：赋予被解放的自由民土地、为他们提供他们几个世纪以来梦寐以求的受教育机会，并不具备非常充分的道德理由。同时，我们也必须承认：虽然总统在运用高级法创制的权力时显得有些保守，但与那个时 158
代的大多数美国人相比，他们的做法也是远远**超前**的。[2]

---

〔1〕　至少这是一个不被任何历史学家或严肃的历史著作反对的事实。

〔2〕　此处我使用了一个模糊的字眼，其目的在于让人们有更多的余地以进行更好的判断。然而，就像下一章将要讲明的那样，1865年的大多数美国人并不激进却是一个不争的事实。实际上，任何其他时候的美国人亦是如此。

总统成为宪法改革先锋的危险性应该是显而易见的。我们对那些发生在许多国家中的沉痛事件可谓耳熟能详:在这些国家中,最高行政长官运用一些高级的道德命令使自己变成了独裁者。对于我们而言,认识林肯和约翰逊开创的先例,使人民一再认可总统在高级法创制过程中发挥主导性的作用是一回事;因害怕走向独裁,而反对他们非常规地运用总统领导权则是另外一回事。[1]

相反,1865 年总统非常规地行使领导权的一个莫大优点在于——它使美国人民在重建联邦蓝图的长期斗争中,清楚地意识到了哪些是基本的、哪些是次要的东西。到 1865 年 12 月,内战给人民带来的巨大牺牲是否会因人民未能意识到它的深层宪法意蕴而白白浪费,已不再是一个什么严肃的问题。总统领导权帮助我们对宪法作出了较浅但却是最基本的理解:人民授权合众国政府赋予这个国家的所有人以自由。一旦明确了这个基本问题,美国人民就可以将其全部精力集中在以下一系列显而易见的问题上:人民简单地获得自由就足够了吗?美国人民还应该从政府那里获得更多的东西吗?如果答案是肯定的,这些东西又是什么?

下一章我们将要讲到,界定宪法第 14 修正案宏大理想的努力将整个国家推入了深刻的宪法危机中。它造就了更多的反对意见,更大规模的群众政治动员工作以及制度上的即席创作。由于这种斗争有失控的危
159 险,因此美国人民在制定并通过宪法第 13 修正案的时候,虽然对宪法含义的理解还不能说很深,但它却发挥了远比其外表更为重要的作用。如果以非常规的举措批准宪法赢得了人民的认可,那么人民为什么就不能再运用一次这样的宪法变革方式呢?

---

〔1〕 关于明确认可总统在宪法修正过程中充当领导角色的著述,见詹姆斯·麦克弗森(James McPherson):《火的考验》(*Ordeal by Fire*),第 501 页。

第六章　会议/国会

此为何时?

围绕宪法第 14 修正案展开的斗争,标志着美国宪法处于最紧要的历史关头。建国之初,宪法曾是美国人民用以讨论和界定其国家身份(national identity)的首要媒介——重建时期也处于这样一个阶段。那时的美国人民还不很清楚自己的国家身份,而且当时的政治领导人也未能将公民国家身份的内涵清晰地表达出来。不管是萨姆纳、弗森登(Fessenden),还是史蒂文斯、宾格汉姆(Bingham),当他们在国会讲坛上发表热情洋溢的演说、强调公民国家身份的重要性时,你总是可以从他们的言语中捕捉到某些不确定的因素——如果听了麦迪逊或威尔逊在 1787 年费城制宪会议上的演说,你也会有如是感想。[1]

围绕宪法第 14 修正案展开的这场讨论,不仅涉及面更广,而且持续时间也更长。即便从最温和的角度说,费城制宪会议也绝不是一件普通的事情。当时的联

---

〔1〕 这一规律对于约翰逊而言是一个例外,尽管他也做了自己分内的工作。见约翰·考克斯(John Cox)、拉万达·考克斯(LaWanda Cox):"安德鲁·约翰逊及其代笔人"(*Andrew Johnson and His Ghost Writers*),载《密西西比历史评论》第 48 卷,第 460 页(1961 年)。

邦党人以谨慎的手段使各州议会同意召开这样一个会议,而且他们还在这次会议上谨慎地聚集了一批主张强化中央政府权力的各州代表。当反联邦党人以退出会议的方式表示抗议时,费城制宪会议更变成了一边倒的趋势。与此相比,重建时期的宪法争论更具代表性。当国会中的共和党人强调公民平等权和公民的基本权利等全新的理念时,他们遭到了由总统强力支持的传统观念的反抗。

而且值得一提的是,这些发生在华盛顿的争论不像费城制宪会议那样是在秘密中进行的,它在当时成了举国上下人们讨论的中心话题。费城制宪会议公布的 1787 年宪法草案引发了一场激烈而又混乱的讨论。虽然人们曾就建国时期宪法展开过激烈的争论,但是与宪法第 14 修正案
160 引发的争论相比,前者并不像后者那样打着深深的党派政治的烙印。从某种程度上来说,此争论乃是献给日渐勃兴的政党政治的一份礼物。重建时期的共和党和民主党都组织起了强大而广泛的党报系统、政治同盟和经济上的赞助者,它们以 19 世纪后期——甚至是 20 世纪——根本无法想象的方式渗透到美国普通百姓的利益之中。[1] 从某种意义上讲,围绕宪法第 14 修正案展开的争论之所以能够深入普通百姓的生活之中,还要归功于它在时间上的持久性——对 1787 年宪法草案的讨论在大多数州仅持续了几个月(在有些州甚至还不足几个月);而关于宪法第 14 修正案的争论则延续了几年。

然而,围绕宪法第 14 修正案展开的这场争论所以有如此巨大的影响,在某种程度上还归因于内战造成的巨大牺牲。建国时期宪法同样产生于爱国者与保皇党人之间的内战,这场内战迫使每个人思考当时人们认为理所当然的政治身份问题。当然,从总体上来看,这两次内战造成的损失根本不可同日而语。战死的人数说明了一切。南北双方共有665,000名士兵伏尸疆场——占 15 岁到 30 岁年龄段人口的 14%,占全国

〔1〕 见乔尔·希尔贝(Joel Silbey):《美国人的政治国家,1838～1893 年》(*The American Political Nation*, 1838－1893)(1991 年)。

总人口的2%。[1] 每个人都知道谁为战争作出了最后的牺牲;而且大多数人也坚信这些战士的血不会白流。

关于内战宪法含义的观点数量如此之多、规模如此之大,甚至足以危及宪法的传统。旧的政府机构和制度设计能够顺利地疏导所有这些热情洋溢的观点吗?它们能为相互对立的政党提供思考其对手的观点并进一步作出反应的机会吗?它们是否能够确定一个恰到好处的时机,以解决公民的宪法身份这一关键问题?或者以大多数美国人民认为合法的方式界定宪法争论中的胜者与败者?

只有一个问题是一目了然的。建国时期的联邦党人在宪法第5条中规定的修宪程序不足以应付现状。就像我们看到的那样,宪法第5条将提出宪法修正案的权力交给了联邦议会或联邦制宪会议,但它却没有明确规定如何应付1865年出现的最重要问题:如何对待来自前南部邦联11州的国会两院议员?

此问题的答案将对宪法变革的最终结果产生决定性影响。如果"国会"包括来自南、北方的议员,内战的宪法含义将停留在林肯和约翰逊总统界定的层面上——宪法第13修正案对此含义做了最好的说明。一旦允许南部诸州的白人代表进入国会,与宪法第14修正案内容相仿的宪法修正案绝不可能获得必要的多数而被提出,因此也就更说不上批准了。161
如果美国人民对宪法含义的理解超越了简单的人身解放,那么国会就有必要由北部25个州而不是全国的36个州组成。但是谁将最终决定这一问题?是"国会"中占大多数的共和党人,还是总统?

或者上述两者对这一问题都没有最终的决定权?我想说的,正是人

---

〔1〕 关于内战时期阵亡将士的总体数量,见理查德·卡伦特(Rechard Current):《联邦百科全书》(*Encyclopedia of the Confederacy*)第1卷,第338页(1993年)。未亡的伤兵数量达到了1,166,000人。同上。1860年,合众国总人口大约为3.1亿;其中15岁到30岁之间的男性公民为456万人。见美国人口普查部:《合众国历史统计》第一部分,第A—M章,第15页(1989年)。这一数字使在第二次世界大战中阵亡的数量相形见绌,在这场美国人第二次参与的残酷战争中,大约有405,000名士兵献出了生命。见艾伦·米莱特(Allen Millett)、彼得·马斯洛夫斯基(Peter Maslowski):《为百姓声辩》(*For the Common Defense*),第653页(1994年)。尽管以数字说明革命显得有些力不从心,但是数以万计的人们在战争中伤亡却是一个事实。同上。相对于那一时期而言,因战争而丧生的战士占全国总人口的百分之一。见理查德·巴尔金(Rechard Balkin):《革命的美国》(*Revolutionary American*),第123页(1995年)。

民自己将这一问题的决定权从华盛顿城中相互斗争的政治精英手里夺了过来,并以极强的使命感对此问题作出了最终决定。正是这些被发动起来的人民群众的最终决定,而不是宪法第5条体现出来的法律形式主义,构成了宪法第14修正案的根基。在讲到"人民"时,我并不想重申洛克提出的那个带有神秘色彩的"自然状态"理论,并以他的社会契约观点来衡量19世纪的美国。美国人民也没有陷入历史上的政治背景中,他们设法以某些方式赋予了旧制度以新的含义——这些方式使美国人民找到了一个解决其宪法身份问题的民主途径。我们的目标就是厘清美国人民以人民主权的方式、在改造其宪法身份的过程中体现出来的重要特征。

首先,分析一个重要的单词——"**会议**"(convention)。到目前为止,这个概念贯穿了我们的整个叙述。前文揭示,联邦党人从英国宪法中挪用了这个概念,他们把英国人1688年的会议作为自己召开类似会议的先例。光荣革命开创的这个先例同样成了重建时期宪法改革的参照标准。[1] 让我们回忆一下詹姆斯二世逃往法国后,威斯敏斯特宫开会的情景。在詹姆斯缺席的情况下召开的"会议"是一个存在宪法瑕疵的组织——然而,正是这个存在宪法瑕疵的组织以英国人民的名义制定出了《权利法案》(*Bill of Rights*)。

1865年的美国也上演了类似的一幕。像1688年英王缺席威斯敏斯特宫召开的会议一样,美国国会参、众两院也没有一名本应出席国会的南方议员。为更好地进行分析,我将共和党人控制的国会称为**会议/国会**。1688年英国的会议推出了伟大的《权利法案》,会议/国会也为英美宪法体制(Anglo-American constitutionalism)作出了自己的贡献,即推出了宪法
162 第14修正案。但在此时,会议/国会声言其代表了美国人民的做法将接受1688年或1787年无法想象的一系列民主考验。我将运用前文研究中提及的五个阶段的框架,分析对宪法传统发起挑战的民主动力。

我们从研究共和党人发出高级法创制意图的**信号**——不许南部各州白人议员参加国会——入手。1865年3月,约翰逊总统针对共和党人不

[1] 在此,我扩展了约翰·波考克(John Pocock)在《英国的三次革命》(*Three British Revolutions*)一书中的观点,认为美国宪法的英国根基从19世纪延续到了20世纪。

许南部各州代表参加国会的方案发布了两个否决咨文,提醒国人不要认可国会享有这种非常规的权力。总统的做法使共和党人采取了更令人生畏的做法——制定宪法第 14 修正案,毕竟它可以使共和党人击败这个反对他们政见的白宫主人。

由于总统与会议/国会在华盛顿的斗争陷入了僵局,因此 1866 年选举为双方提供了平等的机会,以揭穿其对手声言其代表了人民之做法的虚伪性。在组建新议会时是否接纳南部各州议员的问题上,共和党人及其对手为了达到各自的目的都尽了最大努力。其前途悬而未决的宪法第 14 修正案成了这场运动的中心。

结果,共和党人取得了压倒性的胜利。在此后的两章中,我们将进一步分析这次选举胜利为何能够成功地刺激人们继续采取非常规的举措,并最终使宪法第 14 修正案获得通过和巩固。

总统领导权的作用

尽管人们对平等保护和正当程序的理解尚存争议,但绝没有哪个明智的美国人会认为没有宪法第 14 修正案,这个国家的情况要更好些。这种现代性的观点能让我们想象出:宪法第 14 修正案的提出,使整个国家陷入了一片欢腾之中。

事实是最具说服力的。联邦党人提出的 1787 年宪法草案将这个国家分成了观点尖锐对立的两派,共和党人提出的宪法第 14 修正案也造就了这种局面。问题是不言自明的。大多数白人——无论是南方的还是北方的——都是种族主义者。虽然北方各州在内战之前解放了黑人奴隶,但 163
他们的法律却依然置黑人于劣等的地位。事实上,一些西部州禁止“已获自由的”黑人进入其州境。只有东北部一些州的黑人获得了选举权。[1]

---

〔1〕 在新英格兰,黑人与白人在投票时具有同等的地位(康涅狄格州除外)。在纽约,如果黑人拥有法律规定的财产,他们就可以参与投票。见爱德华·盖姆贝尔(Edward Gambill):《保守的考验》(*Conservative Ordeal*),第 23 页(1981 年)。在北方各州,大约有 90% 获得自由的黑人没有参政权。列昂·里特瓦克(Leon Litwack):《北方的奴隶制》(*North of Slavery*),第 75 页(1961 年)。

然而,共和党人还是提出了宪法第14修正案,对这种普遍歧视黑人的偏见发起了挑战。他们提出的宪法修正案不仅保证了黑人作为合众国公民所享有的特权和豁免权;而且它还授权黑人以宣称自己是任何一州公民的方式,打破了各州之间的界线。它不仅要求合众国境内的所有州都为平等保护提供法律根据,而且还将按比例核减不许黑人参与投票的州在国会中的代表数量。为确保这些颇具革命精神的改革措施能够取得成功,共和党人不得不说服国人放弃种族主义的情绪。真正令人惊讶的不是他们在此过程中遇到了多么强烈的反抗,而是他们用何种方式赢得了人民的支持,反对种族主义并进而维护他们进行的这场政治、法律和社会改革。[1]

这是我研究约翰逊总统在重建时期发挥了什么作用的出发点。在看待他为重建南部各州白人政府而付出的各种努力时,20世纪的历史学家对此作了褒贬不一的评价:20世纪上半叶的史学家认为约翰逊总统的重建方案有若干可取之处,因而对其表示赞许;而20世纪后半叶的历史学家则更多地认为总统的重建方案根本不值得一提。我想问一个与此截然不同的问题:从更广阔的宪法变革过程看,总统对保守宪法传统的倾情维护,怎样帮助大多数美国人最终作出了保护全体人民之平等自由权这样一个革命性的决定?

我的意思是想指出,**抵制宪法改革之举的似非而是之处**(paradox of resistance,也就是说从表面上看,抵制宪法改革不利于宪法的进步;但反面观之,保守派对宪法改革的抵制使改革派的宪法主张在其取得胜利后具备了更合法的因素。毕竟宪法改革的胜利来之不易,它是在经历了与保守派的斗争后,由人民审慎作出选择的结果。——译者注)经过长期而艰苦的斗争,总统对宪法改革的抵制极大地加强了人民决定拥护宪法改革的合法性。从基本的现实出发,总统代表南方白人政府所做的种种努力为当时发生的狂热宪法争论提供了现实性的基础——毕竟种族主义还

---

〔1〕 在种族主义颇为盛行的那个时代,解释宪法第14修正案的含义是一个难度不小的工作。见罗尔·贝尔戈(Raoul Berger):《司法权下的政府》(*Government by Judiciary*)(1977年)。作为对公民平等权的回应,宪法第14修正案成了一个能够证明美国人民可以超越其种族主义本能的最好证据。

是那时的主流价值观。所幸的是美国人民没有在一些抽象的宪法概念中迷失方向,在对可能得到以及失去什么有了一个具体的认知后,他们就有能力对总统主张的保守重建观作出判断了。同样重要的是,总统提出的保守重建方案启动了一个复杂的程序:它使南方和北方人民共同参与到界定其永久宪法身份这一具有决定性的过程之中。总统的重建方案能够
让南方人和北方人一起讨论联邦的性质,而不做被动的旁观者;而且总统 164
的重建方案也让南方白人在决定这个国家的最终走向上发挥了重要作用。特别需要指出的是,如果南部各州的白人也选举出了自己的国会代表,而且这些代表又极力坚持联邦统一、解放所有黑人的观点,那么约翰逊总统就会有更充足的理由坚持其保守的重建观以对抗共和党人的批评,这样他也能从中获得巨大的政治利益。

然而事实上,白人控制的南部各州并没有把他们的想法转变为实际的行动,而这种言行不一的做法又进而削弱了总统保守重建观点的可信性。当人们在华盛顿就宪法第14修正案发生激烈争论的时候,宪法第13修正案许诺"解放黑人"的特点渐趋明朗。可是,南部各州却一个接着一个地制定了**黑人法典**(Black Code),这些黑人法典依然规定了那些已经获得解放的"自由人"奴隶般的法律地位。与此同时,南部各州出现了暴力反对黑人的强劲势头。而且,在南部诸州政府宣誓效忠联邦后,这些选举出来的"白人温和派"根本没有按照效忠联邦的信念行使他们的权威。放开这些不谈,南方各州派往国会代表的个人品质也反映了总统保守的重建观点不尽如人意的一面。虽然有些南方人以坦诚之心进行了令人信服的效忠宣誓,但更多的人并没有做到这点。在被第三十九届国会拒之门外的80个南部诸州代表中,有10名前邦联将领,5名陆军上校,9名国会议员。更有意思的是,佐治亚州竟选举了前邦联副总统亚历山大·H.史蒂芬斯作为它在国会参议院的代表![1]

以后人的眼光来看,我们不难想象总统许下的解放黑人的诺言必然要变成一纸空文,因为大多数黑人生活在梅森—迪克逊线(Mason-Dixon

〔1〕 见丹·卡特(Dan Carter):《战争结束时》(*When the War Was Over*),第229~230页(1984年)。

line)以下。但对当时的大多数美国人来说,尚不明朗的是南方白人对他们的军事失败将作出怎样的反应。除非而且只有在总统保守的重建观点于现实生活中充分地暴露出了它的缺陷后,否则南方白人总有相当充分的理由不支持那些激进的重建方案。因此,从最根本的角度看,总统的宪法观点极大地强化了美国人民思考高级法创制过程的质量。

165 当然,南部各州出现的那些“实际情况”被无数党徒以各种方式扭曲后,用来论证约翰逊保守重建观点的合理性。但如果我们认为总统的宪法观点是在科学实验室里或哲学研讨会上经过纯粹的理论推断作出的,就大错特错了。毕竟宪法政治是大众政治,普通百姓积极参与到界定宪法含义的过程中乃是其题中应有之意。热切的关注,激烈的冲突是这一时刻的特征。二元宪法不应该模棱两可,而应当为普通百姓提供一个鼓励他们积极参与宪法改革模式的机制,惟其如此,人们才可能对摆在他们面前的问题最终作出成熟的判断。[1]

用此标准进行衡量,总统的重建方案又有其实质性的价值——虽然此种价值与约翰逊总统的期望相去甚远。不管他提出的重建方案有多少弊端(实际上可谓多如牛毛),但是它却保证了一点:在对政客们以人民名义提出的宪法观点有一个大致的了解之前,美国人民不会轻易地接受宪法第14修正案确立的伟大原则。总统领导权的结果是,美国人民对白人控制的南部各州将如何对待联邦和宪法第13修正案有了一个具体的认识——尽管这种认识有些片面并显得支离破碎。如果美国人民最终超越了这些保守观点,那也是在他们充分认识到了这些保守观点之不足以后才作出的。

发出宪法改革的信号阶段

第三十九届国会的开幕,为这个国家走出宪法的困境提供了一个戏

---

〔1〕 关于成熟判断这一概念的更多介绍,见布鲁斯·阿克曼(Bruce Ackerman):《我们人民:宪法的根基》(*We the People: Foundation*),第10章。

剧性的开端。在国会这个大舞台的一边，是以田纳西州新当选的代表郝雷斯·梅纳德(Horace Maynard)领导的一派。这个无可争议的忠于联邦的人来自总统的故里,[1]他完全支持总统的主张。在争取进入众议院之权利的过程中，他代表着约翰逊等白人国家统一论者，希望恢复南部各州的权力。难道梅纳德/约翰逊之流不能代表重建的忠于联邦的南部各州吗?

梅纳德也并非第一次提出这个问题。在田纳西州仍然忠于(或多或少，我们姑且不论)联邦的内战时期，国会非常愉快地接纳了他这位来自田纳西州的国会众议院代表。[2] 如果说那时梅纳德具备完整的国会代表资格，为什么现在不能?

在国会大舞台的另一边，是爱德华·麦克弗森(Edward McPherson)。此人是塞德斯·史蒂文斯任命的国会众议院执行官(clerk),共和党的主要领导人之一。按照既定的程序，麦克弗森在宣布会议开始之前要宣读
出席会议的议员名单。在宣读名单时，他按照共和党内部会议作出的指 166
示，没有宣读那些已当选的南部各州代表的名字。由于议员名单是按照字母顺序排列的，因此在自己的名字被跳过未读时，梅纳德起而为自己辩护:

梅纳德先生:执行官先生可听我一言否?

执行官:关于花名册的点法问题，我不想做任何解释。……

莫里尔先生(Mr. Morrill):我建议参议院现在进行下一个程序，选举第三十九届国会众议院议长。

梅纳德先生:在提出选举众议院议长这个动议之前——

史蒂文斯先生:请各位保持安静。

执行官:对执行官来说，不认可花名册上没有名字的任何人是成规。

---

[1] 见奥利弗·泰姆波尔(Oliver Temple):《田纳西州的显耀人物》(*Notable Man of Tennessee*),第138~141页(1912年)。

[2] 即使在当时的条件下，史蒂文斯就曾经对此决定提出过强烈抗议。见第三十七届国会第二次会议记录(1861年),第2页。

布鲁克斯先生(Mr. Brooks)(来自纽约的民主党人)[1]：执行官先生，我希望在众议院确定其具体成员之前，选举三十九届国会众议院议长的动议暂不提出——那位令人尊重的、怀揣州长委任状的田纳西州先生(梅纳德先生)是否有权出席众议院召开的会议。我确信，如果不听取至少是不听取田纳西州这位代表的意见，国会将无法作出任何革命性的决断。因为如果田纳西州现在和过去都不受合众国管辖，不是忠于合众国的州，于合众国而言，田纳西州人民都是外国人，那么现任总统是凭什么权力篡夺白宫的这一位置的？并非来自合众国内某州的外国人是凭什么当上这个国家的总统的？

……如果执行官可以创造这样的先例，他能够仅凭自己的武断创制将某些人排除在众议院之外的规则，那么国会也就名存实亡了。不过是众议院服务人员的执行官成了组织众议院的全权人物。田纳西真的不是合众国内的一州吗？……

执行官：如果众议院同意我给出所以采取这种做法的理由，为使被排除在众议院之外的先生们满意，我会这么做……

史蒂文斯先生：没有这个必要。我们谁都清楚这些原因。[2]

“谁都清楚这些原因”：从某种程度上讲，史蒂文斯至少是在替这个国家说话。数以万计通过报纸关注第三十九届国会的美国人，的确非常理解这句话中包含的深刻宪法含义。此后，史蒂文斯将把持**会议/国会**。

167 在此，或许有必要对我提出的这个新概念进行一番更为正式的界说。当某一制度的合法性基于其实现人民主权的理想而非现行法制时，我将此制度称为“类会议”(convention-like)。像大多数概念一样，它有诸多明确且牢不可摧的例子为佐证。最明显的例子是对既定宪法规则**明目张胆**的违反——例如，费城会议的做法就与《邦联条例》规定的宪法批准程序

〔1〕 由于其委任状受到共和党人的质疑，布鲁克斯本人也因此被排除在众议院之外。他的民主党同事在就宪法第14修正案进行投票时，关于布鲁克斯的观点作了如下回忆：

爱尔德里格先生(Mr. Eldridge)：我想表明自己的观点，即如果布鲁克斯和沃尔西斯(Voorhees)先生不被逐出国会，他们将投宪法第14修正案的反对票(大笑)。

斯肯克先生(Mr. Schenck)：我也想说明一点，如果杰弗·戴维斯(Jeff Davis)在场，他也极有可能以同样方式投票(又是大笑)[见第三十九届国会第一次会议记录(1866年)，第3149页]。

〔2〕 第三十八届国会第二次会议记录(1865年)，第3~4页。

背道而驰。下一章将指出:1866 年大选后,会议/国会也以同样方式违背了宪法第 5 条的规定。

但在早期阶段,会议/议会仍然是一个并不明确的制度。虽然认识到这一制度应与人们对国家的传统理解保持大致的一致,但共和党人还是以各州有“保证其政府的共和政体”为法律根据,将南部各州代表关在了国会大门之外。[1] 虽然有这样的依据,但他们的行为还是让人们感到非常意外,以至于他们自己也很清楚:因其行动造成的法制空白,需以诉诸人民主权的方式予以弥补。例如,1866 年 1 月 9 日,民主党人丹尼尔·沃尔西斯(Daniel Voorhees)发表了一个颇有法律根据的演讲,提议国会立即接纳南部各州代表。约翰·宾格汉姆——这个后来起草了宪法第 14 修正案的人——反驳道:

> 议长先生,在经历过战争的磨难后,现在我不愿看到某些人(例
> 如沃尔西斯)把自己假想为人民的代表,并坚持认为自己忠于国家宪
> 法和人民的神圣权利。我宣布自己能与这些仁慈的先生们(例如沃
> 尔西斯)合作,尽管这些反叛者在某一天可能会威胁到祖国的安危。
> 但我不愿作出以下让步:即承认那些在内战期间从舆论上支持、认可
> 叛乱分子的人们(例如,民主党人),恰恰是最值得人民信赖的人。人
> 民以自己的尊严委托他们关注自己的利益,维护共和国的生存。先
> 生们,共和国掌握在与其为友的人们手中,她的安全也只能掌握在这
> 些人手中。共和党人的动议只是为了保证未来的安全。他们不打算
> 也不希望对过去发生的事情作出没有必要的保证或补偿。然而,他 168
> 们的动议却有助于未来的安全。[2]

尽管沃尔西斯的宪法观道出了数以百万计美国人的心情,但宾格汉姆却轻蔑且极无耐心地将这种观点推到了一边。从宪法逻辑上看,任何行动都无法抹煞沃尔西斯及民主党人“在内战期间从舆论上支持、认可叛乱分子”的事实。而且,更重要的是,“共和国掌握在与其为友的人们手

---

〔1〕 见第 4 章。

〔2〕 见第三十九届国会第一次会议记录(1866 年),第 157 页。

中,她的安全也只能掌握在这些人手中”。[1]

虽有确凿的史料,但这些史料中却没有哪部分让我们感到1688年英国的会议和1787年费城会议太过突兀而无法让人接受。当然,会议自行打出行使人民主权的旗号是一回事;而为其自身争取合宪性则是另外一回事。1787年,在联邦与各州各个部门的联合推动下,联邦党人于推进宪法改革的过程中最终超越了发出宪法改革的信号阶段,并以人民的名义严肃地提出了宪法修正案。显然,会议/国会在其开幕之初也需要获得与此相类似的官方认可。前面我们看到,当民主党人指出不许南部各州代表参加国会,“国会将名存实亡”的时候,众议院的执行官试图回答这一问题。然而,肯定有远比执行官更重要的人物将不得不解决这个基本的问题。[2]

在认识到这个问题之后,共和党人开始全力争取总统能够认可他们作出的这个不许南部各州代表参加国会的决定。关于约翰逊总统的说法虽说不少,但他不是一个同情南方的北方人(Copperhead)却是一个不争的事实。国务卿西华德也是一样——作为共和党的早期领袖之一,[3]他

---

[1] 1月8日,萨缪尔·谢拉巴格尔(Samuel Shellabarger)以类似口吻发表了一篇颇有影响的演讲:

内战初期,有23名参议员背叛了祖国……超过了参议员总数的1/3。这23名参议员足以使参议院丧失缔结条约,将不合格的参议员逐出参议院以及弹劾像布坎南这样不合格总统的权力,因为布坎南支持了有违宪法的分裂行动。先生们,这样的参议院能使我们的政府维持多长时间?……我认为不会超过一个星期。

但现在我想提醒主席先生,如果各州并非在内心深处真正忠于联邦,同样的事情将于今天再现……

即使您为他们辩护也是徒劳的。我将反对这23名参议员参加本届国会,并非因为他们所在的州不能选举参议院代表,而是因为这些州曾经参与了叛乱。设若梅森、斯里德尔(Slidell)、戴维斯和布莱肯里奇(Brekenridge)最终被参议院接纳,又有谁能知道或者能证明他们来此到底心怀何意?难道不是为颠覆我们的政府吗?难道我们就不能将那些明显不合格或身份不明的人逐出国会吗?

主席先生,我们没有其他选择。[第三十九届国会第一次会议记录(1866年),第145页。]

谢拉巴格尔的这席演讲把法律与非常规因素错综复杂地交织在一起,值得我们做更深入的研究。

[2] 我们不止一次遇到这种权威倒置现象。在前面,我们曾看到行政职位较总统为低的西华德以宣告宪法第13修正案生效的方式,肯定了自己巩固宪法修正案地位的权力。但是,西华德的行为发生在漫长而复杂的斗争之后;与此相比,麦克弗森的行为恰恰是在议会召开之初作出的,期望麦克弗森的行为能像西华德的宣告一样,取得官方的默许是不切实际的。

[3] 在1860年总统大选中,西华德曾是共和党的总统候选人之一。由于坚持比较激进的观点,他在总统候选人竞选的最后关头输给了比较温和的林肯。

在林肯遇刺时也曾遭到了未足致命的创伤。如果能够引导约翰逊与西华德接受将南部诸州代表临时排除于议会之外的做法,那么会议/国会的权威性无疑将会得到大大加强。

然而在这种表面的政治现象背后,还存在着更多的东西。于共和党人而言,约翰逊将是一个非常顽固的敌人。凭着他对党派赞助者的支配能力,约翰逊能够有效地组织全国各地的民主党人反对国会中的共和党。
同时,他还可以将白宫作为阐释其保守重建观点的基地,而这种观点对共 169
和党中间分子和为数众多的民主党人有着巨大的吸引力。更可怕的是,总统反对共和党人主张的做法将威胁到共和党的生存——它只有短短 10 年的历史,而如此短暂的时间不足以保证共和党能够在美国政治中占有稳固的一席之地。

在第三十九届国会召开的前几个月,国会中的大多数共和党人为了避免与总统发生尖锐的冲突,已准备作出让步。[1] 共和党中间分子对萨姆纳和史蒂文斯的激进观点并不感兴趣,他们不愿以授予黑人选举权作为南部各州代表可以参加国会的条件。[2] 由于约翰逊重建的南方各州政府完全是由白人选举产生的,所以这种让步即是非常关键的。一旦国会中的共和党人放弃了激进的重建观点,即不再要求必须授予黑人选举权作为南部各州代表重返国会的条件,那么在最终认可约翰逊重建的南方各州政府的问题上,就不会遇到什么阻碍了。这样,合众国境内所有 36 个州的代表也可以组成一个正常的国会。

为了与总统达成妥协,国会提出了两个举足轻重的法案。自由民局法案*(The Freedmen's Bureau Bill)要求联邦政府延长对刚刚获得解放的

---

〔1〕 见卡尔·斯库尔兹(Karl Schurz):《往事追忆录》(*Reminiscences*)第 3 卷,第 225 ~ 229 页(1908 年)。

〔2〕 麦克尔·贝尼迪克特(Michael Benedict):《原则性的妥协》(*A Compromise of Principle*),第 216 ~ 222 页(1960 年)。

* 1866 年 2 月,国会根据宪法第 13 修正案第 2 条的原则,通过了延长联邦自由民局期限的法案,即通称的"自由民局法案"。该法案提出要将联邦各州的黑人置于联邦政府的保护之下,任何人如侵犯黑人的权利,将由联邦军事法庭审理,或无须经过陪审团定罪,受到自由民局官员的严厉制裁。国会的民主党极力反对这一法案,声称此法案严重违宪。共和党人则坚持宪法第 13 修正案赋予了国会这样的权力。——译者注

黑人提供额外帮助的时间。民权法案*(The Civil Rights Act)推翻了德里德·斯科特案(Dred Scott)的先例,宣布获得解放的黑人已是合众国境内的自由民,同时还在联邦的层面上授予他们"同白人公民一样,充分、平等地享有一切为保障人身与财产安全的实体法和程序法"的权利。[1] 如果总统接受了这两个最低限度且又是最基本的法案,以履行宪法第13修正案许下的解放黑人的诺言,共和党人即有可能允许约翰逊总统重建的南方政府代表参加国会,从而避免了后来不许南部各州代表准入国会的危机。田纳西州就是最好的佐证:它不仅是总统的故乡,而且其政府也确实由忠于联邦的人把持着。2月中旬,重建联合委员会开始认真考虑是否允许田纳西州代表参加国会的问题。[2]

约翰逊总统对这两个法案作出的反应,乃高级法创制过程中的关键所在。他不仅否决了共和党人提出的这两个法案,而且还对会议/国会的合法性发起了猛烈攻击。我们将其否决自由民局法案的重要片断节录如下:

> 我所能做的只是郑重地反对这项法案。在涉及课税问题时,宪
> 170 法以命令性的口吻庄严地宣布每州在国会中至少应该有一名代表,
> 且此规则适用于将来的任何一州。它还规定,合众国参议院应该由
> 每州派出两名参议员组成,且还特别强调到"任何一州,非经其同意,

---

* 在通过自由民局法案的同时,国会共和党人又通过了这个民权法案。这是自1791年创制权利法案以来美国创制的第一个公民权利法案。该法案宣布,所有在美国出生的人(除印第安人外),只要不受任何外国法律的管辖,都是美利坚合众国公民。该法案同时规定,所有美国公民,无论种族、肤色和从前是否曾经受过奴役,将在联邦境内各州和领地上享有同样的权利,这些权利包括:签订和履行合同的权利,向法院提出上诉和在法庭作证的权利,以及继承、买卖、出租和拥有财产的权利。该法案还规定,所有公民的人身和财产将一视同仁地享受到与白人同等的法律保护;任何人如侵犯其他公民的合法权利,都将受到制裁和惩罚;联邦法院将有专门的权力来审理涉及该法案的一切案件。

民权法案是一个极具革命意义的法案。首先,它明确地确立了美国公民和各州公民的资格,确定了美国黑人在摆脱了奴隶制之后的法律地位,使黑人在联邦宪法建立近80年后正式在宪法上被列入联邦公民的政治群体。其次,该法案详细列举了联邦公民资格带有的一系列涉及经济生活和法律保护方面的基本权利,使联邦公民资格不只是空泛的口号,而是具有了实在的和具体的内容。最后,该法案指定联邦法院来负责审理违反该法案的案件,实际上等于建立了联邦政府对所列举的公民权利进行保护的机制。——译者注

〔1〕 见《美国法规汇编》第14卷,第27页,第1款(1866年)。

〔2〕 见艾里克·麦克基特里克(Eric McKitrick):《安德鲁·约翰逊与重建》(*Andrew Johnson and Reconstruction*),第268页(1960年)。

不得被剥夺它在参议院的平等投票权”。原法案(创立自由民局的法案)有必要在使其发生法律效力的主要州缺席的情况下获得通过,因为那里的人民正在进行叛乱。现在情势已变,至少某些参与叛乱的州已派出忠于联邦的代表出席国会,恳请宪法授予他们代表本州的权利能够获得实现。但是,在审议、通过这些主要是关于这些州的法案时,国会中却没有来自这11个州的参议员和众议员。在解释各州为什么需要且应该派出代表进入国会以说明他们的境况、答复各种责难时,各种报道炮制的一些所谓事实不承认这些地区的人民已经发生了良好转变。这都是一些毫无根据的理由……我无意干预国会享有的这些无可争议的权利,即“每院是本院议员的选举、选举结果报告和资格的裁定者”。但是,对这种权利不能做无限制的推测,也就是说不能推定宪法授予了国会在和平期间有将各州代表排除在国会之外的权利。目前,11个州的人民被排除在国会的大门之外——即使是在战争期间,他们也像其他州的人民一样,是相当忠于联邦的……

在处理这个国家面临的某些问题时,我作为美利坚合众国的总统,与国会中一些成员持有不同的立场。国会中的每个代表是由各州或各个地区选举产生的;总统是由合众国内所有州的人民选举产生的。由于此时在国会两院中没有来自南部11州的代表,因此在适当的时候总统代表人民向国会发出请求应该是他义不容辞的职责……由于美国人民大都受过良好的政治教育,这样的观念应是根深蒂固的——全体人民大多数的同意是确保某些意志合法性的必要条件。[1]

总统不仅否认国会这个仅仅由北部各州代表组成的乌合之众能代表“全体人民”,而且他还以护民官所能发挥的肯定性作用自居,声称自己以

〔1〕 詹姆斯·理查德森主编(James Richardson):《历届总统咨文与文稿》(*Messages and Papers of the Presidents*)第6卷,第403~405页(安德鲁·约翰逊否决法案的咨文,1866年2月19日);另见其他讨论,同上,第405、406页(否决民权法案的咨文,1866年3月27日)。我们有足够的理由相信,本书节选的部分出自约翰逊的手笔。见约翰·考克斯(John Cox)、拉万达·考克斯(LaWanda Cox):“安德鲁·约翰逊及其代笔人”(*Andrew Johnson and His Ghost Writers*),载《密西西比历史评论》第48卷,第470~472页(1961年)。

共和党人无法效仿的方式代表着美国人民。

在这种"阴险"而"恶毒"的论调面前,[1]会议/国会显得有些力不从心——大多数现代的历史学家将约翰逊未能与国会达成和解的原因归咎于他的"偏执"(obstinacy)。[2] 对这一观点,我不敢苟同。我不否认约翰
171 逊的确是个非常顽固的人——就像塞德斯·史蒂文斯,查理斯·萨姆纳以及数以万计的其他人一样。我想强调的是,"固执"(stubbornness)作为一种个性在维护宪法原则的过程中始终处于次要的地位。

从二元论者的角度来看,约翰逊的"固执"在引导人民认可高级法之形式的过程中发挥了重要作用——在此过程中,政治领袖们必须发动广大群众对相互对立的宪法观点进行判断。毕竟,在指出不许南部各州代表参加国会之危机而引发的各种深刻问题时,总统的指责还是相当有根据的。关于宪法保证各州共和政体的"真正意义",我也无意指出总统是"正确的"抑或他的对手是"错误"的。[3] 我所要说明的问题比此要复杂得多。在严重的宪法危机时刻,我们现行的制度设置并不想尽快地判定谁是宪法争执中的"胜者"。它为争论双方提供了论证自己观点的机会,鼓励他们运用大众语言将人们争论的问题表达清楚,最后由人民以民主方式对这些对立的宪法观点作出决断。

或许,一次思想上的试验能够澄清这一问题。假设你本人是个剧作家,你的任务是编写一个剧本以反映出内战引发的基本宪法问题:"南部各州的白人可以用变相的方式,维持他们在政治和社会生活中的优越性吗?北部各州到底在多大程度上关注南部黑人的命运?"等诸如此类的问题。与撰写一篇深奥的专题论文不同,你将尽力搜寻一些戏剧性的场景以使自己要表达的问题能够激起观众的兴趣。为揭示美国人于1866年春所关注的宪法运作问题,你不可能设计出比以下描述更好的场景:在宾夕法尼亚大街一端,一群民选的"共和国之友"坚决反对南方人参加国会。

---

〔1〕 这种说法是斯库尔兹概括出来的,见卡尔·斯库尔兹(Karl Schurz):《往事追忆录》(*Reminiscences*)第3卷,第226、229页(1908年)。

〔2〕 见艾里克·麦克基特里克(Eric McKitrick):《安德鲁·约翰逊与重建》(*Andrew Johnson and Reconstruction*),第292~293页(1960年)。汉斯·特里弗斯(Hans Trefousse):《安德鲁·约翰逊》(*Andrew Johnson*),第252页(1989年)。

〔3〕 见第4章有关正反两方面的论述。

在大街的另一端站着一个内战期间仍然效忠于联邦的南方白人，他宣称南部各州已经吸取了内战的教训。到底谁是正确的？

1866年春，剧本在没有任何作者的情况下自身生成了。它使这个简单而又基本的问题变得更加戏剧化。2月21日，参议院中的共和党人由于缺少两张否决票而未能推翻总统对自由民局法案的否决。即使在南部 172
各州代表没有出席会议的情况下，**会议/国会**仍然不能克服总统以否决咨文的方式对其宪法权威发起挑战。一个月后，共和党人稍有起色，千方百计刚好以2/3多数推翻了总统对民权法案的否决——但此项否决也是在将新泽西州的民主党参议员以并不充足的理由逐出国会后才作出的。[1]

到3月底，政府各部门之间的分权，为澄清宪法问题提供了强大的动力。斗争双方竞相指责对手没有以人民名义表达其观点的权力，因此也为下一阶段广大公众参与宪法讨论和作出宪法决断提供了主题。与宪法第5条所做的机械规定相比，这种推动宪法变迁的非常规的动力在很大程度上主宰了即将来临的斗争。

提出宪法改革的动议阶段

与**会议/国会**相比，约翰逊有一个无可比拟的优势。他可以采取单独行动而无须像国会那样，必须调和其内部各种不同的意见。《国家》(The Nation)杂志3月22日刊登的有关文字很好地说明了此点：

> 我们对总统的政见可谓耳熟能详。它明确、坚定，因此无论是黑人还是白人，他们都很清楚总统的政见，且容易就总统的政见展开讨论；而对国会的政见我们却鲜有所闻，因为根本就没有这回事。在南部各州满足某些特定的条件之前，人们准备将其排除在国会之外，但是人们还想知道这些具体的条件又是什么……当然，重建委员会也曾经推出过一些颇有价值的措施，而且这些措施从某种程度上也缓

---

〔1〕 关于参议员约翰·斯多克顿(John Stockton)被令人震惊地逐出国会的详细描述，见卡尔·斯库尔兹(Karl Schurz)：《往事追忆录》(*Reminiscences*)第3卷，第233页(1908年)。

> 解了某些危机,但遗憾的是这些措施并未从整体上形成一个明确的方案……
>
> 此前,我们已经作了大量的工作,但还有一些更重要的工作必须马上开始。否则……我们就会在最大程度上对即将来临的秋季选举失去信心。因为那时我们会发现公众已对国会失去了耐心,他们将默许总统及其支持者沿着他们目前的政治道路继续前进下去。[1]

由于逐渐地意识到了即将到来的选举可能会给共和党人带来沉重打击,国会集中了它的注意力。共和党人于6月末及时地推出了宪法第14
173 修正案,并以其作为共和党秋季选举的竞选纲领。

捍卫宪法第14修正案的非常手段

共和党人为提出宪法第14修正案而设法谋求国会2/3多数——众议院的120张选票和参议院的33张选票——同意的过程,只是进一步说明了将南部各州排除于国会之外这一做法的某些重要特征。如果将南部各州计算在内,众议院和参议院的2/3多数票分别是162和48张。[2] 于共和党人而言,通过秋季选举向国人成功地阐明他们提议的宪法修正案的优越性并不是问题的全部。真正的问题尚隐身于最深处:在将南部各州代表排除于国会之外的情况下,又有什么可用以证明会议/国会提出宪法第14修正案的正当性呢?

在重建联合委员会提交的支持宪法第14修正案的书面报告中,这一问题恰恰处于最重要的地位。这份由参议员威廉·皮特·弗森登(William Pitt Fessenden)起草,并获参、众两院议长首肯的报告,是当时宪

---

〔1〕《国家》(The Nation)1866年3月22日,转引自艾里克·麦克基特里克(Eric McKitrick):《安德鲁·约翰逊与重建》(*Andrew Johnson and Reconstruction*),第344页(1960年)。

〔2〕第三十九届国会第一次会议记录(1866年),第3149页(众议院120票赞成;32票反对;32票弃权)(1866年6月13日);同上,第3042页(参议院33票赞成;11票反对;5票弃权)(1866年6月8日)。在众议院,被排除在外的南部11州应享有61张投票权:其中亚拉巴马州6张,阿肯色州3张,佛罗里达州1张,佐治亚州7张,路易斯安那州5张,密西西比州5张,北卡罗来纳州7张,南卡罗来纳州4张,田纳西州8张,德克萨斯州4张,弗吉尼亚州11张,这样众议院的投票基数将由184张票提高到243张票[数字来源:乔尔·特里斯(Joel Treese)主编:《美国国会史考》(*Biographical Directory of the American Congress*),第1774~1996页(1996年)]。而在参议院,南部11州应占有22个席位。

法改革过程中的一个重要文件。以现代人的眼光看,此报告的内容味同嚼蜡,没法激起人们阅读它的兴趣,因为它只是讨论了“平等保护”、“正当程序”等重要概念的含义。[1] 然而重建联合委员会通过这份报告不仅向现代美国人提供了某些重要概念的学理解释,而且还做了若干更具紧迫性的其他工作。该报告的主要任务就是阐释,为什么国会有权在25个州出席会议(实际上应为36个州)的情况下,提出宪法第14修正案。从该报告的第一页开始,重建联合委员会即在制度层面上对总统发起了猛烈攻击,否认总统有在南部诸州重建民权政府的权力。以“保证条款”为依托,重建委员会提交的报告综合运用了法律和超法律的因素,论证他们具有提出宪法修正案的权威。报告一方面详细列举了约翰逊数月前重建的南方各州政府,在重建时所遵循的程序存在着缺陷——指责新建立的南方各州政府没有创制足够的法律文件,非难总统恢复南部各州政府合法性的程序缺乏法律依据,等等。[2] 另一方面,重建联合委员会还否决了南部各州政府只要以一丝不苟的态度满足少数法律上的要求,即可恢复其政治地位的说法:

> 可以肯定的是,南部各州应该心甘情愿地接受这个战争结果,放弃对联邦政府的敌意,同忠于联邦各州的人民和平相处、友好往来,使各阶级的公民都享有平等的权利和法律规定的特权,并严格奉行自由平等的共和主义理想。它们应以切实的行动实现上述要求,而 174
> 不是迫于外在的压力而违心地接受这些要求——南部各州虽不会以敌视和轻蔑之情,但也决不愿以心甘情愿的态度接受这些要求。出于联邦政府为公民安全的考虑,南部诸州政府应该接受那些公正合理的条件,表明它们已经彻底放弃了对联邦政府的敌意。这些要求真的付诸实施了吗?我们且看一下重建联合委员会收集的有关材料,这些材料将说明某些事实。
>
> 一俟战争结束,叛乱各州的人民即宣称他们有马上加入到新政府之中的权利,因为他们为推翻旧政府也进行了四年多的斗争。由

---

〔1〕 这些粗略的讨论可见于《重建联合委员会报告》,见爱德华·麦克弗森:《重建政治史》(*Political History of Reconstruction*),第88、91、93页(1880年)。

〔2〕 在第4章中,我具体分析了该报告在此方面具有的特点。

> 于联邦最高行政长官允许并鼓励各州组建政府，因此这些州的人民就毫无顾忌也不可原谅地将发动叛乱的首要分子立即推向了各州的权力中心；而把那些明确表示维系联邦统一的人排除在政府之外。与此同时出现的种种迹象表明，他们更钟情于那些给他们制造了若干麻烦的人。为了不让这些心术不正的叛乱者在联邦政府机构谋得一官半职，国家公布了要求他们宣誓效忠的法律。然而尽管有了这样的法律，这些州的人民几乎还是毫无例外地把那些曾经积极参与了叛乱的人选成了国会参、众两院的代表。更有甚者，他们还轻蔑地指出，这样的法律是违宪的……在指控他们犯下的叛乱罪行时，他们非但没有悔意反而露出了自豪之情，明确承认自己依然……坚持那些可怕的分裂主义原则。它们以恶毒的口吻坚持自己作为独立州的权力，宣称只有在必要的情况下才可能作出让步。并声称除非在根据宪法初步采取各种措施恢复各州权力之前，他们不会屈服于任何条件。[1]

重建联合委员会提交这个报告的目的，是想对南方各州进行精神上的彻底改造。在叛乱各州人民对自己过去的行为表示反悔之前，国会不会考虑他们加入国会的法律要求："在这块土地上被镇压的叛乱分子，不得加入国会和内阁"。[2]

历史上曾经出现过类似的一幕。像弗森登维护会议/国会的权威一样，麦迪逊也曾致力于维护费城会议的权威，以反驳反联邦党人的法律批评。我们可以在《联邦党人文集》中看到与重建联合委员会类似的说法，现将其转录如下：

> 我们不妨看看制宪会议所坚持的立场……他们必然想到：已经成立的政府的一切重大改变，形式应该让位于内容……也不可能忘记，除了那些以各种理由作掩饰，对所争论的宗旨一味暗中怀恨的人
> 175 们以外，任何地方都看不到丝毫不合时宜的顾忌和墨守成规的热诚。他们也想必记得，将要制定和提出的方案要提交人民自己，非难这种

---

〔1〕《重建联合委员会报告》，见爱德华·麦克弗森：《重建政治史》(*Political History of Reconstruction*)，第90页(1880年)。

〔2〕同上，第87页。

至高无上的权力,会永远破坏这项方案;赞成这项方案,就能消除以前的种种错误和罪过。[1]

这里存在着一个巨大的风险。当麦迪逊将反对他的法律形式主义者与那些以法制为烟障"掩饰"其"心中之恨"的保皇党人相提并论时;当弗森登将严格依法办事的法制主义(legalism)视为一种"反叛"的外在表象时,我们就会发现"类制宪会议"这种制度有摆脱民主控制的危险——那些自诩为极具道德品格的党派(Party of Virtue),可以不受宪法的任何约束。

然而,这也正是存在于麦迪逊、弗森登与罗伯斯比尔(Robespierre)、列宁(Lenin)等领导人之间的最大不同之处。当联邦党人和共和党人对常规的修宪程序发起挑战时,他们并不想彻底打碎其行动亦可引以为据的法律框架。弗森登并未要求以野蛮的暴力将宪法第14修正案强加于南部各州的权力。像**联邦党人的论文**指出的做法一样,弗森登在其起草的报告中只是试图把现存制度改造成一个全新而民主的宪法批准模式。

在涉及批准宪法第14修正案的问题时,重建联合委员会有两个极端的做法可供选择。一方面,重建联合委员会可以采取激进的方案,同意北部各州中的3/4就足以使宪法第14修正案发生法律效力。另一方面,重建联合委员会亦可明确反对约翰逊的主张,不承认新组建的南部诸州政府有根据它们认为适当的理由否决宪法第14修正案的常规权利(normal right)。然而重建联合委员会采取了其他做法,提出了一个非常引人注目的法案:该法案允许南部各州政府根据某些反常的法律规则,参与到宪法第14修正案的批准过程中来。该法案指出,约翰逊重建的南方各州政府于未来重返国会的条件是批准宪法修正案:"尽管这种做法乃权宜之计,但是在参与叛乱的南部各州尽快接受可促进联邦和平与安全的条件后,它们将恢复其全部政治权利"。此法案说明,如果约翰逊重建的南部各州

[1] 《联邦党人文集》(*Federalist*)第40篇[C. 罗塞特(C. Rossiter)主编,1961年],第252~253页。在其他著作中,我以更长的篇幅讨论了这篇文章。

政府批准宪法第14修正案,[1]它们的代表就有望恢复其在国会中的一席之地。

此法案的目的在于塑造一个非常规的、机械主义的宪法批准程序。
176 实际上,该程序也未能有效地控制住宪法批准过程中发生的激烈斗争。虽然如此,该法案却说明国会的确对宪法批准程序进行了一番非常严肃而审慎的思考。

总统的对立观点

总统有自己的算盘。在国会提出宪法第14修正案9天之后,总统提交了一篇前所未有的咨文。约翰逊在咨文的第一段指出,国务卿已把宪法第14修正案发往各州进行批准了。但对该咨文最后两段的含义,我们却不能不进行一下更深入的分析:

> 即便在正常情况下,宪法修正的问题也是整个国家的头等大事。然而目前出现了一些特殊情况,即国会的联合决定并未由两院提交总统批准。且在由36个州组成的联邦中,11个州的代表没能在国会中行使代表权——只有得克萨斯州是个例外。实际上,这些州已完全恢复了作为独立州的权力,其行为也符合国家的基本法。这些被派往首都的得克萨斯州参、众两院代表被拒于国会之外,每日为争取自己在国会中的席位而奔走呼号。因此在当前情况下,修宪问题的重要性由于上述事实而更加突出。关于宪法第14修正案涉及的一些重要问题,拥有根本权力的国民也没有表达自己观点的机会。因此,就下述问题自然而然地产生了团团疑云。即国会的行动是否与人民的观点相符?是否在选举时根本没有考虑这些问题的诸州议会,应由国会召集起来以批准宪法第14修正案?
>
> 暂且撇开国会两院联合提出宪法第14修正案所依据程序的合宪性不谈,也不论已由相关行政机构提交各州议会批准的宪法修正

---

[1] 更精确地说,该法案并不期望南部任何一州能够重新进入国会,除非"宪法第14修正案成为宪法的一部分,而且南部叛乱各州也批准了个修正案,且使自己的州宪法和法律与联邦宪法不相抵触"。见《重建联合委员会报告》,见爱德华·麦克弗森:《重建政治史》(*Political History of Reconstruction*),序言第5页(1880年)。

案有多少优点，我认为将国务卿就宪法修正案采取的一些举动看做纯粹的行政行为是比较合适的。尽管有些报告对这些举动作了详细描述，但这并不意味着国家行政机构认可或推荐该修正案应由各州议会或人民批准。相反，在正确理解了宪法的字面和精神意蕴，明确了国家秩序、和谐、联邦利益，已把握了人民的意愿后，我们对现实发
生的事情或许会有一些疑问。这些现实的事情就是：在那些于国会 177
中没有代表权的各州根据合众国宪法和法律遴选出参、众两院代表，并被国会接纳之前，国会是否有权提出宪法修正案，并强制各州议会进行批准。[1]

这席令人侧耳的言论成了总统领导权兴起的又一重要标志。我们依然能够记起，为确保宪法第13修正案能获批准，林肯曾打破先例，在该修正案被送往各州批准之前正式签署了它。[2] 现在，约翰逊也断言总统有干预宪法第14修正案的同等权力——当然其作用力却是反方向的。

决定宪法改革命运的选举

在将南部诸州代表关在国会大门之外的情况下，众议院议员的选举也就包含了非比寻常的宪法意义。其中最关键的，也将影响宪法改革未来走向的问题是，共和党在众议院能否赢得122个席位。如果将南部各州所占议席计算在内，这一数字是共和党人在众议院取得大多数议席的底限。[3]

假设共和党人不能成功地做到这一点，那么他们反对总统的第一个行动就遭到了彻底失败。总统那时即可认为，与他持相同政见的122名

[1] 第三十九届国会第一次会议记录（1866年），第3349页。

[2] 见本书第五章。

[3] 麦克尔·贝尼迪克特（Michael Benedict）：《原则性的妥协》（*A Compromise of Principle*），第207页（1960年）。

来自南北双方的众议员,同保守的参议员一道组成了**真正意义上**的国会。[1] 总统的这个举措无疑会把激进的共和党人推向进退两难的窘境:他们或者温顺地接受约翰逊的观点,继续待在总统认可的国会中;或者他们继续坚持自己才是"真正"的国会——虽说他们在国会中属于少数派。无论出现哪种情况,总统都取得了决定性的胜利:如果北部各州的共和党人与约翰逊认可的国会合作,他们就无法投票要求采取非常规的措施,引导南部诸州批准宪法第14修正案。如果共和党人联合抵制总统认可的国会,那么约翰逊就会认为:这些激进的共和党人为了实现其极端的目的,竟不惜以分裂联邦为代价。

只要在众议院中失去20~30个席位,共和党人即会陷于上述险境中;[2]这种危险性也成了共和党人在中期选举时不断宣讲的主题。[3] 诚然,当共和党人后来起草了弹劾条款(articles of impeachment)以对抗总统
178 时,他们在中期选举中宣讲的主题已转变为攻击总统的"重罪和行为不端"(high crime and misdemeanor)了。弹劾条款只有一条被提交表决(第11条),它开门见山地指出:

> 这个安德鲁·约翰逊……1866年8月18日在华盛顿哥伦比亚特区发表公开演说,宣称甚至断言第三十九届国会实质上并非合众国宪法授权可行使立法权的国会。相反,它仅仅是由某些州组成的国会,因此他否认或意在否认上述国会颁行的法律之于他本人而言具有合法性和强制性。就是这个安德鲁·约翰逊认为,除非在他本

[1] 北部各州在参议院中共有17个议席,共和党人占据了其中的13个,其余4个由民主党人把持。如果总统能使参议院中4个民主党人支持自己的同时,还能争取13个共和党人中的9人追随自己,那么他就将在参议院中取得绝大多数的支持。这一结果在当时看来是极有可能出现的。约瑟夫·詹姆斯(Joseph James):《宪法第14修正案的批准》(*The Ratification of the Fourteenth Amendment*),第84页(1984年)。如果真的发生这种情况,约翰逊就能够顺利地引导保守的共和党人参加"总统认可的"参议院,而且更可能的是——他将向激进共和党人施加巨大压力,以结束因是否准许南部各州议员参加国会而引发的危机。

[2] 麦克尔·贝尼迪克特(Michael Benedict):《原则性的妥协》(*A Compromise of Principle*),第207页(1960年)。

[3] 见《国家》(*The Nation*),1866年9月20日,第230页("首当其冲的问题是,确保至少应有122名共和党人当选为众议员,这是挽救整个国家于危亡之中的……唯一途径")。转引自麦克尔·贝尼迪克特(Michael Benedict):《原则性的妥协》(*A Compromise of Principle*),第207页(1960年)。

人认为合适的情况下，第三十九届国会也没有或他认为没有提出合众国宪法修正案的权力……[1]

在是否提出弹劾条款的辩论中，有人对约翰逊可能造成的威胁也作了重点描述：

任何人都不会怀疑，如果被弹劾者（例如是总统）的意图能够实现，那么他（在1866年中期选举期间）对国会的大肆攻击无疑将削弱人们对国会的感情，因此他（在全国的支持者）将在国会两院获得多数。他也会认可这样的国会才是合法的国会，并借助于合众国海军、陆军以及财政部等机构，推行、实现他的命令。果真如此，难道……没有引发一场新内战的可能吗？[2]

这席言论出自国会议员本·巴特勒（Ben Butler）之口——关于此人，从没有过保守的言论记录在案。虽然指出存在爆发内战的可能性有些危言耸听，[3]但巴特勒的这席话却表明了这样一个事实：公众选举将是决定发生于国会和总统之间这场宪法改革豪赌的关键因素。

就在总统以正规方式明确表示反对宪法第14修正案后不久，他在华盛顿发出了召开会议的通知。邀请那些"支持行政部门根据合众国宪法维护牢不可破联邦"的人出席全国联盟会议（National Union Convention），迎接即将来临的中期选举。该会议的目的是组建一个新的温和——保守派（moderate-conservative party），该派在中期选举中的胜利将使国会提出的宪法修正提案遭到人们的质疑。

前面我们曾不止一次地提到过"会议"（convention）一词，在为政治行动寻求合法性的过程中，它使法律形式上的限制变得极具弹性。在费城 179

---

〔1〕 见第8章。整个弹劾条款的前10条描述了安德鲁·约翰逊在1866年中期选举期间的所作所为。但在对总统的弹劾行动中，该条款却发挥了很小的作用。

〔2〕 弹劾总统的程序，将遵循众议院提出的弹劾条例进行（1868年）。

〔3〕 作为对巴特勒担心再次爆发内战的回应，很多悲观主义者也持相同的观点。"我甚至担心他（约翰逊）可能会诉诸内战。"J.谢尔曼致W.T.谢尔曼的信（1866年7月8日），见《谢尔曼书信集，1837年到1891年期间谢尔曼将军与参议员谢尔曼的通信》（*The Sherman Letters, Correspondence between General and Senator Sherman from* 1837 to 1891），第276页（1894年）。转引自拉万达·考克斯（LaWanda Cox）、约翰·考克斯（John Cox）：《政治、原则与偏见》（*Politics, Principle, and Prejudice*, 1865～1866），第222～223页（1963年）。

(还会有比这更好的地方么?)[1]举行的这次会议是南北战争以来,云集了南北各州政治家的第一次重要会议。[2] 从会议举行之初,它就明确地对共和党人控制的国会的合法性发起了挑战:在会议开幕式上,马萨诸塞州和南卡罗来纳州的代表手挽手地步入了会议大厅。此举表达出来的信息非常明确:共和党人在华盛顿控制的"国会"只代表了北部各州,而在费城召开的这个"牵手"会议("Arm-in-Arm" Convention)则**合法地**代表了(重新统一起来的)我们美利坚合众国全体人民[We the People of the (Re) United States]。为了强调此次会议照顾面广的特征,与会者推举国会议员亨利·雷蒙德(Henry Raymond)宣布会议的原则。作为共和党全国委员会主席、《纽约时报》的出版商,雷蒙德是典型的北部各州温和派的代表。而他也正是全国联盟会议想要物色的、反对会议/国会的合适人选。[3]

全国联盟会议纲领充斥着为安德鲁·约翰逊歌功颂德的溢美之词。

---

〔1〕 像1787年费城制宪会议一样,这次会议也提出了所有值得关注的问题。托马斯·威格斯塔夫(Thomas Wagstaff)教授在提及参议员詹姆斯·多利特尔(James Doolittle)接受全国联盟会议主席后发表的评论时指出:"全国联盟会议将贯彻并完善开国元勋于1787年提出而未竟的工作"。托马斯·威格斯塔夫(Thomas Wagstaff):"牵手会议"(*The Arm-in-Arm Convention*),载《美国南北内战史》第14卷,第101、113页(1968年)。

〔2〕 全国联盟会议向36个州、9个地区以及哥伦比亚特区发出了通知。见约瑟夫·詹姆斯(Joseph James):《宪法第14修正案的批准》(*The Ratification of the Fourteenth Amendment*),第31页(1984年)。各州可向大会派出相当于正常国会两倍的代表。威格斯塔夫:同上,第101、104页。北部各州可在国会议员选区遴选出四名代表,其中两名联邦主义者,两名民主党人。麦克尔·贝尼迪克特(Michael Benedict):《原则性的妥协》(*A Compromise of Principle*),第193页(1960年)。但这种平等划分代表的方法在南部各州并未做到。见爱德华·盖姆贝尔(Edward Gambill):《保守的考验》(*Conservative Ordeal*),第65页(1981年)。北部诸州代表的选举由各党派在各州的组织控制下进行,而南部各州代表的选举则缺乏组织性。见丹·卡特(Dan Carter):《战争结束时》(*When the War Was Over*),第247页(1984年)。

全国联盟会议组织者的最初意图在于,阻止"要么赞成要么反对分裂的活跃而杰出的代表"(同上,第246页)参加会议,即将那些极端分子排除在外[艾里克·麦克基特里克(Eric McKitrick):《安德鲁·约翰逊与重建》(*Andrew Johnson and Reconstruction*),第405页(1960年)]。同时将保守的共和党人中间分子以及同心同德的民主党人吸引到会议中来。从理想的层面上来看,这些代表将"坚持统一、废除奴隶制,认为自己无权将南部各州代表排除于国会之外等原则"。约瑟夫·詹姆斯(Joseph James):《宪法第14修正案的批准》(*The Ratification of the Fourteenth Amendment*),第31页(1984年)。

〔3〕 9月3日,联邦共和党全国委员会在费城举行会议,雷蒙德由于上述背叛行为而被取消了该委员会的主席职务。艾里克·麦克基特里克(Eric McKitrick):《安德鲁·约翰逊与重建》(*Andrew Johnson and Reconstruction*),第420页(1960年)。

“他对宪法的贡献功不可没……他同样为解决目前的危机作出了巨大贡献”。[1] 在高级法变革的问题上,大会还坚持“各州享有平等且不可剥夺的发表自己意见和投票的权利”。[2] 8 月 18 日,此纲领被正式上呈身在华盛顿的约翰逊总统。不巧的是,约翰逊就此纲领发表的演讲于此后不久即被认为是“重罪和行为不端”的表现,并构成了他遭到弹劾的理由。[3]

但约翰逊并未就此止步;他作出了一个史无前例的举动[4],继续在中期选举中反对国会。为让人民理解他的政见,约翰逊踏上选举专列在挑剔的北部各州进行巡回演讲。[5] 作为对约翰逊此举的回应,共和党人将宪法第 14 修正案奉为他们中期选举的核心纲领,并断言自己才是联邦的真正代言人。[6]

随后而来的斗争把斗争双方对美国人民身份的不同理解推到了表层。从约翰逊及其同党坚持的联邦观念出发,美国仍然是一个白人统治的国家。在约翰逊主义者看来,南部各州白人的所作所为只是为了重申他们在联邦中的应有地位。虽然这些白人曾经在正义之路上迷失过方向,但为了重返联邦,他们批准了解放黑人奴隶的宪法第 13 修正案—— 180
该宪法修正案最终废除了曾为内战导火索的蓄奴制。在废除了蓄奴制之后,难道南方各州的白人还与北部那些持有种族偏见的白人存在什么差

〔1〕 托马斯·威格斯塔夫(Thomas Wagstaff):“牵手会议”(*The Arm-in-Arm Convention*),载《美国南北内战史》第 14 卷,第 101、117 页(1968 年)。这些话出自联盟会议宣言的最后部分,并构成了全国联盟会议的纲领。见爱德华·麦克弗森(Edward McPherson):《重建时期美国政治史》(*The Political History of the United States of America during the Period of Reconstruction*),第 241 页(1875 年)。

〔2〕 全国联盟会议纲领中的第六条宣布:“……合众国宪法修正案应在必要时由美国人民提出,但必须根据宪法规定的修宪模式进行;不论是国会还是制宪会议提出、批准宪法修正案,联邦内各州享有平等且不可剥夺的发表自己意见和投票的权利”。同上,第 241 页。

〔3〕 关于演说的全文,见“对费城全国联盟会议委员会的答复”(*Reply to Committee from Philadelphia National Union Convention*),载保罗·伯格昂(Paul Bergeron)主编:《约翰逊文集》第 11 卷,第 92 ~ 96 页(1994 年)。

〔4〕 艾里克·麦克基特里克(Eric McKitrick):《安德鲁·约翰逊与重建》(*Andrew Johnson and Reconstruction*),第 429 页(1960 年)。

〔5〕 同上,第 428 页。

〔6〕 约瑟夫·詹姆斯(Joseph James):《宪法第 14 修正案的批准》(*The Ratification of the Fourteenth Amendment*),第 29 页(1984 年)。

别吗？

共和党人对生活于这个国家中的公民作了不同的划分。[1] 在他们看来，真正能够确定美国人身份的东西是政治的而非种族的要素：哪些人忠诚于合众国，而哪些人背叛了这个国家。

南方白人的叛乱之举已向世人表明，肤色并非是忠诚于联邦的最好保证。相形之下，数以万计的黑人为维护联邦献出了宝贵的生命——这些都证明了他们对联邦的耿耿忠心。当共和党人审视战后的南部各州时，他们发现黑人是唯一值得信赖的、维持联邦的群体。正是这些男男女女而不是那些每日要求恢复叛乱各州权利的前邦联分子，才是**真正**的美国人。因此，在南部各州能以合法方式浪子回头、重返联邦之前，国家必须对黑人采取有效的保护，以确保他们作为美国人的权利不受侵犯。

随着1866年中期选举的渐入佳境，广大选民将面临这样一个真正的宪法问题。为揭示这个问题的本质，我们可将其简化如下：到底是种族因素还是政治因素，构成了合众国**更根本的**基础？

毫无疑问，一些选民更倾向于回避这个悬而未决的问题；而一些选民则更愿意重建可以在不扭曲自己精神的情况下进行。然而，美国的政治体制并未给选民们提供这样的选择机会。无论好坏，他们只能以投票的方式支持其中的某一观点。他们要么支持南部白人一派，不反对种族歧视，并进而认为种族歧视与忠于联邦并不矛盾。要么他们投票拥护提出
181 宪法第14修正案的一派，主张“所有在合众国出生或归化合众国……的人都是合众国公民”，而且“任何一州，都不得限制合众国公民的特权或豁免权”。

对这个问题，美国人民给出了最明确的答案。选举结束后，保守派在个人、组织和选举结果三方面都遭到了毁灭性的打击。从个人的层面来说，“巡回演讲”于约翰逊而言成了个人的灾难。在为其举动进行辩解时，他不顾自己的体面，在报纸上发表了一系列有损其公众形象且肆无忌惮

[1] 关于这一特殊的视角，请见肯尼斯·斯坦姆（Kenneth Stampp）：《重建年代》（*The Era of Reconstruction*），第87～108页（1970年）。

的政治言论。[1] 从组织的层面上看,民主党人操纵的全国联盟会议,仅仅为了维护民主党的党派私利,因此对共和党中间分子并没有产生什么吸引力。[2] 从选举结果看,全国联盟会议举荐的参议员候选人在选举中也遭到了彻底失败。约翰逊非但没能把共和党众议员压缩到 122 人以下,相反北部各州共和党人在国会众议院中赢得了 144 个席位。北部民主党人仅在国会众议院取得了 49 个席位,这样众议院中共和党人与民主党人的比例接近3:1(南部各州代表仍然被排除在外)。[3] 同时共和党人不仅控制了北部各州议会,还通过竞选囊括了北部诸州的州长职位。[4]

总统为将会议/国会描绘成一个激进的反联邦团体而付出的所有努力,恰恰取得了适得其反的效果。可是,这并不意味着总统付出的所有努力没有任何意义。如果不是安德鲁·约翰逊,我们或许永远也无从知道:美国人民早在 19 世纪即愿意主动地废除种族主义偏见,并进而愿意支持共和党人的联邦观——生而与俱的公民权而非肤色才是界定我们人民身份的基本要素。[5]

我们将要看到,共和党人在中期选举中取得的巨大胜利并不足以让宪法第 14 修正案取得高级法的地位。但共和党人在中期选举中的胜利却打破了华盛顿原有的政治平衡,使共和党人有更强的实力考虑他们下一步的举措。中期选举前,总统和国会在竞相提出宪法危机的解决方案时,大致还处于一种相对平衡的状态。而现在,**会议/国会**却占了上风。共和党人将如何解释他们在选举中获得的人民授权?饱经斗争洗礼的安

---

[1] 关于这些即席言论,见约瑟夫·詹姆斯(Joseph James):《宪法第 14 修正案的批准》(*The Ratification of the Fourteenth Amendment*),第 430 ~ 437 页(1984 年)。

[2] 见爱德华·盖姆贝尔(Edward Gambill):《保守的考验》(*Conservative Ordeal*),第 65 页(1981 年)。

[3] 参议院有 17 个席位以供竞选,其中共和党人赢得了其中的 15 个。在以前控制的 12 个席位中,共和党只丧失了 1 个,但却夺取了以前民主党人控制的 4 个席位中的 3 席。实际上,参议院拒不接纳夺得共和党人席位的民主党人。见简·贝克(Jean Baker):《续连性的政治:1858 年到 1870 年的马里兰州各政党》(*The Politics of Continuity: Maryland Political Parties from* 1858 *to* 1870),第 173 页(1973 年)。这一结果使共和党人以 44 个议席对 9 个议席的多数控制了参议院。

[4] 艾里克·麦克基特里克(Eric McKitrick):《安德鲁·约翰逊与重建》(*Andrew Johnson and Reconstruction*),第 447 页(1960 年)。

[5] 1866 年,共和党人关于宪法主要观点的讨论,见罗伯特·卡佐罗夫斯基(Robert Kaczorowski):"内战和重建时期宪政主义的变迁"(*Revolutionary Constitutionalism in the Era of the Civil War and Reconstruction*),载《纽约大学法律评论》第 61 卷,第 863、871 ~ 900 页(1986 年)。

德鲁·约翰逊会相信他们所作的这些解释吗?如果答案是否定的,共和
182 党人能够在1868年大选时顶住保守分子的挑战,再次赢得胜利吗?

我将在下一章讨论这些问题。在讨论这些问题之前,我们首先要考察一下上述宪法变革模式的深刻含义。

法律条文主义的反思

下面让我们思考这样一个问题:在描述宪法第14修正案起源的时候,法律条文主义者会在多大程度上略去我们叙述的这些内容?宪法第5条并未提及总统;从宪法第5条的角度看,仅有像第三十九届国会这样的会议才能在宪法修正过程中发挥作用。这样,法律条文主义者就必然要忽略掉约翰逊在宪法改革中所发挥的重要作用——在宪法争论的过程中,他个人曾坚定地站在保守主义者的一边。宪法第5条同样没有意识到国家范围内进行的各种选举,能够有效地检验人民对宪法修正提案的支持程度。将上述因素合于一处,我们就会发现法律条文主义者不可能认识到这样一个事实:在1866年决定宪法第14修正案命运的过程中,南部各州选民同北部各州选民一样都发挥了关键的作用。

对宪法第14修正案进行条文式的理解——认为它是严格按照宪法第5条规定的程序制定出来的,也因法律条文主义者忽略了上述问题而受到了扭曲。特别是在这些被忽略了的问题应该给予特别关注的情况下,这种形式主义的理解就越发偏离了它的本来面目。由于宪法第5条确实仅强调了"国会"在修正宪法时的作用,因此当法律条文主义者看到宪法第14修正案是在排除南部诸州代表的情况下提出时,他们必然会驻足并进行深刻的思考。如果不考虑当时的具体情况而仅从某个单一的事实出发,宪法第14修正案的权威必然会受到影响:由于宪法第14修正案是由北部诸州代表组成的议会提出的,它怎能代表我们美利坚合众国人民的成熟判断呢?视其为北部各州强加给被征服的南部各州的一个宪法修正案不是更合适吗?

从宪法第5条的框架出发,宪法第14修正案是一个内战修正案。[1]但在我看来,第14修正案的这一特征恰恰揭示了宪法第5条修宪模式的破产。像本章描述的那样,南部各州的白人代表也相当积极地参与了高级法的创制;只是因为人们将18世纪的法律条文生搬硬套于19世纪的宪法改革实践的奇怪偏好,才使我们无法看清宪法第5条规定之修宪模式已经破产了的现实。如果我们认真地考察一下当时的宪法改革实践,我们就会发现:南部诸州代表和北部诸州代表一样,积极地参与了关键的1866年中期选举。诚如前述,共和党人在第四十届国会的众议院中需要拥有122个议席;这一数字是把南部各州也放在与北部各州平等的地位上进行计算的结果。实际上,南部诸州白人在这次选举中还拥有更为有利的条件。关于此点,只要我们简单地回顾一下宪法原文中臭名昭著的 183
3/5妥协条款(Three-Fifths Compromise),* 便能洞悉个中原因。根据3/5妥协条款的规定,南部白人在众议院中就可多获得代表3/5黑人的席位。由于宪法第13修正案在选举问题上并未削弱白人的特权,因此南方白人在1866年中期选举中就拥有某些特别优势。这就意味着与南部选区相比,北部各州选区的众议员代表着160%的人口!

一旦把这些因素考虑在内,我们就会发现宪法第14修正案并不像法律条文主义者所说的那样,是北部各州强加给南部各州的。这种结论乃孤立地看待问题的结果。相反,它却表明19世纪的美国人有勇气将其宪法传统改造成一个更加公开、公正的修宪程序。宪法并未剥夺南方白人的发言权,相反它正是来自南部州的白人总统猛烈攻击共和党人提议的宪法第14修正案的法律根据。宪法也未将南部各州排除在1866年中期选举之外,相反它要求共和党人应该在众议院中取得122个席位,以维持推动宪法变革的动力;**而且它还在选举中赋予了南部白人选票以超重的分量。**

---

〔1〕 只要从宪法第5条制定的框架出发,我们就不难理解为什么像詹姆斯·兰代尔这样的前南部历史学家极力回避第14修正案的合宪性问题。在涉及这个问题时,他们大多都转而寻找其他的讨论主题。

* 见《美利坚合众国宪法》第1条第2款,"众议院名额和直接税税额,在本联邦可包括的各州中,按照各自人口比例进行分配。各州人口数,按自由人总数加上所有其他人口的3/5予以确定……"这一条款乃是制宪会议与会代表在关于众议院名额发生激烈争持之后,作出相互妥协的产物。因此,本文中将其称为3/5条妥协条款。——译者注

我们对提出宪法第14修正案过程的理解在很大程度上得益于此前就宪法第13修正案展开的讨论——它为我们提供了两个本章没有再次提出的制度改造先例。第一,政府各部门间的分权在人们讨论和界定宪法改革内涵时发挥了原动力的作用。在解放黑人奴隶的问题上,我们目睹了宪法第13修正案产生的过程——它是在总统和国会之间发生了激烈互动的结果。只是在提出宪法第14修正案的过程中,国会和总统发挥了与此前截然不同的作用——林肯在批准宪法第13修正案的时候,扮演了激进改革者的角色,而国会反其道而行之;约翰逊在提出宪法第14修正案的过程中,成了保守派的领袖,而国会依然反其道而行之。第二,是林肯而不是约翰逊率先视赢得国家层面上的选举为获得了人民授权的标志,并将这种方式运用于争取国会认可解放黑人奴隶的斗争中——所不同的只是,南部各州没有参与1864年选举,却参与了1866年的选举而已。

当然,建国时期的联邦党人从来没有想过,政府各部门的分权与国家
184 选举之间的相互作用可以成为促进宪法变革的崭新动力。而且,联邦党人也从来没有料到他们制定的宪法能够经受住残酷的内战考验而存续下来,并为人民重新界定联邦的内涵提供了若干全新的制度材料。我们不必因为打破了联邦党人创立的修宪模式而感到痛心;跟上共和党人的步伐,当他们试图赋予决定性的中期选举胜利以怎样的含义时——当他们解释中期选举获得了怎样的人民授权时,我们将看到突破联邦党人确立的修宪模式会有更多的回报。

第七章　人民授权的含义：1866 年中期选举内涵的诠释

一次决定宪法改革命运的选举？

法律形式主义的魅力在于预先赋予法律程序的每个步骤以特定含义。虽其个中优点自不待言，但它也有一个很大的弊端。也就是说，尽管这种预先制定的框架可能已经包罗万象，但它还是无法囊括瞬息万变的现实生活。在此情形下，连政治领导人们自己也会感到无所适从。虽然一些伟大的历史事件摧毁了原有的法律框架，但这些事件本身却没有表明某种明确的法律含义。当政治领导人们试图以不同的观点弥补这些事件造成的理论空白时，人们讨论的话题也就转到了如何解释这些历史事件的含义上。但我们又怎样确定争论双方谁的观点有道理，从而应该在争论中占得上风呢？

在我们的研究中，1866 年中期选举恰恰带来了这个问题。从形式上来看，共和党人在选举中的胜利仅仅意味着该党将在此后两年控制着国会；而并不意味着根据宪法第 5 条制定的宪法第 14 修正案即将获得通过。根据宪法第 5 条的规定，一旦国会提出了宪法修正案，它的命运就完全掌握在各州议会手中——它们有根据具体情况批准或否决该修正案的自由。

约翰逊总统恰好持这种形式主义的观点,他呼吁南部各州运用宪法第5条赋予的权力,否决宪法第14修正案。作为回应,制宪会议/国会也开始重新思考其权威的根据和渊源。它是受联邦党人原则约束的普通法律机构吗?还是1866年的中期选举使会议/国会获得了人民授权,从而可以超越联邦党人确立的宪法批准模式?

通过第一、第二重建法案,共和党人断言自己获得了人民授权。关于
186 这两个重建法案,那些看似理性的历史学家也是众说纷纭,莫衷一是。20世纪上半叶,他们通常指责这两个法案的革命性。在最近一段时期,历史学家们又认为这两个法案过于保守。[1] 这两种观点均无可厚非。如我们以联邦党人的原则为衡量标准,会议/国会的一些做法确实违反了当时的宪法,而且带有革命性的色彩。如果我们以19世纪或者20世纪的标准进行判断,会议/国会的做法却是温和的,甚至还是相当保守的。

我同样希望自己能够澄清这些具有决定意义的选举,在以非常规手段批准宪法第14修正案的整个过程中发挥了怎样的作用。我对这些选举的看法经常引起人们的曲解。翻阅过我第一卷书的读者们更倾向于对我的观点进行神性化的理解——将我所说的"人民"视为超人,他能够像你我在讲台上发表自己的观点一样,在选举时中"表达其看法"。从这种观点出发,1866年选举被看成是一件不可思议的事也就毫不为怪了——在选举中,**人民表明了其立场**,决定性地批准了宪法第14修正案,尽管该修正案此前还是华盛顿的政治精英们激烈争论的话题。

毫无疑问,我在写作时对隐喻手法的偏好,使人们更容易误解我的观点。现在,请允许我倾我所能来澄清这些误解。在我看来,"人民"并不是超人的代名词,而是一个能有效地促进政治精英和人民大众进行有效互动的程序。它是一个特别的程序:在与平时不同的宪法政治时期,大多数

---

〔1〕 试把霍华德·贝尔(Howard Beale):《众说纷纭的年代》(*The Critical Year*)(1930年)、克鲁德·波尔斯:《悲惨的岁月》(*The Tragic Era*)(1929年)同麦克尔·贝尼迪克特(Michael Benedict):《原则性的妥协》(*A Compromise of Principle*)(1974年)、艾里克·麦克基特里克(Eric McKitrick):《安德鲁·约翰逊与重建》(*Andrew Johnson and Reconstruction*)(1960年)进行一下对比。

普通美国人都对公民权以及华盛顿的动态等问题倾注了更多的时间和精力。如果高级法创制的体制能够正常运转,它将有效地引导积极参与宪法讨论的公民实现普通百姓和政治精英之间的对话——它将首先赋予持不同观点的政治精英们阐明各自宪法观点的机会;而后,它会引导人民参与到宪法讨论中来,并通过投票表明自己的立场。而公民投票又为政治精英们在下一阶段提出怎样的宪法讨论主题指明了方向。其后,政治精英们再在下次选举时把这些宪法讨论的主题提交人民进行讨论和表决;依次类推。如果这一机制能够正常运转,那么全国人民讨论的话题与华盛顿政治精英们讨论的话题就能做到最大程度上的契合。随着宪法方案的最终成型,那些宪法观点受到了人民支持的政治精英和大多数公民之间,就会在比平时更高的层次上拥有共同的关注点和基本目标。随着普 187
通百姓从宪法讨论的大潮中日渐淡出,这一程序亦告终结;留下政治精英们投身于正常的竞选中——从最广泛的意义上讲,这种正常选举的方式也没有脱离此前人民和政治精英以对话方式铸就的基本框架。[1]

我希望决定宪法改革命运的选举这一概念,能够有效地表达出 1866 年选举在人民和政治精英对话过程中发挥的特别作用。这些选举既不标志着宪法第 14 修正案问题的开始,也不能说明宪法第 14 修正案问题的终结。相反,它只是以激烈的方式打破了华盛顿的政治平衡。在中期选举前,总统约翰逊和会议/国会在相对比较平等的基础上竞相提出他们的宪法观——他们都宣称人民会支持自己的宪法观点,尽管这些宪法观点之间本来就水火不容。中期选举使会议/国会的宪法观在斗争中占了上风。此时的问题已不再是大多数美国人是否支持总统——人们不会如此,任何人都明白这点。如果有什么问题的话,这个问题已经变成了共和党人将如何处理他们取得的人民授权,以及总统和政府中的保守派是否赞成共和党人的观点,把 1866 年中期选举当做国人就宪法第 14 修正案进行的一次全民公决。

---

〔1〕 关于此点,在本书的第九、十两章有较多论述。

约翰逊的法律形式主义观点

总统率先采取了行动。他本可以像大多数人那样看待1866年中期选举的结果。当然,如果他不再抵制宪法第14修正案的话,那么他的做法也就不足为奇而不会引起人们的关注了。成功的美国政客在政治方向上以善于见风使舵而著称。如前所述,他们在对待宪法第13修正案的问题上就运用了相时而动的策略,并最终作出了及时转向。在1864年选举之前,国会中的民主党人成功地挫败了共和党人提出解放黑人之宪法修正案的企图。然而,在1864年的选举结果揭晓后,保守派对解放黑人宪法修正案的抵制也就土崩瓦解了。在民主党人的配合下,国会最终获得了必要的2/3多数而提出了宪法第13修正案。

假如约翰逊在宪法第14修正案问题上及时转向,他还具备一些有利条件。毕竟,在以非常规的手段成功地批准了宪法第13修正案的过程中,他曾积累了不少运用总统领导权的技巧。像1865年一样,总统和国
188 务卿也可以在1867年向南部各州白人政府发送一些恩威并施的电报。他们也可以像1865年一样,同南方人达成如下一笔政治交易——批准宪法第14修正案,这样国会将接受南部各州的代表并不再对各州进行革命性的改革。不可否认,总统在历史上曾作过类似的许诺,并遭到了国会中共和党人的非难。但这次在对待宪法第14修正案的问题上,如果总统真的支持该宪法修正案,会议/国会非但不会再非难总统,而且会议/国会此前采取的系列举措还会增加总统这一政治倾向的可信性。

颇具讽刺意味的是,国会强化其批准宪法第14修正案意图的突破口,恰恰是总统的故里田纳西州。约翰逊把该州的政治控制权拱手让给了他的政敌,而且他的政敌还用宪法第14修正案把他逼到了一个非常尴尬的地步。[1] 当田纳西州在1866年7月19日批准了宪法修正案后,共

---

〔1〕 魏廉·布朗罗(William Brownlow)州长在其致参议院执行官的那封著名电报中说道:"我们已经批准了宪法修正案……代我向白宫的那条死狗致意"。转引自汉斯·特雷夫斯(Hans Trefousse):《安德鲁·约翰逊》(*Andrew Johnson*),第253页(1989年)。

和党温和派很快决定国会两院无条件地接受该州代表。此举虽使共和党激进派备感恼火,但它却为南部各州批准宪法修正案后应该受到怎样的对待开创了一个先例。

然而总统却坚决不受"及时转向"之利的诱惑。在他看来,1866 年中期选举的结果并不意味着共和党人从人民那里获得了决定性的授权。它最好被理解为一时反常的事件——它是刁钻的共和党人为实现本党私利,控制了战时之人民情绪的结果。[1] 虽然共和党人获得了中期选举的胜利,但他们从这次选举中是否获得了人民授权的问题却依然存在着。如果他与会议/国会进行不懈的斗争,不认为它从中期选举中获得了人民授权,那么人民最终会醒悟过来,并支持他在危机时刻捍卫宪法的大无畏行动。毕竟,约翰逊有时间上的优势——至少他本人愿意这么想。从约翰逊的保守观点出发,前南部邦联 10 州根据宪法第 5 条行使的否决权,足以封杀宪法第 14 修正案。[2] 如果南部各州坚决反对该修正案,那么共和党人提出的这个宪法修正案即会处于悬而不决的状态之中。从时间上看,南部各州对宪法第 14 修正案的抵制将造成一种政治上的"微妙僵局"。[3] 在 1868 年举行下一轮选举前,什么问题都不会得到毫无争议的解决——到那时,总统和国会都会为他们的政见而展开又一轮竞争。如果真是这样,有谁能比约翰逊更适合领导下一次为捍卫保守观点而展开的斗争呢?[4]

---

〔1〕 约翰逊在会见《伦敦时报》记者时指出(1867 年 1 月 10 日):"总统说,目前他认为公众事务中最引人注目的问题是,这个国家中的少数人想把自己的观点强加给多数人……在去年秋天进行的选举中,一些人巧妙地把不适当的问题交由人民作出决定……但是,既然总统还在,这些问题就不可能出现"。保罗·伯格昂(Paul Bergeron)主编:《安德鲁·约翰逊文选》(*Papers of Andrew Johnson*)第 11 卷,第 16 页(1973 年)。

〔2〕 见艾里克·麦克基特里克(Eric McKitrick):《安德鲁·约翰逊与重建》(*Andrew Johnson and Reconstruction*),第 454 ~ 455 页(1960 年);麦克尔·贝尼迪克特(Michael Benedict):《对安德鲁·约翰逊的弹劾与审判》(*The Impeachment and Trial of Andrew Johnson*),第 16 页(1973 年)。

〔3〕 见艾里克·麦克基特里克(Eric McKitrick):《安德鲁·约翰逊与重建》(*Andrew Johnson and Reconstruction*),第 467 ~ 473 页(1960 年)。

〔4〕 汉斯·特雷夫斯(Hans Trefousse):《安德鲁·约翰逊》(*Andrew Johnson*),第 336 ~ 339 页(1989 年)。

捍卫人民授权的会议/国会

1867 年 1 月,会议/国会意识到它们所面临的宪法危机恰恰要动摇宪
189 法第 5 条确立的基本原则。基于这种考虑,总统将南部各州组织起来坚决地反对宪法第 14 修正案。[1] 政府各部门之间的分权机制再次把这个事关高级法创制的基本问题推到了人们政治生活的中心。如果会议/国会不采取积极措施决定宪法第 14 修正案的批准程序,总统推行的"微妙僵局"策略即会得逞——如此,共和党人就不得不依靠并无胜算的 1868 年选举来解决这一问题。看到了这样的前景后,共和党人开始为澄清一些最基本的问题而展开斗争:会议/国会是否从 1866 年的中期选举中获得了人民的特别授权?如果答案是肯定的,怎样把这些宪法政治上的辞令转变成刚性的宪法规定?

从 1867 年 1 月早期到第一重建法案出台的 3 月 2 日,上述问题成了国会讨论的热点。很久以前,美国的历史学家们就认识到了这些讨论的重要性,[2]然而法学家们却忽视了这个问题。[3] 虽然他们对国会早期围绕着是否提出宪法第 14 修正案而展开的讨论进行了一番详细的考察,但

---

〔1〕 1 月底,前南部邦联 9 州同肯塔基州一起反对宪法修正案。从形式上来看,宪法修正案已经无法获得必要的 3/4 多数而获通过。截止到 3 月底,随着路易斯安那、特拉华和马里兰州加入到反对者的行列中来后,共有 13 个州反对宪法第 14 修正案。查理斯·福尔曼(Charles Fairman):《最高法院史:重建与重新统一时期,1864 ~ 1888 年》(*History of Supreme Court: Rconstruction and Reunion*, 1864 ~ 1888),第一部分,第 255 页(1971 年)。我们没有必要把更多的注意力放在精准的日期上。只是当一些人看到各州在 12 月进行选举的结果后,宪法修正案的前途已渐明朗。约瑟夫·詹姆斯(Joseph James):《宪法第 14 修正案的批准》(*Ratification of the Fourteen Amendment*),第 128 页(1984 年)。

〔2〕 见艾里克·麦克基特里克(Eric McKitrick):《安德鲁·约翰逊与重建》(*Andrew Johnson and Reconstruction*)(1974 年),第 10、11 章。

〔3〕 查理斯·福尔曼是个例外。他认为应该将关于重建法案的讨论同就宪法第 14 修正案展开的讨论"结合起来看"。"它意在探讨一个始终存在的问题:联邦存在于一个什么样的基础之上——当南部各州反对这些基础时,应该采取怎样的措施?"查理斯·福尔曼(Charles Fairman):《最高法院史:重建与重新统一时期,1864 ~ 1888 年》(*History of Supreme Court: Rconstruction and Reunion*, 1864 ~ 1888),第一部分,第 332 页(1971 年)。笔者的观点亦得益于福尔曼对两者之间关系的明察。

这些法学家们又认为,在 1866 年 6 月国会将该修正案移交各州批准后,这个机构也就无所事事了。在严格法律条文主义者看来,1867 年早期国会记录中的那个题为“1867 年重建法案”的报告,与宪法第 14 修正案没有任何关系。只有考古学家才会对关于这个重建法案的讨论产生兴趣,它根本不构成宪法第 14 修正案立法史的部分内容。

我绝不赞成这种严格法律条文主义的观点。更重要的是,会议/国会也不会这么想。会议/国会中的成员非常清楚,如果他们不坚决地采取进一步的行动,宪法第 14 修正案将被扼杀在襁褓之中。实际上,他们通过重建法案的中心目的恰在于抑制南部各州否决宪法第 14 修正案。这种说法可能会让现代读者感到大惑不解,因为在他们所受的教育中,国会的重建方案仅仅关涉到当时的社会和经济问题。然而,这些社会、经济问题根本不是当时国会讨论的主题。无论好坏,宪法文本都为那些持不同宪法观的人能够平等地表达出他们的意见提供了组织背景。当然,视这些宪法文本中的辞藻仅仅为一种被神秘化了的“真正”利益也并非没有可
能。但我希望自己在会议/国会遇到了真正的合法性问题这点上并没弄 190
错:会议/国会制定重建法案,抑制南部各州表达其真实宪法意志的做法合法吗?在共和党人以大多数美国人认为可行的方式运用非常规的措施抑制南部各州否决宪法第 14 修正案之前,人们还要针对这些措施进行正反两方面的激烈争论。

人民授权真的存在吗?

根据 19 世纪宪法规定的日程,新一届议会不得在 1867 年 3 月 4 日前举行会议。在此之前,旧国会可以按照宪法的规定召开“跛鸭”(lame-duck)会议。共和党人认为,1866 年中期选举的结果大大加强了“跛鸭”会议的民主权威。民主党人在“跛鸭”会议上反对采取“革命”行动的呼

声被彻底淹没了,[1]一个又一个的演讲者[2]断言:人民已经授予了会议/国会立即采取行动、作出某些决定的权力。

像亨利·雷蒙德(Henry Raymond)这样保守的共和党人,在"跛鸭"会议上发表的演说极具启发意义。[3] 我们此前看到,他在安德鲁·约翰逊的支持者召开的全国联盟会议上曾发挥了举足轻重的作用。但在重返公共舞台,作为一名来自纽约州的国会代表发言时,他的观点却发生了巨大变化:

> 有些律师在陪审团作出判决后还对该案喋喋不休、大发牢骚;我不愿这么做,而只想趁机说出自己的观点。在我看来,关于重建的若干重大问题在某些方面已经得到了实质性的解决,至少人们现在已不再对这些问题进行什么有益的讨论了。人民通过新闻机构、我们现在举行的会议、各州议会特别是去年秋天进行的选举等各种途径表明了自己的观点。根据这些现象,我认为自己的判断是正确的:在上述大讨论中,人民在几个方面已经作出了决定。其中之一包括:他们不想以合众国总统提出的方案作为调整、恢复内战后秩序的基础。换句话说,他们不想让参与叛乱的各州像联邦内其他州一样,拥有与
> 191 内战前相同的政治权力。在没有相应法律对未来作出规制或没有某些特别法律的情况下,他们的代表不得进入国会两院。在这个问题上,总统曾经提出过合适且公正的观点,即各州派往国会的代表必须

---

[1] 见爱尔德雷戈(Eldridge)的演说,第三十九届国会第二次会议记录(1867 年),第 561 ~ 564 页;克尔(Kerr)的演说,同上,第 622 ~ 625 页;罗斯(Ross)的演说,同上,第 778 ~ 781 页;莱布龙德(LeBlond)的演说,同上,第 1323 ~ 1324 页;爱尔德雷戈(Eldridge)的演说,同上,第 1324 ~ 1325 页。

[2] 见皮克(Pike)的演说,第三十九届国会第二次会议记录(1867 年),第 254 页;霍尔姆斯(Holmes)的演说,同上,第 265 页;斯班尔丁(Spalding)的演说,同上,第 288 ~ 290 页;宾格汉姆(Bingham)的演说,同上,第 502 页;沃纳(Warner)的演说,同上,第 566 页;布兰茨(Plants)的演说,同上,第 598 页;库茨(Koontz)的演说,同上,第 595 页;米勒(Miller)的演说,同上,第 600 页;海格贝(Higby)的演说,同上,第 625 页;卡洛姆(Cullom)的演说,同上,第 815 页;泰耶(Thayer)的演说,同上,第 1098 页;加菲尔德(Garfield)的演说,同上,第 1320 页;泰耶(Thayer)的演说,同上,第 1321 页;德拉诺(Delano)的演说,同上,第 1325 页;伍德伯里格(Woodbridge)的演说,同上,第 1323 页;贝恩克斯(Banks)的演说,同上,第 1328 页;米勒(Miller)的演说,同上,第 1332 页;德尔林(Darling)的演说,同上,第 1337 页;斯图尔特(Stewart)的演说,同上,第 1361 页;弗森登(Fessenden)的演说,同上,第 1556 页。

[3] 也可见斯班尔丁的演说,第三十九届国会第二次会议记录(1867 年),第 289 ~ 290 页。

忠诚于合众国。我完全赞同这种观点。另外，我还要坦率地指出，如果掌握这个国家前途命运的党派在大讨论开始之初即乐于迅速地采纳这种建议，我们可能已经获得了和平并在最大程度上医治了由于战争给这个国家造成的创伤。但过去和现在我都坚持的一点是，在昔日看似正确的政策却不一定能够适用于现时。一个内科医生可能会为咽喉疼痛开出了含片的药方；如果病人对其开出的药方弃而不用，咽喉疼痛可能会恶化为某种炎症，并进而引发肆虐的高烧。如果在患者生病的整个过程中，除了含片以外没有其他医疗方法，那么我们就会认为内科医生的判断有失正确或者缺乏应有的常识。因此，我将不再思考那些不切实际且不可能的解决目前争论的模式，它可能会造成国家的分裂。其次，尽管人民没有明确对某个重建方案表示反对，但是他们几乎已经决定由国会最后一次会议提出的宪法修正案应送交某些州进行批准，除此之外没有更好的办法。从总体上来看，这一最明智、最令人满意的解决重建问题的方式是颇具感染力的。最后，我认为人民更信任国会而不是政府的行政首脑制定的重建方案，并用以恢复参与叛乱的南部诸州的法律地位等问题。在他们看来，由立法机构而非总统处理这些事情应该是理所当然的。[1]

尽管雷蒙德曾忠心耿耿地支持过总统，但他现在却明确地指出会议/国会已赢得了宪法授予的领导权。总统领导权的失败将约翰逊推到了“有些律师在陪审团作出判决后还对该案喋喋不休、大发牢骚”的窘境。

然而，即便像雷蒙德这样保守的共和党人都承认，人民支持会议/国会采取强烈的措施是一回事；而将宪法政治上振奋人心的词藻转化为可
操作的、能够解决宪法危机的法律方案则是另外一回事。在南部各州否 192
决宪法第14修正案的问题上，会议/国会将怎样作出**恰到好处**的反应呢？

人民授权的内涵

共和党内部又一如既往地分裂了。以塞德斯·史蒂文斯为首的激进

〔1〕 第三十九届国会第二次会议记录（1867年），第715页。雷蒙德同大多数共和党人一样同意宪法第14修正案第3款的规定，该条对前南部联邦领导人担任政府高级职位作出了限制。

派,只是把宪法第14修正案视为能使本党从与安德鲁·约翰逊的斗争中幸存下来的权宜之计。在共和党人取得了1866年中期选举的胜利后,他们又提议对南部各州进行广泛的政治和社会改革。

更多的中间分子则视宪法第14修正案为解决宪法危机的根本途径。像约翰·宾格汉姆这样的中间派领导人,即把1866年中期选举的胜利视为是人民群众支持他们这种观点的佐证:

> 我坚持认为应将国会……奉献给美国人民的宪法第14修正案作为未来南方重建的根据……美国人民就是这样理解并接受这种看法的。我敢断言,在座大多数代表都把自己再次当选为第四十届国会议员归因于这样的事实:(共和党人)在各州举行的会议,宣布从形式和内容上将宪法第14修正案作为未来重建的首要根据。[1]

作为共和党中间分子的代言人,宾格汉姆的目标是想设计一个可信的、能够抵制南部各州否决宪法第14修正案的程序。如果这一目标能够实现,他就不会再坚决要求将南部各州代表关在国会大门之外。如果宪法第14修正案最终成为高级法的一部分,他就打算把会议/国会转变为能够接受南部各州代表的正常国会。

共和党激进派试图延缓恢复常态政治的时间。因此,反对中间派对中期选举之内涵所做的诠释就显得至关重要了。下面是塞德斯·史蒂文斯在会议开始时发表的一段演讲,这段演讲曾引起了极大的争论:

> 从内涵和外延两个角度来看,我都认为不应让南部各州参与宪法第14修正案的批准活动……否则,政府大权将旁落于叛乱分子之手。让南部各州参与宪法修正案的批准是不明智的,也是不合逻辑的。国会认为叛乱各州没有符合合众国宪法的政府和州宪,或者说这些州现在根本不是合众国的一部分。既然如此,这些州怎能参与宪法第14修正案的批准活动呢?反之,若叛乱各州拥有不受任何损
> 193 益的权力,亦将产生若干问题。就我所知,几乎所有的共和党人都对西华德先生的圆滑做法嗤之以鼻:在计算批准宪法第13修正案的法定州数时,他把弗吉尼亚和其他非法诸州也算在了批准该修正案的

[1] 第三十九届国会第二次会议记录(1867年),第500页。

各州之列。[1]

史蒂文斯漫不经心地把与宪法第 13 修正案相关的往事放在了脑后——当初共和党的领导人是怎样企盼国务卿宣布宪法第 13 修正案发生法律效力的；大多数共和党人又是怎样不愿支持激进共和党人之主张的——那些激进的共和党人认为，依据宪法第 5 条的规定，3/4 之北部诸州议会的批准即足以批准宪法第 14 修正案。[2] 实际上，史蒂文斯的做法——反对共和党中间派对中期选举含义的理解——在共和党人内部也造成了很大分歧。甚至连詹姆斯·安施利（James Ashley）——他提出的重建方案在某些方面比史蒂文斯的方案还要激进——也作出了让步，认为如果约翰逊重建的南部各州政府批准宪法第 14 修正案，他就会投票承认这些政府。只是因为"这一大群最近参与了叛乱的人们在最高行政长官的领导下，反对这些并不苛刻的条件"，[3] 他才转而支持史蒂文斯的主张，要求南部各州作出更多的承诺。关于激进的重建方案虽有若干变种，但所有这些变种却异常明确地体现了一个悬而未决的问题：会议/国会应该声称它已经获得了对南部各州进行彻底改革的人民授权？还是应该相对简单地寻求一个批准宪法第 14 修正案的反常方式？

在 1 月国会讨论两个法案的时候，史蒂文斯和安施利打算在南部各州推行全面的政治改革——在授予所有黑人选举权的同时，剥夺那些于 1864 年 3 月 4 日后仍未宣誓反对叛乱的白人的选举权。[4] 之于我们的研究而言，更重要的是这两个法案认为国会干预南部重建与南部各州批准宪法第 14 修正案之间没有任何联系。这两个法案都没有作出如下承诺：如果重建的南部各州政府批准了宪法第 14 修正案，它们的代表即可重返国会。当然，这两个法案更没有明确邀请南部各州参与到宪法第 14

---

[1] 同上，第 252 页。

[2] 见本书第五章。

[3] 第三十九届国会第二次会议记录（1867 年），第 783 ~ 784 页。

[4] 同上，第 250、253 页。

修正案之批准的过程中来。[1]

可以预料的是,宾格汉姆认为这两个法案“篡夺了本不属于合众国议会的权力,诱使人民将宪法修正案置于一旁,因此将使共和国在未来遭受像刚刚过去的内战一样的巨大灾难”。经过激烈而漫长的争论,宾格汉姆
194 取得了胜利。[2] 1 月 28 日,大多数众议员支持宾格汉姆的动议,将这两个激进的法案退回了重建联合委员会。[3]

这一决定使所有共和党人必须遵守宪法规定的国家政治日程。3 月 4 日,第三十九届国会的“跛鸭”会议行将结束,因此共和党人不得不通过下一届议会再重新讨论南部重建问题——这样共和党人将失去尽快提出重建方案的宝贵时间和强大动力。为避免再次引起党内纷争,重建联合委员会详细阐述了应该迅速行动起来提出南部重建方案的必要性。因此,它提出的新议案也希望尽量不要引发新一轮的党内冲突。这个新提案把关注的问题放在了所有共和党人都可能会支持的少数关键问题上。为攻击会议/国会政策之不力,各种报道曾详细列举了忠于联邦的人们(既有黑人也有白人)被南方顽固邦联分子残杀和虐待的事例。如果共和党人不能在某些问题上精诚团结起来,有谁会相信他们能采取强力措施制止那些令人发指的虐待忠于联邦者的行径呢?

史蒂文斯代表重建联合委员会于 2 月初提出“军管法案”(military bill)的主要宗旨,就是促进共和党内部的统一。这个包括五小段内容的法案,把南部各州分成五个军管区,并授权军管区司令通过军事法庭“惩

---

〔1〕 史蒂文斯于 1 月提出的这一议案把一个问题留给了下届国会,即它将决定是否接纳来自南部各州的参、众两院代表。同上,第 250 页。2 月,史蒂文斯在反驳中间分子提出修改其议案的修正案时指出:“我们为什么要受这种事先承诺他们参与批准宪法修正案的限制?”同上,第 1214 页。

〔2〕 同上,第 501 页。

〔3〕 投票结果为 88 票对 65 票。恰在投票之前,史蒂文斯在众议院攻击宾格汉姆:“在重建问题上的若干争论,我既不接受他的观点,也不认可他的威望,甚至我不相信他所说的每一句话”。同上,第 816 页。

治所有扰乱和平的人”。[1] 为了避免军事法庭与联邦法院之间发生冲突,人身保护令状(habeas corpus)暂不发生法律效力。这个军管法案丝毫没有提及致使史蒂文斯和宾格汉姆发生尖锐分歧的问题——对 1866 年中期选举含义的不同理解。在一次热情洋溢的演讲中,史蒂文斯呼吁反对他的共和党人暂时不要就此问题再费口舌了。在他看来,共和党人应该立即行动起来,否则在第三十九届国会代表“返回家乡、跛鸭会议结束后,总统将获得最终的胜利”。[2]

史蒂文斯的提议并没有打动宾格汉姆。2 月 13 日,他反对就史蒂文斯提出的军管法案进行简单的表决,而且他又一次赢得了胜利。[3] 此后,为了实现他的基本设想,宾格汉姆提出了一个军管法案的修正案,[4] 其目的是想设计一个机械主义的程序,以防止南部各州否决宪法第 14 修正案。宾格汉姆提出军管法修正案表明他的思想发生了巨大的转变。在他 1 月最后一次谈到这个问题时,他还坚持原来的激进观点:北部各州 3/4 的多数批准即足以使宪法第 14 修正案发生法律效力。这种做法是解决当时症结的一剂“良药”,它可以避免对南部各州进行强力的军事干预——而军事干预则为史蒂文斯和安施利所主张。在当时的情况下,宾格汉姆认为:国会可以基于北部 3/4 多数州的批准径行宣布宪法第 14 修 195
正案发生法律效力;此后再通知白人控制的南部各州——开启国会大门的钥匙掌握在他们自己手中,只要南部各州批准了宪法修正案,它们的代表即可重返国会。宾格汉姆认为这样的条件对南部各州而言有着不可抗

[1] 即使是军管法案的作者乔治·威廉姆斯(George Williams)也没承想该法案会成为一个激进的措施。正是在史蒂文斯将该法案提交众议院后,它才具备了激进的含义。该法案的导言和第 1 款提及了叛乱诸州,并称其为南部的“所谓各州”,而史蒂文斯一再强调南部各州“已被征服”,因此应该“根据国家法律”像对待任何其他“被征服的外国一样”对待它们。第三十九届国会第二次会议记录(1867 年),第 1076 页。之于中间和保守派而言,这种解释是不可接受的,因此宾格汉姆试图修正该法案。同上,第 1081 页。当宾格汉姆的努力失败后,史蒂文斯将该法案第 1 款中提及南部各州的“所谓各州”修改为“后来所谓的邦联各州”,以迎合中间分子的需求。同上,第 1206 页。因此,在众议院修正该法案的努力未能成功,但是在参议院,该法案的序言部分被修正为南部各州“没有合法政府”存在。同上,第 1459 页。

[2] 同上,第 1104 页。

[3] 投票结果为 79 票对 54 票。同上,第 1210 页。

[4] 没有任何迹象表明宾格汉姆反对在南部各州运用联邦法。同上,第 1081 页。他只想简单地制定一个抵制南部各州自由否决宪法第 14 修正案的法律,即只要批准宪法第 14 修正案,南部各州的代表就能够重返国会。

拒的诱惑力:由于宪法第14修正案已经成了合众国宪法的一部分,因此南部各州肯定不会拒绝礼节性地批准修正案,并以此换取它们在国会中真正的政治地位。

然而,早在1月的时候,宾格汉姆就深刻地意识到了这种重建方案宪法上的缺陷:

> 但政府中有两个部门——行政部门和司法部门——反对北部各州人民拥有批准宪法第14修正案的权力。在我看来,这两个部门都无权就此事发表自己的看法——它们无权向人民的权威发起挑战。我对总统想在此事中发挥怎样的影响漠然视之。在人民面前,他没有任何权力而言。他绝不能违背人民的最终决定。但有人认为,由北部3/4多数州批准并由国会宣布生效的宪法修正案,将遭到联邦最高法院的否决。
>
> 我并没有这个担心。联邦最高法院对此问题没有管辖权。以此种方式批准宪法修正案不是法律问题,而是政治问题;联邦最高法院如果明智的话,最好不要干预此事……

在消除了司法干预的担心之后,宾格汉姆甚至以更为放任的态度提出了以下观点:

> 如果……诸位认为联邦最高法院干预宪法第14修正案的做法有失妥当,那就应该立即剥夺它对所有案件的上诉管辖权。由于联邦最高法院不合时宜地干预了它本不该管的事,因此它应该沦落到没有任何权威的地步……如果法院篡夺了决定政治问题的权力,公然对人民的自由意志发起挑战,那么它在以后的日子里,必将遭到人民的侮辱和蔑视。人民将进一步提出、批准宪法修正案,并以此证明统治者并非人民的主宰。同时,人民还将把篡权者逐出法院,以对抗这种司法篡权行径。[1]

这些带有启发性的观点反而使宾格汉姆开始重新思考他提出的重建方案。他于2月放弃了激进的宪法批准模式,转而接受了一个替代性的

〔1〕 第三十九届国会第二次会议记录(1867年),第501~502页。演讲的全文见第500~505页。

方案——主张宪法第 14 修正案应由合众国境内所有州的 3/4 多数批准。为实现这一目标,宾格汉姆现在准备接受激进派要求授予黑人选举权的 196
主张。毕竟,这是南部各州的共和党人推翻这些州此前否决宪法第 14 修正案之决定的唯一途径。[1] 为使宪法第 14 修正案能获批准的前景更加明朗,宾格汉姆提议明确地把南部各州重返议会同该修正案的批准联系起来。[2]

宾格汉姆的提议很快就被国会议员詹姆斯 · G. 布雷恩(James G. Blaine)以及参议员约翰 · 谢尔曼后来的动议所取代。从实质上看,这些提案不过是关于同一问题的不同变种而已。每个提案都对激进的重建观作出了重大让步——承认黑人有必要享有选举权。可是,每个提议又都反对激进派要求对南部各州进行彻底改革的主张。黑人选举权只是实现如下明确目标的一个手段:批准宪法第 14 修正案。共和党中间派明确表示:如果黑人和白人共建的南方新政府加入到批准宪法第 14 修正案的行列中来,国会即会全面接受南部各州代表,重新恢复正常国会的面目。

史蒂文斯一直反对上述提案。他曾不止一次地组织激进共和党人和保守民主党人之间的临时政党联合,以期挫败共和党中间派的提案。[3] 但他于众议院采取的这些颇具胆识的策略,在相对而言更为保守的参议

[1] 在军管法及其修正案提出之前,宾格汉姆还主张公平但却不是普遍的选举权——以受教育程度和财产资格限制大多数人参加选举,特别是在南部诸州更应如此。这一动议尽管不是针对黑人的,但黑人却成了最大受害者。麦克尔 · 贝尼迪克特(Michael Benedict):《原则性的妥协》(*A Compromise of Principle*),第 223 页(1974 年)。但是在 2 月 13 日,他提出所有男性公民都应参加选举,因为这种做法将"使得忠于联邦者……占大多数"。并进而为宪法第 14 修正案的批准铺平道路。第三十九届国会第二次会议记录(1867 年),第 1211 页。

[2] 尽管有人认为批准军管法是结束有关该法案争论的最简捷途径(见西华德的评论,同上,第 1366 页),但宾格汉姆却主张以可能会引发争论的方式批准宪法第 14 修正案。他不仅要求前南部邦联各州批准宪法第 14 修正案,而且他还进一步主张"在……该修正案成为合众国宪法之一部分之前",南部各州不能重返国会。同上,第 1211 页。参议员约翰 · 谢尔曼提出了这一动议。这一动议经其起草后成为法律,并最终获得了法律效力。

[3] 关于史蒂文斯在国会中运用这些策略的详细分析,请见戴维 · 唐纳德(David Donald):《重建时期的政治》(*The Politics of Reconstruction*),第 3 章(1965 年)。

院却没有收到预期的效果。[1] 经过一段时间的僵持后,众议院最终放弃了激进的重建政策,转而接受了共和党中间派提出的较为温和的重建政策。1867 年 3 月 2 日,军管法案在推翻了总统的否决后成了合众国法律的一部分。

此结果标志着宾格汉姆对 1866 年中期选举之内涵的界定取得了巨大的成功。这点很容易被人们忽视,因为重建法案的生效导致了一个更为戏剧化的结果。它重塑了南部各州政治的实质,要求黑人在重建过程中享有同等的参与权。如果南部各州希望国会能够接纳它们的代表,那就应该由黑、白选民再发动一次全新的南部重建运动,选举新的州宪法会议代表。这些新的州制宪会议应制定一部全新的州宪,并交由黑人、白人选民共同投票批准。如果州宪法草案获得了大多数人的支持,那么再将这个州宪呈交国会,由国会最后认可各州已经建成了共和政府。

正是从这点上来看,重建法案对宪法第 14 修正案做了明确的定位。虽然南部各州已有了一部完全拥护共和政体的州宪,但在州议会批准宪法第 14 修正案之前,它们的代表还是不能指望在国会中获得一席之地。也就是说,即使南部各州政府的性质已为共和政体,但它们的代表想要重

---

〔1〕 当军管法送交参议院时,它的命运很快就同路易斯安那法案联系起来,后者前不久在众议院获得通过。路易斯安那法案认为南部各州代表重返国会的问题有待于进一步讨论,同时也没有为批准宪法第 14 修正案作出任何努力。第三十九届国会第二次会议(1867 年),第 1397 页。像萨姆纳这样的激进共和党人同时赞成这两个法案:军管法案可有效地对忠于联邦的南部人民进行保护,而路易斯安那法案则可敦促南部各州进行实质性的重建。同上,第 1303 页。中间派和保守派成功地遏制了这两个动议。由于害怕总统手中握有的否决权,在参议员谢尔曼的带领下共和党人迅速组建了一个特别委员会,以期能够与激进派达成和解。在经过不到一天的短暂讨论后,谢尔曼推出了一个新的军管法案,它既包含了中间分子的观点,又与史蒂文斯在众议院遭到否决的那个军管法案如出一辙。谢尔曼提出的这个法案宣称,只要南部各州满足三个条件,它们就可以重返国会:第一,新的州宪应确保普遍的选举权;第二,新的州议会批准宪法第 14 修正案;第三,在"上述条款(指宪法第 14 修正案)……成为合众国宪法的一部分"之后。同上,第 1459 页。谢尔曼认为这些条件是最重要的措施。同上,第 1462 页。当天晚上,该法案在参议院以 29 票对 10 票的多数轻而易举地获得通过。同上,第 1469 页。

但是在众议院,史蒂文斯在保守的民主党人和激进的共和党人之间巧妙地组织了一个临时的政党联盟,试图同参议院修改军管法的做法唱反调。众议院主张组织一个委员会会议协调两院之间的分歧。在意识到史蒂文斯组建的这个政党联盟的脆弱性之后,谢尔曼呼吁参议院不要召开这样的委员会会议,并坚持要么众议院赞成参议院修改军管法案的做法,要么对其进行两院都可接受的修改。他的这一策略立竿见影。众议院同意对参议院提出的军管法案进行两处小小的修正,且都未触及到南方各州重返议会的条件问题。参议院随即通过了这一修改后的军管法案,并将其送交总统。

返国会,还必须等到宪法第 14 修正案获得 3/4 多数州的批准,以达到宪 197
法第 5 条规定的最低限额的时候。只是**在满足了这一明确条件的情况下**,重建法案才作出了允许南部各州代表重返国会的许诺:新政府只有在"宪法第 14 修正案发生法律效力后,才能向国会两院派出代表"。[1] 令共和党激进派大为不快的是,一旦宪法第 14 修正案发生法律效力,史蒂文斯提出的军管法案亦将不再实施。

作为建国历程翻版的重建

之于不像史蒂文斯那样激进的任何人而言,重建法案都是一项对宪法权威发起了挑战的革命性法案。宪法第 5 条规定,"国会"只能提出宪法修正案而无权惩治不批准宪法修正案的各州——再也不可能有比这更明确的规定了。而恰恰是在这个问题上,会议/国会以不定期的军事占领要挟南部各州,除非它们批准宪法第 14 修正案!此外,我们还要铭记这样一个事实:遭受上述胁迫的"南部各州"不是由白人控制的"南部各州",而是在黑人、白人选民共同参与下组建的新政府——况且它们的宪法**此前**也已被确认为完全符合共和政体的要求。到底是什么使会议/国会拥有了要求南部各州必须批准宪法第 14 修正案的权威呢?

早在两代人以前举行的费城会议上,国家主义观念和非常规的宪法改革实践就有过类似的结合。可以肯定的是,在经过内战的历练后,共和党人的国家主义观念比建国初期联邦党人的国家主义观念要强烈得多。这一差别在宪法第 14 修正案的起始部分即表现得淋漓尽致:它明确宣布公民的国家身份居于首要地位,而人民在各州的公民权是从中派生出来的。相形之下,建国初期的联邦党人根本无意于界定公民的国家身份,因此也就更不用说将其置于首要地位了。那时的美国人还无法肯定:倡导公民的国家身份,是否即会干预各州的内部事务。

既然重建时期的共和党人打算解决这个联邦党人不敢肯定的问题,
那它们就会再次迎面遇上宪法第 5 条的规定。从该条内容我们可以看 198
出,它并不认为公民的国家身份高于公民在各州的身份。它也没有授权

〔1〕《美国法律汇编》第 14 卷,第 428、429 页(1867 年 3 月 2 日)。

国家层面的机构单独制定宪法修正案,而是将这种权力交由各州和国家共同行使。无论国家层面上的公民以多么巨大的热情强调某一提案的重要性,除非各州层面上的公民也对该提案持有相当的热情,否则它就无法成为合众国的法律。

当安德鲁·约翰逊以"微妙僵局"的策略试图运用这一点时,共和党人才遇到了真正的挑战。要么共和党人控制的会议/国会在各州反对把公民的国家身份置于首要地位时表示退让;要么它就得违背宪法第5条规定的原则。令人感到吃惊的倒不是共和党人最终打破了宪法第5条确立的原则,而是他们对旧宪法传统的倾力维护。这里,最关键的问题是1866年的中期选举。如果宪法没有对选举日程作出明确规定,那么共和党人可能不得不寻求一个崭新的途径,以论证**全国**大多数人都支持他们为公民的国家身份而进行的斗争。在宪法明确地规定了选举日程的情况下,共和党人即没有任何必要采取激烈措施以寻求这样一个崭新的途径了。宪法事先安排好的选举进程,是检验共和党人从国人那里获得了多少授权的可靠手段,同时它也为保守派论证自己的观点提供了平等的机会。一旦共和党人在**国家**选举中获得了胜利,他们就有条件以这种胜利为根据,对**联邦党人**在宪法第5条中确立的制度进行深刻的变革。

在宪法第14修正案的国家主义内容与会议/国会提出并使其获得通过的国家主义程序之间,存在着深刻的一致性。无论是该修正案的内容,还是提出、批准该修正案的程序,它们都把公民的国家身份放到了首要的地位。第一重建法案以明确的语言警示南方人:在不批准宪法第14修正案、承认公民国家身份优先性的情况下,他们不得以其所在州的公民身份采取任何行动。会议/国会以其自身的力量而非依靠国家和各州之间的合作,把宪法中规定的"我们美利坚合众国人民"(We the People of the United *States*)转变成了"我们美利坚合众国人民"(We the People of the *United* States)。*

从这一角度来看,第一重建法案与1787年宪法第7条发挥了类似的

* 原文分别为"We the People of the United *States*"和"We the People of the *United* States"。建立强有力的中央政府还是充分尊重各州的权力,在美国一直是一个颇有争议的话题。此处,作者意在强调重建之后,中央政府的权威大大增强。——译者注

功用。* 宪法第7条以9个州的制宪会议代替了13个州的议会,因此它使联邦党人获得了批准1787年宪法的现实机会。此外,它还使联邦党人的如下说法获得了相应的制度内容:国家政府和各州政府一样,都是"我 199
们人民"的创造物。像重建法案一样,宪法第7条产生于改革者精心炮制的制度花车,这一制度花车反过来又帮助他们获得了更多的人民授权。

但联邦党人和共和党人在构建其制度花车的方式上却大相径庭。更重要的是,联邦党人构建其制度花车的材料大多取自各州政府,即便是联邦党人1780年以非常规的手段缔造的国家机构——联邦国会——也是如此。相形之下,共和党人运用联邦党人创立的国家制度——政府各部门之间的分权以及国家选举,以"我们美利坚**合众**国人民"的名义,要求宪法权威。这种不同的程序又反映出了内容上的差异。通过宪法第7条,费城会议意在引导人民支持尚未明确诸州与国家政府之间关系的体制。[1] 而会议/国会试图通过重建法案解决这种不确定性;并在重建的联邦中确立了公民国家身份的首要地位。

重建法案的保守性

在改革的同时,会议/国会还设法最大限度地保留联邦党人确立的宪法传统。他们制定的重建法案依然允许南部各州反对宪法第14修正案——只要他们甘愿徘徊于国会的大门之外。当然,如果南部各州根据宪法第5条行使了这项权利,会议/国会以及将参与下届全国选举的美国选民或许会也或许不会采取进一步的举措,以作出如下决断:在无须南部各州批准的情况下,宪法第14修正案即可发生法律效力。从这一角度来看,重建法案虽然带有激进的改革因素,但它并未完全废弃联邦党人确立的传统。

该法案的保守性还体现于:联邦政府不得采取积极的手段干预南部各州的重建进程。虽然南部各州的黑、白人选民只有满足了国家之需,他

---

* 美国宪法第7条规定:"经九个州制宪会议的批准,即足以使本宪法在各批准州成立……"——译者注

〔1〕《联邦党人文集》(*Federalist*)第39篇比较经典地描述了独立革命时期的美国人民,对两者之间关系仍感迷惑的心态。

们的议员才有望重返国会,但重建法案将南部各州的重建进程完全交给
200 了南方人自己。作为这一重要法案的起草人,参议员谢尔曼写道:

> [重建法案]并未规定以行政手段干预南部各州……在这些问题上,应把权力交由人民。他们可以召开自己的党派会议,自己的州制宪会议;在无须考虑地方议会和地方法院的情况下,通过人民的积极参与,举行由全民选举产生的制宪会议并进而制定出自己的州宪……如果他们完成了上述工作……我们还要鼓励他们采取进一步的举措,他们的州议会应该批准宪法修正案(那时,而且只有在这种情况下,他们才有望重返国会)。[1]

在呼吁"人民的积极参与"这点上,谢尔曼走上了费城会议的老路。1787 年宪法并未强迫各州人民召开州制宪会议。实际上,各州的联邦党人在说服州议会召开州制宪会议的过程中发挥了举足轻重的作用。从更广泛的意义上来说,联邦党人制定的宪法和共和党人制定的第一重建法案都作了如下假设,即只有在国家和各州这两个**独立**的宪法政治层面上获得通过,它们的合法性才是可靠的。

现在,问题已变得相当明朗了——联邦党人的初衷与会议/国会的国家主义倾向并不一致。无论国会中的共和党人作出怎样的号召,总统支持的白人政府控制着南部各州都是一个不争的事实。像联邦党人的反对派一样,南部各州政府在其宪法重组的问题上,没有任何与共和党人合作的可能性。由于白人政府的敌意,刚刚获得选举权的黑人和白人选民如何进行选民登记?又怎样在南部各州重组宪法时坚持革命性的改革?

国会与宪法批准程序的国家化

在料到可能出现上述问题之后,"跛鸭"国会通过了一项特别法令,授

〔1〕 第三十九届国会第二次会议记录(1867 年),第 1564 页。作为重建法案的起草人,谢尔曼起草的法案最终成为法律,但坚持此观点的不止他一人。在国会两院中,有很多人认为应让南部各州自己进行重建。见贝克(Baker)的演讲,同上,第 137 页;宾格汉姆的演讲,同上,第 1212 页;麦克鲁尔(McRuer)的演讲,同上,第 1331 页;特里姆贝尔(Trimble)的演讲,同上,第 64 页。

权第四十届国会议员可以在 3 月 4 日正午第三十九届国会届满后立即举行会议。令共和党人感到难堪的是,由于会议比正常开会的 12 月提前了 8 个月的时间,因此很多代表根本没有做好前往华盛顿参加第四十届国会的准备。当众议院执行官进行会前点名时,尚有 7 个州的代表缺席。[1]
开幕式又一次展示了国会权威的非常规特征。当时,国会中的民主党少 201
数派指出,“当初参加 1787 年费城会议并制定了宪法的 7 个州”缺席会议。[2] 尽管少数派“以最严肃的口吻反对在各缺席代表出席国会之前,为组织众议院的目的而采取任何行动”。[3] 但是,共和党人还是组织起了众议院,其中仅包括所有 37 个州中 20 个州的代表。3 月 23 日,共和党多数派又制定了一个重建法案,该重建法案在推翻了总统否决的情况下开始生效。

第二重建法案几乎没有考虑历史上遗留下来的因素。这种做法似有不妥;它是与联邦党人传统彻底决裂的标志。它向世人表明,会议/国会不允许南部白人政府阻挠“人民支持”共和党人的联邦观。它使联邦军队成了一个官僚机器:通过这个官僚机器,国家表达了它在南部重建和批准宪法第 14 修正案的政治意向。

第二重建法案规定,5 个军管区司令负责对国会认为合格的黑人和白人进行选民登记。此后,联邦军队还将继续监督第一轮制宪会议代表的选举,以及决定大多数人是否支持新宪法的第二轮选举。从此点看,第二重建法案与决定宪法批准程序的第一重建法案密切相关。第一重建法案曾规定,南部各州只有在批准宪法第 14 修正案,且该修正案获得 3/4 多数州批准的情况下,才能重返国会。因此,第二重建法案在推动宪法批准程序的**国家化方面**,向前迈出了一大步。

---

〔1〕 这些州包括加利福尼亚、康涅狄格、肯塔基、内布拉斯加、新罕布什尔、罗得岛以及田纳西。其中大多数州还没有选举出席国会的代表,如果国会延期于 4 月份举行,内布拉斯加和新罕布什尔州有望派代表出席国会。有 3 个州只能在 6 月份才能向众议院派出代表。但是在 11 月 21 日之前,国会举行本年度第三次或最后一次聚会之时,加利福尼亚和田纳西州都无法派员参加国会。第四十届国会第一次会议记录(1867 年),第 6、185、468、768 页。

〔2〕 同上,第 3 页。未向国会派出代表且是合众国奠基者的 7 个州是:新罕布什尔、罗得岛、康涅狄格、弗吉尼亚、北卡罗来纳、南卡罗来纳和佐治亚州。

〔3〕 第四十届国会第一次会议记录(1867 年),第 2 ~ 3 页。

显而易见——不仅民主党人,甚至参议院的多数派领袖,魏廉·皮特·弗森登也反对这个法案:

> 我们没有将一些问题交由南部各州人民按照自己的方式去处理,当然我非常希望能够这样……我们得寸进尺并宣称,我们派往南部各州的军队应该采取积极措施。不仅要采取积极措施,而且还要控制所有细枝末节的问题,重新处理那些业已解决的问题。各位先生,你们现在应该看到了这种做法的危险。我发现了或者说我自认为发现了这种做法的危险性。人民不会或极有可能不会对我们的做法表示满意。大多数白人,或许90%的白人愿意指责我们的所作所
> 202 为……我想现在我们应该看清楚了,我们的干预选择了不当甚至有些荒谬的时机,因为针对我们的各种……责难说明了一切。[1]

在表明了自己的忧虑后,弗森登提出了一个第二重建法案的修正案。该修正案授权联邦军队编制一个新的选民登记册,但在举行州制宪会议代表选举前,这一行动需要获得南部各州白人政府的首肯。他意识到这种做法必将大大延缓重建的进程,但弗森登认为付出这样的代价是值得的:

> 对于南部各州应该尽快重返议会、同我们共商国是一事,我和多数人一样心急如焚……但凭借——我再次运用了这一字眼——武力强迫它们,并进而将一些问题揽入自己手中,使我们处于……非常不利的境地……南部各州或许会对我们说,它们不想重返国会;它们是被迫重返国会的;它们不想因我们将召集制宪会议这样的问题强加在它们头上而对我们心存感激之情;这些问题应交给它们自己处理……这就是动用军事手段的弊端……[2]

我将弗森登的话转录于此的原因在于,他是国会中唯一一个最有影响力的共和党参议员。[3] 他反对第二重建法案的用意是想强调打破联邦党人确立的价值观的严重性;虽然参议院以33:14票的多数否决了弗森

---

〔1〕 同上,第161页。

〔2〕 第四十届国会第一次会议记录(1867年),第110页。

〔3〕 艾里克·麦克基特里克(Eric McKitrick):《安德鲁·约翰逊与重建》(*Andrew Johnson and Reconstruction*)(1960年),第269~273页。

登提出的第二重建法案修正案。[1] 由于在最近的一次选举中击败了安德鲁·约翰逊，这样共和党人认为他们在整个国家获得的人民授权不能因弗森登呼吁维护联邦党人的传统——要求“应该将一些问题交由南部各州人民按照自己的方式去处理”——而受到什么影响。作为参议院司法委员会的发言人，赖曼·特拉姆布尔的发言将矛头直接指向了弗森登提出的反面意见：

> 参议员梅因（弗森登）于昨日发表的演讲中申明，他本人反对将一部州宪强压在各州人民头上。我又何尝不这样想……第二重建法案根本没有这样的意图：它主张将制定州宪的权力交给登记过的选民，但不包括那些参与叛乱的首要分子。由他们选举出的代表组成州制宪会议，再由制宪会议决定是否制定州宪。难道这里有强迫性的因素吗？……
>
> 第二重建法案的根本目的在于为人民表达自己的意志提供一个便利条件。[2]

弗森登在反驳时运用了联邦党人的观点，认为中央政府强迫南方各
州认真对待共和党人提出的议事日程；特拉姆布尔则阐明了中央政府的 203
一个新作用——中央政府是各州民主生活的保障者。现代研修宪法第 14 修正案的学生基本上持这种观点。但引人注目的是，这种观点刚好产生于宪法第 14 修正案成为高级法的过程之中。我们在此又一次看到了高级法形成的过程与内容的统一。在使宪法批准程序国家化的过程中，会议/国会的行动表明，它对宪法第 14 修正案的内容作了类似的国家主义理解——我们美国人民通过国家机构可以正当地插手各州事务，以保证人民在各州能够平等地行使公民权。

围绕着这一日渐成型的宪法观点，参议院通过了两个关于第二重建法案的修正案。第一个修正案规定，选民除了可以投票选举他喜欢的候选人参加州制宪会议外，还要被逐个问及是否有召集制宪会议的必要性。只有在大多数人认为必要的情况下，第二重建法案才授权联邦军队正式

〔1〕 第四十届国会第一次会议记录（1867 年），第 118 页。

〔2〕 同上，第 110 页。

通知在选举中获胜的代表,以人民的名义集会、召开州制宪会议。这个由参议员查理斯·德雷克(Charles Drake)提出的修正案,意在强调宪法政治与人民支持之间的联系,以及这种联系体现出来的国家利益。[1] 第二修正案也流露出了类似的国家主义旨趣,参议院要求至少应有一半已经登记的选民应参与召开州制宪会议和批准新州宪的投票活动。[2]

从整体上来看,重建法案是南部各州从形式上接受了宪法的重要标志——**国家**现在告诫南部各州人民,怎样才能有效地表达他们的宪法意志,虽然最终采取何种方式还要由各州人民自己决定。南部重建亦因提出了一个**从外在表象上**符合宪法第5条规定的修正案而达到了顶峰;尽管现实的情形可能会让早已仙逝的联邦党人惊恐万状——他们从来不曾想到,不批准宪法修正案、置国家宪法意志于不顾的各州,即应被关在国会的大门之外。

更重要的是,会议/国会一直都在敦促南部各州的共和党人动员大多数人支持他们的观点,认为他们代表了人民的意志——首先,使人们承认它们有召集各州制宪会议的权威;其次,有权批准确保各州共和政体的新州宪;而且最后,承认宪法第14修正案的批准有合法的根据。无论第一
204 和第二重建法案在何种程度上违背了联邦党人确立的重要原则,它们也仅仅是一些**影响宪法批准程序**的决定——而把是否拥护宪法第14修正案提出的国家中心主义宪法事业的决定权,留给了(国家意义上的)各州人民。

三足鼎立的先例

我们试图以普通法的方法,把会议/国会作出的那些影响宪法批准程序的决定同早期先例进行一番对比——其目的是更全面地理解这些决定。随着我们研究的深入、类似先例的汇集,会议/国会所作决定与建国

---

〔1〕 第四十届国会第一次会议记录(1867年),第155页。

〔2〕 我们将看到,后来发生的事件迫使共和党人在第四重建法案中降低了第二重建法案提出的要求。见本书第八章。

时期宪法的对比也只能是一项尝试性的工作了。当然,特别值得一提的是围绕着宪法第 13 修正案采取的那些非常规的举措,为我们的研究提供了更为直接的参照系。

从这个角度看,一个悖论出现了。尽管安德鲁·约翰逊极力反对宪法第 14 修正案,但正是他本人采取的那些非常规的举措为会议/国会提供了值得效法的重要先例。是总统而不是会议/国会首先"以全体人民的名义"要求南部各州批准宪法第 13 修正案,并以此作为它们"永久忠诚于联邦的保证"。[1] 是总统而非会议/国会首先提出了将批准宪法修正案作为各州重返国会的前提条件。是总统而非会议/国会安插了大量的联邦官员参与到各州制定州宪的过程之中。

所有这些前无古人的举措非常引人注目。但这些举措也仅仅是宪法改革过程中的部分内容:共和党人还在《联邦法律汇编》(statutes at large)中为我们留下了不少可供参酌的法律文件;而约翰逊总统采取的那些非常规之举也分散于我们更难发现的各种宣言、咨文以及致各临时州长的电文之中。我们不应因为约翰逊倾力地反对国会的重建方案,就抹杀他在宪法批准程序国家化过程中所起的作用。

在给出了我们的最终目标——不仅要从重建本身来理解重建,而且还要掌握使历代美国人组织起来应付宪法危机的高级法创制模式——后,这点即显得尤为重要。从这一视角出发,我们就会发现:尽管斗争双方各执一词,互不相让,但无论是"保守的"总统还是"革命的"国会,都在外力的驱使下践踏了宪法第 5 条赋予各州的宪法修正案否决权。认识此 205
点有着特别重要的意义,毕竟所有这些实践活动表明一个新的高级法创制模式正在形成。

围绕宪法第 13 修正案和第 14 修正案发生的事件还有另外一个相似之处,即在全国选举中取得的决定性胜利使改革者获得了可以采取非常规举措的人民授权。如果共和党人在 1864 年选举中没能获得决定性的胜利,约翰逊肯定不会宣称自己获得了人民授权以引导南部各州批准宪

---

〔1〕 詹姆斯·理查德森主编(James Richardson):《历届总统咨文与文稿》(*Messages and Papers of the Presidents*)第 6 卷,第 358 页。

法第 13 修正案;同理,如果共和党人在 1866 年选举中没有取得压倒性的胜利,宾格汉姆也不会宣称共和党人国会获得了人民授权。

在美国历史发展的长河中,这些模式将规律性地反复出现。次复一次,那些盘踞于权力斗争中心华盛顿特区的各派领导人,在推进其水火不容的宪法观时会陷入斗争的僵局。次复一次,他们都试图在下次全国性选举中尽力争取人民的支持以打破这种僵局——其中成功的次数不多,而未能如愿地获得选民支持的事例倒是不少。而在他们赢得了选举胜利,并认为自己从选举中获得了人民授权时,他们又都会走上约翰逊和宾格汉姆的老路—— 采取侵略性的举措,引导阻挠宪法改革的保守派关注人民的宪法意志。

我并不认为 20 世纪是 19 世纪的回归和再现——就像 19 世纪不是 18 世纪的机械重复一样。但从它们的外在差异来看,难道我们不能将这些不同的历史画面看成是同一宪法问题的不同变种吗?

第八章　伟大的变革

宪法第14修正案的批准与巩固

会议/国会召开的特别会议于早春闭幕，这样共和党人即有充裕的时间反思他们采取的那些创举——这些行动的创造性堪与开国元勋们的做法相比肩。在内战后的第一次会议上，他们就把南部各州的国会代表关在了国会大门之外，并以此为根据声称他们获得了人民授权。当他们对国会的正当控制遇到了总统的挑战时，共和党人运用1866年选举来证明人民支持他们的高级法创制意图。当总统动员南部各州否决宪法第14修正案时，他们为批准宪法修正案的目的又史无前例地通过了一系列重建法案。

在宪法改革进程的每个阶段——发出宪法改革的信号、提出宪法修正案、决定宪法改革命运的选举，共和党人都为那些与传统并无二致的制度内容注入了全新的高级法内涵。与1787年宪法规定的高级法创制程序相比，这种新型高级法创制模式带有更浓重的国家中心主义色彩。合众国宪法第5条规定，像费城会议这样的机构只有在2/3州认为必要的情况下，才能主宰国家的命运。但会议/国会在把几近1/3州关在国会大门之外的情况下,却认为自己享有创制高级法的权威。宪法第5条规定,只有联邦制宪会议或国会才可以代表国家参与到宪法的修正程序之中。然而,宪法第14修正案却是总统和国会不断斗争的产物。宪法第5条对国会的修宪功能作了限制性规定,即它仅有权决定到底是由州制宪会议还是州议会来批准宪法修正案。但在它断言代表了民意——尤其是它的这种断言还受到了1866年中期选举的有力声援——的情况下,会议/国会的
207 做法远远超出了这一限制。

虽然必要的工作均已完成,但宪法第14修正案的命运仍然具有极大的不确定性。最强烈的对抗来自林肯和约翰逊总统重建的南方白人政府。根据重建法案的规定,南方各州只有在依照国会的方案重建完毕后才能批准宪法第14修正案,这一过程包括联邦对黑、白人选民进行登记、南部各州人民支持新州宪以及选出新的州议会。此间,所有白人权力机构都是"临时"政府,而"合众国的最高权威在任何时候都可以废除、改造、控制或替换现有政府"。[1] 但是,如果联邦军队不动用这种"最高权威",南部各州旧政府就会像某些白人治安团体那样,有一万个理由干预本州的重建进程。号召南部各州以民主方式重新思考重建进程,并以批准宪法第14修正案为其主要标志的重建法案,就会收到适得其反的效果。难道联邦政府为南部重建而付出的种种努力,只是为了确证南部白人决意反对共和党人的联邦观(Republican Vision)吗? 退一步讲,若南部各州的白人政府不干扰重建的进程,那么南部各州的共和党人能够赢得一系列的选举胜利,以制造出一个能够推动批准宪法第14修正案的制度花车吗?

有一个问题是不证自明的:在南部各州白人政府采取抵制措施的情况下,联邦军队的持续支持将是推进重建进程的关键因素。此点又使我们遇到了第二个大的障碍:安德鲁·约翰逊就是全国的最高军事统帅。不要忘记,约翰逊一直把共和党人控制的国会视为决意推行军事专制的违宪机构。在国会要求动用联邦军队摧毁林肯和约翰逊重建的南部各州白人政府时,约翰逊又将作出怎样的反应?

更糟糕的是,共和党人还不得不受联邦最高法院的制约。总统指责

---

〔1〕 第6款,《美国法律汇编》第14卷,第428~429页(1867年)。

会议/国会违宪是一回事;而联邦最高法院同意总统的见解则是另外一回事。如果联邦最高法院宣布那些重建法案违宪,北部各州忠于联邦的人们还会继续支持国会中的共和党人吗?

尽管亚伯拉罕·林肯曾经任命了5名联邦最高法院法官,[1]但在涉及宪法真谛的紧急关头,他们却并不一定坚决地站在会议/国会一边。联
邦最高法院的司法反击不仅会危及共和党人的重建观,而且还会很快地 208
打破各部门之间的权力平衡。如果联邦最高法院认为重建法案违宪,约翰逊总统肯定会以此为根据命令南部各军管区司令转而支持曾否决了宪法第14修正案的南部各州白人政府。难道他就不会走得更远,命令联邦军队撤出南部各州并进而宣布其重建政策已在南部各州实现了和平吗?[2] 一旦联邦军队从南部各州中撤出,它就永远不能再返回南部各州了吗?在没有联邦军队控制并监督各州重建进程的情况下,这些州会批准宪法第14修正案吗?

这些问题使我们触及了那些曾发挥过作用的深层改革。通过重建法
案,会议/国会为宪法批准程序注入了浓重的国家主义因素。此外,会议/ 209
国会还把宪法批准过程本身国家化了。宪法第14修正案的命运不会再像宪法第5条所规定的那样,绝对性地掌握在各州的手中。在很大程度上,其命运将取决于国会、总统和联邦最高法院之间的相互影响和相互作用。一言以蔽之:政府各部门之间的分权取代了各州在批准宪法修正案中的垄断地位,并开始在此过程中发挥主导作用。我将对这一伟大的变革进行逐步的描述:会议/国会将如何应付总统以及联邦最高法院对其权威发起的挑战。

这些又要求我们重温一下宪法史上的那些极具戏剧性的事件——包括会议/国会之弹劾总统以及剥夺联邦最高法院的司法审查权。我将在更大的宪法改革框架中描述这些斗争。这两次斗争都根源于单一的宪法

---

〔1〕 林肯任命的五位法官是:史蒂芬·菲尔德(Stephen Field)、大卫·戴维斯(David Davids)、萨缪尔·米勒(Samuel Miller)、诺阿·斯威恩(Noah Swayen)以及首席大法官萨尔蒙·P. 蔡斯(Salmon P. Chase)。

〔2〕 约翰逊曾经宣布:"现在,美利坚合众国充满了和平、秩序和民权。"1866年8月20日的公告。见詹姆斯·理查德森主编(James Richardson):《历届总统咨文与书信》(*Messages and Papers of the Presidents*)第6卷,第434、438页。

特征,即华盛顿各政府部门的领导人们不能在自己认为方便的时候发动特别选举。因此,他们不得不按照宪法规定的特定选举日期才能求助于选民。这就意味着,在无法求助于1868年选举的情况下,如果总统和联邦最高法院企图阻挠重建,会议/国会只有一个解决办法——如果政府的保守部门仍然一如既往地抵制会议/国会的南部重建政策,它只有以不堪忍受的灾难性后果来胁迫这些保守的部门。

会议/国会对总统和联邦最高法院这两个保守的部门采取了不同的"非常规的胁迫措施"(unconventional threats)。在对付总统时,会议/国会试图弹劾安德鲁·约翰逊;而针对最高法院,会议/国会则试图取缔它审查重建法案合宪性的权力。虽然会议/国会对两个部门的胁迫表现为不同形式,但它们在本质上却发挥了同样的功能。在上述两起事件中,会议/国会都力求维护人民授予他们的权力——至少共和党人认为他们通过1866年中期选举的胜利赢得了这种权力,并进而主张尽快批准宪法第14修正案。

以非常规的胁迫措施作为高级法创制的技巧在历史上并非没有先例可循。我们此前曾经看到,会议/国会和总统在批准宪法第13修正案与第14修正案的过程中分别运用了类似手法以对抗南部各州政府。而目前这起事件的新奇之处在于,会议/国会选择了不同的部门作为其攻击的目标。[1] 以前,这些非常规的胁迫措施指向的目标是南部各州。由于现在的宪法修正案批准程序已经国家化,故而为使宪法第14修正案成为高级法的一部分,就又有必要引导中央政府中的保守部门进行合作。可是,总统和联邦最高法院又将对这些非常规的胁迫措施作出何种反应?

随着我们对保守派对抗的方式和会议/国会运用的胁迫措施的深入分析,我们将发现宪法规定选举日程这一做法的另外一层含义。在此,我们将其称为"与法定选举日程的竞赛"(the race against clock)。当会议/国会于1867年3月通过第二重建法案时,距1868年大选仅剩18个月的时间。虽然人们通常将会议/国会运用的这些胁迫措施描述为非理性的戏剧性事件,但这一简单的事实使我们看到了这些胁迫措施所蕴涵的冷

---

〔1〕 实际上,杰弗逊和杰克逊在早期曾经运用过这一技巧。见前第84~95页。另见笔者即将出版的著作《总统权的根基》(*The Root of Presidentialism*)。

酷的宪法逻辑。无论是之于总统还是联邦最高法院，此后反对共和党人的斗争都不是毫无意义的。他们都有一个非常理性的战略目标：如果保守派能够成功地延缓重建法案的生效时间——哪怕只是几个月，那么他们就能把1868年选举转变为一场关于宪法第14修正案而进行的全民公决。也就是说，宪法第14修正案即会成为1868年大选的主题。

在此情形下，保守的总统候选人（约翰逊认为是其本人）就可以指责国会的军事行动只是在南部各州制造了无尽的混乱。白人反对以军事手段重建南部各州的消息，将使约翰逊倡导的保守重建政策显得更加明智。而且，保守派的反击也足以在北方人中引起深深的共鸣——他们对如此长时间的宪法混乱现状和模棱两可的黑人选举权问题已日益感到厌倦了。当然，约翰逊的战略能否成功还是个未知数。但约翰逊的想法在这点上是不错的：如果他能够在1868年选举前有效地控制住局势，那么人 210
民就有**可能**在1868年选举中支持他的政见。

如果认为在会议/国会以弹劾与褫夺司法审查权相威胁时，保守的总统和联邦最高法院没有任何反抗余地那就大错特错了。诚然，美国历史上并不乏保守派无视改革者施加的压力下，而毫发无损的例子。但在上述紧急关头，总统和联邦最高法院并没有将惨烈的斗争进行到底。为了避免更大的灾难，这两个保守的部门在弹劾与褫夺司法审查权的威胁来临的时候，都选择了“及时转向”。

结果，会议/国会赢得了这场“与法定选举日程竞赛”的胜利——在1868年选举之前批准了宪法第14修正案。在联邦军队的协助下，足够的南部州批准了宪法第14修正案。因此，国务卿西华德得以在1868年7月宣布宪法第14修正案生效。这样1868年选举并未进一步激化不同高级法观点之间的斗争，相反这次选举执行了一个截然不同的宪法功能——巩固了宪法第14修正案。尽管宪法第14修正案已经被批准，但是每个人都知道它是一系列非常规措施的产儿。民主党领导人甚至还扬言将在秋季选举中颠覆国会的重建方案。之于选民而言，让民主党人在那时重返权力顶峰、操纵华盛顿的大权，重提宪法第14修正案法律效力的话题，尚不能说为时已晚。

但是，1868年选举的结果将这些严重的问题一扫而空。由于在**巩固宪**

法第 14 修正案的选举中又一次掌握了国家大权,白宫和国会中的共和党人就可以采取侵略性的措施,向联邦最高法院安插支持其新联邦观的法官。1873 年,重组的联邦最高法院在屠宰场案(slaughterhouse case)中一致首肯了宪法第 14 修正案的法律效力。随着政府的所有三个部门都坚定地支持宪法第 14 修正案,共和党人推动宪法改革的伟大的行动最终取得了全面的胜利。我们将推动宪法变革的制度花车行进的最后阶段概括如下:

> 政府保守部门发起的挑战→改革部门实施的非常规的胁迫措施(弹劾总统与褫夺联邦最高法院的司法权)→保守部门的及时转向→巩固宪法第 14 修正案的选举→联邦最高法院作出首肯宪法第 14 修正案法律效力的法院判决意见。

这一简表有助于我们理解下一次伟大的宪法转折关头。类似模式将再现于新政后期——尽管在当时情况下,总统和国会组成了改革派的联合阵线,而只剩下联邦最高法院成了被迫作出"及时转向"的主要保守部
211 门。但所有这些我们最好留在第三部分进行详细探讨。我们现在的目标是从当时特定的情况出发,理解 19 世纪发生的伟大变革。

渐露端倪的挑战

随着会议/国会(即第四十届国会——译者注)第一次特别会议的结束,政府的其他两个部门开始填补会议/国会留下来的权力空白。4 月 15 日,联邦最高法院允许约翰逊重建的佐治亚州政府继续反对陆军部长艾德文·M. 斯坦顿(Edwin M. Stanton)。佐治亚州政府出具的陈情书对共和党人倾力颠覆"现存佐治亚州,并……试图以一个迥然相异且迄今为止尚不明确的佐治亚州取而代之"[1]的做法表示强烈抗议。这种说法激起

[1] 与此同时,最高法院还驳回了另外一个约翰逊重建的密西西比州政府的诉求。该州直截了当地要求禁止总统执行重建法案。见查理斯·福尔曼(Charles Fairman):《最高法院的历史:重建与再统一, 1864 ~ 1888 年》(*History of the Supreme Court: Reconstruction and Reunion*, 1864 – 1888),第一部分,第 385 页(1971 年)。

了人们的“强烈兴趣”:[1]联邦最高法院的法官们会带头反对重建法案和宪法第14修正案吗?

答案**并不明朗**。由于联邦最高法院将在5月中旬结束本年度的庭审期,*因此它以“没有管辖权”为由驳回了佐治亚诉斯坦顿案。当然,这并不意味着联邦最高法院在以后的日子里还会继续对重建问题保持消极的姿态。尽管联邦最高法院驳回了并无实质内容的佐治亚州之诉,但它却有可能受理联邦官员在推行重建时给人民造成现实损害的案件。当然,此类案件的出现还将是几个月以后的事。由于联邦最高法院暂时处于休庭期间,而联邦最高法院的法官们也离开了华盛顿,这样人们也就无法预测联邦最高法院对重建政策到底持怎样的态度。[2]

接下来就要看总统将如何行动了,他必须为各军管区司令如何解释重建法案给出指导性的意见。像联邦最高法院一样,他也力求避免正面触及南部重建问题,并希望在1868年选举之前采取更为巧妙的策略,反对国会的重建方案。在他的授意下,司法部长亨利·斯坦布利(Henry Stanbery)对重建法案进行了有损于共和党人重建实践的正式解释。斯坦布利认为各军管区的将军们无权免除南方白人政府不愿配合重建的官员的职务。他的解释还有效地剥夺了各军管区将军的另一项权力——认为他们无权阻止那些不忠于联邦的南部各州白人进行选民登记。[3] 由于

〔1〕 见《国家情报员》(*National Intelligencer*),同上,第386页。

* 美国相关法律规定,联邦最高法院的开庭期从每年10月的第一个星期一开始,到第二年的6月底或7月第一周,为期大致是9个月。——译者注

〔2〕 在2月份之前,最高法院没有任何有关佐治亚州诉斯坦顿案件的记录。

〔3〕 斯坦布利从两个角度削弱重建法案的效力。其一,1867年5月24日,斯坦布利对第二重建法案关于选民资格限制的条款作了限制性解释,因此削弱了它的影响力。见《美国法律汇编》第15卷,第2页(1867年)。他认为民兵、地方和国家官员不属“州官员之列”。如果他们以前曾明确宣誓支持宪法,他们就不能被排除在选民登记之外。美国司法部《司法部长观点集》(*Opinions of the Attorney General*)第12卷,第151~163页。更值得注意的是,斯坦布利否认进行选民登记的联邦官员有权对选民资格进行独立的调查。如果候选选民宣誓其赞成国会提出的忠于联邦的要求,负责选民登记的官员就应将其姓名登记在选民登记册中,“宣誓本身是决定他们是否能够成为选民的唯一‘试金石’”,同上,第168页。像杰弗逊·戴维斯这样后来因“发伪誓而被控告的人”也可以要求选民登记,同上。

斯坦布利的第二个观点与阻挠重建的人没什么两样。6月12日,他断然否认军管区司令有高于约翰逊重建的南方各州政府的权威。尽管国会曾经肯定了这一权力,即各军管区司令可以“废除、重组和替代”现存南部各州政府,但斯坦布利认为这种权力并未授予各军管区司令。他们即不能解除也不能任命这些政府中的官员。联邦军队的唯一作用在于维持和平,以及根据法律监督选民登记与选举,同上,第182、183~184页。

起草重建法案的程序本身就带有瑕疵,因此我们不能说这种解释就是没212 有任何根据的荒诞之词——尽管对重建法案做扩大性的解释也并不费力。[1] 总而言之,当总统询问其内阁成员对斯坦布利之解释重建法案的看法时,只有陆军部长斯坦顿表示反对。[2] 在其他内阁成员的支持下,约翰逊开始着手以法律手段阻挠国会的重建战略,并恰到好处地于6月20日向几个军管区的司令发布了命令。如果这些命令能够推行,国会为批准宪法第14修正案所做的一切努力就可能会付诸东流:在南部各州白人政府的纵容下,大量主张南部各州独立的邦联分子就会加入到选民登记的行列中(白人治安人员还会恐吓黑人退出选民登记)。这样,共和党人在其行动之初就要遭受重创。

鉴于总统过去的一些做法,会议/国会留了一手:在第一次特别会议结束时,它曾决定在必要情况下可以再举行一次夏季特别会议。总统的所作所为激怒了共和党人。满腔愤怒的共和党人决定重返华盛顿,召开夏季特别会议,并在夏季特别会议上通过了重建第三法案。第三重建法案的宗旨在于反对斯坦布利对前两个重建法案所作的解释——该特别会议直到12月份时才宣布解散。[3]

保守派的第一次对抗运动持续了数月,虽说这种对抗还说不上有多么激烈。现在总统和最高法院需要重新思考:还要采取进一步的对抗措施吗?

---

〔1〕 实际上,约翰逊在其早期发布的否决性咨文中以全然不同的精神解释了重建法案,"授予各军管区司令的……权力是绝对的。他们的权力可以取代任何法律"。否决咨文,詹姆斯·理查德森主编(James Richardson):《历届总统咨文与书信》(*Messages and Papers of the Presidents*)第6卷,第500页(1867年)。参议员罗斯柯·考克林(Roscoe Conkling)宣称"否决咨文大多数是基于这样一种想法,即他们一再攻击的重建法案包含着可憎甚至恶毒的因素,因为其中包含着能够满足司法部长需要的成分"。见第四十届国会第一次会议记录,第529页。

〔2〕 6月18日内阁会议的全部进程有过很好概括。见詹姆斯·理查德森主编(James Richardson):《历届总统咨文与书信》(*Messages and Papers of the Presidents*)第6卷,第528~531页。

〔3〕 《美国法律汇编》第15卷,第14页(1867年)。各军管区司令有权解除南部各州政府中不合作官员的职务(第2款)。该法令告知那些可能参加选举者的宣誓"不应起决定性作用……在选民登记事务部决定谁有权参加选举之前,对任何人不进行登记"。《美国法律汇编》第15卷,第15页,第2款(1867年)。

总统的反击

在重建行动开始之初,会议/国会就非常清楚并把宪法规定的选举日程考虑在内了。第二重建法案明确要求各军管区司令在9月1日之前完成黑、白人选民的登记工作。[1] 在以第三重建法案推翻了斯坦布利对前两个重建法案所作的官方解释后,大多数共和党人认为总统的阻挠已经使上述计划无法如期完成了。因此,他们只有将完成选民登记的时间顺延到10月1日。[2] 不幸的是,上述事实使共和党人更难对未来的重建进程作出精确的规划。在选民登记结束后,各军管区司令不得不规划出一段较为宽松的时间——法律规定“不少于30天”[3]——以使候选人同新登记的选民见面。如果选民同意召开州制宪会议,军管区司令应在六十天内“通知代表们集会”。[4] 法律对下一阶段的控制甚至更为松散,如果州制宪会议代表愿意,他们可以无限期地推迟提出新州宪的时间。只有 213
在会议提出新州宪的情况下,相应的法律才要求各军管区司令“自新州宪提出之日起30日后”将新州宪提交全体选民进行表决。[5] 如果一切进展顺利,由多种族构成的新州议会即有望在1868年季春或孟夏批准宪法第14修正案——之于共和党人准备的秋季选举而言,这种安排可谓恰到好处。

如果上述算盘能够如期实现,那么共和党人不仅可以宣称其重建政策取得了巨大成功,而且他们还能够据此重新界定1868年选举的含义——特别需要指出的是,这是一次关涉总统选举的选举。(也就是说,如果南部各州在1868年选举展开前重建完毕,那么关于南部各州的重建策略就不会成为1868年大选的讨论主题。这样共和党人就可以赋予他

〔1〕《美国法律汇编》第15卷,第2页,第1款(1867年)。

〔2〕《美国法律汇编》第15卷,第14、15页,第6款(1867年)。

〔3〕《第二重建法案》第2款,《美国法律汇编》第15卷,第2、3页(1867年)。

〔4〕《美国法律汇编》第15卷,第3页,第4款(1867年)。

〔5〕同上。

们所赢得的 1868 年选举以新的含义。——译者注)设若南部各州尚未重建完毕,它们就无法参加 1868 年选举;反之,假如共和党人领导的黑、白人联合阵线控制着南部各州,共和党人无疑即会对全国大选的前景更加充满了胜利的信心。简言之,共和党人试图炮制出另一部非常规的制度花车——如果他们能够成功地在南部各州创造出一个新的选民团体,那么这一新的选民团体将有助于共和党人宣称:他们在 1868 年选举中代表了**我们美利坚合众国人民**的意志。

同理,若约翰逊希望自己在选举中获胜,那他就必须千方百计运用自己手中的权力来阻止这一制度花车按常规运行。有一个非常清楚的问题:共和党人上述重建方案的时间安排在很大程度上有赖于南部各州五个军管区司令的能量和热情。以南部各州的混乱形势要求一个审慎的重建速度为由,各军管区司令放慢重建的步伐就像少儿玩游戏一般易如反掌。但此时的国会议员已开始动身前往华盛顿参加夏季特别会议,约翰逊还没有充足的理由对前景抱过分乐观的态度。毕竟,五个军管区司令中有四个是铁杆的共和党人。[1] 与此同时,如果约翰逊打算继续以法律手段对抗国会的重建政策,他下一步该怎么办是显而易见的:整肃军队的指挥环节。

要达到这一目的绝非易事,因为会议/国会预先采取了防范措施——于 1867 年 3 月 2 日推翻总统的否决通过了两个法案。[2] 军队指挥法(The Command of the Army Act)规定,非经参议院的明确同意,总统不得解除尤利西斯·格兰特(Ulysses Grant)陆军元帅的职务。同时它还规定总统发布的任何命令同时还要得到格兰特将军的批准。任何一位将军在
214 非经格兰特批准的情况下执行了总统的命令,将至少被处以 2 年的监禁。[3]

---

[1] 只有约翰·斯克菲尔德(John Schofield)将军属于保守派,他的辖区只包括弗吉尼亚一州。事实上,弗吉尼亚的重建进程的确较慢。直到 1870 年,该州的参议员和众议员才得以重返国会。见查理斯·福尔曼(Charles Fairman):《最高法院的历史:重建与再统一,1864 ~ 1888 年》(*History of the Supreme Court: Reconstruction and Reunion*, 1864 - 1888),第一部分,第 598 ~ 601 页(1971 年)。

[2] 就在这一天,会议/国会推翻了总统的否决,强行通过了第一重建法案。

[3] 第 2 款,《美国法律汇编》第 14 卷,第 430 页(1867 年)。

如果他愿意冒被弹劾的风险,约翰逊当然可以毫不在乎这种史无前例的、侵犯总统权力的做法。但如果他打算依法行事,约翰逊就必须说服格兰特和他一道整肃军队的各个指挥环节。然而第二个法案又增加了约翰逊实现这一目标的难度。新的官员任期法(Tenure of Office)规定,非经参议院同意,总统不得解除任何民选官员的职务。如果总统要把包括陆军部长斯坦顿在内的民选官员从政府中清除出去,那么这项法案就会发挥作用。作为当初由林肯总统任命的陆军部长,斯坦顿是残存于约翰逊内阁中的唯一一个支持国会重建事业的人。[1] 同格兰特相比,斯坦顿在政治斗争方面更是一个行家里手。只要他在陆军部中,格兰特根本就不可能赞成约翰逊清理共和党人军管区司令的命令;而且如果格兰特不与其合作,约翰逊发现要让各军管区司令服从他一个人的命令从而冒至少将被监禁两年的风险简直是难于上青天。因此,陆军部长是约翰逊打算从其政府中清除出去的首要人选。

军队指挥法明确而有力地保护了格兰特,但斯坦顿却无法指望官员任期法也为其提供同等的保护。《官员任期法》第1款有效地保护了"每个"民选官员的任期,在参议院"以同样方式任命一位接班人"之前,其职位不受侵犯。然而不幸的是,该条款接下来的内容对斯坦顿相当不利:

> 国务卿、财政部长、陆军部长、海军部长、内务部长、邮电部长以及司法部长,在任命他们的总统的任期内应各司其职;设若欲解除他们的职务,亦应根据参议院的建议并经其同意后,才能在他们被任命1个月之后进行。[2]

这一限制性规定将给斯坦顿及其同僚带来了无尽的麻烦,因为约翰逊从来没有正式任命过陆军部长。根据这一限制性条款的规定,斯坦顿只是在其被任命"1个月之后"的林肯任期内受保护。当约翰逊1867年8月开始考虑整肃军队的领导权时,官员任期法并没有给他带来多少法律

---

〔1〕 当其他共和党内阁成员1866年从内阁辞职时,共和党领导人要求斯坦顿留在内阁中,作为维护国会利益的砝码。见本杰明·托马斯、哈罗德·海曼(Benjamin Thomas and Harold Hyman):《斯坦顿:生平及身为林肯陆军部长的年代》(*Stanton: The Life and Time of Lincoln's Secretary of War*),第471~494页(1962年)。然而,从名义上来看,他是一名民主党人。

〔2〕 第1款,《美国法律汇编》第14卷,第430页(1867年)。

上的障碍。

我们永远不要低估足智多谋的律师。事实证明,斯坦顿的律师也能从他的角度讲出一番道理来。他们的辩护策略是对林肯的“任期”进行高
215 度概念化的理解。从这个角度看,虽然林肯于1865年4月遭到了约翰·威尔克斯·布思致命的枪击,但他的第二任期并未就此结束;它将继续延续到1869年3月4日,且在此之前林肯还享有他仍留于任上的法律权利。因此,斯坦顿的共和党人律师认为安德鲁·约翰逊仅仅是填补了林肯留下的“任期”空白。按照这种推理,林肯在其第二任期内任命的内阁成员不能因约翰逊的不满而遭免职。即便是这种牵强附会的解释也帮不了斯坦顿多少忙,因为他是林肯在第一任期内任命的——况且还没有正式的委任状。因此,斯坦顿的律师们有必要再次运用灵活的变通手法,断言官员任期法要求继任总统尊重前总统在其任期内的官员选择——除非继任总统能说服参议院重新任免某个官员。尽管法制史明确反对这种解释方法(大量事件均说明了此点),但斯坦顿的共和党人律师们并未因此作出让步。[1]

这种令人费解的法制主义(legalism),不应掩饰主要的制度问题。但不管斯坦顿关于官员任期法的解释有多么牵强,联邦最高法院的法官们在12月之前都不可能返回华盛顿,以对此问题发表他们的看法。在国会于12月后期返回华盛顿召开会议之前,国会的议员们也没有修正该法案的机会。在此期间,这些争议只有靠总统和陆军部长按照自己的观点去解决。1867年8月5日,恰在国会夏季特别会议召开的前几天,约翰逊在致斯坦顿的一封信中写道:

> 先生:公众对高级官员的看法使我不得不告诉你,人民希望你辞去陆军部长的职务。[2]

对此,斯坦顿作了如下答复:

> ……我可以自豪地说,正是人民对高级官员的看法使我相信自

---

〔1〕 见麦克尔·贝尼迪克特(Michael Benedict):《原则性的妥协》(*A Compromise of Principle*),第297~298页(1974年)。

〔2〕 汉斯·特里夫斯(Hans Trefousse):《安德鲁·约翰逊》(*Andrew Johnson*),第81、206页(1989年)。

> 己应该继续留任陆军部部长的职位。它让我在下届国会召开会议之前不得辞去这个职务。[1]

在宪法赋予他的职位受到威胁时，一个政府要员以如此敌对的姿态维护其职位的做法，在历史上并非首次。尽管斯坦顿事件并没有那么重要，但他却以会议/国会的名义，断言自己拥有担任陆军部长的权威。

总统的下一步行动说明，他在思考自己到底该何去何从时进行了冷
静的思考。从严格的法律角度来看，他掌握着制胜的一手。[2] 为了尽快 216
达到自己的目标——控制军队指挥权，延缓重建法案和宪法第 14 修正案的批准进程，约翰逊更倾向于肆意地行使总统的权力。他没有指责斯坦顿对官员任期法所作的解释，而是援引了另外一项法律。该法案的第 2 款规定，参议院休会期间，如某官员“在总统看来行为不端或构成犯罪，或由于其他原因而不称其职，或不符合法律要求”，总统有权暂停其职务。据此程序，总统必须在参议院举行下次会议时的 20 天内向参议院作出正当解释；如果参议院不赞成总统的做法，法律规定被暂停职务的官员“应该立即恢复原职”。[3] 据此规则行事的约翰逊给自己不久的未来添了不少麻烦。但他此时据该规则行事的法律策略，却给他带来了巨大的战略优势。通过援引第 2 款的规定，约翰逊使斯坦顿丧失了最后一个可用以论证自己不服从辞职决定的法律根据。

同样重要的是，约翰逊以法条规定之表层含义作为其行动指南的做法，还获得了尤利西斯·格兰特的支持。甚至他还使这位将军相信他将接替斯坦顿的职务出任**临时**陆军部长。从策略上来说，这是非常巧妙的一步棋。当格兰特于 8 月 12 日向斯坦顿传达他被暂停职务的决定时，后者除了给这位颇受国人欢迎的内战英雄让路外，再也没有任何其他的选择。只要格兰特仍为约翰逊内阁的成员之一，他就不可能援引军队指挥法，拒不服从总统发布的命令。只是通过如此简单的一击，约翰逊就轻而

〔1〕 同上，第 295 页。

〔2〕 用 20 世纪的眼光来看，首席大法官威廉·霍华德·塔夫特（William Howard Taft）可以不费吹灰之力地宣布该法案违宪。见梅叶斯诉美国案（Meyers v. U. S.），《美国最高法院判例汇编》第 272 卷，第 52、176 页（1925 年）。尽管人民认为他作为前总统可能不会作出很公正的判决。

〔3〕 第 2 款，《美国法律汇编》第 14 卷，第 430 页（1867 年）。

易举地摆脱了共和党人设下的羁绊,为其掌握军队的最高指挥权铺平了道路。

5 天以后,约翰逊开始着手整肃军队。他的第一个目标是最桀骜不驯的军管区将军——共和党人菲力普·谢里旦(Philip Sheridan)。在当月月底,约翰逊还解除了同样非常敏感的第二军管区(包括南卡罗来纳和北卡罗来纳州)司令、共和党人丹尼尔·斯克尔斯(Daniel Sickles)将军的职务。面对总统的这些措施,虽然格兰特表示了口头上的抗议,但他既没有辞去临时陆军部长的职务,也没有拒绝副署总统发布的上述命令。为保持他在夏季向共和党人发动的这场政治攻势,约翰逊发布了大赦令,宣布对除一小撮顽固邦联分子之外的所有人实行大赦。此举的目的,是提醒国人再次回顾一下那个 1861 年决议(the Resolution of 1861)。这个由国会记录在案的决议宣布"内战既非为颠覆或干预叛乱各州的权利也非为
217 在这些州建立全新的制度才展开的……它的目的仅在于维护和保持宪法的至上性,以及在保证各州尊严、平等和权力的前提下,使联邦得以存续"。[1]

扑朔迷离的 1867 年选举

当 1867 年的各种选举到来的时候,这个国家面临着许多需要这次选举解决的问题。虽然这些选举斗争不可能直接影响到华盛顿将采取怎样的重建政策,但选民投票的结果亦将起到平衡政治力量的作用。整个国家都把关注的焦点转到了俄亥俄州,在那进行的选举将决定参议员本·魏德——如果弹劾总统能够获得成功,他就会接替约翰逊出任合众国的总统——是否能够获得连任。通过这次选举,俄亥俄州亦将决定是否批准授予黑人选举权的宪法第 14 修正案。由于种族主义者在整个选举运

---

[1] 见 1867 年 9 月 7 日的公告,詹姆斯·理查德森主编(James Richardson):《历届总统咨文与书信》(*Messages and Papers of the Presidents*)第 6 卷,第 547 页。

动中的强烈反对，黑人即没有赢得选举权，本·魏德也未能获得连任。[1]与此同时，授予黑人选举权的宪法第14修正案在堪萨斯和明尼苏达州也遭到了否决。1867年选举时，共和党人在宾夕法尼亚、纽约、新泽西和马里兰州议会也遭到了痛苦的失败；共和党人在整个北部诸州议会中所占的大多数受到了削弱。[2]

之于约翰逊而言，上述选举结果只意味着一层含义，“我对最近选举的结果感到非常满意，它绝不是不可理解的”。在对白宫前聚会唱小夜曲的人们发表演讲时，约翰逊说道：“我一向对人民怀有坚定的信心。他们可能会被误导，但绝不会有失公正，因此他们最终总是正确的。在我度过的无数灰暗日子里——其灰暗程度有时只有上帝才知道，我们的宪法处于累卵之危的窘境……但我依然坚定不移地信任人民，感到他们肯定会用自己的力量拯救宪法于危难之中。现在，他们来了，感谢上帝，他们终于来了！”[3]如果约翰逊坚持自己的路线，继续支持南部各州的白人政府，那么1868年全国范围内进行的总统大选能最终论证其路线的正确性吗？[4]

与此同时，他于8月份接管陆军部之举的效果也日渐明朗。约翰逊以极端保守的温菲尔德·S.汉考克(Winfield S Hancock)接替了谢里旦，前者上任之后立即恢复了被其前任解除的约翰逊派官员的职务。[5] 在其发布的第一道命令中，他宣布“总司令获悉陆军部重获和平与安宁的消息后非常满意。他的目标即是维持整个国家的和平与安宁。作为实现这 218
一最终目标的手段，他认为在当前情况下，维持民选政府(约翰逊重建的南方白人政府)的权威是最有效的手段”。[6]

[1] 汉斯·特里夫斯(Hans Trefousse)：《安德鲁·约翰逊》(*Andrew Johnson*)，第91页(1989年)。

[2] 同上，第91页。

[3] 《纽约时报》1867年11月14日第1版。

[4] 尽管他在后来遭受了一系列打击，但约翰逊仍试图赢得1868年总统大选民主党总统候选人。见爱德华·加贝尔(Edward Gambill)：《保守的考验》(*Conservative Ordeal*)，第138、140页(1981年)。

[5] 见麦克尔·贝尼迪克特：《对安德鲁·约翰逊的弹劾与审判》(*The Impeachment and Trial of Andrew Johnson*)，第89页(1973年)。

[6] 汉斯·特里夫斯(Hans Trefousse)：《安德鲁·约翰逊》(*Andrew Johnson*)，第115页(1989年)。

在行政部门和选举结果的支持下,约翰逊继续推进整肃军队领导权的工作。12 月 28 日,经格兰特将军的同意,他解除了最后两个军管区司令——共和党人约翰·波普(John Pope)和爱德华·奥德(Edward Ord)——的职务。随着新年的临近,他有充分的理由以愉悦的心情迎接 1868 年全国大选的到来。

国会的对抗

国会领导人意识到了形势的严峻。[1] 除非他们采取果决的行动,否则南部各州的白人政府就会参加即将到来的选举。果真如此,宪法第 14 修正案的命运亦将处于风雨飘摇之中。[2] 如何防止出现这种可怕的后果呢?

共和党人当然还可以制定更多的法律,但总统已经显示了不可思议的规避法律的能力。如果字面上的法律不能约束总统,那么共和党人只有一个选择:弹劾总统。如果成功地弹劾了总统,激进共和党人、参议员本·魏德将继任总统——他主张义无反顾地加快南部重建的步伐。

但是,弹劾总统绝不是轻而易举的事情。其中最大的障碍,在于他采取的对抗措施都带有鲜明的合法性特征。为避免正面违反国会制定的法律,约翰逊也曾挖空了心思并付出了巨大的努力。[3] 因此,怎样认定他

---

〔1〕“现在,重建问题已成了争论的中心……国会在未来 10 天或 15 天的行动将直接决定南部各州将由共和党人还是民主党人把持”。国会议员致福斯特·布洛吉特(Foster Blodget)的信,转引自麦克尔·贝尼迪克特:《对安德鲁·约翰逊的弹劾与审判》(*The Impeachment and Trial of Andrew Johnson*),第 91 页(1973 年)。

〔2〕汉斯·特里夫斯(Hans Trefousse):《安德鲁·约翰逊》(*Andrew Johnson*),第 115 ~ 122 页(1989 年)。

〔3〕尽管约翰逊的很多做法有违法律精神,但约翰逊却比较好地从字面上遵守了法律。激进共和党人很难找到令共和党人中间分子也感到信服的弹劾总统的材料,这是约翰逊遵守字面上法律的最好说明。共和党中间分子委员会主席詹姆斯·威尔逊不同意弹劾总统的主张。“对总统的弹劾”,载《众议院的报告》第 7 卷,第四十届国会会议记录,第 1 ~ 11 页。由于以威尔逊为首的共和党人的反对,众议院于 12 月 7 日以 57:108 票否决了弹劾总统的动议。汉斯·特里夫斯(Hans Trefousse):《安德鲁·约翰逊》(*Andrew Johnson*),第 106 页(1989 年)。约翰逊采取的对抗措施的合法性特征也为许多历史学家认可,其中包括著名的麦克尔·贝尼迪克特,尽管他希望把议会弹劾总统的决定描述成对总统挑衅行为的合理反应。见麦克尔·贝尼迪克特:《对安德鲁·约翰逊的弹劾与审判》(*The Impeachment and Trial of Andrew Johnson*),第 5 章(1973 年)。

犯有“重罪和行为不端”呢?

像塞德斯·史蒂文斯这样激进的共和党人主张把约翰逊行动的合法性因素置之度外,但是大多数共和党人还没有丧失理智——认为对抗总统的行动也应有所节制。12 月 7 日,众议院以 57:108 票否决了弹劾总统的提议,其中 68 个共和党人同国会中的民主党人少数派一道投了反对票。[1] 甚至到 1868 年 2 月 14 日,大多数共和党人仍然反对史蒂文斯在众议院重新提出总统弹劾案。[2]

诚然,总统要达到他的预期目标还需要大量的工作。他整肃军队最高指挥权的行动并未有效地阻止军队完成第一阶段的重建工作。除得克萨斯州外,各军管区大体上在 10 月 1 日之前完成了选民登记工作。1867
年的最后几个月,各州按第二重建法案的要求在军队的监督下进行了首 219
轮选举——在首轮选举中,选民们也被逐个问及了是否召开州制宪会议,并选举制宪会议代表的问题。共和党人在第一轮选举中获得了巨大的胜利。在全部进行第一轮选举的 9 个州中,保守派都没能说服黑、白人选民反对召集州制宪会议。

1868 年的头几个月是非常关键的时期。那时,南方各州将举行制宪会议制定新宪法。如果选民批准了新州宪,那么南方各州现存旧政府垮台的日子也就为期不远了。假如总统不希望看到这样的结果,他委任的各军管区司令就必须运用自己手中不受任何限制的权力,怂恿地方保守派推迟甚至取缔制宪会议,并通过积极的组织活动在下轮选举中阻止批准新宪法。然而,在南部各州采取果断的行动之前,总统还必须设法解除他此前为自己制造的若干法律羁绊。

为扫清整肃军队最高领导权道路上的绊脚石,约翰逊曾用了极巧妙的手法反对陆军部长斯坦顿。没有不加掩饰地向斯坦顿发起正面的攻击,约翰逊只是根据官员任期法的规定暂停了他的职务。当国会于 11 月底重返华盛顿举行会议时,根据官员任期法的规定,约翰逊还有 20 天的

---

〔1〕 汉斯·特里夫斯(Hans Trefousse):《安德鲁·约翰逊》(*Andrew Johnson*),第 129 ~ 130 页(1989 年)。

〔2〕 艾里克·麦克基特里克(Eric McKitrick):《安德鲁·约翰逊与南方重建》(*Andrew Johnson and Reconstruction*),第 503 ~ 504 页(1960 年)。

期限以向国会提交暂停斯坦顿陆军部长职务的通知。[1] 随着新年的到来、国会开会日期的迫近,约翰逊已不可能再运用巧妙的法律形式,规避可能会对其权威发起挑战的官员任期法了。1868 年 1 月 30 日,参议院反对约翰逊暂停陆军部长斯坦顿职务的决定。同样根据这个法案的规定,斯坦顿被解除的职务应"立即恢复"。

约翰逊以极端圆滑的政治手腕对此作出了反应。星期六,也就是 1 月 11 日,他同临时陆军部长尤利西斯·格兰特就陆军部的未来进行了一次秘密谈话。当时他解释说自己一直怀疑官员任期法的合宪性,并想以暂时解除斯坦顿职务的方式在法庭上检验一下自己的权力。约翰逊恳请格兰特仍然留任陆军部。由于此举违反了官员任期法,因此约翰逊还为此付出了不小的政治筹码。格兰特拒绝了他,因为他很明白这种做法将不利于他自己竞选总统。此后,二人发生了激烈的争论,其争论的核心问题是:总统断言格兰特许诺将陆军部的控制权转让给自己,而不让斯坦顿官复原职;但格兰特对此矢口否认。如果真的像约翰逊所说的那样,他就可以任命一位新的、愿意根据官员任期法反对斯坦顿的临时陆军部长。在这种情势下,总统就能在同会议/国会的斗争中占得上风。尽管这可能会引发新一轮的内部斗争,但陆军部的权力最终还是最有可能掌握在约翰逊的心腹手中,而把绝望无助的斯坦顿晾在一旁。如果斯坦顿诉上法庭,他最可能得到的也不过是对其政治斗争失败的司法肯定——毕竟,他的法律根据过于薄弱。

当总统静候参议院就恢复斯坦顿的职位而进行投票的结果时,他有一定的理由满怀信心地面对未来。然而,结果却令他大失所望。在宪法史上,即非总统、国会,亦非联邦最高法院而是军人主宰了宪法运动的情形尚属首次。格兰特将陆军部长职位交给了斯坦顿,并矢口否认他曾对总统作过不将陆军部长让位于斯坦顿的承诺。

权力的天平开始滑向不利于总统的一边。约翰逊无法指望各军管区司令无条件地服从他作为军队总司令的命令,因为斯坦顿必将对他发布

---

〔1〕 汉斯·特里夫斯(Hans Trefousse):《安德鲁·约翰逊》(*Andrew Johnson*),第 129 ~ 130 页(1989 年)。

的命令发起挑战,并会怂恿格兰特根据军队指挥法拒不服从约翰逊发布的命令。不管斯坦顿这种做法的法律根据有多么薄弱,但他对陆军部的简单控制即足以使各军管区司令拒不执行约翰逊的命令。如果约翰逊还想继续对抗下去,那他就必须找到一个能将斯坦顿撵出陆军部的办法,并以一个能够执行总统命令的临时陆军部长取而代之。

当总统正在考虑下一步该采取怎样的行动时,南方传来的消息给了他极大的鼓舞。2 月 4 日,亚拉巴马州第一个就制宪会议创制的新宪法进行投票。由于大多数已经登记的选民没有参加投票,因此投票结果令共和党人大失所望:新宪法没能满足第二重建法案规定的生效条件。[1]

其他南部各州的动作略慢于亚拉巴马。1868 年 1 月至 2 月,这些州召开了自己的制宪会议。早期的进展情况让人觉得有些心灰意冷。当佛罗里达州的共和党中间派退出由激进派控制的州制宪会议时,约翰逊任 221
命的新军管区司令乔治·米德(George Meade)将军让他们另行成立一个制宪会议。在激进分子打算推迟制宪会议会期的时候,米德强制足够数量的激进分子加入到中间派举行的制宪会议中,以使后者能够达到法定的人数。[2] 这样共和党人的重建方案和宪法第 14 修正案的命运又变得模糊起来。

约翰逊的下个决定强化了共和党人的危机意识。1 月 12 日,他创建了一个新的、总部设于华盛顿的大西洋军管区(Military Division of the Atlantic)。此举使总统掌握了一支不受格兰特控制的军事力量。同时,他提议擢升威廉·谢尔曼(William Sherman)出任这个只有格兰特才有资格担任的军官区司令,由这位受人欢迎而又保守的内战英雄主管大西洋军管区。由于谢尔曼更可能服从自己的调遣,因此约翰逊想利用他把斯坦顿逐出陆军部,并让他出任格兰特曾担任过的临时陆军部长。在谢尔曼

---

〔1〕 在亚拉巴马州选民登记册上,有165,813名选民进行了登记,但只有71,817名选民参加了投票,比规定的大多数少了10,000多人。即便是有70,812名选民就新宪法进行了投票,也仍然不符合第二重建法案规定的条件。瓦尔特·弗莱明(Walter Fleming):《亚拉巴马州之重建》(*Reconstruction in Alabama*),第 541 页(1905 年)。

〔2〕 见查尔顿·泰比、拉贝·卡尔森(Charlton Tebeau and Ruby Carson):《从印第安人到太空时代的佛罗里达:一个历史的视角》(*Florida From Indian Trial to Space Age: A History*)第 1 卷,第 222 ~ 223 页(1965 年)。

坚决表示不愿卷入宪法政治斗争的漩涡之后,[1]约翰逊把目光转向了谢尔曼的副司令洛伦佐·托马斯(Lorenzo Thomas)将军。2月21日,托马斯穿过宾夕法尼亚大道来到陆军部并宣布"根据总统以合众国宪法和法律授予我的权力,自此以后你被解除了陆军部部长的职务。同时,你作为陆军部长而发挥的作用也自收到这一通知时终止"。[2] 总统认为此举不过是以法律手段对抗共和党人重建方案之战略的一个部分:其最终的目标是促成法院来决定斗争双方的是非曲直。[3]

下一步就要看会议/国会将怎么做了。它可以接受总统的观点,认为发生在他们之间的争执是一个可以由联邦最高法院解决的常规政治问题。当然,它也可以断言其作为人民的守护神而拥有非常规的权威,以弹劾手段阻止总统对南部重建的蓄意破坏,维护重建。

会议/国会采纳了第二个方案——在当时的背景下,此举在19世纪美国人的心中留下了极其深刻的印象。斯坦顿拒不服从托马斯发布的命令,在共和党人参议员的支持下,他拒不让出陆军部长的职位。同时,众
222 议院先发制人,抢在总统之前把他们之间的纷争交到了联邦最高法院。*
在经过了简短的讨论后,众议院以126:47票决定弹劾约翰逊。国会中的民主党少数派对此结果也只能听之任之,感到无能为力。尔后,众议院议长任命了一个特别委员会,负责论证弹劾总统之举的合法性。[4] 该委员会起草了一个包含了9条内容的弹劾法案,指出约翰逊的行为严重违反了官员任期法和军队指挥法——从中我们可以看出众议院急于在参议院弹劾总统的迫切心情。由于受上述弹劾法案法律性质的局限而无法放开手脚,特别委员会策划弹劾案的委员们说服众议院在弹劾法案中又加上

〔1〕 关于约翰逊求助于谢尔曼的详细描述,见汉斯·特里夫斯(Hans Trefousse):《安德鲁·约翰逊》(*Andrew Johnson*),第124~128页(1989年)。

〔2〕 同上,第133页。

〔3〕 同上,第136页。

* 这里所说的交至联邦最高法院,并非真正意义上的由联邦最高法院解决国会和总统之间的纷争。由于弹劾总统的程序开始于众议院,由众议院决定是否弹劾总统,如果众议院决定弹劾总统,那么此后的程序移至参议院。总统弹劾案应由联邦最高法院大法官主持。因此这里所说的交由联邦最高法院处理,是指众议院率先发难,提起了弹劾总统的程序。——译者注

〔4〕 该委员会的决议只是一个简单的宣告,而没有作进一步解释,"安德鲁·约翰逊,美利坚合众国总统,因在职期间犯有'重罪和行为不端'而遭弹劾"。见第四十届国会第二次会议记录,第1400页。

了两条足以改变弹劾案法律性质的内容。其中附加的第 1 条——也就是第 10 条——对总统行为的违法性只字未提，指出约翰逊所以遭到弹劾的理由是：他“置国会的正当权威于不顾”，并断言“它只是某些州的国会”。其后新增的第 11 条指出，弹劾总统是因为他实施了包括解除陆军部长斯坦顿职务在内的非法行为，以及拒不认可没有南部各州代表参加的“国会”的合法性。[1] 其中最后一条——包括法律的也包括有违法律常规的要素——成了参议院决定是否免去约翰逊总统职位的焦点。

这两个附加条款要求参议院在审理弹劾案件时必须解决一些基本的问题：参议院可以在多大程度上像法院一样，公正地决定总统是否实施了故意违反法律的行为？国会又可以在多大程度上以护民官自居，并论证其享有对抗总统——这个否认国会排除南部各州代表之举正当性的人——的权威？

参议院定于 3 月 30 日审理弹劾案。此时发生的另外一个事件对弹劾案的结果产生了不小的影响。

麦克卡德尔案

正当会议/国会摆出与总统斗争到底的姿态时，联邦最高法院从幕后闪了出来。它曾于春季驳回了约翰逊重建的佐治亚州政府的请求。（见本章第二节开头部分。——译者注）当联邦最高法院的法官们于 12 月返回华盛顿时，他们又遇上了一个由总统的心腹、顽固的保守分子杰里米阿·布兰克（Jeremiah Black）一手策划的新案件。[2] 这起诉讼意在维护一个真实的人——威廉·麦克卡德尔（William McCardle）——的具体权利。

---

〔1〕 第四十届国会第二次会议记录，第 1638 ~ 1642 页。

〔2〕 关于布兰克在诉讼中发挥的作用，福尔曼有过详细的记录。见查理斯·福尔曼（Charles Fairman）：《最高法院的历史：重建与再统一，1864 ~ 1888 年》（*History of the Supreme Court: Reconstruction and Reunion*, 1864 - 1888），第一部分，第 371、386、433 ~ 440、449 ~ 459、467 ~ 476、478、492 页（1971 年）。关于他在总统撰写否决咨文时的作用也有详细记载。见约翰·考克斯、拉万达·考克斯（John Cox and LaWanda Cox）：“安德鲁·约翰逊及其代笔人”（*Andrew Johnson and his Ghost Writers*），载《密西西比河谷历史评论》第 48 卷，第 468 页（1961 年）。

根据重建法案的规定，麦克卡德尔由于发表了一篇抨击密西西比州重建的社论而被军方逮捕。[1] 通过把麦克卡德尔一案提交最高法院审理的
223 做法，布兰克及其同僚对国会替换约翰逊重建的南部各州政府的权威，发起了全面的冲击[2]——早在与总统共同撰写重建法案的否决咨文时，布兰克即已全面地论证了这种观点。[3] 让麦克卡德尔案的具体案情引起联邦最高法院的注意，是总统以法律手段抵制国会南部重建战略的一部分。

作为对此威胁作出的反应，共和党参议员赖曼·特拉姆布尔试图说服最高法院承认，它没有对麦克卡德尔案的管辖权。作为参议院司法委员会主席，特拉姆布尔实应对此举进行审慎的思考——毕竟他所在的委员会仅在一年前才通过了那个与此相关的司法法。2 月 17 日，联邦最高法院作出了一致反对特拉姆布尔观点的决定。

更重要的是，联邦最高法院还打算迅速了结此案。一般而言，这样的案件大致需要两年的时间才能结案。[4] 但联邦最高法院为审理此案专门拿出了自 3 月 2 日开始的整整一周时间——并给诉讼双方各 6 个小时进行口头辩论（这一时间是正常情况下的 3 倍）。也正是在这一周，众议院把弹劾总统的法案正式提交到了参议院。政府各部门之间的内部斗争

---

[1] 第一重建法案第 3 款规定，各军官区司令有义务“惩处……那些扰乱和平者及罪犯”。麦克卡德尔以社论抨击重建，扰乱了人民的和平并因此受到了四个方面的指控。

[2] 尽管麦克卡德尔仅仅是因为在报纸上猛烈抨击重建而被逮捕，但此案的诉讼案情摘要对重建法案第一补充法令也只是一笔代过。布兰克及其同僚得以认为重建法案并未授权军方以军事手段对付麦克卡德尔。但是，像福尔曼指出的那样，诉讼案情摘要在其第 2 页中对此点作出了“明确让步”。查理斯·福尔曼（Charles Fairman）：《最高法院的历史：重建与再统一，1864～1888 年》（*History of the Supreme Court: Reconstruction and Reunion*, 1864－1888），第一部分，第 457 页。在对待国会于和平时期以军事手段处理麦克卡德尔案，剥夺他到联邦法院诉讼及人身保护权方面，布兰克及其同僚的所作所为还是比较得体的。由于最高法院在其早期处理的米利根一案中保护了自己的司法管辖权，因此布兰克认为应将米利根一案的先例适用于诸如密西西比这样的叛乱州的案件中，即与麦克卡德尔案类似的案件。当然，这些说法同攻击重建的论点相比尚处于次要地位。

[3] 总统的否决咨文和麦克卡德尔一案的诉讼案情摘要有以下相同之处：(1)在其开篇时，都攻击第一重建法案的序言没有法律效力；(2)断言南部各州政府采取了共和政体，阻止联邦重建南部各州；(3)列举了权利法案授予大陪审团和法院审理言论和出版自由案件的权利，作为国会行动违法的证据；(4)指出米利根一案使军事法庭无权审理麦克卡德尔案。

[4] 查理斯·福尔曼（Charles Fairman）：《最高法院的历史：重建与再统一，1864～1888 年》（*History of the Supreme Court: Reconstruction and Reunion*, 1864－1888），第一部分，第 450～451 页。

达到了顶点。

我们先考察一下国会和总统之间保持的微妙平衡关系。如果总统打算解除斯坦顿的职务，他依然有充足的法律根据。我们在前面曾经看到，官员任期法并没有给斯坦顿这样的内阁成员提供可靠的保护；而何况官员任期法本身的合宪性也值得怀疑。但从实施非常规行动这一角度看，我们发现国会略占上风。不管法律有多么严格的规定，斯坦顿仍然控制着陆军部，并在国会的支持下继续亵渎着总统的权威。不采取进一步的侵略性手段，约翰逊就无法改变这一现状。由于参议院即将审理弹劾案，之于约翰逊而言如果以更激烈的侵略性措施将斯坦顿强行逐出陆军部，以扫清自己前进道路上的绊脚石，无疑是玩火之举。[1]

然而，联邦最高法院的司法干预可能会再次打破国会和总统之间的这种平衡。如果联邦最高法院的法院判决意见支持约翰逊的观点，那么他就可以重申解除斯坦顿职务的主张。同理，约翰逊还可以命令他任命的那些保守的军管区司令们不要执行联邦最高法院认为没有法律效力的重建法案。这样，参议院在审理弹劾案时，即可以认定他是捍卫法制的英雄而不是犯有“重罪和行为不端”的总统。如果以北部各州议员占主导地位的参议院认定总统有罪，他会遵守这个不合宪的决定吗？[2] 224

只有最强烈的措施才能有效地遏制总统发起全面的反击。3 月 12 日，共和党人通过了一个法案，解除了联邦最高法院对麦克卡德尔案的管辖权——尽管最高法院的大法官们此前已经听审了诉讼双方的论辩。从最普通的角度看，此举表明国会毫不避讳地承认了重建法案的违宪性。但就像最近几章所说明的那样，国会权威的非常规特征之于 1868 年 3 月

---

〔1〕 实际上，参议院已就总统无视官员任期合法性的做法作出了否定的意思表示。《行政期刊》第 16 卷，第 171 页（1868 年 2 月 21 日）。

〔2〕 之于共和党人而言，总统在最近的年度咨文中发出的警告并不是什么好兆头，“总统负有的‘维持、保护、捍卫宪法’的义务，要求他在多大程度上反对国会的违宪行为，是一个相当严肃而重要的问题。我对此问题进行了长时间的思考，但我又为没能得出一个合适的答案而感到焦虑万分。但一个法案以宪法规定的程序通过后……而行政部门对其表示反对……那么就极有可能在政府的这两个部门之间发生激烈摩擦。这是内战；唯有内战才是根除邪恶的良方……我们完全可以想象得出所谓的重建诸法案像许多其他法案一样，明显违宪。因此，它们根本不属于我们提及的那种法案”。见詹姆斯·理查德森主编（James Richardson）：《诸总统的咨文及文稿》（*Messages and Papers of the Presidents*）第 6 卷，第 568 ~ 569 页（1898 年）。

但参议院宣布总统有罪的弹劾法案属于“提及的那种法案吗”？

的美国人来说并不是什么秘密了。显而易见,共和党人侵犯了联邦最高法院的司法权:“国会”的合法性不是基于建国时期的宪法,而是根据现时的、坚持重建和批准宪法第 14 修正案的我们美利坚合众国人民的授权。

在国会断言其享有这种非常规权力的时候,联邦最高法院会作出让步吗?根据宪法的规定,总统有 10 天的时间考虑是否否决国会提出的法案;而国会也有一到两天的时间决定是否推翻总统的否决。这样,联邦最高法院在宣布最终的判决以给国会致命的一击之前,尚有两周的时间。[1] 首席大法官蔡斯指出,“麦克卡德尔一案的案情决定了联邦最高法院无疑会判决军事法庭监禁麦克卡德尔的做法是非法的”。[2] 最高法院有多少大法官打算撇开军事法庭,宣布重建的全部努力违宪尚是一个未知数。但现任的 8 名大法官中至少有 4 名有此倾向;是否会有第 5 个法官也持此观
225 点不得而知。[3] 即便只有 4 个大法官打算通过麦克卡德尔案宣布南部重建违宪,而另外 4 个大法官倾向于以“勉强的理由”驳回麦克卡德尔案,使其在军事法庭受审,这一结果之于会议/国会来说也是灾难性的。

对于联邦最高法院的大法官们来说,最具决定性的因素不是该案的案情,而是联邦最高法院的自我保护问题:如果继续进行对抗,那么共和党人将来肯定要采取更激烈的报复措施以损害最高法院的制度独立性。冒这样的风险值得吗?

联邦最高法院的大法官们最终以 6:2 票的多数,决定作出让步。大多数联邦最高法院大法官协议对麦克卡德尔案摆出程序上的姿态,而不采取任何行动。并希望通过这种方式作出“及时转向”,允许褫夺最高法院司法权的法案(the jurisdiction - striping statute)生效。大法官罗伯特·

---

〔1〕 第四十届国会第二次会议记录,第 2062 页(1868 年)(国会议员威尔逊的讲话)。

〔2〕 蔡斯所作的报告。见查理斯·福尔曼(Charles Fairman):《最高法院的历史:重建与再统一,1864~1888 年》(*History of the Supreme Court: Reconstruction and Reunion*,1864 - 1888),第一部分,第 494 页;斯坦利·库特勒(Stanley Kutler):《司法权与重建时期的政治》(*Judicial Power and Reconstruction Politics*),第 112 页。

〔3〕 斯坦利指出,联邦最高法院大法官詹姆斯·魏恩于 1867 年夏季的辞世,使联邦最高法院陷入了四对四的僵局。见斯坦利·库特勒(Stanley Kutler),同上,第 99~100 页。查里斯·福尔曼则持与此不同的观点。见查理斯·福尔曼(Charles Fairman):《最高法院的历史:重建与再统一,1864~1888 年》(*History of the Supreme Court: Reconstruction and Reunion*, 1864 - 1888),第一部分,第 473~474 页。

基尔(Robert Grier)和史蒂芬·菲尔德(Stephen Field)表示了强烈的不满。在一份未公开发表于官方的《美国判例汇编》上的报告中,法院事务报告人作了如下记载。[1]

> 基尔大法官的反对意见:
>
> 在本月之初,我们就对此案进行了深入的讨论。此案不仅牵扯到当事人的权利和自由,而且也关系到成千上万美国人民的权利和自由。整个国家和本案当事人有权期望此案能够引起法院的严重关注。不管公正与否,通过延期审理此案我们使自己背上了这样一个污名:最高法院回避了履行宪法交给它的义务,立法机关替代我们采取的行动,使法院从其本应负有的义务中解脱出来。千秋功过,自有后来人评说。我不想成为此案的旁观者;故而我只能说:
>
> Pudet haec opprobrium nobis
>
> Et dici potuisse;
>
> Et non potuisse
>
> Repelli
>
> (其大意为:自不待言,我对法院遭此侮辱感到羞愧万分。奥维德:《变形记》第一卷,第758~759行。)
>
> R.C.基尔
>
> 我赞同基尔的观点,并支持他的抗议。
>
> 大法官菲尔德

但是对于大多数联邦最高法院的大法官来说,来自国会的威胁远比同事们责难其懦弱的愤怒之声更能给他们留下深刻的印象。3月27日,褫夺司法权的法案推翻总统的否决发生法律效力。在此情况下,麦克卡 226
德尔的律师们呼吁大法官们尽快对这一史无前例的、挑战宪法权威的法案表明立场。法院拒绝了这一请求,[2]决定将麦克卡德尔案拖到下一个

---

〔1〕 福尔曼在其著作中引用了该反对意见,见查理斯·福尔曼(Charles Fairman):《最高法院的历史:重建与再统一,1864~1888年》(*History of the Supreme Court: Reconstruction and Reunion, 1864-1888*),第一部分,第473~474页。

〔2〕 同上,第474~476页。

开庭期的12月份。[1] 到那时,1868年的选举结果将会帮助联邦最高法院对此案作出最终的判决。

弹 劾 案

最高法院的退让使总统失去了最后一道屏障。仅仅在三个月以前,他还仿佛看到了向自己招手的胜利女神——格兰特担任临时陆军部长,各军管区活跃的共和党司令也被逐个解职。但在国会进行了一番还击之后,那个对总统满怀敌意的斯坦顿控制了陆军部,与他关系日渐疏远的格兰特担任着全军总司令。更糟糕的是,参议院打算在无须最高法院参与的情况下,考虑他因违反重建法案而犯下的"重罪和行为不端"。

在弹劾案于3月30日开庭审理之前,约翰逊还可以实施一些并无新意的措施。他仍然可以以全军总司令的身份越过斯坦顿和格兰特这两道障碍,直接向各军管区司令发布命令,以摧毁重建。但这些军管区的司令们服从他的命令吗?

总统的持续挑衅行为可能会对参议院之审理弹劾案产生决定性的影响。不可否认,总统依然掌握着有力的、反对官员任期法的法律根据。但弹劾案的策划者之一,众议院议员本·巴特勒(Ben Butler)在3月30日弹劾案开始时发表的一个公开讲话中指出:"你(参议院——译者注)不受任何法律的约束,包括那些可能会限制你的宪法特权的普通法。没有任何议会开创的法律或习惯等先例可供你参酌。你是自己的法律,只受平等、公正等自然法则的约束。你应该坚持'**人民的福利就是最高的法律**'(salus populi suprema est lex)的原则"。[2] 在他看来,如果参议院认为约翰逊在南部各州推行的政策"**破坏了政府基本、关键的原则,或对公众利益怀有极大偏见**",[3]那么参议院就有充分的理由以"重罪和行为不端"免除约翰逊的总统职务。总统的辩护律师则持相反观点——参议院就是法院,

[1] 同上,第478页。
[2] 第四十届国会第二次会议记录,第30页(1868年)。
[3] 同上,第29页。

只有在约翰逊被指控触犯了刑律时,参议院才能撤销其总统职务。[1]

当参议院在自己角色定位的两个对立观点——它到底是一个审理刑事案件的一般法庭,还是一个政治性的机构——之间犹豫不决时,[2]宪

---

〔1〕 实际上,约翰逊的一个辩护律师认为约翰逊可以因犯有"重罪和行为不端"而被免职,但确证"犯罪和行为不端"的依据应该是1787年宪法。这可使约翰逊避免受到违反了包括官员任期法在内的法律的指控。见艾里克·麦克基特里克(Eric McKitrick):《安德鲁·约翰逊与南方重建》(*Andrew Johnson and Reconstruction*),第145~146页(1960年)。

〔2〕 参议院特别委员会提出了一个审理弹劾案应遵循的程序规则,由此引发了参议院关于自己角色定位的争论。此规则明确规定参议院应"转变为审理弹劾案的最高法庭",这无疑将影响到参议院随时处理立法事务。经过两天多纷乱而激烈的讨论,参议院在该规则中删除了"转变为审理弹劾案的最高法庭"这样的术语。同上,第115~116页。

这一决定并未解决所有问题。几乎是与此同时,在确定首席大法官蔡斯的作用问题上,参议院又遇到了全新的问题。宪法规定,审理弹劾总统案,应由最高法院首席大法官"主持"。在应用程序规则中排除使用"转变为审理弹劾案的最高法庭"这一术语时,大多数共和党人正在寻求一条将首席大法官蔡斯逐出该"法庭"的道路。他们反对参议院特别委员会的动议,该动议授予首席大法官以初步审查所有法律问题和证据的权力,并认为除非遭到大多数的否决,首席大法官的观点就是"法庭"的观点。参议员查理斯·德雷克(Charles Drake)对此动议进行了猛烈抨击,指出:"限制……参议院对法律问题作出判断的做法有失偏颇,而且参议院对法律问题作出的判断不应受首席大法官以前曾经作出的判决的丝毫影响"。

作为回应,参议员贾克·霍华德(Jacob Howard)提出了一个并不明确的替代特别委员会主张的动议,指出首席大法官"可以毫无保留地把所有证据问题以及突发问题首先提交参议院"。同上,第116页。德雷克接受了这一主张,最后由大多数参议员确定审理弹劾案程序的最终规则为:首席大法官以形式上的成员发挥作用,没有就程序和证据问题作出决定的权力,因此也就不用说弹劾案的最终结果了。

当蔡斯到达参议院参与弹劾案的审理时,他并不持这样的看法。因此,他立刻发表了自己的见解——该程序规则只说他"可以"将一些基本问题提交参议院,而没有要求他必须这样做。当德雷克重申他的观点后,蔡斯认为他犯了本末倒置的错误。蔡斯再次运用了法律类推,指出只有众议院策划弹劾总统者(控诉方)和总统的律师(被告方)才能提出这样的问题,仅仅像德雷克这样的参议员没有这个权力。当众议院策划弹劾总统者反对蔡斯主持弹劾案审理时,就法律问题引发的争论又发生了转变。参议员威尔逊宣称,由控诉方反对而引发的问题将导致大多数参议员退出此案审理。当参议员以25票对25票就此问题造成僵局时,蔡斯立即表示他将投赞成票以打破这一僵局:尽管参议院早期曾反对把自己转变为"审理弹劾案的最高法庭",但他还是应该作为享有完整权利的成员主持弹劾案。

在参议院后来的讨论中,查理斯·萨姆纳试图动员参议院宣布"首席大法官不是参议院的成员,因此根据宪法在审理弹劾案时他没有表决权。他所能做的只是参议院的配角,在参议院同意的情况下宣布最终判决结果"。同上,第121页。参议院在以22票对26票否决了这一动议的同时,作出了这样一个决议,宣布在没有一个参议员要求进行正式投票表决的情况下,首席大法官的决定就是参议院的决定。第二天,参议院没有宣布蔡斯投出打破僵局的那一票超出了他的权限。由此看出,参议院的决定明显背离了弹劾程序规则起草人于早期提出的观点,使它变成了"审理弹劾案的最高法庭",其权力同一般法庭已毫无二致。尽管参议院于此时默许了首席大法官在这个类似于一般法庭中的地位,但是说蔡斯在弹劾程序中发挥领导作用能得到参议院的支持还为时尚早。毕竟,萨姆纳的动议仅以4票之差而被否决。而且况且,最近发生的事件充分说明,国会有随时改变其看法的能力。这样,弹劾案就在参议院断言自己遵守了宪法权威的情况下开庭了。当然,其中夹杂着若干法律和非常规因素等问题。同上,第115~123页。

法的时钟却没有停转,宪法规定的选举仍将如期举行。即便在约翰逊不
227 采取任何颠覆重建手段的情况下,人们也有充足的理由怀疑共和党人能否在秋季选举之前批准宪法第14修正案,并在南部各州建立起黑人和白人组成的联合政府。但如果作为全军统帅的总统发起新一轮干扰重建的行动,那么其结果必然会在陆军部和南部各军管区造成一定的混乱。这样,共和党人同宪法规定的选举时间赛跑的计划就会全盘落空。[1]

这意味着,总统的行动将在很大程度上决定参议院的角色定位:参议院到底会把弹劾案看成是一场政治审查,还是一个法律案件。如果总统发动新一轮的公开对抗措施,共和党参议员无疑会支持巴特勒的观点,以激进的本·魏德取代现任总统约翰逊。假如约翰逊允许重建顺利进行,并最终批准宪法第14修正案,那么参议院就有一半的可能维持弹劾案的法律性质——这样,约翰逊就可以在白宫结束他的任期。他到底会选择继续对抗还是采取及时转向?

总统让步了。他不仅停止了所有激烈的对抗行动,[2]而且随着5月16日弹劾案最终投票日期的临近,他还对重建摆出了若干肯定的姿态。4月24日,约翰逊同意提名约翰·斯克菲尔德(John Schofield)为陆军部长——他是在弄清总统不会进一步干涉重建的情况下才接收这一任命的。[3] 5月初,在获悉两部新宪法已在阿肯色和南卡罗来纳州获得通过后,他又面临着一次新的考验,因为这两部新州宪都是在国会的授意下起草的。不顾内阁中其他顽固分子的反对,约翰逊5月5日把这两部新宪法转发国会,表示了自己的善意。在一些秘密会议上,约翰逊向中间分子

---

〔1〕 从3月中旬到5月上旬,南部6州进行了关键的第二轮选举。见马丁·曼德尔(Martin Mantell):《1868年选举》(*The Election of* 1868),第144页(哥伦比亚大学出版社,1969年)。只有亚拉巴马州在此之前进行了选举,而其他3州——密西西比、得克萨斯和弗吉尼亚州则尾随其后。

〔2〕 在国会图书馆的存档中,有一道约翰逊发给格兰特的命令。指示他将陆军部的所有情报传达给托马斯而不是斯坦顿。在这道命令上签署的日期是3月10日,但却没有发出去。见马丁·曼德尔(Martin Mantell):《1868年选举》(*The Election of* 1868),第136页(哥伦比亚大学出版社,1969年)。

〔3〕 詹姆斯·麦克唐纳夫、威廉·阿尔德森(James McDonough and William Alderson):"共和党政治与约翰逊总统弹劾案"(*Republican Politics and the Impeachment of Andrew Johnson*),载《田纳西历史季刊》第26卷,第177页(1967年)。

透露说,如果不宣告自己有罪,他将不做任何违反法律和宪法的事。[1]麦克尔·贝尼迪克特(Michael Benedict)对总统及时转向产生的影响做了最好的描述:

> 或许比总统对保守共和党人作出某种承诺更重要的是,在对其弹劾的过程中,他以实际行动停止了对重建活动的干预。在解释“弹劾期间到底发生了什么事情”时,《芝加哥人民论坛》写得相当清楚,“安德鲁·约翰逊发生了彻底转变。国家重现和平。法律的最大障碍从实质上得以清除;总统……开始弃恶从善”。总统的顺从使共和党人在南部各州的损失获得了补偿。在6个未重建的州中(这一数
> 字恰好为批准宪法第14修正案所必需),共和党人得以顺利地批准 228
> 重建法案,尽管这些法案仅以微弱优势获得通过……到参议院就弹劾案进行最终表决时为止,只有弗吉尼亚、密西西比和得克萨斯3个州尚未重建完毕,因此更容易受到总统的干预。引人注目的是,笼罩在首都长达数月的危机意识以如此令人吃惊的速度消逝殆尽。
>
> 从更广的意义上来说,弹劾案达到了它最初的目标:排除总统干扰,保证重建的顺利进行。[2]

总统的及时转向对参议院之理解弹劾案也产生了预期影响。它缓解了共和党中间分子的巨大压力,使他们更容易放弃视弹劾案为一场准刑事诉讼(a quasi-criminal trial)的法律观点。某些参议员在参议院宣告总统无罪后撰写的精彩个人记录证实了此点的重要性。视总统弹劾案为一场准司法案件的观点遭到了像查理斯·萨姆纳这样激进共和党人的猛烈

---

[1] 苏里万(Sullivan):《统一——分裂——再统一:国会三十年,1855年到1885年》(*Union-Disunion-Reunion: Three Decades of Federal Legislation, 1855 to 1885*),第592~594页(1886年)。约翰·亨德森(John Henderson)对众议院中的共和党人肯定地说,约翰逊意在使一系列重建法案发生法律效力,而且他也转变了敦促其内阁加强对共和党人控制的态度。第四十届国会第二次会议,《众议院报告》第75卷,第18页。

[2] 见麦克尔·贝尼迪克特:《对安德鲁·约翰逊的弹劾与审判》(*The Impeachment and Trial of Andrew Johnson*),第5章(1973年)。

抨击。[1] 而之于共和党中间派而言,[2]总统的及时转向也为他们提供了一个避免党内批评的重要机会。用特拉姆布尔的话说:

参议院决定的不是约翰逊作为总统是否合格,也不是他是否应该继续留任总统的问题;更不是他在某些方面比那些[在弹劾案中]联合起来反对他的人更多地违反了宪法和法律的问题……

或许人民会认为安德鲁·约翰逊不是一个合格的总统,他们中间的很多人可能想以宪法和法律规定的方式解除他的总统职务。但是,对于那些违背自己誓言,欲以无原则且邪恶的手段促成这一结果的参议员来说,无疑将背上声名狼藉的恶名。[3]

在面对危机时,特拉姆布尔并非一贯地严格遵守法律,奉行法律条文主义。就在最近的3月份,他还在褫夺最高法院对麦克卡德尔案的管辖权问题上发挥过主导作用。那时,最高法院的举措恰恰威胁到了共和党人宪法事业的存亡;而总统现在已作出了让步,因此特拉姆布尔又极想为这些非常规的措施披上合法化的外衣。由于参议院仅以一票之差宣告约
229 翰逊无罪,故而他的及时转向显然使他避免了被弹劾的厄运。

但总统的权威并没有迅速从弹劾案的阴影中走出来。在鲁道夫·威尔逊(Woodrow Wilson)时期,共和党人在常态政治下推出的体制使国会在政府中发挥了主导作用。直到20世纪30年代,总统才能够在国家的大政方针上与国会相抗衡。然而,即便是从最低的限度上讲,历届总统在同国会进行斗争时也从来没有像约翰逊那样,背着同国会抗衡可能会导致"犯罪",并进而被迫辞去总统职位的巨大阴影。

---

〔1〕 关于萨姆纳的观点,见F. J. 雷夫斯(Rives)、乔治·贝雷(George Bailey)主编:《安德鲁·约翰逊弹劾案的程序》(*Proceedings of the Trial of Andrew Johnso*),第958~967页(1868年)。

〔2〕 有7个共和党参议员投票赞成宣告总统无罪,其中有5个人的观点被记录在案:弗森登(同上,第936页),格林姆斯(第870页),亨德斯(第1065页),特拉姆部尔(第863页),范·温克尔(第893页)共和党中间分子对观点的平衡比其他共和党人作出更大贡献,这点毫不为怪——但只有少于一半的人有时间和精力以文字方式表达了自己的观点(比较精确的数字是47人中由22人采取了这种做法)。

〔3〕 同上,第863页。

批准宪法修正案斗争的延续

由于联邦最高法院和总统的让步,联邦军队得以继续监督南部各州进行的又一轮选举。[1] 整个春季,共和党人在南部6州的选举中先后获胜,而仅在密西西比州失手。[2]

亚拉巴马州发生的事件推出了一个更为复杂的问题。[3] 与其他各州相比,按重建法案重新组织起来的亚拉巴马州选民首先就各种族代表联合制定的新宪法进行了投票——其结果为72,000票赞成,1,000票反对。此数字并未满足第二重建法案的规定——它要求至少有一半登记过的选民参与投票活动,但亚拉巴马州参与投票的选民距此下限尚缺10,000人。[4] 3月份传来的这个消息使共和党人焦虑万分,于是他们提出了取消这一限制的第四重建法案。[5] 根据第四重建法案的新规定,大多数南方人以不参与投票的方式联合抵制投票活动已不成其为问题——只要共和党人能够在参与投票的选民中获得大多数选票,第四重建法案就认定新州宪具有法律效力。正当共和党人千方百计把自己提出的法案及时制定为法律,以调整南部各州随后进行的类似选举时,第四重建法案却没有对原有重建规则作出相反的改变。相反,第四重建法案的起草人认为,白人控制的亚拉巴马州采取的联合抵制措施成功地遏制了该州的重建进程。

6月,第四重建法案起草人的观点显出了它的战略意义。尽管共和党

---

〔1〕 当时,约翰逊并没有用阴暗的手段阻挠这一过程。他只是继续从形式上以象征性的手法否认这种做法的合法性。例如,在否决选举人团法案时,约翰逊宣称这些与批准宪法第14修正案密切相关的南部各州政府"非法且没有任何法律效力"。詹姆斯·理查德森主编(James Richardson):《历届总统咨文与书信》(*Messages and Papers of the Presidents*)第7卷,第653、656~670页。

〔2〕 见查理斯·福尔曼(Charles Fairman):《最高法院的历史:重建与再统一,1864~1888年》(*History of the Supreme Court: Reconstruction and Reunion*, 1864~1888),第一部分,第106~107页。

〔3〕 弗吉尼亚和得克萨斯州此前还没有就新宪法进行投票。同上。

〔4〕 见本书第221页。

〔5〕 《美国法律汇编》第15卷,第41页,第1款(1868年)。

人最近取得了成功,但发生于北部各州的事件却可能让批准宪法第14修正案的所有努力付诸东流。输掉1867年选举的民主党人返回各自的选区,并成了1868年各州议会的议员。新泽西州和俄亥俄州撤回了它们此前批准宪法第14修正案的决定。俄勒冈州最近进行的选举也露出了这
230 一迹象。对此,国会领导人作出了一个颇具攻击性的决定:承认包括亚拉巴马在内的南部7州政府合宪,并借此希望尽快批准宪法第14修正案。

其中的阿肯色州在批准了宪法第14修正案后,国会两院随即于6月22日接纳了它派出的代表。[1] 对其他6州,国会贯彻了更有违常规的路线。在6月25日通过的一项法案中,国会宣布所有6州(包括亚拉巴马州)已经“制定了确保政府共和政体的州宪”,因此“在它们批准了……人所共知的宪法第14修正案后,应有权向国会派出代表并为国会所接受”。[2] 在代表重建联合委员会表明其立场时,国会议员宾格汉姆解释了他为什么反对修改法律,以扼杀其宪法在一些同僚眼中仍有缺陷的亚拉巴马州及其他南部各州。[3] 在引证了共和党人最近于俄勒冈的失利之后,宾格汉姆号召人民行动起来,“最重要的——就此点我提请众议院和整个国家注意——是根据法律明确规定的条件,承认这6个州是使宪法第14修正案最终获得通过,成为合众国宪法有机组成部分的前提和基础”。[4]

如此明白的表述说明,会议/国会严重地违背了联邦党人在宪法第5条中确立的原则。既然6月25日的法案已明确宣布南部6州完全采纳了共和政体,那么从法律条文的角度来看,就不再有**任何**不许6州代表准入国会两院的理由。然而会议/国会**恰恰**采取了这样的措施,并指出批准宪法第14修正案是各州代表重返国会的前提。因此,总统约翰逊在对该

---

〔1〕《美国法律汇编》第15卷,第72页(1868年)。

〔2〕此外,该法案还禁止各州修改其州宪,取消授予黑人的选举权。所有这些特别条件同样适用于佐治亚州。见《美国法律汇编》第15卷,第73页(1868年)。

〔3〕佛罗里达州宪法是最有问题的。在就亚拉巴马州的问题进行激烈讨论并作出了相应结论后,宾格汉姆的下述声明又同关于佛罗里达州的讨论有密切联系。佐治亚州也有问题——由于黑人州议员在州议会中遭到了其白人同事的驱逐,所以国会后来拒不接纳该州派来的代表。

〔4〕第四十届国会第二次会议记录,第3094页(1868年)。当宾格汉姆发表上述言论遭到反对派的强烈抗议后,他说:“我认为,允许6州重返国会的前提是它们批准宪法修正案”。同上,第3095页。

法案的否决咨文中提到了这点:

> ……这个法案篡改了宪法明确规定的这几个州向国会参、众两
> 院派出代表的模式。它假定国会享有人民从未授予但又凌驾于这6
> 州之上的权威,或它认为国会的权力来源于以前那些以重建为主题
> 的违宪的法律……就亚拉巴马州一例而言,它违背了国会曾经许下
> 的诺言,强加给亚拉巴马州一部人民反对的宪法,因为国会制定的法 231
> 案要求大多数被登记的选民参与新州宪的投票。[1]

让我们姑且同意宾格汉姆的观点——认为宪法第14修正案前途未卜。但如果到联邦党人起草的1787年宪法文本中去寻找调整宪法修正的可操作性规则,我们就很难论证国会推翻总统否决该法案做法的正当性。

从法律条文主义者的视角看,成文宪法的全部意义在于:为危机的解决提供一个指向标。若说宪法第5条还有什么意义的话,那它无非是赋予了各州以赞成或否决华盛顿提出的宪法修正案的权利。如果国会通过单方面的努力,把宪法第14修正案加于各州,明目张胆地违背了宪法第5条确定的基本原则,那么宪法第14修正案的罪孽可谓深矣!

这种感叹要求大家回到我讨论的中心:对国会推翻总统否决的疑虑根源于错误的法律方法。现代法律家大多认为宪法第14修正案的法律效力来源于联邦党人在宪法条文中确立的原则,这是错误的。实际上,他们应以普通法的方法取而代之,将建国和重建时期的宪法视为不断变革的高级法创制传统中的同等先例。

循着这一思路,我们就会发现会议/国会推翻总统否决的做法,与建国时期发生的一些事情有惊人的相似之处。特别应该指出的是,罗得岛州州长克林斯公然抗议费城制宪会议违反《邦联条例》原则性规定的做法,与约翰逊否决重建法案的行动颇为相像。当我们看到詹姆斯·威尔逊和詹姆斯·麦迪逊反对那些可能危及联邦党人的宪政事业的、本末倒置的法律条文主义者时,[2]我们同样会发现重建时期的宾格汉姆也有类

---

〔1〕 1868年6月25日法案的否决咨文,见詹姆斯·理查德森主编(James Richardson):《历届总统咨文与书信》(*Messages and Papers of the Presidents*)第6卷,第650、651页。

〔2〕 见本书第二章。

似的举动。与其对运用这种非常规权威的做法大加掩饰,我更愿视其为推动制度改造的外在动力。正是这种非常规的权威,才使联邦党人和共和党人在各自所处的不同时空条件下,获得了我们**合众**国人民的信任——当然其中也包含着一个国家主义色彩逐渐增强的过程。

在进行了一番如此深入的探讨之后,下面我们再看另一幅向法律条
232 文主义发起挑战的图景。

西华德的最终立场

1 个月之后,南部 6 州迎合国会的要求批准了宪法第 14 修正案。此后,赋予这一结果以法律意义的任务就有赖于国务卿了。在 7 月 20 日的公告中,西华德对"阿肯色、佛罗里达、北卡罗来纳、路易斯安那、南卡罗来纳和亚拉巴马各州**新组建、新成立的机构认定自己就是州议会,并可以像州议会一样行动**"[1]的做法表示大为不解,并对上述各州给他发来批准宪法第 14 修正案通知的行径感到震惊。西华德公然蔑视国会在宪法第 14 修正案批准过程中采取的一些创举,故而他在公告中对宪法第 14 修正案的法律效力也采取了同样的态度。但西华德并未明确摆出挑衅的姿态,宣布南部 6 州批准宪法第 14 修正案的决定没有法律效力。他指出了一个令共和党人感到万分尴尬的问题:新泽西州和俄亥俄州新组建的议会决定撤回它们此前批准宪法第 14 修正案的决议。在以嘲弄的姿态对此现象略表忧虑之后,国务卿宣布宪法第 14 修正案只是发生了附条件的法律效力——"如果新泽西州和俄亥俄州批准宪法第 14 修正案的决定……仍然具有完整的法律效力"。[2] 总而言之,西华德做了一个非常虚伪的公告:这份表面上欲宣布宪法第 14 修正案发生法律效力的公告,却公然指责使该修正案赖以生效的南部各州批准宪法修正案的合法性;以及公开了北部各州撤回批准宪法第 14 修正案决定——这些显然都不

〔1〕 第 11 号公告,载《美国法律汇编》第 15 卷,第 706、707 页(1868 年)。

〔2〕 同上,第 707 页。

利于宪法第 14 修正案取得高级法的地位。

然而,会议/国会已无意追究这些细致末节的问题了。就在西华德发布公告后的次日,国会两院通过了一个联合决议,指出基于所有州——包括南、北方各州——的参与,“宪法第 14 修正案已获批准”。像历史上发生的若干其他事件一样,会议/国会致力于解决宪法修正案法律效力的问题完全是史无前例的。此前,类似决定总是由国务卿以发布适当公告的方式作出的。

这意味着推动宪法改革的制度动力又转到了行政部门:对国会作出的这种非分决定,国务卿到底是进行反击,指责宪法第 14 修正案的合法性? 还是实施战略性的让步?

及时转向的一幕再次出现了。在 7 月 28 日发布的公告中,西华德已不再断言自己单独拥有审查宪法修正案批准程序全部环节的权威。在全
文引述了国会的联合决定之后,西华德进一步将这个联合决定视为排除 233
人们怀疑宪法第 14 修正案合法性的手段:“为执行上述 1868 年 7 月 21 日……两院作出的联合决定……我在此宣布宪法第 14 修正案已经获得通过”。[1]

虽然这两个公告只能使严格法律条文主义者感到万分尴尬,但它却为我们看待这一问题提供了不同的视角。它并不是让人感到难堪的异常现象,而是官方文件反映出来的宪法修正结构的变革。重建时期的共和党人被迫一次又一次地对联邦党人授予各州在批准宪法修正案过程中的垄断地位发起挑战。他们也一次又一次地在把分权原则运用于创制高级法目的的过程中取得了胜利。那么难道说批准宪法修正案的最终行动取决于联邦而不是各州的做法有失妥当吗?

宪法第 14 修正案的巩固:1868 年选举

虽然国务卿已对宪法第 14 修正案表明了立场,但关于他作出的退让

〔1〕《美国法律汇编》第 15 卷,第 710 页(1868 年)。

到底是长久之计还是一时的战略之需,人们却不得而知。7月也恰恰是民主党全国代表大会(Democratic National Convention)制定竞选方针的时间。民主党竞选纲领所定基调如下:人民应该对安德鲁·约翰逊在"抵制国会侵犯各州和人民的宪法权利时",体现出的"爱国热情表示谢忱"。[1] 然而更大的威胁来自于民主党副总统候选人弗兰克·布莱尔(Flack Blair)发表的一个声名。在一封公开信中,布莱尔承认即便是民主党人竞选总统成功且能够赢得众议院的大多数席位,他们还是不可能动摇共和党人在参议院中的优势。因为民主党人无法指望以正常手段废止重建法案,因此布莱尔提出了一个非常规的解决办法:

> 有且只有一个办法可以使政府和宪法恢复原状。即由当选而尚未就职的总统宣布那些重建法案无效,强制联邦军队停止其在南部各州的篡权之举,解散提包政府,*并允许白人自行组织政府、选举国会参众两院议员。众议院中有很多北部各州的民主党人,他们定将
> 234 认可南部各州白人选举的众议院议员。这样,在总统的配合下,迫使参议院再次履行宪法设定的义务将不成问题。[2]

简言之,布莱尔试图再现1866年选举时出现的一幕——那时,保守派在众议院选举中的胜利,使约翰逊能有效地迫使国会中的共和党人无法在国会中发起一场支持宪法第14修正案的运动。

布莱尔的公开信引起了轩然大波——共和党人斥之为"极具破坏性的言论"。越来越多的民主党人因为发现这种观点可能不利于民主党的竞选,也不再支持此观点,但布莱尔仍对此观点津津乐道。如果布莱尔的观点与一再指责重建违宪性的民主党竞选纲领合于一处,那么民主党在选举中的胜利,就可能使西华德提出的宪法第14修正案的法律效力问题重新回到桌面上来。《纽约时报》在一篇题为《摆在人民面前的问题》的社论中描述了这个问题:

---

〔1〕 见民主党党纲。

* 提包政府是指南北战争后只带一只提包去南方投机牟利的北方人控制的政府。——译者注

〔2〕 马休·加利(Matthew Carey):《民主党发言人笔录》(*The Democratic Speaker's Handbook*),第355页(1868年)。

> 南北方人民面临的首要问题并非共和党还是民主党将统治这个国家。遍及这块土地每一个角落的政治斗争既非普通事件……也绝不是简单的党争。
>
> 之于联邦而言，结束战争的军事胜利仅仅是恢复和平的前提……在战争期间一度停止运作的法律现在必须发挥作用，认可并确保战争胜利的成果。但普通法律已不能适应这种需求；因此实有必要修正宪法以满足建立更完美联邦的法律之需……
>
> 宪法第 14 修正案在很大程度上帮助我们实现了这一目标。但我们也不能无视这样的一个事实——该目标是在不顾前分裂分子反抗的情况下实现的。它意味着这一目标虽已实现，但民主党人却斥之为非法甚至是违宪的。因此，在恢复和平这一首当其冲的问题上，不安全感依然存在。人民仍然需要以投票方式决定战争具有那些真正意义，战争是否给这个国家带来了永久性的价值。[1]

此类社论意在强调同宪法规定的美国政府各部门选举日程赛跑的重要意义。诚如前述，宪法第 14 修正案经过百般磨难后，刚刚在 7 月底获
得通过——而且还是总统与联邦最高法院及时转向的结果。如果由于总 235
统和法院的阻挠，会议/国会输掉这场竞赛，这些社论定将传达出与此完全不同的信息。像《纽约时报》这样由共和党人控制的报纸既不会将宪法第 14 修正案视为战争的宪法目标已基本获得“实现”的证据，也不会指出目前的唯一任务是消除仍然残留的“不安全感”。没有将布莱尔的公开信当作民主党试图发起“颇具破坏性”的运动以改变现状的证据；相反，共和党人投身于巩固宪法第 14 修正案的选举运动之中。* 在南部各州持续处于混乱的状态下，北部各州的选民还会继续支持共和党人吗？

我们永远也无从知道，选举结果能在多大程度上反映出总统和法院及时转向的重要性。共和党人在国会选举中取得了巨大胜利——众议院

〔1〕《纽约时报》1868 年 8 月 18 日第 4 版。

* 也就是说，宪法第 14 修正案在 1868 年大选之前获得通过使大选的主题也相应地发生了改变。如果该修正案没能在大选前通过，则大选将围绕着宪法第 14 修正案的批准而展开；反之，大选的主题就会是宪法第 14 修正案的巩固。这也是共和党人同宪法规定的选举日程竞赛的意义所在。——译者注

的2/3席位被共和党人占据，而参议院中的共和党议员更是民主党议员的5倍。[1] 然而总统选举结果并未显示出如此明显的优势，虽说格兰特获得了具有实质意义的大多数选举人票，但他仅比对手多获得了30万张选民票。* 因为有50多万黑人根据重建法案的规定参与了投票，这意味着大多数白人选民投了民主党人霍雷肖·西摩（Horatio Seymour）以及弗兰克·布莱尔的票！[2]

这种感叹是对共和党国会以其自己的力量批准宪法第14修正案的一种肯定。试想，在宾格汉姆及其他共和党中间分子的领导下，会议/国会将黑人选举权强加于南部各州，其目的在于实现共和党人于1866年选举中获得的、人民要求批准宪法第14修正案的授权。在以国家名义重新界定了南部各州的政治内容、让黑人参与到政治之中后，会议/国会现在又恰恰使这些黑人在巩固宪法第14修正案的1868年选举中，发挥了决定性的作用。从重新界定宪法内容的角度看，这是一个复杂的而在政治上又令人备感欢欣鼓舞的胜利。无论如何，**我们美利坚合众国人民**设法重塑了自我——此前，**我们人民**是指各州可以自行确定其公民标准的联盟内的公民；而现在**我们人民**是指这样一个更牢固的联邦内的人民——在此联邦内，国人（People of Nation）即是各州界定其公民时必须遵循的基本标准。虽然这种革命性的、对公民国家身份的重新界定经常要求人民以激烈的手段践越现存的制度，但美国人民还是通过一系列于1868年达到了顶峰的非常规措施，设计出了一个实现上述目标的（超越现存制
236 度——译者注）的程序——在这一年，南部各州黑人运用重建法案授予他们的选举权，巩固了置平等公民权于首要地位的宪法第14修正案。通过不断地把全国性选举运用到联邦党人从没想到过的目的之中，**我们美利**

〔1〕 见查理斯·福尔曼（Charles Fairman）：《最高法院的历史：重建与再统一，1864～1888年》（*History of the Supreme Court: Reconstruction and Reunion*，1864～1888），第一部分，第487页（1971年）。

* 在1868年选举中，格兰特获得了3,013,421张选民票，214张选举人票；民主党总统候选人西摩获得了2,706,829张选民票，80张选举人票。尽管在选举人票上格兰特占绝对优势，但他仅比对手多获得了三十多万张选民票。——译者注

〔2〕 见约翰·富兰克林（John Franklin）：《1868年选举》（*The Election of* 1868），第1247、1265～1266页。

坚合众国人民开始倾力奉行这样一个原则:“所有出生或归化合众国的人……”都享有“合众国公民的特权和豁免权”,它是高于任何一州且任何地区都不得限制的权力。

从微观的视角看,格兰特之当选为总统也巩固了宪法第14修正案的法律地位——它的法律地位是国务卿西华德在其发布的第二次公告暂时给予的。我们知道,西华德迫于会议/国会的压力,于7月份作出了让步,但是只要民主党在1868年选举中获得了一方面的胜利(即无论是获得总统职位,还是在参议院或众议院赢得大多数席位。——译者注),它都会有碍于宪法第14修正案高级法地位的巩固。也只有在这种情况下,新总统才有可能落实布莱尔的主张,命令新任国务卿就宪法第14修正案发布第三道公告,重申西华德在第一次公告中提出的关于该修正案的可疑之处——这样,华盛顿和南部各州之间又将展开新一轮的斗争。

但新一轮斗争的周期无形中缩短了。共和党人在1868年选举中的胜利消除了——用《纽约时报》的话来说——依然萦绕于宪法第14修正案周围的“不安全感”。用我自己的话来说,这次选举只是一个事关**宪法改革之巩固**的问题——至少同建国时期宪法提出后发生的一系列事件相比是这样。我们依然能够记起,尽管联邦党人成功地批准了1787年宪法,但第一届国会却是在不顾罗得岛和北卡罗来纳两州反对的情况下召开的。只要这两个州依然游离于联邦之外,1787年宪法的非法性就不可能成为历史珍玩,并将时时浮现于大众生活之中。设若这两个州根据《邦联条例》一直坚持自己的权利,1787年宪法就非常有可能功亏一篑。假如一个或更多州背叛新成立的联邦,根据《邦联条例》的规定转而加入到罗得岛和北卡罗来纳两州的行列中,1787年宪法的合法性问题就会成为人们关注的热点。只有在这两州放弃了《邦联条例》为各州设定的权利之后,1787年宪法的合法性问题才会失去政治基础。

1868年选举即是一个与此相似的分水岭。随着格兰特之入主白宫,
以及共和党大多数牢牢地把持着国会,国会的重建方针已再无走回头路 237
的可能。由于共和党人掌握了国家的各个部门,未批准宪法修正案的其余南部各州除了批准宪法第14修正案以换取重新准入国会之外,已几乎没有其他选择了。

虽然两人之间存在着很大的差异,但格兰特和华盛顿这两位总统却发挥了类似的宪法功能。在他们的第一任期行将结束之际,这两个相对而言对政治并不感兴趣的将军都恢复了政府各部门的秩序——至少从表面上来看大抵如此,而这些部门之间昔日还曾进行过异常惨烈的斗争。政府各主要部门之间也不再相互指责对方的合法性;它们也不再相互威胁对方的部门独立性。像1792年一样,新体制于1872年已初具规模。

我并无意否认这样一个明显的事实。无论是在18世纪90年代还是在19世纪70年代,虽然那时的联邦党人和共和党人都曾自豪地声称自己获得了人民授权,并在斗争中以非常规的手段取得了胜利,但还是有为数不少的人民愿意支持那些打算颠覆这些胜利的人们。至少在后人看来,宪法改革得以巩固的上述两个时刻尽管让人感到兴奋不已,但也包含着人们永远也无从知晓的辛酸。回首两个世纪的往事,对于今人而言至少有一点是相当明确的:正当联邦党人/共和党人以人民的名义为其取得的胜利而欢呼时,政治的钟摆已经摆到了他们所主张的国家中心主义顶点,并开始朝相反方向回归了。

在衡量他们为宪法秩序赖以存在的根基作出了怎样的法律贡献之后,我们将转到另外一个使宪法第14修正案得以巩固的最终行动——联邦最高法院明确宣布,尽管宪法第14修正案从其产生时起就存在着一些法律问题,但它仍是对未来有持续影响的宪法渊源。

宪法第14修正案的巩固与联邦最高法院

我们最后一次提及联邦最高法院,还是在它迫于会议/国会就麦克卡德尔案的司法管辖权向其施加压力,而狼狈不堪地作出退让的时候。那时,联邦最高法院决定将此案推迟到该年度的12月再予以缜密的处理。
238 随着1868年12月的到来,法院下一步将采取怎样的行动还是一个未知数:它将顺应选举的结果而动,支持重建和宪法第14修正案?还是向格兰特政府统治下日益巩固的重建发起另一次法律冲击?

联邦最高法院的法官们首先实施了干扰重建的策略,而后他们又回到了巩固重建的路子上。

法院改组及其后果

格兰特入主白宫后，共和党人为控制联邦最高法院采取了迅速的行动。其中包括取消他们在前不久实施的一些特别举措。1866 年 7 月，正当与总统的斗争处于白热化之时，会议/国会针对约翰逊提名司法部长亨利·斯坦布利为联邦法院法官的做法，制定了一个引人注目的"法院紧缩"(Court-shrinking)法。根据该法，在联邦最高法院法官减少到 7 人之前，在职法官的退休并不造成最高法院法官职位的空缺——其目的在于阻止约翰逊于近期内任命斯坦布利及其他人为联邦最高法院法官。格兰特就任总统后，第四十一届国会很快通过了一个将联邦最高法院法官人数恢复为九人的法案，并确定该法案于 1869 年 12 月生效。[1] 由于格兰特提名的两个法官一人亡故，一人被否决，这样联邦最高法院法官的任命被迫推迟。格兰特后来的提名获得了参议院的批准，他于 1870 年 2 月和同年 3 月分别任命威廉·斯特朗(William Strong)和约瑟夫·P. 布兰德利(Joseph P. Brandley)为联邦法院大法官。

戏剧性的结果出现了。就在斯特朗上任一周以前，联邦最高法院还以四对三票的多数，判决会议/国会通过的一项重要法案无效——该法案意在将纸币定为合众国的法定货币。[2] 虽然现代美国人对不兑现纸币(fiat money)不会有任何异议，但此法案却在 19 世纪的法律家中却引起了强烈震动——由于建国初期的联邦党人相当反感纸币，因而那时的法律家无论如何也看不出宪法授予了国会以创造纸币的权力。现代美国人不理解首席大法官蔡斯宣布法定货币法案(Legal Tender Act)无效的判决，

---

〔1〕 4 月 10 日法案，载《美国法律汇编》第 16 卷，第 44 页(1869 年)。该法案并未引发大规模争论，部分原因在于上届国会已就该问题进行了相当长时间的讨论。尽管大多数国会议员并没有提及个中的政治原因，但参议员查理斯·贝克鲁(Charles Buckalew)的话可谓一语中的，揭破了这层窗纸："我们都知道从前联邦最高法院法官的人数为十人……后来有所减少。减少最高法院法官的数量是基于当时的特定情况，并参酌了最近两三年的政治背景。既然这些因素俱已作古，我不反对增加一到两名联邦最高法院法官"。第四十届国会第三次会议记录，第 1487 页(1869 年)。

〔2〕 赫普伯恩诉格里斯沃德案(Hepburn v. Griswold)，载《联邦最高法院判例汇编》第 75 卷，第 603 页(1870 年)。

也仅仅反映了一个时代上的差异。相反，蔡斯当时在法律上的认真态度因为如下事实而得到了强化——在发行纸币时，蔡斯还是当时的财政部长。为什么蔡斯甘愿推翻自己身为财政部长时作出的决定？如果否认蔡
239 斯更好地理解并贯彻了联邦党人确立的宪法原则，我们就无法解释这一现象。[1]

但在两个新法官走马上任之后，他们便立即着手推翻这一攻击重建经济政策的司法判决。[2] 1871 年 5 月，占大多数的 5 个法官在将其观点撰写为成文的法院判决意见之前，就宣布了他们支持国会发行纸币的决定。[3] 这个于翌年 1 月公布的法院判决意见引起了轩然大波。斯特朗代表联邦最高法院撰写了法院判决意见。在现代美国人看来，这一法院判决意见并未严重背离宪法当初设定的路线。毕竟宪法明文规定国会有"铸造货币，并厘定本国货币价值"的权力，而且并未限制它发行以金银确保其价值的纸币的权力。因此，从上述条文中推出，宪法授权国会在其认为必要和适当的时候发行纸币，并未超出宪法条文的原意。

但斯特朗不愿循着上述思路解释这一问题，他主动地想把问题搞得更复杂一些。他的法院判决意见没有引述宪法条文授予国会关于货币方面的权力，而是委婉地承认反纸币派在指出开国元勋们担心不兑现纸币可能带来灾难性后果这点上是正确的。为了替发行纸币这种国家权力寻找其他的根据，斯特朗带领联邦最高法院向另外一些正统的宪法观发起了冲击。他代表联邦最高法院宣布：认为联邦党人只想在 1787 年宪法中创建一个有限权力的国家政府的观点，是不正确的。相反，"接受了宪法明确规定权力的人民能够理解那些更重要的权力，包括那些没有明确列举出来的权力，以及从那些明确列举出来的权力中引申出来的权

---

〔1〕 如果蔡斯早在 1868 年竞选民主党总统候选人提名时作出上述决定，我们或许无法如此清晰地知道他的动机。从竞选总统候选人提名的角度来看，由于一场重病，蔡斯无缘后来的总统竞选（他于 1873 年去世）。

〔2〕 福尔曼揭露了发生在最高法院法官内部之间的激烈争论，虽然他把这一争论鲜明的法律特征降到了最低程度。见查理斯·福尔曼（Charles Fairman）：《最高法院的历史：重建与再统一，1864～1888 年》（*History of the Supreme Court: Reconstruction and Reunion*, 1864～1888），第一部分，第 738～757 页（1971 年）。

〔3〕 同上，第 759 页。

力。……"[1]另一名新任命的大法官布兰德利在其撰写的判决意见中也支持这种国家主义的论调：

> 美利坚合众国政府不仅仅是一个政府，它还是一个**国家政府**(National Government)，是这块领土上唯一一个带有鲜明国家特征的政府……
>
> 这就是全国政府(General Government)的特征。它拥有一切相关和引申出来的权力是不证自明的。在批准宪法的紧急关头，这些权力属于与此类似的所有政府……[2]

显然斯特朗和布兰德利对1787年宪法做了肆意的解释，而任何一个联邦党人都不会提出这种非分的主张。但从共和党人新联邦的观点(the 240
new Republican Vision of the Union)来看，国家政府自然可以断言它拥有"相关的"权力，因为它是"这块领土上唯一一个带有鲜明国家特征的政府"。

重建的日益巩固

联邦最高法院在法定货币问题上的及时转向，使我没有任何理由怀疑这个重组后的联邦最高法院在以后被迫面对质疑重建和宪法第14修正案合宪性的案件时，会同样作出肯定国家中心主义的判决。就像斯特朗和布兰德利否认联邦党人制定的宪法条文及其原则可以限制共和党人的经济政策一样，在处理事关共和党宪法政策的案件时，他们还会采取同样的办法——与轻慢联邦党人在1787年宪法中确立的货币原则相比，他们也同样不会重视联邦党人在宪法第5条中确立的原则。在格兰特当政期间，联邦最高法院基本都是本着这一思路处理问题的——只是在某些情况下，出现过一些较小的波折和例外。

像法定货币案一样，我们仍然先从首席大法官蔡斯的法院判决意见开始讲起。1869年4月12日——大致是在联邦最高法院受理麦克卡德尔案两年之后，联邦最高法院的大法官们一致作出了国会褫夺其司法权

---

〔1〕 见《联邦最高法院判例汇编》第79卷，第457、534页(1871年)。

〔2〕 诸克斯诉李案(Knox v. Lee)，载《联邦最高法院判例汇编》第79卷，第457、556页(1871年)。

合法性的判决。蔡斯解释道,联邦最高法院在该案中的退让与它的审慎毫不相干,而是基于原则性的考虑。毕竟,麦克卡德尔案据以诉至联邦最高法院的司法法是一项制定于1867年的旧法律。既然国会能在1867年以法律方式授予法院新的司法管辖权,那它为什么就不能在1868年再以新的法律将其撤回呢?

在充分肯定了国会的权力之后,蔡斯欣然宣布,联邦最高法院在麦克卡德尔案中不体面的让步并不能说明法院有不称职之嫌:"司法权是宣布法律的权力。在其存在受到威胁时,它仍然具有认定案件事实、解决诉讼纠纷的功能。这并非基于哪个部门的权威,而是根据法律原则得出的结论"。[1] 但就在蔡斯将保全联邦最高法院的审慎(即联邦最高法院迫于国会破坏其独立性的压力而作出的"及时转向"——译者注),颇有根据地说成是法律原则的必然结果的背后,却存在着若干隐患:蔡斯的说法不是敲响了司法审查权的丧钟了吗?当联邦最高法院于将来的某个时候打算宣布某项法律违宪时,国会中占优势的党派难道就不能褫夺其司法权吗?

蔡斯以一段在最高法院的历史上颇具影响的结论性话语,回答了上述问题:

> 由于受褫夺联邦最高法院司法管辖权法案的影响,法律家们似乎都认为最高法院就人身保护权案件的所有上诉权力已被取缔。这
> 241 是完全错误的。除了根据1867年法案应由巡回法院审理的案件外(如麦克卡德尔案),1868年法案并未剥夺联邦最高法院对任何案件的司法管辖权。在司法管辖权方面,法院依然享有同过去一样的权力。[2]

在给联邦最高法院披上了原则的外衣之后,蔡斯又堂而皇之地重新界定了原则。尽管人们普遍认为麦克卡德尔案乃是国会绝对享有褫夺联邦最高法院司法管辖权的"典型案件",但蔡斯却温情脉脉地向世人宣布:这是个误解。麦克卡德尔案只能说明国会能堵住当事人到联邦最高法院

---

〔1〕 麦克卡德尔案,载《联邦最高法院判例汇编》第74卷,第506、514页(1869年)。
〔2〕 同上,第515页(1869年)。

诉讼的一个途径,**但另一条道路却依然是畅通的**。如果后人重温麦克卡德尔案,并希望从中找到关于这一基本问题的明确答案,他们所能看到的或许只是蔡斯诡秘的微笑。一方面,事实依旧如此——联邦最高法院**的确**在宪法变革的紧急关头默许了国会的行径;另一方面,联邦最高法院的判决意见又指出,国会**并没有**无条件地褫夺其司法管辖权的无限权力。

虽然蔡斯的巧妙手法减少了麦克卡德尔案给法院带来的长期损害,但它却造就了另一个负面的短期后果。可以预料的是,那些满肚子苦水的南方人的辩护律师们将从蔡斯的法院判决意见中汲取一些可资利用的东西,转而把一些案件诉至联邦最高法院。这些迟到的案件必将使联邦最高法院的法官们直面格兰特和共和党人国会的重建政策——1869 年,佐治亚、密西西比、得克萨斯和弗吉尼亚州正处于重建的进程之中。[1] 这些案件以爱德华·耶格尔(Edward Yerger)案为发端。耶格尔因刺杀了一位被任命为密西西比州杰克逊市市长的联邦官员而被控犯有谋杀罪。像麦克卡德尔案一样,军管区司令驳回了耶格尔要求普通法院审理该案的请求,并根据重建法案第 3 款的规定命令他到军事委员会受审。

在听审了该案后,军事委员会判处耶格尔死刑。无论耶格尔的罪行有多么严重,此案还是引发了诸多与麦克卡德尔案相同的问题。[2] 在南部各州普通法庭正常运作的情况下,国会能禁止南部各州居民到这些法庭进行诉讼吗?[3] 为了批准宪法第 14 修正案,国会有权动用联邦军队摧毁约翰逊重建的南部各州政府吗?

根据蔡斯在麦克卡德尔案发表的法院判决意见,耶格尔的律师援引了最高法院以传统的人身保护程序审理的案件——虽然此程序在审理麦克卡德尔案时已被国会通过法律废止了。耶格尔律师的这一策略取得了成功。1869 年 10 月 25 日,首席大法官承认最高法院享有对耶格尔案的 242
司法管辖权。像麦克卡德尔案一样,此时的耶格尔案也把国会刺激到

[1] 见查理斯·福尔曼(Charles Fairman):《最高法院的历史:重建与再统一,1864～1888年》(*History of the Supreme Court: Reconstruction and Reunion*, 1864～1888),第一部分,第 106～107页(1971 年)。

[2] 显然,耶格尔不能像麦克卡德尔那样要求宪法第 1 修正案的保护。当然,麦克卡德尔一案的中心议题也并非宪法第 1 修正案。

[3] 米利根案,载《联邦最高法院判例汇编》第 71 卷,第 2 页(1866 年)。

了开始考虑褫夺联邦最高法院司法管辖权的程度。由于斯特朗和布兰德利当时尚未被擢升为联邦最高法院大法官,因此联邦最高法院非常有可能作出与共和党人重建政策完全背道而驰的判决。像查理斯·福尔曼(Charles Fairman)所说的那样,“比较可靠的估计是,耶格尔案的判决可能会不利于政府;诚然,从实质内容上看,政府获胜的可能性微乎其微”。[1]

共和党人再次摆出了攻击性的姿态。当国会议员于1869年12月重新集会、举行会议的时候,参议员查理斯·萨姆纳提出了一个法案,[2]该法案试图剥夺最高法院对**所有**事关人身保护权案件的上诉管辖权。[3]为了让这个提案显得更温和一些,司法委员会对此提案进行了一番改造。然而除了题目不同而外,这个法案竟然与赖曼·特拉姆布尔两年前提出的那个法案毫无二致。它明确禁止任何法院质疑重建的合宪性。[4]无论是萨姆纳还是特拉姆布尔,如果两者当中某个人的提案获得了成功,那么首席大法官都不可能再有任何解释法律条文的巧妙办法来否认如下事实:会议/国会以相当严肃的态度,要求联邦最高法院受共和党人联邦观的约束。

看来联邦最高法院又一次把自己推到了一场无望获胜的斗争中。如果联邦最高法院支持耶格尔的观点,那它或者会再次遭受被褫夺司法管辖权的威胁;或者在联邦最高法院内将重现法定货币案的一幕——斯特朗和布兰德利将以救世主的身份再次宣布,会议/国会天然拥有以整个**国家**的名义主持重建的权力。

---

〔1〕 见查理斯·福尔曼(Charles Fairman):《最高法院的历史:重建与再统一,1864~1888年》(*History of the Supreme Court: Reconstruction and Reunion*, 1864~1888),第一部分,第584页(1971年)。我完全赞成福尔曼的分析。

〔2〕 见亚瑟·斯克勒辛格(Arthur Schlesinger)主编:《美国总统竞选史》(*History of American Presidential Elections*),第280页(1971年)。第四十一届国会第二次会议记录(1869年)。

〔3〕 参议员德雷克(Drake)提出了一个更激进的措施。见亚瑟·斯克勒辛格(Arthur Schlesinger)主编:《美国总统竞选史》(*History of American Presidential Elections*),第274页(1971年)。该措施欲剥夺最高法院的所有司法审查权。见查理斯·福尔曼(Charles Fairman):《最高法院的历史:重建与再统一,1864~1888年》(*History of the Supreme Court: Reconstruction and Reunion*, 1864~1888),第一部分,第586~588页(1971年)。

〔4〕 见亚瑟·斯克勒辛格(Arthur Schlesinger)主编:《美国总统竞选史》(*History of American Presidential Elections*),第363页(1971年)。第四十届国会第二次会议记录(1868年)。

然而恰在此时，总统格兰特的干预大大缩短了宪法斗争的周期。[1]早在国会于12月集会之前，新司法部长、共和党人菲力普（Philips）就采取了若干措施，断然肯定联邦最高法院不能审理耶格尔案。就在蔡斯表明其立场，肯定联邦最高法院对该案享有司法管辖权的第二天，法院的记录上有这样一段话：

> 菲力普先生对法院说，由于司法部长与当事人律师之间的协商正在进行中，因此法院最好在今天不要就该案展开进一步的诉讼活动。如果法院方面没有什么反对意见的话，当事人的律师打算把该案推迟到联邦最高法院的下一个庭审期。
>
> 首席大法官认为，律师为其当事人要求人身保护令状当然是一件需要认真考虑的事。最高法院的司法管辖权问题已经很明确了： 243
> 在当事人律师认为合适的情况下，联邦最高法院可以听审要求人身保护令状的案件。[2]

此后，菲力普一直把问题拖到了1870年2月23日——那时重建的密西西比州最终获得了国会的认可。菲力普也就在这一天提出，他与当事人的律师协议将耶格尔案转交重建的密西西比州处理，让重建后的新政府自行审理这起谋杀案。[3] 同样的方法在处理得克萨斯州的案件时也派上了用场。[4]

此后，再没有发生过类似的案件。当国会于1870年7月重新接纳了佐治亚州后，白人就再没有通过具体的讼案向联邦军队控制重建的问题发起过挑战。这里存在着一个简单的程序上的原因，以解释法定货币法案（Legal Tender Acts）为什么使联邦最高法院以如此强硬的口气肯定了以国家主权为核心的国家中心主义，而在巩固宪法第14修正案之高级法

---

〔1〕 在特拉姆布尔的提案提交参议院后，参议院根本就没有对该议案进行投票表决。见查理斯·福尔曼（Charles Fairman）：《最高法院的历史：重建与再统一，1864～1888年》（*History of the Supreme Court: Reconstruction and Reunion*, 1864～1888），第一部分，第588页（1971年）。个中原因在于司法部长进行了一系列的活动。

〔2〕 这段话出自1869年10月26日（星期二）法院的审判记录。另见查理斯·福尔曼（Charles Fairman）：《最高法院的历史：重建与再统一，1864～1888年》（*History of the Supreme Court: Reconstruction and Reunion*, 1864～1888），第一部分，第585页（1971年）。

〔3〕 同上，第589页。

〔4〕 布朗案。同上，第90页。

地位时却没有出现类似的一幕。因为纸币将在未来通行于世，如果不以强硬的口吻强调中央政府的权力，那么就会不断有质疑法定纸币宪法地位的案件涌向联邦最高法院。随着格兰特对重建控制的逐渐放松，大法官们内部——就更不用说总统、国会和人民之间了——关于宪法第 14 修正案合法性的斗争，也会由于时间的关系而逐步得到缓和。

另类案件的出现打破了法院的宁静。1870 年之后，南部各州白人发现他们自己正处于这样一个似非而是的尴尬境地。他们突然一反常态，成了他们当初曾苦苦反对的宪法第 14 修正案的坚定拥护者。新组建的南部各州共和政府由黑、白人组成的联合阵线把持着，而把大量的白人保守分子撇在了一边。只要这种联合阵线仍然大权在握，白人保守主义者就会以美国人传统的方式对他们法律上的失败作出反应——诉诸法院，运用所有可资利用的法律工具扭转他们法律上的颓势。在这种情况下，有什么能比光彩夺目的宪法第 14 修正案所许下的公民权、自由、平等等诺言，可以成为他们扭转颓势的更好武器呢？

1873 年，虽有许多问题尚待解决，但联邦最高法院还是在那一年作出了第一个关于宪法第 14 修正案的判决。在联邦最高法院受理的这个屠宰场案中，新奥尔良（New Orleans）的**白人**屠户以重建的州政府垄断屠宰业，从而使他们面临停产歇业的威胁为由，把州政府诉上了法院。从屠户的角度看，重建修正案授予白人以与黑人同样的、作为美国公民的基本权
244 利——包括不受不公正法律限制，在自由市场中公平竞争的权利。最高法院作出的那个著名判决，以 5:4 票的多数驳回了白人屠户的这一请求。

在此，值得我们关注的并非联邦最高法院作出了怎样的判决——这一问题在本系列丛书的第一部已有所论及。[1] 此处我们关注的焦点不是实体而是程序问题；不是屠宰场案乃诠释重建宪法修正案含义的第一个典型案例，而是它乃巩固重建宪法修正案的最后一个重要步骤。在指明了屠宰场案的这一旨趣后，联邦最高法院在审理本案时的开场白就值得我们特别地予以关注了。在对案情作了详细的说明后，萨缪尔·米勒

---

〔1〕 见布鲁斯·阿克曼（Bruce Ackerman）：《我们人民：宪法的根基》（*We the People: Foundations*），第 94～96 页（1991 年）。

(Samuel Miller)大法官把此案涉及的问题放到了历史之中。他首先以历史的眼光评价了1787年宪法及早期修正案,并指出这些基本法律条文“已经成了……历史及另一个时代的产物”。在米勒撰写的这份法院判决意见中,与这些历史内容紧密相连的是其对现实生活的描述:“根据人民的呼声,宪法原文在最近八年内又增加了3个修正案”。[1]

虽然米勒作出的这个判决看似温和,但它却是一个重要的转折点。之于总统和国会而言,联邦最高法院的敌视曾是一再让他们感到担心的根源。然而,此案的判决却向世人表明:这种担心赖以产生的根基已不复存在了。联邦最高法院的大法官们以一致的腔调表明了这一立场。虽然他们后来在理解重建宪法修正案**含义**的时候发生了严重分歧,但所有9个法官都无条件地接受了重建宪法修正案的**合法性**。

让我们仔细品味一下联邦最高法院认可重建宪法修正案之合法性这一划时代行动的每个精确用词:“**根据人民的呼声**……宪法原文在最近八年内又增加了……修正案”。米勒大法官径直以人民主权的话语而不是宪法第5条,作为解释重建宪法修正案合法性的法律基础。法院判决意见的行文表明,米勒大法官对形式主义完全持一种敌视的态度。与其以圆滑的手法人为地在18世纪80年代与19世纪60年代之间制造一种表面上的关联性,他以激进的文字割断了已属于“另一时代”的建国时期宪法与当时美国人民“呼声”之间的联系。在联邦最高法院描述重建宪法修正案的产生过程时,它不关注法律形式主义的态度是显而易见的。米勒大法官之对待宪法第14修正案的态度完全可以使我们洞悉此点。他描述道,“那些使联邦政府转危为安的政治家们”意识到,有必要运用比宪法第13修正案内容“更丰富的东西”来保护“那些处于水深火热之中的种族”。“因此,他们通过国会提出了宪法第14修正案。**在参与叛乱的南部** 245
各州议会以正式投票的方式批准宪法第14修正案之前,这些政治家们不想接纳它们完全参与到联邦政府中来”。[2]

这些斜体标记是笔者而不是米勒本人加上的。从这些斜体字的字里

〔1〕 屠宰场案。《联邦最高法院判例汇编》第83卷,第36、67页(1873年)。

〔2〕 同上,第70~71页。

行间,我们可以看出联邦最高法院的法官们打算从宪法第 5 条中挤出哪怕是一丁点关于重建宪法修正案合法性的依据——这也是他们最后的一丝想法。与其直接解释重建宪法修正案何以能够在那样的条件下获得合法性的问题,米勒大法官撰写的法院判决意见流露出了另外一层含义——关于共和党"政治家"推翻南部各州之否决宪法第 14 修正案的合法性问题,似乎从来就没人提出过一样。

联邦最高法院的法官们并不认为他们在欺骗世人。就像米勒大法官所说的那样,他"对这些距我们是如此之近以至不能被称为历史的事件的简单描述",[1]包含着一些依然"清晰地留在人们记忆中"的情节。[2] 所以米勒心安理得地避开宪法第 14 修正案的合法性问题不谈,并不是他突然患上了健忘症——无论是联邦最高法院的 9 个大法官还是广大人民都没有被这种疾病所困扰。实际上,回避重建宪法修正案的合法性问题应归因于普通法的法律方法对宪法判决的影响。欧洲的宪法法院习惯于给出一些建设性的意见,而美国的联邦最高法院与此不同。像普通法法院一样,联邦最高法院期待着现实生活中的当事人将一些有待解决的宪法问题交由它进行审理。但屠宰场案的双方当事人都不愿重提宪法第 14 修正案的合法性问题——白人屠户们肯定不愿提起这一问题的原因,在于他们正试图运用这个宪法修正案攻击路易斯安那州的黑、白人联合政府强加给他们的垄断制;作为被告方的屠宰垄断组织当然也不愿提出这个问题,因为它攻击宪法第 14 修正案的合法性就必须以放弃自己的特权为代价。由于诉讼双方都乐于以巧妙的手法对待宪法第 14 修正案的合法性问题,因此联邦最高法院得以根据普通法规则行事,从而忽略了那个人所周知的、隐身于更深处的合法性问题。[3]

因此——普通法的方法在此又一次发挥了作用——屠宰场案有效地终结了所有关于宪法第 14 修正案合法性问题的严肃法律讨论。之于一般的法律家而言,重要的不是法院之所云而是法院之所为。虽然联邦法

---

〔1〕 同上,第 71 页。

〔2〕 同上,第 68 页。

〔3〕 我并不认为法院自身不能提出重建时期宪法修正案的合法性问题——只是由于当时的职业规则,法院才得以回避了这一问题。

院的法官们没有解释他们何以如此行动的原委，但他们一致作出的那个关于宪法第14修正案合法性的判决，却开创了一个决定性的先例。此 246
后，如果哪个法律家还想说服法官审查重建宪法修正案的可疑出身，那他就必将贻笑于大方之家。斗转星移，法院也将创制出大量的判例法。这些连篇累牍的判例法将把重建宪法修正案颇具问题的出身掩盖于最底层，以致人们在谈论起这一问题时，会理所当然地认为重建宪法修正案具有法律约束力。屠宰场案的出现使制度花车最终到达了目的地。

常态政治的回归

正当共和党人的南部重建政策逐渐获得法院系统肯定的时候，三K党（Ku Klux Klan）也发起了一系列游击式的恐怖活动，旨在完全颠覆共和党人在无种族差别政治中的领导地位。针对此种情况，格兰特时而动用联邦军队以维护法律和社会秩序。但从另外一个角度看，格兰特尚不具备一位政治领导人应有的战略眼光和精神力量。[1] 在暗杀活动的威胁下，黑人纷纷退出了选举。因此，白人通过选举把共和党人对南部各州政府的控制权一点一点地夺了过去。在格兰特政府晚期，只有3个共和党人控制的政府依靠联邦军队的支持苦苦地支撑了下来。

整个国家的政治走向也开始不利于共和党人。席卷全国的1873年恐慌*让民主党人在1874年选举中获得了压倒性的胜利。自1860年以来，民主党人第一次控制了众议院；而在参议院，共和党人占大多数议席的状况也受到了冲击。[2]

---

〔1〕 威廉·吉雷特（William Gillette）对此问题作了最好的描述。《重建政策的让步》（*Retreat from Reconstruction*）（1979年）。

* 1873年9月8日，一家颇受重视的大银行——杰伊·库克银行宣布破产。该银行的倒闭加速了“1873年恐慌”的到来。其时，欧洲也处于经济萧条之中，因而欧洲的投资者开始收回美国的借款。纽约证券交易所关门10天；其他一些商行亦宣布倒闭；铁路修建经费削减，一些铁路公司不再履行契约。失业者开始在全国流动寻找工作，城市出现领取救济事物的穷人队伍。随后又引起了3年萧条，使一万多家商行倒闭。根本的经济问题是生产过剩、购买力下降和通货紧缩。——译者注

〔2〕 在后文，我们将对此问题进行更深入的分析。

在不断变化的政治背景下,1876 年选举危机*是对重建之巩固进程的一场严峻考验。民主党总统候选人萨缪尔·J. 蒂尔登(Samuel J. Tilden)显然更受广大选民的拥戴,他比共和党总统候选人拉瑟福德·B. 海斯(Rutherford B. Hayes)多得了 25 万张选民票。[1] 但为解决南部 3 州出现的选票争议而成立的一个特别选举委员会**,使蒂尔登与总统职位擦肩而过[2]。这 3 个州报上了两套完全不同的选举结果——其中一套支持蒂尔登,而另一套则支持海斯,因此选举委员会要确定到底哪套选举结果有效。这个由 5 名众议员、5 名参议员以及 5 位联邦最高法院法官组成的委员会,经过 3 次投票后,均以 8:7 票的多数支持共和党人:认为共和党总统候选人海斯赢得了这 3 个州的选举人票——其中因 1870 年共和党
247 法院改组法而成为联邦最高法院法官的布兰德利投出了决定性的一票。
尽管海斯在选民票方面输给了对手,但该委员会的这一决定却使他以多

* 1876 年总统选举乃美国历史上争论最为激烈的总统选举。民主党人萨缪尔·J. 蒂尔登获得明显多数的选民票,而使他可以稳稳地得到 184 张选举人票,而他的共和党对手拉瑟福德·B. 海斯只得到 163 张选举人票。但在选举人票总数内不包括俄勒冈州、佛罗里达州、路易斯安那州和南卡罗来纳州的有争议的选票。蒂尔登如果再得一张选举人票就可当选总统。选举第二天,纽约《世界报》引述海斯的话,说他已放弃获胜希望;但共和党拒绝认输,因为如果海斯能得到 4 个有争议州的全部选举人票,那他还有获胜的可能。

格兰特总统派遣联邦军队和两党头面人物去南部 3 个州,以保证"公平计算"选票。由于发生了一些暴乱,人们担心国家濒临又一次内战的边缘。在计算选举人票时发现俄勒冈州选票总数有误,而南部 3 个州则送来这两位候选人的票数的两套计算结果(共和党一套,民主党一套)。国会面临着如何使选票有效的困境。国会两院都必须在关键时刻——正式计算选票时——在场,因为共和党控制着参议院,而民主党控制着众议院。如有一方不愿到场,计票即不能算作正式。为避免发生争论,成立了国会联合委员会,以决定通过何种方式和由何人(在 1877 年)计算有争议的选举人票。——译者注

〔1〕 见亚瑟·斯克勒辛格(Arthur Schlesinger)主编:《美国总统竞选史》(*History of American Presidential Elections*)第 2 卷,第 1487 页(1971 年)。

** 1877 年 1 月 29 日,关于成立选举委员会的法案由国会通过。众议院挑选 3 名民主党人和 2 名共和党人,参议院挑选 3 名共和党人和 2 名民主党人。被选中的最高法院法官,2 名为民主党人;2 名为共和党人;第 5 名由 4 名法官推选,不言而喻,他们将挑选一位无党派人士。法官大卫·戴维斯被选中,但遭到他本人的拒绝(因他刚被伊利诺伊州选进联邦参议院,所以认为自己不是合适人选)。于是,四名法官挑选了共和党人法官约瑟夫·布兰德利。2 月,国会两院召开联席会议,解决选举人票问题。因不能就佛罗里达州选举人票问题取得一致意见,遂将此问题提交选举委员会解决,该选举委员会表决时,各党投了各党的票:以 8:7 票赞成海斯。对路易斯安那州选举人票的解决,其方法与结果如出一辙。至于俄勒冈州有争议的一张选举人票(俄勒冈州有一张选票重复)和南卡罗来纳州的全部选举人票,委员会一致选择有利于海斯的选举人投票记录。3 月 2 日,选举委员会任命海斯为总统。——译者注

〔2〕 还包括北部的俄勒冈州。

一张选举人票的优势当上了总统。[1] 令数以万计的民主党同僚备感难堪的是，蒂尔登以翩翩的政治家风度接受了这一结果——尽管此举也足以在共和国的历史上写下重重的一笔。作为回报，海斯也不再对南部各州共和党人控制的政府给予军事上的支持，从而导致了这些政府的迅速垮台。

从125年之后的现在来看，我们不难发现当时全国政治的主题已经发生了改变。一度曾为人们所关注的种族和联邦问题已被工业资本主义危机问题所取代。农村和城市因不满现状也出现了大规模的运动。在从19世纪70年代向80年代过渡的时期，美国上下充斥着抨击大企业以及美国政府之腐败的愤怒呼声。像他们的父辈、祖辈和曾祖辈一样，新一代美国人通过组建政党和平民组织表达自己的呼声。民粹党就是他们攻击现状的最好武器；而且这些围绕着旧主题衍生出来的新变种往往能产生一些人们意想不到后果。但这次处于上升势头的民粹党人永远也没有庆祝他们成功竞选总统的机会了。他们将看到自己的候选人威廉·杰宁斯·布莱恩(William Jennings Bryan)在1896年和1900年总统选举中遭到彻底失败的场景。如果你不在意我的隐喻，那么我要指出20世纪初亦将经历一个失意的**宪法时刻**——因为这一结果早在很久以前即已注定了。

但是，对于1876年的美国人而言，所有这些行动都是为了无法预知的未来。当时摆在他们面前的可操作性问题是如何对待刚刚过去的一些事件——种种迹象表明即将结束的重建。特别值得一提的是，美国人民那时仍然自觉地思考着这个我们已经遗忘了很久的问题：新一代美国人将接受宪法第14修正案，视其为高级法的一部分？还是穷追该修正案的不合法性而对其提出质疑？

作为民主党的总统候选人，蒂尔登对这一问题的回答显得异常重要。下面，我们把他在秋季选举高峰时写的一封公开信摘录如下：

> 那些由战争解决了的问题就永远也不要重提了。宪法第13、14、15修正案的批准结束了我们政治生活的一个伟大时代……它们结束 248

〔1〕 见查理斯·福尔曼：《1877年的五位大法官和选举委员会》(*Five Justices and the Electoral Commission of* 1877)(1988年)。

了一个历史发展时期；它们有了而且必须应该有个结局。迄今以后的所有政党都必须接受并支持它们。此后，我们的政治将转向目前和未来的问题，而不是那些已获解决或已成为历史的问题。[1]

即便是蒂尔登当选为合众国总统，我们也没有任何理由认为他会把重建宪法修正案从宪法文本中剔除出去（民主党人将如何处理重建宪法修正案是另外一回事）。现在，让我们作一个相反的假设：假设蒂尔登当选为总统，并在就任总统后背离了他在竞选时许下的上述诺言，并开始质疑重建宪法修正案的合法性。即便是这样，他也依然要面对联邦最高法院三年前在屠宰场案中以**全体一致的意见**作出的那个法院判决——毕竟这个判决承认重建宪法修正案已经成了高级法的一部分。因此，推翻屠宰场案件的判决已非总统个人之力所能及的事情。甚至我们还可以假设蒂尔登能够说服参议院任命若干支持约翰逊重建路线的联邦最高法院法官，即便是在此情况下，单凭总统一个人的力量就想推翻屠宰场案，并进而颠覆重建宪法修正案也是绝无可能的。推翻联邦最高法院大法官全体一致作出的屠宰场案判决，不仅要求民主党人在数十年内一直把持着总统职位及参议院，而且还要求被提名的联邦最高法院大法官也有推翻重建宪法修正案的想法。由此出发，历届民主党人总统就不能提名那些反对约翰逊重建路线，而对其他政治问题更感兴趣的人出任联邦最高法院法官。简言之，以正规的方式推翻重建的合宪性已没有一丝可能了。

试把上述情景与 1868 年 7 月西华德不愿宣告宪法第 14 修正案发生法律效力的情景进行一番对比。假设 1876 年的选举危机发生在 1868 年。不是格兰特以 25 万张选民票击败西摩，而是西摩以 25 万张选民票的优势战胜了格兰特（这也是蒂尔登和海斯竞选时，共和党人输掉的选民票数）。我们再假设共和党人无视大多数人的意志，依靠重建的南部各州共和党人的支持使格兰特获得了大多数的选举人票而当上了总统。我们还要假设西摩表现出了与蒂尔登同样的政治家风度，毫无怨言地允许格兰特入主白宫。最后，我们再假设格兰特以海斯的方式对此作出了回应——摆出与那些在选举中投了他反对票的大多数美国人和解的姿态。

---

〔1〕 致赫威特的信，见《纽约时报》1876 年 10 月 25 日。

在 1868 年特定的情景下,这种和解的姿态将意味着什么?特别需要指出的是,**宪法第 14 修正案会成为这种政治和解的牺牲品吗?** 249

毕竟,我们在谈论这样的一个时刻:那时,人们对西华德 7 月之宣布宪法第 14 修正案可疑的合法性问题还感到很是陌生;那时,布莱尔对重建的大肆攻击确定了下次选举的主题;那时,联邦最高法院的大法官还没有由七人重新扩充到九人。那时……

即便是从最温和的角度来说,讲述一段事关宪法第 14 修正案不愉快的往事也是一件非常轻松的事。至少《美国判例汇编》*(United States Reports)的相关记载会给我们描述出不少喧嚣的场景——攻击以及支持会议/国会之推翻南部各州否决宪法第 14 修正案做法的观点,可谓俯拾即是。像法定货币案一样,由于联邦最高法院的大多数法官在两种对立的观点之间摇摆不定,因此《汇编》中无疑还有大量的这种观点之争——这种情况只是到了 19 世纪 80 年代,联邦最高法院决定支持其中的一个观点时才告结束。

这种思想试验——上述一系列假设,大胆地论证了格兰特政府对宪法第 14 修正案之巩固的重要性。同时它也说明了为什么二元论对宪法第 14 修正案的巩固给予了如此高度的评价。二元论者对宪法第 14 修正案之巩固的高度评价与某些宪法学家的观点背道而驰——在这些宪法学家看来,美国人民应该让围绕着宪法第 14 修正案而展开的宪法政治无限期地延展下去。当他们看到美国人民于 1877 年遭受的重创中作出让步、承认重建宪法修正案的合法性时,那些铁杆的民主党人[1]根本无法掩饰他们的失败情绪。之于他们而言,少数几个宪法修正案获得高级法地位的事实,只是对那些在南部种族斗争中作出让步的美国人民给予的一种最少量的安慰。

在二元论者看来,事情绝不是这个样子——他们既不追求也不希望

---

* 该汇编作为私人尝试始于 1790 年,但于 1817 年成为官方汇编,并作为美国最高法院判决的官方出版物一直延续到今天。——译者注

〔1〕 见本杰明·巴伯尔(Benjamin Barber):《强势民主》(*Strong Democracy*)(1984 年)。他以一个政治学家的视角对此问题作了最新的阐释。在法学领域,见约翰·哈特·伊利(John Hart Ely):《民主与不信任》(*Democracy and Distrust*)(1980 年)。该书对强势民主做了较好的论述。

宪法政治期间无限制地拖延下去。在他们看来，美国人民有说“**可以了**”的基本权利：换言之，虽然以人民主权为核心内容的宪法政治要求人民的高度参与，但美国人民有权决定这种参与在何时应该终止、在何种程度上即已充分的基本权利。另外，他们还可以进一步宣布此时该关注其他的事情了——或者把注意力更多地转向个人私利的追逐上，或者苦心经营一个新的宪法改革日程（或者两者兼而有之）。[1] 总之，像屠宰场案所展示的那样，宪法在决定人民何时无须再参与宪法改革、终结宪法政治时代的问题上发挥了巨大作用。也就是说，宪法没有像我在前文所做的那一
250 系列假设那样，让一小部分政治精英操纵人民的感情，使宪法政治无休止地拖延下去。

同理，当二元论者考察海斯从南部各州撤军，让共和党人控制的最后几个南部各州政府自行垮台的问题时，他们也不会得出如是结论：只要共和党人一直贯彻1866年中期选举胜利的含义，那么从南部各州撤军、让这几个政府自行垮台的时间就可以无限制地拖延下去。二元论者必然会指出，那些未能参加昔日宪法斗争的人们必然会提出这样一个全然不同的问题：在海斯担任总统的常态政治期间，美国政府各部门——特别是联邦最高法院——千方百计维持1866年选举的精神的做法到底有多少可取之处？关于二元宪政主义（dualist constitutionalism）的魅力和局限性，司法经验又能给我们怎样的启迪？[2]

我将在本系列丛书中的第三卷讨论这些问题。

超越托克维尔

现在，让我们最后一次回顾一下我在前文中假想出来的、格兰特与西摩之间的“1868年妥协”（Compromise of 1868），即格兰特以牺牲宪法第14修正案的合法性作为他当选总统的部分代价。设若格兰特没有简单地放

---

〔1〕 见布鲁斯·阿克曼（Bruce Ackerman）：《我们人民：宪法的根基》（*We the People: Foundations*），第11章（1991年）。

〔2〕 见布鲁斯·阿克曼（Bruce Ackerman）：《我们人民：宪法的根基》，第11章（1991年）。

弃宪法第 14 修正案,即没有以放弃宪法第 14 修正案的合法性作为他入主白宫、与西摩达成的政治交易的一部分。相反,他支持西华德第二次公告的立场,命令其司法部长满腔热情地控诉像耶格尔案那样的、要求联邦最高法院确定重建和宪法第 14 修正案宪法地位的案件。我们再进一步假设联邦最高法院在历经几任总统更迭后的几十年,最终以全体一致的法院判决意见承认了宪法第 14 修正案的合法性。最后,我还得假定你们赞同我的观点:对整个国家来说,上述结果远比现实生活中最高法院通过屠宰场案结束了这场宪法纷争更糟糕。

如此,你最终将得出这样一个悖论。尽管我们臆想的结果——关于宪法第 14 修正案合法性的争论再继续进行下去——对于 19 世纪的美国人简直是糟糕透顶,但它却可以使后辈的一小撮人从中受益。这一小撮人由一部教科书的读者群组成——这部教科书没有也从来不可能撰写出来。因为之于任何一部打算全面描述联邦最高法院审理的"伟大案例"的
教科书而言,宪法第 14 修正案的可疑出身都必将成为一个最具代表性的 251
讨论话题。

这部教科书的存在,恰恰是现代学者给联邦最高法院定位的最好依据。对不起了,托克维尔(Tocqueville)先生:**并非**每一个重要的宪法问题都是通过法院的正式判决才获得解决的。像屠宰场案一样,有时法院解决宪法争议的方式,只是简单地认可一下其他部门经过长期而艰苦的争论后得出的宪法结论。

现在,我们遇到的挑战是要认真对待这种非托克维尔主义(non-tocquevillean)的宪法争议解决方式。理解国会和总统们在同人民对话的过程中开创的伟大先例要求获得我们每个人的尊重——尽管诸多司法观点现在仍未全面认识到这些先例的伟大意义。法律家现在或许应该把关注的唯一焦点,从法院的工作中移转开来,同时注重这些伟大的先例。对于他们而言,尊重 1787 年宪法在其开篇时许下的诺言尚为时不晚——**我
们人民**乃是美利坚合众国宪法命运的最终主宰者。 252

第三部分

现代时期

第九章　从重建到新政

方法论问题

在19世纪向20世纪过渡的现代时期,我们从不同程度上曲解了过去发生的一些事件。因此,我们需要对问题的解释方法作出相应的改变。在对待重建问题时,人们似乎患上了集体健忘症。最后一位亲身参与过宪法第14修正案伟大斗争的人,也早在半个世纪以前就离开了人世。即便是那些能够模糊地记起史蒂文斯和约翰逊童年故事的后人们,亦多已仙逝。故而,我们不得不花费大量的时间和精力,以重新考证政府各部门之间曾一度非常清晰的相互关系。如果我们希望19世纪高级法创制的遗产能够存续下来,那么每代人就必须付出同样的努力,以重新发掘美国人在讨论南北战争的宪法意义时,运用了怎样的方法。

相形之下,围绕新政而展开的伟大宪法斗争距我们更近一些。1936年总统大选时,罗纳德·里根投了富兰克林·罗斯福的票。当回忆起民主党人当初在选举中获得的压倒优势的胜利时,里根可以很轻松地想起一系列在时间上前后继起的事件:先是罗斯福在1932年总统选举中获胜;紧接着是1937年发生的法院改组危机;并一直到20世纪40年代初,福利国家政策的巩固。对上述情景的追忆,又把里根这代人带回了他们的年轻时代——早在那时,他们就与父母一道开始参加诸多形式的政治运动。他们从这些政治运动中积累的经验,又为他们日后参与政治运动、作出政治判断提供了标准。

像政治上发生的这些事件一样,法律亦是如此。当支持新政的一代人在法院和法学院站稳了脚跟、赢得了权威性的地位之后,他们便不遗余力地运用一切机会警告他们的继任者:不要重蹈旧式法院(Old Court)的
255 覆辙。这种教条式的警示因美国政府将新政的各项政策落于实处而得到大大增强。每月发放的价值数百万元的社会保障支票表明,政府越来越关注收入的公平分配问题。创始于1936年的《联邦日志》(Federal Register)每年发行的数千页资料中,总是包含着大量以简写字母代表的机构——SEC(证券交易委员会)、NLRB(国家劳资关系委员会)、EPA(环境保护局)、OSHA(职业安全和健康管理署)……这些都向世人表明:不受监管的资本主义会危及从环境卫生到工人尊严等一系列最基本的价值。《联邦日志》的头条一般总是报道联邦政府为维持全面繁荣,不断运用宏观经济政策而采取的种种措施——宏观经济政策这一颇具弹性的工具,只是在新政废除了金本位制(Gold Standard)的情况下才成了可能。在里根就任美国总统之前,没有哪个成功的政治运动对政府致力于改善那只看不见的手的做法提出过质疑。从某种程度上说,每届政府都试图从三个基本方面强化罗斯福时代开创的积极干预政策:追求分配正义、矫正市场失灵以及确保全面繁荣。

毋庸置疑,现代法律家可以很轻松地想起20世纪30年代发生的那场重大宪法危机的大致轮廓。正是这些法律家对联邦最高法院在新政面前退让的总结和概括,才为积极干预经济的国家政府提供了坚实的宪法基础。然而,在1932年之前,情况却迥异。每一个支持积极政府的新动议都会引起另外一层担心:怎样规避那些明确不允许干预"自由市场"的宪法原则?在某些特别的情况下,答案要到宪法原则的复杂性及司法人员多变的个性中去寻找。也就是说,宪法原则的复杂和司法人员个性的多变,为规避上述宪法原则提供了更宽广的机动性空间。但积极干预经济的政府之有违宪法的特征却是毫无疑问的。只要法官稍事关注,他们

就会发现,**“我们人民”**(We the People)并**没有**授予国家干预市场的权力——尽管大多数政治派别认为这种干预将有利于国家的整体利益;内战后修正的宪法包含着限制国家干预经济的基本原则。

新政革命期间,所有这些限制都土崩瓦解、烟消云散了。由两代法官从 1873 年到 1932 年长期苦心经营出来的、复杂的法律教条之网,在新政十年左右的时间里被一扫而空。如果说自由放任主义的支持者们在立法 256
这个战场上吃了败仗,那么他们也无法指望法院可能会在司法领域颠覆其对手业已取得的胜利。新政之后,法官们开始逐渐意识到:我们人民已不再希望以市场自由调节手段作为解决社会问题的重要途径了。

洛克纳诉纽约州案(Lochner v. New York)就是这方面的典型案例之一。1905 年,联邦最高法院推翻了纽约州试图把每周的工作时间限制在 60 小时之内的法案,认为该法案违反了合同自由原则。[1] 在罗斯福任内的晚期,洛克纳案已成了一个批判自由放任主义法学的时代标志。此后,法院开始支持美国政府有权力对抗被大多数人所谴责的各种社会和经济剥削。

法院的这种转变,在对待国家政府的不同部门时也有不同表现。联邦最高法院从不否认各州政府享有广泛的调控经济的权力(尽管这种权力并不是不受限制的),但它对国会的权威却另眼相看。汉默诉达根哈特案(Hammer v. Dagenhart)在此方面颇具代表性。1916 年,国会以禁止童工产品准入州际贸易市场的手段反对使用童工。然而,联邦最高法院否定了国会的这一做法:“商业条款没有授权国会平衡……佣工条件的意图”。[2] 如果国会不能对诸如使用童工这样一些令人震惊的滥用权力的做法表明国家的反对态度,那么它的权力就必然受到了限制。若新政能够广为推行,这种限权政府的观点就不会有容身之处。

情况很快就得到了改观。20 世纪 40 年代早期,新政法院以全体一致

---

〔1〕《联邦最高法院判例汇编》第 198 卷,第 45 页(1905 年)。

〔2〕《联邦最高法院判例汇编》第 247 卷,第 251、273 页(1918 年)。这一判决是在经过激烈的争论后作出的。其后在 1922 年的“童工税案”中(《联邦最高法院判例汇编》第 259 卷,第 20 页),此判决定下的理论基调得到了巩固。同样,后一判决也是在经过激烈的、颇具分歧的讨论后,法院撤销了国会使用征税权力废除雇用童工的决定。

的判决,敲响了令10年前的法律家们大为吃惊的、粉碎传统观念的丧钟。但是,话又说回来,律师界对此表现出了极强的适应性。在新政法院的引导下,律师们学会了以轻慢、漠视的态度对待此前共和党法官创制的、已经过了时的法律先例。无论律师们持有怎样的政治信念,他们为适应法庭之需很快就掌握了新政的话语。半个世纪之后,新政时期的宪法(the New Deal Constitution)——越来越不重视个人的财产与缔约权,越来越看重国家权力——构筑了现代政治的基本框架。它不仅反映了普通民众的
257 意愿,而且也有助于厘定总统、国会和联邦最高法院之间的日常关系。

沧海桑田,所有这一切都在发生着变化。新政革命的内容已不再是可以被人们体悟到的东西。政治舞台的主角也已易位——作为外在环境的其他重大事件,影响了这代唱主角的领导人的政治倾向。这些事件包括:反对希特勒的战争、反共示威游行、民权斗争、越战带来的痛苦以及里根任内的权利复兴。随着1994年共和党人对国会的重新控制,新政时期确立的一些方案首先成了立法方面攻击的目标。像往常一样,法院对这种趋势反映较慢——即便如此,我们仍看到了法院作出的第一个对新政观念发起了质疑的判决。[1]

我们现在还很难说出,这些占据着政治舞台的新一代领导人将给我们带来什么。或许他们的统治将宣告新政原则的彻底瓦解,从而将美国历史上的这场第三次伟大宪法革命送进坟墓。或许新一代领导人的统治将点燃美国人复兴、深化新政诸原则的热情,从而更加关注社会正义和整个社会的福利问题。当然也有可能出现与上述情形截然不同的另外一种景象。不管我们宪法的未来将何去何从,新政革命现在已经成为"历史及另一个时代的产物"了。[2]

所有这些并不意味着新政是个无关紧要的事件。只要美国仍然是一个二元民主制的国家,早已离开人世的先辈们所取得的宪法成就就不应

---

〔1〕 合众国诉洛佩斯案(United States v. Lopez),载《联邦最高法院判例汇编》第115卷,第1624页(1995年)。该案件是第一个超越商业条款推翻联邦法令的案件。该案件还引发了学术界的新一轮讨论。载《密执安法律评论》第94卷,第554页"专题论丛"。

〔2〕 我在此引用了米勒大法官于"屠宰场案"中所说的话,具体可参见第八章。如欲了解与本主题相关的其他言论,见布鲁斯·阿克曼:"离经叛道的一代?"(*A Generation of Betrayal*?),载《福特汉姆法律评论》(*Fordham L. R.*)第65卷,第1519页(1997年)。

该被扔进历史的垃圾堆。但要维系这些新政原则,光凭那些新政的亲身参与者所发表的热情洋溢的讲话还是远远不够的。这些原则的发扬光大只有通过公民、法官和学者的不懈努力——要求他们跟踪这些历史事件的遗迹、反思这些历史事件的真实含义。

在考察新政时,笔者运用了不同以往的先例研究方法。此前,笔者之研究所面临的最大挑战是架起一座联系遥远历史和现在之间的桥梁:以建国时期的联邦党人和重建时期的共和党人看待自己的眼光来看待他们,即把他们看成是为了实现**我们人民**的意志,而同顽固的旧体制进行坚决斗争的改革者。现在,我遇到的问题发生了改变。我将考察这样一道阻断了罗斯福革命与美国人民的现实生活之间联系的鸿沟——这段历史距我们是如此之近,以致根本无法在上述鸿沟之间搭起任何桥梁。重述新政者的所作所为没有多大价值;因此,对我研究的最大挑战来自于如何与这些新政者保持一个合理的、批判性的距离。

我的目标是想对困扰现代共和国的问题给予一个恰当的描述。政治
学家大多认为新政缔造了一个"美利坚第二共和国",[1]但法律家却持与 258
此完全不同的观点。他们并不认为新政时期的民主党人堪与美国历史上那些伟大体制的缔造者相提并论。他们把20世纪30年代发生的重大宪法危机,视为联邦最高法院中的个别保守的大法官扭曲了宪法真实原意的结果。在反对新政的时候,20世纪30年代初期的旧式法院,背离了约翰·马歇尔以及共和国早期其他一些伟大的国家主义者所确定的宪法传统主线。只要旧式法院的法官们不在马歇尔等人确定的宪法传统道路上迷失方向,所有那些令人不快的事情就根本不会发生!

从这种传统的观点出发,新政除了遭到了那些极度保守法官的猛烈攻击外,根本就没有任何创新之处。美国福利国家政策的缔造者并不是罗斯福及其领导下的民主党人,而是马歇尔以及那些为国家权力奠定了宪法根基的其他联邦党人。1937年之后,在重新发掘马歇尔等人确立的宪法传统与新政之间关系的过程中,新政法院(New Deal Court)轻而易举

---

[1] 西奥多·洛维(Theodore Lowi):《作为个人的总统》(*The Personal President*),序言第14页;第2~5章(1985年)。

地就在美国宪法的主流中重新确定了自己的位置。

大概我们此前都接受过这样的教导——新政只是联邦党人确立的宪法传统的再现。在把两者之间关系的这种描述概括为“传统再现的神化”(myth of rediscovery)*的同时,我并不认为这种观点没有任何可取之处。老一辈对我们的教导**包含着**一个非常重要的真理。在为积极干预的国家政府寻求一个坚实可靠的宪法基础时,新政者并没有像布尔什维克那样,彻底摧毁他们同传统法律和制度之间的联系。因此,主流的学术观点在寻找可供新政遵循的历史先例这点上并无不妥。但这种只见树木不见林的做法必然会造成严重误导。不可否认,新政者绝不否认他们推行的改革措施与历史存在着若干重要的联系;但他们**同样**在获得了美国人民支持的情况下,重新界定了美国政府的目标和组织方式。

我呼吁法律家们能以看待18世纪80年代和19世纪60年代之事件同样的态度,对待新政:它不仅维持了传统,而且还有所创新。像新政者一样,建国时期的联邦党人和重建时期的共和党人在他们的宪法理论和实践中都维持了若干传统的因素;但这并不妨碍法律家们去认知1787年宪法或重建宪法修正案的革命性。在对待新政时,我们为什么不采取与
259 此相同的立场呢?为什么我们总是伪称:马歇尔及其同僚已经完成了**所有**重要的宪法工作呢?

在寻找上述问题的答案时,我们又一次遇上了关于宪法第5条的严格法律条文主义观点。根据这种严格形式主义的观点,新政者只能以制定正规宪法修正案的方式,才能改变美国人民的政治身份。由于罗斯福及其同僚没有按宪法第5条指明的道路行进,因此严格法律条文主义者在没有对事实进行一番缜密调查的情况下,只能被迫否认新政的宪法创新。如果没有正规的宪法修正案,就不可能有合法的宪法变革,这就是事实。

我不能不对此表示遗憾,因为事实远没有如此简单——至少对于那些命中注定要以律师和法官身份穷其一生的严格法律条文主义者来说更

* 这个词在后文中还会出现几次,其含义是一样的。即视新政根本没有什么宪法创新,而只是联邦党人确立的宪法传统的再现。——译者注

是如此。在日常工作中,他们经常遇到大量的、预先假定新政革命合法性的法律原则和法律结构。作为冷静的法律职业者,他们并没有必然的义务对上半个世纪的宪法改革成就横加指责。当面对严格法律条文主义的法律理论与现实世界的具体实践之间的巨大差异时,更多法律家愿意以“传统再现的神话”作为解决这一差异的法律捷径。或许他们会勉强地承认,在把马歇尔或麦迪逊描绘成“最初的新政者”(proto-New Dealers)时,这二人的脸上亦难免露出一丝尴尬之情。但这种代价是可以接受的,毕竟这一神话帮助现代法律家们找到了现代美国政府合宪性的根据。因此,让我们暂时先撇开这些琐碎的细节,转而研究积极干预政策下的当代美国作出的那些宪法判决。

由于众所周知的原因,这种非法律形式主义的观点并不能经常见诸文字;虽然在一些私人谈话中,我已不止一次地听到过这些说法。我的目标就是要直面严格法律形式主义者的上述偏见,力争推翻“传统再现的神话”存在的必要性。罗斯福及国会没有根据当时既存的高级法创制体系行事;麦迪逊和制宪会议、宾格汉姆与会议/国会不也是这样做的吗? 或许在重新考察了这些客观存在的事实后,你还不一定接受我的观点——从根本上来看,新政与早期的那些行使人民主权的伟大先例相比,存在着若干相似之处。但可以肯定的是:在不考察事实的情况下,严格法律条文主义者即不分青红皂白地驳回我的观点,难道这种做法不同样显得有些鲁莽吗?

现在到了该打出王牌,转而考察严格法律条文主义者自然会求助的另一个机构——联邦最高法院——的时候了。同普通民众相比,法官们毕竟更倾向于严格墨守法律条文。不可否认,迄今为止 200 多年的时间 260
不是已为法官们提供了充分的机会,以对宪法第 5 条做严格法律条文主义的解读,并使他们可以根据宪法第 5 条的内容直接批驳我的观点吗?

然而在《美国判例汇编》(United States Reports)中,我们根本找不到大法官们打算以法律条文主义的观点解读宪法第 5 条的任何记载。在关于本主题的首要案例中,联邦最高法院并没有狭隘地将目光仅仅放在宪法文本上。恰恰相反,联邦最高法院运用以先例为基础的法律推理的做法,刚好论证了我在本书中提出的观点。更发人深省的是,联邦最高法院还着重强调了那些主要先例的非常规的特征。简言之,严格法律条文主义绝不具备使其赖以存在的法律内容:无论是建国时期的宪法哲学理念、整个国家的历史,还是书本中的法律,它们都没有为严格法律条文主义的存在提供可靠的基础。相反,它建立在我们疏于考察与新政有关的一系列事实的基础之上;它建立在我们没能认识到这样一个问题的基础之上:新政者以极为自觉的态度,最终超越了宪法第5条对行使人民主权的限制。

对法律形式主义的正式否定

"科尔曼诉米勒"案(Coleman v. Miller)[1]是在一个特别需要予以说明的时刻诉至联邦最高法院的。在判决该案的1939年,罗斯福总统已任命了四个支持新政的联邦最高法院大法官——雨果·布兰克(Hugo Black)、斯坦利·里德(Stanley Reed)、弗雷克斯·富兰克福特和威廉·O.道格拉斯(William O. Douglas)。这样,联邦最高法院仅剩下两名仍然坚持自由放任主义宪法原则的保守法官——皮尔斯·巴特勒(Pierce Butler)和詹姆斯·麦克雷诺兹(James McReynolds)。而剩下的三位资深法官——查尔斯·伊万斯·休斯(Charles Evans Hughes)、哈伦·斯通(Harlan Stone)和欧文·罗伯茨(Owen Roberts)——对案件的判决产生了决定性的影响。三派各执一词:麦克雷诺兹赞成巴特勒的反对意见;布兰克的赞成意见则得到了同为新政者的同僚富兰克福特、道格拉斯和罗伯茨的支持;而首席大法官休斯则给出了"联邦最高法院的法院判决意见"。[2]

该案涉及国会于1924年提出的那个宪法修正案的法律效力问

[1] 科尔曼诉米勒案,见《联邦最高法院判例汇编》第307卷,第433页(1939年)。

[2] 富兰克福特法官也曾经给出了自己的意见,但这个力图避免与案件的事实发生正面冲突的意见并未获得多数法官的支持。结果,在联邦最高法院出具法院判决意见时,每个法官只能在本文提出的三种意见中选择其中的某一个。

题——旧式法院此前曾不止一次地否定了国会有禁止雇用童工的权力。虽然其宗旨在于推翻汉默诉达根哈特案这样的先例，但 1924 年国会提出的宪法修正案并未否定限权的国家政府这一基本的宪法原则。它仅授予国会以“限制、管理和禁止雇用十八岁以下劳工的权力”。[1]

在 20 世纪 20 年代的美国人眼中，即便如此温和的宪法修正案提案也是相当激进的。截止到 1927 年中期，26 个州和 5 个州分别作出了批 261
准、否决该宪法修正案的决定。[2] 在 20 世纪 30 年代的选举大潮来临之前，这个宪法修正案的命运就这样被封杀了。经过 1932 年的大选，14 个州议会于次年批准了该修正案；到 1937 年，又有 8 个州加入了批准宪法修正案的行列中。[3] 当堪萨斯州议会试图于 1937 年 1 月登上制度花车、批准宪法修正案的时候，州议会中的共和党人坚决反对。由于堪萨斯州在 20 世纪 20 年代否决了这个宪法修正案，因此共和党人根据宪法第 5 条的字面含义，认为堪萨斯州不能改变初衷。有鉴于此，堪萨斯州议会中的共和党人要求联邦最高法院宣布国会提出的 1924 年宪法修正案已经失效。如果国会希望美国人民支持它提出的禁止使用童工的主张，那么它就得再一次提出宪法修正案。

当堪萨斯州的共和党人于 1937 年 1 月就此问题提起诉讼时，他们的要求并没有什么特别之处。毕竟，联邦最高法院没有流露出一丝放弃汉默案中基本原则的迹象。但此后不久，联邦最高法院碍于积极干预的国家政府的支持者的压力，开始了大踏步的退让。1937 年春，在经过一番激烈的争论后，联邦最高法院的大多数法官决定支持全国劳资关系法（National Labor Relation Act）和社会保障法（Social Security Act）（在本书的第十章到第十二章中，我将对联邦最高法院的这种转向做更详细的描述）。在联邦最高法院作出了“及时转向”后，科尔曼案的前景就更显得凶多吉少。如果联邦最高法院支持了堪萨斯州的要求，那就意味着它将为其最近作出的、支持福利国家的决定蒙上了一层疑云。1938 年，新政国会（New Deal Congress）通过的公平劳动标准法案（Fair Labor Standard

---

〔1〕 科尔曼诉米勒案，见《联邦最高法院判例汇编》第 307 卷，第 435 页（1939 年）。
〔2〕 同上，第 436 页。
〔3〕 同上，第 451 页。

Act)再次试图废止童工。此举无疑使联邦最高法院受到了更严峻的挑战。国会通过这个法案的举动,表明它似乎非常确信:联邦最高法院也已不再维持汉默案的原则了,并允许国会在没有宪法修正案为根据的情况下,可以通过废止童工的法律。但如果联邦最高法院支持堪萨斯州的请求,那么国会的上述假设以及公平劳动标准法案就将处于非常尴尬的境地。

只要巴特勒和麦克雷诺兹两个法官仍在联邦最高法院,驳回堪萨斯州请求的任何理由就不可能顺利地通过。因为这两个保守的法官从来就没有认可"及时转向"的合法性,而堪萨斯州案恰好提出了一个活生生的问题:在国会和各州根据宪法第 5 条制定一个有效的宪法修正案之前,共和党时代作出的各种判决就依然是有效的良法;就依然是阻挠国家积极干预像使用童工这样的"地方事务"的有效法律。更有甚者,这两个保守的法官还可以很轻松地论证如下问题:在 20 世纪 20 年代遭到了大多数州的否决后,国会提出的童工宪法修正案已经失去了法律效力;在该修正
262 案可被送交各州批准之前,根据宪法第 5 条的规定,它还需要 2/3 以上的多数国会议员再次提出。

更令人感到震惊的是,同意联邦最高法院"及时转向"的其他七名法官也不反对这两个保守分子的观点:新政者必须一心一意地根据宪法第 5 条的规定,重新提起那个在十几年前曾遭到了激烈反对的宪法修正案。当然,他们也不愿意坚持国会必须重新启动宪法第 5 条规定的程序,以获得管理童工的权力。自 1937 年以来,联邦最高法院作出的种种努力已向整个国家表明:汉默案所确立的限权政府原则虽为共和党人所推崇,但联邦最高法院的大法官们却不会再去刻意维护这些已经过时的原则了。

两年以后,联邦最高法院仍对此问题持一种观望的态度。也就是说,问题仍不明朗:联邦最高法院于 1937 年作出的转向到底是一时的战略,还是为了巩固积极干预的国家政府之宪法基础而作出的一次认真努力?如果最高法院的法官们再次加入巴特勒和麦克雷诺兹的行列,为新政革命蒙上一层宪法的阴云,那么积极干预的国家政府这样的政策就会受到人们的质疑。

那么联邦最高法院怎样摆脱这种腹背受敌、进退两难的窘境呢?大

多数法官能否给那个曾在20世纪20年代遭到了各州猛烈抨击的宪法修正案注入一些新鲜血液,以确保在不违背自己法律良知的前提下,同时写出一个也不攻击新政的法院判决意见?

在司法领域,此问题引发了一场美国历史上关于高级法创制法(the law of higher lawmaking)的最深刻的探索。与其违背他们的法律良知或有损于他们曾经作出的"及时转向",这7个大法官开创了一条通往宪法第5条的新路径。首席大法官休斯代表联邦最高法院宣布:堪萨斯州案的核心,是最好由政府各部门而非法官来解决的"政治问题"。

这是一个前所未有的法院判决意见。在共和国过去150多年的历史中,联邦最高法院始终把宪法第5条视为地道的法律文本。大法官们对该条的内容可能会有不同的理解,但从来没有哪个法官怀疑过,他的任务就是诠释该法律文本的真正含义。通过宣布宪法第5条的"政治性",联 263
邦最高法院并没有简单地因袭传统的做法。它告诉法律家们此后将面对这样一个事实:对宪法第5条做纯粹法律理解的思路,已容不下我们的高级法创制传统了。

为了将此观点解释得更加清晰明了,休斯在处理堪萨斯州的法律请求时引证了宪法第14修正案表现出来的非常规特征。在联邦最高法院的历史上,休斯第一次(也是唯一的一次)概括了笔者在本书第二部分详细讨论的问题。他明确指出,宪法第14修正案在第一次被提交各州批准时,遭到了白人控制的南部各州的否决;国会作出的相应反应是,在南部各州建立了同意批准宪法第14修正案的新政府。在第一次宣布宪法第14修正案获得通过的宣告中,国务卿西华德对南部各州之批准修正案的做法提出了质疑;为了消除国务卿的疑虑,国会随后通过了一个联合决议;最终,西华德在第二次宣告中承认了宪法第14修正案的法律效力。[1]

休斯的下一步行动或许更有意义。他不认为重建时期的共和党人在推翻南部各州之否决宪法第14修正案的时候,遵守了宪法第5条的规定。法院想要表达的全部内容如下:

---

〔1〕 科尔曼诉米勒案(Coleman v. Miller),载《联邦最高法院判例汇编》第307卷,第448~449页(1939年)。

> 关于宪法第14修正案之有效性的问题,政府各部门已对其表示普遍的接受。
>
> 我们认为:为了同历史上的先例保持一致,各州议会之批准宪法修正案的效力问题,应该是一个可由各政治部门决定的政治问题;国会最终享有公布已获批准的宪法修正案的权力……[1]

受重建时期共和党人以非常规的手段批准宪法第14修正案这一做法的启发,联邦最高法院迅速地解决了它所面临的新政问题。像19世纪60年代一样,20世纪30年代的联邦最高法院也不愿从严格的法律角度解释宪法第5条,并以此来解决改变了对童工宪法修正案之立场的堪萨斯等州所面临的问题。休斯把这一任务留给了“政治部门”——由这些政治部门来决定,1937年的堪萨斯州人民是否可以在童工宪法修正案问题上适当地转变他们的立场。

在撰写其法院意见时,首席大法官严格地把自己限制在堪萨斯州案所提出的问题上。[2] 这种法律家的审慎恰恰激活了新政者布兰克、富兰
264 克福特、道格拉斯和罗伯茨的思路(他们在联邦最高法院1937年的转向中发挥了关键作用)。在一份由布兰克起草,其他三位大法官也都赞成的法院判决意见中,布兰克大法官宣布全部修宪程序“从其整体上来说都是‘政治性的’……无论从什么角度来看,它都不应该受司法的指导、控制和干涉”。[3]

50年来,“科尔曼案”一直被视为是关于宪法第5条的“首要案例”;它也是一名训练有素的法律家应该从中寻求灵感的首选案例。无论是休斯还是布兰克,他们都反对在不参酌“历史先例”的情况下,就去解读宪法第5条。在处理新政围绕着高级法问题而展开的斗争时,这两位大法官都指出:“政治部门”可以通过某种特殊的程序,使广大人民支持新的宪法原则。

---

〔1〕 同上,第449~450页。

〔2〕 休斯的意见特别集中在两个方面:(1)一项已经提出的宪法修正案在其失效之前,到底有多长的时间可供各州批准?(2)诸如堪萨斯这样的州,是否可以改变主意,批准它以前曾经否决的宪法修正案?

〔3〕《联邦最高法院判例汇编》第307卷,第459页。

我将在很大程度上运用二人在此提出的观点。我会像休斯那样，到19世纪60年代的历史先例中去寻求一种特别的帮助。我也会像布兰克那样，不把自己关注的焦点仅仅放在那些造就了堪萨斯州案的特殊问题上。在同19世纪60年代的“历史先例”进行一番对比后，我将向世人展示整个新政革命的深层内涵。在此先例的佐助下，我将对“传统再现的神话”发起系统的挑战——从新政者1932年以何种方式发出宪法改革的信号、表明他们的宪法意图开始，到20世纪40年代初新体制得到全面的巩固时为止。这种比较研究的方法将向我们揭示：新政者对立法技术次复一次的阐释，与重建时期共和党人的做法有着惊人的相似之处。

但历史在重演时从来没有完全雷同过。当我们追求重建和新政之间的差异时，我们会发现很多差异完全是由一个偶发的历史事件造成的——约翰·威尔克斯·布思于福特剧院刺杀了林肯。由于布思射出的这枚子弹，总统职位从一个坚定的共和党人转到一个日渐保守而又吹毛求疵者的手中。这一偶发的历史事件，迫使改革派在推行改革的过程中转而求助于国会领导权模式。然而，新政民主党人却没有遭遇总统被暗杀的事件，所以罗斯福得以运用林肯曾经思考但却从未付诸实施的方式，行使总统领导权。

在着重指出了总统领导权之特别意义的时候，我从另一个方面超越了判决了科尔曼案的联邦最高法院。虽然休斯正确地强调了重建国会的作用——他在克服西华德质疑宪法第14修正案之合法性时发挥了作用，但他却忽略了总统领导权在提出与批准宪法第13修正案时所发挥的作 265
用。对重建国会的这种定位，应归因于休斯仅将关注的焦点放在了科尔曼案引发的特殊问题上，毕竟该案主要涉及国会的问题。堪萨斯州力图改变对童工宪法修正案之立场的做法，会使人们自然而然地想起那些曾改变了对宪法第14修正案之立场的各州。但堪萨斯州案中却没有任何内容可以勾起休斯的如下回忆：在围绕宪法第13修正案的斗争中，总统领导权同样发挥了超常规的作用。一旦我们从更广泛的意义上考察19世纪60年代和20世纪30年代宪法改革的相似性，总统领导权的重要性就变得越来越明晰了。

重建与新政之间的相似之处

我们先从发出宪法改革的信号阶段开始讲起：重建时期的共和党人和新政时期的民主党人是在什么时候把宪法改革的日程推向政治舞台之中心的？

在重建和新政这两个时期，标志着宪法改革日程进入政治舞台中心的事件是总统选举的胜利——1860 年和 1932 年，林肯、罗斯福分别当选为合众国总统。在这两个时期，总统选举所取得的最初胜利，都不意味着广大人民在当时即已全部接受了十多年后才最终获得了巩固地位的宪法改革方案。恰恰相反，这两次标志着宪法改革即将开始的选举，甚至没有把关注的重心放在最终获得了人们支持的宪法修正的提案上。共和党人 1860 年的竞选纲领没有露出一丝废除蓄奴州之奴隶制的意图。新政时期的民主党人也没有提请人民关注罗斯福将在第一新政百日（first Hundred Days）* 提出的改革方案。1860 年和 1932 年，共和党人和民主党人在总统选举中的胜利，只是在宪法改革的进程中增加了一些新的宪法改革方案，而并未赋予这些新的宪法危机解决方案以合法性的地位。

正是从这个意义上讲，1860 年和 1932 年总统选举的胜利与宪法第 5 条的规定——授权 2/3 州即可以召集如费城制宪会议一般的会议——承担着类似的宪法功能。就像发出召集会议的通知意味着有必要修正宪法的基本原则一样，林肯和罗斯福在总统选举中的胜利也发挥了类似的功能。当然，这些宪法改革的信号可能会一无所成——有时候，它们甚至无法造就一个严肃的宪法修正提案，因此就更谈不上什么新宪法修正案的巩固了。

然而，在 1860 年和 1932 年之后，共和党人和民主党人几乎以同样的方式，把宪法改革的进程从发出改革信号的阶段推向了提出宪法修正提

---

* 历史上的“百日王朝”。拿破仑一世第二次统治法国时期的称谓，其起止时间为 1815 年 3 月 20 日至 6 月 28 日，大约 100 天的时间。此处运用这一历史名词，指罗斯福上任初期的日子。——译者注

案的阶段。林肯和罗斯福在其第一任期内都提出了一套引人瞩目的宪法改革措施，但他们又都很少受制于宪法第 5 条的规定。总统和国会之间 266
的相互作用，全面地诠释了共和党人和民主党人提出的建设“更完美之联邦”的观点。一如林肯与战时的国会，罗斯福与新政国会积极地动员人民支持那些涉及面很广的、主张积极干预的国家政府的动议——而这些动议都对宪法的现状发起了严峻的挑战。

像从前一样，这种挑战同样激起了其他主要政府部门中的一些保守分子的强烈反对。20 世纪 30 年代，这种反对之声并非来自那些坚决主张州权中心主义的南方人；而是来自司法上的保守派——这些保守分子准备维护以财产权为中心的传统宪法原则。所幸的是，保守派的反对没有引发第二次内战——这是一场发生在社会各阶级之间的冲突，而不是一场地区之间的军事较量。然而像 19 世纪 60 年代一样，政府其他部门对宪法改革的抵制又说明了新政在多大程度上偏离了原有的宪法原则；并有效地检验了公众对待宪法改革的认真程度。当联邦最高法院开始推翻新政推行的若干改革措施时，总统和国会本可以放弃他们所主张的积极干预的国家政府——就像共和党人在内战期间及内战以后，迫于南部各州的压力，也本可以放弃他们曾作出的解放黑人、给黑人以“平等保护”的承诺一样。相反，新政者一意孤行地推行他们提出的改革措施，而这种做法在常态政治期间显然与政治自杀无异。在新政第二百日，他们推出了第二轮改革措施，使改革派和保守派之间的紧张程度逐步升级。

这也正是重建时期的共和党人和新政时期的民主党人，在推进宪法改革的制度途径上存在的差别。林肯遇刺身亡后，共和党人失去了对总统职位的控制，从而使安德鲁·约翰逊成了维护保守宪法观的主要人物。为分析问题之便，请允许我暂时先将这个巨大差异置于一边，以确定能将重建与新政联系在一起的共同线索。

我们先从分析选举所发挥的作用入手。像国会中的共和党人利用 1866 年中期选举的胜利要求人民授权一样，在 1936 年总统选举中获胜的富兰克林·罗斯福走过了同样的路子。在议员们重返华盛顿共商国是的时候，共和党人和民主党人也面临着同样的问题。政府中的保守部门同样按宪法规定的选举日程，动员选民、阻挠革命性的改革。与新政时期的 267

民主党人相较,重建时期的共和党人处于更糟糕的境地——除了要面对并不同情他们的联邦最高法院以外,共和党人还要对付充满敌意的安德鲁·约翰逊。

在看到了这种不同之处后,我们还发现两党在处理问题时采用了相同的策略——对主要的保守部门施以人事变动的威胁。有鉴于此,共和党人之弹劾总统与民主党人之法院重组,在功能上有异曲同工之妙。在这两个时期,上述胁迫的目的都是想在下次选举到来之前,打破宪法上的平衡。更引人注目的是,这些非常规手段的胁迫措施都产生了同样的后果。保守部门突然发生了"及时转向",使宪法改革得以继续下去。

两者之间的相似性还可以一直追踪到宪法改革的巩固阶段。在保守派采取了及时转向后,它们的独立性都避免了遭受长期损害的危险——总统弹劾和法院重组在参议院都以微弱的劣势未获通过。此后,主张宪法改革的政党继续着他们的选举胜利。共和党人于1868年重新占据了总统的宝座,并且他们在1874年之前一直牢牢地控制着国会。当然,新政时期的民主党人甚至做得比他们还好。这就意味着两个党派都有能力巩固他们对联邦最高法院的控制权——尽管新政时期的民主党人曾设法尽量不以格兰特当政时期的、赤裸裸的手段重组法院。1941年,当最后一个信奉保守宪法传统的大法官从联邦最高法院退休的时候,宪法政治的舞台开始让位于以司法手段巩固这些宪法改革成果的阶段。像1873年的屠宰场案终结了关于共和党人之宪法改革的合法性的争论一样,1940年早期,由新政者把持的联邦最高法院也以全体一致的法院判决意见,捍卫了新政倡导的积极干预的国家政府观。

从这点出发,保守派只有赢得更多次的选举胜利,才有望颠覆正处于上升势头的新宪法体制。若要推翻这些已获巩固的宪法改革成果,那么反对派就要像共和党/民主党此前推动其宪法改革主张那样,再一次从相反的方向发动美国人民投身于宪法改革的运动之中。

宪法第5条的视角

我们现在开始考察新政与建国时期宪法之间的关系——这样,建国、重建和新政时期宪法就构成了一个错综复杂、彼此互动的三角关系。从广义上来说,新政者于20世纪30年代为创制高级法而付出的努力,从两个方面僭越了宪法第5条的规定。

其一,20世纪30年代的高级法创制活动突破了1787年宪法确立的修宪体制。宪法第5条以联邦党人的如下假设为基础:为表达人民的意志,任何一次修宪运动都必须同时获得国家和州两个层面上的部门的认可。新政者采用了一个国家中心主义的程序:他们把一系列全国性的选举胜利,视为是人民作出了如下授权——通过这种授权,他们最终引导着国家政府的所有三个部门认识到,人民已经认可了积极干预的国家政府政策。只要现代法律家依然假定,所有成功的民众运动在创制高级法的时候都遵循了联邦党人于宪法第5条中确立的程序,那么他们就永远无法跨越第一道障碍,以更加全面地认识新政作出的宪法创新。

但这道障碍并没有高到不可跨越的地步。诚如前述,是重建时期的共和党人而不是新政时期的民主党人率先运用了国家层面上的机构来表达我们人民的宪法意志,并要求各州把**美国**公民的身份置于首要地位。如果重建时期的共和党人可以通过国家层面的机构使其要求合法化,那么为什么新政时期的民主党人就不能?尤其值得一提的是,新政时期的民主党人那时已获得了全国**所有**地区的大多数人的持续支持,而此前的共和党人只是在合众国的北部各州实现了这一目标。

此点把我们导向了新政突破宪法第5条限制的第二个方面。虽然重建时期的共和党人否定了联邦党人于1787年宪法中提出的预设,但他们却对那些革命性的宪法改革进行了合法包装。也就是说,他们让这些改革具备了与正规宪法修正案(根据宪法第5条制定的修正案)类似的外形——在为这些非常规的宪法改革措施披上了宪法第13和14修正案的外以后,它们被庄严地同那些没有合法性之虞的其他宪法修正案列于一处。[1] 相形之下,当现代法律家追寻新政的宪法贡献时,他们根本无法找到根据宪法第5条制定出来的若干宪法修正案;相反,他们只有求助于法院改组危机后,联邦最高法院作出的那些革命性的**司法判决**(*transformative judicial opinions*)。这些伟大的案例,就是联邦最高法院与其他政府部门一道反对共和党人之限权政府观点的最好标志——其中以汉默诉达根哈特和洛克纳诉纽约州案最具代表性。诚然,与无视曾创制了正规宪法文本的联邦党人和共和党人的真正宪法意图相比,对洛克纳案开创的宪法原则视而不见将使现代法官受到更严重的责难。正是从这
269 点出发,我想说新政法院作出的革命性司法派决发挥了**类修正案**(*amendment-analogues*)的功用——与根据宪法第5条制定的正规宪法修正案一样,这些司法判决同样象征性地界定了宪法改革的内容。

毋庸置疑,新政之运用类修正案的做法,要求我们深入地重新评价某些广为流传的传统观点——甚至包括那种认为美国人民生活在一部**成文**宪法之下的意识。建国两个世纪以来,上述传统观点在我们对宪法做广义理解的情况下仍然有效。有效而完整的宪法文本不仅包括那些根据第5条规定的程序而创制出来的正规宪法修正案,而且还包括:(a)重建时期的共和党人依据国家中心主义的修宪程序创造出来的**拟修正案**(amendment-simulacra)*以及(b)大萧条时期的民主党人根据国家中心主义的修宪程序作出的、可以充当**类修正案****的革命性法院判决意见。只要现代法律家能够接受重建时期的共和党人创制的那些拟修正案,那他们也就不应随意地否定新政时期的民主党人创造出来的类修正案。

---

〔1〕 关于宪法第15修正案也存在着一些问题,但在此处对其进行详尽的论述并无助于笔者在本书中提出的主题。关于此问题,如果读者需要规范而简洁的论述,可见威廉·吉列特(William Gillette):《选举权》(*The Right to Vote*)(1969年)。

* 也就是说,重建时期的共和党人创制的宪法修正案虽然具备正规宪法修正案的外形,但由于它们获得批准的程序远远超出了宪法5条的规定,因此它们只是具备了宪法修正案外形的"拟修正案"。——译者注

** 这里是说新政法院作出的一些革命性司法判决虽然不具备正规宪法修正案的外形,但却执行了类似的宪法修正案功能。从功能相似性的角度看,这些司法判决被视为"类修正案"。之所以给这些司法判决披上一层"修正案"的外衣,是因为本节的主题所致——即从宪法第5条的视角看待这些司法判决的结果。——译者注

特别需要指出的是,以此种方式运用革命性的司法判决在美国宪法史上并非没有先例可循。像我们曾经看到的那样:为了实现重建的目的,共和党人法院在法定货币案和屠宰场案中作出的司法判决执行了类似的宪法功能;甚至在南北战争之前,塔尼法院(Taney Court)的司法判决在整理以杰克逊为首的民主党人的宪法意图方面,也作出过不小的贡献。[1]

如果不把目光仅仅局限于宪法领域,我们就会发现其他领域存在着大量的以司法判决顶替正规法律条文的实例。我们试想一下,在法官被迫协调成文法与普通法传统之间的矛盾时出现的问题。在此情形下,当普通法法院发现成文法的漏洞时,它们会自然而然地求助于普通法先例。[2] 不可否认,在成文法不完善时,运用司法先例以弥补法律漏洞,是英美法系区别于大陆法系的唯一重要特征。据此,我们可以把新政的宪法创新视为美国律师们参与的又一案例:在伟大的危急关头,他们为了新的宪法目的(此处指在没有正规宪法修正案的前提下,转而求助于司法先例),创造性地改造了传统的观念(这里指成文法缺省而运用普通法先例的传统观念)。* 虽然这种传统的做法的确向宪法理论发起了挑战,但也 270
恰恰是这样的挑战才使美国人民能够在过去的两个世纪里一直保持着他们的宪法身份。

类修正案赖以存在的政府部门结构

新政革命在两个方面突破了宪法第5条的规定:(1)它以国家层面上的总统领导权修宪模式取代了国家与各州协商对话、修改宪法的会议;(2)它让革命性的司法判决承担起了类修正案的功能。接下来的问题是:

---

〔1〕 见《我们人民:宪法的根基》,第76~78页。

〔2〕 诚然,所有普通法法律家对那些经过几个世纪的洗礼,英美法院吸收古代成文法于普通法的整体结构之中的案件可谓了然于胸——而且,他们也很清楚,什么时候重要的司法判决在法律运行过程中已经完全取代了成文法的法律地位。

* 括号内的文字为作者所加。实际上,作者只是想说明:新政所作出的高级法创新不过是普通法传统——在没有成文法可依的情况下,转而求助于普通法先例——在宪法领域内的创造性运用的结果。——译者注

上述两个方面之间是否存在着一定的关联。我认为答案是肯定的:(1)是(2)的前提。与其以不可理喻的最正规的方式悖离宪法第5条的原则,新政法院发展出了一套革命性的司法判决,以适应总统领导权在高级法创制过程中发挥越来越重要作用的现状。

一次严肃的思想试验,或许有助于我们认清这一问题。假设1935年初期,林肯在福特剧院遭遇的命运同样降到了罗斯福身上。在推出了振兴公共事业的改革方案后,罗斯福被某个顽固的共和党分子暗杀——因为谋杀者确信他将把这个国家引向法西斯主义。正当美国陷入一派慌乱之际,约翰·南希·加纳(John Nace Garner)宣誓就职,成为合众国的下任总统。这一过程自然会使人们想起重建时发生的那一幕。这样,加纳将成为安德鲁·约翰逊以来第一个入主白宫的南方政治家;而且两者获得总统的方式也是如出一辙。像约翰逊一样,加纳遵照本党的意志,提名了一位可以平衡北方进步党人和南方人之间力量的一位副总统。[1]

罗斯福之死并没有让全国人民陷入长久而不能自拔的痛苦之中。此后不久,加纳的保守主义倾向逐渐明朗。当联邦最高法院于1935年春宣布全国工业复兴法违宪时,加纳非但不支持新政国会于第二新政百日推出新的改革措施——实际上,具有现代里程碑意义的全国劳工关系法和社会保障法都出现于这一时期;而且还试图组织共和党人和保守民主党人组成反新政同盟(anti-New Deal coalition)。在指责社会保障法和国家
271 工业复兴法违宪的时候,加纳大量引用了联邦最高法院此前判决的一些案例。面对此情此景,国会中的新政者又将作出怎样的反应?

共和党人针对约翰逊之否决民权法案和自由民局法案而作出的反应,就是新政者的前车之鉴。面对来自总统的攻击,共和党人除了提出宪法第14修正案,并将其作为竞选纲领以求助于选民外,已再无其他选择。像好斗的共和党人那样,自由民主党人也绝不可能允许这样一个因“意外事件”而登上总统宝座的人改弦更张,反对他们发起的宪法改革运动。当加纳总统以联邦最高法院的传统判决为后盾,号召美国人民维护传统的

---

〔1〕 亚瑟·施莱辛格(Arthur Schlesinger):《旧秩序的危机》(*The Crisis of the Old Order*),第308~309页(1957年)。

宪法原则时，革命的民主党人亦将提出支持新政的宪法修正案，并使之作为即将来临的、具有决定性意义的1936年选举的竞选纲领。如果他们赢得了这场选举，民主党人也极有可能采取各种非常规措施以确保3/4州批准他们提出的这个修正案。[1]

我们将会看到，新政国会在宪法危机期间确曾认真考虑过是否推出一些正式的宪法修正案。关于此点，我将在后文进行详细描述。因为我们设想出来的加纳/约翰逊模式已足以说明总统领导权的勃兴与革命性的司法判决替代正规宪法修正案之间的关系。

罗斯福的连任从两个相互关联的方面改变了推动高级法创制的动力。其一，由于新政国会没有与保守的总统展开殊死的斗争，因此新政国会缺少足够的热情提出一个正规的宪法修正案以对抗总统；相反，它还能从控制着白宫的党魁那里获得一些帮助。其二，国会与总统之间的密切合作，使改革派牢牢地控制了新法官的任命权。这就意味着新政者拥有一个重建时期的共和党人永远都无可企及的选择。无须按照宪法第5条的规定提出宪法修正案来推行其改革措施，民主党人可以在法院中任命大量支持新政的法官，而这些法官即可通过一系列划时代的司法判决支持新政的革命性改革。在此情形下，重要的已不是新政者运用了任命法官推动宪法改革的特别方式；关键的问题是总统和国会之间关系的变化为新政民主党人提供了一个新的高级法创制的选择自由。 272

之于内战后的共和党人而言，“法院重组”问题也有非同寻常的意义。自约翰逊1866年脱离了改革阵营后，他就打算以极度保守的法官填补联邦最高法院出现的空缺，以期达到宣布重建无效并阻挠宪法第14修正案获得批准的目的。约翰·卡特龙(John Catron)法官的辞世使约翰逊第一

---

〔1〕 与重建时期的共和党人不同，1937年的民主党国会有一个绝好的机会发动3/4州自愿批准我们想象出来的新政宪法修正案。参见下文第11～12章。如果他们未能使宪法修正案获得必要的多数，民主党人就得面对共和党人在重建时期遭遇的类似问题：新政时期的民主党人是否应该用非常规的措施，诱使原来不同意新政宪法修正案的各州改变态度呢？

在作出上述决策时，新政国会面临着更多的选择。例如，新政国会虽不会像重建国会那样动用联邦军队，但它可能会以切断所有联邦经费的手段威胁那些不批准新政宪法修正案的各州。除非在这些州改变对该修正案的态度之前，这种威胁手段就一直延续下去。这种做法即便不像19世纪60年代所做的事情那样引人注目，但也可能会违背宪法第5条确立的基本原则。

次有了这样的机会,但共和党人却随即推出了一个备受瞩目的“法院紧缩”法(court-shrinking statute)。根据该法的规定,大法官卡特龙留下的空缺暂不存在,且联邦最高法院的规模还可以因法官的去世或辞职而持续下降到7人。该法不仅遏制了约翰逊任命联邦最高法院法官,而且它也为格兰特于1869年赢得总统选举后,共和党人重新把联邦最高法院的规模扩至九人创造了契机。之于联邦最高法院而言,这个法案为它能通过屠宰场案轻易地巩固宪法第14修正案的法律地位,铺平了道路。[1]

上述文字比较完整地叙述了推动宪法改革的两种非常规模式。在重建时期的国会领导权模式下,改革派极力**紧缩**法院规模,阻止新总统任命联邦最高法院法官、强化保守派的势力。但在推动宪法改革的总统领导权模式下,恰恰是法院重组而不是法院紧缩执行了将宪法政治转变为具体宪法的功能。有时,处于上升势头的宪法改革切实地运用了法院重组的策略——像格兰特任内的共和党人那样。有时它只以扩大联邦最高法院的规模相威胁,当联邦最高法院面对改革派的压力及时转向后,即收回成命——此为新政时出现的一幕。但无论在那种情况下,联邦最高法院的法院判决意见都承担着正规宪法修正案的功能——戏剧性而又令人信服地为后人改变了宪法第5条确立的修宪模式。

新政以革命性的司法判决取代正规宪法修正案的做法,并非疏于关注宪法第5条之规定的结果。不可否认,美国早期即曾出现过不严格依照宪法第5条的规定创制高级法的先例;而新政革命的做法恰好是对这一先例的创造性阐释。围绕着重建展开的斗争,而不是大萧条第一次引导美国人民突破了联邦党人制定的宪法第5条。围绕着重建展开的斗争,而不是大萧条,第一次引导总统、国会和法院发展出了一种全新的、更能反映“我们美利坚**合众**国人民”宪法意志的高级法创制程序。由于民主
273 党人异常成功地控制着总统职位,因此新政推行的一些基本改革贯穿了宪法改革的全过程。

---

〔1〕 见本书第八章。

反观重建

循着首席大法官休斯的观点,我翻转过来把重建视为新政之高级法创制活动的“历史先例”。在顺此思路行进了不短的一段路程后,我们应该转过头来,运用我们对20世纪30年代事件的分析,来深化我们对19世纪60年代之事件的理解。如果总统领导权构成了20世纪宪法史的核心部分,那类似的情形为什么在19世纪就没有出现呢?特别值得一提的是:在众说纷纭的战后,为什么是国会而不是总统成了宪法改革的领路人?

忽视约翰·威尔克斯·布思于此间发挥的作用肯定是不对的。罗斯福政府是以总领导权模式推进宪法改革的;如果现在回头考察林肯政府,我们也会发现:在他遇刺之前,林肯政府也正沿着罗斯福政府后来发展起来的总统领导权模式前进着。不仅林肯在1860年总统选举中的胜利像罗斯福于1932年赢得总统的选举一样,都起到了发出宪法改革信号的作用;而且林肯为解放黑人而付出的全部努力,与罗斯福致力于造福广大劳动民众的做法,在制度阐释上也有异曲同工之妙。试想,宪法第13修正案是在第三十八届国会解散前的“跛鸭会议”上提出的——那时,林肯刚刚率领共和党人赢得了1864年选举。在林肯第一任期内的关键时刻,共和党人也是沿着“新政式”(New Dealish)的道路前进的——他们非常清楚联邦最高法院中的保守派对其提出的宪法改革方案造成的威胁。当罗格·塔尼于1863年的去世使林肯总统获得了一次任命共和党人为联邦最高法院首席大法官的机会时,我们就会发现:这种做法在20世纪30年代得到了全面的发展。林肯之所以提名萨尔蒙·P.蔡斯为首席大法官,其主要原因在于:“……我们希望有一位能支持黑人解放、确立法定货币的大法官”。[1]

---

〔1〕《致伯特威尔的信》(*Letter to Boutwell*)。见沃伦(Warren):《美国最高法院史》(*History of the United States Supreme Court*)第2卷,第400~401页(1928年)。新政者对该先例非常重视。参见罗伯特·杰克逊(Robert Jackson):《为司法至上而斗争》(*The Struggle for Judicial Supremacy*),第32页(1941年)。

我们很难判断,林肯是否还能在其第二个任期继续保持总统对国会的领导地位。如果答案是肯定的,那么他就会发现自己和后来的罗斯福一样,都处在相同的宪法改革十字路口上。一方面,他可以按照宪法第5条勾勒出来的程序,支持会议/国会提出一个"宪法第14修正案"。另一
274 方面,他还可以引导参议院任命一批坚定的共和党人担任联邦最高法院法官,以确保"宪法第14修正案"的法律内容能获实现。[1] 在此情形下,重建国会也无须制定什么"法院紧缩"法——从历史的角度看,它只是一件用来对抗安德鲁·约翰逊的非常规武器。相反,它还要维持联邦最高法院当时的规模——根据1864年通过的一项法律,联邦最高法院法官的人数是10个而不是9个,以确保林肯能够提名一些激进的共和党人出任联邦最高法院法官。[2] 当然,也没有什么东西能够阻止联邦最高法院的规模进一步扩大——比如说由10人增至15人。可以肯定的是,同共和党人围绕着宪法第14修正案而采取的非常规措施相比,这种增加联邦最高法院法官名额的做法也不显得有多么过分了。[3]

假设林肯和国会中的共和党人选择了第二种方案——改组法院,那么我们设想一下重建将以怎样的形式宣布结束。与其由国会以提出宪法第14修正案的方式确保美国人在国家和州两个层面上的公民权,重组后的林肯法院或许会以推翻德里德·斯科特案的方式,即以司法方式重新解释美国公民的性质。与其用正规的宪法修正案来确保"平等保护"和"正当程序",重组后的林肯法院或许会在司法判决中宣称,这种保护之于"合众国公民的特权与豁免权"而言,是非常必要的。简言之,重建和新政从表面上看就存在着更多的雷同之处——革命性的司法判决而不是正规

---

〔1〕 宪法第14修正案的第1、4和5款规定了一些基本的原则。此外,它还在第2款和第3款规定了一些限制南部各州政治权利的内容。就连安德鲁·约翰逊也认识到,有必要按照宪法第5条的规定提出一个宪法修正案,以解决这些遗留下来的问题。林肯无疑也会选择这条道路。

〔2〕 为了能够把来自加利福尼亚的菲尔德任命为联邦最高法院法官,法院扩大了规模。参见查理斯·福尔曼(Charles Fairman):《重建和重新统一,1864~1888》(*Reconstruction and Reunion, 1864~1888*),第一部分,第4页(1971年)。

〔3〕 事实上,这样的提案曾由参议员查理斯·德雷克(Charles Drake)提出并作为议会开会期间讨论的一个部分,它也的确使联邦最高法院的规模于1869年再一次得到了扩大(见第四十届国会第三次会议记录,载《国会记录》,第1484页)。尽管这一提案最后被否决(同上,第1487页),但没有人对此提案表示反感却是事实。

的宪法修正案，才是宪法原则的载体。

如果林肯真的采取了这些措施——在任命蔡斯为联邦最高法院法官时发表的那番言论表明他的脑海深处确曾闪现过这样的念头，我们将面对这样一个耐人寻味的问题：这种做法是否有益于美国法的发展？

答案在两可之间。果真如此，现代的法律家将不得不在没有宪法第14修正案的情况下度日。而且，现代的联邦最高法院在审理布朗诉教育委员会之类的案件时，也没有像“平等保护”条款这样的法律依托。然而，275
我们会拥有不少我们现在根本无法企及的法律资源。当法律家们回顾19世纪60年代后期的历史时，由于当时制定了正规的宪法修正案，因此他们将不会看到蔡斯法院为阐释共和党人的国家观念而付出了什么努力——虽然共和党人的国家观念是美国人民付出的巨大牺牲的结晶。如果我假想出来的林肯法院通过一系列伟大的判决来推动宪法的改革，那么以联邦最高法院司法判决的方式界定、保护平等的公民权，肯定会比制定宪法第14修正案的方式要好吗？

关于此点，我们永远也无从知晓。我们所能知道的，只是约翰·威尔克斯·布思剥夺了林肯将南部重建进行到底的机会；从而使约翰逊造就了一个日后还会经常出现的现实模式。我们在此给这种模式起一个特殊的名字：“副总统偏轨”*(The vice-presidential exception)。出现这种模式的原因在于：副总统职位一般总是用以安慰在总统候选人提名中失意的候选人、选区或其他持不同的政见者。一位在本党全国代表大会中成功地获得了总统候选人提名的人，在其获得提名的时候一般不会想到他会怎样死，而会想到如何最大限度地增加自己赢得总统大选的几率。而提名一位在其他选区更受支持的副总统以“平衡选票”，无疑有助于总统候选人达到上述目的。这就意味着因总统死于任上而入主白宫的副总统，并不一定非常积极地推行已故总统的政策；相反，继任者还有可能推行与之截然相反的政策。林肯—约翰逊模式即是最典型、惨痛的例证，而且后来还出现了其他几幕类似的情景：威廉·麦金利(William McKinley)—西

* “副总统偏轨”，是指总统亡于任内副总统继任总统后，继任者偏离原总统政治路线的一种现象。——译者注

奥多·罗斯福(Theodore Roosevelt),约翰·F. 肯尼迪(John F. Kennedy)—林登·约翰逊(Lyndon Johnson)模式即为佐证。继任总统的副总统可能会是一个更为激进的改革者,也有可能是一个更加极端的保守分子。无论出现那种情形,整个体制都要经受一场大的震荡——政治家们不得不为达到一个新的政治平衡而战。从这一角度出发,国会之决议提出宪法第 14 修正案更像一个勇敢而非绝望的做法——通过提出宪法修正案,国会希望主动地重塑新的政治平衡,以非常规的方式适应当时的特殊情况:在林肯遇刺身亡,约翰逊露出保守主义的苗头之后,政府部门存在着失却大多数美国人民控制的危险。如果 1866 年的华盛顿还有**哪些人**打算支持共和党的观点,那它应该是会议/国会;如果高级法的创制体制想在下一轮选举时对宪法的**任何**方面进行基本改革,那么它也可能会采取类似于宪法第 5 条的修宪模式。从这一角度出发,我想指出:标志着拟修正案顶峰的宪法第 14 修正案,最好是被视为"副总统偏轨"之宪法结果的最典型例证。

如果上述推论是正确的,那么被严格法律条文主义者所顶礼膜拜的宪法第 5 条就建立在这样一个奇怪的基础之上——严格法律条文主义者的这种心态过分倚重于美国史上那些悲惨的意外事件。毕竟,罗斯福也是被刺的目标,只不过是他幸运地避开了那颗致命的子弹。[1] 假设袭击他的刺客是个更好的射手,而袭击林肯的射手在技术上要蹩脚一些的话,那么现代的严格法律条文主义者描述出来的图景将完全是另外一个样子。在此情形下,严格法律条文主义者会呼吁现代的宪法解释者们将目光有意识地放在新政宪法修正案上;而对蔡斯法院就平等保护问题而作出的那些司法创新投去怀疑的目光。

然而,与拙劣的形式主义相比,美国法律家无疑更关注他们的同胞们。与其沉溺于严格法律条文主义所倡导的精确性,我们应该耐心地探究与新政革命相关的若干事实;而后再有根有据、满怀信心地看待新政的宪法创新。在罗斯福开创的总统领导权模式可能成为引导我们未来宪法

---

〔1〕 亚瑟·施莱辛格(Arthur Schlesinger):《旧秩序的危机》(*The Crisis of the Old Order*),第 464～466 页(1957 年)。

政治的可信指南时，这点即显得尤为重要。所幸的是，刺杀总统之举并不像人民参与重大的宪法决定那样，表现得很有规律。如果我们有幸，以宪法第14修正案为典型例证的国会领导权模式就尽量不要再现；而20世纪30年代出现的“总统领导权模式”最好能够成为指导我们未来宪法改革的**特定**“历史先例”。

美国历史上最近发生的一些事件，强化了这个尝试性的结论。当罗纳德·里根领导美国人民反思宪法遗产的基本要素时，他没有在宪法第5条上投入太多的精力，而是更多地倚重于罗斯福新政革命留下来的先例。可以肯定，里根以罗斯福开创的宪法改革模式反思的对象，恰恰是那些曾被罗斯福成功宪法化的新政诸原则。这也同样说明，作为“历史先例”的新政对宪法文化产生了多么深远的影响。

1994年发生的“共和党人革命”的命运，同样说明了我推出的那个尝
试性的结论。思想上保持着高度一致的共和党人控制了国会：众议院议 277
长自称是一个“革命性”的人物，他编制了一个与美国人民之间的新社会契约，并要求实现之。如果总统能在议会的如此强力支持下掌握大权，那么他就会成为一个非常难以对付的人物。但议长金格里希被老练却并非很受欢迎的总统克林顿击败的事实又一次说明：若不控制总统职位，一场革命性的运动想要取得成功，有多大的难度啊！

当前进行的这场事关美国未来的斗争能否在未来十年内结束，我无从所知。但最近发生在美国政治生活中的事件，又从某些方面要求我们要认真对待新政先例——这些事件不仅要求我们要认识到新政先例的持久性宪法意义，而且还要求我们对形成中的总统领导权宪法改革模式进
行这样一个批判性的追问：总统领导权模式危险何在？可以对它进行改 278
革吗？

第十章 反思新政

总统领导权的勃兴

在上一章中,我对那种把20世纪30年代的新政改革视为宪法传统之再现的观点提出了质疑。虽然费城会议以及约翰·马歇尔为现代政府开创了某些宪法根基,但现代政府的所有重要决定还是由20世纪的美国人作出的。如果说有谁是现代积极干预的国家政府的奠基人,那是富兰克林·罗斯福而不是詹姆斯·麦迪逊;如果说有哪个议会是积极干预的国家政府的创建者,那是新政国会而不是费城会议;如果说有哪个法官为积极干预的国家政府作出重要贡献,那是休斯而不是马歇尔。

我并不否认,建国时期开创的宪法改革先例有助于人们以历史的眼光看待新政。但只有在更广阔的背景下,我们才能发现二者之间的巨大相似之处。20世纪30年代也像18世纪80年代一样,一群信奉国家中心主义的改革者都不愿按照原有的高级法创制规则行事——他们当然也没有完全抛弃此前规范人们政治生活的所有制度。20世纪30年代像18世纪80年代一样,改革者都在原有的制度材料之外缔造了全新的立法模式——而且这些立法模式最终都获得了人民的支持、取得了高级法的地位。20 世纪 30 年代像 18 世纪 80 年代一样,改革者缔造的、推动宪法改革的制度花车,在人民投票选举的推动下,都最终到达了宪法改革成果的巩固阶段。从这些甚至更多层的意义上讲,新政革命都把开国元勋们以非常规手段实现人民主权的做法,创造性地运用到了 20 世纪。

可是,忽视 19 世纪改革所作出的宪法贡献是不正确的。不仅因为林 279
肯和宾格汉姆所处的时代比华盛顿与麦迪逊距现在更近,而且还因为重建时期的共和党人不得不面对那些曾经困扰着新政者甚至现在还困扰着我们的一些重要问题:怎样改造建国时期宪法设计的制度,以使之能够有效地表达出内战后美国人日渐强烈的国家意识? 共和党人动用了包括总统领导权、分权以及国家选举等手段,以赢得选民支持他们发动的基本宪法改革。对这些手段的创造性运用不仅构成了宪法第 13、14 修正案真正的宪法基础,而且也为新政革命提供了具有决定意义的历史先例。

如果我们接受了这个论点,那么它就为我们更深入地评论以及重构现有的宪法观点提供了一个新的视角。主流观点认为,判决洛克纳案的联邦最高法院是由一群傻瓜或无赖法官(或傻瓜加无赖)组成的。恰恰相反,我认为审理洛克纳案的联邦最高法院做了大多数法官在大多数时间内都会那么做的工作:以重建共和党人确定的本意去解释宪法。现在,洛克纳案的判决已不再是什么好的法律,因为 20 世纪 30 年代的美国人否定了共和党人确立的宪法价值观,而不是因为面对大萧条的共和党人法院严重背离了这种传统的宪法价值观。由于在很多地方都提到了这种论点,[1] 因此我想在此立即提出第二个重要的问题:罗斯福新政是否可以被视为合法地改革了共和党人确立的宪法传统、实现了人民主权的合宪行动呢?

---

〔1〕 见《我们人民:宪法的根基》第 3、4 章。我的观点获得了最新的历史研究成果的佐证,例如,可以论证我之观点的著作有:霍华德·吉尔曼(Howard Gilman):《被困的宪法》(*The Constitution Besieged*);麦克尔·贝尼迪克特:《自由放任主义与自由》(*Laissez-Faire and Liberty*),见《法律与历史评论》第 3 卷,第 293 页(1985 年);威廉·E. 弗贝斯(William E. Forbath):《自由劳动力的不确定性》(*The Ambiguities of Free Labor*)、《威斯康星法律评论》,第 767 页(1985 年);哈里·斯科勃(Harry Scheiber):《美国联邦主义和权力的分散》(*American Federalism and the Diffusion of Power*)。笔者将在下一卷中继续深化这一观点。

像我们此前对待重建那样，上述问题的完整答案也需要我们对两个全然不同的阶段进行一番研究。诚如推动宪法第13修正案和第14修正案获得批准的动力存在着很大差别一样，罗斯福新政也经历了两个不同的阶段。20世纪30年代，整个国家为大萧条的宪法含义展开了激烈的争论；而在20世纪40年代，第二次世界大战的宪法意蕴则成了人们争论的焦点。两个阶段所追求的基本目标是一致的——逐渐放弃自由放任主义，向积极干预的国家政府转变。由于对这两个时期展开详细的讨论将占去本书的很大篇幅，因此我已另行撰文探讨了推动宪法变革的外部关系。[1] 在此，我把讨论的重点放在旧式法院和20世纪30年代的新政之间的冲突上。

"传统再现的神话"视新政和旧式法院之间的这场斗争为一场巨大的
280 不幸、一种时间上的浪费。相形之下，我更想强调这场斗争对于提高民主讨论、民主决定的质量发挥了积极的作用。像重建时期那样，政府各部门之间的冲突非常明确地向美国人民提供了若干可供选择的宪法改革方案。政府各部门之间冲突的最终结果，是重塑了美国人民与政府之间的关系。而这种对政府和人民之间关系的重新定位，要比没有发生上述冲突的情况下更审慎、更民主。

我将从探寻1933年罗斯福前往华盛顿就职时，他到底赢得了多少人民授权说起。这一问题远比主流观点所作的推论要复杂得多。一旦我们认清了这一问题的复杂性，我们就会很容易地评价旧式法院所发挥的积极作用。虽然旧式法院在罗斯福第一任期内对新政的司法抵制激怒了新政者，但它却提请广大民众注意：民主党的动议提出了一个远非华盛顿的政治精英们所能解决的问题；而保守法官所诠释的传统宪法价值观是否还有保留的必要性，应由人民作出最终的决定。

---

〔1〕《对北美自由贸易合宪性的质疑》(*Is NAFTA Constitutioal?*)，与戴维·格拉夫(David Golove)合著。

发出宪法改革信号的选举

反向解读历史的危险性是不言自明的。现代法律家认为，民主党人1932年推行的积极干预的国家政府的政策已经在全国范围内获得了普遍的支持。然而，现实却远没有这么简单。由于在总统大选中投了罗斯福的票，因此大多数美国人必然反对胡佛(Herbert Hoover)及其政治主张。但他们到底**赞成**罗斯福的什么政策尚不十分明了。[1]

总统选举发出的宪法改革信号

那么，胡佛又代表了怎样的观点？

1928年的胡佛并非一个不折不扣的顽固分子。其当选本身就标志着他向共和党进步一翼的转变——而这种转变也恰恰是哈定(Warren Harding)和柯立芝(Calvin Coolidge)所极力反对的。胡佛是一位主张积极运用政府权力的社会工程师。针对1929年开始的经济大滑坡，他采取了
积极的手段。例如，他创建的重建财团(Reconstruction Finance 281
Corporation)就是他雄心勃勃地试图支撑信用结构、实现商业复兴的表现。与此同时，胡佛也很清楚，宪法并未授予联邦政府管理全国经济的大量权力。到1932年，他所付出的那些有限而又充满热情的复兴努力，“似非而是”地证明了宪法传统不合时宜的一面。1932年失业人口已飙升至全国总人口的1/4，且该年度的国家岁入尚不及1929年的一半。[2] 在此情景下，美国人民已无法忍受胡佛奉行的刻板教条：摆脱贫困是地方州政府的事情，共和党人确立的传统不允许国家政府在此问题上有所作为。

虽然1932年的民众已经彻底否定了胡佛主义，但人民对民主党是否还会坚持该党的传统、拒不干预地方事务仍不得而知。民主党仍然深受

---

〔1〕 一个关于总统职位的极富洞察力的观点，自始至终影响着我的叙述。见史蒂芬·斯诺罗内克(Stephen Skowronek)：《总统政治》(*The Politics Presidents Make*)(1993年)。

〔2〕 亚瑟·施莱辛格(Arthur Schlesinger)：《旧秩序的危机》(*The Crisis of the Old Order*)，第248页(1957年)。

杰斐逊主义的影响,强调各州的权利、主张限权的中央政府以及市场自由。虽说杰斐逊主义的传统因民粹党以及威尔逊主义的一些做法而受到了一丝动摇,[1]但就此认为民主党会大规模地运用国家权力干预地方事务也肯定是立不住脚的——特别在南方民主党人当时在该党中发挥着重要作用的情况下,就更是如此。尽管南方人非常欢迎国家政府对经济萧条的地区进行经济援助,但白人至上的价值观在他们的头脑中甚至更为严重。重建的历史以及某些北方民主党人对自由主义的极力推崇,使南部各州的白人产生了这样的顾虑:积极干预的国家政府可能会最终摧毁他们歧视黑人的根基。

从历史的角度看,像林肯、西奥多·罗斯福这样强调国家权力的英雄人物都是共和党人而不是民主党人。在此前的经济危机中,民主党人也没有积极运用国家权力的特别表现。当民主党人总统格罗弗·克利夫兰(Grover Cleveland)面对1893年的经济恐惧时,他的做法远比胡佛保守得多——结果愤怒的选民在1894年和1896年选举中剥夺了民主党人手中的权柄。

再看一下近期发生的事情。1928年的总统选举也不能说明民主党人即将与自由放任主义分道扬镳了。1928年民主党提名的总统候选人阿尔·史密斯(Al Smith)在动员北部各州城市和少数种族选民支持的时候,并未露出一丝主张积极干预的国家政府的迹象。通过主张废除禁酒令(Prohibition),史密斯更感兴趣的是使中央政府从一般的道德事务中脱离出来。如果说有哪个候选人对贫困问题更感兴趣的话,那是胡佛——他曾在救济饱受战争困扰的比利时难民时一举成名。[2] 1932年,虽然胡佛
282 主义在人民中间已经失去了市场,但是人们对民主党人还能祭出什么新

〔1〕 见戴维·伯纳(David Burner):《地方主义的政治》(*The Politics of Provincialism*)(1986年)。

〔2〕 见乔治·纳什(George Nash):《赫伯特·胡佛的一生》(*The Life of Herbert Hoover*)第2卷(1983年);艾伦·里奇特曼(Allan Lichtman):《偏见与旧政治》(*Prejudice and the Old Politics*),第1章(1979年)。——原注。1914年8月第一次世界大战爆发后,不少美国人流落在欧洲各地无力回国。胡佛在当时美国驻英大使佩奇的支持下,出面组织“美国救济委员会”,陆续将12万美国人遣送回国。胡佛此举使他在美国名噪一时。不久,胡佛被任命为“比利时难民救济会”负责人。该会在四年中共救济了在德国占领下的比利时和法国北部地区的难民达100万人。——译者注

法宝,以应付当时的危机并不清楚。

在此背景下,像保尔·道格拉斯(Paul Douglas)这样的进步人物——后来成了代表伊利诺伊州的自由民主党国会参议员——在1932年呼吁组建一个新的政党:

> 20年前,很多改良主义者都把希望寄托在伍德罗·威尔逊(Woodrow Wilson)身上,就像我们现在之对待罗斯福一样。这当然是一种冷静的思考,因为威尔逊是一位异常敏锐的思想者、一位极具决断力的斗士……但8年过后,当威尔逊从民主党引退时,党的结构似乎患上了不治之症,而且在政治上也越来越保守。如果这就是威尔逊的命运,我们又有什么理由对富兰克林·罗斯福报太大的希望呢?[1]

在党内竞选总统候选人期间,罗斯福的政见并不明朗。当获悉自己赢得了民主党总统候选人提名的消息后,他没有平和地待在家中,而是一反常规地打破了先例,飞往芝加哥民主党全国代表大会上宣扬他的新政主张:

> 我的方案——在此我只能谈及少数的几点——以如下简单的道德原则为基础:国家的福祉和正当性首先建立在最广大人民的需求和愿望的基础之上;其次是他们能否实现这些需求和愿望……
>
> 共和党领袖们对我们说,神圣的、不可侵犯的、一成不变的经济法则引发了谁都躲不过去的经济恐慌。但恰恰是在他们妄谈经济法则的时候,人们却在忍饥挨饿。我们必须认清这样的事实——经济法则并非自然产生的。它们是由人创造出来的。

这种创造积极干预的国家政府的理念在整个竞选运动中得到了很好的诠释。[2] 但民主党人并未同若干传统的原则决裂。其竞选纲领的前

---

〔1〕 保尔·道格拉斯(Paul Douglas):《新政党的萌生》(*The Coming of a New Party*),第168~170页(1932年)。

〔2〕 "我向你们保证——也向我自己保证,为美国人民推行新政。"1932年7月2日。见萨缪尔·罗斯曼(Samuel Roseman):《富兰克林·D.罗斯福的公开演讲及文稿(1830~1950)》[*The Public Papers and Address of Franklin D. Roosevelt*(1830~1950)],第647页(1932年)。另外可见他于1932年9月23日在旧金山国民俱乐部的演讲,同上书,第742页;1932年10月2日在密执安州底特律发表的竞选演说,"通过社会行动实现社会公正的哲学"。同上书,第771页。

三条“庄严承诺”:

立即以不低于25%的幅度,大规模削减政府经费……

平衡联邦年度预算以维持国家信用……

不惜一切代价维持通货稳定……

总统候选人罗斯福同样要求自己坚持这些传统的原则。[1] 诚然,他在竞选时提出了大量的建立积极干预的国家政府的建议。但绝不会
283 有人能从他提出的这些琐碎动议中,推出他将在第一新政百日提出那些令人震惊的改革方案。[2] 因此,假设1932年的美国人民把民主党人大规模地选入白宫和议会时,很清楚他们将推行怎样的政策,就大错而特错了。

但认为1932年的总统选举没能在总统候选人和民众之间产生有效的交流,也同样是不正确的。尽管罗斯福的政见显得支离破碎,而且在有些地方还前后矛盾,但罗斯福倡议的这场运动的总体方向却是非常明确的——撇开限权政府,向积极干预经济的国家政府迈进。就像他不止一次地强调的那样,“我们需要矫正经济体制中的重大缺陷,甚至在必要情况下不惜诉诸强烈的手段……如果我没有弄错这个国家的脾性,那么她就需要而且要求我们对其进行大胆而有耐心的试验……首要的是要尝试着做一些事情”。[3]

所有这些使1932年选举变成了一场标志着宪法改革即将来临的选举,就像1787年的联邦党人设法说服各州议会派员前往费城、参加那次试图改革宪法原则的会议一样,罗斯福肩负着人民的授权来到华盛顿,开始了对传统宪法观的新试验。

---

〔1〕 例证可见《总统候选人的国家纲领》(*The Candidate Discusses the National Platform*),广播讲话,1932年7月30日,纽约,阿尔贝尼。见上书,第659页。

〔2〕 最为引人注目的是:竞选过程中,总统候选人罗斯福从未向人们介绍过有关新政的什么东西。

〔3〕 见他于1932年5月22日在奥勒索浦大学(Oglethorpe)发表的一个深思熟虑的演讲,同上书第639、646页。亚瑟·施莱辛格(Arthur Schlesinger):《旧秩序的危机》(*The Crisis of the Old Order*),第277、289~291、331页(1957年);威廉·列彻顿伯格(William Leuchtenburg):《富兰克林·D.罗斯福与新政》(*Franklin D. Roosevelt and the New Deal*),第11~12页(1963年)。我的观点与迈克尔·尼尔森(Michael Nelson)相同,见“总统与法院:对1937年法院重组的重新解释”(*The President and the Court: Reinterpreting the Court-packing Episode of* 1937),载《政治科学季刊》第103卷,第267页(1988年),我在这里借用了他的观点。

与此最相类似的是林肯在1860年总统大选中的获胜。像1932年的民主党人保证削减联邦政府经费和维系通货稳定一样,1860年的民主党人也曾不止一次地向南部各蓄奴州保证维护神圣的奴隶制。尽管作出了如此保守的姿态,但林肯的当选还是把一个全新的宪法改革日程推到了国家讨论的核心。

为避免可能出现的误解,我不想在这两次总统选举标志着宪法改革即将来临的问题上说得太多。林肯在1860年选举中的胜利,只是一场漫长的、政府各部门之间冲突的开端,其中穿插着1862年、1864年、1866年、1868年进行的一系列选举。罗斯福在总统竞选中的获胜亦是同样道理。如果民主党人没有在1934年、1936年及其后一系列选举中胜出,引导人民支持他们提出的积极干预的国家政府观,那么新政者永远也不可能把高级法创制的进程,推进到发出宪法改革信号以外的其他阶段。

宪法变革中的政党与总统

在把新政时期的民主党人同重建时期的共和党人放在了相同的基础上之后,我想指出二者之间的一个重要差别。[1] 1860年,共和党还是一个刚刚组建不久的新政党,因此该党选举的胜利空前提高了那些反对奴 284
隶制的人们的地位。即便是像宾格汉姆这样的"温和派"也开始以极为严肃的态度对待宪法原则问题,而且热望将国会作为对宪法进行革命性改革的先驱。

相形之下,国会中的那些民主党领袖是在杰斐逊主义的影响下开始其职业生涯的,这也决定了他们的思想观念与罗斯福主张的积极干预的国家政府相去甚远。作为合格的政客,他们应该服从有权威的政党新领袖,就像他们当初追随着这位新领袖,纷乱嘈杂地涌进国会时一样。但是,当总统打破了他们政治理解和政治活动的传统时,我们可以料到:他们将裹足不前,不再给总统以有力的支持。

从广义上说,在重建共和党和新政民主党处于上升阶段的时期,正是

〔1〕 关于政党之发展的观点,我深受V. O. 凯(V. O. Key)和瓦尔特·迪恩·波恩汉姆(Walter Dean Burnham)学派的影响。关于此点,如欲参阅更好的论述,请见詹姆斯·萨德奎斯特(James Sundquist):《政党制度动力学》(*Dynamics of the Party System*)(1983年)。

新、旧政党之间的差异使国会和总统之间的关系产生了实质性的变化。尽管林肯在任期内采取了若干非常规的举措,但他还是以温和的手段向国会迸发出来的改革热情泼了些冷水。在新政时期,罗斯福是改革的动力之源,而国会则成了阻挠改革的反面力量。

所有这些都足以证明存在于新政民主党人和重建共和党人之间的差别。毕竟,林肯并不情愿背弃辉格党。如果辉格党人设法渡过了19世纪50年代的危机,林肯还是很愿意利用总统职位提供的便利,改造传统的党派观念和党派结构的。同理,在民主党1932年全国代表大会上,也没有什么绝对充分的理由使富兰克林·罗斯福以4票的优势战胜阿尔·史密斯而获得总统提名。由于史密斯在经济问题上变得越来越保守,[1]因此他获得总统提名极有可能使民主党人重蹈格罗弗·克利夫兰的覆辙,并进而使民主党蒙受灾难性的打击。如果事态真的如此发展下去,民主党人就有可能走上辉格党人的老路。在经过一段时间的混乱之后,或许会出现一个(或两个)由像伊利诺伊州的道格拉斯(Paul Douglas)(或者是更不引人注目的其他人)[2]这样的人领导的政党。在此情景下,我们将会发现:20世纪30年代末的国会中,充斥着类似于19世纪60年代之国会所流行的新政党意识。

我给出的这个思想试验,意在强调新政期间高级法创制体制面临着一个值得注意的问题。在此,我将其称为"**宪法改革方案的成型**"(constitutional clarity)问题。虽然总统提出了一个新的宪法改革方案,但国会却可能不给总统施压,从而使总统缺乏澄清其宪法观点的动力。如
285 果说哪个部门引导着总统把日渐成型的宪法观点进行整理,并最终给出了一个明晰的轮廓,那是联邦最高法院。

---

〔1〕 事实也是如此,史密斯很快与新政分道扬镳,成为新政的坚决反对者。

〔2〕 关于可能会出现哪些受益人的预测,见亚瑟·施莱辛格(Arthur Schlesinger):《剧变的政治》(*The Politics of Upheaval*),第15~211页(1966年)。

日渐成型的宪法改革方案*

无论民主党悠久的历史有多少弊端,它还是给民主党带来了一个意想不到的巨大附加利益。因为不可能有哪一个新政党能在如此短暂的时间内,在美国人民中间赢得如此广泛的支持。

建国时期的联邦党人和重建时期的共和党人都为新政时期的民主党人提供了有用的参考标准。当联邦党人的费城会议和共和党人的会议/国会开始讨论宪法改革的轮廓时,他们痛苦地知道:这些改革措施是否能够获得全国人民大多数的支持还是个未知数。因此,在使他们创制的高级法合法化的过程中,联邦党人和共和党人更多地倚重了制度花车在后几个阶段所提供的民主动力。

相形之下,新政民主党人在其改革之初就有一个广泛而坚实的选举基础。1932 年选举史无前例地将 310 个民主党人送进了众议院,而只给共和党人留下了 117 个席位。在 6 年才能完成一次换血的参议院,共和党人也由 4 年前的 56 人下降到 1932 年的 35 人。[1] 对于新政者而言,问题不是民众支持的广度而是民众支持的深度。[2] 一旦他们把某个具体的行动方案制定为法律,美国人民却可能不会像他们表现出来的那样去全力支持他们。总统可以为其进行的改革试验进行辩护,但这些改革试验终归要在下一轮选举时送到人民那里去接受检验。

像通常一样,宪法规定的选举日程还是按其冷静而固有的逻辑运转着。鉴于短暂的两年之后就要回到人民中间、接受选民的检验的事实,民

---

* 原著中宪法改革方案的英文为"proposal",与前面作者提到的宪法改革的五个阶段中的第二个阶段相一致。这里因为新政宪法改革与以宪法第 5 条规定的改革方案有着很大的不同,它并没有提出、通过明确的宪法修正案,因此我在这里将"proposal"译为"宪法改革方案",与前面的"提出宪法修正案"有一定的区别。但这里需要提请读者注意的是:作者在分析新政宪法改革模式时,同样运用了他在前文中提出的五个阶段的模式。——译者注

〔1〕 见唐纳德·培根(Donald Bacon)主编:《合众国国会百科全书》(*Encyclopedia of the United States Congress*)第 3 卷,第 1557 页,表 1(1995 年)。

〔2〕 关于民众支持的广度和深度的更为详细的论述,见布鲁斯·阿克曼:《我们人民:宪法的根基》,第 272 ~ 275 页。

主党人会因此变得谨小慎微,跟在胡佛之后采取一些小规模的改革措施?还是寻求革命性改革,以改变国家政府同普通美国民众之间的关系呢?

第一轮新政改革冲击波

罗斯福的做法是推出了全国工业复兴法——这个法案是在他宣誓就职不到四个月的时间内签署的。该法案并不想根治滥用自由市场机制的行为——就像州际商业法案(the Interstate Commerce Act)仅关注铁路垄断问题或成品食品和药物法案(the Pure Food and Drug Act)只关心健康问
286 题那样。它试图废除市场资本主义,而代之以总统领导下的工团主义(corporatist structure)。此后,每个工业行业都可以创制规范其自身经济生活的规则——这些规则将代表劳工以及资本家的利益。一旦总统批准了某个这样的法案,那么根据全国工业复兴法的规定,这个新的工团主义秩序而不是"自由市场"将成为促进经济公正的手段。当然,罗斯福并不打算让全国工业复兴法立即成为支持美国社会的主要制度建构。这个只有两年试行期的法案,到下届国会制定出新的法案时,将如期废止。

因此,全国工业复兴法之背离了宪法传统的特点是不证自明的。众议院讨论此法案时的一个小片断即为佐证:

> 贝克先生(Mr. Beck):对我来说,将共和国史上的这一危难时刻记录在案——如果有可能的话——的确是非常重要的。这样,如果我们的后人回过头来翻阅国会纪录,他们就会知道:众议院中有相当数量的人们,反对将那个曾使我们获得惊人财富和力量的政府形式,改造成另外一个全新的模样。即便是我们宪法的缔造者今天能够重新来到这个世界上,他们也未必能够认识这个全新的政府形式。
>
> 在西沉的斜阳将我们的身影逐渐拉长的同时,沉沉的暮色亦将降临到这个陈旧的宪法大厦上;而这个宪法大厦是由华盛顿、富兰克林、麦迪逊、汉密尔顿和杰斐逊等天才人物用他们卓越的智慧构筑起来的……
>
> 宾夕法尼亚的凯利先生(Mr. Kelly of Pennsylvania):在座诸位,贝克先生在历史方面是一个了不起的行家……而我只是一个谦卑的普通学员……但是我深信,在其所处时代的漫漫制度旷野上缔造了

一个全新秩序的华盛顿，如果生活在现在，而且受困于我们目前面临的经济困境，也会毫不犹豫地在当前经济窘境的旷野上构建一个全新的秩序。

我深信，为购买路易斯安那达到领土扩张的目的而扭曲了宪法的托马斯·杰斐逊，*如果生活于现在，他也会第一个站起来呼吁采取必要的行动，以拯救这个国家于工业和经济的滑坡之中……

我深信，亚伯拉罕·林肯，这个……[1]

如此等等，不一而足。

制定全国工业复兴法的速度使我们想起了费城会议仅用了四个月的时间就制定出了1787年宪法的过程。但这次制定全国工业复兴法的进程却预示着总统领导权的勃兴。最初，罗斯福召集了国会特别会议**以批 287 准某些紧急立法；这种做法的目的在于拖延将"一揽子"全面复兴的改革方案提交国会常会的时间。但当国会参议员雨果·布兰克提出了一个限定每周劳动时间不超过30小时的议案时，机警的罗斯福又反对国会通过如此简单的议案来干扰人们的现代生活。各种改革方案都预示着新体制即将出笼的现实。焦虑万分的智囊团成员们在特别会议上各抒己见，以期推出一个能够实现复兴的替代性方案。在罗斯福仔细听取了对立两派的意见后，代表政府当局立场的全国工业复兴法出台了。[2]

接下来出现的一幕同样引人注目。新国会即没有以行政权的极度膨

---

* 尽管杰斐逊是一个州权主义者，但是他在总统任期内，却利用总统缔结条约的特权，购入了路易斯安那的广大土地，使美国国土增加了一倍。这一措施，按照他自己的说法，是"最大限度地伸展了宪法的范围，使宪法几乎达到破裂的程度"。——译者注

〔1〕《国会纪录》(1933年)第4卷，第4212页(贝克的发言)；第4217页(凯利的发言)。

** 罗斯福于1933年3月4日宣誓就职后，于3月19日召开了国会特别会议，国会特别会议到6月份结束。在特别会议结束时，罗斯福写道："这次国会特别会议，以前所未有的勇气，不失时机地拨乱反正，使人们的头脑清醒，行为端正。它迅速而卓有成效地完成了预定的任务，使我们走上了上坡路。我确信，这次会议必将载入史册，流芳百世。"[见大卫·惠特尼：《美国总统列传》，天津人民出版社，第349页(1986年)]——译者注

〔2〕见唐纳德·布兰德(Donald Brand)：《工团主义与法治》(*Corporatism and Rule of Law*)(1988年)；艾利斯·哈莱(*Ellis Hawley*)：《新政与垄断问题》(*The New Deal and the Problem of Monopoly*)(1966年)；罗伯特·海米尔伯格(Robert Himmelberg)：《全国复兴管理局的起源》(*Origins of the National Recovery Administration*)(1976年)。关于总统在新政中的一些轶事，见亚瑟·施莱辛格(Arthur Schlesinger)：《新政之来临》(*The Coming of the New Deal*)，第96～98页(1959年)。

胀为由,反对总统提出全国工业复兴法的动议;也没有以全国工业复兴法的违宪性为由,要求对其进行修正或推迟批准。在经过最小量的修正后,国会以绝对多数通过了全国工业复兴法,从而强化了总统的权力。像当初的费城一样,现在的华盛顿成了对美国宪法传统进行革命性改革的地点;而这个宪法传统迫于即将来临的危机,也眼看就要土崩瓦解了。[1]

虽然通过全国工业复兴法是第一届新政国会作出的最有分量的事情,但其他法案也只是在与其相比之下才显得有些苍白。罗斯福之决定取消金本位制以及美元贬值所体现出来的权威,都远远超过了内战期间林肯和国会之试图发行纸币所表现出来的权威。而且,这一早期发行不兑换纸币的尝试性举措遭到了联邦最高法院的否决——这种状况一直延续到格兰特总统时期:那时格兰特政府成功重组的联邦最高法院,以五对四票的多数否决了联邦最高法院以前的判决。[2] 所有这些似乎还不够,国会建议田纳西河流域管理局(Tennessee Valley Authority)直接进行一场社会主义式的试验。[3] 与此同时,国会开始对农业、能源和退休金等领域的政策进行革命性的改革——使宪法限制国家权力的规定成了一纸空文。在作出了这些重大的突破之后,即便全面而持续地管理华尔街这样具有划时代意义的决定,看上去也显得极为稀松平常了——尽管证券交易委员会的创建同样引发了若干严重的宪法问题。

虽然有国会的持续支持,但总统一再声称美国人民需要一场革命性
288 的变革是一回事;而总统坚持的这种模糊说法要获得大多数美国人的支持则是另外一回事。在新政者华丽的人民主权辞藻转化为高级法创制的刚性规定之前,宪法还要求人民做些什么?

人民对第一轮新政改革措施的反应

1934 年秋季选举是对新政改革措施的首次检验。现在任何一个有思

---

〔1〕 1933 年 1 月,阿道夫·希特勒登上权力的顶峰,成为德国总理。这个与全国工业复兴法通过几乎同时发生的事件,使美国在行政权上的这些变革变得戏剧化了。

〔2〕 见本书第 8 章,第 239～241 页。

〔3〕 至少这是胡佛以及若干其他保守分子的观点。见赫伯特·胡佛:《回忆录》(*Memoirs*)第 2 卷,第 232 页(1952 年)。

想的美国人都会看到新政改革的革命性特征——他们也同样知道将这场革命性的试验扼杀于襁褓之中的最好方式。从历史的角度看,总统所属的政党在中期选举中从来就没有什么好结果。总统在大选中获胜,而其所属政党在议会中大丢议席的情况经常发生。这种滑坡现象“已不仅仅是一种趋势了。总统所属政党于中期选举中丢掉一些议席,几乎成了一个不可避免的历史**规律**”。[1] 由于民主党人在总统大选中获得了压倒性的胜利,这样他们在中期选举中丢掉一些席位也就显得再平常不过了。众议院所剩的117名共和党左翼分子都来自极为保守的地区。对参议院席位的争夺自1928年冬至前后即已开始,相关的历史记录非常明确地说明了这个问题。即便共和党人通过中期选举能在国会中小有斩获,他们就有可能具备足够的实力,向华盛顿不断推出的那些革命性改革措施发起挑战;如果他们在中期选举中能获得全面的胜利,那么共和党人就有充分的条件同那些被罗斯福废除杰斐逊原则之举所激怒的民主党人,结成巩固的联盟。

在此背景下,民主党人于1934年中期选举中取得的绝对胜利,就说明了一个非常清楚的问题。新政改革的大潮把322名民主党人送进了众议院,而只有103名共和党人残存其中。同时,参议院中的共和党人不仅从数量上由原来的35人下降到现在的25人,而且该党参议员的内部构成也发生了变化。8名共和党保守派领军人物丧失了席位,而共和党进步分子组成的一派在人员构成上并没有发生变化,仍然维持在原来的10人。[2] 这个规模渐小的少数派此时在参议院中要面对69个民主党人,这种悬殊的比例创造了历史上的新高。[3] 用《纽约时报》亚瑟·克拉克(Arthur Krock)的话来说,民主党人赢得了“美国政治史上最酣畅淋漓的 289

〔1〕 艾里克森(Erikson):“折戟于中期选举的困惑”(*The Puzzle of Midterm Loss*),载《政治学杂志》第50卷,第1011页(1988年)。

〔2〕 克利德·魏德(Cryde Weed):《改革的回报》(*The Nemesis of Reform*),第44~45页(1994年)。

〔3〕 威廉·列彻顿伯格(William Leuchtenburg):《富兰克林·D.罗斯福与新政》(*Franklin D. Roosevelt and the New Deal*),第116页(1963年)。

一场胜利”。[1] 新政者的这种胜利可能是一现的昙花吗?他们会认为自己就是人民的代言人吗?

罗斯福本人对此深信不疑。以中期选举中赢得的人民主权为依托,他开始了巩固全国工业复兴法地位的行动。在宣布这场改革试验已取得成功的同时,他提议再延展全国工业复兴法两年的有效期。他要求对全国工业复兴法进行更完美的修正,但“该法案的基本宗旨和原则是正确的。废弃该法案不仅是不可思议的,而且还会导致工业领域和劳动力市场的再次混乱”。[2]

但是话又说回来,工团主义真的**是**正确的吗?果真到了新政者可以用革命性的行动突破宪法传统的时候了吗?

宪法改革方案的改善

在涉及上述这两个问题时,联邦最高法院插了进来。在讨论联邦最高法院采取了怎样的行动之前,我首先想对主流理论关于旧式法院和新政之间伟大斗争的观点,提出一些质疑。

讨论前提的改造

法院改组危机常常被视为一场令人不快的意外事件。与他的任何一位前任不同,罗斯福在其第一任期内没能提名一位联邦最高法院法官。新政面对的是一个主要由共和党人任命的法官操纵着的联邦最高法院——其中只有两名威尔逊政府任命的法官仍然留任其中。毋庸置疑,那段时间对于罗斯福而言是非常艰难的。他从其前任那里承继下来的法院由三派组成——四名保守主义者、三名自由主义者以及由查理斯·伊

---

〔1〕 亚瑟·克拉克:“大潮洗礼中的国度”(*Tide Sweeps Nation*),载《纽约时报》1934 年 11 月 7 日第 1 版。

〔2〕 1935 年 2 月 20 日总统的国情咨文。见萨缪尔·罗斯曼(Samuel Roseman):《富兰克林·D. 罗斯福的公开演讲及文稿(1830 ~ 1950)》[*The Public Papers and Address of Franklin D. Roosevelt*(1830 - 1950)],第 80、82 页(1935 年)。

万斯·休斯和欧文·罗伯茨两人组成的中间派。在讲明了最高法院法官的这种内部结构后,当联邦最高法院的大法官们就宪法问题发生严重分歧时,主流理论自然将关注的焦点放在了中间派法官的观点上。

也恰恰是在这一问题上,不同的学术观点出现了。在法律现实主义者(legal realists)看来,中间派法官于1937年发生的"及时转向"的政治特征是不言自明的。对此看法颇感震惊的法制主义者(legalists)则认为,中间派法官的这种及时转向恰恰说明了他们对法律的高度信任。随着对司法原则复杂结构的解析,法制主义者越来越清楚地认识到:中间派法官作出转向的倾向比他们在现实生活中的具体表现还要清楚。休斯和罗伯茨于1937年作出认可新政的判决(或多或少)是可以预测的——它是早在可见的斗争展开之前,深层的司法原则即已发生了变化的必然结果。所 290
谓的及时转向并非政治的产儿,而完全是法律自身运作的结果。[1]

随着讨论的逐步深入,我将把这两种观点融于一处而不想独走某一极端。在坚持新政法院没有无中生有地重构宪法这点上,法制主义者是正确的;而法律现实主义者所强调的观点——没有总统领导权就不可能有法律原则的革命——也绝无不妥之处。但在此背景下,我认为更重要

---

〔1〕 关于这场讨论,迈克尔·帕里什(Michael Parrish)在《休斯法院、大萧条和历史学家》一文中进行了颇有见地的总结。见《历史学家》第40卷,第286页(1978年)。最近,此场争论中法制主义者一派的观点在下列文章中得到了更进一步的发展:巴利·库什曼(Barry Cushman):《教条综合症与自由主义的两难》(*Doctrinal Synergies and Liberal Dilemmas*);《1992年高级法院评论》,第235页(1992年);"法律意识流"(*A Stream of Legal Consciousness*),载《佛罗里达法律评论》第61卷,第105页(1992年);理查德·弗里德曼(Richard Friedman):"转向时期及各种其他思想试验"(*Switching Time and Other Thought Experiments*),载《宾夕法尼亚法律评论》第142卷,第1891页(1994年);劳伦斯·列斯吉(Lawrence Lessig):"解读变化的读本:理论与忠实原意"(*Understanding Changed Readings: Fidelity and Theory*),载《斯坦福法律评论》第47卷,第395页,第443~471页(1995年)。在更近的一些时候,斯蒂芬·加德波姆(Stephen Gardbaum)通过解释1937年以来已发生了根本变化的大量学术观点,使法制主义者的日子越来越艰难。这样,为了说明他们的观点,法制主义者不得不解释为什么在不缺乏充足学术理由使原有学术观点继续存在的情况下,这些观点却发生了如此巨大的变化。见斯蒂芬·加德波姆(Stephen Gardbaum),"新政宪政主义与诸州之解放"(*New Deal Constitutionalism and the Unshackling of the States*),载《芝加哥大学法律评论》第64卷,第483页(1997年)。

关于此点,历史学家和政治学家继续坚持现实主义的观点。见劳拉·卡尔曼(Laura Kalman):《自由法制主义的特殊轨迹》(*The Strange Career of Liberal Legalism*),第349~351页(1996年);威廉·列彻顿伯格(William Leuchtenburg):《最高法院的再生》(*The Supreme Court Reborn*)(1995年);约翰·盖茨(John Gates):《联邦最高法院与党派重组》(*The Supreme Court and Partisan Realignment*)(1992年)。

的是以批判的眼光看待传统讨论的基本前提。法律现实主义和法制主义者都假定,发生在旧式法院与新政之间的冲突纯粹是一种时间上的浪费。他们只是在斗争起因的问题上存在着分歧——法律现实主义者认为,最高法院缺乏足够的政治自觉性;而法制主义者则抓住了休斯和罗伯茨(尤其是后者)令人遗憾的失败,认为他们没有把握住前人确立的司法原则的精确含义。不管两派之间存在多大的分歧,他们都认为:如果旧式法院不抵制第一次新政浪潮,美国的处境将更好。人们或许还能发现两派会一致认为:如果让第一任期内的罗斯福有机会任命两名政治上精明、法律上强干的法官,那么在关于联邦最高法院的历史记录上可能就不会有反对新政的污点了![1]

在我看来,发生在旧式法院和新政之间的冲突绝不是不正常的。议会制使获得选举胜利的政党能够立即控制国家的主要部门,而美国的二元体制却**有目的地**增加了某个不断崛起的党派一下子控制全部政府部门的难度。在令人信服的原则于政治科学领域内逐步建立起来的过程中,[2]联邦最高法院将极具特色地承担起保守派的角色,对声望日隆的某些运动所倡导的革命性改革发起最强烈的挑战。

事情本该如此。在二元传统的框架内,没有那一场倡导革命性改革的运动可以指望其革命性观点能够轻而易举地占据主流地位。倡导改革的政治运动必须在顶着宪法批评的压力下,屡次赢得各种选举的支持;这样他才可能声称其代表了美国人民。通过把新政付诸这样的考验,旧式法院拯救——而不是背叛了——美国的宪法传统。

我们实际上也很难设想:如果命运赋予罗斯福在其第一任期内任命
291 一到两名法官的机会,他就可以避开那场令人不快的宪法斗争。毕竟,在填补联邦最高法院于1930年到1932年出现的三个空缺时,胡佛任命的三个法官并非让后来的民主党人最感到头痛的那类人。作为一个温和的

---

〔1〕 另外一条法律上的线索也同样是存在的,即强调糟糕的法典创制是联邦最高法院法官拒不接受第一次新政的理由。见巴利·库什曼(Barry Cushman):"对新政法院之反思"(*Rethinking the New Deal Court*),载《弗吉尼亚法律评论》第80卷,第201、249~255页(1994年);彼得·艾洛斯(Peter Irons):《新政法律家》(*The New Deal Lawyer*)(1982年)。

〔2〕 关于此点最好的概括,请见约翰·盖茨(John Gates):《联邦最高法院与党派重组》(*The Supreme Court and Partisan Realignment*),第10~25页(1992年)。

进步共和党人,胡佛在任命联邦最高法院法官时奉行了与传统保持一致的中间偏左的路线。当保守的塔夫(William Howard Taft)和萨伯恩(Sanborn)1930年从联邦最高法院退休时,进步的休斯和罗伯茨填补了他们遗留下来的空缺。在奥利弗·温德尔·霍姆斯(Oliver Wendell Holmes)1932年离开联邦最高法院后,胡佛任命了更为进步的本杰明·卡多佐(Benjamin Cardozo)。

罗斯福也会这么做吗?联邦最高法院法官的提名并不仅仅代表着意识形态领域内的斗争;他还为总统巩固其阵线中的薄弱环节提供了相应的政治手段。因此,联邦最高法院的每一个空缺都要求总统在宪法政治的需要和政客们对这一职位的渴求之间进行一番综合平衡,以作出最好的选择。[1] 在罗斯福面临的情况下,政客对此职位的渴求显得尤其紧迫:想做联邦最高法院法官的是参议院多数派的领袖约瑟夫·罗宾逊(Joseph Robinson)——他的终生目标就是在联邦最高法院中谋得一席之地。作为一名来自阿肯色州的参议员,罗宾逊代表了这样一个最典型的问题——这也是一个罗斯福在改造民主党为革命性改革的主要机构时所面临的主要问题。[2] 虽然罗宾逊是总统的忠实追随者,但他却是一个有着深厚杰斐逊主义传统的南部民主党人。况且,杰斐逊式的民主党传统恰恰是罗斯福现在的革命对象。众所周知,罗斯福已向罗宾逊作出了这样的承诺,即联邦最高法院出现的第一个空缺将由罗宾逊填补,以作为他有功于新政措施在参议院获得通过的奖赏。如果罗斯福违反了这一承诺,那他只有对罗宾逊和国会中的其他领导人付出更重的政治筹码。[3] 试想一下,霍姆斯大法官不在90岁,而是到了1932年他92岁时才退休的情形。在此情形下,罗斯福任命的罗宾逊将顶替胡佛任命的、与布兰代斯和斯通组成的法院左翼的卡多佐。果真如此,罗宾逊极有可能与其他四

---

〔1〕 我在第13章第392~394页中对此点作了详尽分析。

〔2〕 对政党领袖罗斯福,关于改革前景的详尽而精彩的分析,见辛迪·密尔凯斯(Sidney Milkis):《总统与政党》(*The President and the Parties*),序言第1页(1993年)。

〔3〕 当魏理斯·冯·德范特(Willis Van Devanter)在法院改组危机的尖峰时刻从最高法院辞职时,上述情况使罗斯福陷入了极度的窘境。在罗宾逊提出顶替空缺要求的同时,约瑟夫·阿尔索普(Joseph Alsop)和特纳·卡特里奇(Turner Catledge)也提出了类似要求。《那168个日日夜夜》(*The 168 Days*),第208~216页(1938年)。

位保守的大法官一道,为捍卫杰斐逊限权的中央政府的观点而展开英勇的斗争!

因此,联邦最高法院对新政的抵制不应草率地归因于罗斯福没有任命联邦最高法院法官的机会;也不应简单地认为四名保守法官对新政的
292 抵制在新政改革的过程中造成了极坏的影响。实际上,旧式法院在审理一些关键的案件时,并未形成5:4票或6:3票的情形,而是意见完全一致的9:0。

联邦最高法院的反应

当法律家们开始讨论全国工业复兴法的合宪性时,一些特殊的问题出现了。一方面,一些深谙法律的政府要员们并不否认该法案有违宪性之嫌。司法部长霍默·卡明斯(Homer Cummings)明知全国工业复兴法存在着违宪性的弊端,因此他拒不在联邦最高法院那里维护这个法案;全国复兴管理局的总顾问唐纳德·里希伯格(Donald Richberg),力图驳回那些可能引发全国工业复兴法合宪性问题之案件,以规避司法审查。[1] 密尔顿·汉德勒(Milton Handler)在1933年秋季发表的一篇文章中以中肯而又同情的口吻写道:"坦率地说……该法案的……连续性要求我们的认可……这种认可又要求联邦最高法院的法官转变态度,而联邦最高法院法官态度转变的革命性又丝毫不亚于法案本身所蕴涵的革命性"。[2] 甚至连瑟曼·阿诺德(Thurman Arnold)这样的法律现实主义者的代表人物,在论证全国工业复兴法的正当性时,也只能把它说成是一种应急措施,[3] 当全国工业复兴法的合宪性问题被送交各级法院裁决时,谙熟法

---

〔1〕 这种观点受益于罗内·谢米尔(Ronen Shamir)的新著《运用法律的不确定性:新政时期的精英法律家》(*Managing Legal Uncertainty: Elite Lawyers in the New Deal*),第2章(1995年)。该书对我独立研究的观点又作了进一步的挖掘和更加深入的研究。

〔2〕 密尔顿·汉德勒(Milton Handler):"全国工业复兴法"(*The National Industrial Recovery Act*),载《美国律师协会杂志》第19卷,第440、483页(1933年)。

〔3〕 瑟曼·阿诺德(Thurman Arnold):"合宪的新政"(*The New Deal Is Constitutional*),载《新共和国》,第989页(1933年11月15日)。对全国工业复兴法之合宪性最为深刻的论述见爱德华·科文(Edward S. Corwin)的《最高法院的黎明》(*The Twilight of the Supreme Court*),第1章(1934年),尽管该文是以并不明了且容易被忽视的学术用语创作出来的。

律的政府官员们也打算以此论点相抗衡。[1]

一般情况下,政府对全国工业复兴法表现出来的这种不安,将引发一些反对该法案的私人律师猛烈地攻击这个法案。不能与真理背道而驰,这是一般的通则。罗内·谢米尔(Ronen Shamir)对全国工业复兴法没有立即招致攻击的原因进行了全方位的概括:

> 尽管越来越多的证据表明,全国工业复兴法危及到了既存的法律原则和法律实践,但一些反对这个法案的法律家没有基于该法案行政和宪法上的弱点,倾力反对它。其中大致有三方面的理由:……该法案在主要的商业和工业团体中得到了广泛的支持,联邦最高法院最终将以何种方式对待这部笼罩着颇多宪法疑云的法律还是一个未知数,而且该法案的推行还因国家处于紧急状态而被证明是一个合理性的行动。[2]

这种从反面论证某法案合法性的做法固然令人瞠目,但却并非没有先例可循。就像我们曾经看到的那样,联邦党人和反联邦党人在建国时期宪法的问题上,就应用了一个与此类似的模式。与其过分地倚重于法律上的理性分析,联邦党人承认其改革的革命性特征,并以国家处于紧急状态为由,呼吁对手接受他们采取的那些非常规行动。与其沉溺于以单纯的法律手段对抗联邦党人,反联邦党人不再根据宪法指责费城会议要求各州召开批准宪法会议的做法。他们也开始动员民众,迎接即将到来的选举大潮,希望通过这些选举来检验这些革命性的改革措施。 293

类似的情况再现于重建时期。那时,联邦最高法院曾积累了若干足以论证改革者采取了非常规行动的素材。我们可以想起,在共和党人赢得了 1866 年选举后,他们面临着联邦最高法院通过麦克卡德尔案对重建的威胁。与其采取放任的态度,让联邦最高法院的法官们摧毁重建,会议/国会剥夺了联邦最高法院的司法管辖权。

---

〔1〕 诚如彼得·艾洛斯(Peter Irons)在《新政法律家》(*The New Deal Lawyer*)(1982 年)一书中第 38、53~54 页中写的那样,低级法院对政府试图对经济紧急状况诉诸以相应手段的做法并不表示理解和同情。

〔2〕 罗内·谢米尔(Ronen Shamir):《运用法律的不确定性:新政时期的精英法律家》(*Managing Legal Uncertainty: Elite Lawyers in the New Deal*),第 20~21 页(1995 年)。

当新政民主党人以重建的规模在经济领域推行全面的改革时，两个原因使他们无法理直气壮地实施非常规的措施。第一，新政民主党人的境况还不能与麦克卡德尔案时的共和党人的处境相提并论。毕竟，共和党人是在千方百计赢得四轮选举——1860 年、1862 年、1864 年、1866 年选举——以保证人民的持续支持后，才对联邦最高法院的判决发难的。虽然大萧条使大多数普通民众以无可比拟的认真态度关注着经济组织问题，但那时的民主党人也不过才赢得了两次选举。

第二，与蔡斯法院对重建法案持有明确的敌意相比，休斯法院对全国工业复兴法的反应更具不可捉摸性。早在一年以前，休斯本人撰写了一份联邦最高法院五对四票的多数意见，这份法院判决意见表明联邦最高法院开始向阿诺德和汉德勒所主张的革命观点倾斜。在处理明尼苏达州通过的那个解除债务人债务的法案时，首席大法官休斯并不否认开国元勋们会断定此类法案明显违宪。然而他却支持这项法案，并明确反对下列主张——“对宪法伟大条文的解释，必须受宪法制定者所处时间和条件的限制”。[1]

甚至在更近的一些时候，休斯带领着联邦最高法院还以五对四票的多数判决，支持终止金本位制、维护法定纸币在全国内的流通的新政决定。如果休斯没能使联邦最高法院作出取消金本位制的判决，那么种种迹象表明，罗斯福将采取类似于麦克卡德尔案的行动，使大法官们作出的
294 判决无效。[2] 即使休斯能引导联邦最高法院中的大多数法官支持新政推出的革命性货币政策，那他还可能争取法院中的大多数法官支持新政的革命性工业政策吗？

一言以蔽之，罗斯福插手干预联邦最高法院事务的时机还不成熟。

---

〔1〕 房屋建筑与信贷组织诉布莱斯戴尔案（*Home Building & Loan Association v. Blaisdell*），《联邦最高法院判例汇编》第 290 卷，第 398、442 页（1934 年）。

〔2〕 就像威廉·列彻顿伯格（William Leuchtenburg）所指出的那样，罗斯福曾经准备了一份无所顾忌的广播讲话稿，不“允许联邦最高法院的判决按其不可避免的逻辑，在现实中推行”。该演讲稿援引了林肯的第一次就职演说，“如果政府关于可能影响全体人民之重要问题的政策，不可避免地要受制于联邦最高法院的判决……那么人民即将丧失其主人翁的地位”。当总统及其内阁成员在国会特别会议期间静候联邦最高法院判决的消息时，可以肯定的是关于宪法危机的阴云已经浮现出来了。见威廉·列彻顿伯格（William Leuchtenburg）：《最高法院的再生》（*The Supreme Court Reborn*），第 86～88 页（1995 年）。

在无法预测联邦最高法院未来将采取何种行动的情况下，罗斯福就完全没有必要考虑采取非常规的举措。

然而，联邦最高法院的法官们恰在此时表明了他们对新政所持的敌对立场。1935 年 4 月 1 日，在全国次负盛名的联邦上诉法院第二巡回审判庭作出了充分支持全国工业复兴法的判决，那时距全国工业复兴法两年期满的界限仅有几个月的时间了。联邦最高法院的法官们本可按照正常的时间进度排定关于该案之上诉等问题的讨论会。可是，他们根据政府提出的尽快处理此案的请求，把讨论该案的时间安排到了 5 月初。5 月 27 日，联邦最高法院的法官们在斯彻切特家禽公司诉合众国案中(*Schechter Poultry Corp. v. United States*)宣布了他们的法院判决意见。在这份以惊人速度作出的法院判决意见中，联邦最高法院的法官们不仅反对全国工业复兴法，而且该判决还是以全体一致的九比零作出的。首席大法官坚决反对他在一年前曾提到过的、经济处于紧急时期的说法：

> 我们知道，法律规定，国会认为国家处于严重危机时可以制定法律……特别情况需要特别对待。但此种说法不应用来论证超出宪法授权之外的行动的正当性……宪法早料到了可能会出现这种超出宪法权威的做法，因此通过宪法第 10 修正案的明确规定防止这种情况发生——“宪法未授予合众国、也未禁止各州行使的权力，由各州各自保留，或由人民保留”。〔1〕

可以说，这些文字具有双重作用。它们不仅使联邦最高法院得以运用传统的宪法原则衡量全国工业复兴法；而且它还对总统在下次选举时与法院顶牛、寻求人民支持他推行的工团主义的做法发起了挑战。

此后，联邦最高法院非常明确地提出了两个传统的原则，并进一步指 295
出：如果总统希望按照宪法第 5 条规定的高级法创制方式行事，那他就得根据这两个原则矫正他的一些做法。第一个原则与国家政府的结构有关。在制定全国工业复兴法时，国会把广泛的管理权交给了商业和劳动团体，这些团体合于一处起草了若干关于公平竞争的法规。在这些法规

〔1〕 斯彻切特家禽公司诉合众国案(Schechter Poultry Corp. v. United States)，《联邦最高法院判例汇编》第 295 卷，第 495、528 页(1935 年)。

草拟完毕后,总统则享有广泛的自由裁量权以决定是否批准这些法规。联邦最高法院粉碎了这种体制,并指出国会放弃了建国时期宪法授予它的、在立法时本应发挥的中心作用——这种作用曾在重建时期得到了再次的肯定。在联邦最高法院看来,1933 年云集于国会山的民主党人并未从人民那里获得足够的权威,以总统领导权为基础的工团主义体制取代以国会为中心的传统政府。[1]

联邦最高法院在判决中指明的第二个原则,为各州制造了一道保护墙。在联邦最高法院法官们的眼中,斯彻切特家禽公司作为纽约布鲁克林地区的成品鸡肉销售商,是一个典型的地方公司。如果说哪个政府有权干预它的劳动及其销售行为,那是纽约州政府而不是铁板一块的新政国家政府。联邦最高法院承认,"几乎"斯彻切特公司的"所有"鸡肉都来源于其他各州,[2]而且为管理纽约、康涅狄格以及新泽西三州构成的州际市场,它们也已制定了法典。[3] 但如果上述做法即足以证明国家干预的正当性,那么对构建"完全中央集权式的政府"而言,就根本"没有什么实质性的限制"。[4] 斯彻切特公司只是"间接地"冲击了州际贸易。一旦该公司从批发商那里直接购进肉鸡,"与家禽相关的州际事务"即告完结。[5] 斯彻切特公司的做法与有权管理州际贸易的国会没有一丝干系:"必须把直接和间接影响之间的差异……看做是一个基本的问题,它对维系我们的宪法体制至关重要"。[6]

总统的反应

现在,球又踢到了总统这边。他有三个基本选择:

1. 迫于联邦最高法院的压力而作出让步,接受联邦最高法院提出的

---

〔1〕 此点在巴拿马炼油公司诉雷恩案(Panama Refining Co. v. Ryan)以及哈姆弗雷遗嘱执行人诉美国案(Humphrey's Executor v. United States)中均有所体现。见《联邦最高法院判例汇编》第 293 卷,第 240 页(1935 年)以及《联邦最高法院判例汇编》第 295 卷,第 602 页(1935 年)。

〔2〕 斯彻切特家禽公司诉合众国案(Schechter Poultry Corp. v. United States),《联邦最高法院判例汇编》第 295 卷,第 495、542 页(1935 年)。

〔3〕 同上,第 523 页。

〔4〕 同上,第 548 页。

〔5〕 同上,第 543 页。

〔6〕 同上,第 548 页。

宪法批评,制定一个新的、更为中庸的立法方案。

2. 置法院的阻挠于不顾,起而应战:重新制定全国工业复兴法(或与其相类似的法案),尔后通过1936年选举呼吁人民授权、支持他的改革动议。

3. 即不在法院的压力下退让,也不重新制定全国工业复兴法,而是重 296
新思考新政。总统倡导的工团主义这种集权模式,真的是控制自由市场经济带来的不公和弊病的最佳方式吗?

在一次重要的新闻发布会上,总统流露出了选择第三种方案的意向。反应迅速的《华盛顿邮报》这样评价道,这次新闻发布会"具有长远的政治意义……他所做的非正式而又审慎的讲话,肯定要比联邦最高法院作出的判决,对这个国家之未来的影响要深远得多"。[1] 在持续了一个半小时的讲话中,总统宣布斯彻切特案"比我此生经历过的任何案件都重要……或许它比自德里德·斯科特案以降的所有案件都重要"。[2]

罗斯福讲话的最显著特征,是他对待宪法问题的高度严肃性。在新闻发布会开始之初,罗斯福宣读了一份指责斯彻切特案判决弊端的电文;随后他又转到了另一个完全不同的主题——朗读了休斯大法官撰写的法院意见,并对其进行了深邃而合乎情理的评论。在驳斥了联邦最高法院否认国家处于紧急状态的做法之后,罗斯福将联邦最高法院对新政的宪法批评明确地分为两个方面。"[国会对总统的]授权并没有那么重要",因为最高法院认为,这种授权能够通过更特别的立法予以校正。然而,联邦最高法院关于商业条款所做的判决却是一个完全不同的问题:"联邦最高法院将不再审理任何可能间接影响州际贸易的案件……运输中的货物是与州际贸易有关的唯一问题……或许只有极少量的工作将直接影响到这些运输中的货物(这意味着国家可以干预州际贸易的领域非常有限——译者注)"。[3] 如果联邦最高法院的法官们坚持这种观点,那就意味着国家生活的广阔领域将被排除在新政干预的范围之外。在以较长的

---

〔1〕《华盛顿邮报》1935年6月1日,第8页。

〔2〕罗斯福(Roosevelt):《总统新闻发布会全集》(*Complete Presidential Press Conferences*)第5卷,第309、315页(第209号新闻发布会,1935年5月31日)。

〔3〕同上,第322~323页(第209号新闻发布会,1935年5月31日)。

时间阐明了此点之后，罗斯福将关键的问题界定如下：

> 这一问题远比党派之间的问题要深远得多，它是一个国家层面上的问题；是的，这个问题就是……合众国以及合众国的人民将决定，在所有默示的以及联邦最高法院认可的权力之下，未来的联邦政府是否没有管理国家经济问题的正当权利，而经济问题又势必都得由各州自行决定？
>
> 此问题的另外一个方面是：是否我们应该如此看待社会问
> 297 题——在解决这些社会问题的过程中，我在各行各业创造了若干就业机会——是否我们应从这一角度出发，认为联邦政府没有采取任何措施的权力，以使这个国家的社会境况向良性方向转化？现在这一问题异常明了且非常简单！[1]

如此杂乱的措辞表明，罗斯福不是在简单地诵读其手下认真起草的讲稿。这个新闻发布会从一个侧面说明，总统本人的确进行了认真的宪法思考。罗斯福没有盲目地接受，也没有盲目地反对或忽视斯彻切特案。相反，他运用联邦最高法院就该案作出的法院判决意见勾勒出了他本人的宪法观点，在重要的和基本的宪法问题之间作了区分。

种种迹象表明，在废除越来越不受人们欢迎的全国工业复兴法的问题上，联邦最高法院帮了罗斯福的大忙。[2] 然而，总统本人却绝不会这么看。他登上总统宝座时最强烈的念头就是实现国家的复兴。1934 年民主党人在选举中获得的压倒优势的胜利，使他没有理由放弃自己的主要方案。[3] 正是联邦最高法院对该法的抵制才迫使他再次陷入了冷静的思考：如果他把全国工业复兴法作为 1936 年选举的主题，到那时人们还

---

〔1〕 同上，第 328～329 页（第 209 号新闻发布会，1935 年 5 月 31 日）。

〔2〕 在众多论述此问题的著作中，可见埃利斯·哈雷（Ellis Hawley）：《新政与垄断问题》（*The New Deal and the Problem of Monopoly*），第七章（1966 年）。

〔3〕 即便是在 1941 年晚期，罗斯福还坚持认为，全国工业复兴法为我们“指明了一条通往新经济秩序的道路，我敢肯定这个新经济秩序将在未来几年之内完全实现”。见艾伦·布林克雷（Alan Brinkley）：《改革的尾声》（*The End of Reform*），第 40、290 页（1995 年）。另见威廉·列彻顿伯格（William Leuchtenburg）：《最高法院的再生》（*The Supreme Court Reborn*）（1995 年）第 146 页；以及小奥提斯·格拉汉姆（Otis Graham, Ju.）：《富兰克林·罗斯福与蓄谋已久的新政》（*Franklin Roosevelt and the Intendent New Deal*），具体可见托马斯·克罗尼（Thomas Cronin）和迈克尔·贝斯克罗斯（Michael Beschloss）主编的《纪念詹姆斯·马克格里格·伯恩斯论文集》（*Essays in Honor of James Mac Gregor Burns*），第 83～84 页（1989 年）。

可能会真正支持他吗?

不管罗斯福本人对工团主义抱有多高的热情,他都可以很容易地给上述问题一个否定的答案。这次新闻发布会说明:为了迎接即将来临的争取公民支持的选举大潮,罗斯福已开始着手为其改革寻求更坚实的宪法基础了。而这个更为坚实的宪法基础不是工团主义而是国家主义——“制定、管理与全国经济、社会问题之调控相关的法律的权力”。〔1〕罗斯福对迅速实现这个目标并不报任何非分之想:“这是非战争期间摆在这个国家面前的、亟须解决的最重要问题;我认为,这个问题会耗去5年或10年左右的时间。”〔2〕

虽然此时还是新政的早期阶段,罗斯福还是非常老练地作出了如下暗示:可能会出现多种不同的宪法改革结果。新闻发布会上的罗斯福在评论休斯的法院意见时指出,斯彻切特案对州际商业所作的限制性规定只是“法官的意见”(dictum),因此他要求听众记住“这个法官意见在未来未必能获得长时期的遵守”。〔3〕他认为,在不遵守法官判决意见的未来,
“我们将以某种方式移交或归还——**无论你选择哪种说法**——联邦政府 298
那些世界上其他国家政府都享有的权力”。〔4〕这席话说明,可能会出现司法上的及时转向替代制定正规的宪法修正案的宪法改革模式——这或许也是在新闻发布会行将结束时,引发下述对话的一个思想火花:

> 问:你刚才提到了德里德·斯科特案的判决。与那个判决随之而来的是内战以及两个宪法修正案。
>
> 总统:是的,所以出现上述情况的原因在于,19世纪50年代的人们在1856年后的四年时间里没有采取任何有效的宪法改革行动。
>
> 问:你曾经提到了在未来五年或十年的时间内,由人民来决定宪法改革问题的必要性。是否存在解决这一问题的其他途径,而无须制定或批准某个宪法修正案?

---

〔1〕 罗斯福(Roosevelt):《总统新闻发布会全集》(*Complete Presidential Press Conferences*)第5卷,第333页(第209号新闻发布会,1935年5月31日)。

〔2〕 同上。

〔3〕 同上,第5卷,第319页(第209号新闻发布会,1935年5月31日)。

〔4〕 同上,第333页(重点号为后加)。

总统:不,我们还未得到解决这一问题的明确答案。

问:可能会以战争的手段解决吗?(笑)

总统:寻求什么手段也都是为了解决我们所面临的问题,这就是问题的全部。

在总统面临多种宪法改革途径的时候,若干新闻出版单位都以头版头条的醒目标题,报道了总统发表的这番言论:《洛杉矶时报》和《芝加哥论坛报》分别以《倡导宪法改革的罗斯福》和《总统诉求不受限制的权力》为标题,对新闻发布会进行了报道。无论这些题目有多么抢眼,其内容大多以较长的篇幅比较精确地概括了总统所做的宪法分析——以及对罗斯福面临的若干宪法改革选择所做的公正评价。就像《洛杉矶时报》所说的那样,“包括白宫在内的行政部门作了大量的舆论测试,以期揣测公众对宪法改革的看法……一个方案是增加联邦最高法院法官的数量,直到最高法院里支持新政的法官达到多数。另一个方式是修正宪法,以摧毁联邦最高法院现在拥有的、同国会唱反调的权力。当然还有第三种方案,即对现行宪法明确规定的联邦和各州的权力进行重新界定”。[1]《华盛顿邮报》总结道:

> 从总体上来看,总统发言的具体含义可作如下解释——如果他
> 不打算尽快出台一个明确授权国会调控商业的宪法修正案,那么他
> 299 希望国家强烈反对法院在判决中表达出来的州权中心主义,并希望
> 后者能够在未来的判决中放弃或修正这种观点。[2]

第二天,《纽约时报》也在其头版刊登了一篇以《华盛顿计划出台一个联邦宪法修正案》为标题的文章。[3] 该报道详细分析了华盛顿可能会运用其前不久以最快的速度批准“解除酒禁修正案”*时的方法。在废除禁酒修正案的过程中,国会没有将“解除酒禁的修正案”提交各州议会,而是运用了由各州制宪会议批准的方法——由选民投票选出事先已表态支持或反对该修正案的制宪会议代表。这种做法实际上把批准“解除酒禁

〔1〕 社论,《洛杉矶时报》1935 年 6 月 2 日,第 14 页。

〔2〕《华盛顿邮报》1935 年 6 月 1 日,第 4 页。

〔3〕《纽约时报》1935 年 6 月 2 日,第 1 页。

* 即美国宪法第 21 修正案。该修正案废除了禁酒的宪法第 18 修正案。——译者注

修正案”之过程转变成了一系列的准全民公决，它使“解除酒禁修正案”在不到一年的时间里获得了3/4州的支持。

《纽约时报》对运用上述先例的可能性作了一个足以引导未来舆论方向的评论：“据报道，政府官员现在正考虑运用一种近乎全民公决的特殊方案，以期达到‘迅速’修正宪法的目的。这样，人民就有可能在60天的时间内，就联邦最高法院之斯彻切特判决所引发的问题，表明自己的立场。”[1]在此方案下，行政部门还将修正“解除酒禁修正案”得以批准的程序。与其让各州自行召集制宪会议，国会将“指定各州制宪会议召开的时间、方式和地点，以及制宪会议的组成。据此程序，这种制宪会议最大限度地与宪法所设计的全民公决具有极大的相似性”。[2]《纽约时报》首席专栏作家亚瑟·克拉克就此问题作了非常大胆的预测，他认为总统可能会“走到倡导联邦制宪会议的地步，以特殊方式完成宪法的现代化”。[3]

可以想象，这种观点引起了其他媒介的广泛批评。但我们却很难判断共和党人控制的大量报刊是否真的在为普通衣食男女说话。像亚瑟·克拉克这样富有同情心的评论员则对前景持一种相对乐观的态度：“在具有历史意义的一周行将结束的时候，越来越可以肯定的是：无论新政在法律上将遭遇何种命运，这个曾经历过累卵之危的国家已紧紧地结为一体， 300
并朝着她的目标进发。在经历了各种非难与挫折之后，罗斯福总统自此成了改革轮廓逐渐明晰的全新新政的领导人。”[4]较为保守一些的专栏作家只是预言将发生“一场对未来产生巨大影响的激烈斗争”，[5]但没有对斗争结果作出进一步评论。然而，现在的总统却没有对未来报更大的期望。没有继续投身于改革运动的大潮之中，相反，第一任期行将结束的罗斯福陷入了沉寂之中——即便在联邦最高法院又推翻了第一新政某些关键措施的情况下，他也无动于衷。

---

〔1〕 同上。

〔2〕 同上。

〔3〕《纽约时报》1935年6月2日，第4版（本周新闻回顾），第3页。

〔4〕 同上。

〔5〕 雷蒙德·克拉波（Raymond Clapper）：“你我之间”（*Between You and Me*），载《华盛顿邮报》1935年6月1日，第2页。

有人认为总统的这种转变缘于他对对抗的激烈程度始料不及。[1]但我认为这种观点是难以令人置信的——不仅因为一名有经验的政治家本应料到改革之初会出现的反对意见;而且他也同样会料到会有很多人支持他的改革。[2] 因此,对总统保持沉默做法的最好解释应该到更宏观的宪法战略而不是到具体的宪法策略中去寻找。

为弄清我的观点,我们还要回到此前提到的、罗斯福所面临的那三个基本选择上去。如果罗斯福选择重新肯定全国工业复兴法的第二种方案,那么除了继续投身于新政运动同法院斗争到底之外,他几乎没有其他选择。毕竟,联邦最高法院已明确地表达了它反对全国工业复兴法的立场。因此,确保继续前进的唯一方式,就是诉诸人民以除去挡在通往成功之路上的宪法拦路石。

但如果总统打算以反思新政的方式对斯彻切特案作出回应,那么他这种前后行动不一致的做法就显出了深刻的意义。他对斯彻切特案的激烈反应,已使联邦最高法院和全国人民注意到了他阐明基本宪法问题的目的所在。然而,此时从改革日程中剪除全国工业复兴法,并立即推出一个宪法修正案——或其他非常规的某种可替代方案,又显然是不成熟的。因此,对于总统而言,最重要的是提出一个内容确定的全国工业复兴法的

---

〔1〕 列彻顿伯格(Leuchtenburg):《富兰克林·罗斯福法院改组方案之渊源》(*The Origins of Franklin D. Roosevelt's Court-packing Plan*)。见威廉·列彻顿伯格(William Leuchtenburg):《最高法院的再生》(*The Supreme Court Reborn*),第82页(1995年)。

〔2〕 例如,《纽约时报》6月2日(第1部分第28页)报道:

参议员们倾向于罗斯福的观点

今天,参议院两主要政党的领袖对罗斯福总统关于联邦最高法院就全国工业复兴法所作判决的观点,发生了可以察觉的明显变化。

少数人明确表示支持罗斯福的做法,但是大多数人从其通信和电文中透露出了一个明显的倾向,即对宪法可能重新界定州际贸易的问题持一种更为冷静的态度……

一名很有影响的民主党领导人今天提出,总统甚至可以通过国会当前正在召开的会议提出一个宪法修正案并移送各州,而不应有任何迟疑。这样的宪法修正案将为联邦控制当前之形势提供有效、有力的保障。

从更广泛的意义上说,各大报纸的社论对此反应不一。持强烈敌意者有之,如《芝加哥论坛报》的"自由主义还是专制主义?"(1935年6月4日,第12页);《洛杉矶时报》发表的"一场输掉了的游戏"(1935年6月4日,第4页);以焦虑的口吻表达出一种温和的敌意者有之,例如,《纽约时报》第4版第8页报道的"改革联邦最高法院"(1935年6月2日);积极主张需要进行一场认真的宪法改革者有之,如《圣路易斯邮报》第20页发表的"论宪法改革"(1935年6月3日);《德梅因文摘报》(德梅因系依阿华州首府。——译者注)第14页报道的"宪法与计划经济"(1935年6月2日)。

替代物。也只有在他打着“第二新政”(second New Deal)的旗号,赢得选举、获得人民授权的情况下,新闻发布会上曾经讨论过的高级法创制问题才可能登上政治舞台的中心。

宪法改革方案的整形

之于总统而言,正确而适当的做法应该把注意力转向国会而不是联邦最高法院。通过诉诸国会,总统可以通过评析斯彻切特案从而推出更为明确的宪法改革方案。威廉·列彻顿伯格(William Leuchtenburg)对此作了如下描述:

> 对于罗斯福而言,斯彻切特案的判决使他掉进了灾难性的5个月中的最低谷。从表面上看,尽管总统在1934年11月的中期选举 301
> 中取得了决定性的胜利,但新国会也仅仅通过了一项立法——劳动救济法案(the work relief bill)……到3月底,政府工作几乎处于停顿状态。瓦尔特·李普曼(Walter Lippman)写到,“在经过几个月群情激昂的热望之后,我们不得不再一次面对新一轮心灰意冷的阶段”。罗斯福似乎对自己及其政党将何去何从也感到茫然无措,他几乎没有驾驭新一届任性国会的能力,而且也不愿对它发出哪怕是一点最主要的指示。[1]

斯彻切特案裁决对新政改革发起的挑战,对新政来说是一个“巨大的刺激”,[2]它使总统和国会产生了拧于一处的新动力,以通过集体的力量给出一个更为明晰的新政改革轮廓。尽管国会那时已准备休会,但罗斯福要求国会再坚持一个夏季,以制定出一套全方位的、新的立法方案。因此,就有了第二新政百日的立法创新。此间制定了一些具有里程碑意义的法案,如瓦格纳劳工法(Wagner Labor Act)、社会保障法(Social Security

〔1〕 威廉·列彻顿伯格(William Leuchtenburg):《富兰克林·D.罗斯福与新政》(*Franklin D. Roosevelt and the New Deal*),第146页(1963年)。

〔2〕 这是威廉·列彻顿伯格的说法,见上书,第150页。当然,我们永远也无从知道,没有联邦最高法院在司法上的这个刺激,罗斯福及国会是否会重塑他们的新政改革方案。比如,总统在斯彻切特案判决之前一个星期已经作出了支持瓦格纳法的决定;而社会保障法也在酝酿之中。关于强调斯彻切特案之作用的最有说服力的观点和论证,可见史蒂芬·斯诺罗内克(Stephen Skowronek):《总统政治》(*The Politics Presidents Make*),第311~313页(1993年)。

Act)以及公用事业控股公司法(Public Utility Holding Company)等。[1]

在宪法史上,第二新政是一个重要的转折点。与其以全国工业复兴法替代鼓励竞争的市场机制,现在罗斯福和国会将市场视为新经济秩序中的一个合法的组成部分——当然前提是通过民主程序有效地管理市场,以纠正可能产生的市场滥用和分配不公。这样,瓦格纳法使无组织的工人有了一个可以同雇主有效地签订契约的新工具;控股公司法有效地消除了大资本对资本集中的滥用;而社会保障法则保障了所有劳动者在市场失灵的情况下,能对难熬的日子有一个光明的企盼。

在落实这一系列以调整社会结构为中心的改革方案时,新政者并没有完全抛弃他们早期的一些立法经验。1933 年和 1934 年的社会保障法之间就有着千丝万缕的联系。在斯彻切特案之前,改革的战略目标是全国工业复兴法所倡导的工团主义。现在,随着新政逐渐触及一些核心的问题,改革的目标也日渐明晰。也就是说,虽然新政的前后两个阶段有着一定的联系,但这两个阶段的改革目标已发生了变化。[2] 随着民主党人开始准备 1936 年的各种选举,他们将以管制资本主义(regulated capitalism)而非工团主义的倡导者出现在选民们面前。在此目标的指引下,新政者将提出一系列以改革社会结构为中心的方案——人民可以通过这些方案控制而不是完全消灭竞争的市场机制。

联邦最高法院的批评与改革方案的改善

此前,我着重讨论了斯彻切特案对改善新政倡导的改革目标——积
302 极干预的国家政府——所发挥的重要作用。但从 1935 年到 1936 年,旧式法院在诸多领域抵制这种日渐明晰的政府模式。尽管主流学说对法院否定积极干预国家政府的判决提出了质疑,但我们绝不应忽视这些判决在促成新政改革结果的民主化方面所作出的贡献。更为重要的是,联邦

〔1〕 关于此间提出的所有动议,见亚瑟·施莱辛格(Arthur Schlesinger):《新政之来临》(*The Coming of the New Deal*),第 17 ~ 20 章。(1959 年)。

〔2〕 亚瑟·施莱辛格(Arthur Schlesinger):《剧变的政治》(*The Politics of Upheaval*),第 21 章(1966 年)。艾伦·布林克雷(Alan Brinkley)在《改革的尾声》(*The End of Reform*)一文中敏感地讨论了这种转变。

最高法院作出的这些判决使美国人民看到,新政正在动摇着宪法的传统根基——人民现在撤回他们对新政者的授权、不再支持他们,尚为时不晚。否定新政倡导的积极干预的国家政府的判决,同样要求广大民众以更审慎的眼光看待新政推出的各种改革方案。一些改革措施——如建立证券交易委员会——通过了联邦最高法院的第一轮宪法考验。[1] 而更多的改革措施由于联邦最高法院的强烈反对而遭到了否决——虽然联邦最高法院内部在作出这些判决时也曾进行了激烈的争论。例如,国会强行为铁路系统提供联邦退休金的改革方案,即被联邦最高法院以5:4票的多数否决了;[2] 国会想打破常规地管理更广泛的经济领域的尝试——特别是想加强对农业和采煤业的管理,也因联邦最高法院 6:3 票的多数否决而流产。[3] 联邦最高法院内部经过如此激烈而又势均力敌的斗争而作出的这些判决精确地说明——同全国工业复兴法相比,修正后的、以改革社会结构为主的新政方案与传统保持了更多的联系。

与此同时,旧式法院的这些判决还帮助我们拓宽了宪法讨论的领域。当罗斯福大谈特谈加强国家政府权力之必要性的时候,联邦最高法院作出的这些判决却不无道理地指出:更多的东西因罗斯福的这种要求而受到了威胁。自南北战争以来,法官们早已推演出了各种限制各级政府权力运作的自由原则。为确保自由,各州政府应当同联邦政府一样,其权力都应受到限制。从更广泛的意义上说,这些限制政府权力的自由原则,使私有财产和契约自由得以成为确保个人自由免受寡头暴政侵害的最重要宪法保障。对宪法原则做这种自由放任主义式的理解将系统地摧毁正在进行的社会结构改革——而这场社会结构改革也正是新政民主党人正在

---

〔1〕 尽管联邦最高法院在低于宪法的层面上,对此改革措施发出了严重警告。见琼斯诉证券委员会案(Jones v. Securities Commission),《美国最高法院判例汇编》第 298 卷,第 28 页(1936 年)。

〔2〕 退休委员会诉阿尔顿铁路公司案(Retirement Board v. Alton Railroad Co.),《美国最高法院判例汇编》第 295 卷,第 330 页(1935 年)。

〔3〕 见合众国诉巴特勒案(United States v. Butler),《美国最高法院判例汇编》第 297 卷,第 1 页(1936 年);卡特诉卡特煤炭公司案(Carter v. Carter Coal Co.),《美国最高法院判例汇编》第 298 卷,第 238 页(1936 年)。描述联邦最高法院在这些案件中运用了主流先例,以论证多数法官支持的法院判决意见的书,可见理查德 · 梅德门特(Richard Maidment):《对新政的司法反应》(*The Judicial Response to the New Deal*),第 6 章(1991 年)。

向美国人民精神深处逐渐灌输的东西。

同样在一个宣布全国工业复兴法无效的“黑色星期一”,联邦最高法院在“路易斯维尔银行诉拉德福德”[1](*Louisville Bank v. Radford*)案中进一步表明了与新政民主党人势不两立的立场。从根本上说,联邦最高法院通过拉德福德案对新政发起的宪法挑战丝毫不亚于斯彻切特案。该案主要关涉到1934年的弗雷泽—莱姆克法案(Frazier-Lemke Act)。经济危机使成千上万的农民被迫绝卖(foreclosure sale)其赖以生存的土地,而弗雷泽—莱姆克法案正是新政对此危机所作出的实用主义反应。面对如此巨大的失序状态,国会为这些以土地作为担保的债务人提供了特殊的救济——如果他们向债权人支付一笔“法院确定的合理租金”,他们就可以
303 在未来5年不受任何干扰地占有土地,而且他们还可以其提供的担保财产的估价偿还债务。[2]

以现代宪法的角度观之,弗雷泽—莱姆克法案不会引起人们的任何不安。诚然,国会迫使作为债权人的银行接受租金,以顶替它们根据普通法本应立即取得的土地所有权。但由法院来界定这比“合理的”租金,难道不会影响债权人的经济利益吗?在允许债务人以估价购买土地的规定中,存在着另一个同样不容易发现的严肃宪法问题:银行是否还可以坚持要求更多的、市场因素以外的其他补偿?

没有对银行方面的抱怨给予特别的关注,国会似乎非常肯定地认为,这种颇具创意的管理方案将收到明显的社会效益。与其允许银行将农民和房屋所有人从他们现在赖以生存的土地上赶走,弗雷泽—莱姆克法案给他们提供了一条出路,使他们不失尊严地继续生活在原有的社区内。在巨大的经济动荡时期,这种做法果真具有无可比拟的巨大价值吗?

从最低限度上讲,国会完全有权作出这种利弊判断——甚至现代的宪法学家们大概也曾受到过如何对此种情形进行价值衡量的训练。然而,拉德福德案成了一个再合适不过的时代分水岭,这道分水岭将当代同1935年行将结束前的那段时间分割开来。联邦最高法院不仅推翻了这场

〔1〕 路易斯维尔银行诉拉德福德案(Louisville Bank v. Radford),《联邦最高法院判例汇编》第295卷,第555页(1935年)。

〔2〕 同上,第593页。

无关痛痒的社会改造工程,而且还写出了一个全体一致的法院判决意见。更值得一提的是,这个法院意见还是由那个被奉为“自由派”中的铁杆人物路易斯·布兰代斯撰写的。在他看来,国会的方案剥夺了债权人对“抵押之本质”的理解。[1] 布兰代斯认为弗雷泽—莱姆克法案的支持者提供的“大量经济数据”与本案没有任何联系,[2]并坚持认为剥夺债权人的所有权益违反了宪法第5修正案。

简言之,这个法院意见之所以引人注目,是因为它出自一个以制造“布兰代斯式的判决”而著称的法官之手;而“布兰代斯式的判决”又恰恰是创造性运用法律的标志。联邦最高法院曾轻而易举地突破了萨瑟兰或巴特勒法官判决的洛克纳案,而布兰代斯决定代表联邦最高法院撰写拉德福德案的判决本身,则蕴涵着更深层的智慧。与其他保守的大法官一 304
道,布兰代斯及其“自由派”同僚的做法使人们更清楚地意识到:新政出台的各项改革方案正在逐步侵蚀着自由放任主义的宪法传统。它在全面否定着前人以财产和契约为核心原则而缔造的宪法根基。一旦美国人民发现新政以如此巨大的幅度超越了普通法传统,他们还会真心实意地拥护它吗?

在使人民足以注意到上面提出的这个问题之后,自由派的大法官们还是很愿意在其他案件中,与那些顽固坚持自由放任主义宪法传统的保守派法官们持不同意见的。例如,在1932年的新州冰公司诉莱布曼案(New State Ice Company v. Leibmann)[3]中,虽说州政府拒不发给小型企业以提供便利且必要的营业执照,但布兰代斯还是强烈反对法院作出维护小型企业“自由参与合法商事活动”之权利的判决。在当时的情势下,布兰代斯丝毫没有受困于“普通法根本不知道(能够提供便利且必要的)营业执照为何物”这一事实。相反,他更注重维护民主政府的权威——为了提高“公共福祉”,有必要在“大机器时代”修正财产权的内容。[4] 当

---

〔1〕 同上,第580页。

〔2〕 同上,第599页。

〔3〕 新州冰公司诉莱布曼案(New State Ice Company v. Leibmann),《联邦最高法院判例汇编》第285卷,第62、280页(1932年)。

〔4〕 同上,第282页。

然,自由派法官们有时也在某些特殊的问题上,力争联邦最高法院中的大多数以支持他们对私有财产的那种工具主义看法。[1]

然而,没有任何迹象表明联邦最高法院打算彻底推翻整个传统的宪法框架。[2] 对此我们可以考察一下联邦最高法院于1936年选举之前表明的最后姿态。6月1日,联邦最高法院推翻了纽约州制订的一项规定妇女最低工资的法案。与其再提出一个会引发新一轮争论的问题,联邦最高法院中的大多数法官认为应采取更为便捷的做法,即援引1923年萨瑟兰法官在阿德金斯诉儿童医院案(Adkins v. Children's Hospital)[3]中作出的具有里程碑意义的法院判决。这一次,休斯与其他三位自由派法官一起,反对援引阿德金斯案——尽管他在表明这种立场时用了非常审慎的语言。虽然大法官斯通强烈反对援引阿德金斯案,并进而呼吁推翻该案开创的先例。但如果我们过分渲染斯通的做法,认为他打算推翻传统的宪法框架,同样是有失妥当的。正像我们看到的那样,包括斯通在内的任何一个法官,都没有彻底摒弃整个自由放任主义传统宪法框架的打算。

若干不同的判决模式,使人们能够更深入地探讨新政作出的有益贡献。联邦最高法院的法官们在拉德福德案中的全体一致的判决,表明他
305 们坚决地站在以契约和财产为核心的传统宪法原则上;就像斯彻切特案坚决维护传统的联邦主义和总统权力等原则一样。[4] 通过拉德福德案的判决,联邦最高法院引导了一场震撼人心的大讨论,讨论的内容是:传统宪法的基本框架能在多大程度上进行改造,以适应新政积极干预的国

〔1〕 例子可见尼比亚诉纽约案(Nebbia v. New York),《联邦最高法院判例汇编》第291卷,第502页(1934年)。有时此案被视为摧毁既存宪法原则之基础的革命性判决。在第12章中我将对这种观点发起质疑。

〔2〕 弗里德曼忽略了这一基本点。见理查德·弗里德曼(Richard Friedman):《转向时期及各种其他思想试验》(*Switching Time and Other Thought Experiments*),《宾夕法尼亚法律评论》第142卷,第1891页(1994年)。尽管弗里德曼对某些特别案件进行了详尽考察,但也都是在认为最高法院抵制新政没有任何积极意义的传统框架下进行的抽象叙述。即便是在这样的框架内,弗里德曼还是对联邦最高法院内意见并不全部一致的判决给予了太多关注,而对诸如拉德福德案这样一些全体一致认可的判决关注甚少。

〔3〕 摩尔海德诉纽约案(Morehead v. New York)。《联邦最高法院判例汇编》第298卷,第587、604页(1936年)。

〔4〕 关于总统权问题,还可见哈姆弗雷遗嘱执行人诉合众国案(Humphrey's Executor v. United State),《联邦最高法院判例汇编》第295卷,第602页(1935年)。

家政府的要求——在这场争论中,自由派主张更大限度地扩大政府权力,而保守派则坚决要求给予联邦主义和自由市场以更多的保护。像诸多家庭纷争那样,这场争论有时沦落到了两派相互严厉中伤、诽谤的程度。当然,所有这些都不应该使我们忽略联邦最高法院在这场大讨论中所发挥的积极作用。

与发生在法院和总统之间的冲突相比,我们于此讨论的自由派和保守派法官之间的龃龉就显得微不足道了。在对斯彻切特案的评论意见中,罗斯福将整个国家的注意力移转到了这样一个问题上:新政恰恰是要拆除传统的宪法框架。他现在正在说服国会再次通过一个更为确定的法案,以对美国公民同国家政府之间的关系进行革命性的重新界定。不可抗拒的传统力量,同无法移转的改革目标之间发生了最激烈的碰撞。而其结果如何将最终取决于1936年选举。

决定宪法命运的选举

像赫伯特·胡佛在共和党全国代表大会上所说的那样:

> 美国人民应该因宪法和联邦最高法院而感谢全能的上帝。美国人民亦应对敢于直言的新闻媒体心存感激之情。
>
> 如果罗斯福在其任内的头一年能够任命足够多的联邦最高法院法官,你可能会仔细思考最终将出现怎样的结果。我们可以想象得出,那些新政法案依然是现行法典的一部分。我们也将成为暴政统治下的人民。如果他再次当选总统,你敢肯定他不会作出可能导致上述结果的法官任命吗?[1]

在演说行将结束的时候——这是一个极尽攻击新政及其所有工作之能事的演说,胡佛把那些前来参加会议的共和党人鼓动到了近乎疯狂的地步。曾几何时,这些群情激昂的人们甚至狂热到了想让胡佛打破各种

〔1〕 胡佛(Hoover):《在共和党与民主党全国代表大会上发表的纲领与演说》(*Platforms and Speeches at the Republican and Democratic Convention*)(1936年;国会图书馆可见原样)。

政治障碍,第三次竞选总统的程度。[1]

然而,这种狂热只是昙花一现。随着人们政治头脑的逐步清醒,共和党全国代表大会把注意力转移了阿尔弗·兰登(Alf Landon)身上——他是在1934年选举中赢得州长连任的唯一共和党人。兰登是一个广为人知的人物。他绝不是一个新政的全面批评者,他能够接受某些社会结构改革的合法性——其中包括联邦对农业的援助,对公众的援助以及(更为引人注目的)老年人退休金问题。在这些问题上,他的反对意见徒具现代共和党人的形式,即他只反对民主党人在这些问题上采取的手段,而不反对民主党人所要达到的最终目的——从那时起,浪费、官僚主义与中央集
306 权已成了当时竞选运动的主要批评对象。[2] 虽然兰登在竞选期间有力地宣扬了他的主张,但有时他的呼声会被共和党内部的顽固分子所湮没。因此,兰登被提名为总统候选人本身说明了旧体制下的主要政党第一次模糊地意识到:美国人民真的正在重新思考美国政府所赖以存在的根基。

与此同时,兰登仍然呼吁人民不要进行宪法革命。他在纽约麦迪逊广场公园发表的最后一次演说中强调了此点。在总统选举投票几天前发表的这个演说中,兰登重申了他对某些新政特别方案——农业调整法案、社会保障法案以及诸如此类的问题——所持的批判态度。在攻击了每一项新政的改革措施之后,他都提请其听众注意思考这样一个问题,即如果罗斯福连任总统的话,总统政治将何去何从,答案是:谁都无法肯定。

下面我把兰登演讲进入高潮时的话摘录如下,让兰登本人来说明他自己提出的这个问题:

> 最后,我想谈谈这场选举运动所隐含的基本问题。这个问题就是我们是否还要继续维持美国政府的形式。
>
> 让我们再次回顾一下过去的记录。
>
> 总统应对被联邦最高法院宣布违宪的九个法案负责。

---

〔1〕 见理查德·史密斯(Richard Smith):《一个不同寻常的人:赫伯特·胡佛的胜利》(*An Uncommon Man: the Triumph of Herbert Hoover*),第224~228页(1984年)。

〔2〕 兰登说服了共和党全国代表大会将与此相关的一些问题写入共和党党纲。见亚瑟·斯克勒辛格(Arthur Schlesinger)主编:《美国总统竞选史》(*History of American Presidential Elections*)第3卷,第2865页。关于兰登发表的竞选演说及短论,可见他的著作:《十字路口上的美国》(*America at the Crossroads*)(1936年)。

他公然迫使国会通过法律,即便是在其合宪性受到合理质疑的情况下仍不改初衷。

他公然蔑视合众国联邦最高法院。

他公然宣称合众国宪法已成为一个过时的废文件……

上述每一个举动——在此我也只列举了其中的一小部分——都危及了美国政府形式的中心所在。

我们的宪法绝非毫无生机的一堆废纸。它是这块土地上的基本法律和人民自由的宪章。人民,而且只有人民自己才有权修正或废止之。在人民以集体智慧作出修正它的决定之前,人民公仆遵守宪法、在宪法规定的范围内行动是他们应尽的、最明确不过的义务。各级官员在任职宣誓时表明的确切含义,也是他们应在宪法规定的范围内活动。

我们的联邦体制给我们提供了广阔的活动空间。如果我们文明的变迁对宪法之修正提出了必要的要求,那么宪法就应该被修正,对宪法的修正过去进行过,而且在将来也必然还要发生。

在这个问题上,我已明确地表明了我的立场。我曾经说过,如果各州打算插手管理适当的工作条件问题,我将支持通过宪法修正案, 307
授予各州以必要的权力。

总统关于宪法问题的目的何在?他是否确信宪法变迁的必要性?如果答案是肯定的,他打算为人民提出一个宪法修正案,还是试图以干涉联邦最高法院工作的方式,达到规避宪法的目的?

答案是:谁都无法肯定。[1]

兰登是非常正确的。在此前评论斯彻切特案的新闻发布会上,罗斯福曾经提出了这些问题。在总统明确授意下撰写的民主党党纲,也没有解决这些问题。诚然,民主党党纲发誓要通过“宪法许可范围内的立法方式解决……困扰着全国的诸多问题”。如果这种问题解决方法不能达到预期目的,它许诺寻求一个“内容明确的宪法修正案……以管理商业、保

〔1〕 兰登州长的演讲,1936年10月29日,见亚瑟·斯克勒辛格(Arthur Schlesinger)主编:《美国总统竞选史》(*History of American Presidential Elections*)第3卷,第2894、2898页。

障公众健康与安全以及维护经济的正常运转”。[1] 然而如此简单的表达方式,使扩充联邦最高法院规模的问题变得极不明朗:毕竟美国历史上曾有几届国会经常“干预”过联邦最高法院的规模。因此,兰登非常肯定地指出,罗斯福思想的最深处也有这种打算。

尽管有若干智囊团成员为其出谋划策,但罗斯福总统还是没有对兰登的上述指责作出明确的答复。当涉及基本的价值问题时,罗斯福极力避免兰登提出的高级法创制的技巧问题,把人民的注意力从他希望摆在人民面前的更重要的宪法改革方案问题上转移开来。在费城召开的民主党全国代表大会上接受总统候选人提名时,他讲道:

> 费城是美国人民谱写自己历史的一块福地。这是一个让我们重新认定对开国元勋们之信任程度的合适地点;是一个使我们发誓致力于恢复人们更广泛自由的地点;是一个为1936年的美国人指明生活道路的地点——就像开国元勋们为1776年的美国人所做的那样。
>
> 从其自身含义和必要性方面讲,自由一词意味着不受某些限制性权力的约束。1776年,我们在政治寡头的暴虐统治下寻求自由——从那些因王权而享有某些特权的、18世纪的保皇党人手中寻求自由……
>
> 自从那场斗争之后,人们的创造性天赋解放了这块土地上的新生力量,正是这股新生力量重塑了我们人民的生活秩序。这是一个机器、铁路的时代;钢铁、电气化的时代;电报、收音机的时代;生产和分配规模越来越大的时代——所有这些融于一处,构筑了一个全新的文明,因此它也为那些仍然在寻求自由的人们带来了全新的问题。
>
> 对于我们生活于其中的现代文明而言,经济上的“保皇党人”开创了一个全新的暴政……
>
> 新经济暴政下渴望权力且享有特权的人试图控制政府,这是
> 308 顺理成章的事,或许也是人之常情……然而其结果却使美国普通百姓面临着当初独立战争时的后备民兵(Minute Man)所面临的同

[1] 亚瑟·斯克勒辛格(Arthur Schlesinger)主编:《美国总统竞选史》(*History of American Presidential Elections*)第3卷,第2851、2854~2855页。

> 样问题……
>
> 自由要求为人们提供谋求生活的机会——它是一种在其时代标准衡量下的体面生活;它还是一种不仅能提供给人们赖以生存的资料,而且还能够提供给人们因何而生存之信念的生活。
>
> 之于我们中间的大多数人而言,我们昔日赢得的政治平等在经济上的不平等面前已经全部丧失了意义。之于我们中间的大多数人而言,生活已不再自由;自由也不再可能被我们切实地感受到;人们亦已不再能够追求幸福。
>
> 为反对这样的经济暴政,美国人民只能求助于有组织的政府权力。1929 年的经济萧条充分说明了经济暴政的本质。而 1932 年选举就是人民授权结束这一暴政的表现。在人民的授权下,1929 年的经济暴政终于寿终正寝了……
>
> 今天我们再次接受如下告诫:自由依然是一个严肃的问题。自由绝不是一个残缺不全,两者各占其半的事务。也就是说如果普通百姓有平等的机会在投票箱前占有一席之地,那么他就应该有同样的机会在市场中占有一席之地。
>
> 这些经济上的保皇派抱怨道,我们试图推翻美国的各种制度。
> 实际上,他们真正感到不满的是我们试图剥夺他们的权力。即便是 309
> 他们打算以国旗和宪法做挡箭牌的举动也纯属枉然。因为他们无视甚至忘记了国旗和宪法的真正意指。现在,和通常一样,他们代表着民主而不是专制;代表着自由而不是奴役;他们同样反对暴民以及某些享有特权者的寡头政治。[1]

❖ ❖ ❖ ❖

此刻,我们姑且不论罗斯福和兰登两人的观点哪一个更可取。二人的演说都同样提出了一些基本问题。以如此尖锐的方式关注这些基本问题,对一个国家的政治体制来说绝不是一件小事。应该把更多的功劳记到美国人民头上——他们顶住了那些蛊惑人心的政客,并把他们送进了

[1] 萨缪尔·罗森曼编(Samuel Rosenman ed.):《富兰克林·D. 罗斯福的公开文章与演讲(1938~1950)》(*The Public Papers and Addresses of Franklin D. Roosevelt* 1938-1950),第 230、231~234 页(1936 年)。

道德的深渊。

当然,宪法本身亦功不可没——因为它为政治斗争的双方设计了特定的斗争方式,使持不同政见的斗争双方能同时加入到问题的讨论中来,而不是双方先后发表其观点。尽管罗斯福本人断言1932年选举使他获得了(组织积极干预的国家政府的)人民授权,但二者之间实际上并没有什么关系。那时的美国人民只是简单地否定了胡佛提出的进步共和党主义(Progressive Republicanism),认为胡佛的主张并不完善;而像罗斯福本人所理解的人民授权——人民授权组建积极干预的国家政府,则还需要通过更多的积极途径才能获得。而且进一步说,美国人民最终是否会同意罗斯福的这种说法,还具有很大的不确定性。只是到了1934年选举后,总统才能够声称人民真正支持他提出的那些更为确定的新政改革方案。当然,即便在那个时候,罗斯福总统的观点还是与他在费城民主党全国代表大会上提出的观点有着天壤之别。毕竟,全国工业复兴法没有对"经济保皇主义"进行狂轰滥炸。如果说它意味着什么,我们也只能说它仅仅强化了商业精英对其所在领域的控制——在将反托拉斯法搁置起来的同时,全国工业复兴法使某些重要的公司在日渐形成的工业秩序中占据了核心地位。这当然也是像布兰代斯一样的人们,急于将其彻底推翻的主要原因。

也正是在回应联邦最高法院之对抗的过程中,罗斯福及其新政同僚们才开始重新思考他们过去实施的若干改革措施——这也导致了第二新政时期制定了某些法典,以及后来民主党费城全国代表大会自觉地从这些法典中提炼出它们的宪法内涵。即国家主义而不是工团主义才是新政的宪法精髓。罗斯福现在的口号是人民自由的复兴,而不是命令性的中央计划。然而,这种自由却是崭新的自由,其意义是根据可能会牺牲人们的平等机会的社会现实来界定的。它是一种与国家背道而驰就无法获得的自由,是一种只有靠对市场的民主调控才能实现的自由:"如果普通百姓有平等的机会在投票箱前占有一席之地,那么他就应该有同样的机会在市场中占有一席之地。"

这也正是共和党人同民主党人分道扬镳之所在。尽管兰登愿意支持积极干预经济的进步共和党主义,但他却不愿修正宪法对自由的原有界定——与限权的国家政府、合同自由以及财产私有等原则密切相关的自由概念。他至多能够接受的是制定一个宪法修正案，授予各州（而不是联邦）以管理工作时间和最低工资的权力。他断然不能接受的是新政所提出的，现代自由只有运用国家手段而不是反国家的手段才能实现的说法；他同样不同接受罗斯福关于旧宪法体制已沦落为这个世界的合法烟障的说法——而在这个世界里，“生活已不再自由；自由也不再可能为我们切实地感受到，人们亦已不再能够追求幸福”。相反，他认为新政许下的自由诺言在很多方面为人们敲响了警钟：“他是否试图以干涉联邦最高法院工作的方式，达到规避宪法的目的？”

美国人民正是带着这样的问题走到投票箱前的——他们把美国历史上最伟大的选举胜利授予了罗斯福和新政国会。兰登只赢得了缅因和新罕布什尔两州的选举人票；他所获得的选民票也只占有效选票总数的 310
36.5%，而且其选民票也仅在四个州内超过了45%。共和党人在众议院和参议院仅仅分别保住了89和16个议席。[1] 同样重要的是，1936年选举使民主党得以在下一代里继续操纵着美国人民的生活。诚然，我们还会看到规模同样巨大、时间同样持久的另外一次政治重组。[2]

回首往事，我们就会发现历史上曾出现过同样的场景。尽管他们突破了人民主权的理论，但建国时期的联邦党人和重建时期的共和党人所取得的大多数成就，都是在未能取得太大优势的情况下获得的。在上述两种情况中，改革者为缔造“更完美的联邦”而发动的非常规的运动，只是如履薄冰般地赢得了微弱多数的民众支持。相形之下，新政时期的民主党人在实践上赢得了建国时期的联邦党人和重建时期的民主党人在理论上才能追求的胜利——在面对保守派咄咄逼人地为改革划出了一道不许超越的界限的情况下，他们还是赢得了全国绝大多数人民的支持。

当然，并非所有的美国人都神奇般地摇身一变成了新政的热情支持

---

〔1〕 列御顿伯格（Leuchtenburg）：《1936年选举》（*The Election of* 1936），亚瑟·斯克勒辛格（Arthur Schlesinger）主编：《美国总统竞选史》（*History of American Presidential Elections*）第3卷，第2842～2843页。

〔2〕 拜伦·夏佛（Byron Shafer）编：《政治重组的完结？》（*The End of Realignment?*）（1991年）。

者。在1936年大选中,阿尔弗·兰登也为共和党争取了1700万选民的支持。联邦最高法院对新政的抵制,对促使这些新政反对派接受更大力度的改革,起到了特别重要的作用。当然还会有一部分共和党人会猛烈地攻击“白宫里的那个家伙”,但民主党人的胜利必然包含着一些他们中的任何人都无法合理地予以反驳的东西。在争取总统连任的过程中,罗斯福被迫顶着来自联邦最高法院呼声渐小的宪法批评,去寻求人民的支持。但当兰登热情洋溢地号召人们起而捍卫宪法传统时,美国人民却更钟情于罗斯福所倡导的革命性改革。虽说共和党人可能会审慎地认为美国人民犯了一个悲惨的错误,但他们也几乎不能否认,美国人民并非盲目地决定全力支持民主党人的。如前所见,罗斯福在第一任期行将结束时雄辩地提出的那个宪法原则问题。因此,在界定美国人民是否真想改革他们的统治哲学这一基本的宪法问题时,联邦最高法院——**甚至包括新政反对者**——作出了不可磨灭的贡献。

311 那么,罗斯福及国会又打算怎样解释他们获得的人民授权呢?

第十一章 胎死腹中的宪法修正案

严格形式主义:新政宪法改革的必由之路?

我在上一章描述了主流理论对旧式法院与新政之间斗争的看法,并向这种主流理论发起了挑战。该理论不仅对联邦最高法院抵制新政的做法表示质疑,而且还认为联邦最高法院的九个老先生早就该为第一新政大开宪法的绿灯了。我强调的重点在于,联邦最高法院对新政的司法抵制在何种程度上为新政改革方案的民主化作出了贡献。第一,它使美国人民认识到,新政的确对宪法确立的自由市场和限权政府原则发起了挑战。第二,它要求美国人民明辨全国工业复兴法所倡导的成熟工团主义同积极的自由主义之间的差别——当然后者所追求的目标是管理而不是彻底地摧毁市场。第三,联邦最高法院对新政的司法抵制深化了政治对话的层次:美国人民对蕴含于最低工资法、[1]老年人退休金[2]

〔1〕 摩尔海德诉纽约迪帕尔多案(Morehead v. New York ex. rel. Tipaldo),《联邦最高法院案例汇编》第298卷,第587页(1936年)。

〔2〕 铁路退休委员会诉阿尔顿铁路案(Railway Retirement Board v. Alton Railroad),《联邦最高法院案例汇编》第295卷,第330页(1935年)。

或农业津贴[1]背后的诸原则到底抱有怎样的真实想法?也就是说,这种深层的对话不仅使美国人民认识到这些改革措施背后所蕴涵的原则,而且还要求美国人民对这些原则作出明确的支持或反对的意思表示。最后,联邦最高法院对新政的司法抵制强调——而除此以外的任何其他举措都无法做到此点,华盛顿特区的政治精英们依然没有令人信服地解决新政引发的宪法身份(constitutional identity)问题。这些问题最终还要依靠美国人民根据政治斗争的发展前景来作出决定。

如果真像主流理论所说的那样,联邦最高法院对第一新政推行的各项改革措施很快表示赞成,那么我们将与上述三方面的优点失之交臂。进一步讲,联邦最高法院通过司法判决以最快的速度支持新政也会使1936年选举缺少一个明确的主题。总统和国会也可能会在成熟的工团主义与自由福利国家这两种政策之间举棋不定。罗斯福在竞选的过程中也只能完全依靠个人魅力为总统的肥缺而战了。不可否认,个人魅力等因素经常在美国的政治生活中发挥重要的作用。但由于联邦最高法院对新
312 政的抵制,1936年选举不可能避开这个原则性的问题——到底是选择工团主义还是福利国家的政策。实际上,罗斯福在1936年总统选举过程中对新政基本前提的阐释,远比他1932年对此问题的说明要深刻、透彻得多。

与此同时,兰登及其党内追随者为了最大限度地争取美国人民的支持,则极力强调法院改组的危险。用H. L.门肯(H. L. Mencken)的话来说:

> 在他的第二任期内——如果他有这样的机会,罗斯福将有任命至少3名,甚至全部9名法官的机会,因为现任法官中年龄最小的也已超过了60岁……他几乎没有任何可能任命一些内心真正信仰宪法的法官。而最可能的是,他任命的法官将成为他最大限度地扩充个人权力的积极支持者。
>
> 这样他的连任将对宪法发起前所未有的巨大冲击。对宪法如此

---

[1] 美利坚合众国诉巴特勒案(United States v. Butler),《联邦最高法院案例汇编》第297卷,第1页(1936年)。

> 巨大的冲击,至少自南北战争时期令人尊敬的林肯以来还从来没有发生过。在修正宪法的过程中,他不会把时间浪费在运用刻板的宪法修正程序上(尽管这样做没有任何风险)。相反,他将任命一些司法傀儡,并且让这些司法傀儡来完成宪法修正的全部工作。[1]

门肯说得再明白不过了——传统宪法正沿着一个不归之路行进着。

用最简单的方式概括我的主题(如果详细的阐释没有任何必要的话),那就是关于旧式法院与新政之间斗争的主流理论有失辩证。也就是说主流理论仅关注联邦最高法院对新政的种种“抵制”(No),而根本不打算去理解联邦最高法院的抵制新政之举,又是怎样帮助华盛顿的新政者以及广大的美国人民后来作出了一系列的“肯定性”(Yeses)决定。通过斯彻切特案判决对新政的“抵制”(No),联邦最高法院迫使新政者在工团主义问题上痛下决心,并“决意”(Yeses)进行系统化的社会结构改革;联邦最高法院对某些自由主义改革的“抵制”(No),使新政者对诸多传统宪法原则的大规模改革本身,代表了更为具体的含义。在联邦最高法院已经提醒人们注意新政的确有些新东西的情况下,美国人民还会在1936年选举中把民主党人推上执政党的地位吗?

民主党人在选举中获得了压倒性的胜利。民主党人以空前绝后的人民支持度再次控制了白宫和国会。僵化的数字从来不能解释其自身的含义。它有赖于总统、众议院中的331名和参议院中的76名民主党人对人民授权的具体含义作出阐释——而且他们也非常清楚,在两年后转瞬即 313
至的选举中再次捍卫他们对人民授权作出的这种解释,是他们义不容辞的责任。

本章分析的重点是:早在1937年春联邦最高法院开始作出明确的司法转向之前,宪法问题是以何种方式得以确定的。到那时为止,无论是总统、国会还是整个国家都根本没有想到,联邦最高法院的法官们可能会对宪法危机之解决有所助益。相反,那时的民主党人正在思虑的是:决定宪法改革命运的1936年选举提出了哪些重要的宪法问题,只有依靠他们自

---

〔1〕 亨利·路易斯·门肯(H. L. Mencken):《葬了那匹死马》(*Burying the Dead Horse*),1936年8月17日,重印于《诓民演说集》(*Carnival of Buncombe*),第314~315页(1956年)。

身的努力来定义了。

罗斯福的第一个重大举措是推出了他的法院重组方案——这一方案将授权他任命六名新的联邦最高法院法官。法院重组方案激起了一场非常深刻的宪法争论。[1] 总统的主要反对派也没有把自己装扮成传统法学的坚定捍卫者。他们也像罗斯福一样认识到,人民的确想改变宪法发展的根本方向了。

当然,他们却不认为总统在解决宪法转向的问题上找到了正确的途径。在总统的反对派看来,总统及民主党可以创制高级法、可信地反映民意的方式只有一个,即运用宪法第 5 条规定的修宪模式。为论证这一观点的可信性,反对派提出了若干宪法修正案,并恳请行政当局对其中的一两个宪法修正提案给予特别的关注。因此,总统就被迫需要指出宪法第 5 条的不足之处,而这种做法本身又恰好自觉地维护了总统领导权在高级法创制过程中所发挥的作用。

简言之,总统的意图是想把整个国家导向关于我提出的这个主题的大讨论中去:到底总统的如下断言——民主党人通过一系列选举的胜利,已经获得了将非常规的革命性改革措施宪法化的人民授权——是正确的?还是总统反对派坚决要求按照宪法第 5 条规定的程序修正宪法的做法是正确的?

也恰在此时,联邦最高法院开始了"及时转向"。在及时转向的过程中,虽然某些个别的判决具有里程碑式的意义,但大法官们在这些判决意见中认为新政改革与宪法传统之间并不矛盾的观点显得尤为重要。此后,联邦最高法院再也不会认为新政改革超出了政府的权限。这样,政治领袖们也不再倾力发挥其创造性以推出一个全新的宪法方案,而把新政革命法典化的工作留给了联邦最高法院。

上述情形为我们理解联邦最高法院的"及时转向"提供了一个新的视

---

〔1〕 有关这场争论的大多数研究都强调:在这场争论的过程中,斗争双方为了达到自己的目的在政治上采取了不择手段的做法。莱奥纳德·贝克(Leonard Baker)在《背靠背》(*Back to Back*)(1967 年)一书中全面地总结了此类观点;约瑟夫·阿尔索普(Joseph Alsop)和特纳·卡特里奇(Turner Catlege)的《那 168 个日日夜夜》(*The 168 Days*)(1938 年)也是一个无可替代的、了解此种观点的现代知识来源。

角。主流理论认为,联邦最高法院是在观望了相当长的一段时间后,才决
定作出转向的。在联邦最高法院面对法院改组的压力,根据约翰·马歇 314
尔和联邦党人的古训(Ancient Truths)决定维护新政的改革措施后,现代宪法会不加掩饰地流露出一丝快慰之情。然而如果总统、国会乃至整个国家在联邦最高法院不抵制新政的情况下,也能对危机做到应付裕如,那么我们必然又会提出另外一个截然不同的问题:联邦最高法院的退让是不是太快了?

此问题且留待后面讨论,我想在这里强调一点:联邦最高法院在终结高级法创制的大讨论方面所发挥的战略作用,进一步摧毁了严格条文主义赖以存在的根基。我曾无数次遇到一些思想深邃的法律家针对我的观点提出同样的问题:如果新政者赢得了提出一个解决危机的新宪法方案的人民授权,那他们为什么不用宪法第 5 条的规定将这种人民授权法典化呢?

本章将向读者说明:**在联邦最高法院作出及时转向、终结宪法大讨论之前**,美国人民也正在思考着这个问题。我们当然永远无从知道,如果联邦最高法院不依不饶、作出永不让步的姿态,最终又将出现怎样的结果。或许罗斯福将说服国会,使国会自信它所获得的人民授权包括采取诸如改组法院这样的非常规举措。或许总统反对派将迫使罗斯福屈从于他们提出的那一揽子根据宪法第 5 条制定的宪法修正案。对这两种可能性我们都将探讨。但这两种情景都不应使我们偏离我于此讨论的中心问题:在美国的体制中,**联邦最高法院在很大程度上决定了一场宪法革命是否将根据宪法第 5 条的规定进行,并以完整的宪法修正案的形式表现出来。**只有当联邦最高法院的法官们不认可宪法改革的合法性时,总统和国会才有了根据宪法第 5 条规定的方式修改宪法的动力。

如果此种说法可以立足,那么它无形中就为严格形式主义者之片面追求新政宪法修正案的做法施加了一层新的压力——毕竟,严格形式主义者认为新政改革有且只有以正规宪法修正案的方式表现出来。由于联邦最高法院的不断挑衅,新政者未能成功地制定出宪法修正案是一回事;而在 1937 年的联邦最高法院法官们明确表示,无须新政者的正式引导、他们即足以将新政改革措施法典化的情况下,新政者依然坚持按宪法第 5

条规定的方式修正案法则是另外一回事。

在明确了联邦最高法院的司法转向以及这种司法转向对当时发生的
315 宪法争论将产生怎样的冲击后,那些坚持认为 20 世纪 30 年代的新政改革并没有什么宪法创新的当代人,就需要一种特别的严格形式主义来论证他们的观点。在严格条文主义者看来,新政者因联邦最高法院作出了及时转向,即不再坚持根据宪法第 5 条的规定制定宪法修正案的做法,是一种不负责任的宪法失职。严格形式主义者认为,罗斯福及国会本应置联邦最高法院的合作意向于不顾,坚决按宪法第 5 条的规定制定宪法修正案。联邦最高法院的及时转向,不应成为心平气和的民主党人不再按照宪法第 5 条规定的正规方式修正宪法的口实。因此,未来的法律家们就可以顺理成章地抹去新政法院曾经为体察民意而付出的努力,认为新政没有任何宪法创新并将美国政府置于一个全新的基础之上。

难道这种方式**恰恰**是令人难以置信的吗?

总统的动议

早在 1936 年选举之前,新政与旧式法院之间的对立即已酿成了一股宪法修正提案的浪潮。39 个针对危机而提出的、各具特色的宪法修正案,在国会开会之初提交上来。虽然这些修正案涉及的范围非常广泛,但大多数修正提案的宗旨在于解决总统此前攻击斯彻切特案时提出的联邦权力与市场自由问题。随着选举的结束以及第七十五届国会正常工作的开展,参议院多数派领袖约瑟夫·罗宾逊和众议院议长威廉·班克海德(William Bankhead)不约而同地提出了这个重要问题:“提出此类修正案无疑将引发更为深入的宪法讨论,而且也将耗去更多的时间”,罗宾逊于 1 月 2 日说道,但这种方式“又可能是最佳的宪法改革方案”。这席言论成了《纽约时报》的头版头条,该报推断:“参议员罗宾逊支持宪法修正案的意向表明,提出宪法修正案将成为新国会面临的主要问题之一”。[1] 1月8日,《纽约时报》在其头版以《国会试图进行基本的法律改革》为标题写道:

在表明了他本人完全理解罗斯福总统的改革目标之后,众议院议长班克海德说:“我希望我们能找到一个无须诉诸宪法修正案就能达到这些目标的办法。然而,如果不对联邦最高法院进行彻底的人事变动,我们就会无可避免地遇到此前曾经出现的情形。到目前为止,我仍然没有发现有比制定宪法修正案更好的办法。”[2]

足以令我们展开深入思考的是国会领导人所以强调制定正规宪法修正案的可能性,因为这种方式可使国会在新政改革措施法典化的过程中享有最大限度的控制权。 316

然而,下一步还要看罗斯福怎么办。由于宪法第5条并未明确规定总统在宪法修正过程中的作用,因此对自己将在此过程中采取何种举措,总统即可作最为宽泛的推论。选举结束后,他对关系密切的同僚所说的那席话仍萦绕于我们的耳边:“自选举以来,他收到了大量的、要求他提议在合众国范围内召集制宪会议的建议,而且他也意识到要使这样的制宪会议摆脱卡夫林(Father Coughlin)以及其他幻想家们的控制是不可能的。然而通往成功的道路绝不止此一条。”[3]

罗斯福的这席言论相当引人注目。在斯大林大兴公审(Show Trials)以及希特勒公布《纽伦堡法》(Nuremberg Law)*的时候,美国人民是否能够向世人表明,政治热情被充分调动起来的国民们可以“运用理性和明察

[1] “作为国会讨论问题之一的宪法修正提案”(*Amendment Rises as a Session Issue*),载《纽约时报》(*N. Y. Times*)1937年1月3日第1版。

[2] “国会试图进行基本的法律改革”(*Basic Law Change Gains in Congress*),载《纽约时报》(*N. Y. Times*)1937年1月8日。

[3] 巴利·卡尔(Barry Karl):《新政时期的行政重组与改革》(*Executive Reorganization and Reform in the New Deal*),第27页(1963年),引自路易斯·布朗鲁(Louis Brownlow):《匿名者的激情》(*A Passion for Anonymity*),第378~382页(1958年)。引述的大部分片段在该书的初版中被删掉了。

* 这是纳粹德国政府于1933年制定的一部迫害犹太人的法律。作者在此将罗斯福的这席话与斯大林和希特勒的所作所为相提并论,是想说明在很多国家出现侵犯人权的暴政下,罗斯福的做法又会将美国引向何方。——译者注

秋毫的品质”积极地重组他们的政府?[1]

更值得一提的是,现代共和国已经为总统疏于把握时机而付出了沉重的代价。1787 年宪法在诸多方面都不与总统领导权以及科层制政府的现实相称。如果 20 世纪 30 年代的美国人重写了宪法以应付当时出现的那些危机,美国人民现在或可拥有一部更好的宪法。

然而话又说回来,或许罗斯福避免在全国范围内召集制宪会议的做法是正确的。制宪会议必然会带来持久的争论;担心出现这种持久争论的现象,说明罗斯福除了害怕宪法修正进程失控外,还有很多其他的疑虑。也就是说,即使制宪会议提供了若干解决社会问题的可行方案,并许诺组建积极干预的国家政府,难道这些方案就一定能经受住时间的考验吗?

关于此点我们永远无从所知。我们的目标是理解现实的宪法而不是我们设想出来的宪法。而现实的宪法,在很大程度上要归功于罗斯福不召集制宪会议的决定——这样他就无须把指导宪法变革的指挥棒交到国会手中了。

总统领导权

2 月 5 日,总统推出了那个著名的法院改组方案。他要求提出一个授
317 予其权力的法案:当某个现任联邦最高法院法官年届 70 岁时,他就可以提名一个新法官。该方案并不要求年届 70 岁的在任法官必须辞职,但如果这些年事已高的法官仍不让贤,最高法院将扩大规模,接纳年轻法官以便与年迈法官之间保持平衡。联邦最高法院的规模操纵在年迈法官们的手中——如果他们拒不放权,法院的规模就可能扩大到总统提案规定的 15 人上限;但如果他们知趣地接受了新法案给出的暗示,70 岁以后即告

---

〔1〕《联邦党人文集》(*Federalist*),第 1 篇,第 3 页(C. 罗塞特编,1961 年)。欲了解坚持这种观点的书籍,参见威廉·艾略特(William Elliot):《宪法改革的必要性》(*The Need for Constitution*?),第 9 章(1935 年)。以及农业部长亨利·沃理斯(Henry Wallace)所著的《谁的宪法》(*Whose Constitution*?)(1936 年)。该书大量地披露了建国时期麦迪逊和汉密尔顿实施的有违常规的“治国方式”,以及这些做法之于 20 世纪 30 年代政治实践的深刻意蕴。特别参见该书的第 6 章,第 1 部分[标题为“1936 年与 1787 年的媾和!”(1936, *Shake Hands with* 1787!)]和整个第 3 部分(标题为《我们人民》(*We the People*))。

老还乡，联邦最高法院还将维持在9人的规模上：这是总统温文尔雅地抛出的一个"敏感问题"，但这又是一个联邦最高法院中的老先生们无法一致地以现代诉讼进行体力和智力对抗的问题。因此，为什么这些法官不采取最明智的选择，去享受法律以国家名义给他们提供的退休金，而给能跟上潮流的年轻法官们让路呢？

从表面上看，罗斯福的这项动议并没有把矛头直接指向联邦最高法院。他指出，这项动议只是更广泛的、各级法官改革中的一部分。这样，他为法官队伍年轻化而付出的努力，也不过是整个司法系统重组的一个部分。

总统没有攻击联邦最高法院中的保守派。相反，他戏谑地指出，正是这个保守的麦克雷诺兹大法官在担任威尔逊政府的司法部长时，曾提出过一个类似提案——区别仅在于麦克雷诺兹之提议将改组对象仅限于低级法院而已。罗斯福非常温和地使他的听众确信，他的提议不过是简单地把麦克雷诺兹的聪明想法推广运用于所有的法院而已。遵照这种精神，司法部长霍默·卡明斯提出了一个以专家治国论为基调的附属方案。该方案认为，各级法院的守旧法官需要帮助以跟上时代的步伐。毕竟，总统似乎已把自己塑造成了一个解决问题的实用主义者而不像是一个宪法革命的推动者。[1]

在总统反对派们看来，这种做法仅仅是为掩饰总统的其他"深重罪孽"而作出的掩耳盗铃之举。从技术的角度来看，总统不直接攻击联邦最高法院的做法改善了他的法律处境。宪法条文中并没有关于法院规模的特别规定——就像我们曾经看到的那样，它的规模在内战和重建时期等特别情况下，不止一次地发生过变动。没有哪个严肃的宪政主义者会否认，国会和总统有重组司法系统以提高其效能的权力。总统把改组法院的行动建立在这一基础上的策略，大大提高了旧式法院承认法院改组合

---

〔1〕 萨缪尔·罗森曼（Samuel Rosenman）编：《富兰克林·D. 罗斯福的公开文章与演讲》（*The Public Papers and Addresses of Franklin D. Roosevelt*），第51～66页（1937年）。

宪性的可能,从而使法院改组之举也更易为人们所接受。[1]

我们且把这个重要的策略问题放在一边。实际上,总统的动议乃是一种广义上的宪法变革方式。诚如威廉·列彻顿伯格(在最近一篇关于
318 此问题的文章中[2])所指出的那样,罗斯福的动议不像人们想象的那样,[3]是他本人与司法部长在选举结束后举行的一些会议上作出的权宜之计。它是经过若干年思考之后的结果。罗斯福不止一次地思考过英国首相曾经采取的做法:一些英国首相曾运用一个可被称为“上院改组”(Lords-Packing)的程序,克服上院对立法的否决权。当遭遇上院的抵制时,某些首相即以“上院改组”相威胁,即请求国王安排足够数量的贵族进入上院,从而保证下院通过的法律亦能在上院获得通过。这种威胁在争取上院批准1832年改革法案时颇具成效——该法案的通过吹响了下院民主化的号角。两代人以后,“上院改组”的策略被再次运用于上院之否决劳埃德·乔治预算法案(Lloyd George' s budget)上,该法案系矫正普遍存在的财富分配不公的首次尝试。无论是哪种情况,首相都是在被迫无奈的情况下,才祭出了“上院改组”的法宝;上院改组可能出现的后果迫使上院最后作出了让步。[4]

当他在考虑自己到底该选择怎样的宪法改革方案时,第一任期内的罗斯福就不止一次地想起了这些先例。[5] 由于总统视其新政改革为大

---

〔1〕 自从弗莱彻诉佩克案[(Fletcher v. Peck),《联邦最高法院判例汇编》第10卷,第87页(1810年)]以来,法院一直不愿探究政治家行动的深层真正动机,他们所关注的只是以理性方式从官方文件中推导出来的政治家的表面动机。

〔2〕《富兰克林·D.罗斯福的“法院改组”方案的起源》(*The Origins of Franklin D. Roosevelt's "Court-packing" Plan*),重印于威廉·列彻顿伯格:《最高法院的再生》(修订版)(*The Supreme Court Reborn*),第4章(1995年)。

〔3〕 约瑟夫·阿尔索普(Joseph Alsop)和特纳·卡特里奇(Turner Catlege):《那168个日日夜夜》(*The 168 Days*),第1章(1938年)。

〔4〕 罗伊·杰金斯(Roy Jenkins):《贝尔福先生的追随者》(*Mr. Balfour's Poodle*)(1954年)对英国的这种实践进行了很好的叙述,并且对劳埃德·乔治预算法引起的这场斗争作了更为详细的描述。

〔5〕 罗斯福在1935年12月27日的内阁会议上,对英国的这种实践进行了详尽的讨论,详见《哈罗德·伊克斯的秘密日记》(*The Secret Diary of Harold Icks*),第493~495页(1953年)。关于此问题的其他描述见威廉·列彻顿伯格:《最高法院的再生》(修订版)(*The Supreme Court Reborn*),第94~95、277页(1995年)。

西洋彼岸之自由改革传统的延续，[1]因此我们更容易理解英国人发明的这种策略给他留下了何等深刻的印象。如果英国的“上院改组”策略，在无须真正选举贵族进入上院的情况下，就能推翻上院对某些法案的否决，为什么不能在美国运用同样的技巧，来对付联邦最高法院中的法律贵族们呢？

在美国革命史上，为美国宪法而运用英国先例的做法早已有之。诚如读者在第三章所见，联邦党人早就模仿英国人的先例，召集了“制宪会议”以重组政府。像麦迪逊参照光荣革命一样，罗斯福也同样信任英国1832年改革法案及劳埃德·乔治预算法案开创的光辉先例。

存在于不同历史现象之间的差异，不应妨碍我们对宪法主题的同等理解。就麦迪逊和罗斯福而言，他们都曾置身于一个更为宏大的超大西 319
洋事业之中。几个世纪以来，这一事业的目标都是为了保障和扩大英语世界宪法的民主基础。

国会的反应

当罗斯福向公众抛出其法院改组方案时，他有充分的理由相信该方案能最终获得实现。由于参、众两院分别有76名和331名民主党人，这样即使在许多民主党人叛党变节的情况下，罗斯福亦可赢得通过其提案的必要多数。国会中共和党小团体的强烈反对将完全操纵在他手中——虽然可以预见共和党媒体将进行铺天盖地的反面宣传。继11月份击败这些“经济保皇党人”之后，他将再次获得胜利。共和党人的反对之声越肯定、激烈，罗斯福就越可以将这些反对意见看成是共和党人不愿接受1936年选举失败的外在表现。

在意识到了这个问题以后，国会中的共和党人做了一些特别能引起政客们关注的事情。他们对罗斯福提出的法院改组方案缄口不言，而是努力争取民主党人，并力图使这些民主党人在反对总统的法院改组方案

〔1〕 罗伯特·凯利（Robert Kelley）的优秀作品：《来自大西洋彼岸的信念》（*Transatlantic Persuasion*）（1969年）。

中发挥主导作用。[1] 一些保守的民主党人的确愿意反对总统的法院改组方案,但关键的问题是那些奉自由为信条的民主党人是否愿意加入到反对派的行列中来。

参议员伯顿·惠勒迅速地作出了响应共和党人的决定——这个决定异常关键。长期追随、支持罗斯福的惠勒是一个坚定的新政者。他与罗斯福政府的决裂使他的故里明尼苏达州———个特别需要联邦援助的州——付出了很大的代价。现在,他是参议院两党反对派的领袖。[2] 由于其所处的位置恰像整个国家政策的反光镜,因此他反对罗斯福法院改组的行动使广大人民甚至是新政的忠实拥护者都认为,总统的法院改组方案有超越人民所授权限的嫌疑。

而且,惠勒的立场也削弱了对罗斯福而言异常可贵的组织优势。如果没有惠勒这样的人起来领导人们抵制法院改组,罗斯福总统就能够运用其个人魅力、政治许诺等综合手段,迅速在国会两院中赢得不可动摇的大多数支持者,从而推动起制度花车来完成余下的改革事业——现在就登上推动宪法变革的制度花车吧!如果你们再不尽快登上制度花车来支持我提出的法院改组方案,那么在足够的民主党同僚支持我的方案后,你们再作出同样的决定就没有任何必要了!然而,一旦惠勒及其他少数人与罗斯福坚持不同的立场,那么它就会促使很多民主党人采取一种观望
320 的策略,而不急于登上制度花车——因为他们会想:广大民众到底是支持还是反对总统的法院改组方案?

虽然惠勒处于举足轻重的地位,但他的宪法观却未引起人们的足够重视。从最具可操作性的角度出发,惠勒及其追随者坚持的宪法观,也可被看做是他们为了与罗斯福达成某种妥协而开出的政治筹码。如果总统将惠勒请到椭圆形办公室并满足他提出的条件,惠勒就可能打消抵制法

---

〔1〕《纽约时报》1937年4月4日第4部分第6页指出,"共和党人的'沉默策略'或多或少也是联邦最高法院在其斗争过程中表现出来的一个特点"。还可参见亚瑟·克拉克(Arthur Krock):"共和党新政策的第一次强烈反响"(*First Kickback of New Republican Policy*),载《纽约时报》1937年4月9日第20页;约瑟夫·阿尔索普(Joseph Alsop)和特纳·卡特里奇(Turner Catlege):《那168个日日夜夜》(*The 168 Days*),第97~100页(1938年)。

〔2〕约瑟夫·阿尔索普(Joseph Alsop)和特纳·卡特里奇(Turner Catlege):《那168个日日夜夜》(*The 168 Days*),第100~105页(1938年)。

院改组的念头。在此情况下,惠勒——这个内心深处充满竞选总统雄心的人[1]——毫无疑问会在自己之条件获得满足的情况下,欣然收回成命,浪子回头。

惠勒的观点是相当成熟的。首先,他并不打算维护旧式法院的判例法,这点恰与罗斯福总统不谋而合。像罗斯福一样,惠勒知道人民要求基本的宪法转向。第二,也是更让人感到震惊的是惠勒坚决反对宪法第5条。他[同参议员霍默·伯恩(Homer Bone)一起]于2月17日提出的那个决议恰恰说明了此点。该决议"提出以下列条款作为宪法的修正案":

> 第1款 若联邦最高法院在任何一判决中认为国会某一法案或法案中的某一规定违宪,故此涉及该法案或规定合宪性之问题应即送国会,国会当在会议的第一时间内对此问题采取行动……但在众议院根据法律规定的选举方式遴选众议员之前,国会不得就此问题采取任何行动。若该法案或规定被以上述方式选举出来的两院2/3议员再次通过,那么该法案或规定即应视为合宪,并从再次通过之日起生效。[2]

从终极目标上讲,此提案与罗斯福之法院改组方案并无不同。如果惠勒的提案被制定为宪法修正案,那么联邦最高法院所能行使的只是"搁置否决权"(suspensive veto),* 因为它所作出的这种否决在某些情况下,可能会被民选政客所推翻。

这也恰恰是罗斯福之法院改组与英国的"上院改组"在动因方面的相似之处。在历经劳埃德·乔治预算法案引发的危机后,上院的贵族们在宪法问题上并未一蹶不振、全部放权。国王改组上院的威胁仅使他们在传统的立法否决权上附加了一些条件。此后,下院在经过一段时间的重

---

[1] 1940年,惠勒出现在民主党内有望成为总统候选人的重要名单上。但对罗斯福法院改组和其他一些措施的反对,使他失去了这样的机会。参见赫伯特·帕尔米特(Herbert Parmet)和玛利·赫克特(Marie Hecht):《不会再来》(*Never Again*),第11~12页(1968年)。

[2] 第75届国会,第一次会议[2月15日实际日期为2月17日,1937年]。

* 搁置否决权本来是总统行政权中的一个部分,即总统在国会休会期间的10日以内拒绝签署国会提出的法案。这里将此权力用来描述联邦最高法院。因为惠勒之提案的目的在于限制联邦最高法院的违宪审查权,此点在引文中我们已看得很清楚了。在联邦最高法院之违宪审查权受到限制的情况下,它对某些法案的否决就像总统的"搁置否决权"一样,没有最终的效力——毕竟这种否决可被议会推翻。——译者注

新思考后可以推翻上院对某些立法的否决。同理,如果罗斯福在法院改组中占了上风,那么未来的大多数总统就会很顺从地接受联邦最高法院作出的大多数判决。当然,一旦联邦最高法院的法官们炮制出了一些在
321 民众中引起轩然大波的判决,那么未来的总统们无疑将效法罗斯福的法院改组之举——通过法院改组的手段,迫使联邦最高法院重新思考它作出的判决。

简言之,**罗斯福和惠勒都想通过宪法第5条的规定,找到一个限制联邦最高法院的机制:此机制试图剥夺联邦最高法院传统上对民主立法拥有的绝对否决权,而仅让其行使搁置否决权。**诚然,惠勒提案的精神更为激进。就像哈佛的托马斯·里德·鲍威尔在《纽约时报》杂志版发表的重头文章中指出的那样:

> 总统的法院改组方案包含这样一个奇怪的悖论……其中包括对既存司法权进行最低限度的干预。联邦最高法院依然可以像以往一样行动,普通多数即可对案件作出判决,而不受任何立法机关或人民投票表决的限制;其中对于立法机关而言,它不得以再次通过被法院推翻之法案的方式,否定联邦最高法院的司法否决权。所有这些又为联邦最高法院的法官们撑了腰,且增加了他们审视自己审判意见的新视角。[1]

在此问题上,鲍威尔的观点显得有些圆滑、世故,因为总统改组法院之提案作为先例的特征无疑将给未来投下巨大的阴影。同时鲍威尔还指出,由于通过宪法修正案将2/3国会议员可以推翻法院判决的机制制度化,因此惠勒确立了一个远比总统之法院改组方案更为常规化的机制。难道惠勒的说法不正确吗?

如果反过头来考察一下罗斯福提出法院改组方案的过程,我们就会发现总统与其死对头观点上的惊人相似之处说明了更多问题。早在1935年11月,总统曾就解决宪法危机的可替代型方案咨询了其内阁成员。下面是内政部长哈罗德·艾克斯(Harold Ickes)对总统当时想法的概括:

---

〔1〕 托马斯·里德·鲍威尔(Thomas Reed Powell):"最高法院的'弊端':我们该怎么做?"(*For "ills" of the Court: Shall We Operate?*),载《纽约时报》杂志版(*N. Y. Times Magazine*)第3期,第26页(1937年4月18日)。

总统指出,解决当前困境的途径有三:(1)改组联邦最高法院——此道菜的味道并不可口;(2)致力于通过一些宪法修正案以应付瞬息万变的形势;以及(3)运用他要求我们慎重斟酌的一种方式。

第三种方案内容如下:制定一个宪法修正案,明确授予联邦最高法院以宣布国会的某些法案违宪的权力,而且宪法应规定这种权力仅授予最高法院。新规定的宪法修正案亦应授予联邦最高法院对涉 322
及国会法案合宪性问题的案件享有最初管辖权。如果联邦最高法院宣布国会的某项法案违宪,那时——国会选举也应在进行中——如果新国会再次通过了该被宣布为违宪的法案,那么该法案违宪之污点即被涤清,该法案亦即发生法律效力。与举行一次全国性的全民公决相比,尽管此种方法是间接的,但在效果上与前者并无二致,因为在国会选举期间,该法案之合宪抑或违宪问题不可避免地将成为人们讨论的话题。[1]

简言之,罗斯福与惠勒之观点如出一辙。

这种观点上的重合并不令人奇怪。在进步党和劳工运动反对法院的政治斗争进行了几十年后,惠勒和罗斯福不过是表达了某些已广为流传的观点。[2] 诚然,惠勒之提案的历史根源,可以追溯到他1924年作为罗伯特·拉·弗莱特(Robert La Follette)之竞选伙伴,为进步党角逐总统宝座的岁月。* 当时进步党的总统候选人即提出了一个与惠勒所提之宪法修正案颇为类似的竞选纲领,以作为复兴人民主权运动的一部分:"在宪法和法律之上,比他们更高的是无上的人民主权,只有他们应该对所有涉及国家政策的重大问题作出最终的决定"。[3] 那时,罗斯福不过是一名

---

〔1〕 艾克斯(Ickes):《秘密日记》(*The Secret Diary*)第一卷,第495页(1953年)。

〔2〕 威廉·罗斯(William Rose):《沉默的怒吼》(*A Muted Fury*)(1994年)。

* 在1924年的总统竞选中,共和党、民主党、进步党、禁酒党、社会主义工党、工人党和美国党都参与了竞选,其中进步党还获得了近17%的选民票和13张选举人票,尽管最后总统竞选以卡尔文·柯立芝当选为总统而告终。——译者注

〔3〕 拉·弗莱特(La Follette)1924年提出的竞选纲领第5和11条,载科克·波特(Kirk Porter)与布鲁斯·约翰逊(Bruce Johnson):《国家政党之纲领》(*National Party Platforms*),第252、254~255页(1970年)。见威廉·罗斯(William Rose):《沉默的怒吼》(*A Muted Fury*)(1994年)。

与进步党和劳工圈子保持密切联系的普通民主党党员。[1]

直到提出法院改组方案的最后关头,总统还一直认真地思考着惠勒式的宪法修正案。即使在他同司法部长卡明斯筹划法院改组方案的同时,他还鼓励手下的两名得力干将本·科恩(Ben Cohen)和汤姆·科克兰(Tom Corcoran)就他们最感兴趣的问题而工作:根据宪法第5条制定正规的宪法修正案。在2月5日总统将其法院改组方案公之于众前,科恩和科克兰也完成了一份与参议员惠勒相仿、依照宪法第5条制定宪法修正案的完备摘要。[2] 我也翻阅了那份科恩于危机期间为总统完成的摘要,它一直坚持将惠勒—伯恩宪法修正案(Wheel-Bone amendment)作为总统的首选之一:"如果现在国会中有哪个人草拟的宪法修正案可望获得参议院的支持,就我所知,没有哪个人提出的宪法修正提案能与……明尼苏达
323 州的参议员[惠勒]所作的工作相提并论"。[3]

我还要在后面讨论此点所蕴涵的深刻含义。我们现在已足以发现,惠勒的领袖地位已帮助人们把后来讨论的焦点放在集中而又基本的问题上。人们讨论的中心问题不是有没有必要对宪法的原则进行根本的变革,甚至也不是有没有必要补充宪法第5条规定的传统修宪程序,而是一个中间性的问题:以何种方式把适当补充宪法第5条的内容制定为高

---

〔1〕 1924年的选举期间,罗斯福曾试图调和忠实的民主党人与拉·弗莱特的进步党之间的分歧。富兰克·佛雷德尔(Frank Freidel):《富兰克林·D.罗斯福:严峻的考验》(*Franklin D. Roosevelt: The Ordeal*),第173~175页(1954年)。

〔2〕 更确切地说,科恩—科克兰(Cohen-Corcoran)提出的宪法修正案允许"国会以2/3的多数,可以立刻否决联邦最高法院对联邦立法所做的判决,或在选举之后以简单的过半数实施上述否决"。而且该宪法修正案还"使国会有权恢复被最高法院否决的州法的法律效力"。肯尼思·戴维斯(Kenneth Davis):《富兰克林·D.罗斯福:不平凡的1937~1940年》(*Franklin D. Roosevelt: Into the Storm* 1937-1940),第52页(1993年)。此二人提出的宪法修正提案与惠勒之宪法修正提案的不同之处在于:无须举行选民可以讨论联邦最高法院判决的选举,国会即可以绝对多数推翻联邦最高法院的判决。

〔3〕 国会图书馆,本杰明·V.科恩卷:主题卷宗,第1918~1983页。科恩在其备忘录中还提及了另一个由参议员威廉·博拉提出的宪法修正提案,以作为制定宪法修正案的重要备选修正案。关于这个提案我将在后面进行进一步的探讨。

这个长达24页的备忘录没有记载日期,但很显然是在这场危机中期写的。在这个备忘录中,科恩给予惠勒—伯恩宪法修正案的批评远比此前的那个科恩—科克兰备忘录要多得多。所以,出现这种差别的原因在于这两个备忘录的不同战略目标。在正式提交总统的这个备忘录中,科恩所以对惠勒—伯恩宪法修正提案给予了较高评价,是为了使总统更可能认可该修正案。这样也有利于总统规劝参议员惠勒收回其成命,在政见上与其保持一致而重归自己的账下。

级法？

惠勒认为应该用宪法第5条规定的程序修正宪法第5条；而罗斯福认为存在于历史上的若干先例，已授权他通过法院改组的手段达到同样的目标。

公众的讨论

总统改组法院的动议像一颗震撼了整个国家的重磅炸弹。“在长达5个月的时间里，大众媒介、国会和总统很少关注其他问题……联邦最高法院从来没有如此长时间地处于公众讨论的中心，即便是早期的沃伦法院(Warren Court)也没有达到如此程度。”这是对民意进行定量研究的格里格·卡尔德拉(Greg Caldeira)写下的颇值得人们诵读玩味的一段话。[1] 公众讨论以集会、数以万计的团体和协会之结社、报纸以及作为时代标志的收音机等各种形式表现出来。各广播公司异常慷慨地将黄金时间贡献出来对此事进行报道、评论。

另一个现代化的标志是盖洛普民意测验(Gallup Poll)。乔治·盖洛普(George Gallup)是以一个臭名昭著的民意测验最大受益人的身份而为人们所知的。这个由《文学文摘》(Literary Digest)发起的民意测验，预测兰登将赢得1936年总统大选的胜利。《文学文摘》在调查时运用了那时还鲜为人们拥有的电话设备；而盖洛普发展了一套更为科学的抽样方法并指出，民主党将在大选中获得压倒性的胜利。此时，他对法院问题进行了每周一次的跟踪调查。由于盖洛普民意测验方法的原始性，我并不想过于倚重它显示的最终结果。但盖洛普民意测验的数据表明，确实有大量民众积极参与到法院改组的讨论中来。截止到2月17日——也就是罗斯福发布其法院改组方案的12天以后——盖洛普的抽样调查表明仅有10%的民众没有就此问题发表过自己的看法，而且这一比例直到法院

---

〔1〕 格里格·卡尔德拉(Greg Caldeira)：“公众观念和联邦最高法院：富兰克林·罗斯福的法院改组”(*Public Opinion and the U. S. Supreme Court: FDR's Court-Packing Plan*)，载《美国政治学评论》(*Am. Pol. Sci. Rev*)第81卷，第1139、1140、1144页(1987年)。

作出“及时转向”之前都没有大的起伏。[1] 盖洛普民意测验同时说明了民众观点的不稳定性。全国广播公司(NBC)定期播报的盖洛普民意测验之结果表明,大多数人倾向于对联邦最高法院进行基本的改革,但整个国家基于罗斯福提出的这个特别提案而分成了轮廓清晰的几个部分——新英格兰和中西部地区对法院改组方案表示反对;大西洋中部诸州支持与
324 反对基本持平;而南部和西部各州则支持总统的法院改组方案。2 月份,全国广播公司经常报道的是全国范围内反对法院改组的意见;但随着讨论的逐渐深入,我们就会看到这种做法的意义所在。[2]

广播公司的大肆报道肯定了惠勒此间发挥的中心作用。不仅因为他本人于2 月 19 日作了一个不甘退让的演讲,而且其他进步党分子——从参议员格拉尔多·奈伊(Gerald Nye)[3] 到前智囊团成员雷蒙德·摩莱(Raymond Moley)[4]——也都纷纷在广播的黄金时段发表演说,声援惠勒—伯恩方案,甚至前总统赫伯特·胡佛也在其广播演说中声称,他“情愿追随”与“总统同党的杰出参议员”的领导,[5] 坚持将宪法第 5 条作为修改宪法的适当方式。[6]

与此同时,政府为了争取广播听众也组织了强大的演说阵容。2 月

---

〔1〕 3 月 24 日,民众参与讨论的比例高达 15%。参见格里格·卡尔德拉:“公众观念和联邦最高法院:富兰克林·罗斯福的法院改组”,(*Public Opinion and the U. S. Supreme Court: FDR's Court-Packing Plan*),载《美国政治学评论》(*Am. Pol. Sci. Rev*)第 81 卷,第 1147 页(1987 年)。这一数字似乎包括了那些对法院改组方案持中庸观点的人,因此可能过高地估计了没发表意见的人数。

〔2〕 全国广播公司定期播报的盖洛普民意测验结果更注重数字上的准确性,例如 59% 的人支持改革联邦最高法院之作用的一两个宪法修正提案,但只有 47% 的人支持总统的法院改组方案(53% 的反对)。显然,我们不应给予这些精确的数字以更多认真的考虑。参见《全国广播公司广播总览》(磁带第 37—21 盒),唱盘编号 4946—49(所有有关唱盘在国会图书馆和耶鲁法律图书馆中都能找到)。

〔3〕 《广播讲话》,格拉尔多·奈伊,1937 年 2 月 21 日晚 9 点,全国广播公司(磁带第 37—17 盒),唱盘编号 4389—90。

〔4〕 《广播讲话》,2 月 12 日晚 7:45,全国广播公司(磁带第 37—5 盒),唱盘编号 3485。

〔5〕 赫伯特·胡佛(Herbert Hoover)1937 年 2 月 20 日晚 10 点,对芝加哥工会联盟俱乐部的讲话,全国广播公司磁带第 37—11 盒,唱盘编号 3668—9。

〔6〕 引人注目的是共和党参议员 2 月份没有在全国广播公司发表广播讲话,此举足供学界揣摩[如前哈佛大学校长阿伯特·洛威尔(Abbott Lowell)]。南方民主党人[如乔西厄·贝利(Josiah Bailey)]和进步党人(如正文中提到的那些人)发表了广播讲话。唯一例外的是斯塔尔斯·布里奇(Styles Bridges),这位来自新罕布什尔州的年轻共和党参议员发表了广播讲话。参见全国广播公司磁带第 37—10 盒,唱盘编号 3640;第 37—12 盒,唱盘编号 3689—90。

14 日，司法部长卡明斯率先发表了讲话，他首先详细回顾了鼓励年迈法官退休动议的悠久历史，而后他矢口否认任命年轻法官以恢复联邦最高法院活力的做法有违宪之嫌。[1] 参议员谢尔曼·闵顿（Sherman Minton）继卡明斯之后发表演说，他向听众介绍了总统反对联邦最高法院斗争的漫长历史——其中着重强调了重建时期法院紧缩和扩张的先例。[2] 威斯康星州州长发表的颇具煽动性的演说进一步深化了历史上曾经出现的政治先例。这位年轻的菲利·拉·弗莱特（Phil La Follette）州长特别论证了伯顿·惠勒提出的宪法修正案的不可行性，而乃父正是惠勒 1924 年总统竞选时的竞选伙伴。[3]

讨论因总统 3 月初发表的两次广播讲话而达到了顶峰。在其首次演说中，罗斯福将法院作为靶子，提出了这样一个问题："在解决我们面临问题的积极方式"[4] 遭到司法抵制的情况下，政府如何兑现竞选时向农民、工人和其他社会团体许下的诺言。由于人民早已"厌倦了无关痛痒的争论和党争"，因此通行世界的民主也偃旗息鼓、草草收场了。"如果其中之一瘫于中途或冲向其他方向"，[5] 那么"由三驾马车构成的美国政府机制"就无法正常运转。其后，他祭出了人民授权的法宝："过去五年内的三次选举显示的巨大胜利，已足以说明人民同意我们正在从事的事业。对于我而言，而且我也敢向你们保证，这些压倒优势的胜利意味着人民已意识到了危机的日益严重性，以及我们迎合了他们的目标。任何迟疑都有引发更棘手事件的风险，而这些棘手事件无疑会使我们越来越难找到一 325
个睿智、迅捷、民主的途径以解决我们目前面临的困难。"[6]

这种论调与罗斯福 2 月初发表的最初演讲形成了鲜明对比。他不再

---

〔1〕《广播讲话》，1937 年 2 月 14 日晚 7 点，全国广播公司，磁带第 37—7 盒，唱盘编号 3518—19。

〔2〕1937 年 2 月 15 日，参议员闵顿在全国广播公司全国广播论坛上发表了讲话。全国广播公司磁带第 37—10 盒，唱盘编号 3655。参见第 8 章关于法定货币问题的讨论。

〔3〕《广播讲话》，1937 年 2 月 17 日晚 8 点 30 分，全国广播公司，磁带第 37—12 盒，唱盘编号 3691—2。罗伯特·拉·弗莱特参加了 3 月 7 日支持总统发表广播讲话行列。全国广播公司磁带第 37—17 盒，唱盘编号 4393—4。

〔4〕萨缪尔·罗森曼（Samuel Rosenman）编：《富兰克林·D. 罗斯福的公开文章与演讲》（*The Public Papers and Addresses of Franklin D. Roosevelt*），第 120 页（1937 年）。

〔5〕同上，第 116 页。

〔6〕同上，第 120 页。

将改组法院之举视为提高效率的温和手段。现在，他声称自己是以"人民"代言人的身份提出法院改组方案的。他坚持认为，法院改组方案反映了民主党在"过去五年内的三次选举"中赢得的"大多数人"的意愿。

罗斯福的第二次演讲是在参议院司法委员会举行听证会的头天晚上进行的。在其"炉边谈话"中，罗斯福直指要求制定正规宪法修正案的呼声：

现已提出了若干不同类型的宪法修正案，而它们之间又存在着天壤之别。国内外不会有哪个团体能真正而完全地赞同其中的任何一个修正案。

> 就宪法修正案的类型与用语达成实质上的共识，需要数月或数年的时间。而此后该修正案在国会两院获得2/3多数的支持亦需要数月或数年的时间。
>
> 此后接踵而至的是耗时费日的3/4州批准该修正案的过程。没有哪一个被诸多强大利益集团和强力政党领袖们有充分理由反对的修正案，能够在一个合理的时间内获得批准。即使在包括95%之投票人口的35个州支持该修正案的情况下，总数仅占投票人口5%的13个州也足以使宪法修正案无法获得通过……
>
> 有两个倾向于制定正规的宪法修正案的派别反对我提出的法院改组方案。第一派包括那些从根本上反对适应现实之需进行社会和经济立法的人。也正是这些人在去年秋季的选举运动中阻挠人民的授权。现在他们作出了最后的一搏，而这最后一搏的战略目标是：通过耗费时日的宪法修正案制定程序，推迟并进而扼杀人民授权表达出来的法律要求。
>
> 我要对他们说：你们打算长期愚弄美国人民的目的无法得逞！
>
> 另一派由真心实意相信宪法修正程序是解决目前危机之最佳途
> 326 径的人组成。如果能够达成一个合理的宪法修正案，他们即打算全
> 力支持之。
>
> 我要对他们说：我们不能把整个宪法修正案视为解决目前困难的唯一且立竿见影的方案。一旦开始行动后，你就会发现那些表面上装作支持你的人，将破坏任何一个业已提出的、建设性的宪法修正

> 案。快看看你们这些令人不可思议的同窗好友吧！在为进步而斗争的过程中，什么时候你才能发现他们真正地站在支持你的一边呢？
>
> 当然还需要记住另外一件事。假设宪法修正案已获通过。我们甚至可以假设该修正案在较短的时间内亦被批准，但它的具体含义却有赖于联邦最高法院的现任法官属于何种类型。像宪法的其他部分一样，一个宪法修正案的真正含义取决于法官之所言甚于其制定者之所思。[1]

上述广播讲话标志着高级法创制活动在 1937 年取得了初步的成功。对二元宪法的严峻考验——特别是在危急关头，要求政治领导人们也加入到关于某些中心问题的讨论之中。从战略上看，国家领导人之参与这场讨论本身说明，这些领导人更倾向于规避而不是回答其反对派提出的问题。而且，炉边谈话也使 20 世纪最具影响力的大多数政治家被迫接受对话式的语言训练——甚至在他赢得了总统大选胜利后亦是如此。

总统为首的领导人参与到宪法讨论之中的场面，显然是由三权分立体制造成的。但我们并不应该对三权分立这一动力机制作过于机械化的理解：虽说三权分立的理论前提是各种权利之间的平衡和制约，但参议员惠勒于 2 月份领导反对派起来斗争的时候，还是冒了很大的政治风险的。作为这种风险的回报，惠勒之反对法院改组方案的决定粉碎了总统的如意算盘。因为法院改组方案的批准，现在要由参议院经过严肃的程序作出最后的决定。所以，如果罗斯福将改革传统宪法原则的权力完全交给其政治对手，那肯定是非常愚蠢的举动。而罗斯福真正感兴趣的，不仅要把法院改组看做高级法创制的方式，而且他还极力动员广大民众支持他的法院改组方案。

作为反对派领袖的惠勒起而反对法院改组方案的影响力还远不止这些。总统曾大肆攻击其政敌颂扬宪法第 5 条的做法，认为此举系保守派发出的、“试图阻止人民授权”的烟雾弹。然而像惠勒这样的新政者出来带头反对法院改组方案，罗斯福只能被迫承认：“那些真正认为宪法第 5 327
条规定的修正程序，乃解决目前危机之最佳方案的人”，并没有什么不良

[1] 同上，第 132 页。

的动机。

虽说罗斯福承认某些坚决要求以宪法第 5 条规定的程序解决危机的人并没有什么恶意,但他同时还指出了一些基本的问题:宪法第 5 条让少数州在高级法创制的体制中发挥了太大的作用。像其前辈重建时期的共和党人一样,罗斯福相信其政党通过一系列国家层面上的选举胜利,已经赢得了"人民授权"。从罗斯福本人的角度看,由于宪法第 5 条使少数州即可挫败整个国家的人民授权,因此这样的机制存在着严重的缺陷:"即使在包括 95% 之投票人口的 35 个州支持该修正案的情况下,总数仅占投票人口 5% 的 13 个州也足以使该修正案无法获得通过。"像前人麦迪逊和宾格汉姆一样,罗斯福也不允许出现这种情形。

只是与其前辈相比,此时的罗斯福可以更踏实地求诸合众国人民。他发表其观点时恰逢美国历史上绝无仅有的时刻——既不同于 18 世纪的联邦党人,也不同于 19 世纪的共和党人,20 世纪的民主党人以最大的选举优势控制了整个国家的大多数地区。在明确了这样的事实后,我们就会看到总统正是在这样坚实的基础上指出,已没有必要再用宪法第 5 条来保证地方利益不受国家权力的冲击了。这样他就可以令人信服地指出,正规的宪法修正案只是一个机械主义的工具,它可使某些拥有特殊利益而有没有代表性的少数州挫败国家的意志。从联邦主义的角度看,1937 年的形势要求采取非常规行动的程度,要远甚于 1886 年或 1787 年。

罗斯福的炉边谈话还包含着更为奇妙的第二个方面。他对宪法第 5 条是否具备将宪法导入一个新方向的能力明确地提出了质疑:"一个宪法修正案的真正含义取决于法官之所言甚于其制定者之所思。"无论是建国时期的联邦党人还是重建时期的共和党人,他们从来都没有对法律具备规划未来的能力持有如此深的疑虑。[1] 罗斯福这种论调的法学特征于参议院听证会期间得到了有力的强化。

---

〔1〕 尽管麦迪逊在某些时候曾经表示过这种担心——见《联邦党人文集》(*Federalist*)第 37 卷,第 229 ~ 230 页(C. Rossiter 主编)。

参议院听证会

听证会开始的头几天,基本上反映了政府立场在过去几个星期内的发展演变过程。司法部长卡明斯坚持其2月初的基调:年迈法官们无法跟上时代发展的步伐,他们占据着最高法院的席位却没有解决相应的问题。继卡明斯之后发表讲话的司法部副部长罗伯特·杰克逊(Robert 328
Jackson),阐述了总统最近一段时间里一直强调的问题。

杰克逊的简短陈述

与罗斯福的炉边谈话保持同样的基调,杰克逊在听证会上的证词继续指出,法院改组系"重新确立政府选举部门和非选举部门之间良好协作关系的合法手段。法院改组方式的经常运用,可以避免制定若干可能会使宪法成为一个七拼八凑文件的宪法修正案"。[1]

像广播中讨论的那样,杰克逊着重强调了美国历史上法院规模曾发生过六次变化,且以重建时期之法院改组先例最负盛名。[2] 他还指出了历史上以宪法修正案控制联邦最高法院的做法,也仅仅取得了局部的成功。以三个正规的宪法修正案推翻了德里德·斯科特案的重建国会,并未使联邦最高法院变成为少数人权利的可靠保障者。在推翻它自己此前作出的所得税及主权豁免案件的判决时,联邦最高法院也没有完全遵守宪法修正案的相关规定。因此,我们可以很轻松地把这些问题同新政者面临的问题作一番对比:"为了抵消最近几起判决产生的负面司法影响,不仅商业条款和正当程序条款,而且平等保护条款、特权与豁免权条款、宪法第10修正案、破产权以及税收权也都有制定宪法修正案的必

[1] 第七十五届国会第一次会议:《联邦法院的重组:参议院司法委员会第1392次听证会》(*Reorganization of the Federal Judiciary: Hearings on S. 1392 before the Committee on the Judiciary*)第40页(1937年)。

[2] 同上,第40~41页。杰克逊还指出了亚当斯、杰佛逊和杰克逊执政期间作出改变法院规模之举的政治动机。

要。”[1]杰克逊提醒其听众注意同形式主义的观念进行斗争,形式主义观念的核心是宪法第5条,而只有少数的宪法改革是通过其规定的正规程序进行的:制定宪法修正案的理论前提,“在于多数文字可能有助于澄清、解释少数的文字,但文字在转变人(这里是指联邦最高法院大法官——译者)的思想状态上却显得无能为力”。[2] 如果“你无法改变人的思想状态”,难道法院改组不是把宪法导向新方向的最佳方式吗?

惠勒的证词

为尽快地进行投票表决,参议院听证委员会在听取了杰克逊之陈述
329 后,仅给惠勒留了短暂的两周时间以准备答复。在两周后开始的这次反驳杰克逊观点的听证会上,惠勒使出了这样一个杀手锏:首席大法官休斯撰写的一封信——其内容在于推翻以增进法院效率为由而改组法院的说法。休斯在这封信中指出,参议院论证了联邦最高法院的法官们并未疏于职守,而是都在兢兢业业地工作着。可以肯定的是,将联邦最高法院的规模由9人增加到15人只会破坏联邦最高法院的工作;而对于联邦最高法院的工作而言,无疑属于画蛇添足之举。休斯的信在公众中引起了轩然大波——它标志着联邦最高法院主动、直接地闯入了宪法政治之中。[3]

然而,惠勒远不止是联邦最高法院的公开代言人。正是由于他反对法院改组的决定,才使罗斯福和杰克逊指出,法院改组并非仅仅基于休斯

---

〔1〕 同上,第43页。

〔2〕 同上。

〔3〕 在经过一番深思熟虑后,我在此使用了“政治”一词,因为休斯对参议院司法委员会听证会的干预破坏了基本的司法准则。也许是因为他觉得这项意见不可能获得联邦最高法院全体法官的支持,因此这位首席法官没有就此问题征求所有法官的意见。关于这封信,休斯只得到了布兰代斯和范·德范特这两个老资历同事的签名。虽然仅有两个人的签名,但休斯的这封信还是给大多数人留下了这样的印象,即休斯的这封信代表了联邦最高法院全体法官的意见。

休斯的这种做法为后世的法律家增加了很重的负担,因为这些法律家认为休斯1937年的行为纯粹是从维护法律条文的角度而作出的。理查德·弗里德曼(Richard Friedman):“转向时刻”,(*Switching Time*),载《宾夕法尼亚大学法律评论》(*U. Penn. L. Rev.*)第142卷,第1891、1965页(1994年)。休斯1937年作出的一些判决无疑有法律条文上的根源,但这些判决与其他的判决也明显地不一致。参见第12章。总之,我们最好把休斯1937年向参议院听证会出具这封信的行为看做宪法政治家运用其才智的产物。他作为纽约州州长、国务卿以及总统候选人的经历,使他认识到在严重的危急时刻,有必要采取某些不符传统的做法。

信中所提及的效率问题。惠勒决意坚持使他本人与罗斯福产生严重分歧的宪法原则。像从前一样，他不承认自己代表了参议院那一小撮反对宪法修正的顽固分子："如果总统放弃法院改组方案，（我们将）把他向国会提出的任何意在实现其目标的合理宪法修正案提交国人进行表决。"[1]为论证他的观点，惠勒重申了提出宪法修正案的必要性：

> 时间的紧迫性要求我们必须通过一些法律，以明确某些新政法案是否合宪的问题。我们确信联邦最高法院总会对这些法案表明其立场，而且我们也确信如果这些法案违宪，联邦最高法院亦会作出相应判决。在我看来，即便是联邦最高法院认为某些新政法案违宪，也只有极少数这样的判决有被推翻的可能。也就是说，除非在全国上下形成了一股强大的反对这些判决的潮流，联邦最高法院宣布某些法案违宪的判决是不会被推翻的。然而，如果这种潮流已经形成，那么我认为就应该以法律的形式宣布这些判决无效，虽然我一直认为民主只能以小写字母"d"予以表示的人……
>
> 参议员佩特曼：然而在选举之后再由议会决定是否推翻法院判决的做法，难道不会将法律问题转化为政治问题吗？
>
> 参议员惠勒：不会，肯定不会。这样做的目的是给参、众两院议员提供充分的、考虑这一问题的时间……如果不给两院议员留下充 330
> 分的考虑时间，在看到联邦最高法院的判决后，他们可能会说："联邦最高法院毕竟已宣布了某个新政法案违宪。虽然我对联邦最高法院的判决意见表示赞成，但我却从来没有考虑过该法案的合宪性问题"；或者说"我认为该法案是合宪的，但在我面前却摆着联邦最高法院认定其违宪的判决"。
>
> 参议员佩特曼：……将推翻联邦最高法院判决的问题放在国会选举之后再行解决，显然说明你期望人民应该有权选举解决这一问题的国会议员。
>
> 参议员惠勒：……我想这一问题无疑会成为人们下次选举的主

---

〔1〕 第七十五届国会第一次会议：《联邦法院的重组：参议院司法委员会第1392次听证会》(*Reorganization of the Federal Judiciary: Hearings on S. 1392 before the Committee on the Judiciary*)，第504~505页(1937年)。

> 题。此问题就是这一国家的人民是否支持国会制定一个推翻联邦最高法院判决的宪法修正案。如果人们将支持该宪法修正案的2/3多数选入国会,那就表明了人民支持该宪法修正案的愿望。我还认为如果人们真像他们所说的那样打算维系这个国家的民主传统,那么我们就应该置联邦最高法院的判决于不顾,而通过这项宪法修正案。[1]

上述言论同罗斯福的说法渗透着一个共同的精神。即不管是参议员惠勒还是总统罗斯福,他们都在寻求一个将各州排除在高级法创制程序之外的、新的高级法创制体制。

两者的区别仅在于领导整个国家、代表民意的制度选择上。惠勒构筑了一个国会领导权模式——设计了一道程序。据此程序,参、众两院议员在大选过后就可以名正言顺地声称自己获得了人民授权而采取相应的行动。然而,在罗斯福看来,民主党人已经获得了这样的授权:"过去五年内的三次选举表明,大多数人民对我们的努力方向已示首肯。之于我,而且我也向你们保证,这种大多数意味着人民已经意识到了日渐深重的危机,以及我们的做法迎合了人民的目前之需"。[2]

总统领导权模式和国会领导权模式之争,也促使这两个主要竞争对手竞相提出了他们的改革方案。根据惠勒的方案,总统在否决联邦最高法院之判决的问题上不应发挥任何作用;人民经慎重考虑后选举的大多数国会议员即足以解决这一问题。根据罗斯福的方案,如果大多数参议员批准了总统为改革目的而提名的那些法官,那么他本人即可推动宪法的改革。而国会仅仅是国会,它反而应该被排除在宪法改革体制之外。

两种路线之争还说明了围绕宪法第5条产生的争论。由于惠勒不打
331 算接受总统领导权模式,因此他认为人民是否已经授权的问题,尚未得到有效的论证。这样就需要制定一个正规的宪法修正案,并通过这个宪法修正案的批准来论证人民是否已经进行了宪法改革的授权,而且"我们人

---

〔1〕 第七十五届国会第一次会议:《联邦法院的重组:参议院司法委员会第1392次听证会》(*Reorganization of the Federal Judiciary: Hearings on S. 1392 before the Committee on the Judiciary*),第502~504页(1937年)。

〔2〕 见原文第325~326页。

民”也可以运用宪法修正案这样的国家制度合法地表达自己的心声。相形之下，罗斯福则认为，民主党人已经获得了为改革所必需的人民授权。

除了在参议院听证会上举证外，惠勒还做了大量的其他工作。他为动员其他参议员支持其方案而奔走呼号。3月2日，民主党人参议员亚瑟·范登伯格(Arthur Vandenberg)发表了广播讲话。用《纽约时报》的话来说：“一改共和党人的早期战略——任由民主党人解决法院改组问题，参议员范登伯格今晚攻击了罗斯福总统的法院改组方案，并明确表示支持惠勒—伯恩宪法修正案。”参议员范登伯格还提出了一个发人深省的问题：“或许宪法前10条修正案规定的那些防止侵犯人权的措施，有望再现于本宪法修正案中。”[1]惠勒立即对范登伯格的这项建议作出了积极反应[2]——尽管参议院中的两党联合阵线从没有露出就此点展开工作、以形成明确的宪法修正案的迹象。两周以后，《纽约先驱论坛报》的头版刊发了这样的消息：“参议院的反对派领袖们……已经达成了共识，即推出宪法修正案是解决目前问题的一个建设性方案”：

> 现在可供我们选择的方案只有两个。其一是惠勒—伯恩宪法修正案，它授权选举后的新国会可以2/3的多数推翻联邦最高法院的司法判决……
>
> 另一个可供选择的方案是奥马哈尼宪法修正案(O'Mahoney amendment)，即联邦最高法院2/3多数法官可以认定联邦或各州议会制定之法案违宪。
>
> 有望在两周之内举行一次会议。通过这次会议，人们将在有限的选择范围内最终决定采取哪种方案。[3]

惠勒在听证会上出具的措辞激烈的证词，为其倡导的改革方案进一步提供了动力。但就在反对派考虑下一步行动的时候，一个新的情况出

---

〔1〕“范登伯格卷入法院改组方案的斗争中”(*Vandenberg Joins Court Plan Fight*)，载《纽约时报》1937年3月3日第10版。

〔2〕见惠勒的证词。第七十五届国会第一次会议：《联邦法院的重组：参议院司法委员会第1392次听证会》(*Reorganization of the Federal Judiciary: Hearings on S. 1392 before the Committee on the Judiciary*)，第502页(1937年)。

〔3〕“联邦最高法院改变了宪法修正案派”(*Court Change Foes Unite on Amendmend*)，载《纽约先驱论坛报》1937年3月15日第1版。

现了。一个星期一,即3月29日——也恰恰是被《纽约先驱论坛报》定义为反对派揭开"建设性方案"面纱的那一天——联邦最高法院作出了一个石破天惊的伟大判决,该判决标志着联邦最高法院在宪法原则上作出了"及时转向"。

在评论联邦最高法院"及时转向"的意义之前,我们且回顾一下自罗
332 斯福2月5日发表讲话以来的两个月内,人们就宪法改革问题而展开之讨论的演进过程。实际上,罗斯福以法院改组这一常态政治的形式,掩饰了宪法改革的事实,并将既成的法院改组方案摆到国会两院支持他的民主党人面前。设若罗斯福拥有英国首相拥有的那些大权,他就极有可能不顾议会中的些许反对之声,而敦促国会两院中的大多数民主党人支持他的法院改组方案。

然而,宪法设计的分权体制,使惠勒得以将罗斯福希望与常态政治问题混为一谈的宪法问题单独提取了出来。惠勒代表了那些打算全力支持罗斯福进行实质性宪法改革的新政者,但他们又坚持必须以宪法第5条规定的程序来实现宪法改革。因此,这里存在着这样的一个事实:惠勒提出的宪法修正案,表明了一种与罗斯福规避宪法第5条的改革方案斗争到底的精神。

现在,总统可以循着自己的战略思路处理他面对的宪法危机了。当然,他还可以进一步解释:为什么联邦党人制定的宪法第5条,不能把民主党人通过压倒性的选举胜利所赢得的全国人民的授权法典化。民主党人政府运用不同层次的诡辩式语言,在不同层次的民众中追逐着自己的目标:总统的炉边谈话,司法部副部长杰克逊为民主党人之行动披上的合法性外衣皆属此类。因此,很难与之相抗衡的反对派甚至无法主动地推出一个可以替代法院改组的建设性方案。

从总体上来看,正、反两种势力的激烈交锋可以视为美国二元宪法的
333 巨大胜利。在联邦最高法院卷入这场争论之前,争论双方正在将这个国家引入到一场深刻而严肃的讨论中:这场讨论的主题,恰恰是将影响下一代美国人民生活的高级法创制的未来问题。

及时转向——及其他替代性方案

不可否认,联邦最高法院以"及时转向"的方式为人民退出宪法争论的大潮打开了一道缺口。通过分析盖洛普民意测验的结果,政治学家格里格·卡尔德拉指出,早期的公众并不赞成改组法院方案——在提出该方案后的四个星期内,反对者大致高出支持者7到8个百分点。然而,随着总统改变其斗争的策略,于3月初运用广播宣传其主张后,盖洛普民意测验则显示出了完全不同的结果。在法院作出"转向"决定的前夜,盖洛普民意测验表明,赞成与反对两派旗鼓相当、平分秋色。[1]

此后接踵而至的是总统支持者在数量上的大滑坡。这两次大滑坡隐含着深厚的底蕴。在联邦最高法院于4月份以5:4票的多数作出了支持瓦格纳法案的判决后,总统的支持率立即下降了几近5个百分点。当保守派大法官范·德范特于5月宣布辞职后,总统的支持率又下降了不止5个百分点——用以解释这种现象的最好原因只能是,联邦最高法院的"及时转向"并非一时的权宜之计,联邦最高法院中的自由派法官在无须扩大法院规模的情况下,即可进一步获得司法控制权。只是在这种意义上,公众观念的天平才决定性地滑向了总统的反对派一边。毕竟,这些数字表明大部分公众切身地投入到了这场公众讨论之中,而且在联邦最高法院作出了不再危及新生宪法秩序的承诺后,他们又非常理智地收回了对总统的支持。用卡尔德拉的话来说:"无论讨论参与者报有何种目的,联邦最高法院之举把公众划成了泾渭分明的两派……通过运用一系列精明的手段,联邦最高法院使总统提出的那个激进的法院改组方案丧失了司法基础。"[2]

---

〔1〕 格里格·卡尔德拉(Greg Caldeira):"公众观点和联邦最高法院:富兰克林·罗斯福的法院改组方案"(*Public Opinion and the U.S. Supreme Court: FDR's Court-Packing Plan*),载《美国政治学评论》(*Am. Pol. Sci. Rev*)第81卷,第1147页(统计数字:3)(1987年)。

〔2〕 格里格·卡尔德拉(Greg Caldeira):"公众观点和联邦最高法院:富兰克林·罗斯福的法院改组方案"(*Public Opinion and the U.S. Supreme Court: FDR's Court-Packing Plan*),载《美国政治学评论》(*Am. Pol. Sci. Rev*)第81卷,第1149~1150页(统计数字:3)(1987年)。

在同时期的社论中寻找类似的评论如探囊取物一般。在关于联邦最高法院以惊人的司法判决支持劳动法的报道中,《纽约时报》在其头版头条写道:“参议员惠勒,这位国会中反对总统法院改组方案的领袖人物,看上去亦是喜形于色……‘这些判决恰到好处’,他说,‘我认为此举打消了向联邦最高法院再安插六名新法官的所有借口’。”[1]两位新闻出版界的领军人物约瑟夫·阿尔索普(Joseph Alsop)和特纳·卡特里奇(Turner Catledge)采访了除罗斯福以外卷入到这场危机中的主要人物,并写成了一部颇有洞察力的、名为《那一百六十八个日日夜夜》的书。在此,我把他们的一段评论摘录如下:“两个伟大的战术优势助了总统一臂之力——民主党的团结,以及对解决法院问题之途径的迫切需求——而且有一点是异常明确的,即如果不是第二个战术优势,我们还真不知道总统将依靠何种手段才能笑到最后。”[2]在联邦最高法院最终作出及时转向,以判决方式支持社会保障法之前,《时代杂志》(Time Magazine)这样写道:“对于每一个醉心于新政的人而言,他都会发现一条隐于最高法院判决中的、认定新政法案违宪的明确主线。这条主线将成为他们向最高法院安插法官以促进法院自由化的有力证据。”[3]

334 联邦最高法院的及时转向不仅断了总统获得人民支持的后路,而且也大大削弱了依宪法第5条制定宪法修正案的呼声。随着联邦最高法院的及时转向,人民是否仍然需要一个——如果人民还有所需的话——宪法修正案的问题变得越来越不明朗。是否联邦最高法院的“及时转向”已使所有进一步的工作都显得毫无必要了?5月底,也就是在国会的领袖们考察了联邦最高法院在未来将采取怎样的行动,他们就把宪法第5条放

〔1〕 “联邦最高法院支持瓦格纳劳工法案”(*Supreme Court Upholds Wagner Labor Law*),载《纽约时报》1937年4月13日第1版第4栏。《时报》的社论版指出“总统法院改组方案的倡导者们……一定觉得他们的事被别人抢了先机”。同上,第24页。还可参见《四次5:4;一次9:0》(*Four* 5—4; *One* 9—0),1937年《时代杂志》4月19日,第15页(认为该判决把“关于总统改组最高法院方案的这场大辩论降到了一个完全的学术层面上,对劳工立法的热望,是许多自由主义者支持该判决的最直接原因”)。

〔2〕 约瑟夫·阿尔索普(Joseph Alsop)和特纳·卡特里奇(Turner Catlege):《那168个日日夜夜》(*The* 168 *Days*),第105页(1938年)。

〔3〕 “安全保障”(*Security Secure*),载《时代杂志》(*Time Magazine*),第16页(1937年5月31日)。

回了原处。[1]

即使根据宪法第5条制定了一个宪法修正案,那么它是否能获得3/4州的支持也将是一个严肃的问题。在联邦最高法院总是援引公众意见,否决代表工人、农民以及老年人利益的新政措施的情况下,人们跳过宪法第5条这块拦路石,不愿制定、批准宪法修正案是一回事。然而,在联邦最高法院通过其革命性的判决赋予了积极干预的国家政府以合法性之后,人们为什么还要花费大量的时间和精力,投身于令人心倦神疲的宪法修正案批准运动之中呢?

所有这些又让我们遇到了当初提出的那个问题:联邦最高法院的转向是否来得太快了?如果我们希望能够对新政革命进行深入的思考和理解,那这就是一个有用且值得玩味的问题。所以,让我们想象一下联邦最高法院不肯俯就的情形。即如果联邦最高法院不作出及时转向,那它又可能会在最大限度上造成怎样的后果?

法院改组的情形

如果联邦最高法院不肯俯就,总统显然更有可能赢得法院改组斗争的胜利。[2] 就像联邦最高法院的"及时转向"致使总统的民众支持率大幅度下滑一样,联邦最高法院对新政的持续司法抵制,将使总统从中谋取更多便利,从而使他得以将法院改组作为解决危机的唯一可行方案。果真如此,惠勒及其支持者能顶住总统施加的重压吗?

---

〔1〕 "法院法案的倡导者需要罗斯福的帮助"(*Court Bill Defenders Want Roosevelt Aid*),载《纽约时报》1937年5月9日,第4部分第10版第2栏。

〔2〕 巴利·卡什曼(Barry Cushman)在《重新思考新政法院》(*Rethinking the New Deal Court*)一文中否认这种可能性,1994年《弗吉尼亚法律评论》(*Va. L. Rev.*)第80卷,第208~228页。该论文是以第二手的文学观点为基础而写就的。令人遗憾的是卡什曼没有引用,更谈不上正视1995年初列彻顿伯格出版的论文以及卡尔德拉1987年出版的研究公众观点的文章——"公众观点和联邦最高法院:富兰克林·罗斯福的法院改组方案"(*Public Opinion and the U. S. Supreme Court: FDR's Court-Packing Plan*),载《美国政治学评论》(*Am. Pol. Sci. Rev*)。另外,还有拉斐尔·吉利(Rafael Gely)和帕波罗·斯贝勒(Pablo Spiller)对选举结果的研究:"联邦最高法院判决的政治经济学:罗斯福法院改组方案研究"(*The Political Economy of Supreme Court Constitutional Decisions: The Case of Roosevelt's Court Packing Plan*),载《法律与经济国际评论》(*Intl. Rev. Law & Ecom.*)第12卷,第45页(1992年)。这些论文和我本人对原始资料的研究一起表明:卡什曼没有理由如此自信地坚持自己的观点。因此,其观点的有用之处在于指出了这个问题:即如果罗斯福坚决推行其法院改组方案,他必须做好克服那些实质性阻力的思想准备。

威廉·列彻顿伯格颇具成效的研究,揭示了法院改组反对派脆弱性的一面。总统虽然在5月份丧失了公众的支持,但他提出的法院改组动
335 议于6月份又令人信服地出现了反弹的势头。罗斯福很不情愿地接受了支持他的国会领导人提出的"折中"方案。据此方案,他要等到法官年届75岁而不是70岁时,才能任命一位新法官取而代之,而且一年之内他也只能以如此方式任命一名法官。因为联邦最高法院有四名法官超过了70岁(范·德范特除外),这也确保了总统到1940年底能够任命五名法官。如果仅从政治斗争的角度而言,此方案表明罗斯福总统作出了具有深远意义的让步——按照最初的方案,他一次就可以任命6名法官。然而,如果从宪法原则这一长远角度来看,此方案根本没有任何妥协而言。

像列彻顿伯格之研究表明的那样,国会领袖之运用"折中"方案是为了达到大规模地补救总统政治资本的目的。当法院该组之修正方案于七月份送交参议院进行表决时,参议院多数党领袖罗宾逊就满怀信心地宣称,该法案将获得大多数人的支持。列彻顿伯格认为,罗宾逊绝非在夸夸其谈:"尽管新闻媒介正在大规模地进行着反对改组法院方案的讨论,但国会上仍然会有50甚至更多的人信服罗宾逊的观点。"[1]这是一个不争的事实,列彻顿伯格也勉强承认:"反对派——大概有45人——可能会运用冗长演讲的方式阻挠该法案的通过,但更多的人会怀疑这种办法是否能够奏效。"[2]

美国宪法史上若干偶然性的重大事件,足以使我们永远无从知道法院改组方案是否能够成功地被参议院批准。在经过第一轮几天的热烈讨论后,参议员罗宾逊死于突发性心脏病。他的死也终结了他所许下的争取大多数议员支持该法案的政治诺言。与此同时,罗斯福也发现人们对他的支持也融于华盛顿夏日的炎炎酷暑之中。更糟糕的是,参议院中的

---

〔1〕《富兰克林·D. 罗斯福的"法院改组"方案的起源》(*The Origins of Franklin D. Roosevelt's "Court-packing" Plan*),重印于威廉·列彻顿伯格:《最高法院的再生》(修订版)(*The Supreme Court Reborn*),第132、148~149页(1995年)。

〔2〕威廉·列彻顿伯格(William Leuchtenburg):"富兰克林·D. 罗斯福的法院改组方案"(*FDR's Court-Packing Plan: A Second Life, A Second Death*),载《1985年杜克法律杂志》(*Duke L. J.*),第673页(1985年),对后来发生的就修正后的法院改组方案而展开的斗争进行了详细分析。此处引文来源于该杂志第681页。

民主党人为争夺罗宾逊留下的位置而展开了激烈的斗争。于是，罗斯福将其主要精力集中于任命一位得力的新政者到如此关键的岗位上。他取得了成功，但唯一的代价是放弃法院改组方案。

我并不是说只是罗宾逊的死才使法院改组方案夭折于襁褓之中。之于我而言，总统支持率的迅速下滑恰恰说明了原因远没有如此简单。[1]但是，列彻顿伯格的研究表明，如果在联邦最高法院以公众观点为依托顽强抵制总统法院改组方案的情况下，总统的支持率将甚嚣尘上而不是一落千丈，总统的力量不仅可怕而且还异常难以对付！在丧失民众支持、面对民众反对的情况下，如果国会的领导人想走得更远一些，那么他们在争取参议院 76 名民主党人中的 49 人以及众议院 331 名民主党人中的 218 人的支持时，又会遇到多大难度呢？

即便是国会通过了一纸改组法院的法案，它也远远不能解决问题。共和党人将把法院改组作为接踵而至的各种选举的中心议题——通过在国会中进行冗长演讲的方式阻挠提名新的法官，攻击民主党人 1937 年犯下的种种罪行，等等。果真如此，1938 年选举将同 1866 年选举一样成为具有划时代意义的中期选举而载入史册。由于罗斯福及民主党人倾力支 336
持法院改组方案，而共和党人又极力反对之，这样选举的结果必然带有深刻的宪法意蕴、散发着浓郁的宪法气息。在民主党人全盛的时代，我们很难想象共和党人会取得全面的选举胜利。[2]但民众对共和党人的支持率，是否能够上升到足以发动一场反法院改组运动的程度呢？

---

〔1〕 而且，政府仍要面对来自众议院司法委员会主席哈顿·萨姆纳（Hatton Sumners）的激烈反对，尽管这种反对本可以借助某些政治力量而克服。

〔2〕 事实上，在选民们把 1937 年的经济滑坡视为新政失败之佐证的情况下，共和党人在 1938 年选举中获得了一次重大胜利。但是，假如联邦最高法院继续对新政进行宪法攻击的话，罗斯福就会把这种经济滑坡归咎于最高法院拒绝为政府提供稳定经济所必需的措施。当然，我们永远也无从知道罗斯福的这种说法是否会生效。

一旦最高法院作出了及时转向，选举斗争的基本框架也就发生了改变。在无须设想他们危及了进行中的宪法改革的情况下，选民们就可以对新政者施以足够的惩罚。正如我们将要看到的那样，共和党人通过其在新一届国会中的行动认识到了这点。尽管他们在新国会中依然是一个明显的少数派——国会中共和党人众议员有 164 名、参议员有 23 名，但他们可以联合保守的民主党人来阻止许多（但不是全部）扩大新政立法影响范围的措施。然而，他们却没有通过反对向联邦最高法院任命一些新政者的方式，来推翻这次宪法改革。参见第 12 章，原文第 355～356 页。关于 1938 年选举及其宪法内涵的富有见地的描述，见西尼·米尔金斯（Sidney Milkis）：《总统与政党》（*The President and the Parties*），第 4 章（1993 年）。

当然,如果民主党人赢得了1938年选举,此结果将有力地促成"花车效应",保证法院改组的合法化。即一旦总统在法院改组之后的选举中既控制了国会又赢得了选民的支持,人们对其非常规的法院改组方案已经获得了人民支持的说法,也就不会再心存疑虑了。

根据宪法第5条制定宪法修正案的情形

相形之下,我们再设想另外一种情景:假设罗斯福政府有效地组织起了一大群被最高法院向自由福利国家开战之判决而激怒的工人、农民和老年人。虽然如此,惠勒及其支持者还是设法以冗长发言的形式有效地阻止了法院改组法案的顺利通过。在看到自己的法院改组方案受困于参议院绵绵无绝的"游击战"中之后,假设总统把参议员们叫到他的椭圆形办公室,重新提起了惠勒在参议院听证会上所说的这席话:

> 不要误解我的意思。我从未因为自己是宪法修正案的始作俑者而自豪。我情愿放弃自己的主张;而且那些同我进行过专门谈话也同样提出过宪法修正案的人,也情愿放弃他们的主张。如果总统不再坚持法院改组方案,那我们更愿意把总统为实现其改革目标而提交我们的、合理的宪法修正案,提交这个国家的国民进行投票表决。[1]

给出了这样的条件,罗斯福很轻松地就能劝使其国会中的民主党同僚不再自相残杀,转而以巨大的优势通过惠勒——罗斯福宪法修正案(Wheeler-Roosevelt amendments)。

虽然事实上罗斯福与惠勒之间并没有发生实质性的对话,以达成上述宪法修正案。但我们还是可以想象一下,这些胎死腹中的宪法修正案又可能规定怎样的内容呢?

一次流产的对话

宪法危机使第七十五届国会收到了66个内容迥异、各有千秋的宪法

---

〔1〕 第七十五届国会第一次会议:《联邦法院的重组:参议院司法委员会第1392次听证会》(*Reorganization of the Federal Judiciary: Hearings on S. 1392 before the Committee on the Judiciary*),第40页(1937年)。

修正提案。只有极少数的宪法修正提案受到了新闻媒介和国会的认真对 337
待。这几个为数不多的宪法修正提案之间,在解决宪法危机的模式上又存在着一些相似之处。

国会中的第一派主张加强联邦权力。该派试图说服旧式法院:虽然1787年宪法缔造了一个限权的联邦政府,但现在应该在宪法文本中追加更多的权力以授予联邦政府。在总统于2月份推出那个令举国上下一片哗然的法院改组方案之前,众议院议长班克海德和参议院领袖罗宾逊就已经开始按照这个方向开展工作了。相对而言,他们提出的宪法修正提案比较温和,授予联邦政府以管理工时、工资以及工作条件的权力。大权在握的参议员司法委员会主席亨利·阿舒斯特(Hery Ashurst)提出的宪法修正提案涉及的范围更广,他要求国会有"管理农业、商业、工业以及劳工"的权力。〔1〕 我估计罗斯福或许会以比较暧昧的态度对待爱德华·克斯提根(Edward Costigan)的想法。"科罗拉多州的国会参议员克斯提根呼吁总统推动制定一个宪法修正案;根据这个修正案,国会有权把各州无法有效实施的、全面提高人们福利之举措上升为法律……富兰克林·德拉诺·罗斯福仔细斟酌了克斯提根的意见,并打算在白宫会议上就此问题同克斯提根进行进一步的磋商。"〔2〕由于收回法院改组的成命,转而与惠勒达成和解,无疑会使罗斯福总统感到有些尴尬。因此,在根据宪法第5条制定宪法修正案的问题上,国会领袖们更愿意给罗斯福更多的退路和选择空间。

---

〔1〕 第七十四届国会第二次会议,第285号参议院联合决议(1936年)。众议院议员法迪斯(Faddis)在第七十五届国会第一次会议,第64号众议院联合决议中,再次强调提出了这个提案。

〔2〕 大卫·基维格(David Kyvig):《权威而明确的法案》(*Explicit and Authentic Acts*),第297页(堪萨斯大学出版社1996年版)。该事件发生在1935年而不是1937年,没有任何迹象表明总统仅仅会满足于参议员克斯提根提出的这个全面性方案。威斯康星法学院院长加里森(Garrison)提出过类似动议,该动议在1937年的大讨论中经常被人们提及:"国会应当有权根据自己的判断制定相关的法律,以保障美利坚合众国的经济利益,国会亦可将这种权力全部或部分地下放各州。各州现有的权力不受该条款的影响,除非某些权力属于国会可以进行特殊干预的领域。"参见查理斯·海因斯(Charles Haines):"国会法案的司法审查以及宪法改革的必要性"(*Judicial Review of Acts of Congress and the Need for Constitutional Reform*),载《耶鲁法律杂志》第45卷,第816、847页(1936年)。要了解其他更多的宪法修正提案,参见参议员马维尔·罗根(Marvel Logan)和众议员肯特·凯勒(Kent Keller)呈交的提案,该提案授权国会有权进行"涉及整个国家福利"的立法。第七十四届国会第一次会议,第316号众议院联合决议,凯勒(Keller)(1936年)。以及第七十五届国会第一次会议,第8号参议院联合决议,罗根(Logan)(1937年)。

相形之下，国会讨论提出的第二类宪法修正提案则略显逊色。不可否认，法院乃个人权利守护神的观点已成共识。但国会发现，很难制定一个两全的宪法修正案，使法院既能有效地保护个人权利，而同时又不引起其他棘手的问题。最大的问题出在宪法第5和第14修正案规定的“正当程序”条款上。旧式法院此前曾大量运用这些规定保护私有财产和契约自由权，当然，它还同时保障着其他权利——最典型的是言论和宗教自由权。由于新政改革在某些方面要限制私有财产和契约自由权，而言论和宗教自由又必须自始至终地给予保护。新政者怎样将这两种源于同一规定的不同权利区分开来呢？

意在解决上述问题的宪法修正提案，并没有达到它们的预期目标。例如，一项由参议员爱德华·克斯提根提出的宪法修正提案[1]开宗明义地要求授予联邦政府“以管理工作时间、工作条件的权力；在雇工方面有确定最低劳动工资的权力；管理生产、工业、商业、贸易以及防止不正当交
338 易方式和行为的权力”。该修正案继续写道：

> 第2款　不应认为宪法第5和第14修正案规定的正当程序条款，对国会和各州就第1款提及的权力而采取的立法行动施加了限制，但为实施该项立法之目的而采用的方式或程序除外。

这种做法表明了新政排除最高法院干涉政府运用新权力，以管理经济的决心。然而，为实现该目的而采取的手段却显得很拙劣。例如，我们可以设想，某州拒不为犹太人以及那些不愿在周六进行劳动的基督徒提供失业补偿的情形。在此种情况下，上述宪法修正提案的第2款即会阻止法院审查该州的做法。这种做法是不是太离谱了呢？[2]

有些宪法修正提案在处理正当程序条款造成的麻烦时，力图做得更明确些。参议员汉密尔顿·列维斯（Hamilton Lewis）将宪法第14修正案限制在“仅适用于自然人，而不适用于团体或其他法律拟制人”[3]的范围

〔1〕　第七十四届国会第一次会议，第3号参议院联合决议（1935年4月）。有关该方案的其他例证，见第七十五届国会第一次会议，第17号众议院联合决议（1937年）；第七十五届国会第一次会议，第258号众议院联合决议（1937年）。

〔2〕　谢伯特诉弗纳案（Sherbert v. Verner），载《联邦最高法院案例汇编》第374卷，第398页（1963年）。

〔3〕　第七十四届国会第二次会议，第208号参议院联合决议（1936年）。

内。但这种做法又显得过于谨小慎微,它使保守的法院能够以侵犯工人的契约权为由推翻限制最长工时的立法。

另外一些宪法修正提案显得更为精巧。像克斯提根提出的宪法修正提案一样,参议员威廉·博拉(William Borah)提出的宪法修正提案坚持把"正当程序条款"限制在"执行和实施法律之程序"的范围以内。此外,该宪法修正提案还列举了一些传统上由"实质正当程序"(substantive due process)保障的特别权利,并指出新体制仍应保留这些权利:

> 任何州不得制定或实施关于下列事项的法律:确立国教或禁止信仰宗教的自由;剥夺言论或出版自由;或剥夺人民和平集会或向州或联邦政府请愿申冤以获得损害赔偿的权利。[1]

在洛克纳案粉碎了私有财产和契约自由的观念之后,博拉试图用宪法第1修正案确立的某些神圣原则来弥补该案造成的概念空白。在现代共和体制的国度里,这种做法大有潜力可挖。随着时间的推移,联邦最高法院将超越博拉对"团体"(incorporation)所作的限制性解释,而将构成美国人民自由之基础的权利法案*的各项规定强加于各州。诚然,联邦最高法院亦将超越传统宪法条文中的"团体"含义,并用20世纪新政式的自由 339
语言重新界定这些基本权利。[2]

我们很难判断,在联邦最高法院坚决不转向的情况下,新政国会是否会被迫展开我们前面提出的那种讨论。在联邦最高法院作出及时转向之前,国会内出现某种特别讨论的可能性是存在的。当然,国会重新界定权利的方式可能会与克斯提根、列维斯或博拉提出的方案有着巨大的不同。

最后,我们再看一下国会内可能展开的第三类讨论:这类讨论的对象是一些打算重新界定政府各部门之间关系的宪法修正案。某些宪法修正提案试图尽快终结法院改组的争论。例如,顽固的总统反对派提出的宪法修正提案,明确要求把联邦最高法院法官的人数限制在9名之内;而某些中间派则主张将总统法院改组方案的某些方面宪法化——要求法官在

---

〔1〕 第七十五届国会第一次会议,第92号参议院联合决议,第3部分(1937年)。

* 这里所说的权利法案是指美国宪法第1到10修正案。——译者注

〔2〕 见布鲁斯·阿克曼(Bruce Ackerman):《我们人民:宪法的根基》(*We the People: Foundations*),第119~129页。

70 或 75 岁退休。[1] 在相对温和的宪法修正提案中，参议员约瑟夫·奥马哈尼(Joseph O's Mahoney)的提案受到了议员们的关注。它要求联邦最高法院只有在2/3 多数法官同意的情况下，才能宣布某项法案违宪。[2] 从短期效果来看，这种做法的确有助于解决新政立法而产生的某些特殊问题。然而，从长期影响来看，该宪法修正提案将发挥怎样的作用，还有赖于联邦最高法院的法官们如何驾驭这些规则。[3]

同参议员奥马哈尼相比，参议员惠勒的雄心更大——他的目标在于从更广泛的层面上重新界定联邦最高法院、国会和人民之间的关系。而且，总统本人也深深地被惠勒的方案打动了——这个方案在某些方面也表达了总统自己的想法。毕竟，总统也想制定一个全新的体制：通过这个体制，美利坚**合众国**人民可以在不考虑各州政治程序的情况下，独立地表达他们的宪法意志。这样，由于适当地强化联邦权力派和主张个人权利派的共同支持，惠勒提出的宪法修正提案能在全部宪法修正提案中独领风骚，也是一个相当不错的结局了。

可以肯定的是，这个宪法修正提案由于几派的支持将形成一股强大
340 的力量。毕竟，提出这些修正案的新政民主党人在现实上赢得了广泛而持续的人民授权——这样的人民授权之于建国时期的联邦党人和重建时期的共和党人而言，只能是可望而不可即的。难道从他们获得的选举胜利中，我们不能断定新政民主党人获得了与其前辈一样的高级法创制权力吗？

臆想中的宪法修正提案批准的场景

当然，还存在着新政者能否争取到3/4 州批准宪法修正案的问题。我们早就知道，罗斯福曾经大肆攻击过宪法第 5 条打上的联邦党人烙印。毫无疑问，他对"经济保皇党人"有能力动员 13 个州起来反对批准宪法修正案的问题怀着深深的忧虑。还有，我们也绝不能说宪法修正案事先即

---

〔1〕 第七十五届国会第一次会议，第 86 号参议院联合决议(1937 年)(博克)(Burke)。

〔2〕 第七十五届国会第一次会议，第 98 号参议院联合决议(1937 年)。

〔3〕 例如，联邦最高法院可能会开创这样一个惯例。据此惯例，当处于"中立"的大法官们发现其同僚已就某个问题达成了 5 票的一致时，他们就附和这 5 票表示赞成的意见。

已注定了无法获得批准的命运。这里是惠勒于2月19日就此问题发表的广播讲话：

在刚刚结束的这次总统选举中，合众国总统在总共48个州中赢得了46个州的胜利。其中38个州长职位被民主党人控制，且另有3个自由派人士当选为州长。从最近这次选举表现出来的势头看，如果合众国总统将其感召力放在(如我提出的)某个宪法修正案的通过上，该修正案无疑将在最短的时间内获得通过。显然，总统的智囊团中还有一些人认为不能制定这样的宪法修正案。然而，我要对这些人说，如果最近的这次选举并不意味着进行社会改革的人民授权——我本人即持此种观点，那么我认为现在最该弄清的问题是谁赢得了这次选举……

对奉行自由主义原则的宪法，我双手表示赞成。我认为人民能够自由地表达其意志乃通往自由主义宪法的基本途径……我已做好了修正宪法的准备，而且我也相信这个国家的人民也已做好了这样的准备。但是，我认为宪法应该按照人民提供的方式，而不应该按改组法院以满足某些个人私欲的方式进行修正……

我们必须以正确的方式做该做的事情。此事不容任何耽搁。按照此种方式修正宪法将给人民带来持久、真正而最好的宽慰。[1]

惠勒的广播讲话着重强调了州长选举的结果。同样重要的是，1936年选举使民主党人在全国范围内掌握了大多数州议会的大权，民主党人控制了33个州的参、众两院。在所剩各州中，2个州的州议会由无党派人士把持，7个州议会中的两党势力大致持平，而完全由共和党人控制的州议会只有6个。[2]

惠勒的听众当然非常清楚：在国会特许各州通过专门选举组成州制 341
宪会议批准宪法修正案的情况下，废除禁酒令的宪法第21修正案获得了

〔1〕 1937年2月19日晚10点的广播讲话，全国广播公司广播博物馆存带，第37—23盒。

〔2〕 拉斐尔·格利(Rafael Gely)和帕波罗·斯贝勒(Pablo Spiller)："联邦最高法院判决宪法案件的政治经济学：罗斯福法院改组方案之实例研究"(*The Political Economy of Supreme Court Constitutional Decisions: The Case of Roosevelt's Court Packing Plan*)，载《法律与经济国际评论》(*Intl. Rev. Law & Econ.*)第12卷，第45、63页(1992年)。

通过。这是一系列快速而又类似于全民公决式的特殊选举的结果——主张解除酒禁的大量代表被选进了各州制宪会议。诚如惠勒指出的那样,这些特别选举使解除禁酒令的宪法修正案在短短不到10个月的时间内,就获得了必要的3/4多数州的支持。[1] 如果新政国会提出的宪法修正案因为各州的特殊利益而在各州议会受到阻挠,并使罗斯福陷于异常的困境,那么国会完全可以不受任何限制地采取类似举措,召集各州举行制宪会议。

在对新政宪法修正案可能获得通过的潜在日程进行了一番深入细致的分析后,拉斐尔·格利(Rafael Gely)和帕波罗·斯贝勒(Pablo Spiller)最近得出了这样的结论,"1936年的选举结果……对各州议会参与宪法的修正构成了现实的威胁"。[2] 果真如此,在首席大法官休斯和大法官罗伯茨看出这种苗头,引导联邦最高法院拥护新政的革命之举时,难道宪法修正案可能会以我们甚至还来不及为联邦最高法院喝彩的速度获得通过吗?

严格条文主义视角的重新考察

我打算在下一章中认真地研究这个问题。但现在请允许我导入本章开始时提出的那个问题,即我本人同某些法律家和法官们相左的观点——后者认为没有根据宪法第5条的规定形成正规的宪法修正案,有碍于人们自觉地认知新政在宪法上的创新。

当然,本书的主要目的就是要确立这样一个论点:对宪法第5条作单一的理解,根本无助于我们搞清建国和重建之举的宪法含义,因此也就更

---

〔1〕 该修正案是在1933年2月21日由国会提议的,并且在12月5日已被36个州批准通过。《1996年美国国会大百科》(*Encyclopedia of the U. S. Congress* 1996),唐纳德·培根(Donald Bacon)等编,第4卷(1995年)。

〔2〕 拉斐尔·格利(Rafael Gely)和帕波罗·斯贝勒(Pablo Spiller):"联邦最高法院判决宪法案件的政治经济学:罗斯福法院改组方案之实例研究"(*The Political Economy of Supreme Court Constitutional Decisions: The Case of Roosevelt's Court Packing Plan*),载《法律与经济国际评论》(*Intl. Rev. Law & Ecom.*)第12卷,第47页(1992年)。

不用说新政了。但是，我认为本章运用的微观史学为我们多元化地理解高级法创制的伟大先例提供了强力的支持。它不仅向我们揭示了，正是联邦最高法院结束了这场美国人民可能会按宪法第5条规定的形式主义方式来表达其宪法意志的伟大争论；同时它也说明了联邦最高法院恰恰是这场争论的焦点所在——宪法第5条的首要捍卫者伯顿·惠勒，建议运用宪法第5条规定的形式主义体制摧毁联邦最高法院对一般立法的传统否决权。退一步说，即使在惠勒成功地迫使罗斯福采取了宪法第5条规定的方式进行改革的情况下，联邦最高法院也是最大的输家。简言之， 342
1937年3月联邦最高法院的法官们面临着这样一个基本的选择：一方面，他们可以固持己见、维护洛克纳案确立的宪法原则，从而甘冒联邦最高法院在三权分立体制中的传统作用可能会遭到人民正式否定的现实而明确的风险；另一方面，他们可以明确认可新政倡导的积极干预的国家政府之合宪性，并通过这种方式消除根据宪法第5条制定不利于联邦最高法院的宪法修正案的风险。在明确了这样的事实后，我们就会发现当今的一些法官以新政未能形成正规的宪法修正案为由，攻击新政没有任何意义的做法，是大错而特错了。在当时的情况下，联邦最高法院正是通过避免制定正规宪法修正案的方法，才消除了联邦最高法院会遭到相关宪法修正案长期损害的可能。

我想将此点同那些关于两名法官转向的实质动机且令人厌倦的旧观点区别开来，即休斯和罗伯茨两名法官何以转向加入三名自由派法官布兰代斯、卡多佐和斯通的行列，从而在联邦最高法院形成一个坚实的内部团体。毫不为怪，用以证明二人及时转向的证据并不确凿。[1] 但即便罗伯茨和休斯像人们传说的那样，都是淡泊于政治之外的法制主义者，我在此也不能忽视他们所以转向的政治因素。无意于研究二者为何在更深的层次上产生了及时转向的念头，我的兴趣在于关注他们公开转向的宪法含义。也就是说无论他们心怀怎样的想法，我们都可以从联邦最高法院

---

〔1〕 像我曾经指明的那样，对休斯“及时转向”的动机仅在狭义的法学方面寻求原因显然有些幼稚。至于罗伯茨，对他推翻自己在“帕里什案”中所作判决的解释，如果仅从法学的角度入手也显然是站不住脚的。关于此点，法学家弗里德曼（Friedman）早在20世纪50年代就已认识到。但我却不愿意过多地涉入此类问题，因为我的大部分观点并不依赖于无法准确表达的私人动机。

同总统、国会以及美利坚合众国人民的对话中预测出罗伯茨和休斯之转向的宪法内涵。没有说明自己与旧宪法之间有着藕断丝连的相关关系,"及时转向"使法院在处理现实世界某些事务的过程中可以引入一些新的问题:"既然我们已经转向了,真的还有认真考虑改变联邦最高法院基本结构的必要吗?或者是你能相信我们可以开创一系列划时代的、拥护积极干预国家政府观点之合法性的判决,从而使新政得到进一步的巩固吗?"在回答这些问题时,国会两院中的人民代言人和总统都给予了联邦最高法院以最大的信任,把维护其自身合法性的机会再次交给了联邦最高法院。即总统和国会两院没有将法院改组以及根据宪法第5条通过一个宪法修正案的激烈做法,强行施加于联邦最高法院。

这种观点值得我们的关注。我绝不怀疑,如果新政者严格按照宪法第5条确定的规则行事,生活在当今时代的法律家们将碰到更少的难题。诚然,严格形式主义可以使那些忘记历史(或根本不知道历史)的人认清
343 先辈们制定宪法时的目的所在。如果新政者在历史上根据宪法第5条确定的经典模式,为当时的改革圈定了明确的宪法含义,现代的法律家们就可以立即放下手头的工作,而无须著述如你现在所读的这种鸿篇巨制。这自然是一种巨大的优点。但在现代法律家和法官们感到方便之外,其中还存在着一些更为重要的东西。

我的意思是提出一个合法性(legitimacy)的问题。[1] 作为本书作者的我,属于在过去20年的生活中没能深刻地感受到人们广泛而投入地支持某个重要宪法修正案的一代。在这样的时代,我们的主要任务是维持美国的人民主权传统,而其途径则是尽我们所能使历史上取得的一些宪法成就留在人们的记忆中。与其从严格形式主义的角度出发,将新政从宪法成就的庭院中驱逐出去,更可行的做法是理解它对这样一种意识的巨大贡献,这种意识就是美国人民仍然生活在民治政府(by the people)之中。

不可否认,即便是作为一个普通奋斗目标的这样一种意识,在今天也

〔1〕 在"离经叛道的一代"(*A Generation of Betrayal*)一文中,我详细地阐述了合法性的问题,载《福特汉姆法学评论》(*Fordham L. Rev.*)第65卷,第1519页(1997年)。

受到了威胁。同样不可否认的是,对过去宪法成就的追忆并不能确保未
来宪法改革的成功。但我们必须清楚的一点是:抛开历史上取得的成就, 344
当然无助于我们改善未来的宪法前景。

第十二章　传统的再现还是创新?

为联邦最高法院的“及时转向”申辩

是谁扼杀了宪法第5条?

不是总统,也不是国会,而是联邦最高法院。

那么联邦最高法院的法官们又是以怎样的手段,促成了这一结果的?

通过“及时转向”。联邦最高法院的法官们通过司法上的及时转向,终结了是否根据宪法第5条制定正规的宪法修正案的大讨论,从而消除了正规的宪法修正案可能给联邦最高法院带来的长期损害。

在上一章中,我呼吁法律家和法官们超越宪法第5条的囿束,去认识新政者通过不同的制度手段和法律文本最终完成了他们的宪法革命。为论证此点,我接受了法律形式主义者的假设:如果美国人民在惠勒和罗斯福的领导下,通过宪法第5条规定的经典体制表达了他们的宪法意志,制定了宪法修正案,那么现在的境况或许要好得多。

现在,到了该以批判的眼光考察这种假设的时候了。

其他可替代性的宪法改革方案

虽然有过一次通过宪法第5条规定的程式推进宪法改革的真正机会，但它也仅仅是一次机会而已。例如，我们可以设想联邦最高法院拒不及时转向的情形。针对联邦最高法院的强硬态度，罗斯福和国会制定了一揽子新政宪法修正案。但民主党人发现，要让这些宪法修正案尽快得到36个州的批准并非易事。随着1938年国会中期选举的到来，各州有较强经济实力的宪法修正案反对派成功地阻挠了这些宪法修正案之获得顺利通过，从而使联邦最高法院在斗争中取得了支配地 345
位。有谁认为罗斯福及民主党人会轻而易举地承认自己的失败呢？

恰恰相反，罗斯福将再次求助于人民，并会赋予他在1938年选举中所获得的人民授权以新的内涵："1937年春，我接受了反对派的意见，并致力于争取各州的支持以通过宪法修正案。但就像我不止一次地提醒你们的那样，这种做法只能使'经济保皇党人'通过控制少数小州的否决票达到颠覆整个国家意志的目的。现在，我们已不能再让工人、农民和老人们静待联邦最高法院9个法官中的某些人自动离职了。"

在新政民主党人占据绝对优势的时代，共和党人通过呼吁人民拥护最近还否决了《劳工和社会保障法案》[1]的联邦最高法院，从而在1938年的中期选举中重新取得对国会两院的控制权是不可思议的。由于在1938年的中期选举中把联邦最高法院的大法官们丑化为人民主权的公敌，因此这样的选举胜利就可以使民主党人明言他们已经获得了改组联邦最高法院的人民授权。而且，民主党人的这种断言亦将导致宪法危机的进一步激化。

将我们的想象如此延续下去没有任何意义，但我们却不能忽视现实的一点——1938年已露出了爆发世界大战的迹象。如果联邦最高法院把宪法危机拖到1937年以后，它就要冒如下风险：珍珠港事件[2]爆发后的

---

〔1〕 事实上，共和党人的确在1938年选举中取得了一场实质性的胜利，但是他们仍然未能在国会两院中获得简单多数。如欲进一步了解对这场胜利之意义的分析，参见第11章。

〔2〕 一些意外事件也不足以结束战前的这场危机：巴特勒于1939年11月11日、范·德范特于1941年2月2日、萨瑟兰于1942年7月18日、麦克雷诺兹于1946年8月24日相继去世。

整个国家仍要陷于宪法危机的剧痛之中。相形之下,联邦最高法院司法上的及时转向,使美国人民得以带着这样一种意识去迎接即将到来的另一个巨大挑战——第二次世界大战。这种意识就使美国人民已经成功地度过了历时十年之久的宪法危机。

宪法政治时期必须告一段落;人民也必须能将注意力转移到其他事情上去。在人民转移其注意力的过程中,他们亦应相信自己投入到政治讨论和政治行动的热情并没有付诸东流:**政府已经获悉了人民用足以令后人永志不忘的方式**(联邦最高法院的及时转向——译者)**发出的呼声。**当然联邦最高法院的及时转向,也意味着法律家和法官不得不以不同的方式思考新政革命:新政者运用联邦最高法院的司法判决而不是正规的宪法修正案推动了宪法的改革。但为了成功地评价新政革命,以这种不同以往的方式思考新政是否代价太大而显得有些不值得了呢?

我不这么认为——特别是在新政者也已认真考虑过宪法第 5 条的规
346 定已不足以表现新政革命之特征的情况下,尤其如此。

法理学:实用主义的抗争

从广义上看,新政对宪法第 5 条的质疑,反映了实用主义与形式主义之间的对立。而后者曾深深地渗透于 20 世纪早期的美国文化中。[1] 它们同样说明了新政得以出现的、独具特色的意识形态起源——尝试洛克和马克思之间的政治路线、探索资本主义和社会主义之间的"第三条道路"。新政打着鲜明的实用主义烙印:对传统进行创造性的改造,并进而确立新的工作方式,等等。新政不愿把某些明确的规定移入宪法的殿堂,以免扼杀人们的实用主义思维和行动。当欧洲人在为不同的意识形态而自相残杀的时候,美国人更愿以不同的、兼容并蓄的精神面对 20 世纪的挑战。像罗伯特·杰克逊在《为司法至上而斗争》一书中所说的那样:

---

〔1〕 当时在美国法理学界处于显要地位的法律现实主义者也表达了类似的疑虑,但是过分夸大他们在新政革命过程中的直接作用也是有失偏颇的。对罗斯福有巨大影响的学究,如富兰克福特(Frankfurter)以及爱德华·卡尔文(Edward Corwin)——他们都不是狭义上的现实主义者,而是实用主义者。这也是怀疑主义大量出现的原因。欲了解对相关知识背景更为详细的研究,请见默顿·怀特(Morton White):《美国的社会思想:对形式主义的批判》(*Social Thought in America: The Revolt against Formalism*)(1949 年)。

> 我们对我们这一代人的要求是：像往代人那样，以正当、自觉的方式影响宪法演进的进程。我们这代人在改造法院之宪法原则的斗争中已经取得了胜利。这场胜利是在同法院斗争的过程中，通过引导公众观念的力量同旧式法院而战才取得的；是通过影响法院中远见卓识的法官应该采取何种举措的做法取得的；而最重要的是通过联邦最高法院自身的反省才取得的。当然我们必不可忘的一点是：大多数发生在法学理论界的最重要变迁，早在法官们改变他们的观念之前就已经出现了。[1]

我们由此可以看出，杰克逊对联邦最高法院最终走向实用主义露出了一丝欣慰。

对半个世纪以前新政奉行的实用主义进行宪法经验上的反思，或许能使我们领略到以这种方式促成宪法变迁的利弊。我们或许亦应重新思考杰克逊对促成宪法变迁的非正规方式的高度评价，以及他为现代的高级法创制程序注入的新内容。总而言之，我将在最后一章中推演出我对这一问题的看法。

然而呼吁进行（哪怕是部分的）宪法改革是一回事；将上述这种逆法律形式主义之主流而动的倾向，强加于20世纪30年代、不承认新政的宪法成就是另外一回事。在新政者眼中，法律形式主义是引发问题的症结，而不是解决问题的良方。在宪法中增加少数几个程式化的东西无助于解决美国的宪法危机；它需要联邦最高法院的法官们以其智慧之光承担起 347
解释这些程式化东西的重任。

联邦最高法院的“及时转向”就是运用这种实用主义精神的最好标志，而美国人民在不遗余力地支持新政革命的过程中也早已认可了这种精神。

从联邦主义的视角看新政的宪法改革

联邦最高法院的及时转向同样为解决一个棘手的问题提供了精致的

---

〔1〕 罗伯特·杰克逊（Robert Jackson）：《为司法至上而斗争》（*The Struggle for Judicial Supremacy*），第16页（1941年）。该书在作者被擢升为联邦最高法院法官的时候出版。

方案。这个危及整个宪法变迁机制之适应能力的棘手问题是:宪法第5条授予各州的否决权。在建国时期的联邦党人看来,宪法第5条是弱化《邦联条例》授予各州之否决权的一个手段。但在重建时期,这种已被弱化了的联邦主义依然强大:美国现在是一个国家,允许少数州否决已获全国饱含政治热情的大多数人持续而审慎支持的新宪法方案,显然是不对的。在捍卫其法院改组方案时,我们再次听到了罗斯福发出了这样的呼声。与其将斗争进行到底,难道联邦最高法院意识到及时转向的优越性,并在不坚持宪法第5条规定的前提下改造宪法、使之适应国家意志的做法,不更是明智之举吗?

当然,联邦最高法院的及时转向并没有彻底打碎以二元联邦制为基础的宪法第5条设计的经典宪法变迁机制。它只是简单地向美国人民提供了另一个带有更浓重国家中心主义色彩的宪法危机解决方案。根据这个可替代性的方案,联邦最高法院可以对总统和国会基于一系列选举产生的人民授权而一再提出的宪法改革要求,进行实用主义的回应。难道联邦最高法院对传统宪法变迁机制的这种改造,没能适当地表达出新政所包含的国家主义精神吗?

对惠勒之宪法改革方案的思考

与美国人20世纪30年代差一点制定出来的正规宪法修正案相比,或许新政开创的宪法变迁机制运行得更为良好,而且也更为重要。诚如我们所见,像参议员惠勒那样坚决拥护宪法第5条的一派,根本没有为联邦主义奋斗到底的念头。他们的所作所为也仅仅是希望为联邦主义举行
348 一场别开生面的葬礼。如果惠勒一派能够如愿以偿,那么经选举后重组的2/3国会议员,在无须考虑各州意志的情况下,即可制定法典、推翻联邦最高法院对某项法案的否决。我们同样会看到,总统也有可能因政治之需而认可这种进步的观点,和惠勒一道按照宪法第5条的规定来推动宪法的变革。

让我们考察一下该方案在现实生活中的运作可能会产生怎样的后果。联邦最高法院宣布,宪法需要X法院判决意见为其补充,但国会推翻了联邦最高法院的意见并进而宣布,宪法需要的不是X而是Y法案,因为

后者能够更好地反映出某一生活领域中人们的观念。此后,联邦最高法院推出的 X 法院判决意见调整着人们生活的一个领域,而国会推出的 Y 法案则调整着人们生活的另外一个领域。更糟糕的是,国会推出的、否决联邦最高法院意见的法案,可能包含着大量的细枝末节的东西。在这些琐碎的东西中,根本不包含什么经过系统加工、梳理过的公众观念。从此以后联邦最高法院推出的 X 法院判决意见,将受到国会推出的、大量内容琐碎的法案之逐步侵蚀。随着时间的推移,国会一而再、再而三地推出的否决联邦最高法院之 X 意见的诸多法案,将造就一个七拼八凑的宪法(crazy-quilt Constitution),这无疑是对人民已授予其代言人以一系列连贯指示的巨大讽刺。

联邦最高法院的及时转向使美国人民避免了这场灾难。为表达新政倡导的积极干预的国家政府观念,联邦最高法院通过重建既存法律的结构,使自己在塑造完整、连贯之宪法原则的过程中,继续发挥着相应作用、承担着相应的部门责任。在本书的下一卷《我们人民宪法的阐释》一书中,我将继续研究联邦最高法院的这项功能,并进而指出在调和自由、平等的旧宪法传统与福利国家所要求的积极干预的国家政府两种观点之冲突的过程中,联邦最高法院发挥的作用。

我们现在可以很充分地将联邦最高法院在解决宪法危机过程中表现出来的特征,同解决宪法危机的机械主义方式进行一番比较了。不可否认,如果根据宪法第 5 条的规定制定了惠勒——罗斯福修正案,机械主义的宪法危机解决方式将大行其道。据此方式,联邦最高法院可能会继续在其判决中坚持**洛克纳案**确立的传统。与此同时,国会则将在一系列越来越多的、意在推翻该传统的法案中雄辩地坚持新政之积极干预的国家政府的主张——而不会有任何政府部门试图融合新、旧两种不同的宪法传统。我们姑且不论现代法院在这种整合成型的宪法传统中遇到了怎样的麻烦,我想说的是机械主义的危机解决方式真的能给美国人带来更好的宪法改革结果吗?

我对此深表怀疑。通过一种能把新政积极干预主义同自由、平等之旧传统综合于一处的宪法秩序观念,联邦最高法院向现代科层制国家赖以生存的合宪性发起了挑战。此外,联邦最高法院的做法还刺激了其他 349

机构产生了以严肃的态度讨论宪法原则的热情;这点又远非惠勒式的机械主义宪法危机解决方案所能做到的。

宪法改革的非常规之举的优越性

在看到先其一代的美国人未能成功地根据宪法第5条制定宪法修正案以表达其宪法意志的时候,现代法律形式主义者陷入了沉痛的悲哀之中。然而,我不想加入他们的行列。我的态度更倾向于为此击掌相庆而不是深表痛心。60年后,人们发现若干新政措施的出台恰当其时,而且其中的大多数迎合了经济复兴之需。然而,重建宪法原则的一再呼声,不应把我们的注意力从新政确立的宪法原则所取得的伟大成就上转移开来。与其强迫美国人重蹈联邦党人确立的法律形式主义覆辙,这种对法律形式主义的非常规改造更能表达人民对国家主义、积极干预的国家政府、实用主义的一再支持;更能说明此系**人民**之授权。21世纪的美国人会以同样的创造性解决未来的宪法危机吗?

新政宪法原则的批准与巩固

请你把自己设想为一个从远处冷眼旁观1937年夏天发生在华盛顿的那一幕幕场景的普通公民。当然,你不会再看到发生在新政和旧式法院之间的持续斗争——这场斗争曾要求美国人民在不同的政府观念之间进行决断和选择。你也不会陷入发生在总统和国会之间的那场是否应该制定正规宪法修正案的争论中——其中正规宪法修正案的目的在于迫使联邦最高法院注意人民的意志。伴随着联邦最高法院的及时转向,所有政府的三个部门现在在这样一个大前提下运转着:**在制定诸如瓦格纳法和社会保障法等革命性改革措施的过程中,新政代表了人民的意志。**

这样,普通的美国民众就可以刀枪入库、马放南山,开始放松一下他们绷了很久的神经了:如果华盛顿的大人物们处理危机的方式妥当,普通美国民众就可以将注意力转移到其他事情——无论是公事还是私事——上去了,而这些事情在宪法讨论占据政治舞台中心的时候曾被置于一边。

由于普通民众的观点之于二元宪政主义的总体目标而言有着举足轻重的作用，因此我想说联邦最高法院的“及时转向”标志着新政宪法改革之批准过程的开始——正是从这点出发，美国人民可能会顺理成章地推测出， 350
他们在华盛顿的代表已经开始注意他们要求进行基本宪法改革的呼声了。

但这仅仅是宪法改革的开始，因此它也有半路抛锚的可能性。

以改革为目的的联邦最高法院法官任命

既然休斯和罗伯茨能在1936年和1937年投出完全不同于以往的票，从而促成联邦最高法院的及时转向，难道他们就不能在1938年再转回去吗？

1937年5月联邦最高法院大法官范·德范特之宣布退休对公众观念的巨大冲击，揭示了人们对此问题的深深疑虑。德范特大法官的离职预示着发生另一种转向的可能性已微乎其微，而诠释积极干预的国家政府的观点更有可能大程度地稳步上升为主流观点。但联邦最高法院最终将何去何从仍不确定，它将受制于新任命法官的个性以及他们对主流宪法原则进行革命的意愿。在这种情况下，改革派采取坐而观之、暂不改组法院的策略难道不是更明智吗？

这正是参议员司法委员会在6月份就总统之法院改组方案起草的一份报告中采取的方针，该报告形成了10:8的多数。这份拟就于德范特法官退休以及联邦最高法院决定支持劳工和社会保障法[1]之后的报告，以多数票反对总统的法院改组方案：

> 即便是每一项针对所谓“保守的”联邦最高法院法官的指控都是不争的事实，我们冷静地等待而不是不可避免地对联邦最高法院进行人事变动，都要远远好于我们毫无耐心地向联邦最高法院添加新的成员。这种克制的态度也恰恰说明了我们对美国体制抱有的信

[1] 事实上，参议院司法委员会最关键的投票是在5月中旬进行的，此前总统曾回绝了他后来又接受了的妥协条件。

心,我们应该树立一个美国的司法独立不受政府立场干预的榜样。[1]

像在关于宪法危机的那场大讨论中一样,这份报告并不打算全面地为旧式法院之维护旧宪法传统进行辩护。它对联邦最高法院的保护体现在:该报告集中地强调了这场正在进行的新、旧体制过渡已近尾声——反对总统“毫无耐心地”向联邦最高法院“添加新的成员”的想法;呼吁采取更为“井然有序的”程序上的措施,处理联邦最高法院“不可避免”的人事变动。

然而,这种“井然有序的”程序到底又该是怎样的?总统会在任命新
351 政者为联邦最高法院大法官——这些新政者早就准备支持罗斯福对宪法原则进行的革命性改革——时受益吗?如果是这样,参议院会批准他的任命吗?

对这两个问题,*我们都无法作出肯定的回答。为达到改革目的,总统运用联邦最高法院法官任命的做法鲜有所闻。一般而言,他们缺乏这样做的内心动力。即使在他们对现存宪法原则深表不满的情况下,其他一些影响法官任命的因素也会极度膨胀而显得异常重要:偿还政治债务、求助于某些在政治上有重要作用的地区或利益集团,或者是简单地任命某个早已对此职位垂涎已久的朋友。实际上,罗斯福在许诺任命参议院约瑟夫·罗宾逊为联邦最高法院大法官时,已经表明了这种常规的政治逻辑。尽管罗宾逊本人是一个地道的多数党领袖,然而他之荣升为联邦最高法院法官对于新政而言并不一定就是个好兆头。在罗宾逊的内心深处打着南部民主党人之杰斐逊式的传统烙印,像麦克雷诺兹(这里值得一提的是,他是由伍德罗·威尔逊任命的联邦最高法院法官)[2]这样的州权保守主义者对罗宾逊有着巨大的吸引力。很难说清他在意识形态上同州权保守主义之间的这种密切关系,能够战胜他对罗斯福所持有的同为

[1] 第七十五届国会第一次会议,参议院司法委员会《司法重组》(*Reorganization of the Judiciary*)第711号报告,第14页(1937年)。

* 指后两个问题。——译者注

[2] 麦克雷诺兹被“奉行自由主义的”威尔逊任命为联邦最高法院大法官,很大程度上是由于威尔逊总统发现他的这位司法部长非常令人反感,因此想让他“明升实降”。参见亨利·亚伯拉罕(Henry Abraham):《法官与总统》(*Justices and President*),第177~178页(1992年)。

民主党人的忠诚度。

罗宾逊的突然逝世不仅终结了法院改组的想法，而且还使罗斯福总统得以放开手脚寻求不同以往的司法任命逻辑——这是很少出现的宪法政治具备的基本特征。在这种情况下，联邦最高法院的法官提名已不仅仅是一个甘美的政治果子——总统可以随心所欲地决定用或是不用它来满足自己的宪法哲学口味。就宪法改革而展开的激烈斗争，使联邦最高法院法官的提名处于举足轻重的地位。在这种情况下，总统会以更明确的宪法意识来考虑联邦最高法院法官的提名——虽然在这种紧要的情况下，可能获得提名的法官是否具备这种宪法意识，还不是决定他是否能够获得提名的唯一因素。

在杰斐逊、杰克逊、林肯以及格兰特时代，上述情况是一个不争的事实。当罗斯福在宪法政治期间成功地再次强调了总统领导权的作用后，这种情况又变成了一个事实。从 1937 年到他去世的 1945 年，罗斯福总共提名了 8 个联邦最高法院法官。其中只有一次——1941 年对詹姆斯·贝尔尼斯（James Byrnes）的提名——他运用了常规的提名逻辑。贝尔尼斯本是一个失意的副总统候选人，作为罗斯福的老朋友，他的宪法哲学——如果说他有宪法哲学的话——倾向于南方传统的杰斐逊主义。但在其他人已成功地巩固了新政革命的成果之后，罗斯福在这次法官任命的问题上着实放纵了自己一把。更何况贝尔尼斯并不喜欢这个工作，在 352
任职一年后他就辞去了这个职务。[1]

罗斯福总统与众不同地给联邦最高法院法官的提名加上了一层限制，即被提名的法官应该追随新政哲学所追求的积极干预的国家政府观。也正是在这里，罗斯福开辟了一个全新的领地——开创了一个现代共和国的先例。无论这种做法是好是坏，罗斯福总统通过任命一系列倡导进行改革的法官实现宪法改革的做法，深刻地影响了现代人们对合法的宪法改革的理解。

我将在下一章中考察这个距今不远的先例造成了怎样的后果。现在

---

〔1〕 亨利·亚伯拉罕（Henry Abraham）：《大法官与总统》（*Justices and President*），第 232 页（1992 年）。

我想研究的是罗斯福怎样设法第一次玩转了这个把戏。对于他而言,将任命一些支持改革的大法官置于总统工作的中心是一回事;参议院批准他的大法官提名则是另外一回事;而新任命的法官通过对宪法原则的革命性改造,实现总统的目标就更是另一回事了。下面且让我们逐一考察这些问题。

参议院的批准以及认可法官任命的选举

参议院中的保守派为什么不阻止总统实施其带有革命色彩的法官任命战略呢?当赫伯特·胡佛担任美利坚合众国总统时,参议院中的自由派可没有表现得如此老实。当胡佛提名约翰·帕克(Johnson Parker)为联邦最高法院法官时,自由派在意识形态领域内成功地发动了一场反对胡佛的运动。甚至连作为联邦最高法院法官热门人选的查理斯·伊万斯·休斯——他曾是当时声名卓著的政治家之一——也遭到过激烈反对。直到 1930 年,参议院才以 52 对 26 票的多数批准了胡佛总统对休斯的大法官提名。[1] 那么为什么国会中的保守派在 20 世纪 30 年代后期没有为罗斯福制造同样的麻烦呢?

毫无疑问,当罗斯福在法院改组危机后提名雨果·布兰克弥补范·德范特遗留下来的空缺时,心中对此问题是有思想准备的。布兰克既是新政的热心支持者,也是一名参议员——因此在提名时也更容易赢得参议院的支持。即使占有如此优势,对布兰克的提名不仅没有获得顺利通过,而且还引起了激烈的争论和党派的分裂——该提名在 63 名民主党人员没有来得及仔细思考这一问题的情况下,即遭到了 16 名共和党人的反对。[2]

对斯坦利·里德的提名,使保守派开始面临着一个对于他们而言最为紧要的关头。作为司法部副部长,里德曾为联邦最高法院制造过支持

---

〔1〕 劳伦斯·特理伯(Laurence Tribe):《上帝挽救了可敬的联邦最高法院》(*God Save This Honorable Court*),第 148 页(1985 年)。

〔2〕 同上。

新政的案件。如果成了联邦最高法院法官，他肯定还会一如既往地坚持 353
其做司法部长时奉行的新政自由主义论调。罗斯福之法官任命表现出来的革命性特征一览无余。

总统于 1938 年 1 月将里德的提名提交参议院，那时参议院中的共和党人以为这样的提名还要等到 11 月才能进行。他们不仅在法院改组的争论中坚决地反对过罗斯福，而且经济形势在当时的急转直下还引发了这样一个问题——新政是否有将国家从大萧条中拯救出来的能力。[1] 保守派还会投身于反对总统提名最高法院法官的运动，以继续贯彻他们的政治方针吗？即使他们在反对提名里德为联邦最高法院法官的斗争中失败了，它是否可以作为一个理想的斗争主题，帮助参议院中的共和党人以冗长发言的方式阻止总统进一步提名自由派的法官呢？

1938 年和 1940 年选举的作用

当我们将此问题同重建时期类似问题发生的背景进行一番对比后，这一问题就会变得更加尖锐。发生于 1937 年的"及时转向"基本上不能算是历史上的首次。在"及时转向"的情况下，传统宪法的坚决捍卫者在对手断言拥有人民授权的强大压力下退却了。像 1937 年 3 月一样，1868 年 3 月的保守派们也正在接受民众观点的考验——约翰逊总统面对的是弹劾案将对其提出怎样的指控；而联邦最高法院也在权衡着自己的利弊得失，因为它可能在麦克卡德尔案中丧失司法管辖权。

像 1937 年一样，在这些有违常规的胁迫之后随之而来的都是保守派的迅速退让。在下次常规选举进行前，无论是总统还是联邦最高法院都默许了会议/国会的权威，任凭其以美国人民的名义强行推出重建法案。但保守派的转向、退却仅为一时的权宜之计，还是说明了保守派对人民意志表示的一种长期认可？

恰恰是在这里，1868 年选举为**巩固保守派的这种转向**作出了巨大贡

---

〔1〕 詹姆斯·佩特森(James Patterson)：《国会保守主义与新政》(*Congressional Conservatism and the New Deal*)，第 6～8 章(1967 年)。

献,因为1868年选举赋予了保守派最后一次现实的机会以对即将成型的制度模式发起挑战。民主党人利用这次机会推出了他们的副总统候选人弗兰克·布莱尔,声言要对共和党人采取的宪法模式进行彻底清算。虽然布莱尔的这种威胁产生了适得其反的恶果——帮助格兰特赢得了总统
354 选举,但我们仍应对其采取严肃认真的态度。因为有且只有通过1868年选举击败保守派发出的这种威胁后,共和党人才能够认真运用他们对政府三个部门的控制权巩固新的宪法秩序。

于此亦是同理。1937年保守派的及时转向为新政革命的成功提供了制度契机,但共和党人还有机会通过布莱尔式的努力(Blair-like effort)来扭转制度花车的行进方向。1938年和1940年的两次选举,能为保守派提供类似于1868年选举的这样一个反对新政的机会吗?

没有争议的问题——与有争议的问题

不能用一个简单的是或否来回答这个问题。实际上,参议院中的共和党人没有把总统为改革目的而任命联邦最高法院法官的问题,确立为1938年选举运动的主题。两年后,他们提名的总统候选人同样说明,他们已经不再打算从根本上否定新政了。

我们暂且先从没有争议的问题开始讲起。在布兰克之提名获得成功后,参议院对罗斯福为改革目的而任命大法官的战略几乎没有进行过一丝抵抗。里德就是在参议院没有提出任何反对意见的情况下,被任命为联邦最高法院大法官的。[1]

虽然共和党人在11月的中期选举中获得了胜利,但他们对胜利作出的反应却很值得人们的关注。不可否认,共和党人的这次选举胜利,还是20世纪30年代以来其民众支持率的第一次反弹——尽管这种民众支持率的回升也只是使参议院中的共和党人由16名上升为23名。[2] 然而这些是否足以使他们能够满怀信心地纠集保守的南方民主党人,再对新政

---

〔1〕《国会记录》(*Congressional Record*)第83卷,第1069页(1938年)。

〔2〕唐纳德·培根(Donald Bacon)等编:《美国国会大百科全书》(*Encyclopedia of the U. S. Congress*)第3卷,第1556~1558页(表1)(1995年)。1936年的选举之后,国会中有民主党参议员76名;1938年之选举后为69名,1940年之选举后则为66名。

革命的法律性质提出质疑呢？

虽然保守势力的联合阵线在其他领域的影响力不可小觑，[1]但在联邦最高法院大法官的任命问题上，它并没有对此后两年提名三个铁杆的自由主义者为联邦最高法院法官的做法造成真正的威胁。[2] 总统对富 355
兰克福特和弗兰克·默菲（Frank Murphy）的提名在参议院获得全票通过；唯一导致四名参议员反对的提名是威廉·O. 道格拉斯：他们担心道格拉斯好大喜功的品性，因为他在担任证券交易委员会主席期间曾露出过这种倾向。[3]

随着总统选举期限的迫近，新政推行的改革举措也显出了不再可能走回头路的迹象。下面是温德尔·威尔基（Wendell Willkie）1940 年 3 月 9 日在《星期六晚报》（*Saturday Evening Post*）这家全国发行的报纸上对当时情景所做的描述：

> 现在这场斗争的胜利者是罗斯福先生。当今的联邦最高法院也是他的。
>
> 为弄清这些话的含义，非常有必要考察一下法律自身的性质。

---

〔1〕 在其他领域中，保守势力的联合阵线大大地推动了行政程序法的制定，这个行政程序法许诺要大力地削弱正处于上升势头的官僚权力。参见乔治·谢泼德（George Shepard）：《大妥协》（*Fierce Compromise*），《西北法律评论》（*Nw. L. Rev.*）第 90 期，第 1557、1586 ~ 1632 页（1996 年）。由于战争使他们可能采取的所有努力停了下来，这样虽然保守派没能在战前将他们关注的一个问题制定为法典，但这个未能制定为法典的意向却表明他们已达成了这样一种共识：他们可以不再把联邦最高法院作为反对官僚政府的宪法壁垒。

〔2〕 一篇精致的短文很好地表达了总统推行之策略的精神："1939 年元旦，罗斯福总统召见了罗伯特·H. 杰克逊、霍默·卡明斯和亨利·霍普金斯，和他们一起商讨填补最高法院因本杰明·N. 卡多佐去世而产生之空缺的合适人选。一些人支持来自西部的候选人，但杰克逊却反对，因为他支持弗雷克斯·富兰克福特。他坚持认为：根据地理因素决定联邦最高法院大法官的任命有很多的风险——例如这种做法将会影响宪法解释的过程与方向。他认为首要的考虑因素应该是这个被任命为法官的人具备相当的宪法解释能力，即能'以学识和足够的信心去面对首席大法官休斯，在争论中坚持自己的立场'。他对总统讲：'任何一位你可能任命为联邦最高法院法官的西部人，都会在这位相貌和声音酷似上帝的首席大法官面前有一种自卑感。因此，他就完全无助于联邦最高法院的行动方向'。基于此点，富兰克林·D. 罗斯福说道，'鲍勃，我认为弗雷克斯是唯一能胜任这项工作的人'。四天之后富兰克福特被提名为联邦最高法院大法官"。大卫·丹尼尔斯基（David Danelski）和约瑟夫·塔尔琴（Joseph Tulchin）：《查理斯·伊万斯·休斯之自传评注》（*The Autobiographical Notes of Charles Evans Hughs*），序言第 28 页（1973 年）。

〔3〕 《国会记录》第 84 卷，第 3796 ~ 3813、3773 ~ 3788 页（特别要参见参议员弗雷泽的评论）。富兰克福特和默菲获得了一致通过，劳伦斯·特里伯（Laurence Tribe）：《上帝挽救了可敬的联邦最高法院》（*God Save This Honorable Court*），第 148 页（1985 年）。

> 法律的全部内涵不存在于成文法典或宪法条文及其修正案中。这些都是法律的主体部分，而法律的整体越来越多地是由根据先例进行的案件判决组成——当然偶尔也受判决方向的转移以及对先例含义理解之错位的影响……
>
> 在短暂的时间内通过任命一群新法官对法律进行一系列重新解释，推翻已被人们公认的先例；对既定的政府概念提出同样根本的质疑；这些都能够使思想深邃的观察家得出正在进行着一场革命的结论。而这些也恰恰就是此时此刻发生在我们周围的一些事情……
>
> 或许美利坚合众国人民现在对发生在其周围的这些事情已表首肯。如果真的如此，那也是他们自己的事情；但法律判决却是用常人难以理解的语言表述出来的。因此普通公民极有可能对法院判决的革命性质一无所知……

在对联邦最高法院最近就州际贸易、税收和社会福利方面的立法作出的判决进行了一番审慎的回顾后，威尔基向读者展示了这样一个令人吃惊的结论：

> 这些判决使美利坚合众国政府更像一个国家政府而不是联邦政府……
>
> 美国公众……尚未体会到将深入每个人日常生活的、至高无上的中央政府的任性、怪诞和反复无常。当公众对此稍有体会后，社会哲学家或许要对公众会作出何等反应作出慎重的思考。如果现代公众还有其祖先的一丝血性，那么我敢保证在他们获悉政府性质发生的这种变化后，极有可能发生一场暴乱。[1]

当然威尔基绝不是一位普通的“社会哲学家”。与上述文章风格类似
356 的作品，把他推入了共和党政治漩涡的中心。他的迅速崛起异常令人瞩目，因为威尔基是一位从未角逐过公职的大实业家，且仅在最近才改换门庭退出民主党而加入共和党的行列。共和党全国代表大会经过六轮投票

〔1〕 温德尔·威尔基（Wendell Willkie）：《现在属于他的联邦最高法院》（*The Court Is Now His*），1940年3月9日《星期六晚报》（*Saturday Evening Post*），第29、71、74、79页。

后推举他为总统候选人，而把像罗伯特·塔夫特(Robert A. Taft)这样忠诚的共和党党员晾在了一边。[1]

共和党人的付出得到了应有的报偿。在其接受提名的演讲中，威尔基宣称自己是"一名改变了党派隶属关系的自由民主党人，因为共和党内部的民主度要高于新政党"。[2] 但他本人却不愿将那篇发表在《星期六晚报》上的法学文章，作为攻击新政法院的理论武器。对于他而言，更重要的是跨越党派界限，一再强调他对国家劳工关系法、社会保障法和公平劳动标准法案的热情支持。[3] 在发出了坚决拥护新政之改革措施的信号后，再让威尔基大加赞赏过去四个保守派控制联邦最高法院的"美好时光"，是根本不可能的。[4]

但威尔基却将目光转到了一个更引人注意的宪法目标上：罗斯福决定打破华盛顿以来形成的神圣的自律性先例，为第三次连任总统展开角逐。罗斯福援引战时欧洲的做法，并以之论证自己打破华盛顿确立原则的正当性；[5]但是对于威尔基而言，这不过是罗斯福用来掩饰其逐步滑向专制主义的机智的借口。[6] 威尔基对罗斯福竞选第三次连任发起的宪法指责引起了强烈反响；但这些都不足以击败罗斯福，他以55%对

〔1〕 欲了解这些政治背景，更好的叙述请见赫伯特·帕尔密特(Herbert Parmet)和玛莉·赫克特(Marie Hetcht)：《决不再来》(*Never Again*)(1968年)。

〔2〕 《纽约时报》1940年8月18日第1部分，第13页。

〔3〕 见1940年9月23日的《西雅图讲话》(*Seattle Address*)，重印于亚瑟·斯克勒辛格(Arthur Schlesinger)主编：《美国总统竞选史》(*History of American Presidential Elections*)第4卷，第2974、2975、2976页。

〔4〕 在接受共和党提名的演讲中，威尔基并没有以其被提名前发表于《星期六晚报》的文章的基调，指责联邦最高法院的判决。相反，他却支持新政的许多基本原则。参见《纽约时报》，1940年8月18日第1部分，第13页。对威尔基主题思想的最好概括，见罗伯特·博克(Robert Burke)：《1940年的选举》(*The Election of* 1940)，见亚瑟·斯克勒辛格(Arthur Schlesinger)主编：《美国总统竞选史》(*History of American Presidential Elections*)第4卷，第2917页。

〔5〕 赫伯特·帕尔密特(Herbert Parmet)和玛莉·赫克特(Marie Hetcht)：《决不再来》(*Never Again*)，第176页(1968年)。

〔6〕 见威尔基1940年11月2日在麦迪逊广场花园的总结性演讲，重印于亚瑟·斯克勒辛格(Arthur Schlesinger)主编：《美国总统竞选史》(*History of American Presidential Elections*)第4卷，第2999页(1971年)。

45%的选民票击败了这位“自由民主党”竞争对手。[1]

这样，我们就可以越来越清楚地看到，如果威尔基获得总统选举的胜利，又将出现怎样的情况。在此情形下，一旦共和党提名的这位“自由民主党人”成功地入主白宫，他可能会更为审慎地对待他在《星期六晚报》上发表的那篇文章所提出的问题。随着休斯和麦克雷诺兹在其任期内从联邦最高法院的相继退休，威尔基总统可能会呼吁美国人重新慎重地评价发生在美国的这场宪法原则革命——而他本人曾称这场革命“使美利坚合众国政府更像一个国家政府而不是联邦政府”。在意识到罗斯福本着自由主义原则任命了若干联邦最高法院法官后，威尔基或许会发起一场“平衡”最高法院力量的运动。由于联邦最高法院之力量向积极干预的国家政府的严重倾斜，提名强硬的保守派接替麦克雷诺兹留下的空缺以
357 坚决维护早期的旧宪法传统，是不是有些不合时宜呢？

对此，威尔基极有可能作出肯定的回答。或许他也会说服参议院不必改弦易辙，仍旧按照现在的运行轨道继续前进。在罗斯福史无前例地第三次连任总统后，这些问题也就不再可能出现了。存在着值得罗斯福和整个国家担忧的其他事情——已呈山雨欲来之势的世界大战，以及它之于美国人而言到底又意味着什么。只要提起20世纪30年代的新政革命，罗斯福绝无理由改变那个由他提出并力主进一步巩固的改革战略。在休斯和麦克雷诺兹从联邦最高法院退休后，我们可以预料罗斯福将提名支持新政倡导的积极干预国家政府的法官来弥补空缺。尽管1940年选举后的共和党人参议员由原来的23人又继续上升到28人，但总统为改革目的而提名的大法官还是在没有一票反对的情况下得到了参议院的批准——自由派的斯通顶替了首席大法官休斯；同为自由派的杰克逊又顶替了斯通；在贝尔尼斯错误地弥补了保守派法官麦克雷诺兹的缺而辞

---

〔1〕 共有5千万人参加了总统选举投票。选举团票的比例是449:82。见亚瑟·斯克勒辛格（Arthur Schlesinger）主编：《美国总统竞选史》（*History of American Presidential Elections*）第4卷，第3006页。——原注

1940年的总统候选人除了罗斯福和威尔基以外，还有诺曼·托马斯、罗杰·巴布森、厄尔·布劳德和约翰·艾肯等人，后四人获得了少量的选民票而没有获得任何选举人票，而罗斯福获得了27,307,819张选民票，占总数的54.7%，威尔基获得了22,321,018张选民票，占总数的44.8%。——译者注

职后，自由派的威利·拉特里奇（Wiley Rutledge）又弥补了他留下的空缺。

花车效应的再次回顾

从这段历史中我们可以得出三个结论。第一，对于普通美国民众而言，联邦最高法院人事变动的宪法含义是不言自明的。第二，如果共和党人打算再次掀起波澜，使新政成为人们争论的主题，他们就会选举像罗伯特·A. 塔夫特（Robert A. Taft）而不是威尔基这样的总统候选人作为旧式保守主义的旗手。第三，他们没有采取如此举措，因为他们认识到整个国家已无意于就20世纪30年代争论的主题，再进行一次宪法争论。共和党1940年全国代表大会认识到：整个国家为他们现在奉行的路线深感自豪，该路线使美国顶住了曾在欧洲摧毁了若干国家之民主的一场风暴；而且人们也会对一个为了摧毁国家的宪法事业而奋斗到底的政党失去耐心。

这些结论看上去是如此的简单，以至于似乎无须要经过中期和总统两次选举来巩固它们。然而，这却是一个错觉。我并不在乎政治学家和新闻评论家可能会对20世纪30年代公众观点的演变发表怎样的评论。我所感兴趣的是美国人民引导自己进行政治对话的方式，这种方式使我们最终得出这样一个谨慎的结论：**美国人民已经表达了他们的意志**。从这一角度出发，我们发现1938年和1940年选举向保守派提出了这样一 358
个紧要而关键的问题：既然他们已顶住了总统从正面对联邦最高法院之独立性发起的冲击，他们还能继续对总统声言其获得了人民授权，从而可以将新政民主党人坚持的原则宪法化发起挑战吗？

让共和党人给出一个肯定的答案或许勉为其难，但他们在参议院之批准大法官任命和选举运动中的表现却明确而有力地说明：是该跳上制度花车，承认人民已心甘情愿地接受积极干预的国家政府的时候了；同时也到了在新确立的宪法框架内，确定一个新的反民主党人战略目标，从而争取大多数人支持的时候了。

革命性的法院判决意见

现在,我们有条件回顾所有事件演进的过程,以便探究其中蕴涵的更为深刻的宪法内涵:

决定宪法改革命运的1936年选举→总统非常规地对联邦最高法院实施的威胁→

联邦最高法院的及时转向→为改革目的而任命联邦最高法院法官→

巩固新政宪法意义的1938年选举→为改革目的而任命联邦最高法院法官→

巩固新政宪法意义的1940年选举→为改革目的而任命联邦最高法院法官→

最后到巩固新政宪法意义的司法行动

我们是从普通美国民众的角度,即从未接受过严格的职业性法律训练者的角度考察上述过程的。从他们的角度出发,巩固新政宪法含义的1940年选举使花车效应造就了一个再明白不过的真理,即普通的美国人民都很清楚,华盛顿的大人物们最终获悉了这一信息:**我们人民**已经认可了新政倡导的积极干预的国家政府。

我现在打算转换视角,考察职业法律家团体是怎样将上述信息加工整合为成型的宪法秩序的。在彻底排除了根据宪法第5条制定宪法修正案的可能性后,联邦最高法院以一系列标志性的法院判决意见来填补它自身造成的巨大制度空白。因为这些法律文本对塑造现代共和国的法律
359 制度具有决定性意义,故而它们的表达方式值得我们认真地予以研究。

从普通法到宪法危机的解决方案

为千方百计地促成宪法原则革命之目的,联邦最高法院全方位地利用了普通法法律推理杂乱无章的特征。从传统的角度看,普通法律师们一直引以为自豪的是,他们对法院判决意见所持的怀疑主义态度。无论

法院说了些什么,而实际上法院的做法更能给他们留下深刻的印象。几个世纪以来,他们已练就了一套区分法院判决意见中的"法院附带意见"(dicta)和"法院裁定"(holding)两个不同部分的本领——后者由诸多法律主张(legal proposition)组成,而这些法律主张又对法院判决某些特殊案件具有极端重要的意义。虽然后世的法官可以随心所欲地放弃那些他们认为没有说服力的"法院附带意见",但**遵循先例**的原则(the principle of *stare decisis*)却要求他们认真对待此前的"法院裁定"。

在正常情况下,法院附带意见与法院裁定之间的差别是妨碍司法创新的因素。虽然某一法院可能会在其法院判决意见中作出一些革命性的创新,但该法院的后继者可能会将这些革命性的创新贬低为法院附带意见,从而削弱其前任法官在司法观点上的创新程度。在宪法原则进行革命性变革的情况下,法院附带意见与法院裁定的分离又有着完全不同的运作方式。在宪法原则革命的早期阶段,法院附带意见给涉世不深的读者造成了这样一种错觉——该附带意见与传统原则在内容上有实质的连续性。唯一的麻烦是在这些准传统的法院附带意见(quasi-traditional dicta)与具体裁定之间出现了巨大的鸿沟——这个巨大的鸿沟使普通法律师敏感地意识到,某些未明确表达于法院判决意见中的新法律主张,在法院的实际审判工作中发挥了更多的作用。

这种存在于革命性的法院裁定与传统型的法院附带意见之间的不平衡,为第二阶段司法判决意见的撰写施加了巨大的压力。在撰写法院意见时,改革后的法院要阐明新的权威性宪法原则,以搞清早期革命性的法院裁定的真实含义。

当联邦最高法院游离于宪法危机之外进行自己的工作时,宪法原则变革过程的两个阶段使联邦最高法院的大法官们可以满足两类截然不同的听众群。显然,他们首先必须使聆听其法院意见的第一群听众——总统、国会和广大民众确信,联邦最高法院已不再攻击新政。但是,在1937年的整个年度,联邦最高法院的大法官也必须满足另一类至关重要的听众,这类听众由休斯和罗伯茨两种类型的人组成。因此,联邦最高法院的大法官还必须说服这两个人继续与布兰代斯、卡多佐和斯通保持一致,以支持新政提出的宪法原则。

这两类听众的兴趣也大相径庭。广大民众最感兴趣的是联邦最高
360 法院能够承受的最低限度——联邦最高法院打算支持劳工立法、社会保障法以及其他积极干预经济的立法吗？为将此点转化为正规的法律术语,广大民众最感兴趣的是联邦最高法院司法判决中的**法院附带意见**。

另一类由保守法官组成的听众群对司法判决中的**法院裁定**部分更感兴趣。他们关心的是自己作出的判决具备怎样的主要特征。由于他们从相对传统主义的角度理解宪法,因此他们发现如果法院判决意见表面上与传统宪法原则保持了连续性,无疑有助于他们更轻松地接受联邦最高法院的及时转向。因此,这也是对联邦最高法院之及时转向采取最小抵制的做法:传统型的法院附带意见、革命性的法院裁定。

而且这也恰恰是一条能与我所描述的、使新政宪法原则合法化的更大动因(指1938年和1940年选举——译者)相匹配的途径。诚如我们所见,共和党人通过1938年、1940年选举向新政宪法原则之合法化发起挑战的可能性依然存在。只有在罗斯福击败威尔基当选为总统后,这一问题才会明了:共和党人已不再可能呼吁人们起而推翻因联邦最高法院的及时转向而造成的司法改革了。

也正是在这个时候,新政法院在巩固新政宪法原则的过程中进入了第二个,亦即最后一个阶段。在罗斯福第三任期内作出的一些标志性司法判决中,改造后的联邦最高法院已不再满足于将革命性的法院裁定同传统型的法院附带意见混于一处——这也是那种属于1937年的做法。它所追求的是完全、彻底地否定旧的宪法含义,而在理论与实践、法院附带意见与法院裁定之间建立新的平衡关系。20世纪40年代早期,联邦最高法院作出的那些带有鲜明革命色彩的司法判决,在功能上起到了根据宪法第5条制定的宪法修正案的作用。这些司法判决为后人进行法律推理提供了诸多固定的基点。

然而,且让我们设想一下威尔基赢得了1940年总统大选后可能发生的情形。这样,20世纪40年代的联邦最高法院大法官们或许会以完全不同的方式,解决传统型法院附带意见同革命性的法院裁定之间的紧张关

系。与其宣布全新的权威性原则以使革命性的法院裁定合法化,这些大法官们会更倾向于重申传统型的法院附带意见而推翻联邦最高法院于1937年作出的某些革命性法院裁定。毕竟,并没有什么不可阻挡的力量,推动新政法院发动的宪法原则改革运动必须从第一个阶段过渡到第二个阶段。这样推动宪法变革的动力也仅应被视为宪法创新的一部分;而宪法创新也是因总统领导权的持续作用,使参议院批准了一系列革命性的 361
法官任命造成的。

两阶段论的观点,同那些热衷于“传统再现的神话”的学者对新政宪法改革过程所做的标准描述,形成了鲜明的对比。在他们看来,旧式法院之抵制新政所倡导的宪法原则纯属一种时间上的浪费、一个令人痛心疾首的错误。为了将这种痛苦降到最低限度,这些相信“传统再现的神话”的学者也对旧式法院的错误作了最小化的处理。在定下了这样的基调后,他们把旧式法院抵制新政的斗争看成是法院的失常之举,并将关注点主要放在1935年和1936年这两年黑暗的岁月上。[1] 这些学者承认,那一时期的大法官们一时犯了大错,但他们也早就想改正这个错误了。这场错误一旦结束,大法官们就能把联邦最高法院从荒无人烟的漫漫旷野带到1937年的福地。一旦联邦最高法院的法官们于1937年再次找到了“真理”,他们的事情也就告一段落,不值得关注了。罗斯福画蛇添足般地任命的那几个大法官并没有创下什么丰功伟绩。用大卫·卡利(David Currie)的话来说,他们只是在“已做好的蛋糕上加了一层酥皮;而关键的改革在新的法官任命前即已结束”。[2]

但卡利的说法真的就正确吗?

宪法原则变迁的第一个阶段

在1937年1月13日为《新共和国》撰写的一篇文章中,哈佛的托马

---

〔1〕 理查德·D.弗里德曼(Richard D. Friedman):《转向时刻》(*Switching Time*)一文,《宾夕法尼亚大学法律评论》(*U. Penn. L. Rev.*)第142期,第1891页(1994年),该文就是在最近一段时间内出现的强调1935年、1936年两年的杰出典范。

〔2〕 大卫·卡利(David Currie):《联邦最高法院的宪法观:第二个百年》(*The Constitution in the Supreme Court: The Second Century*),第206页(1990年)。

斯·里德·鲍威尔指出，“几乎可以肯定，联邦最高法院将以6票也可能是9票否决瓦格纳劳工法案在制造业领域的适用”。鲍威尔这位以政治现实主义著称的人，或许是其所处时代最有影响的联邦最高法院问题观察家。他认为联邦最高法院将受制于其最近作出的一些判决：这些判决将国家劳动关系法案（亦即瓦格纳劳工法案——译者）送进了地狱。三个月后，首席大法官休斯争取5票的多数以支持该法案，但他会推翻在鲍威尔看来简直是不可逾越的判决吗？

绝对不会。他曾一再自豪地强调自己尊重斯彻切特案“区分国家和地方权力”的做法，并进一步指出这种做法“是维系我们联邦体制的根本所在”。[1] 在国家劳资关系委员会诉琼斯和拉夫林钢铁公司案（NLRB v. Jones & Laughlin Steel）的判决意见中，休斯呼吁以经验的方式将传统观念审慎地运用于该案。毕竟，以对待斯彻切特家禽公司一样的方式，对待一个如此大型的钢铁公司是有失妥当的。从大公司的“长远活动”看，休斯看到了传统观念的运用对州际贸易造成的明显和潜在的灾难性冲击。然而从事实的角度看，联邦最高法院的先例“不能适用于此案”。[2] 那么，
362 如何处理此案才是更明智的呢？

在早期的一些判决中，休斯投票支持区分中央对地方的“直接”和“间接”权力。这样，我们推断他倾向于限制联邦干预各州事务的做法似乎更令人信服。诚然，在其撰写的法院判决意见中，他明确宣称绝不可能无条件地赋予劳动法案以合法性。此外，他还进一步论证了该法案只能适用于像琼斯和拉夫林钢铁公司这样的大企业。从这个角度看，休斯的法院判决意见没有一丝的革命色彩。

下面请你翻阅一下该案卷中的另一个同类案例，即弗里德曼—哈利·马克斯服装公司案（Friedman-Harry Marks Clothing Co.）。[3] 从规模上讲，该公司更像斯彻切特家禽公司，其服装销售额1932年为

---

〔1〕 国家劳资关系委员会诉琼斯和拉夫林钢铁公司案（NLRB v. Jones & Laughlin Steel Corp），《联邦最高法院判例汇编》第301卷，第1、30页（1937年）。

〔2〕 同上，第40页。

〔3〕 国家劳资委员会诉弗里德曼—哈利·马克斯服装公司案（NLRB v. Friedman-Harry Marks Clothing Co.），《联邦最高法院案例汇编》第301卷，第58页（1937年）。

800,000美元,而1933年也不过2,000,000美元。没有提及家禽公司与服装公司之间的巨大相似之处,休斯只是温和地支持了以前联邦最高法院在国家劳资关系委员会案中的做法,因为“在国家劳资关系委员会诉琼斯和拉夫林钢铁公司一案的法院判决意见中,我们已经说明了原因”。[1] 一副地道的法院意见终结者的腔调!那么休斯如此做法又打算愚弄谁呢?

当然不是大法官麦克雷诺兹,他代表四个持不同意见的法官提出如下法院意见:“该服装公司是一个典型的小制造商,他的生产量尚不及全美男式服装总量的0.5%,且在全美150,000类似雇员中也只有800人在那里工作。即使是今天就将其关闭,它对全美服装贸易的最终影响也显然是可以忽略不计的”。[2] 在保守派法官提出这个反对意见的时候,休斯对斯彻切特案保持沉默的做法就显得令人瞩目了。弗里德曼—哈里·马克斯服装公司案5:4票的判决很有代表性地说明了这样一个问题:在宪法改革的第一阶段,法院附带意见同法院裁定之间存在着严重的不平衡。在法院以传统式的语言表述其附带意见的同时,法院裁定却偏离了此前的先例判决。此种类似的分离在另一个支持社会保障法的重要判决中同样可见。[3]

第三个有巨大影响的案例涉及各州而不是联邦政府:西海岸宾馆诉帕里什案(West Coast Hotel v. Parrish)[4]支持各州法律可以规定妇女及少数群体的最低工资和最长工时。当时出现的一些戏剧性情节可能会对该案进行正当描述有所影响。帕里什案是1937年春季宣判的第一个重大案件。该案表明,在罗斯福总统宣布其法院改组方案两个月后,

---

〔1〕 国家劳资委员会诉弗里德曼—哈利·马克斯服装公司案(NLRB v. Friedman-Harry Marks Clothing Co.),《联邦最高法院案例汇编》第301卷,第75页(1937年)。

〔2〕 同上,第87页。

〔3〕 与此相关例证,可见卡多佐在斯图尔特机械公司诉戴维斯案(Steward Machine Co. v. Davis)[《联邦最高法院判例汇编》第301卷,第548、591~593页,(1937年)],以及卡特诉卡特煤炭公司案(Carter v. Carter Coal Co.)中援引上书第598页的另一个案例的做法。我们可以看出,卡多佐作出的种种努力只是为了区别对待,而不是推翻一年前在美利坚合众国诉巴特勒案(United States v. Butler)中作出的判决意见。

〔4〕 西海岸宾馆诉帕里什案(West Coast Hotel v. Parrish),《联邦最高法院判例汇编》,第300卷,第379页(1937年)。

大法官罗伯茨就此问题改变了自己的观点。仅仅在上一年度，他还与其他四个保守法官一道否决了一项与此相似的法律，那项法律关涉到萨瑟兰大法官 1923 年为阿德金斯诉儿童医院案撰写之法院意见的权威性问题。现在，罗伯茨在没有撰写任何法院意见来解释自己这种思想上的突然转变的情况下，就同休斯一道加入了其他三个自由派法官
363 的行列以支持上述法律。结果，人们就罗伯茨思想转变的动机展开了无休止的争论——法律现实主义者（realists）认为，罗伯茨的思想转向就是总统发出的非常规威胁发挥潜在效能的最好标志；而法制主义者（legalists）则为罗伯茨的做法辩护，认为罗伯茨此举是为了防范法律受政治法学的玷污。

所有这些争论，都是在过分夸大帕里什案之重要性的基础上展开的。罗伯茨在此显得举足轻重，并不是因为他在帕里什案中投出了关键性的一票；而是因为他现在一再支持积极干预经济之立法的做法，显然有悖于他曾经信奉的原则。如果在此后的系列判决中，罗伯茨再重新滑向保守派，单凭帕里什一案的判决显然不足以缓和当时的宪法危机。[1] 而且该案的法院判决意见是典型的宪法原则变迁第一个阶段的产物。若不是总统革命性地任命联邦最高法院法官的战略取得了成功，这样的司法判决意见可能会在未来的几年中被轻而易举地推翻。

---

〔1〕 如果说哪个案件显得举足轻重，那是琼斯和拉夫林案（Jones & Laughlin）而不是“帕里什案”（Parrish）。假如大法官罗伯茨当初加入其他四位保守法官的行列推翻了琼斯和拉夫林案，那么大法官们将否决新政提出的唯一创造性解决方案，这个创造性解决方案允许工人以静坐的方式削弱发生在美国工业中心地带的劳工斗争。见美国劳动统计局：《工业纠纷》（*Industrial Disputes*），《每月劳动评论》（*Monthly Labor Rev.*）第 44 期，第 1211 页（1937 年）（从 1936 年到 1937 年有关罢工活动的纪实材料戏剧性地增长，人们可以注意到“1937 年 3 月份的罢工比过去 20 年中任何一个单月的罢工都多”）。那么难怪帕里什案中形成的多数判决意见没有对盖洛普民意测验产生预期的影响，但联邦最高法院其后在琼斯和拉夫林案中的多数派意见，却使民众对总统提出的法院改组方案的支持程度造成了立即且大幅度的下滑。格里格·卡尔德拉（Greg Caldeira）：《公众观念和美国最高法院：富兰克林·D. 罗斯福的法院改组方案》（*Public Opinion and the U. S. Supreme Court: FDR's Court-Packing Plan*），《美国政治学评论》（*Am. Plo. Sci. Rev.*）第 81 卷，第 1147～1148 页（1987 年）。不管罗伯茨在帕里什案中的投票动机是什么，没人能够否认无论是休斯还是罗伯茨，他们是在完全能够预料到来自罗斯福的威胁的情况后，才作出支持琼斯和拉夫林案涉及的《瓦格纳法案》的，尽管他们的投票与其先前在卡特诉卡特煤炭公司案（《美国最高法院案例汇编》第 298 卷第 278、316 页，1936 年）中的意见明显不一致。参见彼得·艾恩斯（Peter Irons）：《新政法律家》（*The New Deal Lawyers*），第 283 页（1982 年）（在罗斯福法院改组方案公布四天之后，联邦最高法院开始的关于《瓦格纳法案》的口头辩论）。

毕竟,即便是洛克纳案的判决法院在否决了一项关于男性最低工作
时间立法的三年以后,还支持过一项关于妇女最长工作时间的立法。同
时,法院还指出“妇女的生理结构和母性功能,使她在谋求生存的手段上
处于不利地位”。[1] 这项于1908年作出的判决被1923年的阿德金斯案
判决以5:3的多数票推翻。现在,在罗伯茨的帮助下,帕里什案再次推翻
了阿德金斯案的判决,因此我们很难说罗伯茨曾切身地参与了一场法律 364
革命。

相反,休斯在其撰写的法院判决意见中还以赞许的口吻援引了洛克纳案。[2] 在该判决意见中,他接受了正当程序条款包含契约自由原则的观点,并颇有耐心地回顾了限制洛克纳案支持的这一基本原则的许多案例。经过一番扩展性的学术分析后,他得出了1908年的法院判决要优于1923年法院判决意见的结论:弱势性别的健康利益,证明了采取特别保护措施防止“寡廉鲜耻、苛刻的雇主”对其进行迫害的正当性。

在这点上,休斯撰写的法院意见与罗伯茨1934年在取得6票多数支
持的内比亚诉纽约州案(*Nebbia v. New York*)中撰写的法院意见颇有雷同
之处。在那起案件中,罗伯茨在经过一番经济学的考察后,作出了支持纽
约州规定牛奶最低价格的决定。他还坚信这种做法“同正当的立法目的
之间有着合理的关系,它既不武断也不违反平等原则”。[3] 在说这些话
时,罗伯茨彻底打破了当时既存原则的内部平衡,但却没有推翻这些原则
的整体结构。实际上,当1936年罗伯茨和休斯再次涉及纽约牛奶市场的
问题时,他们却推翻了另一个“武断的”规定,因为该规定违反了宪法第 365

---

〔1〕 穆勒诉俄勒冈州案(*Muller v. Oregon*),《联邦最高法院判例汇编》第208卷,第412、421页(1908年)。

〔2〕 帕里什案(Parrish),《联邦最高法院判例汇编》第300卷,第379页(1908年)。

〔3〕 内比亚诉纽约州案(*Nebbia v. New York*),《联邦最高法院判例汇编》第291卷,第502、537页(1934年)。近来一些奉行法制主义的法学作家倾向于把内比亚案描述成为这样一个革命性的判决——这一判决意在削弱1937年后发生的原则性改革的意义。见理查德·D.弗里德曼(Richard D. Friedman):《转向时刻》(*Switching Time*)一文,《宾夕法尼亚大学法学评论》(*U. Penn. L. Rev.*)第142期;巴利·库什曼(Barry Cushman):《法律意识流》(*A Stream of Legal Consciousness*),《福特法学评论》(*Ford L. Rev.*)第61期。

14 修正案保障的经济自由原则。[1]

如果行话或术语能派上用场,我们最好将帕里什案视为宪法原则变迁过程中进行的不胜枚举的一个"中期矫正"(mid-course corrections)行为。一个健全的体制在阐释基本宪法原则的过程中,这样的"中期矫正"随时都在进行着。与其对这些原则不分臧否地表示反对,一个对宪法原则不断进行司法矫正的过程反而可以有效地证明这些原则的生命力。但休斯却为帕里什案加上了一个并不和谐的注脚:

> 有这样一个额外而又引人注目的问题,它因最近的经济活动而变得更为突出。剥削没有平等缔约权和缺乏工资、生活即变得相对无助的工人阶级,不仅无益于他们的身心健康和幸福,而且还给政治团体施加了为他们提供生活帮助的直接负担。这些工人在工资上少拿的部分也恰恰是纳税人应缴的部分。基本的生活费用必须获得保
> 366 障。我们将以司法手段关注对救济的这种空前之需。这种救济于近期的经济萧条期间提出,且仍然令人吃惊地在很大程度上存在着……政治团体没有向苛刻的雇主提供行之有效的津贴的义务。但政治团体可以运用司法权,以纠正雇主出于自私而无视公共利益的这种滥用权力行为。[2]

---

〔1〕 五月花农场公司诉坦·爱克案(Mayflower Farms Inc. v. Ten Eyck),《联邦最高法院判例汇编》第 297 卷,第 266 页(1936 年)。在该案中,罗伯茨写了一份与两年后卡洛林产品公司案(Carolene Products)坚持的原则明显不一致的最高法院意见。由罗伯茨和休斯参加而构成的五月花农场公司案的法院判决多数意见充分明确地表明:他们要继续维持联邦最高法院在历史上根据宪法第 14 修正案作出的保护市场自由的原则。

我并不认为五月花农场案与内比亚案没有一丝相同之处。五月花农场公司案保护进入商业领域的权利,而内比亚案却关系到价格管理问题。因此,联邦最高法院进一步梳理这两个案件,或利用其中之一作为衡量另一个案件的依据的大门依然敞开着。只是在联邦最高法院于 1937 年作出了"及时转向"后,一个问题才日渐明朗,即内比亚案而不是五月花农场公司案在实践上出现的较早一些还是比较合适的。

这就是说当上一注解中提及的、信奉法制主义的法学者们,利用内比亚案来贬低 1937 年之于宪法原则变革的重要性时,他们在回避问题的实质。在他们看来,内比亚案已经在 1934 年颠覆了实质正当程序。因此,将 1937 年视为自由放任主义宪法原则寿终正寝的关键时刻是经不起推敲的。但是,对内比亚案作这样的解释本身,已经预先假定了 1937 年之于宪法原则变迁的重要性。如果没有联邦最高法院的及时转向,那么是内比亚案而不是五月花农场案可能会成为重要的案例!简言之,信奉法制主义的法学家们在利用内比亚案贬低 1937 年对于宪法原则转变的重要性时,他们的举动却恰恰说明了 1937 年所具有的这种重要性。

〔2〕 帕里什案(Parrish),《联邦最高法院判例汇编》第 300 卷,第 379、399 ~ 400 页。

这些文字展开了一幅新的宪法图景。可以想象得出,当听到政治团体向雇主提供"津贴"以便雇主能够按照市场的水准为其工人支付工资的时候,洛克纳案法院判决意见的始作俑者拉弗斯·佩克汉姆(Rufus Peckham)大法官肯定会大吃一惊。即便是在承认工人工资水平很低的情况下,他也会否认雇主运用市场价格作为工人工资参考标准的做法是"苛刻的"。在佩克汉姆看来,老板并没有必须使其工人过上体面生活的义务;在此方面,政治团体也是一样。每个人都要以其个人的力量为自己谋求一条生路,而那些不能做到此点的人则由慈善机构予以照顾。

根据洛克纳案的观点,市场是确立基本权利的超政治基线。各州只有根据其制定的、目的在于让一群人从腰包中掏出一些钱来提高另外一些人的福利"阶级立法",才可以向工人提供有违宪法的"津贴"。这恰恰是洛克纳案反对的荒唐分配原则。[1]

休斯的福利观将最低工资问题置于一个完全不同的背景之上。政治团体有义务为每个公民提供基本的权利:"基本的生活费用必须获得保障"。如果雇主没有为工人提供这种保障,纳税人就必须承担起这个重任。在此背景下,市场体系失去了宪法赋予它的确立基本权利基线的特殊地位。如果市场没能成功地履行其为工人提供"生活工资"的责任,那么政治团体就可以从宪法的角度指出:是雇主而不是工人没有履行他的社会责任。

这的确是对原宪法确立的权利基线进行的一场革命性变革,它深刻地影响并重塑了后新政时期(Post-New Deal)的法学教程。[2] 但帕里什案非常小心地挑起了这场变革——作为"一个额外而又引人注目的问题",它是对以前案件判决的补充,而不是顶替了休斯之法院判决意见所格外关注的、经典的洛克纳案。如果1938年的联邦最高法院非常关注此案的判决,它完全可以根据普通法上的权利宣布,休斯的福利观根本不像他想

---

〔1〕 霍华德·吉尔曼(Howard Gilman):《受困的宪法》(*The Constitution Besieged*),第2~4章(1993年)。

〔2〕 凯斯·桑斯坦(Cass Sunstein):《洛克纳案的遗产》(*Lochner's Legacy*),《哥伦比亚法学评论》(*Colum. L. Rev.*)第87期,第873页(1987年);桑斯坦(Sunstein):《有失偏颇的宪法》(*The Partial Constitution*)(1993年)。

象的那样“引人注目”,而更正确的做法是重返伟大的洛克纳案维护的自由市场传统。

因此在了解了休斯的著名论断后,再将帕里什案仅仅视为宪法基本原则转变过程中的一个普通中期矫正范例,就大错特错了。更准确的说法应该是,此案乃宪法原则将要发生革命性变革的先兆。

1937 年是一个转折点吗?

对发生于 1937 年的主要案件所进行的简要回顾表明,宪法原则的中期矫正、飘忽不定的宪法改革信号以及武断的法院裁定都有极大的可变性——换句话说,并没有什么东西明显地割断了它与历史的联系。有些法律家会对你说,联邦最高法院每年以大量的同类案件充斥于《美国判例汇编》(*United States Reports*)之中。因此,我们将 1937 年看做是美国人民宪法生活中不同凡响的一年,是否有失偏颇呢?

一点也不。但我们必须重构 1937 年判决之案件的独特基础。它的特别之处只有同 1936 年和 1938 年的司法判决进行一番对比后,才能为我们所发现。一般来说,每年都会产生大量且内容迥异的司法判决,但在相邻两年出现的诸多判决中却不存在什么巨大的差别。而且考察一年内
367 的判决,以期从中找出一个主题也显然是荒唐之举。不同的案件从各个不同的方向推动着不同领域内的法律。或许在调和对抗性法律观点的情况下,某些与以往不同的模式才会出现,但将这些模式从传统中甄别出来还要耗费大量的时间。第一年对宪法原则进行的首次中期矫正,可能会引发第五年的再次和第十年的复次中期矫正之举。十年,也就是一代以后,法律的整个领域或许已经面目全非了。若干飘忽不定的宪法改革信号是在没人注意的情况下发出的;即便少许的宪法改革信号受到了人们的关注,也是在 10 年或 20 年之后。大多数武断的法院裁定悄无声息地消失了。而其余的少部分由于人们的直觉,才引发了阐明某些宪法原则的真正努力。如此而已。

由于所有这些原因,一般而言一年是如此的短暂,以致不可能发生巨大的“司法革命”。实际上,有关司法革命的整个憧憬只是过分夸大了隐于更深层次的、司法原则渐变的事实。任何一个司法原则领域内的有意

义变化，大多是在经过一二十年的摸索以后才发生的。整个宪法原则的变迁则更为缓慢，因为它是法官对其进行一次次修正后的结果。这些修正造成的原则变迁相互作用塑造了一个有争议且有别于以往的新法律原则。为改造宪法理路的整个框架而付出的努力，或许会让熟谙法律的专家大吃一惊：这些不计其数而又不期而至的新法律原则，竟是一系列自信得甚至有些狂妄的司法行动的必然结果！

我非常愿意承认，这种惊叹抓住了普通法发展的常态——也因此为我们提供了一把衡量 20 世纪 30 年代晚期法律原则之真实特征的标尺。与普通法的常规相比，像 1936 年或 1937 年这样的岁月，并**没有**向人们展示根据普通法遵循先例原则进行的诸多判决所应具有的多元化倾向。也就是说，不同领域的案件**的确**都向着一个方向汇集。尽管不同案件涉及的事实和原则千差万别，但所有法官都遇到了同样的问题：他们还要继续维持那部联邦党人制定的、奉行自由市场原则的宪法吗？尽管普通法对如此宏大的问题颇为不屑，但法官——还有其他法律家——却非常清楚，现行宪法理路的框架已处于风雨飘摇之中了。而且，联邦最高法院以令人目眩的速度改变了对此宏大问题的答案：这个关于传统宪法的答案在 1936 年是**肯定**的；而在 1937 年则是否定的。

诚然，联邦最高法院 1937 年是以普通法的方式给出了这个**否定性**的答案。与罗伯茨、休斯 1936 年总是与保守派法官保持高度一致的做法形成鲜明对照的是，他们突然于 1937 年**自始至终地**与自由派法官走到了一起——不仅在“主要”案件，而是在所有向联邦权力发出挑战的案件中皆是如此。由于普通法敏于（sensitivity）体系化的法院裁定模式，这样法律家在探索如此转变的深层主题时不会有任何难度。联邦最高法院虽然在其判决中给出了准传统的法院附带意见，但传统宪法的捍卫者们却**一直**在体味着新法院裁定给他们带来的失败之苦。

法律家更关心案件处理过程中的主流观点，因此他们也不会轻而易举地放过上述这种转变。随着联邦最高法院大法官们下一年度工作的展开，其行动透露出来的信息即会带有特别的法律气息。联邦最高法院在司法过程中形成的新多数派，会着手阐明新政宪法原则并进一步搞清他们行动如此巨变的内涵吗？

宪法原则变迁的第二个阶段

在联邦最高法院1938年的工作行将结束的时候,罗斯福总统首次为改革目的而任命的两个联邦最高法院法官被参议院批准——布兰克和里德分别取代了范·德范特和萨瑟兰。这样,休斯和罗伯茨即已不再具有与此前同样的战略作用了:在无须他们支持的情况下,布兰克、里德、布兰代斯、卡多佐和斯通亦能形成法院判决意见中的大多数。当然,无论是休斯还是罗伯茨都无意于重新思考他们一年前作出的具有时代意义的转向
368 决定。新任法官也很清楚,如果像休斯、罗伯茨这样的中间派仍然留在推动宪法改革的制度花车上,其结果必将极大地增强形成中的积极干预国家政府之观点的宪法权威。因此,这一新数字(即由七个大法官形成的法院多数派意见——译者)也会营造出一种新的氛围。这种氛围将鼓励形成中的多数派法官团体超越准传统型的法院附带意见,以匹配早已发生了革命性变革的法院裁定。这样的法院判决意见将赋予正在进行中的宪法革命以肯定的原则性含义。

1938年进行的两个判决具有指导性的意义。与1937年审理的一些重要案件相比,合众国诉卡洛林产品公司案(United States v. Carolene Products)并没有涉及有重大政治意义的法典。正当大多数公民将更多的注意力放在**劳动关系法**和**社会保障法**之合法性问题上的时候,人们很少也不会长时间地关注**联邦成品牛奶法案**(Federal Filled Milk Act)的命运。卡洛林案的重要之处在于法官在法院附带意见中说了些什么,而不是法官采取了怎样的行动、作出了怎样的法院裁定。

在对联邦成品牛奶法案发起冲击的过程中,卡洛林产品公司被要求证明其生产的成品牛奶完全符合安全要求。而该公司认为,联邦发出的这一禁令是对法院传统上根据正当程序条款保护的经济自由的武断剥夺。就此点而论,卡洛林产品公司的诉求并非无中生有。[1] 但是代表联邦最高法院发表意见的大法官斯通却宣布,市场游戏规则已经发生了根

〔1〕 佛弗里·米勒(Geoffrey Miller):《卡洛林产品公司案的真实故事》(*The True Story of Carolene Products*),《最高法院评论》(*Sup. Ct. Rev.*),第397页(1987年)。

本变化。他毫不避讳地否认了这一点——法官们只是应该循规蹈矩地引导人们结合特定的先例，考察"管理普通商业交易行为之立法"的武断性。斯通不仅"假定"主张积极干预经济的立法者知道他们自己做了些什么，而且他还使这种"假定"变得无可辩驳。这样，对此持不同意见的批评家们，就承担着炮制事实，以"推翻立法者以其知识和经验，将该法案建立在某些理性基础上之假定"的重任。[1] 由于写下了上述这段文字，自那以后联邦最高法院从来没有再以武断为由而推翻某个管理市场的法案。卡洛林案进行的这个"理性"试验，成了现代宪政长空中的一颗恒定的明星——与宪法文本直接推演出来的"平等保护"定则相比，该案法院附带意见的重要性亦无二致。[2]

在法律生活中，可操作性的定则(fixed operational formulae)发挥着极为重要的作用。通过"理性"试验，广阔的政治领域被排除在法律问题之外，因此也可以使法院规划出一个容易把握的宪法改革进程。在采取下一步行动以发展、完善一个可操作性定则的过程中，法院需要着远比定则更多的东西：他们需要一种能为进一步的法律发展确定明确方向的法学理论。在限权政府和经济自由这些传统原则逊位之后，什么样的替代性原则能够肩负起如此重任？

卡洛林案为我们指明了道路。该案著名的第四脚注即着手弥补这个因传统原则的崩溃而造成的巨大鸿沟。州权、财产权和契约自由从传统法学理论的舞台上退出以后，卡洛林案推出了一个新政民主理论作为法学理论的组织框架。虽然在一般经济纠纷中法官应该尊重司法机关的意见，但是当民主程序之运转发生故障时——无论是在多数派剥夺其对手的基本政治权利时，还是为了反对"分散、孤立的少数派"而进行立法的情

〔1〕 卡洛林产品公司案，《美国最高法院案例汇编》第304卷，第144、152页。

〔2〕 只有七名大法官参与了该案的审判。斯通大法官的标准意见最初写在只有四名法官赞同的一份意见中。参见《联邦最高法院案例汇编》第304卷，第144、155页。生病的卡多佐和刚刚被任命为联邦最高法院大法官的里德都未参加。可以预测是，保守派的两名法官在观点上是不会与斯通沟通的——麦克雷诺兹反对该案的主流观点，而巴特勒却以独立的立场对该观点表示赞成。真正令人感到吃惊的是布兰克，他没有给出任何理由就作出了拒绝支持斯通法院判决意见之关键部分的决定。尽管从技术的角度看，斯通的法院判决意见完全可以作为"最高法院的意见"，因为它代表了法定人数的多数派。该判决意见之所以在今天仍然占有重要地位，只是因为罗斯福不断推进的革命性法官任命策略最终使该案成为后来宪法原则发展的基础。

况下——“进行更为精确的司法审查”就显得很有必要了。如果从这个层面上讲,卡洛林案第四脚注以尝试性的口吻所讨论的宪法原则的重要性,已远远超出了脚注的范围。联邦最高法院中日渐形成的多数派还要耗费
369 若干年的时间,在其成熟的法院判决意见中斟酌这种说法的肯定性含义。[1]

相形之下,1938 年开始向旧秩序的法学根基自觉地发起冲击,并不能说为时过早。在没有提及双方当事人的情况下,联邦最高法院形成的新多数派将伊利铁道公司诉汤普金斯案(Erie Railroad v. Tompkins)改造成了一个全面否定洛克纳案思路的工具。从表面上来看,该案件毫无新意可言:“在一个漆黑的夜晚,宾夕法尼亚州公民汤普金斯在铁路沿线之右侧行进时,被一辆途经此处的伊利铁路公司的火车碰伤”。[2] 汤普金斯根据普通法诉请铁路公司因其疏忽而进行损害赔偿。但该案的日常性引发了大法官布兰代斯对其进行深入哲学探讨的兴趣。自约瑟夫·斯托利(Joseph Story)大法官于斯威夫特诉泰森案(Swift v. Tyson)作出的判决一个世纪以来,法院解决类似纠纷的根据一直是关于侵权、契约和财产的普通法。当然,联邦最高法院的大法官有时发现他们对普通法的理解与各州法院的理解有些分歧,但他们也不认为这是让人感到非常挠头的事情。在他们看来,普通法比任何单个法院的判决都要更有约束力。它是盎格鲁——美利坚积年累月之司法工作而凝聚的集体智慧的结晶。而发生于不同法院之间的持久争论,只是寻求最好的纠纷解决方案的有机组成部分。在此传统框架内,有关财产、契约和侵权的普通法并非政治意志的产物,而是司法推理的结果——为这一总体奋斗目标作出自己独立的贡献,是这块土地上的最高法院不可推卸的责任。

不管这种观点的法学意义何在,有一点却是非常明了的:不能再压抑积极管理经济的国家了。在 20 世纪自由放任主义批评家们的眼中,普通

---

〔1〕 布鲁斯·阿克曼(Bruce Ackerman):《我们人民:宪法的根基》(*We the People: Foundations*)第 6 章,以及我的论文《解读抽象的观念》(*Liberating Abstraction*)一文,《芝加哥大学法学评论》(*U. Chi. L. Rev.*)第 59 期,第 317 页(1992 年)。

〔2〕 伊利铁路公司诉汤普金斯案(Erie Railroad v. Tompkins),《联邦最高法院判例汇编》第 304 卷,第 64、69 页(1938 年)。

法恰是问题之所在而不是解决问题的途径：其财产、契约和侵权观造就了错误的经济自由理念——忽视了分配不公、垄断权以及数以百万计的人陷入贫困和受剥削状态的市场失灵问题。与其屈服于这种普通法观念，新政者试图通过民主政治和立法改革为经济自由缔造一个全新的基础。由此视角出发，洛克纳案所铸就的最大错误，在于联邦最高法院把普通法的问题上升到了宪法的高度——以法官自己界定的财产、契约和侵权概念即可推翻立法改革。

既然新政法院发现了问题的症结，它就决意以揭开普通法神秘面纱的方式，摧毁贯穿于洛克纳案中的法学所赖以存在的基础。在将其自身 370
对普通法的理解运用于诸多普通铁路事故时，此前的大多数法官都假定他们是在司法过程中寻求正当的理性。现在，布兰代斯挑开了“普通法”的面纱，指出它不过是实践纯粹政治意志的别称。随着法学观的转变，汤普金斯案也提出了一个新问题：是什么东西赋予了华盛顿的那九个老头把自己的意志强加于铁路事故，并驳回宾夕法尼亚州议会、法院制定的相反法律的权力？

在回答此问题时，布兰代斯之声音可谓洪亮、口齿可谓清楚：没有任何理由。如果国会不就铁路事故进行立法以及在国会就铁路事故问题进行立法以前，联邦最高法院不能干涉各州以“普通法”名义作出的案件判决：

> 既存原则的荒谬性……在大法官霍姆斯那里早就讲清楚了。该原则建立在这样一种假设基础之上——存在着一个“超越于各州之外的法律实体，除非以成文法和在以成文法的方式改变它以前，该法律实体都应被遵守”。联邦法院有权根据自己的判断决定哪些是普通法规则。在联邦法院，“当事人有权就一般法律问题进行独立的判断”。
>
> 但是，如果没有明确的权威对其进行界定，现代法庭中讨论的法律在其意义上是不存在的。普通法……并不是一般意义上的普通法，而是各州在不考虑英格兰或任何其他地方的情况下，运用其权威而通行于各州内部的法律……
>
> 因此，像大法官霍姆斯先生所说的那样，斯威夫特诉泰森案确立

的原则是“合众国法院推演出来的一场违宪的权利设想,其中没有什么值得罗列出来的法院意见使我们觉得矫正该案的原则会留下遗憾”。[1]

有时候这段话读起来更像一篇充满学术气息的讲稿,而这篇讲稿的目的在于说明一个关于法的本质已取得越来越多人支持的法学观点。[2]但是,普通法的本质是一个极有争议的话题;无论是在1938年还是现在,你都会发现在唯理论者和唯意志论这两派对立的阵营中都不乏一些思想深邃之士。[3] 布兰代斯的法院判决意见所以重要,并不是因为它在普通
371 法本质的争论上添加了一些新的哲学观点,而是因为它以权威性的手法将联邦最高法院推到了法学分界线的另一侧。自此以后,联邦最高法院在就财产、契约、侵权之普通法陷入理性主义的狂想中即是**违宪**的了。这些普通法框架仅仅是可以被民主的立法机构任意修订的司法手段。这样的法院裁定使卡洛林案之第四注脚所提出的问题显得更为引人注目。如果联邦最高法院遵循洛克纳案关于普通法假定的先例有违宪法,那么又是什么构成了新政期间司法审查的合法基础?

在如此关键的问题上,伊利案并没有表明其立场:它的目标在于摧毁旧的法学体系,而不是界定新的法学领域。但如果有谁研究得更深入一些,他就会发现布兰代斯的法院意见中包含着两个更有建设性的因素。其一是联邦主义的明显复兴:恰在新政法院摧毁了国会对经济管理仅有有限权力之观念的同时,布兰代斯开创了一个新的——当然也是比较温和的——法院在界定各州权力时的宪法作用。如果国会不以成文法的方式进行干预,联邦法院即应尊重各州法院法官作出的普通法判决。[4] 随

---

〔1〕 伊利铁路公司诉汤普金斯案(Erie Railroad v. Tompkins),《联邦最高法院判例汇编》第304卷,第79页(1938年)。

〔2〕 劳伦斯·莱辛(Lawrence Lessig):《解读内容已变的读本》(*Understanding Changed Readings*),《斯坦福法学评论》(*Stan. L. Rev.*)第47期,第395、426~432页(1995年)。

〔3〕 比较一下厄内斯特·温利伯(Ernest Weinrib):《私法的观念》(*The Idea of Private Law*)(1995年);罗伯托·昂格尔(Roberto Unger):《法律分析当何去何从?》(*What Should Legal Analysis Become?*)(1996年)。

〔4〕 亨利·弗兰德利(Henry Friendly):《为伊利案以及新联邦普通法而欢呼》(*In Praise of Erie-and of the New Federal Common Law*),《纽约大学法律评论》(*N. Y. U. L. Rev.*)第39期,第383页(1964年),该文表明伊利案的独断是怎样帮助联邦以及州法院自由地创造新普通法的。

着时间的推移，布兰代斯的观点将造就一个对宪法知识饱含学术热情的团体——尽管同更大规模的公众相比，这种团体处于次要地位。[1]

伊利案也为新宪法基础的构建提供了方法论。它开创了一个非凡的重新评估宪法原则的方式。一般而言，法律家和法官都是法院多数派意见的追随者，而对法院判决中的反面意见则投以疑虑的目光。但就伊利案而言，联邦最高法院发生了一个180度的大转向：霍姆斯的反对意见受到高度评价，而1937年以前由大多数法官得出的严肃法院判决却被丑化为法学的怪胎。

对宪法原则进行重新评价的这种非同反响之举，将在宪法原则巩固的最后阶段发挥至关重要的作用。1938年，自信地预测新宪法原则的光明前景还为时尚早。其一，布兰代斯的法院意见只获得了五名大法官的明确支持，甚至像里德这样的新政者都不认为有将宪法原则上升到如此高度的必要；其二，伊利案仅是一个案例，尽管是一个有举足轻重地位的案例，但还有可能会被认为是法律进化过程中的一个变种。虽然新政法院于1938年已经向前跨出了巨大的一步，但对新宪法原则的司法巩固成 372
果仍有可能被1940年选举的结果所推翻。

但是，大多数美国人已不愿再重新思考新政问题了。他们甚至都不愿意选举像温代尔·威尔基那样自诩为“自由民主党人”的人为总统——虽然他曾很有号召力地以宪法惯例为由反对过罗斯福的第三次连任。因此，罗斯福得以继续推行以改革目的任命联邦最高法院法官的战略，从而使联邦最高法院把宪法原则变革的进程推进到最后的巩固阶段。

1941年2月3日，联邦最高法院审理了一个里程碑式的案件——合众国诉达比案（United States v. Darby）。该案涉及1938年的公平劳动标准法。该法规定，在州际贸易中运输由童工或工资低于国家规定的最低标准的工人制造的任何产品，都是犯罪行为。

完全可以预料的是，1941年达比案会作出支持该法案的判决。但吸引人们注意力的并不是法院的判决意见，而是这个判决意见获得了联邦

---

〔1〕 保罗·巴特尔（Paul Bator）主编：《哈特和威克斯勒的联邦法院与联邦体制》（*Hart & Wechsler's The Federal Courts and the Federal System*）（1988年第3版）。

最高法院所有法官的一致同意。三天前，坚持洛克纳案观点的最后一名法官詹姆斯·克拉克·麦克雷诺兹从联邦最高法院退休。[1] 结果，任何一名法律家在查阅达比案时都会发现，没有任何迹象表明由两代人以前的法官所阐明的洛克纳法律原则，在该案中仍然受到了人们的尊重。

联邦最高法院对此案判决达成全体一致的意义不容低估。即便在联邦最高法院中仅有一两名法官愿意阐述教条式的传统的情况下，它也足以说明传统原则仍然是现行活宪法中的一个重要组成部分。不间断的法院反对意见，不仅表明了现行宪法与传统之间有着持续的相关性，而且还能保证注重实践的法律家以认真的态度研究这些问题的连续性——特别是在联邦最高法院中的多数派之间出现分歧，反对派的表决能使案件产生截然不同结果的情况下，这些法律家们的认真态度尤甚。长期的僵持之后，反对派的影响也越来越大。他们的持续批评也会以极为巧妙的方式影响到占优势的多数派意见。而且还有一个同等重要的因素，即在回应反对派强调的传统宪法价值观时，这些反对意见对于一个刚刚走马上任的新总统实乃一笔价值不菲的宝藏。如果这位新总统能说服参议院批准他对联邦最高法院法官的提名，这些新法官就能强化现行活宪法的原则，而其中也必然包括着一些对这些主流原则的批判性因素。通过重新解释宪法原则这样一个渐进的过程，这些不同意见在塑造法律之路时也会发挥越来越重要的作用。

然而，一旦麦克雷诺兹从联邦最高法院退休，注重法律实践的人们就不再有任何理由领教或牢记持不同意见的大法官们提出的复杂原则——
373 特别是在他们看到联邦最高法院全体一致的判决意见时更是如此。大法官斯通撰写的法院意见，强化了 1938 年已初露端倪的倾向。在阐明宪法原则的层面上，达比案甚至比卡洛林案更明确地全面肯定了国家有管理市场的权力。在涉及各州的保留权力问题时，大法官斯通宣布宪法第 10 修正案"公理般地明确指出各州无须放弃其保留权力。但此规定运用的

---

〔1〕 关于大法官麦克雷诺兹先生的退休，见《联邦最高法院判例汇编》第 312 卷，第 5 页 (1941 年)。

历史表明，该规定顶多是口头上说说而已”。[1] 在该法院意见中，斯通只用了一段文字即驳回了如下观点——正当程序条款可能限制政府管理工人和雇主之间根据“自由市场”原则订立契约的权利。而观点恰与之相反的洛克纳案在该法院判决意见中未被引用，因此也就更谈不上展开讨论了。[2]

但斯通却无法如此轻松地绕开第二个与主流多数派持不同意见的大法官们判决的典型案例：汉默诉达根哈特案（Hammer v. Dagenhart）。1918 年，分裂为对立两派的联邦最高法院在该案的法院判决意见中宣布，国会早期为禁止童工产品进入州际贸易而作出的努力违反了宪法。由于汉默案的推理方式与雄心勃勃的新政法案水火不容，如果该案没有被埋没的话，大法官斯通除了直面该案以外几乎没有其他选择。在应付此案的过程中，布兰代斯于伊利案中运用的技巧帮了他的大忙。他以“霍姆斯就这些基本问题发表的极有说服力且现在看来也颇为经典的反对意见”[3] 为依据，推翻了汉默案的判决。

从广义上看，此法院判决意见强化了重新评估联邦最高法院多数派和反对派意见的做法。这种做法已成了现代宪政主义的固有特征。随着时间的推移，伟大的霍姆斯将得到布兰代斯以及其他与主流派持不同意见法官的支持。在旧式法院的判决意见被全面地送入“过时”先例的历史 374

〔1〕 合众国诉达比案（United States v. Dabby），《联邦最高法院判例汇编》第 312 卷，第 100、124 页（1941 年）。该案的主旨在威卡德诉菲尔伯恩案（Wickard v. Filburn）中获得进一步巩固，《联邦最高法院判例汇编》第 317 卷，第 11 页（1942 年），该案驳回了一位农场主抗议联邦限制他种植仅在其农场内供自己使用的小麦数量的请求。由于该小麦不可能被运出农场，那么它又怎么可能卷入州际贸易呢？

如果在十年前，这个问题只可能有这样一个答案。甚至比斯彻切特案中的屠夫更为典型，威卡德案中的这个家庭农场属于典型的地方生产活动，在以前这种地方生产活动是不受联邦政府控制的。

但现在问题已经发生了转变：“即使我们假定这些小麦从不上市，但它却满足种植它的人的需要，这样它也会影响到公开市场中的交易活动”。同上，第 128 页。联邦最高法院在此案件中的一致同意更说明了这种革命性改革的主要特征。

〔2〕 合众国诉达比案（United States v. Dabby），《联邦最高法院判例汇编》第 312 卷，第 100、125 页（1941 年）。

〔3〕 同上，第 115 页（1941 年）。

垃圾堆时,他们则坚持着一种渗透着法学真理的特别规则。[1] 可以预料的是,现代联邦最高法院的大法官们在避免重蹈洛克纳案覆辙的最佳方式上,不会达成一致意见。但每个大法官都不会反对,攻击某一法院判决意见的最佳方式是说该法院判决意见打上了"洛克纳案式"的罪恶烙印。

对重建的重新思考

唯一且真正能够与这种全面否定传统宪法原则做法相提并论的是重建。像联邦最高法院1873年作出支持屠宰场案的判决后就再也没有援引过德里德·斯科特案一样,它在1941年作出支持达比案的判决后就再也没有援引过洛克纳案。在两次改革中,普通法渐进而精致的批评、改造传统观点的程序,再也没有对此前主流的宪法观点进行重新梳理或重新评价。在短短的十年内,旧的宪法框架陷入了地平线下,代之而起的是新的宪法基础:从奴隶制到自由;从自由放任主义到积极干预的福利国家。

我几乎无须提醒大家注意这两次宪法原则改革,是以截然不同的法律手段达到巩固目的的:重建时期的共和党人依靠表面上看来带有宪法第5条血统的正规宪法修正案的帮助,赢得了司法革命的胜利;而新政时期的民主党人没有依靠这种拟修正案,而是直接运用革命性的法院判决意见构建了全新的宪法基础。促成改革之法律素材的差异引发了这样一个明显的问题:与新政民主党人运用法院判决意见的手段相比,重建共和党人运用拟修正案的手法有助于他们取得的宪法改革成就更具持久的影响力吗?

在法律形式主义者看来,没有什么东西比根据宪法第5条制定的宪法修正案,更能确保某代人进行的宪法改革发挥长久的影响。从某种意义上说,仅以法院判决意见推动的宪法改革的可靠性要略逊一筹。但如此简单的理论与事实并不相符。现在,联邦最高法院的大法官们更愿意忽略的是重建时期制造的那些法律文本,而不是新政对洛克纳主义的全面否定。例如,每个法律家都知道,重建时期的共和党人——无论在国会

---

〔1〕 弗格森诉斯克鲁帕案(Ferguson v. Skrupa),《联邦最高法院判例汇编》第372卷,第726、730页(1963年)。

内外——都对宪法第 14 修正案许下的庄严承诺寄予了厚望，即任何州不得“剥夺合众国公民的特权或豁免权”。然而，法院从来没有为兑现法律文本上的这种诺言而付出认真的努力。当法官们在最基本的层次上不断 375
追寻洛克纳案这样的异端所由产生的根据时，他们会毫不犹豫地找到类似案件所由产生的大本营——宪法第 14 修正案那里去。在重建时期的共和党人看来，宪法第 14 修正案恰恰是弘扬其丰功伟绩的最好标志。[1]

达比案的持久影响力，还向遵循先例原则在宪法领域中之传统作用发起了挑战。综观普通法案件，不经意地对待先例是现代法律的重要特征。这是对遵循先例原则的一种不敬。那么，在此背景下，又怎样解释新政这一划时代的事件具有如此持久性的特征呢？

办法是重新界定我们的先例观。大多数司法判决意见仅仅是当时职业性法律对话的结果；当把它们运用于新的案件环境或让它们接受职业性法律评判的时候，其中大部分司法判决意见的不足之处随即显现出来。显然，这些司法判决意见地位的起伏，只是职业性法律观发生了渐进但又不可避免的变迁的结果。无须为出现这种令人神伤的结果寻找什么理由，相反这些司法判决意见所受待遇的起伏变迁恰恰是它们具有生命力的标志——它使人们意识到，法律家必须永远使他们的才能适合新的知识与现实之需。

然而，还存在着另外一种先例。作为此类先例的法院判决意见，不是根据狭隘的职业性法律讨论涉及的相关规定作出的。这些判决意见是由美国人民经过大规模而持久的对话后作出的。在法律对话中，这些革命性的先例具有，而且应该具有特殊的地位。由于法律家不是他们的缔造者，因此法律家也不能改变它们。达比案就属于这类伟大先例中的一个。[2]

并非 20 世纪 40 年代早期的美国人全都奇迹般地接受了新政的宪法观。相反，除了上一代人而外，还有很多人成了共和党倡导的联邦观的支持者。20 世纪 30 年代仍然有数以百万计的传统共和党人信守着汉默案

---

〔1〕 在《我们人民：宪法的根基》一书的第 94 ~ 99 页中，我探讨了使宪法第 14 修正案保障人身自由这一中心问题陷于平凡化的一些原因，而且在下一卷中，我还将再次讨论这个问题。

〔2〕 其他的先例还有哪些呢？我将在下一卷中以更多的笔墨考察这个问题。

的观点,就像19世纪60年代还有数以百万计的传统民主党人仍然推崇德里德·斯科特案一样。然而到了1941年,对于新政宪法观的反对者而言,他们应该清楚地看到,大多数美国人民冷静地与旧宪法传统分道扬镳了。或许现在已经快到了出现一个新林肯或新罗斯福,开始寻求向已取得人民认可的新政宪法观发起冲击的时候了;或许美国人民会对这种挑战作出肯定性的回应,这样经过长期的斗争,新总统及其崛起的政党将从人民那里获得推翻达比案的权威,而代之以洛克纳案或汉默案捍卫的自
376 由放任主义宪法观。难道这些不都是很有可能发生的吗?

但如果没有另一代人肩负起宪法政治的重任,所有这些就不会发生。就目前而论,人们依然坚决地拥护积极干预的国家政府,而联邦最高法院现在亦坚定不移地阐释着这一新宪法原则的具体含义。

结论:创新还是传统的再现?

20世纪30年代的美国人知道他们做了些什么——他们亦不讳言是他们重构了美国人民主权的基础,而不仅仅是对传统毫无意义的重新发掘。虽然我就此问题展开的讨论分散于本书的各个章节之中,但我却将那些对宪法原则的变迁会产生长久影响的最重要部分集于一处了。就在参议院驳回了法院改组方案不久,总统开始准备费城制宪会议150周年的庆典活动。这是他在该庆典活动中发表的演讲:[1]

> 150年前的这个晚上,参加费城制宪会议的38名代表拖着疲惫的身躯签署了这部宪法……
>
> 有1/3最初来费城参加会议的代表中途放弃,打道回府了。余者在华盛顿和富兰克林道德力量的感染下紧密地团结在一起。剩下的这些都是过去和现在都关注大多数人的人以及**敢于**关注大多数人的人……

---

〔1〕 约瑟夫·拉什(Joseph Lash)报道说,弗雷克斯·富兰克福特(Felix Frankfurter)是该演讲的代笔作者之一。拉什(Lash):《新政者和梦想者》(*Dealers and Dreamers*),第315页(1988年)。

美利坚合众国宪法是一部属于普通人的文件,而不是法律家们合意的产物。**宪法乃法律家之合意**是一个不宜经常强调的观念。为宪法付出最多的麦迪逊不是法律家;以其平等交换意见的精神使制宪会议不致中途解散的华盛顿和富兰克林也不是法律家。

这部属于普通人的伟大文件乃是一部关于基本原则的宪章。它与一般文件的“前言”、“其中的某个部分”以及律师们可以将租约、保险政策和协议写于其中的成型印刷品有着天壤之别……

然而150年来,围绕着宪法展开的斗争从来没有停止过。斗争的双方分别是那些为保证对宪法作最初的宽泛理解而将其视为普通百姓实施统治工具的人,以及那些想使宪法丧失生命力而将其视为法律家合意之产物的人。

我们中间真正信赖宪法之持久智慧的人,对那些以纯粹法律方式进行职业性或政治性讨论或思考的人并无敌意。否则,当他们针对每个倾力改善我们人民的生活条件之举而高呼“违宪”时,我们即不能给予严重的关注。 377

类似呼声经常萦绕在我们耳边,而最终这些呼声又总是遭到被否决的命运。

1787年的一些优秀法律家从《邦联条例》的角度出发,认为宪法本身即是违宪的。但最终批准宪法的各州制宪会议否决了这种呼声……

在其所处时代亦属出类拔萃的法律家,规劝内部存在分歧的联邦最高法院认定国会没有控制各地区奴隶制的权力,认定经久不衰的密苏里妥协案违宪。但发生于各州之间的一场战争否决了这种呼声……

在其所处时代亦属出类拔萃的法律家,规劝联邦最高法院的大法官们认定,以各种方式资助内战的行径违宪。然而新上任的大法官们否决了这种呼声。

在至今尚不足两年的时候,这块土地上最负盛名、收费最高的五十八名律师无偿地向国家提出了一个严肃而正式的问题——瓦格纳劳工关系法违宪。几个月以后,伴随着一次全国性选举的结束,联邦最高法院后来否决了这种呼声。

20年来,联邦最高法院的大法官们拒不认可各州为妇女制定的最低工资法案合宪。几个月前,当我向国会递交了法院改组方案以恢复联邦最高法院之活力的国情咨文后,大法官们承认了联邦最高法院犯下的历史性错误——包括全部过去的20年——从而否决了他们自己。

在这些从未间断的斗争中,没有任何政治派别的法律家持有一个一致、清晰的观点。而属于某个政治派别的、对法律所知甚少的普通百姓也有一个一致的观点。

与另外一些法律家不同,有些法律家认为政府的所有部门都是神圣不可侵犯的。除了政府的一个部门可能比其他部门更为神圣一点外,他们没有认识到其他更为神圣的东西。实际上,最具神圣性的是当今这代人的共同福利……

对法律所知甚少的普通百姓从历史事实中认识到:将解释宪法的每一次努力视为法律家的合意,不如将宪法视为最终要归于失败、发生变革的普通人宪章。无论何时,当宪法之解释与关于国家政策等重大问题的现代意识发生冲突的时候,人民和国会都最终自有他们的解决办法。

但是"最终"一词湮没了我们付出的许多惊人代价。

付出一场战争的代价就是为了认识到国会有就地方事务进行立法的宪法权力。

那些具有最低纳税能力的人以付出了20年赋税的代价认识到,国会拥有向那些最具纳税能力的人征税的宪法权力。

在付出了妇女劳动受了二十年剥削的代价后,人们才认识到存
378 在着要求各州制定保护妇女权益的最低工资法的宪法权力。

我们知道,调整政府以使之适应社会之需,需要时间。但现代历史证明,拒不进行改革或姗姗来迟的改革就会危及和平、侵蚀民主,并将民权和宗教自由一扫而空……

在改革法律使之与人民生活保持一致的过程中,我们不能让牺牲一代人的现象再次出现了。

> 我们不能再极度奢侈地付出使改革滞后20年的代价了。
>
> 你不会在宪法的字里行间里找到任何证据，以论证推迟现在即为广大美国人民需要的改革之做法的正当性。
>
> 然而，那些试图以1787年宪法起草人拒绝将某些内容写入宪法的思路，来解读宪法含义的人（实际上是指严格法律形式主义者——译者），实际上亦将危及或阻挠为适应社会和经济改良之需而作出的任何努力。[1]

我将此段文字写于此处的目的，是为了使人们更严肃地看待总统所说的这段话。我们同罗斯福一道，把发生在新政和旧式法院之间的斗争，定位为美国历史上反复出现的人民主义（populism）和法制主义（legalism）之争。我们还依稀看到了倡导进行基本宪法改革的人提出的制度模式。当这些改革者的反对派“对每个倾力改善我们人民的生活条件之举而高呼‘违宪’时”，这些改革者没有给予这种呼声以“严重关注”。另外，我们还把1787年宪法和重建宪法修正案当成了理解新政宪法改革的最佳先例。

就在总统追忆美国人民非常规地行使人民主权历史的同时，他这篇显得有些狂妄的演说还有令人不解的轻率之嫌。他曾不止一次地提到，他自豪地宣称代表了人民的做法，只是最近在法院改组风波中才遭到了参议院的反对。在“改革法律使之与人民生活相一致”以前，他毫不掩饰自己对三权分立造成的“滞后20年”之改革的急躁情绪。他所关心的是，“我们不能再极度奢侈地付出”如此长的时间来进行制度试验了。所有这些说明，罗斯福好像在法院改组斗争中获得了最终的胜利。

有这样一种观念——据此观念，关于新政的现代看法掩饰了总统演说中轻率的一面。像罗斯福总统一样，现代宪政主义者认为发生在1932 379
年到1937年之间的冲突实乃一场悲惨的错误。如果旧式法院早在1933年和1934年即作出支持新政之举，情况定将更好一些。而联邦最高法院于1937年作出的突然转向，乃是宪法史上的一场巨大灾难。

---

〔1〕 萨缪尔·罗森曼（Samuel Rosenman）主编：《富兰克林·D. 罗斯福的公开文章与演讲》（*The Public Papers and Addresses of Franklin D. Roosevelt*），第359～366页（1937年）（其中着重号部分为原文所加）。

或许通过分析总统演说的不足之处,我自己就能够有效地推出与上述观点截然不同的意见。我们从他声称的美国人民不能再“极度奢侈地付出使改革滞后 20 年的代价”说起,因为在他看来,这种代价“在改革法律使之与人民生活保持一致的过程中,牺牲了一代人”。总统祈求不要再出现的问题说明,在美利坚合众国存在着若干相互竞争的不同“生活”观。改革法律使之与朝某一方向发展的人民“生活”保持一致,往往要求人们同美国人价值观中的若干其他“生活”方式分道扬镳。

而且,值得一提的是,在内战结束后到大萧条爆发前这一段共和党人占据优势地位的时期,新政阐释的那种特别社会生活观尚未在美国公众的观念中处于支配地位。因此,在总统信心百倍地呼吁人民支持这种全新的政府观念前,他本人及其民主党追随者还需要完成大量的工作。为达到目的,他们不得不超越 1932 年的那个模棱两可的党纲,而为美国人民指出一个更为明确的方向。只有到那时候他们才能重返人民中间,并使人民坚信,他们进行的这场积极干预的国家政府改革值得人民支持。在取得全面的选举胜利后,他们不得不说服数以百万计的新政怀疑者并使他们坚信,这些选举胜利绝非一现的昙花,而是最好地揭示了大多数美国人作出的审慎抉择——这一审慎抉择便是积极干预的国家政府值得在我们的政治体制中占有基础性地位。在人民对此观念的支持已变得不可动摇后,他们还不得不进一步界定新制度赖以出台的更为明确的法律原则。

在所有这些活动中,对新政的法律抵制都不是毫无意义的“奢侈”。旧式法院早期对新政的抵制,推动了总统和国会在全国工业复兴法倡导的成熟工团主义和为调控而不是废除市场体系进行更为集中的机构改革之间作出艰难的选择。结果,联邦最高法院的宪法批评甚至使 1936 年投
380 票反对罗斯福的那 1700 万美国人都很难否认,人民已经***心甘情愿地***拥护由国家进行管理的资本主义这一观念了。简言之,旧式法院早期对新政的反对恰恰促成了人民在 1936 年对新政给予更为肯定的支持,对于那些对新政之优点仍心存疑虑的人而言更是如此。当旧式法院最终作出了及时转向的时候,这个国家中的保守派无论有多么痛苦,不是也应同人民表达出来的意愿保持一致吗?

总统的宪法纪念日演讲完全忽视了这一辩证的立法过程。不甘于自己在宪法原则改革的过程中所发挥的重要作用而沾沾自喜,罗斯福想要的是在宪法原则改革的全部过程中都发挥首要的作用——似乎是无论何时,只要他认为国会和法院需要与"人民生活保持一致了",他就总是可以认为自己的说法代表了人民的心声。即便是从最温和的角度来说,这种做法亦有夸张之嫌。[1] 我提出的现代宪法变革模式意识到了总统领导权的勃兴之于公民投票的作用,但我将总统领导权的这种发展植根于更广阔的程序中——依此程序,国会、联邦最高法院以及参与投票的普通选民都能发挥作用。根据这一思路,总统的最初当选最好被视为一个即将就国家宪法的未来展开一场严肃讨论的信号。尽管不断地从联邦最高法院传出一些根据宪法而发出的批评之声,但如果有国会对总统的持续支持,这种信号就能够形成严肃的宪法改革提案。只有总统/国会的动议在下次总统选举时得到了选民的坚决支持,旧式法院才会开始考虑是否应该顺其自然地采取及时转向。

如果在经过冷静的思考后,联邦最高法院承认满怀政治热情的大多数美国人确实需要进行一场基本的宪法改革,那么它就会在已站稳脚跟的宪法原则前作出司法让步。通过赋予总统和国会任命倡导改革的大法官以取代临届退休法官的机会,革命性的新宪法观得到了巩固。只有当总统领导的改革运动能将人民的选举支持维系到任命法官阶段的时候,联邦最高法院才会以全体一致的法院判决意见巩固这种新体制,并以新宪法原则的名义否定旧的宪法秩序。

对新政先例作出如是解读可以迫使现代宪法学家摒弃"传统再现的神话"。与此同时,它也呼吁现代宪法学家关注这样一个问题:在我们人民讨论和决定我们宪法未来的进程中,忽视现代总统领导权从中发挥的真实作用是何等的错误!这种无视总统领导权的做法在法律形式主义者 381
那里自有其根据:因为法律形式主义者确信,宪法第 5 条确定的修宪规则

---

[1] 罗伯特·戴尔(Robert Dahl):《总统的人民授权神话》(*The Myth of the Presidential Mandate*),《政治学季刊》(*Pol. Sci. Q.*)第 105 期,第 355 页(1990 年)。我确信戴尔考虑到了一些比笔者在下一章中提出的主张更为基本的东西,参见他的《民主及其批评者》(*Democracy and Its Critics*)(1989 年),但也许我的温和建议可能有助于就他心中思考的问题展开更大范围的讨论。

在历史上能够**自始至终地**满足高级法创制的复杂性。像总统的宪法纪念日演说所表明的那样,新政者们没有无视这种总统领导权,他们非常清楚甚至相当自豪于此点:他们与费城制宪会议、重建国会等非常规的改革传统之间有着千丝万缕的关系。如果现代法律家许可法律形式主义者作出新政没有任何宪法创新这一假设,这就是对那些持与此不同观点者的一种不公。更糟糕的是,这些法律家自己也无法对当今宪法的含义进行实质性的考察。因为如果这样,当今宪法的含义在很大程度上就要取决于法律形式主义者对新政宪法改革成就(也包括失败)所作的假设。

382 我们早就应该将注意力转到这个更重要的问题上了。

第十三章　宪法的重塑

规则、实践与原则

美国人:这样一群生性好动而又难以驾驭的人们——但在根据政府制定的规则行事时,却显得相当有自制力。法国大革命在欧洲引发了长达两个世纪的混乱,然而美国革命却没有造成与此相类似的后果。时至200多年后的现在,1787年宪法也只是增加了26个修正案[1]——建国时

---

〔1〕 许多人仍然对宪法第27条修正案于1992年通过的情形记忆犹新。这一年标志着人们不会再为使这条修正案发生法律效力而作出什么努力了。这条由第一届国会于两百多年前提出的宪法修正案,旨在限制国会议员提高自己薪水的权力。该宪法修正提案因为在共和国早期未能获得各州的批准,而长期地陷入了集体无意识的状态之中。然而该修正案的支持者在20世纪晚期激活了这个修正案,并为争取该修正案获得批准在各州议会发起了一场并不显眼的运动,最终有3/4州议会批准了该宪法修正案。由于该修正案的目的在于限制国会提高其薪水的权力,所以当时国会中的议员们发现将这个古董般的宪法修正案激活并承认它的合法性,简直是一件让人感到难堪的事。

尽管如此,将一个废止了200多年的宪法修正案作为宪法修正案重新提出的做法还是比较愚蠢的。就像大法官范·德范特(Van Devanter)在“狄龙诉格罗斯案”(Dillon v. Gloss)(《联邦最高法院判例汇编》第256卷,第368、374~375页,1921年)中代表联邦最高法院表达的观点那样,由宪法第5条衍生出来的人民主权理论要求国家和各州**两个**层面上的代表都认为宪法修正提案是一个良好的方案——如果国家层面上的代表在19世纪同意了该宪法修正提案,而各州层面上的代表在20世纪才作出了相同的决定,那么大法官德范特提出的这个条件就没能获得满足。相反,在国家和各州这两个层面上,“我们人民”必须在相对合理的时间内对宪法修正案达成共识。另外,还可参见大法官巴特勒(Butler)在“科尔曼诉米勒案”(Coleman v. Miller)(《联邦最高法院判例汇编》第307卷,第433、470页,1939年)中发表的意见。无论“科尔曼案”中蕴涵的“政治问题”对司法观点发起了多么严重的挑战,这个所谓的宪法第27修正案还是应当被视为聪明的公民们开出的一个糟糕玩笑。

欲了解不同的观点,可见迈克尔·保尔森(Michael Paulsen):《宪法第5条总论:宪法第27修正案给我们的启示》(*A General Theory of Article Five: The Constitutional Lessons of the Twenty-Seventh Amendment*),《耶鲁法律杂志》(*Yale L. J.*)第103期,第677页(1993年)。

期宪法在多么惊人的程度上反映了大多数人的意志啊!

许多外国人曾以羡慕的口吻跟我提起过这一问题,然而更不可原谅的是若干美国人也坚持这样的观点。无论人们以何等频繁的程度强调此点,这种说法都是立足不住的。现代美国人拥有的这部宪法,是在罗斯福任期内以不同于宪法第 5 条规定的修宪程序缔造的。它所取代的也不过是那个早在内战结束后所确立的宪法制度——那场内战曾是 1815 年到 1914 年间发生在西方世界最血腥的一场屠杀。由于作为开国元勋的联邦党人曾试图不惜以任何代价避免发生这样的战争,因而他们所设计的修宪体制显得有失充分也就不足为怪了。无论是在重建还是新政时期,所有重建以及新政的支持者都非常清楚,他们所从事的事业带有鲜明的革命色彩。如果我们置他们所取得的那些丰功伟绩于不顾,那我们就应该意识到,恰恰是**我们**正在做着为后人所不齿的事情。

最好将重建共和党人和新政民主党人取得的宪法成就铭记于心——即便我们的目的只是为了更好地把握“宪法第 5 条是指导所有宪法变革的游戏规则”这一错误假设背后所隐藏的深层真理。我并不否认美国人过去的宪法经验有其独到之处,甚至这种独到之处在未来还要以其特有的方式继续下去。但运用宪法第 5 条确定的规则模式,根本无从理解宪法变革的这种连续性。[1] 如果美国人对规则持怀疑态度,那么他们到底又该以何种方式来理解宪法变革的这种连续性呢?

我得出了两个答案——其一是持久性的原则,其二乃政府各部门的
383 实践。在本系列丛书的第一卷中,我阐述了这个重要的、贯穿于宪法之中的二元主义理念:不应把人民同政府混为一谈;人民可以通过参与政治讨论和作出政治决定的方式,令人信服地表达他们的意志。本书则集中讨论政府各部门的实践——考察政府各部门诉求人民主权的独特方式受到了怎样的考验以及这些方式在哪些情况下又受到了人民的肯定。人们以非常规的方式改造了曾占主导地位的传统观念:在人民群众参与宪法政治达到最高潮的各个时期,每次成功的运动都运用其对政府主要部门的

〔1〕 罗纳德·德沃金在《认真对待权利》(1977 年)一书的第 2 章和第 3 章对规则作了详细的阐述。我就是在这个层面上运用该词的。

控制，采取了一些僭越正常法律权威的措施。这种对传统的非常规改造，向广为人们接受的、根据宪法第5条规定的程序修宪的法制主义施加了巨大的压力，并使其濒于摇摇欲坠的边缘。这种情形也使那些攻击宪法改革缺少法律根据、坚持传统的反对派们产生了深深的焦虑。既存的宪法结构有土崩瓦解之危。

然而，既存的宪法结构并没有（或说没有全面地）崩溃。当广大民众认识到了这种危险后，危机意识又将人们的集体信念拢于一处。人民逐渐而又痛心地承认，的确需要在承继下来的历史材料之外构建一个全新的法律秩序了。总统、国会和法院——其名依旧，但他们之间的基本关系都因采取了某些非常规的举措而得到了重塑。同理，中央政府、各州以及私有权之间的关系也发生了类似的变化。在我们探究这些反复出现的、重塑宪法结构的程序时，我们就会依稀看到这样一个似非而是的悖论：美国人要将这种宪法变革的独特连续性，归功于国家生活中随处可见的无政府主义精神；只是因为在宪法政治运动中实施了一些非常规的措施，我们的二元宪法体制才得以存续下来。在宪法改革的过程中，我们怎样运用如此危险的非常规措施才能获得成功？

深层的结构

随着墨守宪法第5条以修正宪法之信念的势微，美国人发现宪法中还包含着深层的结构，以指导他们为宪法变革争取合法的地位而斗争。

两个基本要素在此显得尤为重要。其一是选举的日程，它已毫无间断地延续了两百多年。即使在向既存的规则和原则发起冲击的时候，改
革派也非常清楚：他们不能长时间地忽视选民的意志。而且他们也知道， 384
反对派定会将把他们实施的那些在法律上实属非常规的举措，强行推入公众关注的视野之内。

也恰在此处，宪法的第二个基本要素开始发挥作用：参议院、众议院、总统和联邦最高法院之间的分权。即使在宪法明确地规定了选举日程的情况下，之于倡导革命性改革的改革派来说，通过选举同时控制上述全部

四个部门也是相当困难的。这不仅意味着要采取非常规举措的宪法改革运动必须做好进行长期艰苦卓绝斗争的准备,而且它还要求改革者必须认真对待其反对派的政见——在坚持传统的反对派仍然控制着某些重要政府部门的时候尤其如此。

所有这些亦将造就宪法对话过程中出现一个极具创新的时期——在此时期内,改革者即要重新思考反对派根据传统的宪法制度设置对改革进行的批评;还要重新界定他们的改革观点,以回应反对派对改革的一再抵制。在重建和新政时期,这种改革派和反对派之间交流意见的方式分别导致了一个还算温和的宪法改革结果。在这两例事件中,最极端的改革方案——塞德斯·史蒂文斯的激进重建方案以及罗斯福的全国工业复兴法——都被推翻了。然而,对于数以百万计的传统美国人而言,即使是那些经过与反对派之斗争洗礼后仍然维持了下来的改革措施,也还是非常富有革命性的。没有轻率地相信重建时期共和党人以及新政时期民主党人自诩其代表了人民意志的断言,这些奉传统为圭臬的反对派视改革者为一群愤世嫉俗的煽情政治家,他们有将宪法导向极端危险之路的倾向。如此信念也诱发了传统派采取政治上的联合抵制以及有序的暴动,因此也造成了周期越来越短的恶性循环。

此种情形于重建时期曾频频出现——在新政之和平静坐罢工期间更是屡见不鲜。因此,正是政府各部门之间的分权,将这种破坏性的力量维系在可调控的范围之内。政府各部门之间的分权使坚持传统宪法的保守派加入了各部门之间的斗争。我们可以把这种政府各部门之间的斗争看成一个延展的宪法戏剧——保守派的领袖们同样会在这场戏剧中长时间地扮演主角。不会对发生在华盛顿的这场宪法改革戏剧心生厌恶,依然情绪激昂的保守派加入到了约翰逊总统或保守的联邦最高法院反对煽情的共和党或民主党政客的队伍之中。在"人民清醒过来以前",他们打算与改革派奋战到底。由于自始至终地参与了整个宪法改革斗争,这样保守派也就能够更轻松地去接受斗争的结果。如果约翰逊总统或联邦最高法院最终因共和党人或民主党人在一次次选举中获得了人民授权而被迫作出让步,那么之于整个国家的保守分子而言,是否也到了该与新体制维
385 系一种较为和谐关系的时候了呢?

简言之,即使是在斗争双方实施了极端非常规之举措的情况下,分权也仍然对他们有约束力。它是改革者运用只言片语的传统宪法语言倾力说服反对派为改革让路的动力之源。改革派运用些许宪法传统论证其改革的举措,也使坚持宪法传统的保守派愿意根据非常规的游戏规则继续维持这场宪法改革斗争游戏——因为他们满怀希望地认为,选民会在即将到来的选举中投票支持他们、反对改革派,从而拆除改革措施赖以存在的群众基础。由于保守派是逐渐意识到人民不会让他们的保守观点在斗争中占据上风的,这样他们也很难一下子将赌桌上的筹码全部兑换成现金,并进而撤出这场遵照新规则行事的新游戏。毕竟,这种新游戏也能让保守派保全他们的某些基本利益——虽然同他们更喜欢的旧体制相比,新体制使他们丧失了一些特殊利益。与其让反对派为所欲为地进行统治,坚持宪法传统的保守派掌握这一新体制,并使它为自己创造某些特殊的利益不是更明智吗?

由于传统主义者——至少是大部分传统主义者——继续维系着这场根据新游戏规则展开的宪法斗争游戏,因此围绕着政治斗争主题产生的新问题摧毁了旧的派别划分,而促成了新的派系联盟。这样,重提那些旧法律问题——这些旧法律问题在采取了非常规的宪法改革举措时曾造就了某种派系划分——也变得越来越没有意义了。冷静的保守主义者接受了新的现状,并将这些法律上的难题留给了顽固不化的保守分子和史学家。[1]

宪法的身份

两个世纪过去了,一种描述宪法变革连续性的模式也开始浮出水

〔1〕 此处有一个显而易见的风险。随着时间的推移,保守分子可能会利用他们在新体制中赢得的权力来颠覆此前以我们人民名义进行的改革。实际上,这也恰恰是重建结束后的一个时期内发生的情形——尽管与我们经常想象的情形相比,这种变化之发生更缓慢也更具偶然性。在本系列丛书的下一卷中,我要用更长的篇幅来考察这个重要的、改革措施逐步蜕变的问题——并进而指出面对这种蜕变,我们应该采取怎样的措施来解决之。

面——此模式与哲学界最近讨论的一些问题颇为相像。虽然哲学界的这些讨论是关于个人身份的典型问题,但这些讨论显然有助于我们理解目
386 前所面临的问题。为检验我们对自己身份的理解程度,哲学家们推出了一系列打破常规思维定式的思想试验(thought-experiments):设想,将布鲁斯(Bruce)大脑的一半移植到欧文(Owen)的体内。在布鲁斯大脑的另一半于布鲁斯的体内死亡的情况下,布鲁文(Browen)醒来时却仍然残存着布鲁斯的一些记忆、作出了很多带有布鲁斯性格特征的举动,并坚持人们称其为布鲁斯。你愿意承认他就是布鲁斯吗?

或许有这样的可能。

再让我们的思维顺着这一假设继续前行。设若布鲁斯和布鲁文一样,在经过脑移植手术后也活了下来,二者都带着布鲁斯的记忆痕迹,而且二者都声称自己是布鲁斯!

到此为止,布鲁文的说法似应受到非议——因为同布鲁文相比,仍然保留一半大脑的布鲁斯乃脑移植手术前的那个布鲁斯的“最近承继者”(closer continuer)。[1]

这种“最近承继者”的观念有助于我们解释不同历史阶段之间的美国宪法存在着连续性的说法——尽管在美国宪法发展的某些时期曾经出现过若干非常规的宪法改革举措。在此时期内,调控不同部门之间关系的正常规则遭受了严重的扭曲。在对这些正常规则进行了一番非常规的改造之后,美国政府的面貌就像布鲁文和布鲁斯之间的关系那样,发生了剧烈变化。然而,**如果旧政府已不存在**,那么这个历经改造而产生的新政府就是“最近承继者”——虽然这个新政府是以有违正常规则的方式改造而来的。

例如,我们可以设想在19世纪70年代的北美,有两个政府号称其具有正当的政府权威。作为其中之一的“美利坚合众国”(USA)千方百计试图维持1860年宪法的完整性。由于另外一个号称其具有正当性的政府是在重建时期经由各种非常规的程序打造出来的,因此我在这里将其称

〔1〕 见罗伯特·诺齐克(Robert Nozick):《哲学解释》(*Philosophical Explanations*),第29~37页(1981年);德理克·帕费特(Derek Parfit):《理性与人》(*Reasons and Persons*),第3章(1984年)。

为“重建的美利坚合众国”(RUSA)。在此情形下,美利坚合众国比重建的美利坚合众国有更正当的理由宣称其与开国元勋缔造的政府保持了连续性——就像只有一半大脑的布鲁斯比布鲁文更有理由宣称其为“最近承继者”一样。

然而,1870 年的北美根本就不存在什么美利坚合众国却是一个事实。只有一个重建的美利坚合众国,这个与布鲁文颇为相类的东西——它维持着其前身共和国的制度痕迹,而且以能勾起人们想起美利坚合众国的行为方式行动着。不可否认,从美利坚合众国向重建的美利坚合众国的蜕变,并非根据既存的法律规则和法律原则进行的;但在这种蜕变过程中的每时每刻,华盛顿总有一些如总统、国会和联邦最高法院的人,为这种处于蜕变过程中的共和国诉求正当的权威。随着人民选举的定期进行,此种正当的权威也如期地得到了论证。 387

简言之,重建的美利坚合众国与美利坚合众国之间有着深刻的制度渊源,且其存在形态也是后者的“最近承继者”。除此而外,它的起源也与赋予早期共和国以宪法身份的、二元民主的基本原则保持着高度的一致。因此,尽管重建的美利坚合众国是经由若干非常规的举措创新后的结果,难道我们还不认为它与早期共和国之间保持了相当的连续性吗?

在共和党人打破了联邦党人确立的各种原则、指出最初赋予宪法第 5 条以确定含义的基本前提有严重缺陷的情况下,我们就更应承认重建的美利坚合众国与前期坚持联邦党人诸原则的美利坚合众国之间存在着连续性。诚如我们看到的那样,建国时期宪法确立的体制对两个涉及美国宪法之身份的核心问题预先假设了答案,这两个问题是:谁是“我们人民”?哪些部门能够更好地反映人民深思熟虑后形成的意志?

关于第一个问题,联邦党人认为,作为“人民”的美国人只有在以国家和各州的合意表达其意志时,这种意志才是“人民”的意志;只有联邦可以提出宪法的修正案;只有各州才拥有宪法修正提案的批准权。

关于第二个问题,开国元勋们只是简单地改造了英国人的做法:人民可以通过审慎的集会表达其意愿——就像下院开会,或为将光荣革命之含义法典化而召开的那个类似国会的伟大会议一样。虽说总统和法官可以在常态政治时期发挥重要作用,但在人民思考基本的宪法问题时,宪法

第5条却将他们排除在这些问题之外。

作为独立战争胜利的产物,这两个答案在战争结束后有着相应的意义,但它们却没有闯过早期共和国因内战而瓦解所带来的劫难。重建时期的共和党人否认白人控制的南部各州具有正当的权威,其目的在于推翻南部各州之否决宪法第14修正案——在共和党人看来,全国性的选举表明,该修正案已经获得了人民授权。两代人之后,富兰克林·罗斯福进一步攻击宪法第5条将总统和法官排除在高级法创制之外的做法。只是在罗斯福时代,是大的商业集团而不是南部各州中的白人,试图运用他们手中的权力控制各州议会,以推翻"人民"已在一系列全国性选举中表达出来的意志。

开国元勋们将关注的重点仅仅放在审慎地召集能表达人民心声的会议上。这种做法在重建时期受到了挑战;而在新政时期则几乎全被推翻了。罗斯福将总统领导权的运用视为全民投票的做法标志着对传统的巨
388 大突破,但他的这种做法也是在过去几代人宪法政治的基础上作出的——甚至包括林肯和约翰逊总统为宪法第13修正案而作出的巨大努力。[1] 与生活在18世纪的前人不同,现代美国人视总统选举为他们参与讨论和决定祖国前途命运的主要方式。

没有这种打破常规的创新,我们就很难看清美国人怎样以民主的方式,将一个由白人组成的松散联邦改造成了这样一个国家:所有种族在这个国家中一律平等,而且无论是联邦还是各州,两级政府都以确保所有公民更好地生活为其行动的信条。

我们没有任何理由认为美国人已经走到了历史的尽头。尚有若干危机在未来等着我们。随着既存宪法合法性的丧失,我们将再次面临这个根本性的问题:我们应该听由整个宪法大厦的倾覆,还是应该对既存的宪法结构进行创新性的改造,以使其维持甚至更新人民**确实**控制着国家这个整体的观念?

可是,对于这个水晶球般的问题,我不想给予过多的关注——不是因

---

〔1〕 在即将出版的著作《总统主义的根源》(*The Roots of Presidentialism*)中,我将探讨新政革命同其他总统领导权之间的关系。

为这一问题空洞没有实际内容，而是因为这一问题过于简单，以至于使人们无法想起那些宪法危机场景。不同的危机场景从不同的侧重点揭示了当时的制度模式。与其展望未来作一个预言家，显然以批判的眼光考察现存的体制更有意义。自新政者改造美国政府的基本结构以来，60 年已经过去了。那么罗斯福开创的这些伟大先例又将何去何从？

从罗斯福到里根——及其后

建国时期开创的宪法改革先例神秘莫测、深不可及。新政的宪法改革经验在整代人的意识深处也日渐枯萎。然而，当生活在现代共和国制度中的美国公民付出各种努力，为高级法的创制过程争取正当权威时，他们却有既定的语言和程序可资利用。有其一必有其二。如果罗斯福能运用总统领导权开创一个全新的宪法时代，那他的继任者为什么就不能效仿他的做法呢？

为了以法律形式重新界定罗斯福改革之含义而付出的努力，及时地将建国时期宪法改革的先例推到了人们可以重新思考其含义的前台。这种努力同时还引发了改善、更新若干其他宪法改革先例早期含义的问题。20 世纪 80 年代就是一个似是而非之年代的最好例证。[1] 当里根总统向
新政自由主义发起冲击时，他运用了罗斯福开创的宪法改革先例。特别 389
值得一提的是，里根主义者没有为推翻积极干预的福利国家政策的目的，而作出根据宪法第 5 条制定正规的宪法修正案的任何努力。恰恰相反，事实证明 20 世纪 80 年代发生的事件，不过是肇始于 20 世纪 30 年代的改革主题的一个变种。

---

〔1〕 我之所以将关注的重点放在里根—布什时代，是因为他们作出了一些值得引起我们警觉的举动——为提出某些严肃的提案，并进而改革高级法创制的程序作了必要的准备。但我同样不希望忽视其余那几十年对于修正高级法创制程序的意义，参见布鲁斯·阿克曼（Bruce Ackerman）和大卫·格拉夫（David Golove）：《对北美自由贸易协定合宪性的质疑》（*Is NAFTA Constitutional?*）（1995 年），其中包括民权革命在此过程中发挥的作用。目前，我对 20 世纪 60 年代的研究还显得特别不足，见布鲁斯·阿克曼（Bruce Ackerman）：《我们人民：宪法的根基》（*We the People: Foundations*），第 108 ~ 111 页。

总统选举发出的宪法改革信号

通过把里根推上总统宝座,1980 年的美国人以 1932 年的方式运用了总统职位:将总统选举视为宪法改革的信号,授权人民代表将新的主题引入基本政治讨论的日程。最具讽刺意义的是,这次人民讨论的主题不是别的,而恰恰是新政自由主义是否继续有效的问题——此问题在半个世纪以前确曾得到过有力的论证。

推选里根接替吉米·卡特(Jimmy Carter)本身,并不能说明美国人打算否定新政式的民主。然而像 1932 年一样,美国人民**正准备**选举一位有极大感召力的总统:这位总统能够明确地对宪法遗产的某些基本环节提出质疑。这里的问题是,里根是否将像罗斯福那样运用总统职位,领导美国人民重新界定他们同国家政府间的基本关系。

罗斯福和里根任内的头一年存在着若干相似之处。关于一项具有划时代意义的税收立法,里根赢得了早期国会的支持。这项税收立法有削弱积极管理经济的国家控制其资源的危险——从某种程度上说,此资源乃维持人民对现代国家之信任所必需。通过大幅度地降低有钱人的纳税额,这项改革引发了关于积极管理经济的国家重新分配财富之举合法性的讨论。

里根改革的早期成功在很大程度上取决于国会的政治构成。在共和党人于最近 1/4 世纪以来首次控制了参议院的同时,民主党人却仍在众议院中占据着大多数。虽说如此,里根还是设法说服了足够数量的众议员登上了制度花车,支持他提出的改革方案。共和党人能运用下次选举从其对手那里夺取对众议院的控制权,以维持他们推进改革的势头吗?

失败原因之剖析

也恰在此处,罗斯福与里根之总统领导权模式展现出了不同的场景。里根没有像罗斯福那样赢得常规的中期选举——共和党人在参议院的席
390 位虽然由 53 个上升到了 54 个;但在民主党人控制的众议院,其席位却由

原来的 189 个下降到了 187 个。[1] 中期选举的失利使里根短期内无法在国会通过一些更为激进的改革提案。而且,它还把这样一个基本问题带入了政治讨论的中心:随着美国人民开始以更为冷静的心态思考"里根革命",是否他们认为改革的主要原则根本就不值得他们去支持?

以宪法第 5 条规定的条件衡量此点:假设应 2/3 州的请求在费城第二次召集了制宪会议,但与会代表并没有就宪法修正案达成一致意见,而是将提出的那些宪法修正案分解得支离破碎、混乱不堪。或许我们会说这是一次**失败的修宪动议**。里根没能像罗斯福那样赢得中期选举的胜利,之于正在形成中的、以总统领导权模式推动的宪法改革而言,造成了同样的后果。

里根在 1984 年总统大选中以压倒优势取得的胜利并无助于解决这一问题。里根在总统选举中的个人胜利仅仅是罗斯福式的、运用总统领导权模式的一部分。与此形成鲜明对照的是,共和党人没能在国会取得绝对的优势——众议院仍然牢牢地掌握在民主党人手中,而共和党人参议员的人数也由原来的 54 名降到了 53 名。相形之下,新政者占绝对优势的 1936 年选举中只给共和党人在参、众两院分别留下了 16 个和 89 个席位。

数字也只说明了部分问题。更重要的是新政者与国会两院支持他们的大多数做了些什么。无论是总统罗斯福还是新政国会,都未因其早在第一新政百日取得的些许成就而津津乐道、驻足不前。在联邦最高法院否决了某些关键的新政措施后,新政者以劳动法案和社会保障法案等划时代的立法为手段,再次向宪法发起了冲击。相比之下,共和党人未能以压倒多数控制国会说明他们的改革目标尚未被人们所接受。里根的税制改革轻而易举地就造成了巨大的财政赤字,但国会却不愿与减税举措配合而相应地缩小政府规模。随着时间的推移,发生于"政治派别"与"保守法院"之间的那种日渐升级的对立并未出现——至少以罗斯福时代的标准衡量里根改革时,情况大抵如此。

---

〔1〕 唐纳德·培根(Donald Bacon)主编:《美利坚合众国国会百科全书》(*Encyclopedia of the U. S. Congress*)第 3 卷,第 1558 页(1995 年)。

在1986年中期选举结束后,罗斯福与里根行使总统领导权模式的差异更是一目了然。那时,执政党在参议院中亦已不足多数。而在与此相应的阶段,新政者已经通过向联邦最高法院革命性地任命一些法官的方
391 式巩固了他们取得的宪法改革成就。然而,尽管里根的政治努力遭到了与罗斯福截然不同的命运,但他仍然试图追随罗斯福的做法——先后提名了安东尼·斯卡利亚和罗伯特·鲍克担任联邦最高法院法官。若任由这种提名模式发展下去,我们可以预料该模式必将造就一系列新的、如达比案那样的全体一致的法院判决意见——像新政法院不留情面地攻击洛克纳诉纽约案一样,20世纪90年代的新共和党人法院亦将毫无保留地否定"罗伊诉魏德案时代"。

然而,事实却并非如此。

常规的与以改革为目的的联邦最高法院法官任命

在转而研究更为细节的问题之前,我们且考察一下试图重新界定罗斯福新政先例之宪法含义的政府所面临的挑战。

联邦最高法院观点的常规变革

联邦最高法院是一个保守的部门。联邦最高法院的大法官们周身都裹着一个厚厚的判例法之网——这个判例法之网在很大程度上决定了宪法的含义。

随着时间的推移,世界的面貌也在发生着变化。新的问题迫使人们对手头的既存原则做新式的理解;一个个联邦最高法院新法官的任命逐渐地打破了原法官们在法院判决意见上维持的平衡。汇集起来的大量新判决,为否定旧的原则和判决提供了根据。以此类推,如是而已。

从我们当前的研究目的出发,关于联邦最高法院观点的常规变革只有两个方面最为重要。首先是时间问题:联邦最高法院观点的大规模变革只有在经过20年、30年或者更长时间的磨砺才可能出现。其次是绝大多数律师和法官——特别是最成功的那部分——受这种变革所蕴涵的民

族精神之束缚的程度。对律师和法官的这种约束深深地植根于几十年来已成人们行为习惯的实践活动中。根据这种已习惯成自然的实践活动，那些审时度势、紧密结合当时具体情况作出判断的律师，受到了当事人和法院的褒扬；而那些浮皮潦草、粗枝大叶地分析案件，并在此基础上作出其判断的律师则受到了当事人和法院的非议和指责。

总统推动法院观点变革的前提条件

如果有哪位总统打算重新界定罗斯福新政先例的宪法含义，并希望借此推动宪法改革，那么他就必须在任命联邦最高法院法官的问题上采取异常谨慎的态度。提名那些过去在支持总统及其政党的问题上持模棱两可态度的**出色法律职业者**出任联邦最高法院法官，显然并不充分—— 392
因为这类法官更容易简单地适应已根深蒂固、习惯成自然的传统实践行为，而不利于推进宪法改革。

他必须把握机会，将另种类型的法官送进联邦最高法院。罗斯福宪法改革的实践表明，**宪法理想主义者**（constitutional visionaries）产生于三类截然不同的背景之中。他们可以是行政部门的首要法律家，像斯坦利·里德或罗伯特·杰克逊一样，他们曾是总统在法院系统发起法律改革运动的急先锋。或者他们也可以是法学研究人员，像弗雷克斯·富兰克福特或威廉·道格拉斯那样，将其一生的大部分精力放在对旧秩序进行热情洋溢的法理学批评上（或者他们是能将上述两种或更多的第三种性格特点集于一身的人）。

为最终实现其改革目标，总统在必要的时间段（这一时间段取决于当时联邦最高法院法官辞世数量的多寡）内与那些和他持相同意识形态的政治力量结成联盟是远远不够的。总统必须痴迷于宪法改革，以至于愿意主动牺牲某些与宪法改革相比更为短期的目标。首先他必须抵制住将联邦最高法院用做其高级政治后盾的诱惑。若干总统的政治盟友对联邦最高法院法官的职位梦寐以求，以期通过担任联邦最高法院法官而达到其职业生涯的顶点——或许他们中间也有一些人出于利他主义的信念，为某个受其照顾的人而希望出任联邦最高法院法官。但这些人口头上将其描述为总统最得力、忠实的政治支持者，而实际上却不一定把总统的改革目标郑重地放在心上。如果任命他们为联邦最高法院法官，他或她只会推迟宪法改革成功的时间。

其次，也是一个更为引人注目的反面动机，即总统念念不忘的、其本人的连选连任问题。之于举足轻重的选举团体而言，提名属于该团体的人出任联邦最高法院法官就是象征着对该选举团体的奖赏。在19世纪，联邦最高法院法官提名意味着将在全国范围内进行遴选。而在当今，时势要求这种提名更多地倾向于妇女、少数民族、种族以及宗教团体中。

在总统没有重要宪法改革目标的情况下，这种动机显得异常清楚。我们且回顾一下艾森豪威尔（Eisenhower）之任命威廉·布伦南（William J. Brennan）为联邦最高法院法官的情形。当总统于1956年夏季考虑任命一位新法官接替谢尔曼·闵顿的职位时，他已经考虑到了即将在不远
393 的11月份举行的连任选举。之于即将到来的选举运动而言，提名一位来自新泽西州的天主教民主党人为联邦最高法院法官是颇具战略性的举措——将艾森豪威尔在两党本来势均力敌的新泽西州胜出的可能性推到了极致，而且此举还吸引了很多北部各州中的民主党天主教徒。与常规政治下这种直截了当的政治考虑相比，布伦南的法律观点显然处于次要地位。[1]

即便是在总统有较重要宪法改革目标的情况下，类似情形也曾出现过。以里根总统任命的第一位联邦最高法院法官萨德拉·代伊·奥康娜（Sandra Day O'Connor）为例。虽然她曾宣称自己将效法自由主义者布伦南以发挥类似的作用，并因此有可能被认为不适合出任联邦最高法院法官，但意识形态方面的纯粹性已几乎不是里根考虑的首要问题。通过任命联邦最高法院历史上第一位女性大法官，里根将那些本来打算支持其反对党的重要选民招至了自己的麾下。

从斯卡利亚到肯尼迪

同罗斯福的第二任期相比，里根在第二任期内任命法官的道路并不

〔1〕 见亨利·亚伯拉罕（Henry Abraham）主编：《法官与总统》（*Justices and Presidents*），第265～266页（1992年第3版）。

平坦。无论是安东尼·斯卡利亚还是罗伯特·鲍克,他们之被提名为联邦最高法院法官都不是出于总统对种族和宗教问题的联合考虑——尽管这种考虑问题的出发点在常态政治下占据着主导地位。里根总统打算以罗斯福任命弗雷克斯·富兰克福特和威廉·道格拉斯同样的理由,将这两人安置在联邦最高法院。像这两名新政者一样,斯卡利亚和鲍克都是有能力且愿意撰写革命性的法院判决意见,以巩固刚刚取得支配地位的宪法秩序的法学者。

然而,在罗斯福和里根之提名两名联邦最高法院法官的问题上,存在着一个巨大的差异。当罗斯福提名弗雷克斯·富兰克福特或威廉·道格拉斯时,参议院中有69名民主党人。[1] 如果在里根提名鲍克时参议院也有69名共和党人参议员,那么还会有人怀疑鲍克直至今天还可能担任着联邦最高法院法官的职务吗?

此问题的答案非常简单。若里根革命以席卷全国之势将改革所必要的共和党人多数选进国会,那么在斯卡利亚和鲍克的提名问题上,即可能从华盛顿传出其提名获得成功的佳音。同出任联邦最高法院法官的两名新型法学者一道,国会中的里根主义者将制定有着全新框架的法律,以论证他们早期对积极干预的福利国家政策大肆攻击的正确性。

对斯卡利亚和鲍克的提名虽然没能成为更广义上的宪法改革程序的一部分,并使二人以宪法改革者的角色而发挥作用。但根据二元制原则的要求,在没有赢得人民广泛而深刻支持的情况下,此种提名看上去更像是锐意进行宪法改革的总统采取的明智策略。对斯卡利亚法官的提名由于共和党人仍然控制着参议院而取得了成功;但里根总统在参议院于 394
1986年沦入民主党人之手后再提名鲍克出任联邦最高法院法官,这种带有鲜明改革目的的提名之举遭到了否决也就毫不奇怪了。

接下来要看总统将作出怎样的反应,而且总统的反应对整个事态的发展也是至关重要的。里根本可以再提名另外一位像鲍克这样有宪法理想的人——把激烈地抨击现代联邦最高法院的法学观奉为自己的天职。

---

〔1〕 唐纳德·培根(Donald Bacon)主编:《美利坚合众国国会百科全书》(*Encyclopedia of the U. S. Congress*)第3卷,第1557页(1995年)。

如果参议院再次否决了这一提名,那么参议院否决总统法官提名之举也会为1988年选举期间可能会因此问题发生激烈的争论作出相应的铺垫。共和党总统候选人可能会把消除参议院蓄意阻挠联邦最高法院法官提名的做法,当做竞选的核心主题之一。其共和党对手则可能因参议院采取了这种反对极端主义的举措,而对其大加赞扬。在争论的过程中,对宪政主义"主线"的界定或可得到修正——而宪法改革具体又将向哪个方向发展我们也不得而知。

然而,里根却极力使法官提名问题避开公众的关注。像其前人一样,里根意识到这种部门间的斗争只能揭露出人们所以支持总统的某些阴暗面。与其提名另外一位与鲍克相仿的、可能会引发争议的人出任联邦最高法院法官,里根避开宪法政治而选择了适应常态政治的做法。

提名安东尼·肯尼迪之出任联邦最高法院大法官,就是一个与常态政治相应的做法。肯尼迪虽是一个暧昧的保守主义者,但没有任何迹象表明他会像鲍克那样决意摧毁现存法理学的根基。里根总统推出了一个愿对既存宪法传统进行常规司法改造的联邦最高法院法官人选。从常态司法改造的角度看,某些缓慢而又可以预料的宪法修正须经几十年的磨砺才会出现,而与宪法传统的决裂也不能采取迅猛突兀的方式。洋溢着一丝人人皆可觉察的快慰之情,参议院乃至整个国家以和平的方式将国家体制又推回到了常态政治下。

从索特到布里耶

随之而来发生的事件从更广泛的意义上确证了常态政治的回归。乔治·布什(George Bush)于1988年当选为共和党总统候选人本身,就是宪法改革已失却了动力的标志。我们很难想象一个总统候选人愿意坚决地维护现状——当然民主党总统候选人迈克尔·杜卡基斯(Michael Dukakis)是个例外。含混地声称自己属于未经严格界定的左派,这位民主党总
395 统候选人更像是一个专家治国论者而不是革命性的宪法改革家。

在此背景下,布什总统提名大卫·索特(David Souter)出任联邦最高法院法官从宪法角度来看是再合适不过的了。与罗伯特·鲍克在其任命听证会上大谈宪法改革形成鲜明反差的是,索特使参议院司法委员会确

信他心目中的司法偶像是约翰·马歇尔·哈伦(John Marshall Harlan)——一位以倡导循序渐进的宪法改革而著称的法官。在其思想的最深处,剧烈、大规模地与传统决裂,是最后一件值得他考虑的事情。

索特当选为联邦最高法院法官的意义不仅仅局限于这起事件本身;它还强化了此前肯尼迪当选的宪法含义。在此情形下,我们更有可能将里根之任命肯尼迪的做法视为一种战略上的退却——为通过下次最高法院法官的任命而再次发起宪法改革,争取充裕的时间。但布什提名索特的决定表明,里根之提名肯尼迪并非简单的权宜之计,其中还包含着远比斗争策略更丰富的内容。即布什对索特的提名说明,共和党总统已无法像罗斯福那样赢得人民授权以进行高级法的改革了。

从某种程度上讲,这也是克拉伦斯·托马斯事件中流露出来的问题。布什对托马斯的提名系伟大的常态政治传统的延续——恰像德怀特·艾森豪威尔之提名布伦南、罗纳德·里根之提名奥康娜一样,布什之提名托马斯乃是他争取那些大量支持其反对党的黑人选民的一种手段。

然而,布什提名托马斯出任联邦最高法院法官之举仍然带有一丝革命色彩。自从鲍克的提名被驳回以来,总统还是首次提名了一个持新右翼宪法主张的联邦最高法院法官候选人。在里根担任总统期间,身为同等就业机会委员会(Equal Employment Opportunity Commission)主席的托马斯曾坚持过若干自相矛盾的立场。政府当局希望通过提名一位黑人保守主义者抵挡来自自由民主党人的攻击,而这种攻击恰是里根之提名鲍克未获批准的症结所在。在常态政治下,种族乃影响联邦最高法院法官提名的重要因素。自由民主党人在宪法上是否有足够的信心超越这种支配常态政治的规则,而投票反对提名其观点为他们所不齿的黑人出任联邦最高法院法官?

从参议院司法委员会举行的第一轮听证会上看,自由民主党人显然不会这么做。总统提名托马斯这一明智的政治选择看来取得了初步成功,因为总统反对派在驳回提名托马斯的问题上只能采取更为巧妙的措施——从攻击托马斯观点的实质转向攻击他的个人道德。

在由电视进行直播的第二轮听证会上,安尼塔·希尔(Anita Hill)对托马斯提出了性骚扰指控,而后者亦进行了激烈的反驳。这种从指控到反驳的过程,也揭示了参议院批准法官提名程序的新缺陷。收看了这一听证会的亿万电视观众,想起了20世纪50年代的那个揭露了类似程序缺陷的麦卡锡听证会(McCarthy Hearings)。现有的参议院听证程序在确
396 定某些指控的真实性问题上无能为力。指控方和被控方之间不得进行相互盘问(cross-examination),他们都必须遵循或许能带来公正裁判结果的强制性程序。没有推迟听证以划出必要的时间收集证明指控的严肃证据,参议院在听证会结束后立即进行了投票表决。由于没有任何机会挽回自己已遭诋毁的名誉(只有审慎而公正的调查才能做到此点),托马斯只有饱受痛苦的煎熬。无论参议院的听证程序还有多少不尽如人意之处,它都再次强调了这样一个问题:在没有取得参议院以及整个国家必要政治支持的情况下,总统以改革目的任命联邦最高法院法官的企图必将引发部门间相互攻击的恶性循环。

克林顿总统的当选进一步充分地表明,里根—布什期间推行罗斯福式改革的机会尚不成熟。克林顿并不满足于阻止推行共和党人的改革。尽管只赢得了43%的选民票,但他还是很不安分地开始着手推行他提出的那个事关全民健康问题的大型运动。他的这种做法,只是在当今时代进一步揭示了缺少民众基础的大型改革有着何等的缺陷——后来由共和党人控制的国会没有给予克林顿在美国人民那里许下的诺言以持久的支持。

克林顿对联邦最高法院法官的提名与这种大的政治氛围做到了完美的契合。从广义上来看,提名鲁斯·金斯伯格(Ruth Ginsburg)出任联邦最高法院法官就是他循着常规司法政治的老路而作出的决定。作为一位开妇女运动之先河的律师,金斯伯格因其温和的观点以及对宪法传统的坚持而显得与众不同。虽然她对作为自由主义里程碑的沃伦—伯格时代(Warren-Burger era)心向往之,但她并不像左翼的斯卡利亚那样,试图全面地清除既存的宪法原则。克林顿总统对史蒂芬·布雷耶(Stephen Breyer)的提名同样是一种温和的做法。由于反对党现在控制着参议院,因此克林顿提名了可被主要共和党参议员接受的出色法律职业者,以避免再现类似于鲍克—托马斯之提名遭到否决的场景。随着一个个新法官的任命,里根时代提出的改革动议在人们的记忆中逐渐淡去。

凯西案的含义

随着总统和参议院先后向常态政治模式的回归,联邦最高法院也在打量着当前到底是怎样的一种时刻。关键的问题是如何评价处于核心地位的罗伊诉魏德案。共和党及其总统候选人就此问题曾不止一次地与联 397
邦最高法院作对。随里根和布什总统连续三次在总统选举中赢得人民支持击败亲选择派(pro-choice)的民主党人之后而来的是,他们的司法部长也一再地要求联邦最高法院重新思考魏德案。一场由越来越多人参与其中的、倡导天赋生命权的运动赋予了上述要求以实质的内容。故而,总统在反对罗伊案的过程中并未回归到常态政治模式下,而是在某种程度上表达了大量美国公民的某些深切期望。

到目前为止,这种运用总统领导权的模式应该说是司空见惯的。然而,就像我们曾经看到的那样,只将总统领导权机械地视为宪法改革的信号是远远不够的;宪法改革的事业要求主张这种改革的政党必须实现对国会的连续控制,以及该党总统候选人能连续地赢得总统职位。惟其如此,总统及其所属党派才能像罗斯福那样宣称他们已获得了人民授权。也只有在这种情况下,司法上发生类似于1937年那样及时转向的时机才是成熟的。

这种模式在里根—布什的任期内并未出现。因此,共和党人为推翻罗伊诉魏德案而付出的努力远没有达到预期目标。联邦最高法院在1989年判决的韦伯斯特诉生育保健机构一案[1]中形成了微弱多数,从而削弱了罗伊案确定的保障受孕妇女有权选择是否继续妊娠的特别规则。但是里根任期内根据常态政治标准任命的两位法官——奥康娜和肯尼迪——拒绝与斯卡利亚法官一道,呼吁彻底推翻罗伊案及其前提沃伦法院所倡导的法学理论。到了1992年,里根—布什政府在任命鲍克式法官上的失

〔1〕 韦伯斯特诉生育保健机构案(*Webster v. Reproductive Health Services*),见《联邦最高法院判例汇编》第492卷,第490页(1989年)。

败产生了决定性的影响。如果这两任由共和党人控制的政府针对鲍克之提名遭到否决的事实，在全国范围内成功地发动起一场为改革目的而任命联邦最高法院法官的运动，那么再加上斯卡利亚法官，联邦最高法院中就至少会有三个法官坚决主张推翻罗伊案。果真如此，这场席卷全美国的运动在最低程度上也会影响到威廉·伦奎斯特（William Rehnquist）和拜伦·怀特（Byron White）两位法官的任命——毕竟，他们都是根据常规的政治标准才被任命为联邦最高法院法官的。在这种情况下，就像罗斯福政府第三任期内的联邦最高法院贬抑洛克纳案一样，里根—布什政府第三任期内（实际上即指布什政府——译者）已完成改造的联邦最高法院，同样会把罗伊案丑化为阻碍新宪法时代来临的罪魁祸首。[1]

事实恰恰相反，里根—布什政府没有发动那场波及全国的运动而是作出了让步。这种让步表明，政府的高级法创制意图可以根据联邦最高法院中有三个以常规政治标准任命的法官——奥康娜、肯尼迪和索
398 特——来衡量。在强调这三名法官的任命没有任何改革目的的过程中，我并未指出他们对罗伊案所做的判决具有必然性。里根—布什政府在法官任命问题上作出的让步还隐喻着一层更为深奥的含义：与其将罗伊案的命运交由那些对该案观点惺惺相惜的宪法理想主义者法官，也就是说与其让宪法理想主义者把持着联邦最高法院，里根—布什政府更愿让那些自认为能做到司法独立的出色法律职业者在联邦最高法院中占据支配地位。

在当今的科层制度下，更让人感到惊奇的是这三名法官以明显互不相干的法院判决意见承担着各自的法律使命。然而，他们又都认为，完全

---

〔1〕 即使是在这样的情况下，它与新政之间仍然存在着若干不同之处。到20世纪40年代初期，联邦最高法院的所有法官一致认为应当与过去的旧宪法秩序彻底决裂。相形之下，20世纪90年代初期的最高法院还会有两或三个坚持旧的法理学而反对推翻罗伊案的持不同意见者。

正如第十二章所表明的那样，这是存在于两者之间的一个巨大分歧。只有当联邦最高法院的所有法官都坚持一个观点的时候，法律界才可能有望把此前占统治地位的法律观推进历史的垃圾坑。因此，由斯卡利亚大法官代表六名或七名联邦最高法院大法官撰写的法院判决意见，无疑将有利于维持宪法领域内“里根革命”的势头。而且，罗伊案之被推翻亦将动摇从罗斯福到里根这半个世纪的时间内，联邦最高法院大法官们作出的所有伟大判决的根基——而将其交由20世纪90年代的联邦最高法院（进一步通过以改革为目的的联邦最高法院法官任命，逐渐地达到改造联邦最高法院的目的）决定它们的命运。

有可能推演出一个可以用来判断“及时转向”合法性的职业性标准。更有甚者,他们的观点代表了联邦最高法院大多数法官对此关键问题的看法。

计划生育诊所诉凯西案的法院判决意见,[1]恰恰是为寻求这种可操作性的法律标准而作出的努力。该法院判决意见认为,只有“上个世纪”传承下来的两个先例才是判断“及时转向”合法性的适当标准:被新政法院于1937年推翻的洛克纳案以及被布朗诉教育委员会案于1954年推翻的普莱西诉弗格森案(Plessy v. Ferguson)。* 凯西案提出的判决标准非常明确:如果罗伊案的反对者能够确证出一种与1937年和1954年推翻洛克纳与弗格森案相类似的情形,那么奥康娜、肯尼迪和索特这三位共和党法制主义者(legalist)(这里的法制主义者与前面提到的宪法理想主义者相对,即指这三位大法官不想大规模地打破传统而更愿以遵循先例的法制主义原则行事。——译者)就会在另一次“及时转向”时加入斯卡利亚法官的行列中;反之,则不然。当然,这也恰是本书支持的一种问题解决途径。[2]

与其内容相比,凯西案出现的时间几乎具有同等重要的意义。在争取形成微弱多数以推翻罗伊案的过程中,里根—布什政府任命的联邦最高法院法官只要有一人投票表示赞成,其目的即可实现。如果罗伊案真的被推翻了,克林顿总统的当选将在联邦最高法院法官任命的问题上引发另一轮更为激烈的政治斗争。因为克林顿及其所属民主党都主张受孕妇女有选择是否继续妊娠的自由,这样克林顿就联邦最高法院法官的提名定将在参议院促成一场激烈的斗争。如果亲罗伊案(pro-Roe)的法官提名获得成功(无论它是经过一次还是n次努力后的结果),其结果都必将出现一个新的5:4票的多数判决,以推翻当初凯西案以5:4票的多数否

---

〔1〕 计划生育诊所诉凯西案(Planned Parenthood v. Casey),《联邦最高法院判例汇编》第505卷,第833、861~864页(1992年)。

* 普莱西诉弗格森案判决于1896年。在该案中,种族隔离得到了司法部门的赞同。联邦最高法院支持路易斯安那州的一条法律,即要求将种族隔离运用于铁路列车车厢的分配上。联邦最高法院宣称,隔离与白人优越无关,只要设施同等,隔离就不违反宪法第14修正案,从而确立了“隔离但平等”原则。该判决被后来的约翰·布朗诉托皮卡教育委员会案推翻。——译者注

〔2〕 由于我在本书的第一卷《我们人民:宪法的根基》(1991年)一书的第6章中讨论了布朗案及其与普莱西案之间的关系,在此我只讨论凯西案与1937年情形相类似的特征。

决罗伊案所做的判决,并进而造成一场影响深远的法学危机——因为它可能会使下任总统再为推翻这个否决凯西案的法院判决意见而付出各种
399 努力……这样体现总统领导权宪法政治的法院判决意见就永远不会回归到常态的总统领导权政治中,也就是说在以总统领导权模式推进宪法改革的情况下,恰恰是因为里根—布什政府带有宪法含义的联邦最高法院法官任命,才赋予了联邦最高法院法院判决意见以深刻的宪法含义。与其将这个奄奄一息的旧宪法秩序推进历史,现时代联邦最高法院这几个出色的法律职业者宣布:与 1937 年的情况不同,从根本上与旧宪法秩序分道扬镳的时机(仍然)没有成熟。

联邦最高法院的这个宣告并没有终结围绕着堕胎问题而发生的政治斗争——它也不应该如此。然而,它却使斗争的参与者认识到:20 世纪 90 年代的保守派只有在运动中比 20 世纪 80 年代更能成功地调动起人民支持的时候,罗伊案才可能被推翻。在此过程中,美国人民无疑将再一次体验到成功而激进地重新界定、变革宪法含义的感受。当然,这种情况也只有在宪法改革获得人民更为广泛而深入支持的前提下才会发生,毕竟相形之下的共和党人也曾千方百计为赢得美国人民给予的这种支持而付出过很多努力。

向法官们发出的诘难

宪法存在于多种层面上——它可以是为广大民众提供政治之内涵的发生器;它可以是一组规范政客和官僚行为的实证命令;对于法律团体(legal community)而言,它还可以是一种不断变化的职业话语(professional discourse)。

我在最后一层意义上讨论了凯西案的贡献,因为它在当时无可避免地引发了大量法律职业者就其褒贬问题展开了不确定而又深刻的争论。

根据这一精神,我想就联邦最高法院对该案的局部分析提出一些问题。这里,我且将该案讨论“及时转向”的部分摘录如下:

> 洛克纳案的判决在阿德金斯诉儿童医院案中得以再现。联邦最高法院认为,该案要求成年女性雇员遵守最低工资标准法案的做法违反了宪法保护的契约自由。14 年后发生的西海岸宾馆诉帕里什案

> 推翻了阿德金斯案，从而宣告了洛克纳案时代的终结。那时大萧条
> 已经到来，之于1937年的大多数美国人民而言，帕里什案的判决似
> 乎没有什么不妥。该判决指出，阿德金斯案阐明的契约自由建立在
> 一个根本错误的前提之上，即相对而言无须干预的市场有能力满足
> 人们福利的最低水平。大法官罗伯特·杰克逊在出任联邦最高法院
> 法官不久前曾就1937年的宪法危机写道，“人们已经意识到：在联邦
> 最高法院之外的任何地方，自由放任主义的旧秩序都已失去了活
> 力”……诚然，联邦最高法院由于对此点的失察或曰缺少某种预见问 400
> 题的能力而有所失是一个不争的事实，法院改组危机的爆发只是强
> 化了联邦最高法院的这种损失。然而，现已确证的问题是，经济生活
> 的现实与此前假设的、推翻旧法律秩序后的经济生活现实之间存在
> 着很大差别。[1]

这种说法使21世纪初的法理学所关注的主要问题显得无足轻重。洛克纳案占统治地位的时代绝非简单地误解了当时的“现实”。首先，它所关心的是维护那些价值——特别是在凯西案中再次得到了肯定的自由问题。[2] 自新政法院于1937年推翻了洛克纳案之后，市场自由作为宪法价值的地位也开始逐渐丧失。新政法院推翻洛克纳案的做法表明，人们将把经济管理视为一个与社会工程有关的功利主义问题。

上述侧重点发生转移的实例，说明了那种最基本的宪法变迁。用罗伯特·杰克逊的话来说，它意味着“**自由放任主义的旧秩序**”的解体。[3] 之于研究宪法的法律家而言，这种秩序由若干相互结为一体的、关于现实和价值的观点组成，而这些观点又支撑着某个复杂的法律学说范式。当杰克逊宣布这一旧秩序已“失去活力时”，他所做的不仅仅是挑了某些少数现实的毛病，关键的是这些现实具有举足轻重的地位。他的所作所为与斯卡利亚大法官今天最想成就的事有着异曲同工之妙：把在前一时代

---

〔1〕 计划生育诊所诉凯西案（Pannel Parenthood v. Casey），《联邦最高法院判例汇编》第505卷，第861～862页（1992年）。引用部分从略。

〔2〕 关于此问题最基本的论述，参见布鲁斯·阿克曼（Bruce Ackerman）：《我们人民：宪法的根基》第4～6章，以及我在《芝加哥大学法学评论》（*U. Chi. L. Rev.*）第59卷，第319页（1992年）发表的文章《对抽象化的诠释》（*Liberating Abstraction*）。

〔3〕 黑体强调部分系作者所加。

占统治地位的整个秩序一扫而光。

如果超越联邦最高法院 20 世纪 30 年代做法的表面特征,我们就不容易弄错它与联邦最高法院 20 世纪 90 年代做法之间的相似性。在这两段时间里,人们都要求联邦最高法院评价这样一个问题,即是否还应该继续保留经过一代或更多代人的司法努力而建立起来的宪法秩序——每种秩序都曾为保障(不同的)自由的概念(以及其他价值)作出过贡献。在这两段时间里,人们也以强力的政治呼声要求联邦最高法院的大法官们废除既存宪法秩序的合法性。在这两段时间内,人们呼吁大法官们赋予政治派别更自由的空间,以"平衡"因相互间的竞争而受到严重损害的各种利益。在这两个阶段,联邦最高法院的大法官们都面对着这样一个问题:旧秩序到底是已经失去了活力,还是有继续存在的价值?

然而,在引用杰克逊"人们已经意识到:在联邦最高法院之外的任何地方",自由放任主义已经失去活力这句话的时候,联邦最高法院在凯西案的多数派法院判决意见中表现出来的观点与杰克逊的说法还是有很多
401 不同之处的。杰克逊在这句话中强调的重点是联邦最高法院在智识上孤立无援的状态,而不是它对国家当时形势的错误判断。更有意思的是,当大法官们重申杰克逊的观点时,他们矫正了其中蕴涵的那种被无限夸大了的必胜主义信念:没有用杰克逊那样肯定的口吻断言人们已经普遍地意识到了自由放任主义的破产,大法官们以更为审慎的语气写道:"那时大萧条已经到来,之于 1937 年的**大多数美国人民**而言,帕里什案的判决似乎没有什么不妥。该判决指出,(旧式法院在)阿德金斯案中阐明的契约自由建立在一个根本错误的前提之上"。[1]

事实证明,这种更为审慎的表述方式是完全正确的。阿尔弗·兰登在 1936 年大选中也曾获得了 1700 万选民票,而其中大部分又是自由放任主义经济模式的铁杆信徒。自由放任主义"失去活力"的问题也没有被哲学界和经济学界意识到。像其他大多数宣告自由放任主义业已死亡的做法一样,杰克逊也在相当大的程度上过早地作出了这样的判断。没有在某天早晨一觉醒来之后突然宣布旧秩序已经"死亡",20 世纪 30 年代

〔1〕 黑体强调部分系作者所加。

的联邦最高法院号召人们考虑这样一个容易引发争议的问题：洛克纳案法学观的破产"之于大多数美国人民而言真的没有什么不妥吗"？

这也是1992年出现罗伊案问题时的核心所在。将罗伊案之法律含义弄得似是而非、面目全非的宪法秩序也要经受类似的考验。即这一秩序之于大多数美国人民而言是否有什么不妥。与其将这一问题大事化小、小事化了，联邦最高法院的大法官们大大方方地直面这一问题似乎更为妥当：像其新政前辈一样，里根、布什总统在其任期内是否通过与旧式法院的长期斗争而使"大多数美国人民认识到"推翻罗伊案的合法性"没有什么不妥"？在斗争的过程中，他们是否获得了全国人民和国会的支持从而以法律形式保障胎儿的生命，并进而通过一系列成功的、以改革为目的的联邦最高法院法官任命把宪法的含义推向一个崭新的阶段？

提问的目的在于解答之——大法官们将里根—布什年代同罗斯福年代区分开来的做法无疑是正确的。他们在分析凯西案时表现出来的缺陷，不应遮住我们认定其上述判断正确性的视线。感谢凯西案，正是该案使我们认识到：布什任期行将结束时的宪法秩序，与罗斯福之宪法先例分崩离析的第三任期时的宪法秩序之间存在着天壤之别。并非国会、政府和联邦最高法院三个部门都呼唤新宪法时代的来临；在联邦最高法院重申了有必要维持旧宪法秩序连续性的情况下，里根—布什政府缓缓地退出了政治舞台。

我们已经回归到了常态政治之下，但这并不意味着总统和国会在此情况下没有什么值得他们做的重要事情。虽然没有哪个政党或政治运动动员人民以持久的热情支持他们的事业，但仍有大量的问题留在改革的 402
日程上：平衡预算、全民健康问题、社会保障问题等。同样，为了确保人民的宪法意志不受损害，联邦最高法院还会一次又一次地重访历史——即怎样将建国、重建以及新政时期确立的诸原则整合为一个有相当分量的整体，以弄清我们现在面临危机的宪法含义。理性的法官们可能会得出若干不同的答案——我们希望，随着法律职业者的学术批评和实践经验的不断积累，主导性的答案能够逐渐生成。在人民保持沉默的情况下，法官能在宪法改革过程中发挥先导性作用显然是立足不住的。对于他们来说，努力以公正的态度维护历史上通过各种方式取得的宪法成就已经足够了。

在本系列丛书的第三卷《我们人民:宪法的阐释》中,我打算澄清摆在面前的这种司法挑战。然而,在本书的最后部分,我却想对人们从现代高级法创制经验中得出的教训进行一番分析。里根在任命法官问题上的退让,不应使任何人对总统领导权问题感到沾沾自喜、自鸣得意。虽然无法预言其准确的时间和原因,但我敢肯定的一点是,未来的某个总统会为推动剧烈宪法改革的目的再次呼吁人民的授权;而且国民、国会和联邦最高法院亦将被迫针对总统的这种做法而采取相应的举措。富兰克林·罗斯福的宪法纪念日演讲仍未结束,其中所蕴涵的精神仍将继续下去。

当未来某个总统站出来要求人民授权进行宪法改革那一天到来的时候,我们就应该把里根—布什年代当作一个警示性的信号,以提请我们注意罗斯福为改革目的而任命联邦最高法院法官的危险性。诚然,合理的做法应该是在我们人民参与下一次总统大选之前,严肃地阐明进行高级法改革的必要性。

在列数了罗斯福宪法改革体制若干缺陷之后,我粗略地描述出了一个宪法改革的图景。不可否认,唤起广大人民注意当前存在着宪法危机、有进行高级法创制的必要性需要时间,但这项工作从任何时候开始做起都不能说为时尚早。

为改革目的而任命法官的做法有何不妥?

我打算把话题的起点再次追溯到 1937 年。试想当初反对罗斯福法
403 院改组方案的人,倡导根据宪法第 5 条规定的程序进行正规的宪法修正。只是联邦最高法院的"及时转向",才意外地结束了总统和国会之间的争论。一旦联邦最高法院开始支持新政法案,政治家们就更容易放开两手,任由罗斯福为改革目的而任命一些联邦最高法院法官,并逐渐实现对旧式法院的改造。但随着正当运用以及滥用罗斯福宪法改革先例之经验的积累,我们就会越来越强烈地意识到罗斯福之反对派的观点更为可取。正在形成中的总统领导权宪法改革实践作为一种宪法变迁的民主方式,

存在着严重的缺陷。

没有可供民主讨论的法律中心

如果根据宪法第5条规定的经典体制修正宪法,那么在此程序开始之初就会提出一个正规的宪法修正案。虽然以法律条文的形式将某些原则表述出来几乎不能澄清模棱两可的宪法问题,但这种方式却向人们提供了一个可供民主讨论的法律中心。

我们的研究表明,现代宪法改革实践有其含混不清之处。当今总统无论在什么时候提名了一位联邦最高法院法官,他都是受罗斯福和里根先例的影响才作出这种提名的:它是否打算采取系统的工作把宪法导向一个新的发展方向?一般而言,即使总统心有此意,他也会对此矢口否认——毕竟让参议院批准一位主张改革的宪法理想主义者法官提名,总是要比批准一位出色的法律职业者法官困难得多。

而且可以预料的是:即使总统否认自己的法官提名没有任何改革目的,也很少会有人相信他的这种说法。心存疑虑的总统政见批评家们会不遗余力地去追寻被提名人的所有记录,并希望从中发现一丝能证明被提名人有改革意图的蛛丝马迹。与此相应,总统可能会作出一些能够"掩人耳目"的联邦最高法院法官提名。即在这些被提名为联邦最高法院法官的人们心中,深深地隐藏着推行激进宪法改革的宏图大志,但他们却从来不在公开场合表达他们的这种想法。

即便总统不进行"掩人耳目"的法官提名,而是直接提名以宪法理想主义者自居的人出任联邦最高法院法官,那么为批准法官提名而在参议院内发生的斗争也会造就一层浓重的烟障,以致使人们无法看清法官任命中蕴涵的宪法改革目的。总统政见批评家们在参议院法官任命听证会上可能会将被提名人的观点从其整体框架中剥离出来。这种对被提名人观点的片面理解必将使其观点受到不同程度的扭曲。最后,被提名人的真实观点可能会因辞藻上的处理而失真。更有甚者,被提名者的个人风格、魅力以及品格都会进一步扭曲他的真实观点。法官任命听证会的电视转播可能会使被提名人对某个并不重要的宪法观点秘而不宣。否则,
其反对派可能就会堕落到采用暗杀的手段。在听证过程中,这些危险的 404

实质性宪法问题很快即融于揭发被提名人的隐私活动之中——只有在被提名人进入联邦最高法院之后,这些实质性问题才可能被重新提起。

未经政府部门考验而显得没有分量

根据宪法第5条规定的修宪体制,一个宪法修正案要获得通过就必须克服国家和州两个层面上的政府部门设下的层层障碍。与正规宪法修正案之批准需经过如此艰难的历程相比,现代以总统领导权模式推动宪法改革的实践显得相对薄弱得多。

在得出这一结论的过程中,我并未低估以总统领导权模式推进宪法改革这一现代体制的严肃性。仅仅一次以改革为目的的联邦最高法院法官任命,在功能上根本就无法起到与正规的宪法修正案相类的作用。诚如我们此前所看到的那样,在罗斯福任命了若干联邦最高法院法官、赢得了若干次总统选举之后,联邦最高法院才最终巩固了新政革命取得的宪法成就。在常态政治期间,不会有哪个政党能够如此长时间地控制总统职位和参议院,以重新上演罗斯福时代出现的那一幕。何况,从政治动因上讲,心怀宪法改革目的的总统总是愿意任命那些没有鲜明宪法改革观点的法官。

因此,未来的总统们可能会打着比罗斯福时代更为含混的人民授权旗号,滥用罗斯福的宪法改革先例。毕竟总统权力对联邦最高法院的影响,仅仅局限于联邦最高法院大法官的去世或辞职等偶然情形。能够打破联邦最高法院法官之间力量平衡的空缺席位,或许会出现在有宪法改革意识但又缺乏广泛和雄厚民众支持的总统任期内。我们在前面也已看到,参议院在批准法官提名的过程中能很轻松地把潜在的宪法问题弄得模棱两可、混乱不堪。因此,在缺乏二元制理论要求的、广泛民众支持的前提下,总统们就很难在宪法领域内发动一场革命。

缺乏广大民众的回应

以变更联邦最高法院人员组成的方式,推动宪法的改革同样缺少民主性。特别是参议院批准大法官之提名的过程,更不能说明广大民众恰恰要求进行一场宪法改革。我们再回过头来看看宪法第5条的规定,它

要求华盛顿的人民代表只能提出宪法修正案，而在该修正案批准之前，各
州还要对其进行更广泛的讨论。虽然美国人民已不再相信各州总应该阻 405
挠、否决国家的政治改革，但这并不意味着他们认为参议院任命法官听证会就是将宪法修正案送交各州进行批准的可替代性方案。在参议院由总统所在党派控制的情况下，任命法官听证会就更不能起到反映民意的作用。

即便是在其他党派控制参议院的情况下，参议院任命法官听证会也仍然是不充分的。因为对联邦最高法院出现的空缺以及拟将提名的法官人选，任命法官听证会的参加者几乎无法做到先知先觉，这样他们就无法在全国范围内就潜在的宪法问题发动一场持久的宪法讨论。至多他们所能做到的是在一段时间内最大限度地激发人们的兴趣，以寻求那些可以丑化大法官候选人的信息——比如将关注的重点放在被提名者人格的缺陷等类似的问题上。类似的诽谤一旦发动起来后，作为听证会成员的参议员们又急于在提名之后的几个月内进行投票，以使法官候选人免受这种煎熬。

可以肯定的是，我们可以比上述这种做法做得更好。也就是说，我们可以组织、动员广大民众参与到宪法讨论和宪法决策的过程中来。随着这一过程的演进，最终或可促成宪法原则的根本变革。

没有足够的问题解决潜力

最后，联邦最高法院并非很适合于解决现代生活中的诸多宪法问题。虽然联邦最高法院的大法官们可以改变——我们姑且不论是向好的还是坏的方向上——宪法权利的内容，但他们却很不适合于解决政府部门之间的结构问题。如果未来的美国人打算重组官僚政府机构或公共融资，或重建后联邦主义所赖以存在的根基，这些改革就无法通过一系列革命性的法院判决意见而得以轻松地进行。为完成这样的改革，仍有必要运用范围更为宽泛的制度工具。

为改革目的而任命联邦最高法院法官的做法需要改革吗?

前面我们已经看到,为宪法改革目的而任命联邦最高法院法官的做法有这样一些弊端:不能提供用以进行民主讨论的法律中心;这种宪法变迁模式没有经过政府各部门的考验而显得没有分量;广大民众对此种类型的宪法变迁模式缺少民主的参与;以及该模式缺乏足够的问题解决潜力。回首过去,我们很容易就会发现为什么这些问题在20世纪30年代没有浮出水面。原因非常简单,新政在美国历史上赢得了空前的大多数人的支持。地区、种族和阶级是划分传统政治势力的标准,但支持新政的大多数人却打破了这种界限,分布在不同的地区、种族甚至阶级中。新政在全国范围内获得了如此广泛的支持,这样总统就可以公然提名一系列倡导改革的宪法理想主义者进入联邦最高法院,而没有出现里根—布什时代出现的病态。[1] 只有在赢得民众微弱多数支持的总统也像罗斯福
406 那样推动宪法改革的情况下,里根—布什时代暴露出来的法官任命问题才会凸显出来。

我先提出这样一个温和的建议。目前,参议院法官任命听证会以简单多数就能批准总统提名的联邦最高法院法官人选——这种限制显得太过宽松了。如果某个总统以罗斯福的方式提名联邦最高法院法官,那么参议院2/3的同意就会使人们更容易接受这种提名。在此条件下,一个锐意改革、但又缺少足够民众支持的总统就无法运用现行的简单多数规则任命联邦最高法院法官,而将宪法革命强加在人们头上。毕竟,总统反对派总是能够占据参议院1/3左右的议席,总统也就不再奢望提名一个倡导改革的宪法理想主义者的做法能够取得成功。这样总统就不得不去征求其政治反对派的意见,而提名一个主张以渐变方式解释宪法、推动宪法改革的出色法律职业者出任联邦最高法院法官。要求绝对多数的规则

---

〔1〕 而且新政者也不相信,宪法为解决积极干预的国家政府而造成的官僚制、公共融资以及国家权力的非集权化等问题提供了有效保证。因此,他们也没有把自己仅仅局限在为改革目的而任命联邦最高法院法官的问题上。

在现代欧洲体制中已证明了其自身的价值,收到了良好效果。在考察近期的宪法改革经验时,我们应该认真对待欧洲人为我们提供的这些教训。[1]

然而,我们能够而且应该做的还远不止这些。诚然,在没有推行全面改革的情况下,要求绝对多数的规则或许会导致适得其反的效果。单独推行我提出的“温和”提议——绝对多数规则,将堵住总统和国家表达现代宪法国家主义特征的唯一途径,而这种途经在某种程度上说已初具规模。随着以改革目的任命联邦最高法院法官实践的结束,这个国家用以推动宪法改革的工具就剩下了强调州权中心主义的宪法第5条——历史上出现的若干伟大转折关头一次又一次地证明了这些工具的不足。

无论现行的宪法改革实践有多少不尽如人意之处,但美国人民更把自己视为一个国家而不是各州组成的邦联的公民却是一个事实。重返早期共和国的状态是非常糟糕的想法。毕竟,当前的国家观念是美国人民经过内战和大萧条考验的结果。[2] 针对这些危机而采取的非常规举措表明,宪法第5条确立的修宪规则并非高级法创制体制的全部。如果我 407
们想超越、改进现行的以总统领导权模式推动的宪法改革实践,我们就必须提出一个同样能够表达现代美国人如下观念的可替代性方案:我们美利坚**合众**国人民可以通过总统于其中发挥重要作用的程序,表达他们的宪法意志。不是不分青红皂白地将重建和新政开创的宪法改革先例推进历史的垃圾堆,问题的难点在于将国家主义和总统在宪法改革中的核心作用这两种信念融入更完善的高级法创制结构中。

假设最近十年没有出现里根—布什政府滥用罗斯福宪法改革先例的现象,人们也不可能发现罗斯福宪法改革模式的弊端。也就是说,即便是

---

〔1〕 布鲁斯·阿克曼(Bruce Ackerman):《自由革命的未来》(*The Future of Liberal Revolution*),第105~106页(1992年)。

〔2〕 从大萧条时期出现的这种自觉的国家主义倾向,由于第二次世界大战和国内民权革命的推动作用,在宪法上获得了进一步的深化。有一点可以肯定的是,美国人从全面的战争中与后来发生的民权斗争中所获得的经验有着天壤之别。然而在这两个时期内动员人民参与政治活动、进行人民授权的行动却最终却导致了相同的结果——极大地强化了国民对宪法的理解,即认为宪法表达了一个与众不同的**国家**实体的意志,这个国家实体把所有美国人凝聚在一起,而独立于他们所在的各州。想进一步地了解这些问题,参见我与大卫·格拉夫(David Golove)共同撰写的《对北美自由贸易协定合宪性的质疑》(*Is NAFTA Constitutional?*)(1995年)。

在罗斯福宪法改革先例仍然正常运转的情况下,我们也要考察一下这种宪法改革模式不尽如人意的地方,并将其作为我们研究问题的起点。例如,我们可以设想未来某个总统及其政党再次赢得了绝大多数国民审慎的支持,支持其进行根本的宪法改革;我们还可以设想总统为改革目的提名了一系列联邦最高法院法官,并成功地获得了参议院的批准。在持续了长达十几年之久的总统领导权以及总统所属政党在国会选举中以绝对优势获胜的情况下,改造后的联邦最高法院作出了像达比而不是凯西案那样具有划时代意义的法院判决。即联邦最高法院的法官全体一致地认为应该推出一个新的宪法秩序——这点从总统和国会此前采取的一些行动中亦可推断得出。难道如此美妙的一幅图景就没有任何瑕疵吗?

对此我不想发更多的牢骚:在处理下一次重大宪法危机时,美国人可能会做得更糟。罗斯福宪法改革先例让联邦最高法院承担起了主动的角色,而总统、国会和广大选民则承担了被动的角色。白宫和国会山的政客们在最终赢得了为人民代言的权威后,却突然于宪法改革的中途停了下来——将澄清宪法框架的任务交给了联邦最高法院。在联邦最高法院开始采取行动之前,总统、国会和广大选民在其获得权威的基础上仔细推敲出一些宪法原则来,难道不是更好吗?

毕竟,这就是宪法第 5 条设计的修宪之路。根据这个带有鲜明联邦色彩的程序,国家和州两个层面上的主要政治家们在联邦最高法院涉足**之前**,仔细地推敲出了一个宪法修正案。我深信我们美利坚**合众**国人民也应该享有与此相类似的机会——当然此种情况下,无论是宪法修正的参与者,还是宪法修正遵循的程序都是毫无例外地在国家的层面上运作
408 的。只有在提供了这样一个强调国家中心主义的可替代性方案后,我们才能更可靠地以绝对多数规则推翻现行任命大法官的简单多数规则。

在勾勒我提出的这个乐观建议之前,对我们正在探求的修宪程序之轮廓做一个大致的描述应该是有用的。

向旧宪法秩序发起挑战

在常态政治期间,美国政治的中心舞台被那些满足于对现存体制进行渐变性修正的政客和党派把持着。从更广泛的意义上说,美国广大国

民以超然的态度在一旁观察着这种渐变。而以国民身份最小限度地参与到这种渐变的过程之中，他们就感到相当满足了。虽然仍有某些团体致力于对现存体制进行基本的改革，且这些团体在改革的方向上亦各执一词，然而却没有哪一个团体能够令人信服地把改革美国主流体制的问题列入议事日程中。

在宪法政治期间，这种情况发生了变化。这时，若干不同层面上的选举胜利使倡导改革的广泛运动赢得了足够的权威，以确定政治讨论日程应该解决的主要问题。

然而，宪法政治期间却无须形成一个成熟的新宪法方案。一场成功地发动了广大美国人民起而支持基本宪法改革的运动可能只会导致恰恰相反的结果——投身于运动中的美国人民在经过了一番深思熟虑后，否决了进行基本宪法改革的动议。

当然，宪法改革成功的可能性也大量存在。出现了新宪法方案的重要标志是：无论是盘踞在华盛顿的政治领导人还是街头的贩夫走卒，他们讨论和关注的话题都集中在一个问题上。平时总是以疑虑的目光看待其领导人的普通美国公民现在也改变了态度。华盛顿引发的这场宪法争论在工作场所、早餐桌旁以及广大的社会底层引起了广泛的共鸣。

这里，我要提请大家注意：并非每个人都对即将出台的宪法改革方案举双手赞成。但甚至在改革的激烈反对者那里也存在着这样一个广泛的共识：**人民的确表达了他们的心声。**

对旧宪法秩序发起挑战[1]的目的，在于设计出一个高级法创制的体制，来表达这些与以往不同的人民主权心声。之所以说这些人民主权的心声与以往不同，原因在于它以美利坚合众国已成为中央权力越来越强化的国家为基础。而美国的这种国家主义倾向又是在重建、新政及其后的一系列实践中得到发展和强化的。 409

宪法修正提案

让我们在高级法创制的程序中再加进两个制度。其一是总统：如果

〔1〕 更多的内容请参见布鲁斯·阿克曼（Bruce Ackerman）：《我们人民：宪法的根基》，第9～10章。

一个总统成功地获得了连任,他的连任就应该很有说服力地证明宪法改革的时机已经到来;他也有权以我们美国人民的名义提出宪法修正案。

其二是全民公决。在国会通过了这些宪法修正提案后,它们也无须再送交各州进行批准。它们的命运应由下两次总统选举时进行的全民公决来决定,如果这些修正案获得了人民的普遍支持,它们就应该成为宪法的一部分。

与宪法第5条设计的修宪程序相比,每个选民都应被视为这个国家的平等公民。他就全民公决的问题投出的那一票,不能因他碰巧生活在怀俄明州就比他生活在加利福尼亚州受到更多的重视。因为投票的目标在于考察我们美利坚合众国人民在经过一番深思熟虑后,对提交全民公决的问题将作出怎样的判断。

这些宪法修正提案可能会受到诸多饶有兴趣的变量的影响。我们是否应该在一次或全部两次全民公决中都坚持宪法修正案要获得绝对多数票的规则?在只有为数不多的选民参与了投票、表达了他们意志的情况下,我们是否应该宣布全民公决的结果无效?我们是否应该改变全民公决的次数和时间?

就目前而言,我想把讨论的问题限制在两个基本的创新方面——总统和全民公决;并考察怎样把它们共同融于一个更大的体制之中,才能减少每一个制度单独运行时带来的风险。

全民公决存在的问题

进步时代(Progressive era)的宪法政治使很多州在处理宪法问题时主动地采用了全民公决的办法。历史的经验表明,这种方式有着无可比拟优势的同时也有不少缺陷。[1]

最重要的是,全民公决一般而言显得太过容易而无法造就一个主题。选民总要面对一大串内容各异的宪法修正提案,并在新闻媒介铺天盖地的宣传攻势下作出反应而投出他们的选票。这种重复了几十年、类似于

---

〔1〕 某个颇具声望的学者最近在一篇文章中讨论了这一问题,见大卫·马格利贝(Davie Magleby):《通过全民公决的统治》(*Governing by Initiative*),《哥伦比亚大学法学评论》(*U. Col. L. Rev.*)第66期,第13页(1995年)。

看手势猜字谜游戏的做法,使人民有充分的理由怀疑那些要求人民主权的廉价呼声。反面言之,无论遴选出来的人民代表有多少不足之处,他们总能比普通选民更清楚那些隐藏在引人入胜的口号背后的私人动机。若干政治动机促使他们保护民众,使民众免受过多的派系斗争带来的伤害——而在就某个复杂的问题举行或是或否之全民公决的情况下,这样 410
的政治动机就显得相对匮乏。

当然,在宪法政治的特殊情况下,全民公决仍然有其民主性的魅力——在数以百万计的国民被动员起来并以极为严肃的态度处理政治问题时,全民公决民主性的一面就表现得淋漓尽致。问题的关键是设计一个能在适当的时间发动全民公决的机制。这里所谓的适当时间,是指政治运动把人们推入了宪法政治时期,但还没有赢得足够的权威制定新宪法方案的时候。在这种关键的时期,全民公决向新宪法方案的支持方和反对方提供了公平的机会,以把他们的观点交由全民进行表决。

那么又怎样设计这种能在宪法政治时期而非其他情况下,发动全民公决的有效机制呢?

也恰是在这个问题上,我们应该考虑到总统了。任何总统都不能享有决定何时举行全民公决的权力,因为许多总统在就任的时候根本就没有取得与人民授权一般的权威。然而,我们的宪法经验表明,成功取得连任的总统有时——当然也并不是一成不变的——似乎有理由认为人民的确想做些什么了。[1]

总统存在的问题

我们不应该让总统不受任何限制地决定全民公决问题。一位不受任何约束的总统可能会为个人或其同党的私利提出宪法修正案;而不把最终获得了人民深思熟虑、广泛支持的决定,以宪法修正案的方式表达出来。

显然,对总统的首要限制应该是:国会应有权决定把总统提出的宪法

---

〔1〕 例如,像艾森豪威尔和克林顿这样取得连任的总统与同样取得连任的罗斯福和里根之间有着很大的不同。斯蒂芬·斯克罗耐克(Stephen Skowronek)在《总统政治》(*The Politics Presidents Make*)第36页(1993年)中对这两种不同的类型进行了深入考察。

修正提案提交全民公决的条件——该宪法修正提案获得国会 2/3 多数的支持或许是比较合适的。当然,第二个限制同样是非常重要的。我们且将其称为“时间标准”(test of time)问题。所谓“时间标准”,即指当总统和国会提出和批准宪法修正提案以送交全民公决时,他们很难确定参加下次总统选举角逐的可能候选人——因此也就更不用说以后更多次的总统选举了。通过提出宪法修正提案的方式,总统和国会在无法预见该修正案命运的情况下,圈定了下两次总统竞选时争论的主题。由于参加未来总统选举的候选人具有不确定性,这样一个带有浓重党派色彩的宪法修正提案在此后的五六年内就可能兑变为该党派沉重的政治负担,从而使当初通过该宪法修正案的党派陷入尴尬的境地。也就是说,“时间标准”将有力地约束总统和国会提出一个带有浓重党派色彩的宪法修正案。

“时间标准”将提出宪法修正案的人们推向了一个类似于约翰·罗尔斯(John Rawls)描述的“无知之幕”(veil of ignorance)的境地。[1] 在明知
411 考虑其党派私利有相当的难度之后,难道总统和国会还不运用他们取得的高级法创制权力,把情理中人们经过审慎思考后支持的那些原则表述为宪法修正提案吗?

虚拟的宪法改革例证

亦未必然。没有哪一套规则能确保其本身不被滥用。然而,如果笔者能成功地就其提出的宪法修正方案引发一场争论,那么因争论而造就

〔1〕 约翰·罗尔斯(John Rawls):《正义论》(*A Theory of Justice*),第 31 节(1971 年)。——原注

这里所说的“无知之幕”是罗尔斯在《正义论》一书中提出的重要理论观点之一。即正义原则的选择只有在选择人不知道自己的身份、地位、受教育程度等各种情况下,选择的正义原则才最具正义性。——译者注

的更深入分析无疑将改善我的提法。[1] 甚至我提出的那一揽子改革方案,也会在现行改革实践和学术争论的基础上得到巨大改进。

以改革为目的的联邦最高法院法官任命——一种比较

现行的总统领导权修宪体制,通过以改革为目的而任命一系列联邦最高法院法官来实现改革目标。前面我们曾提到过现行修宪模式的四个缺陷,这里且将我提出的修宪模式同现行修宪模式进行一番对比,以进一步考察这四个方面的问题。

法律中心问题:如果我们要求联邦最高法院法官的任命需要获得参议院绝对多数的同意,那么总统在遴选联邦最高法院法官人选时将不愿再以审慎明智的策略隐藏其宪法改革意图。若现任总统成功地赢得了连任,他们即可以宪法修正提案的方式公开地表述其宪法改革目标,宪法修正案将为人们提供一个表明其支持或反对宪法改革态度的法律中心。

部门支持问题:无须通过参议院,将一些不明确声称其改革倾向、而内心实欲推动宪法改革的"掩人耳目"的法官候选人塞进联邦最高法院,总统可以将其宪法改革目标以宪法修正提案的方式交由整个国会和广大民众进行表决和检验。

---

〔1〕 菲力普·魏瑟(Philip Weiser):《阿克曼关于民众参与宪法创制的提议:能够实现他提出的二元制民主理想吗?》(*Ackerman's Proposal for Popular Constitutional Lawmaking: Can It Realize His Aspirations for Dualist Democracy?*),《纽约大学法学评论》(*N. Y. U. L. Rev.*)第68期,第907页(1993年)。这篇见地深邃的论文表明,在不采取进一步的措施以加强公民教育和控制金钱对政治之巨大影响的情况下,采纳我提出的宪法改革方案是相当冒险的。

我非常理解这样的批评,见我撰写的文章《相信选民:政治运动的新起点》(*Crediting the Voters: A New Beginning for Campaign Finance*),《美国展望》(*American Prospect*),第71~80页(1993年),以及我在《自由国家的社会正义》(*Social Justice in the Liberal State*)一书第5章(1980年)中关于教育问题展开的讨论。但对我提出的修宪方案进行进一步的改革存在着明显的政治风险。虽然从这些进一步改革措施本身来说,它们都是非常必要的;但即使在不进行进一步改革的情况下,我提出的这个并不温和的修宪方案要获得广泛的政治支持都是非常困难的。

如果现存高级法创制体制的运作令人满意,那么魏瑟打算进一步改革我提出的修宪方案这种谨慎小心的做法或许是比较合适的。然而,情况并非如此。如果我们不能把宪法改革的总统领导权模式成功地改造为更具说服力的全民公决模式,我们可以预料:未来的总统就会对现存的修宪模式——以改革为目的任命联邦最高法院法官——施加更大的压力。如果你同意我的观点,认为宪法改革的总统领导权模式沿此方向的发展是一个危险问题,那么把注意力放在对现存修宪体制采取可及的改进方案上,就比魏瑟那样好高骛远、把改革目标定得太高的做法显得更为明智。

我并不否认我提出的修宪方案中带有已被魏瑟确证的那些风险;但这些风险与当今宪法改革的总统领导权模式所产生的明了而现实的风险相比,还要逊色许多。

民众反映问题：总统反对派无须再发动一系列特别的、带有个人感情色彩的运动，以动员他们的支持者反对总统以改革为目的的联邦最高法院法官提名。他们将把注意力转移到全民公决问题上——在全民公决中，总统反对派将为争取美国人民的心智和精神，组织一场长期而艰苦的斗争。而且，他们对总统提出的宪法修正提案进行毫不间断而有侧重点的攻击，也需要处于上升势头的政治运动的支持——这样关于美国宪法到底将何去何从的问题，我们就会作出一个审慎的判断。

问题解决潜力：宪法修正案即是解决制度以及制度结构问题的工具，而这些问题在现代时期也开始逐渐地摆脱了联邦最高法院的控制。也就是说，同现存的以改革为目的而任命联邦最高法院法官的做法相比，宪法
412 修正案在解决宪法危机问题上更具潜力。

宪法修正的正统体制——一种比较

我提出的宪法修正方案与宪法第 5 条设计的正统修宪体制有着极多的相似之处。像现行的修宪体制一样，我提出的修宪方案要求倡导改革的政治运动以宪法修正案的方式提出宪法修正提案；它要求国家政府的常规机构提出而不是批准宪法修正提案；而且它还要求在将宪法修正提案提交全民表决之前，国家层面上的政府部门检验宪法修正提案的严肃性程度。

准确地说，正是因为这些相似之处，我提出的宪法修正方案才使现行宪法修正体制存在的基本问题变得一览无余：现代公民的宪法身份同宪法修正的正统体制之间存在着严重的失调。现代美国人将他们的国家公民身份置于首要位置，希望总统在决定国家未来的过程中发挥主导性作用。而正统的宪法修正体制将联邦主义置于中心位置，希望立法机构在决定国家未来的过程中发挥领导作用。因此，美国人民将宪法第 5 条的规定视为笨重、过时的修宪体制，而不将其看作界定宪法需要变革的强力工具是毫不为过的。如果说有哪个全新的修宪体制使我们考虑到了公民身份的国家主义特征，那么恰恰是现存的修宪体制赋予了传统的人民主权观念以新的实践内涵。

例如，我们可以考察一番以联邦主义为中心的旧宪法修正体制，会

如何处理平等权利宪法修正案(Equal Rights Amendment)。一方面,在各州考虑批准两性平等之宪法修正案的过程中,宪法第5条以其特有的方式在妇女运动与其反对派之间造就了一场严肃的政治对话,这也是宪法第5条的可取之处。另一方面,这一体制再次告诫我们:某些州内少数群体对宪法修正案的否决足以扼杀整个国家为创制高级法而作出的努力。在支持平等权利宪法修正案的政治运动确实已使全国人民对此问题有了一个深刻而又审慎判断的情况下,这场政治运动的结果就应该使这个国家内最大多数的人民感到满意。可是结果并没有使美国人产生美国人民**确能**自治,这样一种行使了人民主权的感觉;相反它却使美国人民产生了这样一种受挫感:带有浓重联邦主义色彩的传统修宪模式,以其特有的方式阻挠了这个国家的大多数人表达其宪法意志——尽管这种意志是美国人民在经过一番慎重思考之后才作出的。结果,这种受挫感又为联邦最高法院参与并推动宪法改革提供了一个可以选择的理论支点——无须再反复地论证推翻这个已无法表达全国人民心声的高级法创制体制的必要性,联邦最高法院在铁杆的女权主义者与其保持融洽关系的情况下,难道不是更有可能作出有利于妇女权益的法院判决、参与高级法的创制吗? 413

我所以在此以平等权利宪法修正案为例,因为它是在时间上距我们最近的、人民运动突破了最基本限制而提出了宪法修正案的唯一例证。现在,有一点应该是相当清楚的了:我提出的修宪体制,使保守派和倡导自由运动的改革派都有平等的机会将他们的观点提交全国人民进行表决。虽然两派在大多数情况下都无法赢得关键性的全民公决,但恰恰是这些实践本身将使美国的人民主权再次复兴。

我们人民可以重申我们重塑宪法的权利,当然这种重塑宪法的方式应能表达出我们现在的宪法身份。我们能够成为自己房屋的主人——当然它要求我们像联邦党人一样,有足够的力量修正高级法创制的规则,以表达正在形成中的宪法政治旋律。

人民主权的动议

上文说到，我们应该像联邦党人一样有足够的能力修改高级法创制规则，以表达正在形成中的宪法政治旋律。政治改革的日程会在不久的将来朝这个方向转变吗？当然，若干迹象已经表明了人们对常态政治的不满，而且寻求结构性改革的趋势也变得越来越明显——无论是为改革竞选经费制度而作出的多次努力，还是最近为改革国会议员任职条件而发起的运动，它们都从不同的侧面表明了这种趋势。除此而外，当然还有人们对联邦最高法院法官提名和任命程序存在的普遍不满。所有这些都说明政治改革的日程会朝修改高级法创制规则的方向发展。但是大多数声望显赫的政治家，并没有将这些问题得以存在的根源追到已经过时了的高级法创制体制那里去。[1]

或许这也没有什么不好，因为法律家也才刚刚接触这个问题。再经过几年以后，宪法学家可能就会对可行性的改革方案有一个较为清晰的轮廓。与此同时，大众对现存体制的不满也可能会使他们产生更深刻的认识：现存体制弊端的根源在于过了时的高级法创制体制。随着 2000 年的临近，政治家们或许会对现存高级法创制体制提出一些尝试性的问题，而法律职业者们也会着手提供一些严密的答案。不可否认，这是一个我们设想出来的比较乐观的场景，然而在现代共和政体的生活中什么样的怪事都可能发生。

因此，在另外一个层面上展开一个新的话题并不能说为时尚早。为了这个话题能够顺利展开，我们应当假定人们已就修改高级法创制体制
414 的问题达成了广泛共识。某些严肃的政治团体提出了某些严肃的提案，意在修正现存的总统领导权修宪模式：他们怎样才能将其提出的改革措施制定为高级法？

---

〔1〕 杰克·凯普(Jack Kemp)：《美国的复兴》(*American Renaissance*)，第 187 ~ 189 页(1979 年)。

或许有些人会理所当然地根据宪法第5条提供的方案来处理这个问题。在其他方面没有什么差别的情况下,相较而言宪法第5条提供的方案的确是一个不错的办法——因为该方案将求诸于严守规则的某些法律团体以及普通大众。然而就像你已经看到的那样,我们的高级法创制体制已不再受制于创制规则的规制——虽然此前的事实并非如此。能够对它产生影响的是原则、实践和先例这样的法律。如此众多的法律渊源说明,在我们看待当今高级法创制的问题时,超越高级法创制规则的做法并无不妥。

问题可谓耳熟能详:联邦主义——恰恰是这一问题使美国人民在重建和新政时期超越了宪法第5条。一项体现人民主权的宪法修正案(A Popular Sovereignty Amendment),将要求3/4州放弃它们对宪法改革拥有的正式控制权。此点显然是各州的政治家们所不能接受的。个中原因不在于这些政治家们无视美国人首先是美利坚合众国的公民,而后才是内华达州或罗得岛州的公民这样一个事实,而在于他们对其所属党派的利益更感兴趣。

在高级法创制的问题上,值得人们效法的先例不会要求改革者在进行高级法的创制时与其发生尖锐冲突。与其将宪法第5条规定的修宪体制全盘否定,就不如赋予宪法改革可资遵循的程序以一种特殊的地位。在此,我打算将其称为"人民主权动议"(Popular Sovereignty Initiative)。这个由(获得连任的)总统提出的动议应提交国会,在经国会2/3多数批准后,再提交全体选民在下两次总统选举中进行表决。如果该动议经受住了这些考验,它即应由联邦最高法院给予其宪法的地位。

联邦最高法院的法院判决意见应该配合本书提出的观点,即它应该在人民主权动议经受住一系列考验后给予其宪法的地位。科尔曼诉米勒案表明,宪法第5条没能有效地迎合内战结束后宪法表现出来的国家主义倾向,结果导致了重建时期的类修正案(amendment - analogues)和新政时期的拟修正案(amendment - simulacra)等现象的大量出现。当联邦最高法院在麦克卡德尔案、科尔曼诉米勒案以及20世纪40年代作出的那些具有划时代意义的判决中促成了现在的这个宪法改革程式时,这个正在形成且颇具新意的宪法改革程式也有着某些缺陷——其中最为引人注目的缺陷就是使现代共和国中联邦最高法院法官的提名打上了极为鲜明的政治烙印。与其抵制以“人民主权的动议”弥补宪法第5条的不足,联
415 邦最高法院应该以最宽慰的心情欢迎它:经过长达一个多世纪的斗争,我们美利坚**合众**国人民(We the People of the *United* States)终于设法为我们高级法的创制缔造了一个正规的框架。这个框架与表达我们美利坚合众**国**人民(We the People of the United *States*)宪法意志的宪法第5条所遵循的框架又有着若干相似之处。

法学理论上的疑点

难道我提出的这个建议——修正宪法应该遵循的“人民主权的动议”——没有什么让人感到奇怪的地方吗?本书用了一章又一章的篇幅,来揭示法律规则在处理伟大的宪法运动时暴露出来的不足。在循着这样的路子进行了一番长途跋涉后,我在本书的结尾部分又认为宪法之修正还应坚持某些规则,这难道不让人感到奇怪吗?

为什么要坚持法律形式主义?

这里并不存在什么解释不了的悖论。认为修宪规则并非最重要是一回事,而认为修宪规则根本就不重要则是另外一回事。仅从其自身来说,规则是没有生机的死东西——作为写在纸面上的一些符号,它们既不能支配也不能抑制人们的行为。然而,一旦将它们放在一套原则、制度以及先例等其他法律渊源之中,它们就能发挥积极的正面作用。

就拿我们讲过的关于宪法修正的特殊例子来说吧。如果没有必要的限制,总统领导权的力量必将危及人民主权的基本原则。通过将总统领导权定位于一个更好的框架之中,我们不仅最大限度地减少了这种风险,而且还获得了一些与法律形式密切相关的特殊利益。第一,亦即最明显的好处是法律形式主义能够有效地唤起人们的注意:由于“人民主权的动议”以明确的文字方式表达出来,后人们就会更清楚地意识到他们可以采取怎样的步骤、通过国家中心主义的程序表达人民的心声。同样重要的

是，宪法改革的反对派们也会知道，为挫败改革者实现其意图他们又能做些什么。在关心此事的人们看来，这种事先唤起人们注意的办法必将有助于宪法修正程序的合法化。

特别值得一提的第二点是，“人民主权动议”的体制并非由当时参与宪法改革斗争的那一派设计出来的。虽然这些指导修宪的规则可能有不少缺陷，但至少它们不是由斗争中的某一派为其现时的利益而炮制出来的。

第三，在宪法改革危机过后，指导修宪的规则可以使法律家更容易地认识到**什么**时候出现过成功的宪法改革方案以及这一方案又意味着**什么**。为改革目的任命联邦最高法院法官，并通过这些法官作出革命性的法院判决意见是现行的宪法修正体制。过去，这种体制肩负着上述任务 416
良好地运行了半个世纪，现在“人民主权动议”这种明确写于纸面之上的新形式主义，或许会一劳永逸地解决这一问题。

所有这些并不能说明，“人民主权的动议”为宪法改革问题提供了一个最终的解决方案。与形式主义之优点相伴而来的是它的代价。在某个重要的时期，可能会发生一场政治运动；这样的政治运动或许会使人们发现“人民主权动议”提供的宪法修正模式与宪法第 5 条提供的模式大相径庭——**虽然它们都以表达人民的意志为中心**。对“人民主权动议”发起的挑战再次迫使我们以某些方式采取非常规的举措，当然这些方式又必须使我们能够对新政治运动倡导的宪法意图进行严肃而连续的考验。如果这些方式能有效地将获得人民持续而审慎支持的宪法意图记录下来，那么这些方式就是值得信赖的。

虽然“人民主权动议”的修宪规则不能解决上述这种终极挑战的事实，但这并不意味着它们也无法解决我们现在面临的特殊挑战。我之所以在此钟情于法律形式主义的原因之一是想强调这样一个问题，即如果宪政主义者打算维持二元民主，运用**所有**的法律渊源就是非常重要的。

超越现实主义

然而或许仍会有人认为我还没有真正触及规则的真谛——由于富兰克林·罗斯福的这席话，关于规则的真谛早已在我们的宪法意识中枯

萎了:

> 当然还需要记住另外一件事。假设宪法修正案已获通过,我们甚至可以假设该修正案在较短的时间内亦被批准,但它的具体含义却有赖于联邦最高法院的现任法官属于何种类型。像宪法的其他部分一样,一个宪法修正案的真正含义取决于法官之所言甚于其制定者之所思。[1]

这次发生于法院改组危机期间的炉边谈话向美国人民道出了现实主义的真谛。如果我们紧紧地咬住这个**真理**,我提出的"人民主权动议"就会显得无比天真。在法官可以随心所欲地对待宪法修正案的情况下,我们为什么还要为实现高级法创制体制的现代化而不辞百般的辛劳呢?

然而,这里值得一提的是,"动议"不仅包括一个全新的高级法创制体制,它还包括这样一个动议,即联邦最高法院法官的任命需要获得参议院
417 绝对多数的批准。

在现实主义者看来,这点更是糟糕透顶——特别在"动议"有助于任命某些顽固的法律职业者进入联邦最高法院的情况下更是如此,因为这些法官会以极为严肃的态度对待解释宪法的任务。对于坚决的现实主义者而言,此类法官可怜的精神状态完全是某种错误意识结出的恶果。没有其他东西能像法律解释这样与政治偏好有着如此多的相同之处了:"万事皆为政治"(Everything is politics)。否认这一格言的法官都是对现实视而不见的法官。至少那些为法院判决意见在本质上带有政治特征而击掌相庆的法官,不会压抑自己而将该格言视为行动的指南。[2]

简言之,即便我提出的修宪制度改革方案能够实现预期目标,它们不仅将使更多的法官在精神上迷失方向,而且还会造就一些新的形式主义者沉溺于"人民主权动议"的字里行间中。这是一种进步吗?

❖ ❖ ❖ ❖

答案是肯定的。但这种肯定性答案存在的必要条件,是我们有能力

---

〔1〕 萨缪尔·罗森曼(Samuel Rosenman)编:《富兰克林·D. 罗斯福的公开文章与演讲》(*The Public Papers and Addresses of Franklin D. Roosevelt*),第132页(1937年)。

〔2〕 瑟曼·阿诺德(Thurman Arnold):《政府的象征》(*Symbols of Government*)(1935年),以及杰罗米·弗兰克(Jerome Frank):《法律与现代精神》(*Law and the Modern Mind*)(1930年)。

对当代法律思潮中的现实主义观念提出质疑。当罗斯福运用现实主义的话语解释宪法时,其目的不过是为了开辟一个以人民的名义反对自由放任主义宪法传统的战场而已。

然而,在过去半个世纪的时间里,现实主义已把自己转变成了一种维护宪法现状的学说。它非但不允许我们为现行的高级法创制体制——为改革目的而任命联邦最高法院法官——寻求可替代性的方案,而且它还否认法官有澄清权威性宪法文本之含义的义务。一旦我们承认了这个现实主义的前提假设,那么人民可以向其政府发号施令的观点也就失却了立足的根本:因为法官将以政治方式对待宪法文本,这样宪法改革的唯一途径就是替换法官。我提出的“人民主权动议”作为现行修宪体制的可替代性方案,显而易见就是不切实际的幻想。

有这样一个自我运作的观念在发挥着作用:越多的律师和法官信仰现实主义;他们在解释自己的观点时就越有可能运用政治方式,那么在现时代实现人民统治的希望就越渺茫。

另一方面,也的确存在着另一方面:法律团体越能以严肃认真的态度解释宪法;它就越能鼓舞美国人民在进行高级法的创制时,无论有多么艰辛都去遵循正规的修宪方式。在此过程中,美国人民也希望在宪法改革者从政治斗争的漩涡中走出后,法官们在解释宪法条文时能够继续维持 418
形式主义的原则。

律师和法官们对上述这两个方面又将作出怎样的反应?是更多地倾向于现实主义还是以崭新的精神面貌解释宪法?

在过去的十年中,坚持对宪法进行严格解释的人们一直对现实主义进行着法学理论上的攻击。[1] 我想在这里提出一个与此不同的问题。宪法的解释当然可以运用抽象的概念和哲学原理,但律师和法官们并不是生活在抽象世界,而是生活在具体而现实的冲突之中。因此,从最终的分析方法上看,宪法解释者能够让人们感到信服的唯一途径,是对宪法的过去进行具体的解释——呼吁其他人加入到这一队伍中,以致力于弄清

---

〔1〕 其中最重要的观点,请见罗纳德·德沃金(Ronald Dworkin):《法律帝国》(*Law's Empire*)(1986年)。

历史上存在的那些权威性宪法条文和宪法先例到底意味着什么。

我们并非总能对看到的东西感到赏心悦目。在此项研究方案初具规模的20世纪80年代，斯卡利亚、鲍克以及其他法官正要宣布新宪法秩序的来临，而《我们人民》一书也似乎极有可能在此时问世。作为一个主张社会正义的自由主义者，我一想到本书的出版可能会为里根革命起到辩护的作用，就感到些许的不快。

但是我仍然决定出版此书。毕竟宪法不是那些和我持相同政治信仰者的专有财产。对于所有美国人——既包括自由主义者也包括保守主义者——而言，它不仅是可以企及的，而且还为自由主义者和保守主义者表达甚至解决他们之间的争议提供了一个共通的语言和实践。在解释这种语言和实践的过程中，宪法学家所做的工作与政治相比既不能说好也不能说坏——只是角度不同而已。

当然，如果每个人都花费大量的时间去追思宪法历史的含义，而忽视了缔造更美好的未来，其后果就是不堪设想的了。在这个问题上不会有更多的危险，因为美国人从未在追思往事上浪费太多的时间，这种习惯在计算机时代仍然不会发生改变。如果共和国不想忘记宪法的历史，律师和法官们就应当承担起这份重任。

在20世纪80年代，这就意味着我本人不能和其他自由主义者同道一起，加入到宪法争论的队伍中——对伦奎斯特法院及其工作大肆攻击，而坚持认为沃伦法院一劳永逸地获得了宪法权利的真谛。不能用现代标准来衡量里根革命，我呼吁美国人民将里根时代同某些相关的宪法标准
419 进行一番对比——特别是罗斯福时代。如果里根主义者曾经千方百计想要达到罗斯福宪法改革先例的标准，我就决议向美国人民道出这个真理——尽管这个真理对作为自由主义者的我来说可能很痛苦。

事实证明，历史并没有强迫我必须使美国人民以罗斯福先例的标准来衡量里根革命。无论你喜欢与否，最近一次宪法改革已经以失败而告结束，而我们也已回归到常态政治之中。或许在10年或20年之后，新一代保守主义者会杀个回马枪、说服美国人民实现里根革命许下的诺言；或许自由主义者会重新占领改革的前沿阵地，向社会正义跨出具有决定意义的一步；或许某些新生的激进政治运动会推出某些高级法创制的要求，

从而取代现行的左、右两派政治观点。

无论未来会发生怎样的事情，以历史上存在的宪法标准衡量新兴的政治运动都是宪法学者义不容辞的责任——他们应该尽其所能向美国人民道出存在于他们之间的真理。以明确的文字形式将“人民主权动议”表达出来会大大减少这一工作的难度。通过把宪法改革的总统领导权模式纳入一定的框架之中，“人民主权动议”将使法律家更容易判断：将宪法政治的激烈辞藻纳入新宪法框架的关键时刻是否已经到来了。

但如果我提出的“人民主权动议”没能落到实处——这种可能性并非不存在，我们就应该呼吁人们在进行高级法创制时仍要参酌历史上的高级法创制先例。虽然这些先例都是一些非常规的举措，但它们却是保证美国人民在过去的两个世纪中成功地维系了自治政府的一把钥匙。在历经一代人的时间之后，美国的法律家们完全有可能将这把钥匙置于一旁，而其口实就是：在法律精神形成的过程中，历史上的先例并没有发挥如此重要的作用。

当然，我们同样有可能以一种全新的意识考察历史上的宪法改革先例。认为这些先例之中包含着革命性的真理——它激励着我们的同胞们在未来的宪法危机中，为更新和重新界定人民主权的内容而继续努力。 420

索 引

译后记

1999 年 5 月，一次偶然的机会使我在法律出版社见到了阿克曼教授的这部著作“*We the People: Transformations*”。同样因为偶然的机会，我成了这部书的译者。当初本打算以半年的时间完成这部译著，但是当我开始着手这项工作的时候，发现问题远没有如此简单。

艰难而又松散地译了十多个月后，博士学位论文的写作开始提上了议事日程——译事被迫搁浅。2001 年 7 月，我来到了南京师范大学法学院工作。本想利用暑假两个月的时间完成此书，但这两个月却被我用来适应“火炉”的闷热。因此，这部书后几章的翻译和全书的二校、三校都是在此后的课余时间做完的。

感谢我的导师中国人民大学法学院的吕世伦教授，他对整本书的翻译工作一直给予了高度的关注，如果没有他的鼓励和督促，我也不知道这部书何时会面世；感谢中国人民大学法学院的朱景文教授、北京大学法学院的苏力教授和南京大学法学院的张千帆教授，在译事遇到困难的时候，我曾不止一次地在他们那里寻求技术上的指导和帮助。

感谢法律出版社的编辑为本书所付出的辛勤劳动，他们严谨的工作态度和宽厚的待人风格，使我认识到做一个好的编辑并非一件易事。同时,我也更加坚定了自己的信念:勤勤恳恳做事,坦坦荡荡为人。

最后,我还要衷心地感谢阿克曼教授的这部著作,正是它让我深深地体悟到:不要再轻易地评判他人的译著;心正、意诚,而后才能读书、做学问。

孙文恺

2002 年 11 月

于南京师范大学

修订版后记

如梭的岁月在这本感觉中的“新”书上留下了不易察觉的六年之痕。虽说在译者眼中她永远都是“新”的,但她确已到了当修订的时节。

2008 年 11 月,我在山东大学举办的西方法律思想史年会上与法律出版社学术分社朱宁社长的邂逅,使本书的修订成为可能。这种可能,又进而让我有机会修正初版中的某些不当之处。

首先,与初版相比,修订版将书名更正为《我们人民:宪法的变革》。鉴于初版的书名容易造成“我们人民”乃是宪法变革的“原动力”的误解,修订版采取现在的书名不仅是必要的,而且也更忠实原意。众所周知,“我们人民”是美国宪法的前三个字——在美国宪法的原文本中,这三个字还用特殊的哥特体大写出来。职是之故,“我们人民”在某种意义上已经成了美国宪法的专有名词。布鲁斯·阿克曼在这个层面上运用“我们人民”的含义,体现在本系列丛书的第一卷《我们人民:宪法的根基》一书的“致谢”部分。在谈及福里斯特·麦克唐纳德(Forrest McDonald)教授的上乘之作《我们人民:宪法的经济起源》(We the People: The Economic Origins of the Constitution)(1959 年)时,阿克曼扪心自问:对另一本不同的书冠以相同的书名是否会引起不当的混乱?阿克曼得出的结论是:“这个书名是独特的;之于不同时代的不同作者而言,运用不同的副标题就足够了”。由此出发,本书的书名实际上就是《宪法的变革》:其内容在于阐释二元民主作为宪法变革的动力,是怎样推动宪法不断向前发展的。同理,本系列丛书的第一卷《我们人民:宪法的根基》,也不意味着“我们人民”是宪法的根基;相反,《宪法的根基》一书的主旨在于探讨美国宪法的基石是“二元民主”。

其次,修订版将初版中很多被译为“制宪会议”的地方还原为“会议”。无论采取“会议”还是“制宪会议”的译法,它们指向的都是英文中的“convention”。由于我们将“费城会议”通称为“费城制宪会议”的缘故,“制宪会议”的译法或许更符合汉语世界的思维习惯。然而,“convention”一词在以英语为母语的宪法研究人员那里专指有“法律瑕疵的议会”,它最早用来指称英国“光荣革命”后召开的那次有法律瑕疵的议会。依此而论,“费城会议”和美国南北重建时期排除了南部各州代表的“国会”一样,都因其法律上的瑕疵而应被称为“会议”。修订版体现了对“convention”的这种理解。

再次,为尽量保持初版的原貌,修订版在保留原版“前言”、“后记”的前提下,进而增加修订的前言与后记,并对内容进行了力所能及的订正。值得庆幸的是,我的这种追求“完美”的癖好虽使自己经常处于一种临渊履冰、战战兢兢的精神状态中,但却使自己在重新检视六年前的译稿时少了一些遗憾和悔恨。平心而论,初版在把握原著的精神方面并没有太大的偏差,因此修订版主要对初版的文字表达进行了梳理和澄清——尽管有些还是不小规模的文字修改。即便如此,译文的错讹之处仍然在所难免。译者于此以谦恭的态度接受读者的批评,批评信件请致 wenkaisun@yahoo. com. cn,谢谢!

复次,本人对初版的不当之处——特别是前述两点之不当——给读者带来的理解误差深表歉意!

最后,我要对那些支持我修订本书工作的朋友和家人致以真挚的感激之情。在本书初版时,法律出版社的孙志萍、韦钦平和王小娟编辑付出了颇多辛劳,她们的工作对修订版的出版颇有助益。本次修订的动因又直接来源于朱宁社长和易明群编辑,她们的信任与支持使修订工作得以顺利完成。特别需要指出的是，她们的信任还让我半推半就地成了第一卷的译者：虽然在完成本书的译稿时我就告诫自己不能再做这种费力不讨好的事情，但对阿克曼著作的喜欢还将推动我在明年年底前完成第一卷的翻译工作。此外，我还必须表达对妻子屠琰燕女士的感激：正是她对这种“自己搞自己”的读书人之工作的理解，我才有机会在最近两年几乎成为地道的“宅男”而潜心于自己的工作之中。

当然，如此寥寥几行文字是不足以表达歉意抑或是感激之情的。好在语言与行动相比永远都是廉价的，因此说完这些作罢。

孙文恺

2009 年 4 月 12 日于南京

图书在版编目(CIP)数据

我们人民:宪法的变革(修订版)/(美)阿克曼(Ackerman,B.)著;孙文恺译.—北京:法律出版社,2009.8

书名原文:We the People:Transformations

ISBN 978-7-5036-9495-0

Ⅰ.我… Ⅱ.①阿…②孙… Ⅲ.宪法—研究—美国 Ⅳ.D971.21

中国版本图书馆CIP数据核字(2009)第064198号

责任编辑/易明群 **装帧设计**/乔智炜

出版/法律出版社 **编辑统筹**/学术·对外出版分社
总发行/中国法律图书有限公司 **经销**/新华书店
印刷/永恒印刷有限公司 **责任印制**/吕亚莉

开本/787×960毫米 1/16 **印张**/38.75 **字数**/539千
版本/2009年8月第1版 **印次**/2009年8月第1次印刷

法律出版社/北京市丰台区莲花池西里7号(100073)
电子邮件/info@lawpress.com.cn **销售热线**/010-63939792/9779
网址/www.lawpress.com.cn **咨询电话**/010-63939796

中国法律图书有限公司/北京市丰台区莲花池西里7号(100073)
全国各地中法图分、子公司电话:
第一法律书店/010-63939781/9782 **西安分公司**/029-85388843 **重庆公司**/023-65382816/2908
上海公司/021-62071010/1636 **北京分公司**/010-62534456 **深圳公司**/0755-83072995

书号:ISBN 978-7-5036-9495-0 **定价**:58.00元

(如有缺页或倒装,中国法律图书有限公司负责退换)

博观译丛

博观而约取，厚积而薄发。

博观译丛博取西方理论法学经典之作，无流派之限，无时间之别，
但求传播学术，交锋思想。

已出版书目：

法律的概念（第二版）	[英] H. L. A. 哈特
法律、自由与道德	[英] H. L. A. 哈特
法理学与哲学论文集	[英] H. L. A. 哈特
法律推理与法律理论	[英] 尼尔·麦考密克
法律与解释	[美] 安德雷·马默
原则的实践	[美] 朱尔斯·L·科尔曼
法律的权威	[英] 约瑟夫·拉兹
论公正	[法] 保罗·利科
法理学：理论与语境	[美] 布赖恩·比克斯
法律的沟通之维	[比] 马克·范·胡克
法律与革命（第一卷，第二卷）	[美] 哈罗德·J. 伯尔曼
打破恶性循环 ——政府如何有效规制风险	[美] 史蒂芬·布雷耶

即将推出：

惩罚与责任	[英] H. L. A. 哈特
判决的批判	[美] 邓肯·肯尼迪
普通法的精神（第二版）	[美] 罗斯科·庞德